Barbara
Becker-Cantarino

DER LANGE WEG
ZUR
MÜNDIGKEIT

Frau und Literatur
(1500–1800)

J. B. Metzlersche Verlagsbuchhandlung
Stuttgart

CIP-Kurztitelaufnahme der Deutschen Bibliothek

Becker-Cantarino, Barbara:
Der lange Weg zur Mündigkeit: Frau u. Literatur (1500–1800)/
Barbara Becker-Cantarino. – Stuttgart: Metzler, 1987.
ISBN 3-476-00612-3

© 1987 J. B. Metzlersche Verlagsbuchhandlung
und Carl Ernst Poeschel Verlag GmbH in Stuttgart
Satz: Typobauer Filmsatz GmbH, Scharnhausen
Druck: Gulde Druck GmbH, Tübingen
Printed in Germany

Inhaltsverzeichnis

Vorbemerkung

Diese Studie, für die umfangreiche Vorarbeiten und langjähriges Sammeln von entlegenem Material notwendig waren, strebt keineswegs eine vollständige, abschließende Bearbeitung des Themas »Frauen und Literatur in Deutschland von 1500 bis 1800« an. Sie ist vielmehr ein erster Versuch einer übergreifenden Darstellung, die auf breit gestreutem Quellenmaterial, vielen vereinzelten und ungleichen Untersuchungen seit dem Positivismus beruht und besonders die Methoden und Forschungsansätze der Sozialgeschichte und der Frauenforschung berücksichtigt, wie in der Einleitung ausführlich an theoretischen und methodischen Fragestellungen erläutert wird. Die Arbeit möchte weitgehend unbekanntes Material vorstellen und zur weiteren, intensiven Forschung und Beschäftigung mit einzelnen Aspekten sowie übergreifenden Fragen anregen.

Ohne die Gespräche und Diskussionen mit Kollegen und Studenten und die in diesen Jahren gemachten Erfahrungen bei Lehrveranstaltungen an der University of Texas und der Freien Universität Berlin sowie bei Vorträgen wäre diese Studie nicht zustande gekommen. Diesen Gesprächspartnern gilt mein Dank, besonders den aktiven Teilnehmern an den Seminaren und Kolloquien zu Autorinnen des 17. und 18. Jahrhunderts, zu Fragen einer feministischen Literaturwissenschaft und der Vorlesung »Frauen und Literatur von der Reformation zur Romantik« in Berlin 1980 und 1984.

Forschungsaufenthalte in Wolfenbüttel, Göttingen und Berlin haben es mir ermöglicht, die reichen Bibliotheksbestände eingehend zu benutzen. Diese Bibliotheksarbeit wurde, abgesehen von privaten Reisen, durch ein Forschungsstipendium der National Endowment for the Humanities mitgetragen, das mir auch Gelegenheit zur Quellenarbeit für die vorliegende Studie bot. Ganz besonders bin ich der Simon Guggenheim Memorial Foundation zu Dank verpflichtet, die mir ein Fellowship (1985) für den Abschluß und die Überarbeitung des Manuskripts gewährt hat.

Columbus, Ohio/September 1985   Barbara Becker-Cantarino

Einleitung

Zur Sozialgeschichte von Frau und Literatur

Literatur ist ein hartes Männergeschäft von dreitausend Jahren her.
Das muß jede Autorin erfahren, wenn sie das Wort Ich gebraucht.
Christa Reinig, alternative, 1976.

Frauen sind untergeordnet, jedoch immer gegenwärtig, sind zu Opfern
gemacht worden, waren aber immer aktiv Handelnde.
Gerda Lerner, The Majority Finds Its Past.
Placing Women in History, 1979.

Problemhorizont

»Mündigkeit«, für sich selbst »sprechen« zu können als autonome Person und eine eigene »Sprache« zu finden, ist das zentrale Problem von Frauen und Literatur. »Unmündig« waren Frauen nach germanischem Recht, sie durften und konnten nicht selbst für sich sprechen, der nächste männliche Verwandte (erst der Vater, dann der Ehemann), sprach und handelte für sie, bestimmte über sie. Auch in der Kirche hatte, dem Paulus-Wort gemäß, die Frau zu schweigen. Es ist ein langer Weg, der von dieser »Bevormundung« durch den Mann zur autonomen Person, als die sich die moderne Frau selbst begreift, zur Mündigkeit führt. Einen Abschnitt dieses Weges möchte diese Studie, nicht als Geschichte der von Frauen geschriebenen Literatur, sondern als Sozialgeschichte der Frau im Spiegel ihrer Texte, der schriftlichen Äußerungen von Frauen und über Frauen in der Frühen Neuzeit aufzeigen.

»Literatur ist ein hartes Männergeschäft von dreitausend Jahren her. Das muß jede Autorin erfahren, wenn sie das Wort ›Ich‹ gebraucht [1]«, bemerkte Christa Reinig einmal, als sie selbst damit beschäftigt war, eine eigene Sprache zu finden, sich auch als Frau, als weibliche Autorin zu artikulieren, »mündig« zu werden. Ihr Roman *Entmannung* (1976) stellt den Versuch dar, sich bewußt von der Überwältigung der dreitausendjährigen, männlichen Tradition zu befreien, sich in der Figur des Dr. Kyra als Frau zu »entmannen«, dem weiblichen »Ich« die Vorbedingungen zu schaffen, sich artikulieren zu können. »Entmannung« bezeichnet *nicht* einen agressiven Kampf, die Männer zu zerstören, sondern es beschreibt den Versuch, sich von deren Bevormundung zu befreien: selbst zu sprechen. Alle Autorinnen der »neuen Literatur« der Frauen [2] haben die Suche nach einer eigenen Sprache, die von der erdrückenden (männlichen) Tradition verschüttet ist, als zentrales Problem empfunden; kaum eine Autorin vor ihnen, die nicht früher oder später die eigene Unmündigkeit gegenüber der etablierten Literatur, ihren Gattungen, ihren ästhetischen Forderungen, ihren Bildern gefühlt hat und von ihren männlichen Kollegen subtil oder recht drastisch zu spüren bekommen hat: mit den Bezeichnungen »Frauendichtung«, (die Literaturgeschichte des 19. Jahrhunderts), »Dilettantin« (so Goethe), »schriftstellernde Dame« (Schiller), »Männin« oder »Amazone« (Goethe), »literarisches Küchenkraut« (Immermann) oder »Celebritäten, deren Lorbeeren im Schatten der Schürze gewachsen sind« (Prutz, 1862) wurden sie abgewertet. [3]

Diesen erst seit einem Jahrzehnt von Frauen selbst artikulierten, sonst aber kaum beachteten Konflikt zwischen der etablierten Literatur, die durch die herrschenden (männlichen) Normen geprägt ist, und dem weiblichen Ich ohne literarische Tradition, einem Konflikt, der ebenso existentiell besteht zwischen dem sich als Subjekt setzenden Mann und der »anderen Frau«, dem »zweiten Geschlecht« (Simone de Beauvoir), hat die Literaturgeschichte bislang kaum wahrgenommen, hat deren Autoren auch nicht weiter interessiert. [4] Sicher gibt es inzwischen eine Reihe von Literaturgeschichten, die kompensatorisch einzelne Frauen miterwähnen und diese ihrem festen Rahmen eingegliedert haben: etwa die Gottschedin als Helferin im Literaturprogramm ihres Mannes, Sophie La Roche als Freundin und ehemalige Verlobte Wielands, Bettina von Arnim als Schwester Clemens Brentanos und Ehefrau Achim von Arnims, zweier prominenter Romantiker, Marianne von Willemer als Freundin Goethes. Auch wenn wir uns mit einer kompensatorischen Literaturgeschichte, die lediglich (zumeist die für männliche Autoren) wichtig gewordene Frauen hinzuaddiert, begnügen mögen, sind die »Lücken gefüllt« worden? Das ist für die literarisch tätigen Frauen, die vor dem zwanzigsten Jahrhundert gelebt haben, noch weitaus weniger geschehen als für die Autorinnen dieses Jahrhunderts. Soweit ich sehen kann, sind auch die wenigen »Neuwertungen« und fundierten Vorarbeiten zu Frauen vor 1800, die fast ausschließlich vor etwa sechzig bis achtzig Jahren in den ersten zwei Jahrzehnten dieses Jahrhunderts erschienen sind, nicht oder kaum berücksichtigt worden: ich denke da (um in dem Zeitraum vor 1800 zu bleiben) z.B. an Ludwig Geigers Studie *Therese Huber* (1901) oder das materialreiche Werk von Christine Touaillon *Der deutsche Frauenroman des 18. Jahrhunderts* (1919), an die Arbeit von Adah Blanche Roe *Anna Owena Hoyers. A Poetess of the Seventeenth Century* (1915), von Hannah Sasse zu *Karoline Friedericka Neuber* (1937), von Edith Krull zum *Wirken der Frau im frühen deutschen Zeitschriftenwesen* (1939) oder an die aus größtenteils unveröffentlichten Briefen bestehende Biographie von Elisabeth Hausmann *Die Karschin. Friedrichs des Großen Volksdichterin. Ein Leben in Briefen* (1933). Das weitgehend neue Material in diesen Studien ist kaum beachtet, von den Studien kaum Notiz genommen worden. Und während verschiedene Verlage dem Trend der siebziger Jahre folgend eine »Sozialgeschichte« der deutschen Literatur veröffentlicht haben, so hat auch keine dieser Literaturgeschichten die Vorarbeiten zu schreibenden Frauen wirklich benutzt, das Thema »Frau und Literatur« auch nur berührt geschweige denn eingehend behandelt. Es gibt schiefe, vage Vorstellungen wie: »In der deutschen Literatur setzt die geistige Emanzipation der Frau mit der Romantik ein. An den Frauen der Schlegel-Brüder beginnt sich diese literarische Selbstbesinnung in musterhafter Weise abzuzeichnen...« [5] Erst die vergleichend auf die westliche Weltliteratur mit eingehende *Frauen Literatur Geschichte. Schreibende Frauen vom Mittelalter bis zur Gegenwart* (1985) stellt hier ein neues Konzept vor. [6]

Was jedoch die Problematik anbetrifft, so scheint mir Christa Reinig das zentrale Dilemma der Wissenschaft, der Sozial- wie der Geisteswissenschaften, scharfsinnig zu artikulieren, wenn sie Freud in *Entmannung* sagen läßt: »Die Menschheit... das sind die Väter und Söhne. Nichts weiter.« Auch wenn Mr. Hitchcock, der Vertreter der Massenmedien und modernen Unterhaltungsindustrie, einwirft: »Bei mir sind die Söhne die Mütter«, so weiß »Väterchen Freud« natürlich die Antwort: »Die Mütter... das sind die Söhne.« Frauen werden allenfalls in ihrer biologischen Funktion als Gebärerin von Söhnen wahrgenommen. Der Mythos der Männlichkeit als kulturschaffendes Geschlecht, als der Maßstab aller Dinge ist noch immer, auch wenn eifrig umstritten, mitten unter uns. Und er hat eine lange Tradition, auf die in der vorliegenden Studie eingegangen werden soll.

Im achtzehnten Jahrhundert, in dem erstmals eigens für Frauen geschriebene Literatur auf breiter Ebene veröffentlicht wurde, beherrschte der Mythos der Männlichkeit (und der Weiblichkeit) das Denken und konnte sich auf eine unfehlbare Tradition berufen, auf die Schöpfungsgeschichte. So brachte die Frauenzeitschrift *Magazin für Frauenzimmer*, die 1777–78 in Halle erschien, z.B. einen Artikel »Über die Entstehung des schönen Geschlechts, den Charakter und die Unentbehrlichkeit desselben«, in dem es heißt:

Einsam und tiefsinnig ging der erste Mensch durch die erstgeschaffenen Fluren und Wälder der geselligen Schöpfung, staunte über die großen Wunderwerke... Aber verlassen sah er sich selbst... Gleich einem Engel nahte sich zu ihm die Gestalt, die er so lange vermißt hatte, sie schlang sich um seinen Hals, und schmiegte sich an seine Hüfte... Ihr Wille war der seinige, und die ganze Schöpfung war Harmonie... Willig gab er ihrer ausschweifenden Lüsternheit nach, und beide fanden – ihr Verderben. So entstand Vergnügen und Schmerz durch die einschmeichelnden Reize dieser unwiderstehlichen Göttin, und so entstand durch ihre schönen Nachfolgerinnen auf dem großen Schauplatz der Welt, der sonderbare Kontrast von Glück und Unglück, von Himmel und Hölle. Jener große Tag, der festlichste Tag in der ganzen Schöpfung, an welchem die ersten Augen einander begegneten, gründete das Reich und die Herrschaft des schönen Geschlechts... Männer stehen am Ruder des Staates, besorgen Ämter und Gewerbe und stehen als Hausväter an der Spitze ihrer Familien, gleich als wenn sie allein alles regierten, und jeder wird von seiner zweiten Hälfte modifiziert und alles bekommt hiernach seine Wendung... Doch nur den männlichen Charakter biegsamer zu machen, gab die Natur dem Manne das Weib, nicht aber, ihn einzuschmelzen. Dies zu verhüten, gab sie ihm größere Stärke der Vernunft... Sanftmut, Bescheidenheit, Reinlichkeit sind die vornehmsten Tugenden des schönen Geschlechts, weil sich mit diesen die Keuschheit von selbst verbindet, die sie liebenswürdig macht. [7]

Diese für das 18. Jahrhundert »modernisierte« Version der Schöpfungsgeschichte enthält alle Klischees von der unterschiedlichen Beschaffenheit von Mann und Frau: Der Mann »steht am Ruder des Staates«, er besorgt »Ämter und Gewerbe«, er steht als Hausvater »an der Spitze [der] Familien«, er besitzt die »größere Stärke der Vernunft«, er wurde von der Frau verführt und wird jetzt von »seiner zweiten Hälfte modifiziert«. Die Frau ist die »zweit(rangig)e Hälfte« – le deuxième sexe – in dem Sinne, in dem Simone de Beauvoir diesen Mythos vom »zweitrangigen« Geschlecht zum Mittelpunkt ihres epochalen Werkes von 1949 gemacht und in dessen Titel aufgegriffen hat. Eine strenge Geschlechterteilung mit festliegenden Geschlechtscharakteren und eine androzentrische Weltschau, in der der Mann sich als Zentrum der Welt begreift und diese konzipiert, das spiegelt sich in dieser »aufgeklärten« Version der Schöpfungsgeschichte. [8]

Mythen sind zählebig, besonders in der Literaturgeschichte; die Vernachlässigung der von Frauen geschriebenen Literatur und ihr Ausschluß aus der offiziellen Literaturwissenschaft in Lehre und Forschung haben weitreichende, verheerende Folgen gehabt: viele Texte von Frauen sind überhaupt nicht oder nicht mehr zugänglich; [9] die meisten Autorinnen sind nur dem Namen nach bekannt, ihre Texte so gut wie unbekannt, oder sie sind mit vorgefaßtem Frauenbild, wie eine Frau, und besonders eine gelehrte oder eine schreibende Frau zu sein habe, beurteilt und verurteilt worden; der (durchaus sich mit der Zeit wandelnde) Literaturkanon und die (jeweils moderne) Literaturgeschichte sind immer wieder allein von männlichen Dozenten ihren Interessen entsprechend aufgestellt und gelehrt worden. Daraus folgte, daß das Thema »Frau und Literatur« erstens weitgehend vernachlässigt und verdrängt worden ist, und daß es zweitens, wenn behandelt, (un)absichtlich verzerrt aus rein männlicher Perspektive und Erkenntnisinteresse dargestellt worden ist.

Forschungsstand

In der deutschen Literaturgeschichtsschreibung machte Hans Mayer mit seiner Studie *Außenseiter* (1975) einen ersten Versuch, aus dieser alles andere verdrängenden Perspektive herauszutreten und Randfiguren – Außenseiter – zu betrachten. [9a] Hans Mayer ging keineswegs von der feministischen Literaturkritik, sondern von der in den siebziger Jahren vielfach an die Literatur des 18. Jahrhunderts herangetragenen weltanschaulichen Prämisse von der gescheiterten bürgerlichen Aufklärung aus. Danach sind drei Gruppen von Außenseitern von dem Versuch ausgeschlossen, die »hochherzigen Emotionen der ›Brüderlichkeit‹ politisch und rechtlich zu konkretisieren« (S. 9): Frauen, Juden und Homosexuelle. Diesen drei Gruppen widmet Mayer seine Ausführungen, die sich an literarischen Typen, die für Mayer die geschichtliche Wirklichkeit widerspiegeln, orientieren – eine fragwürdige und undifferenziert angewandte Methode. So interessiert Mayer bei den Frauen besonders die Minorität, die von den alttestamentlichen Figuren Judith und Dalila repräsentiert werde. [10]

Doch sind diese beiden Außenseiter-Figuren nicht geeignet, um als Präfigurationen sowohl fiktive Frauenbilder als auch reale Frauenleben (des 19. und 20. Jahrhunderts) zu erklären oder auch nur dialektisch zu beleuchten, wie Mayer es mit Hilfe einer verschwommenen Freudschen Psychologie, in der die kastrierende Frau überall ihr rätselhaftes Wesen treibt, tun möchte. Einmal reduziert Mayer in seiner Studie (fiktive und reale) Frauen unkritisch und voreingenommen auf diese beiden Mythen von Judith und Dalila und bleibt dabei in der von ihm selbst als reduktiv erkannten männlichen Literaturtradition verfangen, die Frauen eben nur in Mythen, Typen und Stereotypen begreifen kann und will. Zum anderen wechselt Mayer ständig in seinen bonmot-artigen Formulierungen, seinen aphoristischen Bemerkungen und halben Fakten die Diskursebenen: von der fiktionalen Existenz der Figuren geht Mayer im selben Atemzug zur sozialgeschichtlichen Realität oder zur ideologischen Interpretationsweise über. Frauenbilder und Frauenleben werden einfach assoziativ aneinandergereiht, statt analysiert und aufeinander bezogen zu werden. Frauen erscheinen als verschwommene, aber immer irgendwie monströse Außenseiter, als »Ausgeburt(en) einer männlichen Kastrationsangst« (S. 35). Was Mayer wahrnehmen will, ist aus eigener Wahl schon ein ganz beschränkter Ausschnitt, eine exotische Ergänzung zu Mayers eigener literarischer Welt. Frauen sind in dieser Welt Hans Mayers eine Sammlung von geistreichen Bemerkungen, die in das eigene literarhistorische Schaffen nicht hineinpassen, eine Sammlung dort überflüssiger Randbemerkungen zum eigentlichen, d.h. männlich strukturierten literarischen Leben. [11] Ohne darüber zu reflektieren, hat Hans Mayer die These von der gescheiterten bürgerlichen Aufklärung hinsichtlich der Frauen an sich selbst demonstriert.

Dagegen hat sich die feministische Literaturgeschichte viel selbstkritischer den Außenseitern zugewandt und sich um eine Innenperspektive der (oder des) »anderen« bemüht. Renate Möhrmanns Studie *Die andere Frau. Emanzipationsansätze deutscher Schriftstellerinnen im Vorfeld der Achtundvierziger Revolution* (Stuttgart, 1977) hat die Geschichtslosigkeit der Frau kritisch am historisch-literarischen Material beleuchtet und die Andersartigkeit der historischen und literarischen Situation der Autorinnen mit in ihre Studie aufgenommen. Silvia Bovenschens *Die imaginierte Weiblichkeit. Exemplarische Untersuchungen zu kulturgeschichtlichen und literarischen Präsentationsformen des Weiblichen* (1979) hat eine kritische Betrachtung der gegenseitigen Bedingtheit von Frauenbildern in der Literatur und schreibender Frauen des 18. Jahrhunderts geliefert. Bovenschen konzentriert sich deshalb auf das 18. Jahrhundert, weil

die Erscheinung des Weiblichen (seine literarischen Präsentationen, die Reflexion seiner kulturellen Aufgaben, seine rechtsphilosophischen Standortbeschreibungen) changiert; [das Weibliche] taucht, da ihm problemgeschichtlich keine systematische Bedeutung zuerkannt wurde, innerhalb der Texte ganz unvermutet und in wechselnden Gewändern auf, und das Belieben, mit dem für diese oder jene kulturhistorische These jeweils Zitate desselben Autors und derselben Theorie gefunden werden können, bezeugt weniger die gelegentliche Willkür der Rezipienten als vielmehr den arbiträren Umgang der zitierten Autoren mit der zum kulturellen Beutestück gewordenen Leerform ›Weiblichkeit‹. [12]

Wie diese Leerform »Weiblichkeit« mal mit diesem und mal mit jenem Deutungsmuster gefüllt worden ist, und wie im 18. Jahrhundert der Typ der »gelehrten Frau« von der »sentimentalen Frau« abgelöst wird, legt Bovenschen kritisch in dem Hauptteil ihrer Arbeit dar. Hier interessiert zunächst der methodologische Ansatz, die Einführung der Kategorien von Schattenexistenz und Bilderreichtum. Bovenschen sieht die Repräsentanz des Weiblichen hauptsächlich in zweifacher Weise manifestiert: erstens in den Reduktionstheorien und zweitens in den Ergänzungstheorien (männlicher Kulturhistoriker). In den Reduktionstheorien wird das Weibliche auf bestimmte, abgegrenzte Themen und Bereiche eingeengt (Frauenthemen und die Frauenfrage etwa); in den Ergänzungstheorien wird das Weibliche als kompensatorisch zum Männlichen verstanden (hier werden geschlechtsspezifische Charakteristika dem Weiblichen zugesprochen, die auf einer – religiös, moralisch oder ästhetisch begründeten – Geschlechtsontologie beruhen). Bovenschen zeigt die so vorprogrammierte Ungleichheit der Theorien, die die Andersartigkeit der Frau als Gleichheit propagieren. Bovenschen sieht in diesen beiden Repräsentationsformen (der Reduktion und der Ergänzung) in der Geschlechtsontologie »das gleichbleibende Bedürfnis der Männer« verkörpert, »dem Weiblichen [die eigenen] Sehnsüchte und Bedrohungen einzuschreiben und gleichzeitig die realen Frauen in ihrem ›halbkolonialen Status‹ (Bloch) zu belassen« (S. 60). Bovenschen hat versucht, literarische und kulturgeschichtliche Quellen zu Frauen des 18. Jahrhunderts in ihrem Zusammenspiel von Bild, Bildgeber und realer Situation der Frau zu erfassen. Sie schließt mit der Feststellung:

Die Geschichte der weiblichen Geschichtslosigkeit ernst zu nehmen, darf nicht heißen, sich dem Gegenstand in der Weise zu assimilieren, daß die Analyse selbst ahistorisch wird. Diese Analyse darf nicht ignorieren, daß es sich bei dem historischen Material, dessen wir habhaft werden können, um ein gefiltertes Bild handelt: um Bilder, Zuschreibungen, Projektionen, etc. Gleichwohl gilt es, dieses Material, das nahezu die gesamte Überlieferung ausmacht, in seine Teile zu zerlegen, auf seine Gehalte und seine diskursiven Einordnungen zu untersuchen und es in einen neuen Bezugsrahmen zu stellen, der sich selbst erst im Laufe dieser Analyse herausbilden muß (S. 265).

Den Bildern, Zuschreibungen und Projektionen hat sich nun auch eine feministische Literaturkritik in den letzten Jahren in Deutschland zugewandt, kritische Untersuchungen zu literarischen Frauenbildern und Typen vorgelegt, um sich Frauen und Weiblichkeit zu nähern, dem Entwurf weiblicher Helden [13] und weiblicher Schreibpraxis nachzuspüren oder die ästhetische Funktion des »Weiblichen« etwa am Beispiel von Schlegels *Lucinde* aufzudecken. [14] Hier geht es nicht einfach um Ideologiekritik, um etwa Reduktionen, Verzerrungen und misogyne Frauendarstellungen in den Texten (zumeist männlicher Autoren) aufzuzeigen – auch das war ein wichtiger Aspekt, aber eben nur ein Ausgangspunkt, der zu neuem, kritischen Lesen und Verstehen von Texten des literarischen Kanons sowie besonders von oft wenig bekannten Texten von Frauen geführt hat.

Dabei steht besonders in letzter Zeit die Frage nach »Weiblichkeit und Schrift« im Mittelpunkt [15], die (oft unkritische und oberflächliche) Nachahmung, aber auch die verständnisvolle Rezeption und die kritische Auseinandersetzung mit dem Poststrukturalismus, mit den französischen Feministinnen, besonders Irigaray, Cixous und Kristeva hat auch in Deutschland begonnen. [16] Eindrucksvoll belegen die Aufsätze zu feministischer Literaturkritik und Literaturkanon, zur Kulturgeschichte der Frauen, zur Schreibweise von Frauen und feministischer Theorie in dem über das letzte Jahrzehnt Bestandsaufnahme gebenden Band *The New Feminist Criticism* (1985) [17] die unterschiedlichen Positionen und Verfahrensweisen der feministischen Literaturkritik, die sich einerseits an Texten von Frauen, an (sozial-)geschichtlichen Orten von Frauen, an der historischen wie philosophischen Kategorie »Geschlecht« orientieren und andererseits den Ort des »Weiblichen«, die Konstitution von »Weiblichkeit« jenseits des Positiven, jenseits positivistischer Aussagen im literarischen, philosophischen und psychoanalytischen Diskurs selbst in eigenen diskursiven Umschreibungen nachzuzeichnen versuchen.

Wie sieht es bei diesem Diskussionsstand der feministischen Literaturkritik mit den Texten und schriftlichen Zeugnissen von (und über) Frauen historischer Perioden aus, die Jahrhunderte zurückliegen? Sie liegen chronologisch weit vor dem Material, an dem die methodischen und theoretischen Positionen der Literaturkritik, und nicht nur der feministischen, erarbeitet wurden, und wir haben es hier (etwa vor 1750) vielfach mit ganz anderen Textsorten zu tun. [18] Die Kurzschlüsse und Verfälschungen, die aus einer ahistorischen und anachronistischen Betrachtungsweise resultieren können (aber nicht unbedingt müssen), sind

Gott schafft den menschen. Gen. i.

Adam vñ Eua brechens gebot. Gen. iij.

Zwei Holzschnitte aus *Biblische Historien Figürlich Fürgebildet*
(Frankfurt a.M. 1533) von Hans Sebald Beham.

Der »Meister von Frankfurt« malte sich mit seiner Ehefrau an einem Tisch,
auf dem Brot und Wein die Tischgemeinschaft,
die beiden Fliegen auf dem Tisch und auf der Haube der Frau
die Sündhaftigkeit des Menschen versinnbildlichen
(Gemälde von 1496).

nicht von der Hand zu weisen. Noch fragwürdiger wird hier der Diskurs, der jenseits des Positiven und positivistischer Aussagen sich anzusiedeln vorgibt. Wenn die feministische Literaturkritik auch für die historischen Texte, die ein wichtiger Gegenstand der germanistischen Forschung seit ihrem Beginn gewesen sind, eine neue Sicht- und Betrachtungsweise geliefert hat, so liegt diese in der Frage und Suche nach Frauen und ihrem historischen Ort (nicht aber in dem Umschreiben von Weiblichkeit in eine andere Sprache). Spurensicherung und das Lesen dieser Spuren, um die Gesichts- und Geschichtslosigkeit von Frauen in der (deutschen) Literatur in Präsenz von Frauen zu verwandeln, sind dabei nötig. [19]

An die theoretischen wie konkreten Vorarbeiten zum sozialgeschichtlichen Bezugsrahmen, innerhalb dessen Frauen in der (Literatur-)Geschichte sichtbar geworden sind, gilt es anzuknüpfen.

Zur Sozialgeschichte der Frau

Den Bezugsrahmen einer neuen Sozialgeschichte der Frau hat die Historikerin Gerda Lerner in einer Reihe von fundierten historischen Untersuchungen und theoretischen Aufsätzen abzustecken versucht und dabei neue Fragen an die Geschichte gestellt, dabei die etablierte Geschichtsforschung mit ihrem sozialgeschichtlichen Modell der »women's history« herausgefordert. [20] Aus der Frauenbewegung kamen (und kommen) die Impulse, den Ursachen für das noch immer auffallende Defizit an Emanzipation gegenüber der theoretisch längst vollzogenen »Gleichberechtigung« in der historischen Frauenforschung nachzugehen. Gerda Lerner folgte zunächst den Spuren von Mary Beard, die zu ihrer Zeit als leicht spinnig belächelte Außenseiterin, die in ihrem wichtigen Werk *Woman as Force in History* (1946) die Präsenz der Frauen in der Geschichte als aktiv Handelnde – und nicht nur als Opfer (männlicher) Unterdrückung und Ausbeutung – überzeugend dargestellt hat. Viel differenzierter als Mary Beard sieht Lerner die Frau in einer doppelgesichtigen Position, einmal dem Manne untergeordnet und doch zentral, zum andern ausgebeutet und doch aktiv handelnd. »Die Sozialgeschichte der Frau«, so konstatiert Lerner [21],

erfordert eine grundsätzliche Neubestimmung der Voraussetzungen und Methoden der traditionellen historischen Forschung und des traditionellen historischen Denkens. [Die Sozialgeschichte der Frau] stellt die traditionelle Annahme in Frage, daß der Mann das Zentrum aller Dinge und das Maß alles dessen sei, was bedeutungsvoll ist, daß die von Männern ausgeübten Tätigkeiten ihrem Wesen nach wichtig seien, während die der Frauen von untergeordneter Bedeutung sind. Sie stellt die Vorstellung in Frage, nach der Zivilisation das ist, was Männer geschaffen, verteidigt und verfeinert haben, während Frauen Kinder hatten und der Familie dienten, wozu sie (die Männer) von Zeit zu Zeit in äußerlicher Weise, beigetragen haben.

So unscheinbar und einfach Lerners Forderung nach der Frau als Bedeutungsträger für den Geschichtsprozeß zunächst auch erscheinen mag – eine umfassende Geschichtstheorie ist damit keineswegs geliefert –, um so weitreichender sind die Konsequenzen dieser Forderung:

Eine neue Universalgeschichte wird... eine Synthese der traditionellen Geschichte und der der Frauen sein... Nur eine Geschichte, die auf der Erkenntnis beruht, daß Frauen schon immer wesentlich zum geschichtlichen Prozeß beigetragen haben und daß Männer und Frauen das Maß der Bedeutung sind, wird wirklich eine Universalgeschichte sein. (ebd.)

Hier geht es nicht mehr um das »Lücken füllen« oder um einen »Beitrag« der Frauen zu einem schon festliegenden Geschichtsgebäude, sondern um eine völlig neue Sichtweise für die Geschichtsforschung, die ihre Perspektive, ihre Quellen und ihre Periodisierung neu durchdenken muß. Wie vor ihr Mary Beard, wie Simone de Beauvoir, die sich über die existentielle Bedeutung des »Frau-Seins« Klarheit verschaffen mußte und *Das andere Geschlecht* schrieb, bevor sie sich ihrer eigenen Biographie und Geschichte stellen konnte, wie die Frauen der »zweiten Frauenbewegung« erhob Gerda Lerner die Frau zum handelnden Subjekt, zum Individuum, und kehrte damit genau den Prozeß um, den Fichte noch 1796 programmatisch für das 19. und 20. Jahrhundert festgeschrieben hatte: »Die Frau hat aufgehört, das Leben eines Individuums zu führen. [22]« Statt dessen begreift Lerner die Frau als autonomes Wesen mit eigenem Bewußtsein in einer männlich-zentrierten Welt. Lerners Ausführungen stehen hier stellvertretend für die Auffassung des modernen Feminismus, in dem sich die Frau als autonomes Individuum innerhalb eines weiblichen Kollektivs (von biologischem Geschlecht und sozialer Prägung) versteht. [23]

Das Erkenntnisinteresse der Frauen aus der zweiten Frauenbewegung liegt den neuen historiographischen Ansätzen zugrunde, die auch die historische Frauenforschung in Deutschland geprägt haben, über deren Fragestellungen und Perspektiven Gisela Bock so übersichtlich referiert hat. [24] Sie geht von einer Kontrastierung der »Frauengeschichte« und

»Männergeschichte« aus, dem »anderen Blick« auf Geschichte, der zunächst auf das Sichtbarmachen von Frauen abzielte und über eine rein additiv-kompensatorische (kontributorische) Geschichte hinausgeht. Damit werden herkömmliche Relevanzkriterien, wie die historiographische Privilegierung großer Frauen in der Männerwelt etwa in *Große Damen des Barock* [25], in Frage gestellt und eine neue Universalität angestrebt, die weibliche Erfahrung − als Geschichte und als Erleben von Geschichte − einbezieht.

Die »weibliche Erfahrung« ist eine Fragestellung der frauengeschichtlichen Forschung (nicht etwa eine Antwort), die vornehmlich aus der Sozialgeschichte wichtige Einsichten und Hilfsmittel bezogen hat. Eine vertane Chance für die Erforschung »weiblicher Erfahrung« war allerdings die Fixierung deutscher Sozialhistoriker auf den »kleinen Mann« und auf Schichten- und Klassenmodelle, in denen Frauen ebenso unsichtbar waren (z.B. in der Geschichtsschreibung der Arbeiterbewegung oder revolutionärer Gruppen) und blieben, wie sie es in der herkömmlichen Historiographie, z.B. in der Wirtschafts- oder Verfassungsgeschichte, schon immer gewesen waren. Das gilt auch für die Mobilitätsforschung, wo Berufs- und Wohnortwechsel zwischen Generationen von Vätern und Söhnen erforscht, während der Wechsel von der Tochter zur Ehefrau und deren Stellung gegenüber dem »statusbestimmenden« Vater bzw. Ehemann und jegliche Beziehungen zu weiblichen Verwandten ebenfalls zu erforschen wäre.

Um »weibliche Erfahrung« mit in die Geschichtsforschung einzubringen, könnte die historische Familienforschung besonders aufschlußreich sein, wenn hier (auch!) nach dem Ort der Frau und ihrer Arbeit gefragt wird. Methodische Ansätze, Fragestellungen und beachtenswerte Ergebnisse sind hier z.T. aufgrund literarischer Quellen für unsere Periode in dem monumentalen Werk von Lawrence Stone, *The Family, Sex and Marriage in England. 1500−1800* (1977) vorgelegt worden [26], allerdings nur für die Familien des Landadels. Dagegen sollte das wechselnde Verhältnis zwischen Frauen und Männern in Familie und Haushalt, sowie der Lebenszyklus (und nicht nur der Familienzyklus) besonders bei den Frauen beachtet werden. Denn es geht nicht darum, lediglich eine subjektive Frauenperspektive der scheinbaren Objektivität historischer Quellenforschung, wie sie auch für Frauen − aber eben doch sehr sekundär − die Bevölkerungswissenschaft und -statistik schon seit dem 18. Jahrhundert geliefert haben, sondern es geht hier »um den inhaltlichen Anspruch, die Erfahrungen von Frauen zu rekonstruieren.« [27]

Um Frauen und ihren Ort sichtbar zu machen, muß das Geschlecht als soziale Kategorie in die Betrachtung mit einbezogen werden. Es ist eine neue, keineswegs theoretisch auch nur annähernd ausgeleuchtete Kategorie, die die vorhandenen sozialen Rollen und Strukturen durchkreuzt und überschneidet. Frauen wurden (oder werden) keineswegs immer von Männern ausgebeutet (wie analog der Klassenanalyse vorgebracht worden ist, noch sind sie vornehmlich von ihrer Erwerbstätigkeit oder durch ihre Väter/Ehemänner (beides sind unvollständige, abgeleitete Sichtweisen) bestimmbar. Frauen sind in allen Klassen anwesend, sie sind (numerisch gesehen) keine Minderheit; aber auch das Konzept der Marginalität trifft nicht auf alle Frauen zu. »Frauen sind ein Geschlecht. Sie müssen als solches historisch konzipiert und Geschlecht muß als grundlegende Kategorie sozialer und historischer Realität, Wahrnehmung und Forschung eingeführt werden.« [28] Hier hat die sozialgeschichtliche Betrachtung von Frauen und Literatur in der Frühen Neuzeit anzusetzen.

Theoretische und methodische Ansätze

Eine Sozialgeschichte von »Frauen und Literatur« wird Frauen, nicht aber politische oder gesellschaftliche Strukturen und Institutionen, nicht Literatur als geistige Tradition oder als ästhetische Ausdrucksform, in den Mittelpunkt stellen: Frauen als Opfer und Handelnde, als »Unmündige« und als Schreibende, als Individuen, als große Menschen in hervorragender Stellung, aber ebenso als Unbekannte und Namenlose ihres Geschlechtes, als Angehörige eines unsichtbaren, aber immer gedachten Kollektivs der »Weiber«, wie es im Sprachgebrauch des 18. Jahrhunderts hieß. Ich stelle damit das »Geschlecht«, ohne mich von vornherein auf ein bestimmtes Wesen »des Weiblichen« festzulegen, als neue Kategorie in die historische und literarische Diskussion. Nicht nur die Zeitumstände und die Klasse werden damit zu wichtigen Faktoren des literarhistorischen Diskurses, sondern ganz besonders die physischen, religiösen, rechtlichen, sozialen Bedingungen und Vorstellungen, denen Frauen als Angehörige ihres Geschlechtes unterlagen. Frauen waren weder in der Frühen Neuzeit noch sonst irgendwann eine homogene Gruppe; sie waren keine Rasse, Klasse oder Kaste, keine wirtschaftliche Einheit (etwa die der Hausmütter oder der Ausgebeuteten); sie haben auch keineswegs als Geschlechtsgenossinnen solidarisch gehandelt, wohl aber in bestimmten Bereichen (z. B. der Reproduktion) sich so gefühlt. Frauen haben jedoch ebenso oft gegeneinander gestanden, andere Frauen ausgebeutet oder beherrscht.

Für die Frauen der Frühen Neuzeit in Deutschland lassen sich bestimmte Eingrenzungen und Bedingungen, die weitgehend für alle verbindlich waren, feststellen. [29] Das biologische Geschlecht der Frau war immer und in jeder Lebensphase bestimmend für ihre gesellschaftliche Stellung und ihre Möglichkeiten in der jeweiligen Gruppe. Frauen waren sich immer dessen bewußt, daß sie Frauen waren und deshalb grundsätzlich anders als Männer, und wurden ständig von der Gesellschaft daran erinnert. Ihr von Gott ordinierter Stand der »Weiblichkeit« bedeutete Gehorsam und Unterordnung unter die Männer (ihrer Klasse), er bedeute eine mit der Erbsünde übernommene moralische Minderwertigkeit, von der sie nur durch ein bewußt tugendhaftes Leben als Frau eine Erlösung erhoffen konnten. Ihr biologisches Geschlecht bedeutete auch, daß sie ihre eigentliche weibliche Bestimmung mit dem Kindergebären, solange und sooft sie es vermochten, erfüllen würden (nur die Nonne unterlag nicht dieser Bestimmung). Ihr Geschlecht war damit von zentraler Bedeutung für ihr Leben.

Die Frauen der Frühen Neuzeit dürfen deshalb keineswegs isoliert vom Ort innerhalb der patriarchalischen Gesellschaft und dem sie bedingenden Rahmen betrachtet werden. Dieser Rahmen ist allgegenwärtig, er ist fest gefügt und unumstößlich, wie das Kloster oder das Haus, die Ehe und die Familie, wo Frauen lebenslang eingegrenzt und relativ abgesondert lebten. Dieser Rahmen wurde von Männern geschaffen und zu deren Vorteil und deren Befriedigung bewahrt; es ist der Rahmen einer gänzlich androzentrischen Gesellschaft (auch Nonnenklöster unterstanden männlichen Pflegern, Beichtvätern und Predigern). Wenn ich nun aber die Frauen dieser Gesellschaft in den Mittelpunkt stelle, so werde ich mein Erkenntnisinteresse vornehmlich auf ihre Interessen, Wünsche, und Möglichkeiten lenken und bei der Betrachtung ihrer Opfer, Unterdrückung, Abhängigkeit und Ausbeutung ihre Perspektive einnehmen. Das bedeutet nun natürlich nicht, daß nun eine einfache Rollenverkehrung stattfindet und sich auf einmal die gesamte (Literatur-)Geschichte so um Frauen drehen soll, wie sie sich seit Beginn der historischen und literarischen Forschung um (bedeutende) Männer gedreht hat, sondern mein historischer Ausschnitt – und bei jeder Darstellung handelt es sich nur um einen Ausschnitt, um eine Perspektive – möchte sich auf die Lebensmöglichkeiten und -äußerungen der

Frauen in der Frühen Neuzeit in Deutschland konzentrieren und diese aufzeigen.

Welche literarhistorischen Quellen gibt es nun in der Frühen Neuzeit, in denen Frauen sichtbar werden? Welche Fragen können wir an dieses Material richten und wie können wir es sinnvoll (und sinngebend) erschließen oder gliedern? Grob umrissen bestehen die Quellen aus zusammenhängenden Texten von Frauen und über Frauen. Diese Texte erheben zumeist keine ästhetischen Ansprüche, schließen diese aber nicht generell aus, wie etwa die Sonette der (bekannten) Greiffenberg oder der (unbekannten) Susanna Kuntsch (1651–1717) durchaus die ästhetischen Forderungen der Sonettkunst erfüllen. Eine Sozialgeschichte von »Frau und Literatur« in der Frühen Neuzeit kann nicht am »sprachlichen Kunstwerk«, am »gestalteten Kunstwerk« interessiert sein, sondern wird zunächst alle zusammenhängenden Texte betrachten, die Ausdruck »weiblicher Erfahrung« sind. Der Zeit und ihren Möglichkeiten entsprechend sind es bis 1800 vorwiegend sachbezogene Texte, bei denen die Aussage, die Sache wichtig war, während die Form, die Verschönerung oder Kunst erst später und in zweiter Linie hinzutrat. Es sind zumeist Texte, die nicht dem »genügen«, was wir in der Literaturgeschichte als (schöne) Literatur verstehen, sondern Texte, die erst seit unserem erweiterten Literaturbegriff der siebziger Jahre ins Blickfeld der Germanisten geraten sind. Auch kann es hier nicht darum gehen, den Beitrag einer Frau zur etablierten Literaturgeschichte vorzuführen, etwa die Bedeutung der Lustspiele der Gottschedin für die Entwicklung des deutschen Lustspieles zu demonstrieren. (Wenn ihre Lustspiele in unserem Zusammenhang eine Bedeutung haben, dann die, daß sie Frauen als Agierende innerhalb patriarchalischer und misogyner Lustspielstrukturen enthalten, wie die leichtgläubige, ungebildete Pietistin, die das Opfer eines Erbschleichers zu werden droht oder das elternlose Mündel, das sich vor einer betrügerischen Konvenienzehe retten möchte.) Es wäre widersinnig, die Texte von Frauen nach den Normen einer etablierten Literatur zu untersuchen und sie daran zu messen, solange Frauen weitgehend von dieser Tradition ferngehalten wurden, da sie nämlich von den Institutionen der Bildung und Erziehung ausgeschlossen waren und so nicht über den Schulunterricht und die Universität in die geistigen und literarischen Traditionen hineinwachsen konnten. Gemessen an dieser Tradition blieben die meisten schreibenden Frauen bis zum Ende des 18. Jahrhunderts »Dilettanten«, wie Goethe es maßgebend für spätere ästhetische Beurteilungen formuliert hat. [30]

Anstatt also die literarische und ästhetische Norm einer Epoche zu übernehmen und diese von außen her an das Werk einer Frau heranzutragen, setzte ich bei dem jeweiligen Text an und versuche aus diesem heraus und aus seinem sozialgeschichtlichen Umfeld Aussagen über die »weibliche Erfahrung« zu ermitteln. So hat für uns der von der humanistisch gebildeten Äbtissin Caritas Pirckheimer zusammengestellte Bericht aus den 1520er Jahren, als der Nürnberger Rat das Klarissenkloster aufheben wollte, ebenso Aussagewert wie die zahllosen Frauenbriefe seit dem frühen 16. Jahrhundert, die Romane der Sophie La Roche oder die (nach anakreontischem Muster angefertigten) Verse der Anna Luise Karsch. War der Bericht der Caritas sehr wohl an der Chronik-Tradition orientiert und zeigen Frauenbriefe auch den Einfluß literarischer Vorbilder oder epistolographischer Tradition und bewußten Stilwillen (wie die der Meta Moller-Klopstock – etwa die letzten Briefe, bevor sie bei der Geburt ihres ersten Kindes starb), so sind doch die meisten Briefe für uns als Aussagequelle über Ereignisse, Auffassungen, Wertungen, und manchmal sogar Gefühle und Gedanken wertvoll und aufschlußreich, auch wenn – wie noch bei Frauen aus dem Romantikerkreis – Syntax, Grammatik und Orthographie gegenüber männlichen Normen viel zu wünschen übrig lassen. [31]

Die von etwa 1500 bis 1800 erreichbaren Texte schreibender Frauen sind recht unterschiedlich. Sie bestehen aus Beichten, Traktaten, gelehrten Schriften, Polemiken, Satiren, Erbauungsschriften, Gelegenheitsdichtung, Lyrik aller Art, Vorspielen, Dramen, Briefen, Mitteilungen, Romanen, Prosawerken, Selbstzeugnissen bis hin zu Hebammen-, Arznei-, und Kochbüchern und (protokollierten) Gerichtsaussagen. [32] Auch Texte über Frauen habe ich oft herangezogen, nicht weil sie universale, überpersönliche Aussagen mit zeitloser Gültigkeit enthalten, sondern weil sie als zeitbedingte Darstellungen aus männlicher Perspektive und Interesse bestimmend und sinngebend für die Frauen ihrer Zeit wurden, wie etwa die Moralischen Wochenschriften oder die Familienidylle in Goethes *Hermann und Dorothea*. Sie sind oft illustrativ für die Verhältnisse und viel mehr noch für die Verhinderungen. Denn bis hin zu Hippel habe ich keinen von einem Manne verfaßten Text finden können, der die Individuation und Emanzipation der Frau aus der Vormundschaft des Mannes auch nur diskutiert; in diesem (entscheidenden) Punkt der Geschlechterbeziehungen treten auch alle oft so als progressiv gesehenen Dichter nur so weit für die Rechte und Wohlfahrt der Frauen ein, wie es ihre männlichen *Vor*rechte nicht bedroht und diese um so fester verankert. Männer konnten, daran hat die moderne Frauenbewegung wieder anknüpfen müssen, Frauen nicht als selbständige, autonome Personen, als Subjekte denken. Auch die imaginierten Frauen ihrer Fiktionen sind dazu unmündig: sie sind unfähig, eigene Wünsche und Vorstellungen unabhängig vom patriarchalischen Bezugssystem zu äußern, geschweige denn zu verwirklichen, sondern sie ordnen sich ganz denen der männlichen Protagonisten unter, wie etwa die Frauen im *Wilhelm Meister* Wilhelms Selbstentfaltung und Bildung fördern, nicht aber ihre eigene.

Die erreichbaren Texte von Frauen, die oft nur als Zufallsfunde (etwa die Frauenbriefe) in irgendeinem Anhang mitveröffentlicht wurden oder seit ihrem Erscheinen vor mehreren Jahrhunderten nicht wieder gedruckt worden sind, stellen selbstverständlich nur einen kleinen Ausschnitt aus dem Leben der Frauen der Frühen Neuzeit dar. [33] Ich habe sie nicht als spezifisch weibliche Äußerungen behandelt, die ontologische, überzeitlich gültige Aussagen über »Weiblichkeit« enthalten, sondern als Ausdruck des jeweiligen Individuums und dessen historischer und sozialer Bedingungen, als einen Schlüssel zum Leben, manchmal auch zum Bewußtsein und zur Selbstdarstellung einer Frau (wie etwa die umfangreichen Schauspielermemoiren der Karoline Schulze-Kummerfeld und der Caroline Jagemann). Fragen an diese Texte lauteten: wie lebten oder was taten die Frauen, was konnten sie tun, wie taten sie es, wie sahen oder beobachteten sie ihre Mitmenschen, ihre Umwelt und Zeit, wie dachten sie über sich selbst; wie äußerte sich das Geschlecht, wie war die Beziehung zu Frauen und Männern, wie sah die »weibliche Erfahrung« aus. So unterschiedlich die Texte sind, so verschieden müssen auch die möglichen Fragen und Aussagen ausfallen. [34]

Um eine sinnvolle Gliederung des Materials zu erreichen, die möglichst viel Aufschluß über Frauen erlaubt, habe ich die Einteilung nach »Lebensbereichen« oder »Rollen« gewählt; es sind keine einheitlichen, universellen, theoretischen Kategorien, wie sie Juliet Mitchell aufgestellt hat, die die Bereiche der Produktion, Sozialisierung und Sexualität unterscheidet. [35] Der Sozialgeschichte von Frauen und Literatur in der Frühen Neuzeit ist meiner Meinung nach der historisch-gesellschaftliche »Bezugsrahmen« mehr angemessen, in dem Frauen als »Gruppen« in festen Rollen und Bereichen *in Erscheinung traten* (nicht aber als Individuen und auch nicht als eine Klasse). Solche »Rollen« oder »Lebensbereiche« waren für Frauen im Deutschland dieses Zeitraumes: die Ehefrau (d.h. die rechtlich-gesellschaftliche Stellung und religiöse Bestimmung der Frau); die Rolle der Frauen in der Kirche (als Nonnen, religiöse Streiterinnen, Organisatoren und Gläubige); die der Erziehung und Bildung der Frau, ihre Rolle als Schülerin und Lehrerin; die Rolle der literarisch und kulturschaffend tätigen Frauen des Adels und Bürgertums; der (Er-)Lebensbereich der Frauen am Theater. Nur an diesen Orten sind Frauen in unserem Zeitraum durch Texte sichtbar geworden, (fast) nur hier wird »weibliche Erfahrung« artikuliert. [36]

Die zeitliche Eingrenzung von etwa 1500 bis 1800 habe ich gewählt, weil ich sie für die Periodisierung der Sozialgeschichte der Frau für sinnvoll, keineswegs jedoch für unanfechtbar oder unumstößlich halte. Mit der Reformation wird die »Domestizierung« der Frau als Ehefrau zur Norm, wenn sie »schützend« ins innere Haus verbannt wird. Sie produziert dann in der Regel in den nächsten drei Jahrhunderten trotz Kriegen, Versorgungsnöten, Hunger, schlechter Ernährung und beengten Wohnverhältnissen während ihrer geburtsfähigen Jahre Kinder, bis der Tod dem ein Ende setzt, denn ganz wenige Frauen erleben die Phase *nach* der Reproduktion (das ändert sich langsam seit dem beginnenden 19. Jahrhundert mit der steigenden Lebenserwartung). Dabei bestimmt dienende Haus- und Zuarbeit für den Mann als dessen »Gehilfin« ihr Leben. Doch kommt mit dem »Betbuch«, dem Auswendiglernen des Katechismus, von Liedern und Bibeltexten auch das Lesen und dann sogar das Schreiben in immer greifbarere Nähe, so daß das religiöse Leben ein Schlüssel zur Individuation, zur beginnenden »Mündigkeit« werden kann und vielfach wird. Frauen aus dem niederen Adel und der bürgerlichen Oberschicht werden im 18. Jahrhundert langsam »mündig« (aber keineswegs emanzipiert); sie bilden sich selbst und ihre Persönlichkeit; sie lesen und sie beginnen zu schreiben; sie sind ein wichtiger Einfluß auf die schöne Literatur; sie befreien sich allmählich von ihrer biologischen Funktion, indem sie ihre Kinderproduktion (im Vergleich mit vorausgegangenen Zeiten) etwas reduzieren und regulieren können, so daß sie nun Energien zur eigenen Entwicklung freisetzen; damit deuten sich erste Voraussetzungen zur (viel) späteren Emanzipation an. Diese wird jedoch (noch einmal) entscheidend verhindert mit der Propagierung der »Liebesehe« der Romantiker und der »Hausfrauen- und Mutterrolle« durch die *Männer* der Klassik und des Idealismus.

Die Frau im Deutschland der Frühen Neuzeit ist wesentlich »unmündig«, ohne das als statischen, einheitlichen Zustand zu verstehen. Und keineswegs waren »Faulheit und Feigheit die Ursachen«, warum »das ganze schöne Geschlecht« zeitlebens unmündig blieb, wie Kant in seinem berühmten Aufsatz *Was ist Aufklärung* (1783) meinte, noch war es für Frauen genug, sich »ihres Verstandes zu bedienen«, um mündig zu werden. Die Aufbrüche und Ausbrüche aus dieser nicht selbst verschuldeten, sondern aufgezwungenen Unmündigkeit waren ebenso markant und vereinzelt, wie die Verinnerlichung dieses Zustandes allgemein war und sein mußte. Die Verinnerlichung und die Aufbrüche, den langen Weg zur »Mündigkeit«, möchte diese Studie darstellen.

Erstes Kapitel

Ehefrau: Die christliche Lehre und die rechtlich-gesellschaftliche Stellung der Frau vom späten Mittelalter bis zum ausgehenden 18. Jahrhundert

Ich will dir viel Schmerzen schaffen, wenn du schwanger wirst;
du sollst mit Schmerzen Kinder gebären; und dein Verlangen soll nach
deinem Mann sein, und er soll dein Herr sein.
1. Mos 3,16

Das Oberhaupt jeden Mannes ist Christus, das Haupt der Frau aber
ist der Mann.
1. Kor 11,3

Mulier est vir imperfectus sive occasionatus
(die Frau ist ein verfehlter Mann und eine Zufallserscheinung).
Thomas von Aquin, 13. Jahrhundert

Das Weib soll nicht ihres freien Willens leben, wie denn geschehen
wäre, wo Eva nicht gesündiget, so hätte sie mit Adam, dem Mann
zugleich regieret und geherrscht als seine Mitgehilfe. Jetzt aber, nun
sie gesündiget und den Mann verführet, hat sie das Regiment verloren
und muß ohne den Mann nichts anfangen oder tun. Wo der ist muß
sie mit und sich vor ihm ducken als vor ihrem Herrn, den soll sie
fürchten ihm untertan und gehorsam sein.
Martin Luther. Eine Predigt vom Ehestand, 1525.

»Ein Weib ist geschaffen dem Mann zu einer geselligen Gehilfin in allen Dingen, im besonderen, Kinder zu bringen« [1], konstatierte Martin Luther über die Rolle der Frau in der christlichen Gesellschaft, und er predigte immer wieder über den Ehestand: »Man soll keinen Stand vor Gott besser sein lassen denn den ehelichen« (*Vom ehelichen Leben*, 42). In seinen Predigten und Schriften über die Ehe brachte Luther eine unzweideutige Festlegung der Frau als *Ehefrau*, eine Rollenzuschreibung, die bis heute mehr als irgendeine andere Neuerung der Reformation das Leben der Frau bestimmt hat. Eine Frau ist, jedenfalls in unserem Zeitraum von der Reformation bis zur Romantik, zunächst immer eine Ehefrau. Sie lebt unter dem Namen ihres Mannes, den sie bei der Heirat annimmt, und sie wird damit bezeichnet: Die »Zellin«, das ist Katharina Schütz, die streitbare Reformationsschriftstellerin und Ehefrau des Straßburger Reformators Matthias Zell; die »Gottschedin«, das ist Luise Kulmus, die unermüdliche Gehilfin des Reformers und Professors der deutschen Literatur, Johann Gottsched. Nomen est omen: der Name allein weist schon auf die Unterordnung unter den Mann und auf eine Entpersönlichung hin, die die Existenz als (Ehe-)Frau beinhaltet. Die Nachsilbe »-in«, ein Anhängsel an den Namen oder die Berufsbezeichnung des Mannes, gilt gleich für alle Frauen, ihren eigenen Namen haben sie durch die Heirat verloren. Auch als Witwen führen die Frauen weiterhin den Namen ihres Mannes, ihre Kinder führen allein den Familiennamen des Ehemannes. Sind nur Töchter vorhanden, so »stirbt eine Familie aus«, denn die Töchter werden ihren Namen bei der Heirat verlieren, die »männliche Linie« nicht fortsetzen können.

Ehefrau, das ist der lebenslange Stand, Beruf und die Berufung der Frau, von dem aus sich auch das Los und Leben der Ledigen und Witwen bestimmt und von dort her definiert wird; eine geschiedene Frau ist auch um 1800 noch eine Ausnahme, die als ungewöhnlich betrachtet und nicht gern gesehen wird.

Was bedeutet es, »Ehefrau« zu sein? Wie wurde diese Rolle definiert und innerhalb der christlichen Lehre begründet? Wie beschreibt Luther die Rolle der Ehefrau in seiner Ehelehre? Welche gesellschaftlichen Verhältnisse herrschten besonders im Hinblick auf die Lage der Frauen im städtischen Milieu in (Mittel-)Deutschland, die in Luthers Ehelehre eine Entsprechung finden? Was war die rechtliche Stellung der Ehefrau? Was war die Rolle der Frauen, die nicht im Ehestand waren, der Witwen, der Ledigen und der Geschiedenen? Um die Rolle der Ehefrau seit der Reformation verstehen zu können, muß zunächst auf das christliche Frauenbild, das heißt auf die Wesensbestimmung und Rollenbeschreibung der Frau in der Bibel und in der mittelalterlichen Theologie eingegangen werden. Die Bibel ist grundlegend für das Denken und für die Auffassung von der Frau der Frühen Neuzeit, für das die Bibel die ontologische Grundlage bildet, die Bilderwelt der moralisch-gesellschaftlichen Maßstäbe liefert.

Das Frauenbild der Bibel und der mittelalterlichen Theologie

Die Anthropologie der christlichen Kirche und Theologie ist androzentrisch: der Mann ist Zentrum, Herr und Maß aller Dinge, alles wird aus männlicher Perspektive gesehen. [2] So greift schon die frühchristliche und besonders die mittelalterliche Theologie eine Reihe von Textstellen aus dem Alten und Neuen Testament auf und versteht sie im Sinne der Vorherrschaft des Mannes über die Frau und der moralisch-religiösen Höherbewertung des Mannes. Während der erste Schöpfungsbericht von der Gleichrangigkeit Adams und Evas ausgeht: »Und Gott schuf den Menschen ihm zum Bilde, zum Bilde Gottes schuf er ihn; und schuf sie einen Mann und ein Weib« (1. Mos 1,27), wird immer wieder der sogenannte zweite Schöpfungsbericht herangezogen (1. Mos 2,4ff.). Hiernach erschafft Gott zunächst nur einen Menschen, den männlichen Adam, den Gott mit dem Gebot, nicht vom Baum der Erkenntnis des Guten und Bösen zu essen, ins Paradies setzt. Da es Gott nicht gut scheint, daß Adam allein ist, schafft er ihm eine Gehilfin; er läßt Adam in einen tiefen Schlaf fallen, nimmt eine Rippe aus Adams Seite, erschafft daraus die Frau und bringt sie zu Adam: »Da sprach der Mensch: Das ist doch Bein von meinem Bein, Fleisch von meinem Fleisch: man wird sie Männin [virago] heißen, darum daß sie vom Manne genommen ist« (1. Mos. 2,23). Dann folgt der Sündenfall, an dem die Frau schuld ist: die listige Schlange stiftet Eva an, ungehorsam zu sein und Gottes Gebot zu übertreten, vom Baum der Erkenntnis zu essen. Adam rechtfertigt sich vor Gott: »Das Weib, das du mir zugesellt hast, gab mir von dem Baum, und ich aß.« Gott bestraft die Frau: »Ich will dir viel Schmerzen schaffen, wenn du schwanger wirst; du sollst mit Schmerzen Kinder gebären; und dein Verlangen soll nach deinem Manne sein, und er soll dein Herr sein.« Mann und Frau werden aus dem Paradies vertrieben, werden sterblich und müssen »im Schweiße ihres Angesichts« ihr Brot essen. Aus dieser zweiten Schöpfungsgeschichte wird abgeleitet, daß die Frau weniger wert als der Mann ist (sie ist *nach* Adam und nur aus dessen Rippe erschaffen), und aus dem Sündenfall, daß sie moralisch minderwertig ist, eine – selbst verführte – Verführerin, die den Mann um das Paradies gebracht hat. Ihre von Gott verhängte Strafe besteht darin, daß sie *dem Mann untertan* von ihm abhängig ist und daß sie mit Schmerzen *Kinder gebären soll.*

Neutestamentliche Stellen belegen weiterhin die Unterordnung der Frau unter den Mann. »Ich möchte euch aber zu bedenken geben, daß das Oberhaupt jeden Mannes Christus ist, das Haupt der Frau aber ist der Mann« (1. Kor 11,3), ermahnt Paulus die Frauen: »Die Frauen seien ihren Ehemännern untertan, als gelte es dem Herrn; denn der Mann ist das Haupt der Frau [vir caput mulieris], ebenso wie Christus das Haupt der Gemeinde ist, ...so sollen auch die Frauen ihren Männern in jeder Beziehung untertan sein« (Eph 5,22-24). Diese Unterordnung wird von Paulus noch weiter präzisiert, indem er die Frauen besonders in religiösen Angelegenheiten zum Schweigen ermahnt: »Die Frauen sollen in den Gemeindeversammlungen schweigen [mulieres in ecclesiis taceant], denn es kann ihnen nicht gestattet werden zu reden, sondern sie haben sich unterzuordnen... Wünschen sie aber Belehrung über irgend etwas, so mögen sie daheim ihre Ehemänner befragen« (1. Kor 14,34-35).

Neben diesen Stellen, die die Untertänigkeit und Zweitrangigkeit der Frau in allen Lebenslagen bekräftigen, stehen die biblischen Hinweise auf die Jungfräulichkeit und die weibliche Sexualität: »Ebenso richtet die Frau, die keinen Mann mehr hat, und die Jungfrau ihren Sinn auf die Sache des Herrn; sie möchten an Leib und Geist heilig sein; die verheiratete Frau dagegen sorgt sich um die Dinge der Welt: sie möchte ihrem Mann gefallen« (1. Kor 7,33-34). Und: »Ein Mann tut gut, überhaupt kein Weib zu berühren; aber um der Unzucht-Sünden mag jeder Mann seine Ehefrau und jede Frau ihren Mann haben« (1. Kor 7,1). Jungfräulichkeit, bzw. die sexuelle Enthaltung einer Witwe, die nicht wieder heiratete, wurde im christlichen Mittelalter höher geschätzt als der Sexualverkehr, der auf die Ehe beschränkt sein sollte. Besonders bei der Verkürzung der Paulusbriefe auf einige Stellen hin wurde der Kontext nicht weiter berücksichtigt, dafür die frauenfeindliche Aussage schlagwortartig herausgestellt und auf die zwei Aspekte hin vereinfacht: 1) auf die Herrschaft des Mannes über die Frau *(vir caput mulieris)* und 2) auf den Ausschluß der Frau von *allen* kirchlichen Ämtern und der Theologie – *der* Wissenschaft der mittelalterlichen Universität – *(mulieres in ecclesiis taceant)*. Daß dabei viele positive Wertungen der Frau und der Rollen von Frauen in der Bibel unbeachtet blieben, wie das Lob auf die Frauen in den Sprüchen Salomons (31. Kapitel) oder die von Paulus auch den Frauen zugestandene prophetische Gabe (1. Kor 11,5f.), die von den Pietisten wieder betont wurde, ist unbestritten. Doch muß betont werden, daß besonders die frauenfeindlichen Stellen in der mittelalterlichen Theologie zitiert und diskutiert wurden.

Das sei kurz am Beispiel der Lehrmeinung des Thomas von Aquin [3], des bedeutendsten Theologen und Philosophen des Mittelalters, gezeigt, der 1567 auf dem Konzil zu Trient zum Kirchenlehrer erhoben wurde. Seine *Summa Theologica* (entstanden zwischen 1267 und 1289) enthält zahlreiche Hinweise darauf, was das weibliche Geschlecht im theologischen Weltgebäude bedeutet. Während der Mann für höhere Aufgaben, Geistigkeit und Wissen bestimmt ist, wurde die Frau nach Thomas von Aquin nur um ihres Geschlechts willen geschaffen. Ihr Körper ist Behelf für die Reproduktion und Erhaltung der menschlichen Rasse, wie schon Aristoteles die Frau biologisch für ein defektes menschliches Wesen gehalten hatte *(sed mulier est vir imperfectus sive occasionatus)*, einen Zufall der Natur, da doch der männliche Samen dazu da war, sich selbst zu reproduzieren, d.h. einen Mann. Für Thomas von Aquin existiert das »zweite Geschlecht« [4] nur zum Zweck der Fortpflanzung, da der Mann alle anderen Tätigkeiten selbständig ohne die Frau ausführen kann. Unterordnung unter den Mann und Zweitrangigkeit der Frau sind für Thomas von Aquin durch die Schöpfungsgeschichte belegt, weil Eva zeitlich nach Adam und nur aus Adams Seite (nicht aus seinem Kopf) geschaffen wurde; er ist ihr *principium* (Ursprung). Daher besitzt der Mann auch stärkere geistige Fähigkeiten, während die Frau einen schwächeren und weniger vollendeten Körper hat. Diese Schwäche des weiblichen Körpers macht sich auch in ihrem Geist und ihrer Seele bemerkbar, so daß die Frau dem Manne moralisch, physisch und geistig unterlegen ist, eben ein *vir imperfectus* (unvollkommen in Beziehung auf den Mann). Auch in ihrer Hauptaufgabe, der Fortpflanzung, erweist sich für Thomas von Aquin die Frau als geringer, weil der Mann die aktive, allein fruchtbare Kraft ist, die Frau nur das passive Instrument der Empfängnis. (Thomas weiß nichts von den Ovarien und seine Unkenntnis fundamentaler Tatsachen des Zeugungsvorganges führte zu dem folgenschweren Mißverständnis, die Frau sei nur mit der Gebärmutter rezeptiv daran beteiligt.) So ist die Frau auf jeder Ebene und in jeder Hinsicht das schwächere Geschlecht. Dabei ist zu bemerken, daß Thomas von Aquin diese »natürliche« Schwäche der Frau nirgends weiter ausführlich bespricht oder begründet, weil er die Minderwertigkeit der Frau im 13. Jahrhundert als allgemein bekannt und akzeptiert voraussetzen kann. Die Frau ist dem Mann untergeordnet, *subiecta*; diese Unterordnung wird von Thomas als eine wirtschaftliche und staatsbürgerliche *(oeconomica et civilis)* bezeichnet, es ist also nicht die sklavische Abhängigkeit einer Magd oder Unfreien, sondern die wirtschaftlich-rechtliche Unterordnung der Ehefrau unter ihren Ehemann, wobei zu betonen ist, daß die Ehe eine Verbindung zwischen standesgleichen Personen ist. Der Mann ist ihr Haupt *(caput mulieris)*.

In Bezug auf den Geschlechtsverkehr ist die Ehe für die mittelalterliche Kirche ein moraltheologisches Problem. Thomas von Aquin betont, daß der Zweck der Ehe die Fortpflanzung und das Schaffen von

Seelen ist, die Gott erkennen und lieben. Bei der Fortpflanzung ist die Frau passiv, während der Mann seinen Samen, der den menschlichen Embryo potentiell in sich enthält und lediglich des mütterlichen Leibes für Wachstum und Nahrung bedarf, in die Frau pflanzt wie der Säer die Saat in die Erde. Wichtig für die Frau ist weiterhin, daß sie bei der Heirat im Geschlechtsakt ihre körperliche Ganzheit auf immer verliert, denn mit der Defloration endet ihre Jungfräulichkeit. Sie wird nie wieder den Ganzheitszustand erreichen können, sondern ist nach der Entjungferung nicht mehr heil und kann bestimmten strikten Orden nicht mehr beitreten. Die biologischen Folgen der Ehe, die Defloration und das Gebären der Kinder, bedeuten für die Frau aus mittelalterlicher Sicht nicht nur ein natürliches Gebot, sondern stehen als schmerzhafte Mahnung dafür, daß die Frau die Tochter Evas und ihr Körper minderwertiger Natur ist.

Nach Thomas von Aquin wurde Eva, der Prototyp aller Frauen, für ihre Rolle bei der Vertreibung aus dem Paradies damit bestraft, daß sie auf immer unter der Vorherrschaft des Mannes stehen muß. Wegen ihrer geistigen, moralischen und physischen Schwäche ist sie leichtgläubiger, leichter zu verführen und konnte deshalb auch den Mann verführen. Durch ihre geistige Schwachheit ließ sie sich dazu verleiten, sich gottähnlich zu glauben. Nach dem Sündenfall aber muß Adam das Brot für seine Familie im Schweiße seines Angesichtes verdienen, während Evas natürlicher Zustand der Unterordnung noch erschwert wird: sie muß sogar gegen ihren Willen dem Manne gehorchen. Dazu wird ihre Fortpflanzungsaufgabe zu einer schmerzensreichen: Das Ermüden bei der Schwangerschaft und die Leiden bei der Geburt sind ihre Strafe. Sogar die Frau, die wegen ihrer Sterilität diese Schmerzen nicht erduldet, wird bestraft: mit der Schande, die die Nichterfüllung ihrer naturgegebenen Rolle (nicht Mutter zu werden und unfruchtbar zu sein) mit sich bringt. Erst bei der Wiederauferstehung wird die Frau von ihren Schmerzen erlöst und dem Manne ebenbürtig sein. Für diese Welt aber gilt, daß das männliche Geschlecht vornehmer als das weibliche ist *(sexus masculinus est nobilior quam femininus).*

Die Männlichkeit des ersten Menschen, Adam, wird dadurch noch weiter gestärkt, daß auch Jesus, der zweite Adam, der Erlöser, als Mann geboren wurde. Thomas von Aquin erörtert ausführlich die Frage, warum Jesus als Mann und nicht als geschlechtsfreier Logos auf die Welt kam. Die Antwort liegt für Thomas darin, daß Geschlechtlichkeit ein wesentlicher Bestandteil menschlicher Vollendung ist, und daß Christus daher die geschlechtliche Gestalt annehmen mußte, die die vollendetere war, nämlich die männliche. Die Rolle des Erlösers als Heiland, als Seelenhirte und Beschützer wäre in weiblicher Gestalt unmöglich gewesen. – Vom männlichen Christus leitet Thomas von Aquin auch die ausschließlich männliche Priesterrolle ab; nur der Mann kann das christliche Sakrament und die christliche Lehre weiterreichen. Der Priester handelt als Stellvertreter Jesu, dessen Aufgaben unmöglich von der moralisch minderwertigen und der dem Manne untergeordneten Frau wahrgenommen werden können. Nur im Ausnahmefall kann eine Nottaufe von einer Frau vorgenommen werden, dann nämlich, wenn kein Mann in der Nähe ist. Dem Wortlaut nach bestätigt Thomas, daß eine Frau nicht Priester werden kann und führt als Hauptgrund dafür an, daß die Frau in einem dem Manne untergeordneten Zustand lebt *(in statu subiectionis)*. [5] Deutlicher als bei Thomas von Aquin kann die Lehre von der Unterordnung und Zweitrangigkeit der Frau wohl kaum formuliert werden. Diese Lehre wird implizit mit der Erhebung des Thomas zum offiziellen Kirchenlehrer auf dem Konzil von Trient weitergeführt und behält ihre Gültigkeit für die folgenden Jahrhunderte. Auch Luther bringt nichts wesentlich Neues zum christlichen Frauenbild, er wertet vielmehr die Ehe als *Institution* auf, wie gleich zu zeigen sein wird, nicht aber die Frau als weibliches Wesen.

Es wird immer wieder darauf hingewiesen, daß die Erlöserrolle Marias ein Gegengewicht zur vollkommen männlichen Perspektive der mittelalterlichen Theologie bildet. In der Glorifizierung als Himmelskönigin, als Mutter Gottes, hat Maria am Heilswerk Anteil, wird dessen Instrument, jedoch entbehrt Maria anders als Christus der *eigenen* göttlichen Würde. Maria bleibt, besonders bei Thomas von Aquin, notwendigerweise zweitrangig, weil sich ihre Stellung nur aus der ihres Sohnes ableitet; alles was sie bedeuten kann, verdankt sie dem Vater und dem Sohn. Mit Eva hat sie die Unselbständigkeit gemein; während aber Eva das Instrument des Bösen wurde, konnte Maria zum Instrument des Heils werden. In den mittelalterlichen Marienlegenden erscheint Maria oft als Mittlerin zwischen dem Sünder und dem strafenden Gott, als Helfende, als mütterliche Figur; so bringt die Glorifizierung Marias ein gewisses Gegengewicht gegen die misogyne Auffassung von der Rolle der Frau in der mittelalterlichen Theologie. Der Marienkult [6], der seine Entsprechung in der Frauenverehrung der höfischen Liebe der weltlichen Literatur fand, stellt das weibliche Element jedoch *nach männlichen Vorstellungen und Bedürfnissen* dar. Als Verkörperung des Ideals der Jungfräulichkeit fungiert Maria hier als Stellvertreterin des weiblichen Prinzips bei der Erlösung, als Rollenmodell für die Nonne und keusche Frau. Aber als Stellvertreterin und Rollenmodell war Maria im Diesseits und Jenseits immer nur eine untergeordnete, zweitrangige Verkörperung des Weiblichen, das in Beziehung auf die männliche Norm konzipiert war. Der Dualismus von Eva und Maria, von Himmelskönigin und Sünderin, Mutter und Verführerin, durchzieht ebenso die Theologie, wie er sich in den Frauenbildern der Literatur spiegelt, im »Frauenlob« und in der »Weiberschelte«.

Die Ehe im christlichen Mittelalter

Die Unterordnung und Unselbständigkeit der Frau aufgrund ihres Geschlechtes ist keineswegs eine nur im Christentum verankerte Erscheinung, sondern war bei den Germanen [7] ebenso ausgeprägt. Legt man rechtsgeschichtliche – und nicht etwa fiktionale – Texte zugrunde, so erscheint die Frau als *Tauschobjekt* ihrer männlichen Verwandten (des Vaters und der Brüder). Die unverheiratete Frau blieb bis zur Geschlechtsreife (etwa bis zum 12. Jahr) im Hause des Vaters, stand unter seiner Vormundschaft, der *Munt*, und wurde bei der Eheschließung in die Munt des Ehemannes übergeben. »Die man is vormünde sines wives to hant als sie ime getrüwet wert«, konstatiert der Sachsenspiegel, der im 12. Jahrhundert aufgezeichnet wurde. [8] Die Munt ist zunächst ein Gewaltbegriff, ein Herrschaftsrecht, das dem Haupt des Hauses über das Hauswesen zustand, ein Recht der freien Verfügung, z.B. das Recht des Verkaufes oder der Tötung der Frau, Kinder, Sklaven, des Viehs oder toter Gegenstände. Die Frau besaß nicht die *Selbmündigkeit* wie der Mann, d.h. sie besaß kein eigenes Vermögen, war nicht Träger staatsbürgerlicher Rechte und konnte deshalb auch nicht in der Gerichtsversammlung ihre Rechte vertreten. Das Rechtsinstitut der Geschlechtsvormundschaft blieb gewohnheitsrechtlich bestehen, auch als das römische Recht eindrang; die Frau wurde daher zu Beginn der Neuzeit zu einem schwachen, hilfsbedürftigen Wesen abgestempelt, das wie ehedem vom Gerichtsverkehr ausgeschlossen blieb und als Ehefrau beschützt werden sollte. [9]

Für die Sippe war die Ehe keine dauernde Lebensgemeinschaft, sondern allein Erhaltung und Vermehrung der Sippe durch Kinder waren wichtig; ebenso wichtig war die Arbeitskraft der Frauen, die neben dem Gebären von Kindern auch für deren Aufzucht sowie für die Unterhaltung des Hauses als verantwortlich galten und auf dem Felde arbeiteten,

Ein Koch mit Ehefrau und berufsständischen Gerätschaften
(Albrecht Dürer 1496).

Bettlerfamilie auf der Landstraße – die vielen Kinder stehen für Armut
(Lucas van Leyden 1520).

während die Männer sich als Jäger und Beschützer der Sippe betätigten. Ob die Ehe nun durch Raub, Kauf oder durch das Einverständnis der Sippen zustande kam, ob es sich um eine vertragliche Einigung handelte oder um eine »Kebsehe« (Konkubinat), es bestanden weitgehend die Vielehe (besonders die Polygynie) und die formlose Scheidung, die erst allmählich zur Zeit der Karolingerherrschaft unter dem Einfluß des Christentums durch Monogamie und ein Scheidungsverbot ersetzt wurden.

Im 12./13. Jahrhundert setzte sich im deutschen Raum die Eheschließung nach kanonischem Recht, nach Auffassung der Kirche endgültig durch, wobei die entscheidende Neuerung, der *Ehekonsens*, die Zustimmung beider Parteien, konstitutiv für eine rechtmäßige Ehe wurde *(solus nudus consensus facit nuptias,* allein die Zustimmung macht die Ehe). [10] Die Ehe wurde also erst als gültig anerkannt, wenn das üblicherweise im Kreise der Verwandten und mit deren Zustimmung gegebene Ja-Wort der Brautleute ausgesprochen war. Theoretisch war damit auch der Frau die Möglichkeit gegeben, ja sogar gefordert, daß sie ihre Zustimmung zur Ehe geben würde. In der Praxis bedeutete es aber vielmehr, daß die Braut der Wahl des Vaters (oder Vormundes) folgte, der seine Kinder oft schon im Kleinkindalter provisorisch versprach oder verlobte. Der Vater hatte seine Kinder mit Rücksicht auf moralische und zweckmäßige Gründe *(interiora bona)* zu verloben, die das Beste für die Kinder *und* deren Familie im Sinn hatten; dabei sprach der Vater für die Tochter. Erst im 15. Jahrhundert erscheint in einigen wenigen Stadtrechten die Forderung, daß auch die Mutter ihre Zustimmung bei der Verheiratung der Tochter oder bei deren Eintritt in ein Kloster zu geben habe (nicht aber beim Sohn). Diese Form der Ehe, eine ihrer Intention nach lebenslängliche Form des Zusammenlebens zweier gesellschaftlich und wirtschaftlich etwa gleichgestellter Personen, diese *Konvenienzehe* blieb vom späten Mittelalter bis zum frühen 19. Jahrhundert die allgemein übliche Form. Eine Liebesheirat dagegen galt als unvernünftig, weil die fleischliche Liebe, der *amor carnalis*, als minderwertig und gefährlich betrachtet wurde. Denn das kanonische Eherecht rechtfertigte die Ehe hauptsächlich mit der Fortpflanzung: die Ehe galt als Sakrament und war daher untrennbar, nur wenn aufgrund von Impotenz drei Jahre lang die eheliche Pflicht der Zeugung nicht ausgeführt war, konnte sie getrennt werden. Die Kirche verbot außerdem kategorisch die Polygynie (das Halten mehrerer Frauen) und schaffte das (einseitige) Verstoßungsrecht des Ehemannes (Verbot der Ehescheidung) ab.

Die Frau blieb im Mittelalter unter der Geschlechtsvormundschaft

(»Schutzgewalt«, Ehevogtei) des Mannes, auch die Kirche verlangte ausdrücklich eine Unterordnung unter den Ehemann. Der Ehemann verwaltete ihr Vermögen, über das sie ohne seine Zustimmung nicht selbst verfügen konnte, er vertrat sie beim Abschluß von Rechtsgeschäften und vor Gericht. Innerhalb der Ehe hatte der Mann die alleinige Autorität als Vater gegenüber den Kindern und als Ehemann gegenüber der Frau. Der Ehemann hatte das Prügelrecht, denn er mußte sie zum Gehorsam ihm gegenüber erziehen und, wenn nötig, dazu zwingen. [11] Dasselbe »natürliche« Prügelrecht hatte der Ehemann gegenüber seinen Kindern und seinem Gesinde, die Ehefrau gegenüber den Mägden.

Mit der Entwicklung der Städte seit dem 12. Jahrhundert scheint die Frau als Ehefrau allmählich einen eigenen Status erhalten zu haben. Sie erlangte die »Schlüsselgewalt«, d. h. sie konnte alltägliche, dem Hause zugeordnete Geschäfte ausführen. »Stadtluft macht frei« war die Devise, die die relative Nebenordnung der Städter gegenüber der Unterordnung auf dem Lande bezeichnete. Galt das auch für Frauen?

Erwerbstätige (Ehe-)Frauen in der Stadtwirtschaft des Spätmittelalters und in der Frühen Neuzeit

Nur eine Entwicklung zu wirtschaftlicher Selbständigkeit und damit Unabhängigkeit von der Unterstützung durch den Ehemann, Vater, männlichen Verwandten oder Dienstherrn konnte die Geschlechtsvormundschaft aufweichen und schließlich beseitigen. Dieser Prozeß der wirtschaftlichen Verselbständigung der Frau, daß die Frau über ihre eigene Arbeitskraft verfügen kann und sie diese nicht einem männlichen Verwandten oder Dienstherrn zugute kommen lassen muß, ist bis heute noch nicht für alle Frauen gleichermaßen abgeschlossen. Der Prozeß wird aber in seinen ersten Ansätzen bei erwerbstätigen Frauen, bei Unverheirateten wie bei Ehefrauen, in der mittelalterlichen Stadtwirtschaft erkennbar.

Schon seit dem 13. Jahrhundert wurden Frauen in einer Vielzahl von dienstleistenden, gewerblichen und handwerklichen Beschäftigungen erwerbstätig. Frauen waren nachweisbar gegen Entlohnung in der Stadtwirtschaft beschäftigt [12]: als Spinnerin, in der Färberei, als Schneiderin, Wäscherin, Schleierweberin, Taschnerin, Stickerin, im Müller-, Bäcker- und Metzgerhandwerk, als Gärtnerin, Besenbinderin, Korbmacherin,

Bürstenmacherin und in weiteren ähnlichen Erwerbszweigen; dann im Handel: als Höckerin, im Fischhandel, im Gewürzhandel, als Apothekerin, im Textilhandel usw.; und im dienstleistenden Gewerbe: als Krankenpflegerin, Spitalmeisterin, Findelpflegerin, als Hebamme, Leichenfrau, Klageweib, Ärztin oder Botin. Solche Listen erwecken leicht den Eindruck, als hätten Frauen eine rege, *selbständige* Berufstätigkeit ausüben können. So wird denn noch immer die optimistische Prognose aus Karl Büchers Vortrag von 1882 zitiert, »daß im Mittelalter die Frauen von keinem Gewerbe ausgeschlossen waren, für das ihre Kräfte ausreichten. Sie waren berechtigt, Handwerke ordnungsgemäß zu lernen, sie als Gehilfinnen, ja selbst als Meisterinnen zu treiben«. [13] Auch in der Übersicht »Zum kulturellen Bild der Frau im Mittelalter und in der Frühen Neuzeit« (1977) [14] wird entschieden die These vertreten, daß Frauen im ausgehenden Mittelalter und vor der Reformation Ansätze der Selbständigkeit in verschiedenen Berufen, in städtischen Lebensformen und in religiösen Verbänden (so bei den Beginen) entwickeln konnten, und der Schluß gezogen: »Es scheint, als sei den Frauen zu Beginn der Neuzeit von der patriarchalischen feudalen Gesellschaft alles genommen worden, was sie während des Mittelalters zu Zeiten oder immer besaßen. Aus den Zünften ausgestoßen, mußten sie sich in den entstehenden Manufakturen gegen einen Hungerlohn verdingen. Ihr medizinisches Wissen wurde von den männlichen Ärzten usurpiert oder sie durften es nicht mehr anwenden. Von der Weiterentwicklung der Medizin blieben sie ausgesperrt, als Hebamme durften sie nur so viel davon erfahren, wie es den Ärzten nötig schien.« Das Besitzergreifen aller Bereiche durch Männer, sogar des weiblichen Bereiches der Geburt (die Verdrängung der Hebammen durch die Ärzte), habe zu einer systematischen Entmachtung der Frauen geführt, die in ihrer Diskriminierung und Verfolgung als Hexen kulminierte. So einleuchtend diese sozialgeschichtliche Erklärung auch erscheint, die Quellengrundlage für die These von Frauen als Handwerksmeisterinnen ist noch weitaus dürftiger als für vergleichbare Fragenkomplexe.

Es gibt eine Reihe von Gründen dafür, daß die rechtliche und soziale Situation der Frau in der spätmittelalterlichen Stadt in Deutschland wenig erforscht worden ist. Einmal spiegelt dieses Desinteresse der historischen Forschung die geringe Wertschätzung von Frauenarbeit, Frauenleben und Frauenfragen im allgemeinen wieder. Sodann ist die Suche nach Quellen, ihre Erschließung und Interpretation hinsichtlich von Personen, die kaum Handelnde, sondern vielmehr Leidende in der

Geschichte gewesen sind, besonders mühsam, oft unergiebig und meistens problematisch. Um über die Erwerbstätigkeit der Frauen in der Stadtwirtschaft endlich gesicherte Aussagen machen zu können, müßten die gedruckten Quellen systematisch aufgearbeitet und weiterhin neues Archivmaterial herangezogen werden (z.B. die Handwerkerakten, Ratsprotokolle, die Bürgerbücher, Testaments- und Gerichtsbücher). Dabei dürften keineswegs zeitlich und örtlich weit auseinanderliegende Einzelzeugnisse, wie das fast immer bei Darstellungen zum Mittelalter geschieht, zu einem Bild zusammengefügt werden. Aus dem örtlichen oder zeitlichen Kontext gerissene Einzelaussagen führen in der Verallgemeinerung zu solchen Vorstellungen, wie die Büchers von der fast unbeschränkten Erwerbstätigkeit der Frauen in der mittelalterlichen Stadtwirtschaft. Bücher macht die verhältnismäßig wenigen Stellen, die sich in den Zunftordnungen auf die Frau beziehen, zur Grundlage seiner Untersuchung. Auch das Fehlen jeglicher Erwähnung von Frauen in vielen, ja den meisten Handwerksakten, besitzt Aussagekraft. [15]

Hinzu kommen wichtige Fragen zur Interpretation quellenkundlicher Erwähnungen: wie zahlreich, wie selbständig diese Frauen überhaupt waren, wie sie in »Frauenzünften« organisiert waren und in welchem Verhältnis sie zu oder neben männlichen Beschäftigten, männlichen Konkurrenten gestanden haben. Ebenso kompliziert ist die Frage, was für wirtschaftliche und gesellschaftliche Veränderungen eintraten, und aus welchen Gründen diese im späten Mittelalter in Deutschland einsetzten, so daß die Frauen *aus den erwerbstätigen Positionen verdrängt* wurden. Luthers Forderung, das Leben der Ehefrau zum einzigen gottgefälligen Stand zu erheben und damit Frauen aus allen selbständigen Erwerbstätigkeiten auszuschließen, hatte neben religiösen Gründen auch wirtschaftliche und gesellschaftliche Entsprechungen. Luther ordnete die Arbeitskraft der Frau als Ehefrau vollkommen der des Ehemannes unter; die Frau wurde Dienerin und Zuarbeiterin des Mannes.

Welche historisch fundierten Teilergebnisse lassen sich nun zur wirtschaftlichen Verselbständigung der Frauen in der spätmittelalterlichen Stadtwirtschaft finden? Als gesichert kann gelten, daß es seit dem 14. Jahrhundert in den Städten einen signifikanten Anteil von Haushalten mit einem weiblichen Vorstand, d.h. steuerzahlende Frauen, gab. [16] Wie die erreichbaren Steuerlisten deutscher Städte (von 1354 bis 1607) zeigen, bewegte sich der Anteil der weiblichen Steuerzahler zwischen 12 v.H. und 25 v.H.; so wurden z.B. in Trier im Jahre 1363 25 v.H. der steuerzahlenden Haushalte von Frauen geführt, für 1541 waren es in Mainz 22 v.H., 1587 in Frankfurt immerhin noch 20 v.H. und 1607 in Mainz 12 v.H.. Zwar sind die Kriterien für die Erstellung der Steuerlisten (wer als eigenständiger Haushalt und damit Steuerzahler geführt wurde) von Ort zu Ort unterschiedlich, aber die Tatsache, daß es eine signifikante Anzahl von Haushalten mit weiblichem Vorstand gab, ist unbestreitbar. Diese Haushalte (mit weiblichem Vorstand) mußten also wirtschaftlich selbständig sein; hier handelte es sich um Witwen, um in religiösen Gemeinschaften lebende Frauen wie die Beginen [17] und um einzeln aufgeführte (unverheiratete) Tagelöhnerinnen, Dienstmägde der Geistlichkeit und Kleinhändlerinnen. Über diesen Personenkreis, ihre Lebensweise und ihre wirtschaftliche Selbständigkeit ist abgesehen von den Beginen so gut wie nichts bekannt.

Ob dieser erhebliche Anteil steuerzahlender Frauen jedoch einen bedeutenden Frauenüberschuß signalisiert, wie das Bücher und die gängigen Sozialgeschichten aufgrund der exakten Bevölkerungszählung des Nürnberger Rates von 1499 für alle deutschen Städte des Spätmittelalters annehmen, bleibt fraglich und ohne weitere demographische Forschung nicht beweisbar. [18]

Standen etwa bis zu 24 Prozent der städtischen Haushalte unter weiblicher Leitung, so deutet das auf einen wichtigen Anteil selbständiger (erwerbstätiger oder vermögender) Frauen in der Stadtwirtschaft des 15. und noch des 16. Jahrhunderts hin. Welche Erwerbsmöglichkeiten hatten diese Frauen nun und wie selbständig waren sie dabei? Besonders für das zünftige Handwerk gibt es Einzeluntersuchungen, die fast alle eine selbständige Arbeit von Frauen als Meisterinnen und abhängige Beschäftigungen als Lohnarbeiterinnen (im Handwerk) und sogar, wie es für das mittelalterliche Lübeck dokumentiert zu sein scheint, weibliche Zunftmeister in vielen Ämtern annehmen. [19]

Hier muß differenziert werden. Die weibliche Form einer Berufsbezeichnung, etwa die »beckern« oder »beckerse«, bedeutet keineswegs, daß die betreffende Frau das Gewerbe selbständig ausgeübt hat, denn so wurden zumeist Ehefrauen und Witwen der Meister bezeichnet (wie bis heute noch Beruf und Titel des Mannes umgangssprachlich auf dessen Ehefrau übertragen werden kann – die »Doktorsche« ist keineswegs eine Ärztin). Weitere Anhaltspunkte sind notwendig, um die Art der Beschäftigung zu erkennen. Lediglich im Köln des späten 14. und 15. Jahrhunderts sind vier Frauenzünfte belegt, die Garnmacherinnen, die Goldspinnerinnen, die Seidenmacherinnen und die Seidenspinnerinnen. Hier waren Frauen als Meisterinnen, als abhängige Lohnarbeiterinnen und als Lehrtöchter beschäftigt. [19a] Im Vorstand dieser Zünfte gab es jedoch eine gleiche Anzahl von *Männern neben den Frauen*; als Meisterinnen waren in der Regel *nur verheiratete* Frauen tätig, deren Ehemänner zumeist den weiteren Vertrieb der fertigen Ware übernommen hatten. Lediglich für Zürich ist für das frühe 15. Jahrhundert eine ähnliche zunftmäßige Vereinigung der Seidenweberinnen belegt, die ebenfalls männliche Pfleger hatten. [20] Die weitgehende Veröffentlichung zunftgeschichtlicher Quellen macht es unwahrscheinlich, daß noch in anderen Städten Frauenzünfte entdeckt werden können. In Köln und Zürich handelt es sich also um eine Einzelerscheinung in der deutschen Stadtwirtschaft: hier waren Frauen in einigen Textilgewerben wohl weitgehend selbständig, aber auch in Köln und Zürch hatten sie einen *männlichen Beisitz* in der Zunftverwaltung (alle Verwaltungsämter der Städte bleiben *immer und ausschließlich* fest in männlicher Hand, Frauen dringen hier erst langsam zu Beginn des 20. Jahrhunderts ein) und der alleinige Vertrieb ihrer Waren lag fest in der Hand der (Ehe-)Männer.

Auch gilt diese Einzelerscheinung von Frauenzünften nur für *einen* Gewerbezweig, die Textilherstellung. Gerade in diesem Gewerbe sind die meisten Frauen beschäftigt; andere Quellen bestätigen dagegen immer wieder, daß Frauen auch im Textilgewerbe, z. B. bei der Tuchherstellung, nur eine Art Hilfsgewerbe ausübten, zumeist Zuarbeit gegen Lohn leisteten. Frauen wurden keinesfalls als gleichberechtigte Mitglieder in die Weberzunft aufgenommen, wie das für Straßburg behauptet worden ist; vielmehr handelte es sich dort einmal um Schleierweberinnen, die wohl aus vornehmen Patrizierfamilien stammten und ein beginenartiges Leben führten. Eine gewisse Organisation der Frauen, aber kaum eine zunftmäßige, scheint es über lange Zeit gegeben zu haben, doch haben die Webermeister die Konkurrenz dieser Frauen durch finanzielle Abgaben an ihre (Männer-)Zunft zurückdrängen und dabei ebenfalls nur auf die Schleierweberei beschränken wollen. [21] In den Zunftsatzungen der Straßburger Weber vom 14. bis zum 16. Jahrhundert wird weibliches Dienstpersonal im Tuchgewerbe, das in unabhängiger Lohnarbeit beschäftigt war, nicht erwähnt; auch die Lehrlinge in der Zunft sind immer als Lehrknechte, Lehrknaben oder Lehrjungen bezeichnet. Mädchen konnten also das Weber- und Tucherhandwerk nicht zunftgemäß bei Meistern erlernen, Frauen nicht als unabhängige Lohnarbeiterinnen bei männlichen Meistern beschäftigt sein. Die Frauen aber, die als Weberinnen in Straßburg einen Webstuhl (oder auch mehrere) betrieben, standen außerhalb der (männlichen) Zunft und gehörten teilweise mit Sicherheit einer religiösen Gemeinschaft an. Innerhalb dieser Frauengruppen gab es allerdings Abstufungen, es gab meisterähnliche Besitzerinnen der Webstühle, Lehrtöchter und Lohnarbeiterinnen. In der Regel waren die Weberinnen auf die Produktion bestimmter Stoffe und Größen beschränkt; Versuche, ihre Produktion zu erweitern, wurden immer wieder von den zünftigen Webern bekämpft und zurückgedrängt, die selbst weder Frauen beschäftigten noch etwa zunftgemäß ausbilden wollten.

Wo auch immer Frauen im südwestdeutschen Raum im Textilgewerbe tätig waren (etwa in der Wollweberei oder Leinenweberei), da waren sie hauptsächlich mit Hilfsarbeiten, etwa als Spinnerinnen und Kämmerinnen beschäftigt und damit auf unzünftige Tätigkeiten beschränkt. Spinnen und Kämmen war im gesamten deutschen Raum eine unzünftige Tätigkeit, eine Hilfsarbeit für die weitaus lukrativere Weberei. Diese Zuarbeit, bei der besonders viele Frauen beschäftigt waren, wurde auch von Kindern und im Umland der Städte ausgeführt. So beschäftigten 1570 in Pforzheim die 52 Meister des Weber- und Tuchergewerbes an die 800 Spinnerinnen, die außerhalb der Stadt wohnten. [22] Soweit direkt für Verkauf und den Markt produziert wurde, war die Weberei ein von Männern betriebenes, zünftiges Handwerk; Frauen durften wohl für den Eigenbedarf weben, aber auch hier wurde die Anzahl der gewebten Tuche oft beschränkt. Lediglich bei der Schleierweberei und beim Weben schmaler Tuche (Halbtuchweberei) durften Frauen in religiösen Vereinigungen ebenfalls produzieren; daneben gab es auch hier Beschränkungen und Verbote in verschiedenen deutschen Gebieten, z.B. in Sachsen. [23] Auch im Schneiderhandwerk wurden die Frauen auf die Flickschneiderei und Näherei beschränkt, sie durften selbst keine Lehrlinge ausbilden, wohl aber zuweilen Lehrtöchter. Wenn Lohnvergleiche quellenkundig sind, wie in der Schneiderordnung von Colmar aus dem Jahre 1506, durfte die Entlohnung für die weibliche Näharbeit höchstens die Hälfte von dem betragen, was ein Meister verlangen konnte. [24] Die im Bäckerhandwerk beschäftigten Frauen, die Brotmägde, waren ebenfalls keineswegs selbständige Meisterinnen, nicht einmal den Bäckerknechten vergleichbar, sondern sie verkauften auf dem Brotmarkt die Bäckereiwaren. Im 16. Jahrhundert wurden sie in Worms z.B. jeweils auf ein halbes Jahr gedingt, sie erhielten pro Tag einen Weißpfennig, sonntags das Doppelte und durften (in Speyer 1590) den Erlös für ihr während der Arbeitszeit betriebenes Spinnen behalten; wiederholte Klagen darüber, daß die Brotmägde soviel aßen und gar Wein dazu forderten, führten dazu, daß sie (1590 in Speyer) keine Kost, sondern ein noch geringeres Entgelt für ihre Arbeit erhielten. [25] Die Bäckermägde hatten weder eine Lehre durchlaufen, noch irgendeine Ausbildung erhalten, konnten natürlich keine Zunftmitglieder oder gar Bäckermeister werden. Sie waren ganz einfach nach Bedarf gedingte und entlassene Verkäuferinnen; in anderen Städten, wie z.B. in Basel, beschäftigten die Bäcker ältere Kinder, meistens Jungen unter fünfzehn Jahren.

Solche Statuten machen die rigorosen Beschränkungen deutlich, die Frauen vom zünftigen Gewerbe auferlegt wurden. *Die Zünfte waren ein Monopol der Männer, das die Produktion und Arbeitskraft in den Städten beherrschte und kontrollierte.* Eine Mitgliedschaft für Frauen (von Rechten oder gar Gleichberechtigung zu sprechen, entbehrt den Tatsachen) beschränkte sich auf Witwen, denen es *nach* dem Tode ihres Mannes erlaubt wurde, den Betrieb *mit bestimmten Auflagen* weiterzuführen, d.h. mit einem ihr von der Zunft zugestellten oder eingewanderten Gesellen; fast immer mußte die Witwe innerhalb einer (Jahres-)Frist einen im entsprechenden Handwerk ausgebildeten Gesellen heiraten; bestenfalls konnte sie den Betrieb für ihren noch unmündigen Sohn (zusammen mit einem Knecht oder Gesellen) offenhalten oder aber den Betrieb als eine Art Aussteuer auf eine heiratsfähige Tochter übertragen, die dann selbstverständlich einen Gesellen des Handwerks heiraten mußte. Auch Meisterstöchter durften das Handwerk nirgends zünftig erlernen (Mitarbeit im Betrieb war eine andere Sache); es gibt keinen einzigen gesicherten Beleg dafür, daß zu irgendeiner Zeit Frauen *innerhalb* einer Männerzunft ein vollwertiges Handwerk erlernen durften! Frauen wurden in zuarbeitende Positionen und zu Hilfsarbeiten (wie Kämmen und Spinnen oder Flickschneiderei im Textilgewerbe) in den eigentlich produktiven und lukrativen Gewerben abgedrängt. Die Kölner Frauenzünfte waren ebenso eine Ausnahme wie die (auf Schleierweberei, Goldstickerei und Schmaltuchweberei beschränkten) Frauen in den halbreligiösen Gemeinschaften der Beginen und in den Klöstern. Zahlenmäßig handelte es sich um eine verschwindend kleine Gruppe von Frauen gegenüber den Ehefrauen in der Stadt und auf dem Lande, besonders aber gegenüber den Massen von besitzlosen und unfreien Frauen auf dem Lande, die als Mägde bestenfalls als Tagelöhnerinnen, wenn sie aus freien Familien stammten, ihren Lebensunterhalt mit Schwerstarbeit ohne jegliche Selbständigkeit, ohne rechtlichen Schutz und ohne gesicherte Versorgung wie Sklaven sich erarbeiten mußten. [26] Nur eine kleine Gruppe von erwerbstätigen Frauen, die aus ihrer Arbeitskraft Kapital schlugen, zeigten allerdings erste Ansätze von wirtschaftlicher Selbständigkeit. Diese Ansätze, die schon dadurch von den Männerzünften in engsten Grenzen gehalten wurden, daß die Frauen nicht zünftig lernen, d.h. nicht ausgebildet werden durften, wurden im 16. und 17. Jahrhundert systematisch und vollkommen vernichtet: Die wirtschaftliche Konkurrenz von Frauen wird vom 16. Jahrhundert an durchgängig von den Zünften bekämpft und das Verbot, Frauen als Lohnarbeiterinnen und sogar die Hausmägde oder weiblichen Familienmitglieder im produzierenden Betrieb zu beschäftigen, wurde weitgehend durchgesetzt.

So findet sich z.B. erstmals 1527 im mittelrheinischen Gebiet eine Strafandrohung, wenn einer Magd das Nähen gelehrt wird. 1610 verständigen sich 15 Städte in einem Bundesbrief u.a. darauf, daß kein Handwerker einer Frau das Handwerk beibringen darf (lediglich in Frankfurt war 1616 noch die Mithilfe der Ehefrau oder Tochter im Familienbetrieb gestattet). In der Mitte des 16. Jahrhunderts entstand in Straßburg eine zehn Jahre anhaltende Auseinandersetzung zwischen den Gürtlergesellen und einem Gürtlermeister, der entgegen der Handwerksgewohnheit seine Stieftochter beschäftigt hatte. Trotz Bußstrafe des Meisters, Kompromißangeboten des Rates und der Handwerker verschiedener Städte, boykottierten die Gürtlergesellen zehn Jahre lang die Stadt Straßburg, die um ihren guten Ruf im Handwerk zu bangen anfing. [27] Alle Parteien stimmten darin überein, daß die Beschäftigung der Stieftochter unrechtmäßig war, allein die Bestrafung erschien den in ihrer Männerehre gekränkten Gesellen zu gering und entzündete den Streit. In allen Gewerbezweigen häufen sich vom 16. Jahrhundert an die ausdrücklichen Bestimmungen, die die Beschäftigung von Frauen verbieten. [28] Ein reichliches Angebot an männlichen Arbeitskräften, zurückgehende Arbeits- und Verdienstmöglichkeiten im Handwerk, das im 16. Jahrhundert – schon vor den Bauern- und Religionskriegen – zu stagnieren begann, waren die wirtschaftlichen Motive im männlichen Konkurrenzdenken. Dazu kamen die eingefleischte Abneigung und sogar der Haß auf Frauen, die in etwa gleichartigen (aber keineswegs gleich entlohnten) Beschäftigungen neben Männern arbeiten sollten: Frauenarbeit entehrte, beschmutzte die Handwerksgesellen, machte den Arbeitsplatz »unehrlich«, wurde »verpönt« (mit Strafe belegt und im Extremfall geschlossen).

Dagegen waren Frauen im städtischen Handel, besonders im Kleinhandel tätig; sie waren Krämerinnen und Höckerinnen, verkauften auf dem Markt, in eigener oder gemieteter Bude oder im eigenen Hause die im Familienbetrieb erzeugten Produkte. Eine Sonderstellung nahmen die Kauffrauen der reichen Handelsstädte ein, wie an dem Lübecker Beispiel gezeigt werden kann. [29] In Lübeck galt eine Frau als Kauffrau, wenn sie einen Handel selbständig betrieb (als Witwe oder wenn ihr Ehemann einem anderen Beruf nachging). Sie mußte beweisen, daß sie nicht bloß unselbständige Handreichungen machte, wie es jede Handwerkerfrau auch tat, sondern selbständig Geschäfte betrieb. War sie als Kauffrau vom Rat als solche anerkannt und registriert, so galt für ihre Geschäfte der Grundsatz: »Eine Kauffrau, was sie kauft, muß sie zahlen« (Revidiertes Lübecker Stadtrecht von 1586), d. h. sie mußte ihren Verpflichtungen nachkommen und konnte Handel treiben. Im Gegensatz zur Kauffrau konnten die anderen Bürgersfrauen lediglich Leinwand und Flachs für den eigenen Hausbedarf ohne vormundschaftliche Einwilligung einkaufen, wie die Statuten in Lübeck und Rostock im 16. Jahrhundert ausdrücklich bestimmen: »Es kann keine Frau, sie sei denn eine Kauffrau, mehr kaufen ohne ihres Mannes oder ihrer Vormünder wissen dann Leinwand und Flachs zu ihres Hauses Notdurft.« [30] Noch 1586 und in den Auslegungen der folgenden Jahrhunderte wurde die Geschlechtsvormundschaft als eine lebenslängliche, auch für die Witwen, betrachtet. In Lübeck wurde sie erst 1869 aufgehoben. Die Kauffrauen hatten zwar Verfügungsgewalt über ihr Geschäft und ihr bewegliches Vermögen, ohne daß die Vormünder Einspruch erheben konnten, aber lediglich soweit es die Geschäfte betraf (nicht aber die Regelung ihres eigenen Vermögens, wie die Vererbung ihres Brautschatzes – das für den Witwenfall oder persönlichen Notfall der Ehefrau bestimmte Vermögen –, oder die Vergabe ihres privaten Gutes im Testament). Die Kauffrau war aber mit ihrem gesamten Besitz einschließlich des Brautschatzes haftpflichtig für ihre Geschäftsschulden, wie auch die Ehefrau eines Kaufmannes mit ihrem Vermögen für die Geschäfte des Ehemannes haftpflichtig war; sie hatten kein Anrecht auf Sondergut. Denn das Lübecker Gesetz hatte bei der Revision von 1586 nicht etwa die Rechte und das Wohlergehen einer Kauffrau oder Ehefrau eines Kaufmannes im Auge, sondern den guten Ruf der Handelsstadt: »Weil diese Stadt Lübeck eine Kaufmannsstadt, auf Handel und Wandel gewidmet ist,…damit Treu und Glauben gehalten und viel besser sei, daß… sonderlichen aber die Frauen an ihrem Gut und Patrimonio [Erbgut] etwas schaden leiden dann daß der Glaube in Kaufhändeln geschwächet oder gar bei dieser Stadt fallen solle, zu derselben Unheil und Untergang«. [31] Die Verhältnisse in anderen großen deutschen Handelsstädten dürften – mit Varianten – ähnlich gewesen sein. Eine Aufhebung der Geschlechtsvormundschaft, oder gar eine Rechtsgleichheit von Mann und Frau, wurde nicht einmal erwogen, sie war undenkbar.

In diesem wirtschaftlich-gesellschaftlichen Kontext der Unselbständigkeit, Rechtsungleichheit und wirtschaftlichen Konkurrenz muß Luthers Ehelehre betrachtet werden. Luthers Aufwertung des Ehestandes ging Hand in Hand mit zunehmenden Beschränkungen der Frauenarbeit und des Wirkens von Frauen in außerhäuslichen Bereichen aller Art. Zwar bedeutete der Ehestand für Frauen vielfach soziale Sicherheit und Geborgenheit, jedoch unter der Bedingung, daß die gesamte weibliche Schaffenskraft dem Mann (und der Familie) zugute kam, und daß die Frau völlig von ihm abhängig war. Wenn wir weiter bedenken, daß im 15. und 16. Jahrhundert die Verstädterung fortschritt, daß Reichtum und Macht der Städte ungemein zunahmen, daß bürgerlicher Wohlstand und die freieren städtischen Lebensformen das gesellschaftliche Ideal der sozialen Aufsteiger, der in Armut und feudaler Abhängigkeit lebenden Massen auf dem Lande waren, dann erscheint Luthers Aufwertung der Ehe diese städtisch-bürgerliche Lebensform zum Vorbild zu erheben und dabei gleichzeitig jede wirtschaftliche und gesellschaftliche Konkurrenz von alleinstehenden (verwitweten und von ledigen) Frauen auszuschalten. Die weiblichen Kräfte, die Frauenarbeit wird völlig in den Dienst des Mannes, des »Hausvaters« gestellt, der die Produktions- und Erwerbsstelle, die Familie, leitet.

Die Ehelehre Martin Luthers
und die Neuregelung der Ehe im 16. Jahrhundert

Ausgehend von der biblischen Rollenzuweisung für Mann und Frau versuchte Luther in seinen Predigten und Schriften über die Ehe [32] keineswegs eine Neubestimmung der Rolle der Frau, sondern vorrangig eine Neuwertung der Ehe als Institution und des Mannes als Ehemannes: Luther bewertete die Sexualgemeinschaft der Ehe höher als das Zölibat der Priester und Mönche, die Ehe als weltlichen Stand höher als das Ordensleben, den verheirateten Mann höher als den Priester oder Mönch. Das eigene, »ganze Haus« und das christliche Eheleben wurde *die* Lebensform für die Protestanten; es wurde die einzige Berufung für das weltliche und das religiöse Leben der Frau, während für den Mann weltliche Berufe und Kirchenämter als Lebensinhalt dazutraten. Auf eine knappe Formel gebracht, verweist Luther die Frau in die Rolle der Ehefrau. Luthers entscheidende und eindeutige Neubewertung des Ehestandes ist wichtig in seinem Kampf gegen den weltlichen Herrschaftsanspruch der Kirche und gegen ihre hierarchische Ordnung, gegen Priesterstand und monastische Lebensform, denen die weltlichen Berufe für den Mann und die Lebensform des Ehestandes als erstrebenswert und gottgewollt gegenübergestellt werden. Die auf den christlichen Ehestand gegründete Familie wird zur wichtigsten Institution, zur Kernzelle und zum Träger des neuen reformatorischen Lebens.

Schon früh beschäftigte sich Luther mit den Fragen der Ehe. Im *Sermon von dem ehlichen Stand* (1519) beschreibt Luther die Gottgewolltheit der Ehe. [33] Den Tieren habe Gott einfach »wachset und mehret euch« gesagt, aber für Adam habe Gott ein Weib von ihm (Adam) selbst geschaffen, zu ihm gebracht, ihm gegeben, Adam habe eingewilligt und sie angenommen, und »das ist dann die Ehe« (*Sermon*, 4). Luther trennt die »unreine Lust« des Geschlechtsverkehrs von der ehelichen, der bräutlichen Liebe. Der Sexualtrieb ist für Luther ein Übel, das als Folge des Sündenfalls hingenommen werden muß. Doch ist die Frau nicht mehr allein schuldig und das Gefäß dieses Übels, die Verführerin, sondern Mann und Frau haben beide teil an dieser Sünde der fleischlichen Lust: »Zum dritten ist ein Weib geschaffen dem Mann zu einer geselligen Gehilfin in allen Dingen, im besondern, Kinder zu bringen. Und das ist noch geblieben, allein daß es mit böser Lust nach dem Fall [Sündenfall] vermischt ist, und jetzt die Begierde des Manns zum Weib, und umgekehrt, nicht lauter ist, denn nicht allein Gesellschaft und Kinder, dazu es allein eingesetzt ist, sondern auch die böse Lust sehr stark gesucht wird« (ebd.). Um dieser fleischlichen, »unreinen« Lust zu begegnen, ist nach Luther die Institution der Ehe geschaffen, eine Institution der »bräutlichen« Liebe. Ihr Hauptzweck aber ist die Fruchtbarkeit, die Erzeugung der Kinder.

In der Schrift *Vom ehelichen Leben* (1522) führt Luther diese Gedanken weiter aus, indem er eine Klärung der Ehegesetze versucht, die durch »päpstlich verdammte Gesetz« und durch »nachlässig Regiment« (12) der geistlichen wie der weltlichen Obrigkeit so schändlich in Verwirrung geraten seien. Im ersten Teil behandelt er ausführlich, wer wen und aus welchen Gründen heiraten darf und warum eine Verbindung nicht geraten ist. Im zweiten Teil erörtert er Scheidungsgründe, und im dritten handelt er vom »ehelichen Leben... wie man den Orden christlich und wohlgefällig führen soll« (31). Erneut betont Luther, daß »Mann und Weib Gottes Werk sind«, daß Gott die Frau auch gut und eine Gehilfin genannt habe und er zeigt, daß die Ehe gottgefällig ist, weil sie die Gelegenheit bietet, die fleischliche Lust in produktive Bahnen zu lenken, Kinder zu zeugen und als Christen ihre Seelen Gott zuzuführen:

Das Allerbest aber im ehlichen Leben, um welchs willen auch alles zu leiden und zu tun wäre, ist, daß Gott Frucht gibt und befiehlt aufzuziehen zu Gottes Dienst, das ist auf Erden als alleredelst, teuerst Werk, weil Gott nichts Liebers mag als Seelen erlösen. Nun wir denn alle schuldig sind, wo es not wäre zu sterben, daß wir eine Seele zu Gott bringen möchten, so siehest du, wie reich der ehlich Stand ist von guten Werken, dem Gott die Seelen in den Schoß gibt, von eigenem Leibe erzeuget, an welchen sie können alle christlichen Werk üben. Denn gewißlich ist Vater und Mutter der Kinder Apostel, Bischof, Pfarrer, indem sie das Evangelium ihnen kund machen. Und kurz keine größere, edlere Gewalt auf Erden ist denn die der Eltern über ihre Kinder, sintemal sie geistlich und weltlich Gewalt über sie haben. Wer den andern das Evangelium lehret, der ist wahrlich sein Apostel und Bischof. (*Leben*, 41)

Unfruchtbarkeit der Frau ist ein Übel, das Aufziehen der Kinder sind »gute Werke«, die Eltern fungieren als Lehrer des Evangeliums; so wird die christliche Familie zum Zentrum des religiösen Lebens für die Reformatoren.

Die Bibel ist ebenfalls Grundlage für Luthers Wittenberger *Predigt vom Ehestand* (1525), worin er die Rechte und Pflichten von Mann und Frau in der Ehe festlegt: Der Mann soll seinen Hausstand durch seine Arbeit erhalten und ernähren, seine Frau nachsichtig und freundlich leiten und führen; nur in Ausnahmefällen darf er die Frau auch körperlich züchtigen. Die Frau ist deutlich ein schwaches Glied, die durch Grobheit leicht in Verwirrung zu bringen ist und eingeschüchtert werden kann. Es ist die Pflicht der Frau, die Schmerzen der Geburt, ja den Tod für das Kind gern und willig auf sich zu nehmen und dem Manne in allem Gehorsam zu leisten:

Darum soll man die Weiber in Kindesnöten vermahnen, daß sie ihren möglichen Fleiß allda beweisen, das ist, ihre höchste Kraft und Macht dran strecken, daß das Kind genese, ob sie gleich darüber sterben... (68). Das ist nun das erste Stück, daß die Weiber sollen Geduld tragen, und es sich gefallen lassen, so ihnen Gott, wenn sie schwanger werden und ihre Kinder gebären, Schmerzen, Elend und Kümmernis zuschicket, daß solchs eitel selige und aber selige Gotteswerk und Wohlgefallen sei. Zum andern, so soll des Weibes Wille, wie Gott saget, dem Manne unterworfen sein und der soll ihr Herr sein. Das ist: daß das Weib soll nicht ihres freien Willens leben, wie denn geschehen wäre, wo Eva nicht gesündiget, so hätte sie mit Adam, dem Mann, zugleich regieret und geherrschet als seine Mitgehilfe. Jetzt aber, nun sie gesündiget und den Mann verführet, hat sie das Regiment verloren und muß ohne den Mann nichts anfangen oder tun. Wo der ist, muß sie mit und sich vor ihm ducken als vor ihrem Herrn, den sie soll fürchten, ihm untertan und gehorsam sein (70).

Luthers Darstellung der Ehe und der Rolle der Frau in ihr ist keineswegs systematisch, sie entwickelt sich vielmehr gleichzeitig mit seinen reformatorischen Bestrebungen, besonders der Bekämpfung des Zölibats. Was uns in diesem Zusammenhang interessiert, sind die Fragen und Problemkreise, mit denen Luther Einfluß auf das Leben der Frau nimmt, und wie er den Stand der »Ehefrau« konzipiert. Während ausgehend von Paulus für die Kirchenväter und die Theologen des Hochmittelalters die Ehe ein Notbehelf ist und von allen Ständen für die Frau der zweifelhafteste, der deutlich hinter dem der religiös motivierten Jungfernschaft und dem Witwentum zurücksteht, stellt Luther den Ehestand über alle anderen und betont dessen Verdienste. Die Ehe ist die von Gott sanktionierte Institution, in der die Hurerei (wilde Ehe, Konkubinat) und Unkeuschheit überwunden und die Sexualität als Kindererzeugung fruchtbar gemacht wird. Da für Luther die Produktion von Nachkommenschaft den Ehestand rechtfertigt und damit die Frau erfordert, wird ihre Funktion auf das Gebären festgelegt; von Eva, der »Quelle allen Lebens«, weitet Luther den Begriff der Mutterschaft zwar positiv auf alle Frauen aus. Freilich wird diese Aufwertung und Ausweitung zu einem Gebot, das den zerstörerischen biologischen Zwang in Luthers eigener Formulierung enthüllt: »Daher man auch siehet, wie schwach und ungesund die unfruchtbaren Weiber sind; die aber fruchtbar sind, sind gesünder, reinlicher und lustiger. Ob sie sich aber auch müde und zuletzt tottragen, das schadet nicht, laß sie sich nur tottragen, sie sind drum da. Es ist besser, kurz gesund denn lange ungesund leben« (*Leben*, 41). Auf die kulturelle Entwicklung in den folgenden Jahrhunderten hat diese Rollenbeschreibung der Frau innerhalb der Ehe großen Einfluß ausgeübt. [33] Während der Mann als der berufstätige Ernährer und damit für die äußeren Belange der Familie verantwortlich ist, fungiert die Ehefrau ausschließlich als Kindergebärerin; der Lebensinhalt des Mannes sind Arbeit und Beruf, der der Frau die biologische Funktion, aus der es kein Entrinnen gibt. Ihre Arbeit leistet sie als Gehilfin des Mannes bei deutlicher Aufwertung ihrer Rolle als »Ehefrau«.

Diese Aufwertung der »Ehefrau« ging jedoch Hand in Hand mit einer

Einengung der Frau auf diese eine Rolle und einer eindeutigen Festlegung ihrer Abhängigkeit vom Mann: Reduktion auf ihre biologische Funktion, Unterordnung unter den Ehemann und Verbannung in das Haus, das sind die drei wichtigsten Punkte, in denen Luthers Ehekonzeption das Leben der Frau als »Ehefrau« festlegte; überspitzt ausgedrückt bedeutete es, daß die ungebrochene Herrschaft des Mannes über die Frau fortgesetzt wurde und daß die Frau aus allen anderen Lebensbereichen ausgeschlossen, dafür in das Gefängnis des Hauses und der Reproduktion eingeschlossen wurde: Die Frau wurde endgültig domestiziert, ein Hauswesen. Was Luther in vielen Variationen über die Frau sagte, behielt lange seine Gültigkeit:

Wenn [die Frauen] aber außer der Haushaltung reden so taugen sie nichts. Denn wiewohl sie Wort genug haben, doch fehlet und mangelts ihnen an Sachen, als die sie nicht verstehen, drum reden sie auch davon läppisch, unordentlich und wüste durcheinander über die Maaße. Daraus erscheinet, daß das Weib geschaffen ist zur Haushaltung, der Mann aber zur Polizey, zu weltlichem Regiment, zu Kriegen und Gerichtsändeln, die zu verwalten und führen. [34]

Die Frau gehört ins Haus als unmündige Ehefrau, der Mann leitet ihr Leben im Hause und in der Öffentlichkeit.

Die unverheiratete Frau verliert damit ihre Existenzberechtigung. Einmal wird das mittelalterliche Ideal der jungfräulichen Nonne verdrängt, die Klöster, die wenigen Pflegestätten für Frauenbildung, aufgelöst. Luther rief bekanntlich die Nonnen zum Verlassen der Klöster auf, wie etwa in der Schrift *Ursach und Antwort, daß Jungfrauen Klöster göttlich verlassen mögen* (1523), wo es geradezu als Pflicht hingestellt wird, daß die Eltern ihre Töchter aus dem Kloster holen. [35] Er nahm aus dem Kloster entlaufene Nonnen vorübergehend in seinem Haus in Wittenberg auf und lieferte mit seiner Heirat der Nonne Katharina von Bora 1525 den weithin als Beispiel wirksamen Beweis, daß er seinen alten Priesterstand abgelegt hatte und in den neuen Stand, den Ehestand eingetreten war. Jetzt wird die ledige Frau, sobald sie das Heiratsalter überschritten hat, zur »alten Jungfer«, die bestenfalls eine Schattenexistenz als Helferin einer Ehefrau, etwa bei einer Schwester oder einem Bruder, führen kann. Im Roman des 18. Jahrhunderts wird sie noch schlicht als »eine Sünde wider die Theologie« [36] gebrandmarkt, denn ehelos zu bleiben gilt seit Luther als faul und unchristlich – jedenfalls für eine Frau vom Kleinbürgertum bis zum Hochadel; ausgenommen sind die in diesem Zeitraum gar nicht erst ins Blickfeld der Literatur, der Moraltheologen und der Gesellschaft kommenden Leibeigenen, Mägde und Bediensteten, für die weitgehend Heiratsverbot bestand und denen die wirtschaftlichen Mittel fehlten, einen eigenen Hausstand zu gründen.

Bei Luther erscheint die Frau nicht als unabhängiges Einzelwesen, sondern immer unter der Vormundschaft des Mannes. [37] Luthers Denken ist androzentrisch, seine Eheauffassung patriarchalisch, er lehnt sich noch immer stark an den traditionell misogyn gedeuteten Sündenfall an und bestimmt die Rolle der Frau weitgehend von ihrer biologischen Funktion her, die er mit theologischen Argumenten im Sinne der männlichen Herrschaft und Interessen festlegt.

Luthers Reformationsmodell siegte im deutschen Raum, seine Ehelehre wurde dort überall verbindlich und auch in den katholischen Gegenden Deutschlands sehr einflußreich, wie an den »Predigten über den christlichen Hausstand« und der »Hausväterliteratur« zu zeigen sein wird. Aber auch Calvin [38] und andere protestantische Reformer hielten an dieser Konzeption des christlichen Ehestandes und der abhängigen, untergeordneten Rolle der Ehefrau fest. Calvin vertrat einen extrem patriarchalischen, autoritären Standpunkt nicht nur in Glaubensfragen, sondern auch in der Gesellschaftsordnung. Er betonte besonders die väterliche Autorität, was unbedingten Gehorsam der Kinder gegenüber dem Vater, der Frau gegenüber dem Ehemann und in der Gemeinde unbedingten Gehorsam gegenüber der geistlichen und weltlichen Autorität Calvins bedeutete, der in Genf eine der strengsten Theokratien eingerichtet hatte. In seinen Auslegungen der Schöpfungsgeschichte argumentierte Calvin ebenso wie Luther, daß die Frau dem Manne untergeordnet sei, daß sich nach dem Sündenfall die Unterordnung der Frau von einer freiwilligen in eine unfreiwillige (»servage«, sklavenhaft) verwandelt habe: Gott habe weder die Tyrannei des Mannes noch die Autonomie der Frau vorausbestimmt, wohl aber eine Abhängigkeit der Geschlechter voneinander. Die calvinistische Konzeption der »Ehefrau« unterscheidet sich so in ihrem Verhältnis zum Mann nicht von der Luthers, auch sie ist dem Manne untergeordnet und kann nicht autonom sein. Die Ansprüche des Patriarchats werden also im Protestantismus weiterhin mit religiösen (d. h. nicht anfechtbaren) Argumenten untermauert; die Konzeption der christlichen »Ehefrau« sichert dem Manne weiterhin zu, daß die Frau von ihm abhängig ist und unmündig bleibt – und an diesem Abhängigkeitsverhältnis ändert sich bis zum 19. Jahrhundert ganz wenig.

Luthers Ehelehre festigte und vereinheitlichte die gesellschaftliche Stellung der Ehefrau, wie sie im frühen 16. Jahrhundert für das städti-

Frauen bei der Arbeit,
wie die Hausbücher des 17. Jahrhunderts sie vorschreiben
(aus: Hohberg, *Georgica curiosa aucta*, Nürnberg 1687).

»Geburt der Jungfrau« –
mit Blick in eine bürgerliche Wöchnerinnenstube um 1500
(Meister des Pfullendorfer Altars?).

sche Bürgertum zur wirtschaftlichen Existenz nötig war: Die Vormundschaft des Mannes, die die Verfügungsgewalt über das Leben und die
Arbeitskraft der Frau aber auch eine Sorgepflicht für sie beinhaltete,
wurde in der Ehe wieder kirchlich sanktioniert und als feste, alleinige
Lebensform institutionalisiert. Luther hatte weitgehend die Argumente
der mittelalterlichen Theologen übernommen, doch er verneinte den
Sakramentscharakter der Ehe, die er vielmehr als eine weltliche Sache
betrachtete, ein »äußerlich weltlich ding, wie kleider und speise, haus
und hoff weltlicher oberkeit unterworffen.« [39] Damit wurde die Ehe
wie eine gesellschaftliche Vertragsform behandelt, die grundsätzlich
nach Luther der Obrigkeit, der staatlichen Gesetzgebung und Gerichtsbarkeit unterstand, nicht aber dem Kirchenrecht. Dennoch haben sich
ebenfalls die evangelischen Kirchenordnungen vom 16. bis 18. Jahrhundert in »Lebensordnungen« oder »Ordnungen des christlichen Lebens«
mit dem Eherecht beschäftigt; die protestantischen Pfarrer übten in
dieser Zeit großen Einfluß auf etwaige Beschränkung oder Ablehnung
einer Eheschließung aus, bis sich die Zivilehe im 19. Jahrhundert langsam einbürgerte. Die Zivilehe blieb auch in protestantischen Gegenden
eine Ausnahme: erst nach 1749 verordnete z.B. Friedrich der Große
vereinzelt eine Zivilehe per Kabinettsorder, wenn Geistliche die Trauung verweigerten; ab dem 1. Januar 1876 wurde die Zivilehe in
Deutschland obligatorisch.

Luther schrieb außerdem eine verbindliche Regelung für die eigentliche Trauung vor: in seinem *Traubüchlein für die einfältigen Pfarrherrn*
(1529) nennt er die Zusammensprechung der Brautleute, bei der jeder
einzeln die Frage: »Willst du [Grete bzw. Hans] zum ehelichen Gemahl
haben?«, mit »ja« beantwortet. Auf diese Zusammensprechung *vor* der
Kirchtür folgte dann die Segnung der beiden Brautleute in der Kirche.
Schon im Laufe des 16. Jahrhunderts wurde dieser zweiteilige Trauungs-
akt, die Einverständniserklärung beider Brautleute und die anschlie-
ßende Segnung durch den Priester, in die Kirche verlegt. Luther bestand
darauf, daß diese Zeremonie die Ehe erst rechtsgültig mache, nicht
schon die vorausgegangene Verlobung, als er in seiner Schrift *Von
Ehesachen* (1530) die herrschende Verwirrung über die Rechtskraft der
Verlobung zu klären versuchte. Er regelte die Bestellung des Aufgebots
vor der Ehe (eine Frist vor der Ehe, wenn rechtliche Ansprüche oder
Ehehindernisse von dritter Seite gegen die bevorstehende Ehe vorgebracht werden können), er reduzierte und vereinfachte die vielen Ehehindernisse des kanonischen Rechtes auf zwei: die schon bestehende

Ehe (Bigamie) und nahe Blutsverwandtschaft (Inzest). Das kanonische Recht hatte nämlich eine verwirrende Anzahl von Ehehindernissen genannt: religiöse Gelübde (nicht nur im Kloster), geistliche Verwandtschaft (durch Taufe und Firmung entstanden), die Heirat von blutsverwandten Schwägern und auch entfernten Verwandten und die Wiederheirat der Witwen. Besonders in der Stadtwirtschaft erwiesen sich die Heiratsverbote gegen Schwäger, Witwen und weitläufige Verwandte als problematisch, denn der Handwerks- oder kaufmännische Betrieb mußte auch nach dem Tode von Ehemann oder Ehefrau weitergeführt werden, sollte der Lebensunterhalt gesichert bleiben. Komplizierte Erb- und andere Ansprüche von Verwandten waren oft am besten durch eine Heirat zu lösen. So wurde die Wiederheirat einer Handwerkerwitwe (wenn nicht ein mündiger Sohn sofort den Betrieb übernehmen konnte) in den meisten Zunftgesetzen spätestens innerhalb eines Jahres gefordert, sollte der Betrieb weiterbestehen. Die Witwen heirateten oft einen schon im Hause beschäftigten Gesellen, der nicht selten auch ein Verwandter des eigenen Mannes oder ein Blutsverwandter der Frau war. Eine solche, nicht vom kanonischen Recht sanktionierte Ehe war vom Standpunkt der Kirche aus eine heimliche oder Winkelehe *(matrimonium clandestinum)* und wurde zum Teil als Blutschande geahndet, in anderen Fällen, je nach Ort und wohl auch gesellschaftlicher Stellung des Paares, stillschweigend toleriert oder gegen Geldbuße oder andere Auflagen nachträglich sanktioniert.

Luthers Ehelehre kam hier den gesellschaftlichen Bedürfnissen entgegen; er reduzierte die Inzestgebote weitgehend auf die schon bei den Germanen üblichen Beschränkungen, daß nur Vater/Mutter nicht Tochter/Sohn und daß Geschwister einander nicht heiraten durften. Beim nächsten Blutsverwandtschaftsgrad mußte eine Dispens von der weltlichen Obrigkeit eingeholt werden. So willigte die österreichische protestantische Dichterin Katharina Regina von Greiffenberg (1633–1694) schließlich in die Ehe mit ihrem sechsunddreißig Jahre älteren Vormund und Onkel (dem Mutter-Bruder) ein. Der Onkel-Vormund bezeichnete sich stets als »Vetter« und lehnte auch alle Heiratsangebote an seine sechzehnjährige Nichte und Mündel ab, auch ihr religiöses Keuschheitsgelübde wollte er nicht anerkennen. Nach einigem Suchen fand er einen wohlwollenden protestantischen Fürsten in dem jungen Markgrafen Christian Ernst von Brandenburg-Bayreuth, der die Verwandtenheirat billigte (die protestantische Adelsfamilie der Greiffenberg war inzwischen von Österreich in die freie und protestantische Reichsstadt Nürnberg übergesiedelt). 1664 wurde die Heirat auf Weisung des Landesherren kirchlich mit ausdrücklicher Zustimmung der Mutter Katharinas geschlossen; Katharina selbst hatte ihre Zustimmung nicht verweigern können, sie hatte sie lediglich aufschieben, von der Einwilligung der befugten Theologen und Obrigkeit abhängig machen können, und diese erhielt der Onkel natürlich – mit den entsprechenden adeligen Fürsprechern und Beziehungen. [40] Diese Eheschließung verdeutlicht zum einen die Rolle der weltlichen Obrigkeit als entscheidende Instanz, zum anderen die Fragwürdigkeit der Zustimmung der Frau zur Ehe auch noch im 17. Jahrhundert. Von einer eigenen, auf den Interessen der eigenen Person beruhenden Entscheidung kann bei der Frau oft nicht gesprochen werden. Der Wille des männlichen Vormundes und des wählenden Bräutigams war eindeutig vorrangig und wurde ausgeführt.

Auch die katholische Kirche formulierte – zum Teil als Reaktion auf die Ehelehre der Protestanten – eine für alle Gläubigen verbindliche Eheschließungsform auf dem Konzil von Trient (Dekret »Tametsi«, von 1563), die die Einsegnung durch den Priester vorschrieb und die Ehe sogar zum Sakrament erhob, daher unauflöslich machte. Damit wurde die Unsicherheit und unterschiedliche Handhabung der Eheschließungen wie die »Winkelehen«, die »heimlichen« Ehen (*matrimonium clandestinum*, die durch Versprechen, aber ohne öffentliche Einsegung und Billigung geschlossen worden waren), sowie die Priesterehen mit den »Pfaffenhuren« oder »Metzen« (so die Protestanten), für die die Bischöfe Ablaßgebühren und Sonderleistungen kassierten, eindeutig verboten und für ungültig erklärt. Das Zölibat der Priester wurde ohne Ausnahme bekräftigt, die Ehehindernisse genau definiert und eine kirchliche Dispens in Zweifelsfällen gefordert. Auch nach katholischem Kirchenrecht galt der Ehemann in der hierarchischen Struktur der Ehe als das Haupt, so wie Christus das Haupt der Kirche verkörperte. Zögernd und zum Teil mit nationalen Verschiedenheiten setzten sich die katholische und protestantische Ehelehre durch. Im 17. Jahrhundert wurde in allen deutschen Gebieten, in protestantischen wie in katholischen, die Trauung durch den Pfarrer eine Voraussetzung für die Gültigkeit der Ehe.

Zur rechtlich-gesellschaftlichen Stellung der Ehefrau vom 16. bis zum späten 18. Jahrhundert

Ob katholisch oder protestantisch, für die rechtliche Stellung der Ehefrau trat im 16. und 17. Jahrhundert keine nennenswerte Änderung ein. Sie blieb weiterhin der Vormundschaft des Ehemannes unterstellt, abhängig in Vermögens- und Geschäftsfragen, sie konnte ihre eigenen Belange nicht vor Gericht vertreten. Wohl aber konnte sie Eingaben an den Rat machen, oder Bittgesuche an adelige Personen stellen, sofern der Ehemann das nicht verhinderte und – sofern sie schreiben konnte. Und schreiben konnten eben nur ganz wenige Frauen. Schreiben zu können bedeutete zwar nicht in entferntester Weise rechtliche Eigenständigkeit, aber doch wenigstens einen ersten Anfang zur eigenen Willensäußerung und Vertretung der eigenen Interessen.

Wie eng die Grenzen für eine außerfamiliäre Betätigung einer Ehefrau, auch einer adeligen, im 16. Jahrhundert waren, zeigt die unkonventionelle und streitbare Argula von Grumbach (1495–1563). Die aus einer alten bayrischen Adelsfamilie stammende und zu Luther bekehrte Argula richtete 1523 und 1524 öffentliche Briefe, in denen sie für einen jungen Theologen eintrat, an die Universität von Ingolstadt, an den Rat von Ingolstadt, an den Rat von Regensburg und an den Herzog von Bayern (an dessen Hof sie erzogen war). Die Briefe wurden (wohl von Protestanten) in Augsburg gedruckt. Da man gegen eine Frau nicht direkt einschreiten konnte, hatte der Kanzler des Bayernherzogs geraten, ihren Mann zur Rede zu stellen, »warum er solches Schreiben und Ausstreuen der lutherischen Lehre, den ernstlichen Befehlen zum Spott zugesehen und gestattet habe.« [41] Als der Herzog von Bayern sich dann endgültig für die katholische Partei und den Kaiser (seinen Vetter) entschied, wurde ihr Mann im Frühjahr 1524 aus seinem Pflegeramt gewiesen und die Familie mußte Bayern verlassen. Argula schrieb danach keine öffentlichen Briefe mehr und richtete keine Schreiben mehr in Sachen der Reformation an Stadträte oder Fürsten. Ihr Ehemann und ihre Familie bedrohten sie, als sie mit dem Protestantismus zu sympathisieren begann; er habe »die Christin in ihr« verfolgt, schreibt sie einmal, nennt ihn tyrannisch und sagt, sie schreibe mit Angst. Argula zog sich mit ihren vier Kindern auf die fränkischen Güter ihres Mannes zurück, führte dort die Wirtschaft allein, wie der erhaltene wirtschaftliche Briefwechsel bezeugt, da ihr Mann sich um nichts kümmerte. Sie erwirtschaftete genug, um ihre drei Söhne in Wittenberg studieren und ihre Tochter in Nürnberg protestantisch erziehen lassen zu können. Argula führte weiterhin einen regen privaten Briefwechsel mit reformatorisch gesinnten Adligen und Humanisten. Bis zu ihrem Tode 1563 äußerte sie sich aber nicht mehr öffentlich. Sicher ist der Fall der Argula eine Ausnahme. Aber sogar eine solche Ausnahme, eine gebildete adelige Frau, wurde auch als Ehefrau sofort mundtot gemacht. Sie wurde von ihrem und über ihren Ehemann bestraft. Auch für die wenigen Frauen in Ausnahmepositionen galt die Unmündigkeit; auch die schreibenden Frauen konnten meistens nur mit oder durch ihren Ehemann handeln, der für sie in jedem Falle die rechtliche, moralische und geistige Autorität darstellte.

Ein Musterbeispiel für die christliche Ehe protestantischer Prägung ist das Leben der Wibrandis Rosenblatt (1504–1564), die dienende Gehilfin im Haus von vier reformatorisch tätigen Predigern. Wibrandis Rosenblatt wuchs als Tochter eines kaiserlichen Feldhauptmanns in Basel auf, wo die Mutter als Bürgerstochter heimisch war und auch wohnen blieb, als Hans Rosenblatt 1521 zur Ablösung unerledigter Soldansprüche von Kaiser Karl V. ein herrschaftliches Gut in Österreich zugewiesen erhielt. Die Mutter lebte bis zu ihrem Tode bei der Tochter. Wibrandis heiratete als knapp Zwanzigjährige den aus Basel gebürtigen Humanisten und Magister Ludwig Keller (Cellarius), der zwei Jahre später (1526) verstarb und sie mit einem Kind zurückließ. Bald darauf heiratete Wibrandis den prominenten Leutepriester und Theologieprofessor Oekolampadius, der sich der Reformation angeschlossen hatte und nicht nur zu Studenten, sondern zu Hunderten von Baseler Bürgern predigte. Oekolampadius war von einem Freund aufgefordert worden, zu heiraten: »Es ist eine ehrenhafte und heilige Sache um den Ehestand, besonders für einen Christen und Vorsteher der Gemeinde.« [42] Als die Eltern des Oekolampadius zu ihm zogen, die den Haushalt führende Mutter bald verstarb und der kranke Vater zurückblieb, heiratete er 1528 Wibrandis, die es »nicht verschmähte, ihm zu dienen«. Wibrandis war 22 Jahre jünger als Oekolampadius, der in einem Brief über seine Heirat schrieb: »Du sollst wissen, daß Gott mir an Stelle meiner verstorbenen Mutter eine christliche Schwester zur Frau geschenkt hat, in bescheidenen Verhältnissen lebend, aber aus einem ehrenwerten Geschlecht stammend [einige Verwandte von Wibrandis Mutter saßen als Vertreter der Gerberzunft im Stadtrat] und als Witwe seit einigen Jahren im Kreuztragen geübt. Ich möchte zwar, daß sie etwas älter wäre, aber ich habe bis heute nichts von jugendlicher Unreife an ihr gefunden.« [43]

Wibrandis wuchs in den Kreis der Humanisten und Reformer hinein, die sie bewirtete und bediente, nachdem 1529 die Reformation in Basel gesiegt hatte, und Oekolampadius zum ersten Pfarrer am Baseler Münster berufen und 1530 als Bürger in Basel aufgenommen wurde. Wibrandis gebar einen Sohn und eine Tochter; Oekolampadius starb 1531 in den Nachwehen um die Niederlage und den Tod Zwinglis bei Kappeln.

Die Freunde des Oekolampadius sorgten für die baldige Wiederheirat der Witwe, die 1532 von dem selbst verwitweten Straßburger Pfarrer und Reformer Capito geheiratet wurde. Wibrandis siedelte mit ihren Kindern aus zwei Ehen und mit ihrer Mutter nach Straßburg über, um dem oft schwermütigen, kränklichen und mit Schulden und finanziellen Sorgen belasteten Capito das Pfarrhaus zu führen. Wibrandis gebar fünf Kinder, bis 1541 die Pest in Straßburg Capito und drei Kinder dahinraffte und Wibrandis als mittellose Witwe mit vier unversorgten Kindern zurückblieb.

Wenige Monate später heiratete Wibrandis 1542 den über 50jährigen, befreundeten Straßburger Pfarrer Butzer, dessen Frau auch an der Pest gestorben war. Wibrandis gebar einen Sohn, als Butzer ein Jahr in Köln weilte, um dort die Reformation zu organisieren, und später noch eine Tochter. 1549 (nach dem Interim) mußte Butzer Straßburg verlassen und folgte einer Einladung des Erzbischofs von Canterbury nach England; als sich sein Nieren- und Gallenleiden dort verschlechterte, rief er Wibrandis zu seiner Pflege (und leiblichen Versorgung) zu sich, die mit ihrer Mutter, zwei Töchtern und einer Großtochter im Herbst 1549 in Cambridge eintraf. Butzer verstarb im Frühjahr 1551 in England. Die Universität Cambridge ehrte Butzer mit einem feierlichen Leichenbegängnis und bewirkte beim englischen König eine Witwengabe von hundert englischen Mark, die gerade zur Rückreise ausreichten! Wibrandis kehrte bald mit ihrem unversorgten weiblichen Anhang (4 Frauen) zu ihrem Schwiegersohn nach Straßburg zurück. 1555 starb ihr Schwiegersohn an der Pest, Wibrandis kehrte mit ihrer Mutter und den unversorgten Töchtern, die sie aber bald verheiraten konnte, nach Basel zurück, wo sie 1564 an der Pest starb. Wibrandis lebte ein Leben im Dienste ihrer vier Ehemänner und ihrer Kinder (zehn wurden lebend geboren); auch wenn für die meisten Frauen des Bürgertums im 16. Jahrhundert das Leben viel weniger bewegt und ereignisreich war, so dürfte doch die dienende Hingabe, die andauernde Mutterschaft und Fürsorge der Wibrandis typisch für die christliche Ehefrau einer städtischen Familie gewesen sein, auf die sich Luthers Aufwertung des Ehestandes in

erster Linie bezog. Wibrandis war eine ideale protestantische Pfarrersfrau, der viele Generationen unbekannter, namenloser und selbstloser
Frauen folgen sollten.

Ein wichtiger Aspekt in der rechtlich-gesellschaftlichen Stellung der
Ehefrau ist die vermögensrechtliche Regelung. Zwar galten in der frühen
Neuzeit eine Vielfalt von Güterrechtssystemen (bis zu 100 gleichzeitig
an verschiedenen Orten) in Deutschland; erst die großen Kodifikationen
(das Allgemeine Landrecht Preußens von 1794, das Allgemeine Bürgerliche Gesetzbuch Österreichs, das ab 1811 für die deutschen Erblande
der Habsburg verbindlich wurde) haben allmählich zur Vereinheitli-
chung geführt. Für unseren Zeitraum gilt eine weitgehende Gütergemeinschaft der Gatten, bei der der Ehemann ausgedehnte und einseitige
Verfügungsgewalt hatte. Zwar behielt die Frau vielfach ihren Brautschatz (den von ihr in die Ehe gebrachten Erbanteil) als ihr Eigentum,
doch in der Regel verwaltete der Mann dieses Vermögen und hatte
dazu auch das Nutznießungsrecht. Auch zur Deckung der vom Manne
gemachten Schulden wurde oft das Gut der Frau – auch widerrechtlich,
war es doch in der Praxis selten mit Erfolg anfechtbar – mit herangezogen. Veruntreuung und Mißwirtschaft durch den Ehegatten waren an
der Tagesordnung, dagegen sind die Klagen über von der Frau ge-
machte Schulden – schon wegen ihrer beschränkten Handlungsgewalt –
selten. Noch im 16. und 17. Jahrhundert hören wir immer wieder von
der Enteignung adeliger Frauen, denen das Leibgedinge (ihnen als Wit-
wen- oder Altersversorgung zustehender Besitz) entzogen oder geraubt
wird. Lebt die adelige Frau aber über ihre Verhältnisse, so schreitet der
Ehemann ein: Anna Maria von Braunschweig-Kalenberg (1532–1568),
die zweite Frau Herzog Albrechts von Preußen, machte in »fast krank-
hafter Verschwendungssucht« [44] Schulden und borgte sich Geld; da
nahm der Ehemann, »den Schlüssel zur Geldkiste« [45], reduzierte ihre
Ausgaben für die Hofhaltung streng und zog ihr Leibgedinge zur Til-
gung der Schulden heran.

In vermögenden bürgerlichen Kreisen wurde es (wie es der Adel
schon seit dem Mittelalter tat) seit dem späten 17. Jahrhundert allgemein üblich, vor der Ehe einen Ehevertrag abzuschließen, der zwischen
dem Vater oder Vormund der Braut und dem Ehemann ausgehandelt
wurde. In diesem wurde das Erbgut der Frau oder ein vom Ehemann zu
leistender Betrag für die Versorgung der Frau als Witwe (Wittum oder
Leibzucht) und die zu erwartenden Kinder sichergestellt. Dazu wurden
oft strittige Fragen der Kindererziehung (bei Mischehen die Religion)

geregelt. So scheiterte die Verlobung der protestantischen Sophie LaRoche (1731–1807) mit dem katholischen Arzt Bianconi daran, daß sich ihr Vater und der Verlobte nicht über die konfessionelle Erziehung der etwaigen Töchter einigen konnten. Daß etwa Sophie zu dieser Frage bei der Verhandlung über den Ehevertrag auch nur zu Rate gezogen wäre, wird nirgends erwähnt. Vater und Bräutigam handelten 1748 *ihren* Ansichten entsprechend die Bedingungen aus, wie es wohl weithin und lange Zeit danach üblich war. Solche Eheverträge wurden mit Zeugen gerichtlich beglaubigt, sie hatten Vorrang vor dem geltenden Landrecht, wurden jedoch in manchen Gegenden bei der Geburt eines Kindes hinfällig. Auf diese Weise konnte vor allem das von der Frau in die Ehe gebrachte Gut der weitgehenden Verwaltungs- und Verfügungsbefugnis des Mannes entzogen werden. Besonders vermögende Familien versuchten, ihre Töchter und (bei einer Einheirat) das Familienerbe zu schützen.

Doch bedeutete auch ein Ehevertrag nicht unbedingt Schutz vor wirtschaftlichem Ruin der Ehefrau. So verlor Dorothea Schlözer (1770–1825), die Göttinger Professorentochter und erste promovierte Frau der Universität Göttingen, trotz sorgfältig aufgesetztem (aber nicht eingehaltenem) Ehevertrag beinahe ihr gesamtes Vermögen beim Konkurs ihres Mannes in Lübeck. 1811 schrieb sie an eine Vertraute: »19 Jahre habe ich vergebens gekämpft, um einem solchen Uebel vorzubeugen – …Meine Zukunft ist nichts weniger als gesichert, über mein Wittum macht mir die Debit Masse den Prozeß, das kleine Eigenthum meiner Kinder wird wahrscheinlich auch auf diese Weise angefochten – meine väterliche Erbschaft ist mir durch die Tochter erster Ehe meines Mannes ersetzt; diese letzte kleine Revenue ist das einzige sichere, worauf ich rechnen kann und so beziehe ich dann in Gottes Nahmen eine gemietete Studentenstube in Göttingen, wohin ich auf Ostern zu reisen gedenke…« [46] Ihren Töchtern machte Dorothea Schlözer testamentarisch (1817) zur Pflicht: »Wenn sie heiraten, nicht in eine allgemeine eheliche Gütergemeinschaft zu treten, sondern vor Eingehung der Ehe Ehepakten zu errichten« (S. 283).

Solche »Ehepakten« waren ein erster Schritt zur Gütertrennung, zur wirtschaftlichen Verselbständigung der Ehefrau gegenüber dem Ehemann, ein kleiner Schritt auf dem Wege zur Anerkennung der Ehefrau als eigenständiger Person. Doch wurde in den Eheverträgen lediglich die Sicherung des in die Ehe gebrachten Gutes und die Versorgung der Ehefrau angestrebt, falls der Mann bankrott machte oder starb. Einen

Schutz gegen Veruntreuung, Verschwendung (z.B. durch Spiel oder Trinken) oder Mißwirtschaft boten sie kaum, denn welche Ehefrau konnte schon gegen ihren Ehemann klagen, der bei Gericht als ihr Vormund galt? Nur eine gütliche Einigung mit Hinweis auf die im Ehevertrag gegebenen Versprechen, auch unter dem Druck anderer Familienangehöriger war bestenfalls zu erwarten. Die Eheverträge waren oft eher eine teilweise Absicherung gegen Dritte (Gläubiger des Mannes) mehr eine moralische Stütze für die Frau als eine rechtliche Sicherung für die Ehefrau im modernen Sinne. Noch war, wie später am Naturrecht und am preußischen Landrecht zu erörtern ist, die Ehefrau keine Person im Auge der Gerichte, der Ehemann der rechtliche Vormund seiner Frau.

Geschiedene Frauen, Witwen und Ledige

Eine geschiedene Frau war bis zum Ende des 18. Jahrhunderts eine Ausnahme und wurde von der Gesellschaft mit Argwohn und Verachtung behandelt; eine Scheidung mußte wohl überlegt und bei den richtigen Personen erwirkt werden. So schrieb Dorothea Veit-Schlegel, als sie sich 1791 nach zwanzigjähriger Ehe (und nach dem Tode ihres Vaters, dem sie keinen Kummer bereiten wollte) aus Liebe zu Friedrich Schlegel von dem Bankier Veit scheiden ließ: »Seit drei Wochen bin ich, nach vielen Kontestationen, Szenen – nach manchem Schwanken, und Zweifeln – endlich von Veit geschieden, und ich wohne allein, aus diesem Schiffbruch, der mich von einer langen Sklaverei befreit, habe ich nichts gerettet, als eine sehr kleine revenue, von der ich nur äußerst sparsam leben kann, vielen frohen Mut, meinen Philipp, einige Menschen, mein Klavier…« [47] Und Caroline Schlegel-Schelling wußte geschickt zu taktieren, als sie durch Goethes Vermittlung ihre Scheidung von August Wilhelm Schlegel erwirken wollte; sie schrieb darüber 1802: »Die Sache steht so: Der Herzog [Karl August von Weimar] deutete dem Konsistorium in der Mereauschen Angelegenheit [die Schriftstellerin Sophie Mereau war 1801 geschieden worden] ohne weiteres an, die Ehe als aufgehoben einzuzeichnen, und dies geschah auf besondere Verwendung des Erbprinzen von Gotha. Nun kommt es darauf an, ihn zum zweitenmal zu einer solchen Vergünstigung zu disponieren, da er vielleicht eben deswegen abgeneigt sein könnte, sie zuzugestehn, weil er es kürzlich tat, damit aus der Ausnahme keine

Regel werde, weshalb man sich auch schriftlich auf diese nicht berufen muß. Ich habe mich also an einen Mann gewandt, der guten Willen für uns beide und Macht genug hat es bei ihm durchzusetzen, er hat auch versprochen, zu tun, was er vermag...« [48] Der »Mann« war Goethe, der Caroline sehr wohl darauf aufmerksam gemacht hatte, daß der Herzog eine abschlägige Antwort geben könnte. Das von Caroline aufgesetzte, dann gemeinsam unterzeichnete Gesuch um Scheidung, das ausdrücklich die Kinderlosigkeit, die Einwilligung beider in die Scheidung betont und die Ausschaltung der üblichen Formalitäten vor dem bürgerlichen Gericht vom Herzog erbittet, hatte Erfolg und die Ehe wurde »auf ein entschiedenes Rescript *Serenissimi*« (641) hin im Mai 1803 geschieden. Eine Scheidung bedeutete um 1800 noch eine Ausnahme, durch die richtigen Beziehungen zur Obrigkeit konnte sie ohne umständliche Verhandlung von Gericht oder Kirchenbehörde am besten erreicht werden.

Die Entwicklung der modernen Ehescheidung begann mit der Reformation, durch die die Möglichkeit, eine Ehe zu scheiden prinzipiell zugelassen wurde, wenn besondere Gründe vorlagen. Da die Ehe von den Protestanten nicht als Sakrament angesehen wurde, konnte sie auch, im Gegensatz zu der bis heute im kanonischen Recht gültigen Praxis, geschieden werden. In katholischen Gebieten wurde dagegen die Scheidung mit Recht zur Wiederverheiratung nicht zugelassen, nur eine Nichtigkeitserklärung der Ehe ist möglich, die allerdings von der Kurie in Rom erlangt werden muß; so kann eine Ehe nur in Sonderfällen – in der Praxis zumeist bei vermögenden und hochgestellten Personen – aufgelöst werden. In protestantischen Gebieten fand im 16. Jahrhundert ein Verfahren vor der städtischen Gerichtsbarkeit statt, sofern diese schon bestand; sie war oft um Geistliche (Pfarrer, Superintendenten), angesehene Bürger oder Vertreter der weltlichen Obrigkeit erweitert. Schon bald übernahmen jedoch die Konsistorien (protestantische Kirchenbehörden) die Scheidung als einen summarischen Prozeß.

Eine Versöhnungszeit wurde zunächst immer angestrebt oder sogar anbefohlen. Luther hatte als Scheidungsgrund nur den Ehebruch zugelassen und sich darin auf die Bibel berufen; in der Rechtspraxis kamen dann noch das boshafte Verlassen *(desertio malitiosa)* und dem Verlassen gleichgestellte Tatbestände, wie die Verweigerung der ehelichen Gemeinschaft, hinzu. Bei böswilligem Verlassen hatte der Verlassene – und das war fast immer die Frau – zu beweisen, daß ihn keine Schuld an der Trennung traf und daß der Gatte sich an einem Ort befand, wo das

Gericht ihn nicht erreichen konnte. Der ferne Gatte wurde dann dreimal öffentlich vom Gericht geladen und erst bei Nichterscheinen die Ehe für aufgelöst erklärt. Neben dem gerichtlichen Verfahren konnte auch ein Gatte (fast immer der Mann) die Scheidung aus von den Gerichten nicht anerkannten Gründen erlangen, wenn er beim Landesherrn oder einem entsprechenden Beamten oder einer Behörde Gehör finden konnte, die dann die Ehe durch Dekret ohne weiteren Prozeß trennen konnte. Dagegen war eine »Scheidung von Tisch und Bett« *(mense et toro)*, also ein Getrenntleben der Ehegatten, möglich und durchaus üblich; die Wiederverheiratung der Gatten war natürlich ausgeschlossen. Eine solche Trennung von »Tisch und Bett« wurde auch bei Protestanten im 16. und 17. Jahrhundert vollzogen; sie bildete auf jeden Fall die erste Stufe zu einer Scheidung. In den meisten Fällen blieb es bei dieser Trennung, und eine offizielle Scheidung blieb selten, auch beim Adel.

Denn gerade beim Adel führte eine Scheidung nur zu unliebsamen vermögensrechtlichen und erbrechtlichen Problemen. Viel bequemer war die Trennung von der Ehefrau oder einfach deren Entfernung in ein anderes Gebäude, auf ein abgelegenes Schloß, seltener sogar die Verbannung aus den Territorien, um so unbeschwert eine offizielle Mätresse (oder auch mehrere nacheinander) zu halten. Etwaige Kinder aus diesen Verbindungen waren natürlich illegitim, ein »natürliches« Kind, das je nach Gunst und Laune des Fürsten mit Ämtern und Vermögen belohnt wurde, aber keinen Anspruch auf Titel oder Erbe hatte. Ein Arrangement, das den Mätressen für die Fürsten und adeligen Herren vergleichbar war, bestand selbstverständlich nicht für deren Frauen – es gibt nicht einmal eine der Mätresse entsprechende männliche Bezeichnung. Hatte eine Fürstin aber doch einmal einen Liebhaber – dies war besonders im protestantischen Adel und vor dem späten 17. Jahrhundert sehr selten –, so liefen die adelige Frau und ihr Liebhaber Gefahr, so behandelt zu werden wie die Prinzessin Sophie Dorothee von Hannover (1666–1726) und der Graf Karl von Königsmarck: als deren Verhältnis bekannt wurde und sie sogar Fluchtpläne schmiedeten, wurde der Graf Königsmarck 1694 heimlich ermordet – die Leiche aber nie gefunden. [48a] Sie soll Gerüchten zufolge in eine Kloake geworfen und diese zugemauert worden sein. Sophie Dorothee wurde auf ein abgelegenes Schloß verbannt und lebenslang in strenger Überwachung gehalten, doch durfte sie einen bescheidenen Hofstaat führen und standesgemäß leben. Ihr Mann, der Erbprinz Georg Ludwig von Braunschweig-Calenberg, dessen Vater Landesfürst und höchste weltliche Obrigkeit war, ließ sich von Sophie Dorothee scheiden – was bei seiner Position und dem Ehebruch der Frau eine einfache Sache war –, um sich seiner »maitresse en titre«, anderen Frauen und Geschäften zu widmen. Daß Georg Ludwig sowie seine männlichen Verwandten mit ihren Liebesabenteuern Geschichte gemacht, sprich: laufend Ehebruch begangen hatten, störte weiter nicht. Die herrschende Doppelmoral – und doppelte rechtliche Praxis – wurde nur zur Bestrafung der Frau angewendet. Sophie Dorothee hatte außerdem mit der Geburt von zwei gesunden Söhnen ihre biologisch-politische Funktion schon erfüllt und war somit überflüssig. Ehebruch war beim Adel eine einseitige Angelegenheit, beim Bürgertum bestenfalls ein Kavaliersdelikt, das im 18. Jahrhundert dann aber zunehmend geahndet wurde, wenn der Ehebruch von einer verheirateten Frau oder einem Adeligen mit einer bürgerlichen Frau begangen worden war. Auch hier wird der Warencharakter der Frau als Sexualobjekt, als Alleinbesitz des Ehemannes, deutlich.

Während Scheidungen im 16. und 17. Jahrhundert äußerst selten sind, macht sich im 18. Jahrhundert unter dem Einfluß der Aufklärung, als sich das weltliche Recht sichtbar vom Kirchenrecht emanzipiert, sehr stark die Tendenz zur Erleichterung der Ehescheidung bemerkbar. So wird die Ehe in den naturrechtlichen Theorien als reiner Vertrag angesehen, der eben auch aufgekündigt werden kann. Das *Corpus Iuris Fredericianum* von 1749 gestattete die Ehescheidung bei gegenseitiger Einwilligung – was oft vergröbernd dargestellt wird, als habe Friedrich der Große die Ehescheidung in Preußen eingeführt –, einige Jahrzehnte später wurde auch »unüberwindliche Abneigung« (Zerrüttung) [49] als Scheidungsgrund zugelassen. Schon 1748 war in Preußen die Gerichtsbarkeit der Konsistorien auf die ordentlichen Gerichte übertragen worden, damit die Ehescheidung aus den Händen der protestantischen Geistlichen den weltlichen Richtern übertragen und zum Zivilprozeß gemacht. Es kam jedoch vielfach zu Mißverständnissen, da keine eigentliche Prozeßordnung für die Scheidung entwickelt war, und die Richter offenbar nicht kompetent waren, hier tragbare Entscheidungen zu fällen.

Daß die verhältnismäßig liberale Handhabung der Ehescheidung im 18. Jahrhundert in Preußen besonders für die Ehefrauen ruinös sein konnte, zeigt das Beispiel der Dichterin Anna Luise Karsch (1722–1791). Sie stammte aus ärmlichen, ländlichen Verhältnissen (Tochter eines Gasthauspächters), heiratete aus Versorgungsgründen auf Drängen ihrer Mutter mit 16 Jahren den Tuchweber und Tuchhändler Hirsekorn, der nach ihren eigenen Aussagen extrem geizig, trunksüchtig, jähzornig und bitter darüber enttäuscht war, daß sie die erwartete Mitgift (den Erbteil ihres Vaters, der durch die Mißwirtschaft des Stiefvaters längst verbraucht war) nicht mit in die Ehe brachte. Als sie zwei Söhne geboren und »aus dem Lesen und aus dem Versemachen... manche häusliche Unordnung entstand... bettete er sich aus dem gemeinschaftlichen Ehebette weg, als sie zum drittenmale Mutter wurde, und schlief in der Nebenkammer. Diese Handlung war wider alle dort eingeführte eheliche Sitte, und gleichsam eine Vorstimme der Scheidung ihrer Gemüter«. [50] Als Anna Luise aber wieder schwanger wurde, bestand ihr Ehemann nach einigen Wutausbrüchen auf der Scheidung, nachdem er im Wirtshaus erfahren hatte, der König von Preußen habe in seinen Landen die Erlaubnis zur Scheidung gegeben. Der Ehemann beantragte gegen ihre Bitten und Proteste die Scheidung, fuhr mit ihr in der Kutsche zu den drei Terminen im Rathaus in Groß-Glogau (Schlesien), überredete sie, in alles einzuwilligen, was sie auch tat, und die Ehe wurde 1749 formlos geschieden. Der Mann erhielt die beiden Kinder (weil es Söhne waren) und alles, was sie in die Ehe gebracht hatte, als »Muttergut« für die Söhne. Das Kind, das sie erwartete, wurde vom Erbteil ausgeschlossen. Hirsekorn suchte sich eine andere Ehefrau. Anna Luise mußte Hirsekorns Haus nur mit einem Kleiderbündel verlassen, und da »eine geschiedene Frau in ihrer Hütte dem ganzen Städtchen ein Ärgerniß war« (57), schickte auch ihre Schwiegermutter sie nach wenigen Tagen wieder fort. Auch zu ihrer Mutter konnte sie wegen der Schande nicht zurückkehren, sondern blieb allein in einem benachbarten Dorf. Sie erhielt von der Mutter, der Schwiegermutter und von mitleidigen Leuten etwas Essen, verdiente sich etwas durch das Schreiben von Gelegenheitsgedichten, gebar einen Sohn und willigte, um versorgt zu sein, auf Anraten ihrer Mutter in eine zweite Heirat ein. Ihr zweiter Mann, der Schneider Karsch, vertrank alles und schlug sie ebenfalls. Erst als Karsch sich im Siebenjährigen Krieg beim Militär anwerben ließ – welche Rolle die »Karschin« dabei gespielt hat, ob sie mit Hilfe eines adeligen Bekannten ihren Mann abgeschoben hat, ist nicht ganz klar – war sie eine »freie« Frau, nicht geschieden, wohl aber eine Ehefrau, die nicht von ihrem beim Militär lebenden Mann abhängig ist.

Ganz gleich, wie das zerrüttete Verhältnis zwischen Hirsekorn und Anna Luise zustande kam: bei der patriarchalischen, autoritären Ehestruktur, die nur den Mann begünstigte, konnte eine Frau weder Selbstbewußtsein entwickeln noch ihre Rechte – so gering sie auch damals waren – durchsetzen. Die von den Naturrechtlern vertretene Lösbarkeit der Ehe wurde in der Praxis eindeutig zugunsten des Mannes angewendet: die geschiedene Frau hatte, war sie nicht durch Ehevertrag und eigenes Vermögen gesichert, zur weiteren Existenz nur die Möglichkeit, sich wieder von einem Mann für die Ehe auswählen zu lassen, wollte sie nicht zum fahrenden bettelnden Volk ausgestoßen werden, denn auch als Magd oder Bedienstete war mit einem Kind kaum eine Stellung zu erlangen.

Auch nach moderner Definition ist die Witwe eine »Frau, deren Ehemann gestorben ist«, eine »Hinterbliebene«, eine sozial schwache Person [51], deren wirtschaftliche Stellung immer problematisch ist. Nach kanonischem Recht sollte die Witwe im Mittelalter nicht wiederheiraten, ihr blieb also zur Versorgung eventuell der Eintritt in einen religiösen Orden, in ein Beginenhaus, die Hilfe vermögender Verwandter, eigenes Vermögen, zuweilen vom Ehemanne hinterlassenes Vermögen (soweit erwachsene Kinder und Verwandte des Mannes nicht darauf Anspruch hatten). Hier waren Brauch und rechtliche Bestimmungen in Einzelheiten ebenso unterschiedlich wie die gesellschaftliche Lage. Eine adelige Witwe hatte meistens eine Leibzucht oder Leibgedinge, die Witwe eines vermögenden Bürgers ihren Brautschatz; doch waren wirtschaftliche Not und Bedrängung wohl eher die Regel als die Ausnahme und gesetzlicher Schutz kaum vorhanden, es sei denn der auch für Witwen bestellte Geschlechtsvormund konnte und wollte in ihrem Interesse handeln.

Trotz des Wiederheiratsverbotes heirateten Witwen häufig wieder, schon um sich die Erwerbsgrundlage weiterhin zu sichern. Luthers Ehelehre und in deren Gefolge auch die katholische Kirche forderte dann die Witwen zur Wiederheirat auf; so wurde der Witwenstand seit dem 16. Jahrhundert mehr und mehr ein bedauerliches gesellschaftliches Abseits für alte Frauen (und als solches galten die Frauen spätestens ab dem vierzigsten Lebensjahr). Irgendwelcher gesetzlicher Schutz wurde bis zum 19. Jahrhundert nicht entwickelt; eine Witwe tat besser daran, wenn sie irgend konnte, wieder zu heiraten. Die wirtschaftliche Benachteiligung und Schutzlosigkeit wird auch in einem *Witwentrostbüchlein*, wie dem der Elisabeth von Braunschweig-Lüneburg (1510–1558) von 1556, immer wieder betont: »Also daß nichts verächtlicher sein kann unter der Sonnen, denn Witwen und Waisen«. Auch Elisabeth war 1540 Witwe geworden und hatte als solche – als vormundschaftliche Regentin (von 1540–1545) des Fürstentums Braunschweig-Calenberg für ihren unmündigen Sohn – die Übergriffe der männlichen Verwandten und der an ihren Territorien interessierten Fürsten besonders zu spüren bekommen. [52] Sie wurde 1555 aus ihrer Leibzucht (den Territorien, die ihr als Witwenversorgung von ihrem Manne als persönlicher Besitz vertraglich übergeben worden waren) vertrieben und mußte – wohl oder übel – wieder heiraten und zwar den unbedeutenden, kleinadeligen Graf Poppo von Henneberg. Ihre schriftstellerische Tätigkeit entfaltete sie jedoch interessanterweise besonders als Witwe, im Überlebenskampf für ihre Kinder, für sich und für ihr Reformationswerk, *nicht* als Ehefrau.

Elisabeth war eine privilegierte, adelige Frau. Es scheint aber doch wichtig zu sein, daß die Witwen, die aus wirtschaftlicher Not nicht einfach untergehen und die nicht wieder heiraten, als Witwen im Rahmen des ihrer Zeit Möglichen selbständig werden und – ihrer Selbständigkeit im Schreiben Ausdruck geben. So kämpfte Anna Ovena Hoyers (1584–1655) nach dem Tode ihres Mannes für ihren (sektiererischen) Glauben, für ihre Kinder und schrieb Satiren und religiöse Lieder. So führte die Witwe Maria Catharina Stockfleth das schriftstellerische Lebenswerk ihres Mannes mit der Vollendung des Romans *Die Kunst- und Tugend-gezierte Makarie* (2. Teil 1673) fort. So entwickelte Sophie von La Roche (1731–1807) als Witwe weiterhin (schon weil die Honorare ihren Lebensunterhalt aufbesserten) eine rege Reise- und schriftstellerische Tätigkeit. Eine ähnlich fruchtbare kulturschaffende Periode läßt sich bei ledigen oder geschiedenen Frauen beobachten. Die beiden unverheirateten Prinzessinnen Anna (1617–1672) und Elisabeth (1620–1692) von Baden-Durlach schrieben erbauliche Lieder, um darin einen Ausdruck für ihr sonst im Sinne der protestantischen Ethik unerfülltes, weil kinderloses Leben zu finden. Die künstlerisch und intellektuell hochbegabte Tochter des Kupferstechers Matthäus Merian, Maria Sybilla (1647–1717), begann ihre Insektenforschung nach ihrer Scheidung zu vertiefen; sie reiste sogar als Fünfundfünfzigjährige nach Niederländisch-Guayana (Surinam) und lernte lateinisch, um ihr großes wissenschaftliches Werk über die Insekten schreiben zu können, nachdem sie von dem Blumenmaler (und ehemaligen Gesellen in der Familienwerkstatt) Graf wieder geschieden war. Die eigentliche literarische Laufbahn und die Produktion von Lyrik, die nicht mehr ausschließlich eine Gelegenheitsdichtung war, begann für Anna Luise Karsch nach der Trennung von ihrem zweiten Mann, als sie in Berlin als alleinstehende (zwar gesetzlich noch verheiratete und mit Kindern und anderen Familienangehörigen lebende) Frau über ihr Leben (in Grenzen) selbst verfügen konnte.

Die Entwicklung kulturschaffender Tätigkeit von verwitweten, geschiedenen und wie auch immer alleinstehenden Frauen ist kein Zufall.
Denn erst wenn die unmittelbare Geschlechtsvormundschaft durch den
Ehemann, und die, wie im folgenden Kapitel zu zeigen sein wird, ar-
beitsintensive und biologische Funktion als »christliche Hausmutter«
wegfallen, oder doch gewandelt werden, erst dann ist die Frau frei für
eine solche Tätigkeit. Ledige, d.h. unverheiratete Frauen waren aber eine
gesellschaftliche und wirtschaftliche Anomalie; Luthers Ehelehre hatte
ihnen, nachdem sie nie einen festen wirtschaftlichen Boden für eine
Erwerbstätigkeit oder einen Beruf gehabt hatten, auch die moralisch-
ethische Berechtigung genommen. Sie existierten nur als Randfiguren
dort, wo sie »sitzen blieben«, von Männern nicht zur Heirat auserwählt
wurden, häufig als Witwen und als geschiedene Frauen zurückblieben. In
der Gesellschaft der frühen Neuzeit hatten Frauen als alleinstehende,
unverheiratete Frauen keine Erwerbsmöglichkeit und Existenzberechtigung, es sei denn, sie waren Mägde und Dienstboten, und die zählten
sowieso nicht zur bürgerlichen Gesellschaft. Auch das Leben der Nonnen erfuhr seit der Reformation einschneidende Veränderungen. Für
Protestanten war es natürlich nicht mehr möglich, aber auch bei den
Katholiken verlor es an Sozialprestige und an kulturellen Möglichkeiten.
Die Rolle der *Ehefrau* bedeutete für alle Stände und Klassen die endgültige Domestikation der Frau in der patriarchalischen Gesellschaft der
Neuzeit; aus dem Tauschobjekt der Germanen und der sexuellen Ver-
führerin der judäisch-christlichen Bibeltradition war das arbeitende
Haustier, das für den Mann wie für die Nachkommen sorgte, geworden.

Die rechtliche Stellung der Frau
im preußischen »Allgemeinen Landrecht« (1794)
und in Fichtes »Grundlage des Naturrechts« (1796)

Das »Allgemeine Landrecht«, diese große Gesetzeskodifikation, die
1794 für alle preußischen Lande in Kraft gesetzt und erst 1900 vom
BGB abgelöst wurde, ist besonders interessant für die gesellschaftliche
Rolle der Frau im ausgehenden 18. Jahrhundert, weil hier mit größter
Ausführlichkeit die anzuwendende Rechtspraxis vorgeschrieben wird,
die die bestehende gesellschaftliche Ordnung festigen soll. Die breite
Darstellung und Begründung der Paragraphen erstreckt sich möglichst

»Das Regiment des Ehemanns« oder die Bestrafung der schlechten Hausfrau,
die »liederliches« Spiel in ihrer Bürgerstube zuläßt –
satirischer Nürnberger Holzschnitt aus dem 17. Jahrhundert.

Der Schneider.

Beym neüen Kleid, steht Stoltz, undNeid.

Prangt nicht in nettem Kleider-Schmuck,
eür Fleisch ünd diese nütz veralten:
Der Tod wird solches Meister-Stuck,
Zertrennt aüff seinem Schoß bald halte.
Wollt ihr was schönes eüch erwehlen?
Zieht Christüm an, das Kleid der Seelen.

Frauen arbeiten dem Schneidermeister zu –
nach Christoph Weigels *Abbildung der Gemein-Nützlichen Hauptstände*
(Regensburg 1698).

umfassend auf alle Lebensregungen der Untertanen im Interesse der Staatsraison. [53] »Der Hauptzweck der Ehe ist die Erzeugung und Erziehung von Kindern«, lautet die zweckgebundene Definition der Ehe, die ein Echo auf die christliche, besonders auf Luthers Ehelehre ist. Die patriarchalische Grundform der Ehe wird verankert, indem der Mann ausdrücklich zum »Haupt der ehelichen Gesellschaft« erklärt wird. Die Ehefrau teilt seinen Wohnsitz, seinen Stand und Namen und muß den Haushalt führen; ohne seine Genehmigung darf sie keine außerhäuslichen Tätigkeiten oder Gewerbe ausführen. Er darf ihre Briefe öffnen, darf sie – je nach Stand und Gewohnheiten – züchtigen; gegen körperliche Bestrafung wie Prügel hat sie kein Recht zur Beschwerde. Als Gegenleistung für die Haushaltsführung und als Kompensation für das Aufgeben der selbständigen Persönlichkeit hat die Ehefrau Anspruch auf standesgemäßen Unterhalt im gemeinsamen Haushalt. Wird der Mann krank, erwerbsunfähig oder verliert er (ohne Schuld) sein Vermögen, so muß die Ehefrau ihn ernähren.

Der Ehemann ist der gerichtliche Vormund seiner Frau, »schuldig und befugt, die Person, die Ehre und das Vermögen seiner Frau in und außer Gerichten zu verteidigen.« Die Ehefrau darf in der Regel ohne Hinzuziehung ihres Ehemannes keinen Prozeß führen und keine Rechtsgeschäfte abschließen, wodurch ihr irgendwelche Verpflichtungen erwachsen (Schenkungen z.B. kann sie annehmen). Neben diesen wichtigen rechtlichen Beschränkungen wird jedoch eine vertragliche Abmachung über das Vermögen *der Frau* vor (selten nach) der Eheschließung erlaubt. In einem Ehevertrag kann die Frau (meistens handelte der Vater der Frau diesen Vertrag aus) zwischen verschiedenen Arten von Gütergemeinschaft und Gütertrennung wählen, soweit es *ihr* in die Ehe gebrachtes *Vermögen* betrifft, was sie sich unter Umständen als Sondergut vorbehalten kann. Wurde ein solcher Ehevertrag nicht geschlossen, so sah das Landrecht wenigstens für die Witwe vor, daß sie ihr eigenes Vermögen und einen Erbanteil am gesetzlichen Gut des Verstorbenen als Eigentum erhielt. Ein kleiner Besitz wurde zum Vorbehalt der Frau erklärt (Kleider, Wäsche, Schmuckstücke und etwa das Hochzeitsgeschenk des Mannes), und dieser Vorbehalt konnte vertraglich um das mitgebrachte Vermögen der Frau erweitert werden. Dieser Vorbehalt stand der Ehefrau zu, wenn der Mann Konkurs machte – allerdings mußte das von der Frau bewiesen und zurückgefordert werden, falls es überhaupt noch vorhanden war.

Galt die Gütergemeinschaft (wie in großen Teilen Westfalens und in den nordöstlichen Provinzen Preußens), so haftete die Frau mit ihrem gesamten Vermögen; die Frau nahm auch nicht teil an dem, was durch gemeinsame Arbeit mit dem Gatten (eheliche Errungenschaft) erworben war, falls sie geschieden oder verwitwet wurde. Im »Allgemeinen Landrecht« sind wohl Ansätze zur Sicherung der Frau und ihres Vermögens gemacht worden, wie sie ganz unterschiedlich in den städtischen Ordnungen seit dem späten Mittelalter üblich geworden sind, doch verankert das Landrecht weiterhin die fast *gänzliche wirtschaftliche Abhängigkeit* der Ehefrau von ihrem Mann. Das Recht gibt ihr bestenfalls die Möglichkeit, ihr mit in die Ehe gebrachtes Vermögen den Gläubigern gegenüber zu fordern und es als Witwe einzubehalten, doch bei wissentlicher oder fahrlässiger Veruntreuung durch den Ehemann hat sie in der Praxis kaum eine Chance, wenigstens ihren Anteil wiederzugewinnen.

Bei der Scheidung muß der schuldige Teil (der Ehebruch begangen hat oder der bei einseitiger »unüberwindlicher Abneigung« auf der Scheidung besteht) entweder lebenslänglichen Unterhalt bezahlen oder einen Teil seines Vermögens (den 6. oder 4. Teil) abtreten. Die Kinder sollen vom unschuldigen Teil erzogen werden; ist keiner für schuldig erklärt, so kommen sie ab dem 4. Lebensjahr zum Vater, Töchter können vom Richter auch der Mutter zugesprochen werden. Der Vater hat, auch wenn er schuldig geschieden wird, Anrecht auf die Söhne. Kinder, die dem elterlichen Haushalt angehören, stehen solange in »väterlicher« (nicht etwa »elterlicher«) Gewalt, wie sie finanziell unselbständig sind; die Töchter werden erst bei der Heirat »frei« – um dann sofort wieder unter die Vormundschaft des Ehemannes zu gelangen, – die unverheirateten Töchter werden erst mit dem Tode des Vaters »frei«. Der Vater hat das Recht, ihr Vermögen zu verwalten, ihren Wohnort zu bestimmen und kann sie zwingen, im Elternhause zu bleiben. Die Söhne dagegen werden selbständig, sowie sie ein Gewerbe außer Hause betreiben oder ein öffentliches Amt bekleiden. Die ledige Tochter wird dagegen niemals selbständig, solange der Vater lebt.

Die Pflichten der Frau als Mutter [53a] werden ausführlich beschrieben, und es wird betont, daß die »körperliche Pflege und Wartung, solange die Kinder deren bedürfen, die Mutter selbst oder unter ihrer Aufsicht besorgen« muß. Das Gesetz stipuliert sogar, daß die Mutter das Baby selbst zu ernähren hat – eine kulturgeschichtlich interessante Einzelheit, denn seit der Rousseauschen Betonung des natürlichen Lebensstils wurde die Kleinkinderpflege betont und besonders die in vermögenden Kreisen übliche Annahme einer Amme oder das Weggeben der Säuglinge zu einer Säugamme auf das Land heftig bekämpft. Diese Praxis wurde für die hohe Kindersterblichkeit verantwortlich gemacht und kam im späten 18. Jahrhundert dadurch in Verruf und aus der Mode. [54] Das Landrecht scheint hier die Praxis der Säuglingsernährung zu beschreiben und vorzuschreiben, wie sie bis zur Verbreitung von Ersatzmilch und Babynahrung in den dreißiger Jahren in Deutschland üblich war. Das Gesetz regelt sogar, wie lange die Mutter stillen soll, nämlich solange *der Vater* das bestimmte! Ein ärztliches Gutachten wird erst dann auch für den Vater bindend, wenn die Gesundheit des Kindes oder der Mutter unter der Bestimmung des Vaters leiden würde. Die Mutter trat in ihrer Rolle und damit in ihren Rechten völlig hinter dem Vater zurück; »die Anordnung und die Art, wie das Kind erzogen werden soll, kommt hauptsächlich dem Vater zu«; er entscheidet über dessen Aufenthalt und kann es vom vierten Lebensjahr ab ihrer Pflege und Aufsicht entziehen und z.B. in eine Institution zur Erziehung geben. Der Vater hat später die alleinige Entscheidungsgewalt bei der Berufswahl, er kann sogar ein Kind ohne Zustimmung der Mutter zur Adoption weggeben und er bestimmt allein (Novelle von 1803) die religiöse Erziehung der Kinder, während es im 18. Jahrhundert üblich geworden war, daß die Töchter dem Bekenntnis der Mutter folgten. Der Vater behält das ausschließliche Einwilligungsrecht, wenn die Kinder eine Ehe eingehen wollen, auch wenn er schuldig geschieden wurde und das Erziehungsrecht der Kinder nicht bekommen hat. Wenn der Vater abwesend (krank oder geisteskrank) ist und seine Erziehungsgewalt nicht ausüben kann, erhält die Mutter zwar das Erziehungsrecht, aber das Gericht bestellt einen Vormund (der die Mutter sein kann, aber nicht sein muß) für die Vermögensverwaltung und rechtliche Vertretung der Kinder. Auch Witwen erhielten nicht automatisch die Erziehungsberechtigung und Vormundschaft ihrer Kinder; der Ehemann konnte testamentarisch einen anderen Vormund einsetzen; bei Meinungsverschiedenheiten zwischen Mutter und Vormund hatte das Vormundschaftsgericht zu entscheiden; der Vormund bestimmte nach gängiger Rechtspraxis *allein* die Berufswahl der Söhne.

Solche Einzelbestimmungen, die zunächst unerheblich erscheinen mögen, zeigen deutlich, wie *beschränkt* die Handlungsfähigkeit der Ehefrau *auch als Mutter* ist, also in einem Bereich, der bei den polarisierten Geschlechtsrollen gerade zu Ende des 18. Jahrhunderts wieder von Theologen, Pädagogen, Philosophen und Dichtern zum Lebensinhalt und zur Lebensaufgabe der Frau erklärt und verklärt wird. Diese »natürliche Bestimmung des Weibes«, die es für die Frauen des Bürgertums, an dem sich alle Frauen im 19. Jahrhundert mehr und mehr orientieren, auch ist, macht das Muttersein zum Lebensinhalt. Doch auch in diesem ganz weiblichen Bereich schreibt die männliche Gesellschaft, wie das preußische »Allgemeine Landrecht« es spiegelt, totale Kontrolle durch Männer vor, durch Väter, Ehemänner, Vormünde und Gerichte (*alle* Juristen waren natürlich Männer, da Frauen weder zum Studium noch zu irgendeinem bürgerlichen Beruf zugelassen waren).

An den die Frauen betreffenden Rechtsbestimmungen wird weiterhin deutlich, wie sehr das »Landrecht« auf die vermögenden Klassen (Groß-Bürgertum, Großgrundbesitzer, Adel) und deren Frauen zugeschnitten ist. Es ist daher hier unbedingt festzuhalten, daß die die Ehefrauen betreffenden Regelungen von der vermögenden Frau ausgehen und deren Rechte und Rechtsansprüche, wenn auch in einer dem Manne ihrer Klasse untergeordneten Weise, erstmals umfassend zu regeln versuchen. Die Frauen aus dem Bürger- und Kleinbürgertum, die kein nennenswertes Vermögen in die Ehe brachten, konnten auch in einem Ehevertrag kaum eigene Rechte gegenüber dem Ehemann aushandeln; in der Ehe, als Witwe, gegenüber ihren Kindern, besonders ihren Söhnen, waren sie in einer schwachen Position. Ein Anrecht auf Vergütung oder Zugewinn bei einem kleinen Handels- oder Handwerksgewerbe z.B., wo die Ehefrau immer – in abhängiger, zuarbeitender, aber lebensnotwendiger Weise – mitarbeitete, hatten sie nicht (oder nur in Ausnahmefällen). Diese Frauen blieben, mehr noch als ihre Schwestern aus dem vermögenden Bürgertum oder Adel, dem Willen der Ehemänner (und als Witwen dem der erbenden Söhne) für ihren Unterhalt und Leben ausgeliefert.

Ganz desolat war die Lage der Mägde, Dienstboten und Lohnarbeiterinnen, sowohl auf dem Lande vor und auch nach der Aufhebung der Leibeigenschaft, als auch in der Stadt. Diese Frauen waren nicht nur ihrem Dienstherrn rein wirtschaftlich ausgeliefert, sondern sie waren es auch weitgehend sexuell (Ansprüche und Zwang zu Beischlaf sind auch noch um 1800 an der Tagesordnung) und gesellschaftlich (der Herr hatte das Dispositionsrecht über die Familiengründung). Nach der »Preußischen Gesindeordnung« von 1794 z.B. mußte die Heiratserlaubnis des Brotgebers von den Gehilfen, Knechten, Mägden, Handwerksgesellen und dem Hauspersonal noch immer eingeholt werden. Dienstboten, Tagelöhner und Unvermögende brauchten dazu noch die polizeiliche Zustimmung zur Heirat. Diese Zustimmung wurde davon abhängig gemacht, ob die Betreffenden einen Hausstand unterhalten konnten oder, im Falle der Dienerschaft, bei Knechten und Mägden, ob dem Herrn (Gutsherrn oder Bauern) der verheiratete Dienstbote (und damit dessen Gatte und Kinder) genehm, sprich: bequem und rentabel waren. Von diesem Dispositionsrecht wurden die Frauen der unteren Dienstbotenklasse doppelt betroffen: Einmal besaßen sie oft nicht mehr als das (einzige) Kleid auf dem Leibe und waren für ihren Lebensunterhalt auf die Lohnarbeit angewiesen; eine Heirat bedeutete für sie in der Regel eine Entlassung. Zum anderen erhielten die für sie infrage kommenden Männer aus der Dienstbotenklasse zumeist keine Heiratserlaubnis. Im späten 18. Jahrhundert wurden in deutschen und österreichischen Gebieten die generellen Heiratsverbote unterschiedlich für Dienstboten und Knechte aufgehoben und durch die Heiratsbewilligung im Ermessen des jeweiligen Dienstherrn ersetzt — der frühkapitalistische Staat brauchte Arbeitskräfte, die Bürgerhäuser Dienstboten für den gehobenen Lebensstil. Sie konnten also nur auf eine Heiratserlaubnis hoffen. Eine Heirat bedeutete für diese Frauen, daß sie neben völlig ungeregelter und oft unmenschlicher Lohnarbeit Kinder gebären, aufziehen und einen Ehemann versorgen mußten. Für diese Ärmsten der Armen gab es keine gesetzlichen Regelungen, die auch nur irgendwie deren Interessen — und nicht die der vermögenden Klassen — vertreten hätten. Auch Luthers Ehelehre enthielt kein Wort darüber, wie etwa Mägde und Dienstboten den Ehestand erlangen könnten, da selbst den Männern dieser oft unfreien, wenn auf dem Lande lebenden leibeigenen Klasse die Heirat verboten war, bzw. unmöglich war, weil sie nämlich keinen wirtschaftlich selbständigen Hausstand gründen und unterhalten konnten. Luthers Ehelehre verallgemeinerte die gesellschaftliche Situation derjenigen freien Bürger, die Besitz hatten oder die wenigstens einem zur Familiengründung ausreichenden Erwerb nachgehen konnten. Und das waren neben dem Adel, den Grundbesitzern vor allem die Bürger der Städte, die Kaufleute, Handwerker und die im 16. Jahrhundert noch verhältnismäßig kleine, dann aber immer mehr an Bedeutung gewinnende Schicht mit Universitätsausbildung, die Advokaten, Ärzte, protestantischen Pfarrer und die Verwaltungsbeamten.

Die (zahlenmäßig bedeutende) Unterschicht der Unfreien und der lohnabhängigen Arbeiterinnen konnte die theologisch begründete und deshalb moralisch zwingende Forderung nach dem Eingehen des Ehestandes gesellschaftlich und wirtschaftlich nicht erfüllen. Und vom 16. bis zum ausgehenden 18. Jahrhundert änderte sich für die Frauen dieser

Unterschicht wenig, es sei denn, sie konnten durch Heirat sozial aufstei-
gen, ein fast immer unerfüllter Wunschtraum der Mägde und Dienstboten, wenn sie überhaupt Wünsche entwickeln konnten, denn der
gesellschaftliche Stand wie auch die Zwänge des biologischen »zweiten
Geschlechtes« wurden als von Gott verhängte, unabänderliche Gegebenheiten angesehen.

Die Kontrolle und Bevormundung der Frau in allen Lebensbereichen,
besonders auch in den ihr eigens zudiktierten Mutterpflichten, wie sie
im preußischen »Landrecht« festgeschrieben werden, entspricht ganz
den Argumenten des ethischen Idealismus. So konnte Fichte in seiner
Grundlage des Naturrechts nach Prinzipien der Wissenschaftslehre (1796) ein
streng patriarchalisches Eheideal verklärend rechtfertigen, das scheinbar
logisch und schlüssig die ethische Autonomie des Menschen zu vertreten schien. Zwar erklärt Fichte die Ehe der »Natur« und der »Vernunft«
nach zum Selbstzweck, wertet Mann und Frau als moralische Wesen
»gleich«, denn beide sind fähig, Träger der Vernunft und der sittlichen
Freiheit zu werden, aber er unterscheidet ganz im Sinne der Anthropologie seiner Zeit ihre verschiedenen Gattungsfunktionen: da verhält sich
das männliche Geschlecht tätig, das weibliche leidend, passiv. Die Frau
muß, um ihren Naturtrieb zu befriedigen, das Objekt der Tätigkeit eines
Mannes werden und zwar in der Form der Liebe, dem Trieb, der bei der
Frau nicht zur Selbstbefriedigung, sondern zur Befriedigung des gelieb-
ten Mannes dient. Dieser edelste, der Frau angeborene Naturtrieb zur
Hingabe an den Mann ist ein freiwillig dargebrachtes Opfer der Frau an
den geliebten Mann: »Das Weib gibt, indem sie sich zum Mittel der
Befriedigung des Mannes macht, ihre Persönlichkeit auf. Ihre eigene
Würde beruht darauf, daß sie ganz, so wie sie lebt, und ist, ihres Mannes
sei, und sich ohne Vorbehalt an ihn und in ihm verloren habe. Das
Geringste, was daraus folgt, ist, daß sie ihm ihr Vermögen und alle
Rechte abtrete, und mit ihm ziehe. Nur mit ihm vereinigt, nur unter
seinen Augen, und in seinen Geschäften hat sie noch Leben, und Tätigkeit. Sie hat aufgehört, das Leben eines Individuums zu führen; ihr Leben
ist ein Teil seines Lebens.« [55] Fichte verklärt die Selbstaufgabe der
Frau; er stellt als natürlich-sittliche Verpflichtung hin, was einer totalen
Entrechtung und Entpersönlichung gleich kommt, die dazu noch aus
freier Wahl erfolgen soll. Diese Hingabe der Frau bedeutet natürlich für
den Mann, sich ihrer würdig zu erweisen und ihr stets mehr als alle
anderen achtenswert und würdig zu erscheinen. Fichte charakterisiert
die Rolle des Mannes: »Die Lage des Mannes ist dabei diese. Er, der

alles, was im Menschen ist, sich selbst gestehen kann, sonach die ganze Fülle der Menschheit in sich selbst findet, überschaut, das ganze Verhältnis, wie das Weib selbst es nie überschauen kann« (307). Der Mann ist, so meint Fichte, für ihren Schutz zuständig; in der Gesellschaft ist die Frau ein Nichts, denn »der Staat... tut Verzicht darauf, das Weib als eine juridische Person zu betrachten« (320). Die Frau bleibt also fest in der Ehe eingeschlossen, von Geschäften, Beruf oder gar staatsbürgerlicher Betätigung ausgeschlossen.

Thomas von Aquin hatte von der Ganzheit des männlichen Geschlechts ausgehend die Frau als unvollkommenen, mißratenen Mann *(mas occasionatus)* bezeichnet; Fichte spricht fast fünfhundert Jahre später vom Manne, der »die ganze Fülle der Menschheit in sich selbst findet« und verklärt die »Würde« und »Persönlichkeit« der Frau dahingehend, daß sie *freiwillig aufhört*, »das Leben eines Individuums zu führen«, daß sie in der Ehe »so wie sie lebt und ist, ihres Mannes sei«. Die Liebesehe ist als entscheidendes neues Band in der Beziehung der Geschlechter bei Fichte und mit dem Ausgang des 18. Jahrhunderts bei fast allen Autoren dazugekommen. Doch wird der Frau dabei das freiwillige Opfer eingeredet, »ihr Vermögen und alle ihre Rechte« dem Manne abzutreten und aufzuhören, »das Leben eines Individuums zu führen«. Von Mündigkeit, Individuation oder gar Emanzipation kann hier keine Rede sein; der lange Weg der Frau zur eigenen Mündigkeit ist mit Fichte, dem deutschen Idealismus und dem Gesetzbuch des preußischen »Allgemeinen Landrechts« erst noch einmal entscheidend verbaut worden, denn *nur als (bürgerliche) Ehefrau* hat sie Rechte, indem sie »unter den Augen« und »in den Geschäften« des Ehemannes noch »Leben und Tätigkeit« hat.

Zweites Kapitel

Nonne, Streiterin, Organisatorin, Gläubige:
Frauen und die Kirche

Mulieres in Ecclesiis taceant – Wie in allen Gemeinden der Heiligen,
lasset eure Weiber schweigen in der Gemeinde: denn es soll ihnen
nicht zugelassen werden, daß sie reden, sondern sie sollen untertan sein,
wie auch das Gesetz sagt. Wollen sie aber etwas lernen,
so lasset sie daheim ihre Männer fragen. Es steht den Weibern übel an,
in der Gemeinde zu reden.
1. Korinther 14,34-35

Was Arbeit in und aus dem Hause auf mich gefallen: wie ich
das Evangelium hab helfen bauen, die Verjagten aufgenommen,
die Elenden getröstet, Kirch, Predigtstuhl und Schulen gefördert
…gelehrter Männer Rede, Predigt gehört, ihre Bücher gelesen, ihre Briefe,
und sie die meinen… wird sich auch alles nach meinem Tod
hinter mir lassen finden…
Katharina Zell, Ein Brief an die ganze Bürgerschaft
der Stadt Straßburg, 1557.

Ich kann kein Latein, aber ihr könnt deutsch, seid in dieser Zunge
geboren und erzogen. Ich habe euch kein Weiberzeug geschrieben,
sondern das Wort Gottes als ein Glied der christlichen Kirche…
Argula von Grumbach, Schreiben an die Ingolstädter Universität, 1523.

Ist es aber dem Könige zu geringe, wenn auch seine Unmündigen
sagen, wie ihnen zu Muthe sey?
Susanna von Klettenberg, Brief an den Prediger Trescho, 1763.

Religiöse Lebensgemeinschaften für Frauen:
Klöster und Beginenhöfe

»Frauen sollen in der Kirche schweigen«, dieses Pauluswort wurde schon bald so ausgelegt, daß alle Frauen aufgrund ihres Geschlechtes von den Kulthandlungen und der kirchlichen Hierarchie ausgeschaltet wurden. Seit den Synoden des 5. Jahrhunderts war die Frau endgültig aus den Kirchenämtern ausgeschlossen, sie konnte nur passiv als Gläubige die

Sakramente empfangen, nicht aber diese erteilen; ihr wurde jegliches Recht zur Predigt (und Lehre), Gemeindeführung und Spenden des Abendmahls entzogen. Von der »Besudelung der göttlichen Sakramente durch Frauenhände« wurde schon im 5. Jahrhundert gesprochen. [1] Frauen galten als unreine Wesen, die weder die kirchlichen Gewänder noch die geweihten Gefäße berühren, die nur mit dem Schleier verhüllt die Hostie nehmen durften (die obligatorische Kopfbedeckung während der Messe, eine Sitte, die erst vom zweiten Vatikanischen Konzil (1962–1965) abgeschafft wurde, ist ein Relikt dieser Auffassung); sie wurden ermahnt, nicht in der Kirche zu sprechen. Die in der christlichen Tradition vorhandenen Gründe für den Ausschluß der Frau vom Presbyterat faßt Hans Küng so zusammen:

Durch das Weib kam die Sünde in die Welt; die Frau wurde als zweite erschaffen; die Frau ist nicht nach dem Bilde Gottes erschaffen; die Frau ist kein volles Mitglied der Kirche; Menstruationstabu. [Die Argumente] können sich nicht auf Jesus berufen und zeugen von einer grundsätzlichen theologischen Diffamierung der Frau. [2]

In der mittelalterlichen Kirche war es die verheiratete Frau, die als unrein und minderwertig betrachtet wurde, denn der Geschlechtsverkehr und das Gebären galten als sündig und mit Makel behaftet, was sich in langlebigen Vorschriften und Verboten äußerte: die verheirateten Frauen bildeten die letzte Gruppe einer Prozession, die schwangere, stillende und die menstruierende Frau unterlag lange einem Tabu, das ihr den Kirchenbesuch und die Kommunion verbot. Die Geburt einer Tochter verunreinigte mehr als die eines Sohnes, so daß nach einer Mädchengeburt die Frau länger der Kirche fernbleiben mußte, als wenn sie einen Jungen geboren hatte. [3] Wenn wir bedenken, wie zentral das religiöse Leben für die Menschen des Mittelalters wurde, so mußten solche Vorstellungen von der Unreinheit der weiblichen Geschlechtsfunktionen die Frauen zutiefst erniedrigen und jedes Selbstgefühl und jede Selbstachtung schon im Keime ersticken.

War die gebärende Frau unrein, so wurde die Jungfräulichkeit um so höher geachtet, zu deren Leitbild die jungfräuliche, d.h. nicht von der Erbsünde belastete Gottesmutter erhoben wurde. Maria wurde zum religiösen Symbol, zum Urbild der Virginität, zur einzigartigen Frau, die vom Glanz des Wunders umstrahlt ist: »Du bist allein die Frau, die in beispielloser Weise Christo wohlgefallen hat«, heißt es in einem Osterlied [4]; Maria, die Gottesmutter, gilt als Muster aller Frauen, ihre Reinheit, Liebe und Demut ist beispielhaft. Sie ist eine Fürbitterin besonders der Frauen, deren Not sie versteht und abhilft; Maria ist »unsere liebe Frau«. Ihr folgt die jungfräuliche Nonne nach, die sich Gott weiht und das Gelübde der Keuschheit ablegt: die Nonne wird zum Gespons Christi, zur Braut des Heilands; sie trägt einen Ring zum Zeichen der mystischen »Heirat«. So lautet denn eine typische spätmittelalterliche Ermahnung, die im 15. Jahrhundert von einem Abt an eine vornehme Äbtissin gerichtet wurde:

Nun schau und sieh an den Himmel und deinen Stand, welcher nahe ist dem Himmel und auch der Himmel ist; du bist verborgen als ein Edelstein und als ein kostbarlicher Schatz. Dich selbst hast du gekauft, mit dem goldenen Ring der Vermählung und auch mit dem Tau des Blutes deines Gespons... Nun schaue auf und sieh an deinen heiligen Vorsatz, in welchem du verheißen hast, dich zu erzeigen eine keusche Jungfrau Christo dem Herrn... Nimm wahr die ehrwürdige Jungfrau über alle Jungfrauen, die Gebärerin Gottes, Maria... [5]

Das Nonnentum war bis zur Reformation der bevorzugte Stand für Frauen – allerdings fast ausschließlich für Frauen des Adels und der Patrizier –, ein Stand, in dem sie ein geistliches Leben verwirklichen und von der Kirche geehrt und eng verbunden mit ihren Glaubensinhalten leben konnten. [6] Die vielen Neugründungen in allen Jahrhunderten, die wiederholten Aufnahmesperren und der Zulauf der Frauen zu immer neuen Orden spiegeln die Beliebtheit des klösterlichen Lebens. Um 1100 setzt eine religiöse Frauenbewegung ein, in deren Gefolge sich zahlreiche Frauenklöster unter ihnen die Orden der Augustinerinnen, Prämonstratenserinnen und Zisterzienserinnen neu bildeten oder anschlossen. Die Nonnen kamen fast ausschließlich aus adeligen Familien; für Haus-, Feld- und Stadtarbeiten hatten die Klöster dazu Laienschwestern und die Nonnen hatten oft auch ihre eigenen Mägde. Hier waren also in der klösterlichen Abgeschiedenheit und Autarkie – bis zum Konzil von Trient durften sich die adeligen Nonnen zumeist mit bischöflicher Genehmigung für einige Tage vom Kloster entfernen – eine verhältnismäßig bedeutende Anzahl von Frauen versammelt, die gesichert und relativ unabhängig leben konnten. Für die adligen Nonnen war das Kloster eine standesgemäße Versorgung (oft schon mit fünf Jahren, in der Regel mit acht bis zwölf Jahren, wurden die Töchter auf Lebenszeit einem Kloster übergeben, wenn keine Aussicht auf Mitgift und damit standesgemäße Heirat bestand). Auch für die Laienschwestern und Mägde, die die vornehmen Frauen begleiteten und bedienten, war die von der Gesellschaft hoch angesehene und als gottgefällig betrachtete Klostergemeinschaft ein sicherer Arbeitsplatz, auch wenn sie selbst nicht den auserwählten Stand einer Nonne innehaben konnten. Daraus erklärt sich der große Andrang und die Beliebtheit der Klöster gerade für Frauen: sie boten wie in einem kleinen Frauenstaat Schutz, Beruf und Versorgung.

Seit dem 13. Jahrhundert drängten auch die Frauen aus den Städten nach einer solchen Lebensweise und Versorgung. Im Gefolge der neuen Bettelorden entstanden in den Städten Frauenklöster, die vielfach von Patrizierfamilien für ihre Töchter gegründet wurden, so die der Klarissinnen in Straßburg, Mainz, Ulm, Würzburg, Basel, Freiburg, Regensburg oder Wien, der Dominikanerinnen in Augsburg, Basel, Bamberg, Regensburg, Pforzheim oder Nürnberg, mit sogar sieben(!) Konventen in Straßburg. Schon um 1300 gab es in Deutschland 80 Dominikanerinnenklöster (gegenüber nur 49 Männerklöstern dieses Ordens), und die Provinziale des Ordens konnten nur mit Mühe durchsetzen, daß die Begrenzung von 50 Nonnen je Konvent auch eingehalten wurde. [7]

Im 15. Jahrhundert wurde in einer Reformbewegung (u. a. von den Äbten der Bursfelder Benediktiner-Union ausgehend) eine einheitliche Regel für Frauenklöster aufgestellt, die vielfach verwirklicht wurde und bis zur Reformation typisch für die Lebensgemeinschaft der Nonnen war. Danach sollten Mädchen erst ab dem zwölften Lebensjahr in ein Kloster aufgenommen werden, dann auch nicht gleich eingekleidet, sondern erst Unterricht erhalten und dann mit sechzehn Novizinnen werden. Für die Zulassung zu den Gelübden mußten sie genug Latein können, um sich untereinander und mit den Geistlichen auf Latein unterhalten zu können. Neben der Äbtissin wurde eine Priorin als stellvertretende Leiterin eingesetzt, eine Novizenmeisterin für die Ausbildung der Novizen, eine Cellerarin (Schaffnerin oder Kellermeisterin) für alle wirtschaftlichen Angelegenheiten, eine Kantorin für den Gesang und die Bibliothek und zur Führung der Chronik; eine Sakristanin besorgte die Kirchenwäsche und überwachte die Gebetsstunden, außerdem verwaltete eine Schwester die kleinen Gebrauchsgegenstände, eine hatte das Amt der Krankenbetreuung, dazu kam eine Pförtnerin, Küchenmeisterin und eine Gastmeisterin. Außerhalb des Chors sollten die Nonnen die Zeit mit Lesen und Arbeit füllen, besonders mit Nähen, Sticken, Schreiben, Malen, Buchbinden; Beichte (einmal wöchentlich) und Kommunion (einmal monatlich) waren geregelt; das Essen wurde auf drei Gerichte beschränkt und Fleischspeisen nur Kranken gestattet. Die wichtigste Neuregelung aber war eine strenge Beachtung der Klausur, Fenster und Türen waren doppelt verschlossen, nur die Äbtissin und der Beichtvater hatten Schlüssel. Das Sprechen mit Weltlichen war nur am Gitterfenster, das keinen Durchblick gestattete, erlaubt. Die Exklusivität und Autarkie eines solchen Klosters auch als vergleichsweise selbständige Lebensgemeinschaft für Frauen wird damit deutlich.

Besonders in West- und Süddeutschland entwickelte sich neben den Klöstern noch eine Form klosterähnlichen Zusammenlebens für Frauen, die weder von hoher Geburt noch genügendem Vermögen waren (auch städtische Konvente verlangten eine gehörige Mitgift und nahmen vorwiegend Töchter aus Patrizierfamilien auf); diese neuen Gemeinschaften wurden nicht als Orden von der Kirche anerkannt (vielmehr als Ketzer häufig bekämpft) und konnten (oder wollten) auch keinen Anschluß an bestehende Orden finden: Es waren die Beginen (wahrscheinlich eine Verstümmelung des Ketzernamens »Albigenses«). Diese sich aus religiösen und wirtschaftlichen Gründen zu klosterähnlichen Gemeinschaften ohne Gelübde zusammenschließenden Frauen waren in der Regel ledige oder verwitwete Frauen, die durch Gewerbe- oder Handarbeiten ihren Unterhalt bestritten, soweit das von den Zünften zugelassen wurde. Sie lebten in freiwilliger Armut und Keuschheit ohne einheitliche Regel eines ihnen übergeordneten Ordens, leiteten und verwalteten ihre Gemeinschaft, die zumeist auch eine Gütergemeinschaft war und fürsorgerische Tätigkeiten ausführte, selbständig oder doch nur in lockerer Anlehnung an einen Bettelorden. [8]

In den Niederlanden und einigen großen Städten wie Köln oder Frankfurt hatte jede Begine ihren eigenen Haushalt; sie wohnten in Höfen oder Sammlungen, wie die um einen Hof oder eine Kapelle herum erbauten Häuschen genannt wurden, die sich auf den gemeinsamen Hof oder Garten öffneten und durch ein zentrales Tor, das nachts verschlossen wurde, zu erreichen waren. Hier handelte es sich nicht um eine vereinzelte Erscheinung sondern, wie Zeitgenossen berichten, um viele Tausende. Schon für 1243 gab es nach zeitgenössischen Angaben etwa 2000 Beginen in Köln, im 13. Jahrhundert mindestens 169 solche Beginenhäuser dort und in Straßburg etwa 85, an denen Frauen aus allen Ständen beteiligt waren. An ihrer Spitze stand eine jährlich oder auch für länger gewählte Meisterin. Waren auch bei den Gründungen zunächst die religiösen Motive bestimmend, so traten im Spätmittelalter die sozial-karitativen Züge zur Versorgung unverheirateter Frauen aus nichtvermögenden bürgerlichen Schichten stärker in den Vordergrund. Durch ihre karitative Tätigkeit waren die Beginen für die Städte wichtig, sie boten dazu gerade den Frauen des mittleren und Kleinbürgertums eine gesicherte Existenz. Die Kirche bekämpfte sie jedoch wiederholt, wie z.B. die Beginenverfolgungen durch den Straßburger Bischof im 14. Jahrhundert zeigen. [9]

Neben den anerkannten Ordensklöstern und den weitgehend tolerierten Beginenhöfen gab es auch noch die sogenannten Tertiarinnen [10]; sie lebten in ihrer Familie oder in einem Hause für sich in engem Anschluß an die dritte Regel des heiligen Franz von Assisi oder Dominikus ein religiöses Leben. Sie trugen einfache Kleider, beteten, machten fromme Übungen und widmeten sich besonders der Kranken- und Armenpflege (Elisabeth von Thüringen, gest. 1231, war die bekannteste Tertiarin). Seit dem 14. Jahrhundert lebten sie zumeist als einfache Laienschwestern gemeinsam in Städten wie Köln, Mainz, Münster, Ulm, wo sie schon früh karitativ tätig waren.

Die wirtschaftliche und gesellschaftliche Bedeutung der religiösen Frauengemeinschaften (der Klöster, Beginen- und Tertiarenhäuser) für Frauen liegt auf der Hand. Sie boten eine Existenzmöglichkeit, wenn auch teilweise in freiwilliger Armut und Dürftigkeit, einen das Leben füllenden Sinn, eine Aufgabe oder auch nur eine bequeme Versorgung: sie bedeuteten ein Leben in einer Gemeinschaft gleichgesinnter Frauen (keineswegs ohne menschliche Probleme), ohne schutzlos der Macht eines Einzelnen ausgeliefert zu sein, wenn auch die Äbtissin oder Meisterin als oberste Instanz die Autorität der ständischen, patriarchalischen Gesellschaft verkörperte.

Die Frauengemeinschaften waren eine echte Alternative zur patriarchalischen Familie, boten einen Ausweg aus der biologischen Funktion der pausenlosen Geburten in einer Ehe und sie gewährten eine sozial und wirtschaftlich abgesicherte Existenzmöglichkeit. Auch der riesige Zustrom von Frauen zu den Ketzern (besonders zu den Waldensern und Katharern) vom 12. bis zum 14. Jahrhundert, in denen Frauen oft im Gefolge dieser Wanderprediger auch selbst predigend herumzogen, erklärt sich wohl daraus, daß Frauen hier eine wirtschaftlich wie sozial befriedigende Lebensform finden konnten, die ihnen Familie bzw. Sippe nicht boten (oder bieten konnten). Vom religiösen Standpunkt aus gesehen, und dieser darf keineswegs unterschätzt werden, waren die Jungfräulichkeit, die karitative Betätigung und bei den Ketzern die Lehre von der asexuellen göttlichen Seele von Frau und Mann, die der Frau das Stigma der Unreinheit und Minderwertigkeit nahm, sicher sehr wichtig für diese Frauen. [11]

Neben der wirtschaftlichen und gesellschaftlichen Bedeutung leisteten die Klöster auch einen wichtigen Beitrag zur geistigen Betätigung und Selbstbildung der Frauen, denn sie boten die einzige außerfamiliäre Bildungsstätte. Schon in den Klöstern der Karolinger- und Ottonenzeit gab es gelehrte Nonnen, wie die Nonne Rosvith von Gandersheim, auch wenn die meisten Nonnen sich monoton mit immer wiederkehrenden Dingen, mit Singen, Beten, auswendig Lernen des Psalters und dem Abschreiben von Büchern beschäftigten. Dennoch entstanden eine Reihe von Nonnenbüchern, Chroniken, Lebensbeschreibungen, prophetische und mystische Schriften, auch Gedichte und Stoffsammlungen in deutscher Sprache sowie auf Latein. Schon um 1056 schrieb die Nonne Berta die Lebensgeschichte ihrer Äbtissin Adelheid von Vilich (gest. nach 1009) aus dem bei Bonn gelegenen Kloster, das die Persönlichkeit dieser Frau voll Wärme charakterisiert. Die Äbtissin Herrad von Landsberg aus dem Elsaß (gest. etwa 1196) stellte in ihrem *Hortulus deliciarum* (Lustgarten) alles Wissenswerte für ihre Nonnen zusammen, versah den lateinischen Text mit deutschen Übersetzungen und Bildern, damit auch die des Latein unkundigen Frauen das Buch benutzen konnten.

Die wohl bedeutendste Nonne des 12. Jahrhundert, Hildegard von Bingen (gest. 1179), zeichnete in ihrer Schrift *Scivias* (*Wisse die Wege*), an der sie zehn Jahre arbeitete, und in drei weiteren Visionswerken eine Schau des gesamten göttlichen Heilsplanes in einzelnen Bildern auf. Als Prophetin war sie schon von den Zeitgenossen hoch geachtet, führte einen ausgedehnten Briefwechsel, komponierte und predigte öffentlich. Ihr Interesse für naturkundliche und medizinische Fragen fand Niederschlag in Fachschriften, in denen sie ihre Beobachtungen über Krankheiten und Anweisungen zu deren Heilung niederlegte.

Wichtig für die Teilnahme der Frauen an der religiösen Tradition waren die Nonnen, die sich im Spätmittelalter besonders mit mystischen Fragen beschäftigt haben. Die herausragende Gestalt war Mechthild von Magdeburg (gest. 1281/82), die bereits über zwanzig Jahre als Begine gelebt hatte und dann dem Zisterzienserkloster Helfta bei Eisleben beitrat, um verleumderischen Verfolgungen zu entgehen. Dem Kloster Helfta stand die gebildete Äbtissin Gertrud (gest. 1292) vor, unter deren Anleitung die Nonnen neben den Kirchenvätern auch Albertus Magnus und Thomas von Aquin lasen. In ihrer mystischen Schrift *Das fließende Licht der Gottheit* (geschrieben von etwa 1250 bis 1270/1) hielt Mechthild ihre Seelengeschichte in Visionen fest, die zugleich eine Kritik an ihrer Zeit und den männlichen Klerikern darstellen und zur Buße aufrufen. Mechthild gebraucht mit erstaunlicher Selbständigkeit das Ich: »Ich muos mich selber melden, sol ich gotz güete werlich moegen verbringen.« [12] Das Ich erscheint zentral und autonom (frei von männlicher Bevormundung), ein Ausdruck der im Schöpfungsauftrag vollendeten göttlichen Güte. In der Einleitung ihres ersten Buches sagt sie:

Dis buoch soll man gerne enpfan, wan got sprichet selber dú wort. Das buoch das sende ich nu zebotten allen geistlichen lúten: beidú, boesen und guoten; wand wenne die súle vallent, so mag das werk nút gestan, und ez bezeichent alleine mich und meldet loblich mine heimlichkeit (ebd.).

Das sprechende Ich ist dabei gleichzeitig der alles entscheidende, aber auch ganz unbedeutende Aspekt des Geschehens, es ist das Instrument, durch das Gott spricht; Mechthild folgt keiner Glaubensformel, sondern erfährt die unmittelbar werdende Realität Gottes im Ich. Mechthild gehört – wie wohl so viele namenlose Mystikerinnen – in den Kontext neu aufbrechender Individualität im religiösen Bereich, sie experimentiert (und bleibt nicht mehr bei der tradierten Interpretation stehen) mit biblischen Texten, etwa mit dem Hohen Lied. Natürlich wurde sie vom orthodoxen (männlichen) Klerus angefeindet.

Als Lehrerin in der Klosterschule von Helfta war Mechthild von Hackeborn tätig (1241–98) [13], eine Schwester der Äbtissin Gertrud der Großen (1256–1302), die ihre Visionen in der Schrift *Von der besonderen Gnade* niederlegte, während die Mitschwester Gertrud (gest. 1302) von ihren Gesprächen mit Gott und den Engeln und von ihrem mystischen Erleben in dem Buch *Vom Gesandten der göttlichen Liebe* Zeugnis ablegte. Gertrud war schon als Fünfjährige in das Kloster gekommen und die kleinen Geschehnisse des stillen Klosterlebens, die Liturgie, ihre Naturbeobachtungen, ihre abgeschiedene religiöse Welt spiegelt sich in ihren Texten. Die geistige und kulturschaffende Leistung der Nonnen und Beginen, von der so wenig bekannt und noch viel weniger erhalten und zugänglich ist, und die Bedeutung dieser Lebensgemeinschaften für die Frauen kann nicht hoch genug angesetzt werden, auch wenn die individuellen wie kollektiven Beiträge kaum erforscht und gewürdigt worden sind. [14]

Während sich Verfallserscheinungen der spätmittelalterlichen Kirche auch an den Klöstern zeigten, so wurden besonders Frauenklöster schon zu Beginn des 15. Jahrhunderts wegen ihrer Disziplinlosigkeit und Verweltlichung wiederholt angegriffen. Reiche Nonnen, die gegen ihren

Willen schon als kleine Kinder von ihren Familien im Kloster untergebracht wurden, lebten dort von ihren Pfründen (ihrem Anteil des Klo-
stervermögens, das ihnen lebenslang oder für die Dauer eines bestimmten Amtes zur freien Verfügung zustand) verschwenderisch, hatten
manchmal kein eigentliches Gelübde abgelegt oder hielten sich nicht
daran; in den städtischen Klöstern mußten oft die Patrizierfamilien ihre
Kinder weiter unterstützen, weil die Konvente zu arm waren oder un-
rentabel wirtschafteten. Um die Frauenklöster an die Kirche zu binden,
wurden unter dem Einfluß der beiden Reformkonzilien von Konstanz
und Basel Klostervisitationen verordnet. Diese von den Männern der
angeschlossenen Orden durchgeführten Visitationen stießen vielfach
auf heftigen Widerstand der Nonnen. [15]

Für die Nonnen erwies sich auch die im 15. Jahrhundert strenger
beaufsichtigte Klausur als besonders beschränkend, denn anders als die
Mönche, denen seelsorgerische Arbeit außerhalb des Klosters vielfach
als Lebensaufgabe zustand und die sich deshalb viel freier bewegen
konnten, mußten die Nonnen die Klausur zunehmend mehr befolgen.
Bei dieser waren sie wie in einem Gefängnis eingesperrt und dazu noch
völlig von der Außenwelt abgeschlossen. Für den Außenverkehr wurden dann den Klöstern *männliche* Verwalter, hochstehende Bürger oder
Ordensangehörige als Pfleger bestellt, die die Kontakte mit der Außenwelt übernahmen und praktisch zu Kuratoren und *Vormündern* der
Frauengemeinschaften wurden.

Darüberhinaus erweckte die hermetische Abriegelung der Nonnen
besonders bei den Bürgern Mißtrauen, wie ihr oft beträchtlicher Grundbesitz und ihre gesicherte Existenz Neid aufkommen ließen; ihr Handel
mit den von ihnen produzierten Stoffen, Handarbeiten, Geweben, Buch-
abschriften stieß auf die Konkurrenz der jeweiligen Männerzünfte, ihre
Landwirtschaft, ihre Vorrechte auf Abgaben und Frondienste und andere
Privilegien (wie sie alle Feudalherren hatten) wurden ebenfalls mißtrauisch und mißgünstig angesehen. Die anhaltenden Nachrichten über
»Verweltlichung« und »Ausschweifungen« einzelner Nonnen oder Klöster trugen weiter dazu bei, daß die Reformation und in deren Gefolge
die Bauernkriege besonders die Frauenklöster weitgehend zerstören
konnten, wenn die protestantischen Ratsherren oder Fürsten sie nicht
selbst auflösten oder aussterben ließen. Die Reformatoren — allen vorab
Luther — vollendeten nur die im Spätmittelalter sich abzeichnende Ent-
mündigung, ja Zerstörung vergleichsweise autonomer religiöser Lebensgemeinschaften von Frauen.

Luthers Kampf gegen die Klöster:
Ursula von Münsterbergs »Ursach des Verlassen Klosters« (1528)

Ganz im Sinne des aufstrebenden städtischen Bürgertums, besonders auch der Kleinbürger, bekämpfte Luther den geistlichen Stand und seine feudalen Vorrechte. »Gute Werke« und ein gottgefälliges Leben sollten durch Arbeit in der Gesellschaft erbracht werden, nicht durch Beten, Singen und Fasten in monastischer Abgeschlossenheit. Auf Luthers Schrift *De votis monasticis* (1521; *Über die klösterlichen Gelübde*) folgten ähnliche Traktate von Melanchthon und vielen anderen; auch die volkstümliche Publizistik in deutscher Sprache nahm das Thema auf. Eberlin von Günzburg ließ in Ulm *Eine Vermahnung aller Christen, daß sie sich erbarmen über die Klosterfrauen* (1521) erscheinen, auf dessen Titelblatt er warnte: »Tu keine Tochter in ein Kloster, du lesest dann dies Büchlein vorher.« [15a] Eberlin beklagt die Lage der Kinder, die von ihren Eltern aus Armut oder falscher Andacht einem Kloster übergeben werden. Das Klosterleben sei wider die Natur, denn der Mensch sei von Gott zur Ehe bestimmt; die Klostergelübde verstießen wider die Schrift, deshalb sei auch ein Austritt gerechtfertigt. Kein Mann solle sich schämen, eine Nonne aus einem Kloster zu heiraten. Am Ende ruft er alle Nonnen auf, sie sollten zu Gott beten, um aus dem Kloster herausgeholt zu werden!

Straßburg dürfte typisch gewesen sein für die anti-klösterliche Haltung der Bürger in einer wohlhabenden, freien Reichsstadt, die sich bald dem Protestantismus zuwandte und ein wichtiges Zentrum der Reformation wurde. Dort bestanden 1520 neun Nonnenklöster; acht der Dominikanerinnen, die nur Patriziertöchter aufnahmen und ausdrücklich den Handwerkerstöchtern verschlossen waren, und ein Kloster nur für adlige Frauen. Da gerade das Handwerk in Straßburg ein aufblühender Gewerbezweig war, wird leicht verständlich, daß allein schon diese Exklusivität den Unwillen vieler Bürger hervorrief. Dazu kam, daß die Klöster, obwohl ihr Höhepunkt an Schenkungen, Spenden und auch Zahl der Insassinnen schon im 13. Jahrhundert gelegen hatte, noch reichen Landbesitz und wirtschaftliche Macht in der Stadt besaßen, die nunmehr nur wenigen Nonnen zugute kam, denn die meisten Konvente hatten nur noch zehn bis fünfzehn Nonnen. [16] Die Klöster verpachteten Land, ließen einige Ländereien von Landarbeitern für sich bebauen, und sie beschäftigten eine große Anzahl von Gesinde. Außerdem fungierten sie als Kornhändler (sie verkauften ihr überschüssiges Getreide aus eigenem Anbau und hatten den Platz und das Kapital, weiteres

Getreide aufzukaufen, für schlechtere Ernten zu lagern und dann zu hohen Preisen im Elsaß und bis nach Schwaben hin zu verkaufen); und sie verliehen Geld (an Bauern, Pächter und Kleinbürger). Die Nonnen lebten vergleichsweise luxuriös, hatten gut zu essen, während die Mittel- und Unterschichten oft bei Teuerungen und Mißernten hungerten. Dem Gebot der Armut folgten sie längst nicht mehr, sondern sie lebten, so wurde allgemein geglaubt, allein auf Kosten der Armen.

So jedenfalls argumentiert der Traktat des Straßburger Bürgers Mathis Wurm von Geydertheym *Trost Clostergefängner* (1523). Er ruft ebenfalls alle Familien auf, ihre Angehörigen aus den Klöstern zu befreien. Keine Frau unter 60(!) solle zu einem Kloster zugelassen werden, denn es sei die Pflicht der jungen Frauen, zu heiraten, Kinder großzuziehen und gute Christinnen zu werden. Witwen mit Kindern sollten keinem Kloster beitreten dürfen, bis ihre Kinder erwachsen sind, und kinderlose Witwen sollten in das Haus ihres Vaters zurückkehren, bis ein neuer Ehemann gefunden ist. Das Kloster sei ein Gefängnis und die Nonnen Gefangene. Nach diesen religiös begründeten Argumenten, die besonders die Frauen bevormunden und sie in der patriarchalischen Ehe unterbringen möchten, kommen die wohl wirklich wichtigen wirtschaftlichen Gründe: Das Gelübde der Armut bedeute nicht ein Leben in Untätigkeit und Fasten, während die Vorratskammern der Klöster mit teuren Waren gefüllt seien, Armut bedeute vielmehr endloses Mühen, ohne die materiellen Annehmlichkeiten des Lebens auskommen zu müssen. Daher verstießen die faulen Nonnen und Mönche, die nicht arbeiteten, gegen Gottes Gebot, denn Arbeit sei ein Teil des menschlichen Lebens, wie Gott es vorgeschrieben habe. Das Leben in den Konventen sei daher kein gottgeweihtes und gottgefälliges Leben mehr, sondern ein Leben in Luxus und Verschwendung, die Keller und Kasten seien übervoll mit Nahrungsmitteln, Kleidung und weltlichen Dingen.

Im materiell vergleichsweise luxuriösen Leben ist die eigentliche Verweltlichung zu suchen, kaum aber in den laut beklagten sexuellen Ausschweifungen der Nonnen und ihren Liebschaften. Der immer wieder erhobene Vorwurf der »Verweltlichung« der Klöster bezieht sich bei den Nonnen auf ihr feudales *und* autonomes Leben; es ist ein wirtschaftlich und gesellschaftlich motivierter Vorwurf, auch wenn moralische Gründe wie Unkeuschheit gern dazu angeführt werden.

In Straßburg beschloß der Rat 1525, alle Klöster zu schließen. Die vier reichsten Frauenklöster fügten sich freiwillig, denn die Nonnen erhielten Pensionen auf Lebenszeit vom Rat, der dafür deren Besitz übernahm. Besonders drei Klöster weigerten sich, und die Nonnen mußten zwangsweise von ihren Verwandten abgeholt werden; doch schon nach einigen Monaten durften die Nonnen wieder in ihre Konvente zurückkehren. Außerdem hielten sie am katholischen Glauben fest, obwohl ihnen protestantische Prediger vorgeschrieben wurden und die wirtschaftliche Verwaltung der Klöster fest in die Hand des Rates kam. Lediglich drei Nonnen blieben draußen und heirateten, während bei den anderen ihre Verwandten den Rat bestürmten, die Nonnen doch weiterhin in den Konventen zu belassen. Die Nonnen selbst, die im übrigen gar nicht weiter gefragt wurden, waren also keineswegs eindeutig für die Auflösung der Klöster, wie die Reformatoren immer unterstellt haben; viele Nonnen wollten im Kloster bleiben und kämpften darum, wie in Straßburg geschehen.

Bei dieser antiklösterlichen Propaganda, die besonders auch an die Nonnen selbst gerichtet war, um ihnen den Stand der Ehefrau als gottgewollte weibliche Lebensform nahezubringen, war es nicht verwunderlich, daß Luther bald Briefe und Gesuche von Nonnen erhielt, die ihn baten, ihnen zur Flucht aus dem Kloster zu verhelfen. So konnten durch seine Vermittlung neun Nonnen aus dem Kloster Nimbschen heimlich entkommen, die dann in Wittenberg bei ihm erschienen (eine von ihnen, Katharina von Bora, wurde später seine Frau). Dieses unerhörte Ereignis erforderte eine öffentliche Rechtfertigung, die Luther in seiner Schrift *Ursach und Antwort, daß Jungfrauen Klöster göttlich verlassen mögen* (1523) lieferte. Luther lobte hier zunächst den Befreiungsakt des Torgauer Bürgers Koppen, der die neun Nonnen entführt hatte (er hatte sie auf einem Leiterwagen in großen Fässern versteckt, in Torgau in weltliche Kleider gesteckt und dann nach Wittenberg gebracht); dann mahnte er alle Eltern, die Kinder in Klöstern hatten, diese zu befreien, und erklärte, daß die Klostergelübde ungültig seien, denn man gelobe etwas, worüber man keine Macht habe. Keuschheit sei eine Gnade Gottes, eine Ausnahme, nicht die Regel und könne nicht durch ein Gelübde erzwungen werden. Auch sei Gottesdienst, der nicht freiwillig ist, sündhaft.

Diese Aufrufe Luthers und seiner Anhänger riefen überall in den Städten, Familien und Klöstern heftige Diskussionen darüber hervor, was mit den Nonnen geschehen solle. Vielfach griffen Bürger und Angehörige zur Selbsthilfe und »befreiten« die Nonnen, was von lutherisch gesinnten Fürsten und Stadträten toleriert oder gar gefördert, von den Gegnern durch öffentliche Hinrichtung der Entführer exemplarisch

»Waist doch wie ich gestern dir verbot/ du solst der pfaffen müssig stahn…
Du nempst wasser und brod für gut/ Wie du wol hast versprochen mir/
Zum ersten als ich zu dir kam«, schimpft der Mann
und haut auf die »Pfaffenmetze« ein, die sich verteidigt:
»Als oft ich in das Kloster kumb/ Bring ich in was ich in gewaschen han…
Bin ich doch oft vor zehen jar/ Mit meinr muter ins kloster gangn…«
Die Mutter verteidigt handgreiflich ihre Tochter,
verweist den Mann an seine Arbeit und pocht auf ihren jetzigen guten Ruf. –
Pfaffenhuren von Hans Sebald Beham, um 1525.

Frauen bedrohen Priester und Mönche mit Heugabeln und Dreschflegeln –
Skizze zu einem reformatorischen Flugblatt von Lucas Cranach d. Ä., um 1537.

bestraft wurde (Herzog Georg ließ z.B. Ostern 1523 einen Bürger, der eine Nonne aus einem Kloster entführt hatte, in Dresden köpfen, spießen und an den Galgen stecken; als im März 1524 sechzehn Torgauer Bürger das Barfüßerkloster stürmten, wollte der Kurfürst Friedrich sie hinrichten lassen, was nur durch seinen Tod verhindert wurde).

Und die Nonnen selbst? Die neue Lehre stellte sie, wenn sie ihr Klosterleben ernst nahmen, vor eine Gewissensentscheidung über ihr religiöses Leben. Wohl der bekannteste Fall einer freiwilligen Aufgabe des Klosterlebens war Ursula von Münsterberg, die sich 1528 aus dem Kloster Freiberg in Luthers Haus flüchtete und deren Verteidigungsschrift Luther herausgab. Ihr Fall wird auf protestantischer Seite gern als exemplarisch für das Verlangen aller Nonnen hingestellt, sich der neuen Lehre anzuschließen und das Kloster zu verlassen [17], was keineswegs so verallgemeinert werden kann. Ihr Leben (und ihre eigenen Äußerungen) sind allerdings symptomatisch für das Los vieler Töchter, besonders des Adels, die nicht in der Familienpolitik zu gebrauchen waren und für die das Kloster als bequeme Form der Versorgung und als Aufbewahrungsort herhalten mußte.

Ursula von Münsterberg (ca. 1495−ca. 1534) stammte aus der dritten Ehe des Herzogs von Troppau (einer Seitenlinie der Könige von Böhmen); sie war etwa ein Jahr alt, als 1496 ihre Mutter starb und etwa fünf bis sechs, als sie 1500 auch den Vater verlor. Eine Tante, die Frau des Herzogs Albrecht von Sachsen, nahm sich der Waise zunächst an und brachte sie dann wohl noch als Kind, wahrscheinlich als Neunjährige, in dem Kloster des Ordens der heiligen Maria Magdalena von der Buße in Freiberg unter. Auch Ursulas zwei Schwestern kamen ins Kloster. Auf diese Weise konnte sich die Familie ihrer armen, aus erbschaftspolitischen Gründen unbequemen Verwandten entledigen. Da Ursula anscheinend unversorgt, ohne Mitgift und dazu noch kränklich war, hätte sich keine standesgemäße Heirat für sie − die einzige Versorgung für eine adlige Frau − vermitteln lassen. Denn neben der Größe der Mitgift, der Bedeutung der familiären Beziehungen, sahen die adligen Familien auch sehr auf die Gesundheit (und die Schönheit) der Braut: man wollte gesunde Erben haben. Nach diesem Wertmaßstab war Ursula nur eine unnütze Esserin, die man mit einer Mitgift von 500 Gulden in ein Kloster abschob. Diese Mitgift war weit unter ihrem Stand, wenn man bedenkt, daß im 16. Jahrhundert eine herzogliche Braut etwa 20 000 Taler Mitgift (neben Juwelen und anderem Besitz) gewöhnlich in die Ehe brachte und daß die Bürgerstochter Dorothea Tanberg

1400 Gulden in dasselbe Kloster Freiberg mitgebracht hatte. Ursula muß ihre bedrückte Lage, daß sie eine unstandesgemäß arme, unnütze Frau war und ins Kloster abgeschoben wurde, sehr wohl gefühlt haben.

Weil sie kränklich war, konnte (oder wollte) sie den strengen Tagesablauf der Nonnen kaum einhalten; sie wurde mit Rücksicht auf ihre hohe Geburt oft vom Chordienst und vom Fasten befreit. Ursula wandte sich der neuen Lehre Luthers zu; es scheint, daß die Herzogin Katharina von Sachsen, die Frau von Ursulas jüngerem Vetter Herzog Georg, dem die Stadt Freiberg und das Kloster unterstanden, sie mit reformatorischen Schriften versorgte, und Ursula diese Schriften an befreundete Nonnen weiterleitete, die bald eine Gruppe der Unzufriedenen bildeten, das Leben des Klosters störten und Fluchtpläne schmiedeten. Evangelisch gesinnte Priester, die der Herzog für das Kloster ernannte, bestärkten die Nonnen weiter in ihrer Unzufriedenheit. Bereits im Juni 1528 wandte Ursula sich direkt an Luther mit der Bitte, sie aus dem Kloster zu erlösen [18]; ob und inwiefern Luther geholfen hat, ist nicht klar. Im Oktober entkamen Ursula und mit ihr zwei befreundete Freiberger Bürgerstöchter und begaben sich zu Luther nach Wittenberg, der sie in seinem Haus einige Zeit aufnahm. Noch im November oder Dezember veröffentlichte Luther eine Verteidigungsschrift Ursulas, zu der er das Nachwort schrieb: *Der durchleuchtigen hochgebornen F. Ursulen Herzogin zu Monsterberg etc. Gräfin zu Glotz etc. Christlich ursach des verlassen Klosters zu Freyberg* (1528). [19]

Ihre sächsischen Vettern, die Herzöge Georg und Heinrich versuchten, sie mit Gewalt wieder in das Kloster zurückzubringen. Sie appellierten an den Kurfürsten von Sachsen, auf dessen Gebiet Ursula sich in Wittenberg befand, doch dieser weigerte sich mit dem Hinweis auf die im Druck befindliche Verteidigungsschrift der Ursula, etwas gegen sie zu unternehmen. Die Herzöge – der Briefwechsel ist erhalten – protestierten gegen die geplante Veröffentlichung der Verteidigungsschrift mit dem Argument, daß sie dadurch Ärgernis und Verführung »armer, unverständiger Seelen« befürchteten. Doch der Kurfürst antwortete mit der Übersendung der Verteidigungsschrift, die, ebenso wie Ursulas Flucht, in seine reformatorische Politik paßte. Sie war ein wirksames propagandistisches Mittel in Luthers Kampf gegen die Klöster, besonders, weil Ursula aus dem Hochadel stammte und mit wichtigen regierenden Familien im nord- und ostdeutschen Raum verwandt war. Wie weit Ursula selbst wußte und wahrnahm, es vielleicht darauf absah, in der reformatorischen Politik benutzt zu werden, ist nicht auszumachen.

So ist nicht ganz klar, ob sie ihre Schrift erst im Hause Luthers abgefaßt und dieser ihr die Worte in die Feder diktiert hat, wie von katholischer Seite behauptet worden ist. Ursula hatte in einem Brief vom 18. Oktober (also zwölf Tage *nach* ihrer Flucht) aus dem Hause Luthers an den Kurfürsten von Sachsen um dessen Schutz gebeten und dabei auf die Verteidigungsschrift hingewiesen, die sie, wie sie schrieb, schon verfaßt hätte, als sie »noch in schwerer Angst und Gefängnis ihrer Seele gelegen habe«. [20] Im Druck ist ihre Schrift vom 28. April 1528 datiert, also etwa sechs Monate vor ihrer aufsehenerregenden Flucht. Bei der Einfältigkeit und Aufrichtigkeit, mit der Ursula, wie die meisten frommen Anhänger der Reformation, ihre Seelenangelegenheiten darlegt, ist kaum anzunehmen, daß sie bewußt eine Lüge propagiert. Wahrscheinlich hat sie unter dem Einfluß der lutherischen Schriften im Kloster jahrelang über ihre Lage nachgedacht und ihre Gedanken mit gleichgesinnten Schwestern diskutiert, dann erst schriftlich niedergelegt. Ein Entstehen der Schrift vor ihrer Flucht, also im Frühjahr 1528, schon um diese auch draußen als Verteidigung zu benutzen, klingt durchaus plausibel. Ursula versichert, sie habe die Schrift »mit eigener Hand aus ihrem Herzen, ohne Hilfe, Rath und Zuthun irgend eines Menschen aufgesetzt«. [21]

Ihre Verteidigungsschrift baut ganz auf religiösen Gründen auf, wenn Ursula die in ihr gewachsene Überzeugung erläutert, daß das Klosterleben nicht zum Heil führe. Es sind die religiösen Argumente Luthers, während zwischen den Zeilen etwas über Ursulas eigene Situation herauszulesen ist, wenn sie an ihre »freundlichen Herrn und Ohmen«, d.h. an die männlichen Verwandten, denen sie unterstellt ist, schreibt:

Auf das habe ich E.[uer] L.[ieben] mein Gemüthe und Wohlbedenken nicht wollen bergen und diese Schrift, so ich mit eigener Hand, aus meinem Herzen, ohne Hülfe, Rath oder Zuthun irgend eines Menschen auf Erden geschrieben habe... daß solches [die Flucht aus dem Kloster] aus keiner Leichtfertigkeit geschehen sei, sondern dieweil ich schuldig bin vor Gottes Gericht Rechenschaft zu geben für meine Seele, und bin deß gewiß daß weder E.L. noch keine Creatur unter dem Himmel mich vor Gott entschuldigen kann, muß auch meine Verdamniß allein tragen und niemand wird es für mich leiden, habe ich Gott mehr müssen fürchten, denn Menschen. (Sp. 1694)

Ursula beruft sich auf ihren eigenen Glauben und ihre eigene Verantwortung vor Gott, die ihr kein Vormund, weder die männlichen Verwandten, die sie ausdrücklich erwähnt, noch irgendeine »Kreatur unter dem Himmel« abnehmen könne. Mit der unmittelbaren Beziehung des

Gläubigen zu Gott rechtfertigt (und erhält) sie eigene Verantwortung und ein eigenes Selbstbewußtsein. Ja sie geht soweit, daß sie sogar die Heimlichkeit ihrer Flucht, die sie als unrechtmäßig anerkennt, verteidigt:

> Wo mich aber E. L. in dem wollten schuldigen, daß ich ein solches heimlich ohne derselben E. L. Wissen und Willen vorgenommen, ist meine Antwort darauf, daß ich ein solches E. L. nicht habe dürfen offenbaren. Ursach, daß ich gewiß bin gewesen, daß solche meine anliegende Not, so hierinne angezeigt, E. L. nichts zu Herzen gangen wären, wie ich auch zuvor genugsamlich erkundet; hätte auch nichts anders hiermit ausgerichtet, denn daß ich samt andern frommen Kindern, nur härter wäre bestrickt worden, und damit E. L. und mir größer Beschwer aufs Gewissen geladen. (Sp. 1695)

Auch wenn sich Ursula auf die Autorität der Schrift und damit Gottes beruft, so besteht sie doch ihren männlichen Verwandten gegenüber darauf, ihre eigene Entscheidung über ihr Seelenheil treffen zu dürfen, ja sogar treffen zu müssen. Hier ermöglicht das reformatorische Gebot des eigenen Glaubens erste Ansätze einer Mündigkeit für Frauen gegenüber dem männlichen Vormund; Ursula entscheidet selbst über ihr Leben (im Bezugsrahmen religiöser, auf der Schrift basierender Gründe). Sie führt sieben Gründe an, warum sie das Klosterleben verlassen mußte, darunter den, daß ihr Gelübde nicht freiwillig gewesen sei, sondern »eitel Furcht und Angst, und die vor den Menschen und nicht vor Gott« (Sp. 1709). Ein wichtiges Argument scheint zu sein, daß Ursula die Klausur, die Abgeschlossenheit, die den Nonnen die karitativen und seelsorgerischen Aufgaben verboten und unmöglich gemacht hat, ablehnt. Sie schreibt:

> Haben dennoch mit Beschwerung uns allein müssen leben, so wir doch durch das Gewissen überzeugt sind Schuldiger aller, nämlich, durch die Liebe, welche uns unterweist, einem jeden zu dienen, zu helfen und raten, welches wir auch oft nötig erkannt haben und gerne getan hätten, so es uns verhangen und nachgelassen wäre worden. Hätten auch oft gewußt, kranken Leuten Rettung zu tun mit Heimsuchung, Wartung und Handreichung; dergleichen auch sterbenden Leuten mit Gesellschaft zu leisten, sie zu trösten und stärken mit dem Worte Gottes... Es hat nicht können geschehen, solche Dienste zu erzeigen bei denen, so bei uns wohnende sind gewesen, hat auch nicht können geschehen, förderlich zu trösten... sind abgeschreckt und gescheuet worden (Sp. 1715).

Das Fasten und nächtliche Beten scheinen ihr gesundheitlich große Schwierigkeiten bereitet zu haben. Dazu kam, daß ihre Mitgift nicht für die Kosten ausreichte, die ihre häufigen Krankheiten verursachten. Wenigstens ein Brief ist erhalten, in dem sie eine Kusine um Geld bittet, damit sie die Kosten aufbringen kann. Es scheint, daß viele Schwestern sie wegen ihrer unstandesgemäßen Armut und ihrer Unfähigkeit, die strengen Regeln zu befolgen, verachteten. Sie fand die Ordensregeln viel zu beengend, und aus Ursulas Ausführungen geht indirekt hervor, was aus den Aussagen anderer Nonnen dieses Klosters bei der strengen Visitation im Frühjahr 1529 besonders deutlich wurde, daß das Kloster Freiberg an Schwierigkeiten litt, wie sie wohl für viele zeitgenössische Klöster symptomatisch waren.

Ein Teil der Nonnen, die nur aus Versorgungsgründen dort untergebracht waren, kümmerten sich nicht um die Gelübde und Ordensregeln und waren verbittert über die strenge Ordnung und das beschränkte Leben, das sie dort führen mußten. Die Äbtissin hatte, wohl aufgrund ihres Alters, die strenge Aufsicht und Führung der Nonnen verloren, sie öffnete das Kloster Besuchern, ließ Laienschwestern in der Stadt Besuche machen, so daß die Unzufriedenheit auf beiden Seiten wuchs: der Nonnen, die das freiere Leben draußen beneideten, und der Freiberger Bürger, die die Nonnen beargwöhnten und um ihre Sicherheit und (relativen) Reichtum beneideten. Das Kloster geriet als verhältnismäßig eigenständiges und unabhängiges soziales Gebilde (es hatte eigenen Besitz, Einnahmen und eigene Produktion und verwaltete sich nach innen hin selbst) in die Interessensphäre der Bürger und des Herzogs. (Als Verwalter des Klosters hatte Herzog Johann von Sachsen, der der Reformation zugeneigt war, Hoheitsrechte über das Kloster und benutzte es wahrscheinlich, um mit der reformatorischen Politik die Autorität seines älteren Bruders Heinrich, der regierender Herzog von Sachsen war und dem Johann als jüngerer Bruder unterstellt war, streitig zu machen. 1528 war noch nicht abzusehen, daß der ältere Bruder Heinrich seinen männlichen Erben verlieren und die Regierung nach seinem Tode 1539 auf seinen Bruder Georg und dann auf dessen Familie übergehen würde. Georg führte 1539 sofort die Reformation ein.) In diesem Rahmen von strukturellen Schwierigkeiten im klösterlichen Zusammenleben, von wirtschaftlich-sozialer Konkurrenz mit den Bürgern der Stadt und von der Herrschaftspolitik des Adels muß die Lage und die Flucht der Ursula von Münsterberg gesehen werden. Wahrscheinlich war sie mehr ein Opfer der für sie persönlich unglücklichen Umstände, für die die Flucht in das religiöse Leben – wie sie auch die Reformation gerade wieder, aber in anderer Form predigte – den einzigen Ausweg aus ihrer bedrückenden Lage, nirgendwo erwünscht zu sein, bildete. – Ursula blieb bis Ende des Jahres 1528 bei Luther, ging dann zu einer verheirateten Schwester, später zu einem Vetter. Das letzte Lebenszeichen von ihr stammt aus dem Jahre 1534, und es ist anzunehmen, daß sie nach ereignislosen und kümmerlichen Jahren bei Verwandten in Armut verstorben ist.

Die Versorgung der ehemaligen Nonnen, wie überhaupt der Frauen, war ein Problem, für das Luther nur eine Antwort hatte: »Heirat«. Aber das war gar nicht so einfach, wie es sich schon bei den neun Nonnen zeigte, die 1523 in sein Haus geflüchtet waren. Deren Verwandte, an die er appellierte, wollten zumeist nichts mit den Frauen zu tun haben; ihnen war deren Versorgung nur eine Last. Und hier handelte es sich immerhin um adlige, also vergleichsweise gut gestellte Familien mit Landbesitz, auch wenn sie nicht reich waren. Von den neun Nonnen konnte eine als »Schulmeisterin« für Mädchen Verwendung finden und erhielt ein kleines Häuschen von einem Mönchsorden; eine weitere kam bei einer Verwandten unter; eine dritte wurde mit einem Arzt verheiratet. Katharina von Bora kam zunächst in einem Wittenberger Bürgerhaus als Hilfe der Hausfrau unter und ein Nürnberger Patriziersohn, der in Wittenberg studierte, sollte die schon ältliche Vierundzwanzigjährige (das Heiratsalter für die erste Ehe lag in bürgerlichen Kreisen bei 15, höchstens 18 Jahren für Frauen) heiraten, doch die Eltern widersetzten sich der Heirat mit einer armen, ehemaligen Nonne, und Baumgartner heiratete standesgemäß eine Nürnberger Patriziertochter. Eine Verheiratung mit einem anderen Theologen lehnte Katharina ab, und sie wurde schließlich Luthers Frau, der immerhin schon 42 und damit 16 Jahre älter als Katharina war. Ein Wittenberger Freund Luthers hatte in einem Brief (scherzend?) über die Nonnen geschrieben [22]:

Sie sind schön und fein, und alle von Adel, und keine fünfzigjährige unter ihnen; meines gnädigen Herrn und Oheims Dr. Staupitz' Schwester, hab ich Dir, mein lieber Bruder, zugerechnet zu einem ehelichen Gemahl, damit Du Dich mögest eines solchen Schwagers rühmen. Willst Du aber eine jüngere, so sollst Du die Wahl unter den Schönsten haben.

Die Nonnen, wie die Frauen überhaupt, wurden als heiratsfähiger Artikel betrachtet, an ihre Wünsche oder Vorstellungen dachten auch die Männer der neuen Lehre nicht, die wie selbstverständlich über sie verfügten.

Andererseits standen den Mönchen, die das Kloster verließen, alle weltlichen Berufe, die nicht durch Zünfte gegen Außenstehende abgeriegelt waren, offen; jedenfalls konnten sie vielfach als Prediger der neuen Kirche unterkommen, sich als Pfleger, Verwalter oder Lehrer fürsorgerisch oder erzieherisch betätigen. Für die Nonnen waren alle weltlichen und geistigen Beschäftigungen gesperrt (die »Schulfrau« für Mädchen war eine ganz vereinzelte Ausnahme und eine kaum zum Leben ausreichende Beschäftigung). Wenn Verwandte sie nicht unterstützen konnten oder wollten, konnten sie nur auf eine rasche Heirat und damit auf die Versorgung durch den Ehemann hoffen.

Widerstand der Nonnen gegen Gewalt und Bevormundung: Caritas Pirckheimer

Aus Gewissensgründen, aber auch um der Heirat zu entgehen, verweigerten viele Nonnen den Austritt und kämpften aktiv für die Erhaltung ihres Klosters, wenn sie sich nicht der rohen Gewalt reformatorisch gesinnter Fürsten und Stadtverwaltungen beugen mußten. Selten wird auf diese gewaltsame Enteignung besonders der Frauenklöster (Mönche waren zumeist eher zum Austritt oder zur Auflösung ihres Klosters bereit und wurden viel seltener gewaltsam gezwungen), ihre Mittel, Methoden und ihre Hintergründe überhaupt hingewiesen. Im Bauernkrieg (1525) wurden zahlreiche Nonnenklöster abgebrannt; allein in Thüringen waren es vierzehn Klöster der Zisterzienserinnen, neun der Benediktinerinnen und vier der Augustinerinnen. Viele Klöster leisteten erbitterten Widerstand. Im Herzogtum Lüneburg nahm kein einziges Frauenkloster die neue Lehre an, der protestantische Landesherr ließ sie aussterben, um sie dann in seinen Besitz zu übernehmen. Als sich die Nonnen in Heiligkreuz bei Meißen gegen die Auflösung weigerten, ließ Kurfürst August von Sachsen ihnen die Einkünfte sperren und sie aushungern. Die Klarissen in Pfullingen (Württemberg) bestanden noch elf Jahre ohne katholische Messe und Seelsorge, mußten dafür zweimal wöchentlich einen evangelischen Prediger hören. Wenn die Klöster einer gewaltsamen Zerstörung, Eroberung oder auch Plünderung entgingen, so wurden sie vielfach ausgehungert (ihre Einkünfte wurden gestrichen oder gesperrt) oder man ließ sie aussterben (keine neuen Schwestern durften aufgenommen werden).

Überall in protestantischen Gebieten wurden die Nonnen durch ihre Vertreter beim Landesherren vorstellig und baten um Erhaltung ihrer Konvente, sie wiesen auf die jahrhundertealte Tradition hin, auf die Verbindlichkeit ihres Gelübdes, auf ihr Alter, auf ihr gemeinschaftliches

Leben, oder darauf, daß sie ein ganzes Leben in klösterlicher Tracht und Ritual verbracht hatten, daß sie sich nicht mehr ändern könnten und wollten, und sie baten um freie Religionsausübung. Die Argumente dieser Nonnen sind teils pragmatisch, teils weltanschaulich, wobei sie betonten, daß für sie das Klosterleben eine eigene Welt nach religiösen Gesetzen geworden ist. Das wird an dem Lebenslauf und den Schriften der Caritas Pirckheimer (1466–1532) deutlich.

Caritas stammte aus einer Nürnberger Patrizierfamilie und wurde mit zwölf Jahren (1479) dem Klarissenkloster in Nürnberg übergeben, wie die meisten ihrer acht Schwestern (nur eine wurde verheiratet). 1503 wurde sie zur Äbtissin des Klosters gewählt, dem sie bis zu ihrem Tode 1532 vorstand. Das letzte Jahrzehnt ihres Lebens war ein andauernder Kampf mit dem zum Protestantismus übergetretenen Rat der Stadt Nürnberg, der das Kloster auflösen wollte. Caritas konnte zwar die Auflösung verhindern, doch bestimmte der Rat, daß nach 1525 keine neuen Nonnen mehr aufgenommen werden durften, so daß das Klarenkloster zum Aussterben verurteilt war. Bei ihrem Tode sah Caritas, daß ihr Lebenswerk, die Erziehung von Nürnberger Bürgerstöchtern und der Fortbestand der Klostergemeinschaft, vernichtet war.

Über das Leben und Wirken der Caritas Pirckheimer sind wir durch ihren Briefwechsel mit bekannten Humanisten ihrer Zeit sowie durch ihre Rechtfertigungsschrift, in der das Ringen mit dem Rat und den Nürnberger Bürgern um die Erhaltung des Klarenklosters eigenhändig niedergelegt ist, unterrichtet. [23] Caritas, die Latein gut beherrschte – selbst unter den wenigen gebildeten Frauen im 16. Jahrhundert war das eine große Ausnahme, da Frauen in der Regel keinen Lateinunterricht erhalten durften –, schrieb auch in ihrer Jugend lateinische Briefe (nach dem Lateinverbot durch die Franziskaner, die das Kloster beaufsichtigten, schrieb sie jedoch fast nur noch deutsche Briefe, streute aber oft lateinische Wendungen ein). Ihrer gewandten schriftlichen Ausdrucksweise ist es mit zu verdanken, daß sie den Fortbestand des Klarenklosters wenigstens zu ihren Lebzeiten beim Rat durchsetzen konnte. Ihr Briefwechsel und ihre Rechtfertigungsschrift geben einen authentischen, persönlichen Einblick in ein Frauenleben im Kloster und in die mit der Reformation und der Auflösung der Klöster verbundene Problematik für diese Frauen.

Das Klarenkloster war mit den Nürnberger Patrizierfamilien seit Jahrhunderten eng verbunden. [24] Es stand in einer gewissen Abhängigkeit vom Rat der Stadt, der die wirtschaftlichen Verhältnisse des Klosters beaufsichtigte. Der Rat hatte 1478 eine Bulle vom Papst erlangt, nach der das Kloster nur so viele Mitglieder aufnehmen durfte, wie es mit seinen eigenen Mitteln unterhalten konnte; außerdem durften es nur Angehörige der Stadt Nürnberg und ihrer Gebiete sein. Das Kloster unterstand den Franziskanern und wurde jedes Jahr durch Franziskaner visitiert. Der Barfüßerorden stellte den Beichtvater und die Prediger, beides wichtige Funktionen, die mit der Reformation bestritten wurden, als evangelisch gesinnte Prediger für das Kloster bestimmt wurden, um die Nonnen für die neue Lehre zu gewinnen und zum Verlassen des Klosters zu bewegen. Der Klosterbau wurde durch Spenden der Bürger und Ratsgelder erhalten, wie denn auch ein vom Rat bestellter Pfleger die Gebäude und Liegenschaften des Klosters verwaltete, da die Schwestern in Klausur lebten und der Pfleger die Vertretung nach außen hin übernahm. Das Klarenkloster folgte der gemäßigten Regel (durch Papst Urban IV.), die den Besitz an Gütern und festen Einkünften erlaubte.

Der Konvent der Schwestern – es waren etwa 60 zu Caritas' Lebzeiten – wählte die Äbtissin auf Lebenszeit, die die Verwaltung und Verantwortung für das Kloster trug. Die Äbtissin verteilte die Ämter, führte alle Geschäfte, den Briefwechsel nach außen hin und hatte für das Klosterleben zu sorgen. So wurde Caritas 1503 für ein wichtiges Amt gewählt. Die Nonnen lebten in Klausur, ihr Tagesablauf war streng geregelt, mit geistigen, erzieherischen, religiösen und praktischen Tätigkeiten ausgefüllt, wobei die Laienschwestern hauptsächlich die häuslichen und wirtschaftlichen Aufgaben wahrnahmen. Es war ein verhältnismäßig gesichertes Leben, das diese Frauen von den familiären Aufgaben und von Mutterpflichten befreite und ihnen dafür Zeit und Muße für ihr eigenes religiöses Leben, für geistig-religiöse Betätigung und Brieffreundschaften (mit Männern) gab. Die gemeinsame Wirtschaft und das gemeinsame Leben mit einer gewissen Arbeitsverteilung ermöglichten die Sicherheit und Kontinuität, was nach außen hin in der Bürgerschaft oft als unangemessener Reichtum, als ein in sich geschlossenes, nicht kontrollierbares Gebilde beargwöhnt und beneidet wurde. Die Abhängigkeit von Spenden, von finanzieller Unterstützung für Bauten und Reparaturen durch den Rat auf der einen Seite und die Konkurrenz ihrer Stick- und Webarbeiten und ihrer Teppichwirkerei auf der anderen riefen den Neid besonders der wenig begüterten Bürger und der Nicht-Bürger hervor, die in den Schwestern nur die faulen, nutzlosen, verschwenderischen Frauen der wohlhabenden Patrizierfamilien sahen. Den Patrizierfamilien, die fast ausschließlich auch die Ratsherren stellten, waren die Unabhängigkeit der Schwestern und die nur beschränkte Kontrolle über das Kloster ein Dorn im Auge. Hier fiel die Kritik der Reformatoren am Klosterleben auf fruchtbaren Boden.

Zunächst waren die ersten Jahrzehnte der Nonne, dann Äbtissin Caritas Pirckheimer von den täglichen Aufgaben der Verwaltung ihres Klosters erfüllt. Sie war eng befreundet mit der um einige Jahre älteren Apollonia Tucher, die seit 1494 Priorin (Stellvertreterin der Äbtissin) des Klosters war, sie korrespondierte mehrere Jahre lang mit dem Juristen und früheren Rektor der Universität Ingolstadt, Sixtus Tucher (einem Verwandten der Apollonia), der seit 1496 Probst an der St. Lorenzkirche in Nürnberg war, bis er 1507 verstarb. Tucher gab in seinen Briefen – die Antworten der Caritas sind nicht erhalten – religiöse Unterweisung, Erbauung sowie praktische Ratschläge zur Klosterverwaltung. Er bewunderte ihre Frömmigkeit, bat um ihr Gebet, tröstete sich an ihrem Zuspruch, an ihrer Ruhe und ihrem Gottvertrauen, ihrer Freundschaft (wie eben das Leben frommer Frauen bewundert und verehrt wurde). 1503 wurde Tucher dann nach mancherlei Kämpfen eine Pfründe (festes Einkommen) des Klaren-Klosters zugesprochen (er war erst 44 Jahre alt, aber kränklich), wohl weil er sich vom Predigeramt zurückziehen wollte. Sicher spielten die Absicht auf Versorgung durch eine Pfründe und die angenehme Erbauung am Leben der frommen Schwester eine Rolle bei Tuchers Interesse an Caritas, während Caritas den religiösen und geistigen Austausch, den väterlich-männlichen Rat und die Unterstützung von außen an Tucher schätzte.

Ein ähnlich enges Verhältnis hatte Caritas zu ihrem Bruder Willibald Pirckheimer, der sie ihr Leben lang beraten hat. In dem ersten erhaltenen lateinischen Brief der Caritas an ihren Bruder von 1502 bedankt sie sich für die Bücher, die er ihr ins Kloster geschickt hat und bittet ihn, den gelehrten Humanisten, als Lehrer die religiösen Schriften den Nonnen zu erklären; sie schreibt:

Dabis veniam meis incultis atque incongruis litteris... Wolltest meinem unordentlichen schreiben verzeyhen, in bedencken, das ich nie keinen maister gehabt hab anderst dann dich, meinem [so] liebsten brueder, den ich an stat ains getrewen vatters und maisters lieb, vleisig bittent, geruchest ein mal deiner gelegenhait nach zue uns zu kumen, uns zu unterweisen. Wann, ob ich wol etwas wenig, vermittelst goetlicher huelf und deiner unterrichtung aus der heiligen geschrift verstee, so kan ich es doch den junckfrawen, so meiner leer bevolhen sein, nit genugsam, wie ich gern wolt, erklern.

Fuerwar, es were ain grose nutzbarkeit, wo die sinreichen junckfrawen, so dem gotlichen dinst tag und nacht zugeaignet sein, ainen solchen maister hetten, der sie leret, das honig aus dem vels und das oel aus den herten stainen saugen: wann stetigs psalirn und die fruecht des gesangs nit moegen abbrechen ung geniesen, wie verdinstlich oder auch wie verdrislich das sey, hastu vor mir zu bedencken. (Deutsche Übersetzung von 1515 in *Briefe*, S. 79)

Die unterwürfig, ja schmeichlerisch scheinenden Wendungen gehören zum zeitgenössischen humanistischen Briefstil. Das Latein der Caritas war keineswegs so holprig, wie sie vorgibt, doch gehört es zur Bescheidenheitsformel der Frau, diese »männlichen« Fähigkeiten zu leugnen. Aus dem Brief geht weiter hervor, daß sie Latein von ihrem Bruder lernte, den sie aus ihrer Stellung als Frau in der Familie heraus als Vater, als Berater, als Erzieher betrachtet und zu ihm aufblickt. Sie bittet besonders um religiöse Unterweisung für sich und die Nonnen, sie betont die Aufnahmefähigkeit der Nonnen und ihren Willen, das Gelesene auch zu verstehen. Die Briefe der Caritas zeigen, wie sehr die Nonnen um geistige und religiöse Unterweisung und um Textverständnis bemüht waren.

Aber auch bei der demütigen und vorsichtigen Anfrage nach der Möglichkeit eigener Bildung werden die Nonnen sofort in ihre Schranken verwiesen. So wird der Caritas 1503 kurz nach ihrer einstimmigen Wahl zur Äbtissin von den Franziskanern verboten, weiterhin das Latein zu benutzen. Gerade als Äbtissin wollte man eine fromme, dienende Frau haben, nicht eine gelehrte Frau, die sich etwa in religiöse oder gar politische Angelegenheiten mischen würde. Als Willibald Pirckheimer seiner Schwester eine gelehrte Schrift (eine lateinische Übersetzung von Plutarchs »Über die langsame Rache der Gottheit«) widmete, schrieb Caritas in ihrem (lateinischen) Dankbrief:

Übrigens kann ich Dir nicht verbergen, daß ich mehr verwirrt als erstaunt war beim Lesen der Vorrede zu dem kostbaren Büchlein, indem Du darin an mir lobst, was keineswegs an mir zu finden ist. Scham und Verwirrung bedecken mein Antlitz, in der Furcht, Du möchtest höher von mir denken als ich verdiene. Denn wie Du selbst weißt, bin ich ja nicht eine Gelehrte [non enim... docta sum, tametsi amatrix doctorum; litterata etiam non sum, attamen gaudeo audire et legere sermones litteratorum], sondern bloß eine Freundin gelehrter Männer; ich bin keine Kennerin der Literatur, sondern freue mich nur, die Reden von Schriftstellern zu hören und zu lesen. Deshalb erkenne ich mich unwürdig eines solchen Geschenkes, obwohl, die Wahrheit zu sagen, Du recht wohl getan hast einem so trefflichen Werk den Namen Caritas vorzusetzen. Denn Caritas ist ja die mitteilende Tugend, die alle Güter gemeinsam macht. (Juni 1513; *Briefe*, S. 91; Übersetzung von Binder)

Wieder versteckt sich Caritas ganz hinter der Bescheidenheitsformel »Ich bin ja keine gelehrte Frau«. Sie darf sich als Verehrerin der Gelehrten hinstellen, als Rezipientin ihrer Werke; selbst zu schreiben wie die gelehrten Humanisten schreiben, wäre nach dem zeitgenössischen Selbstverständnis der Frau vermessen und stolz gewesen, und für die Nonne war Demütigkeit ein oberstes Gebot. Schon ihre lateinischen Briefe verstießen gegen dieses Gebot. Sie selbst ist nur »Caritas«, die »mitteilende Tugend« eine Art christlicher Muse für den gelehrten Bruder.

So wurde es Caritas von ihrem Bruder und von den Stadtvätern in Nürnberg verübelt, daß sie zu den reformatorischen Streitigkeiten Stellung nahm. Als Hieronymus Emser, der Kaplan des Herzogs Georg von Sachsen, sich in einigen Streitschriften scharf gegen die neue Lehre Luthers gewandt hatte, sandte Caritas ihm einen Brief, in dem sie ihrer Freude über Emsers Bücher, die sie auch an andere Klöster und an Laien weitergeschickt hat, Ausdruck gibt. Auch führt sie Klagen über die neue Lehre in Nürnberg:

> Unser stadt so ihemerlich vorgift ist, allermeinst der regenten halbe, das gott im hymmel geclagt sey, das diese edle christliche stadt mit so vil geystlicher ubung, die untzweyffel vor vier iaren schwert schlege und buchsen schueß nit do hyn hetten moegen brengen, do hyn sye itzo leyder allein mit blossen worten und verdampten schandbuechlein filiorum sathane gefuert haben; al mein tag hat mich kein dinkg nicht hertzlicher betruebeth. Ach tedet animam meam vite mee. Ich hab ymmer gehofft, wann sye also offenbar unvordeckt ketzerische luegen sagen und schreyben wurden, ydermann wurde erkennen, was diß vor bueberey were. Aber induratum est cor eorum, ye gröeber sie spinnen, ye bas es dem verblenten liebt und niemant der dannoch die warheyt bekent dar zu thut. Darauß ich furcht, das ein plage gottis uber alle andere erschrecklich ist. (6. Juni 1522, *Briefe*, S. 122).

Dieser Brief wurde abgefangen und dann mit hämischen Anmerkungen wie »Emßer, laß dich nicht bewigen, die frawen können suesse wort geben« oder »sie ist freylich eyn selige mutter, die so viel kind hat on eyn mann und doch mit yn Christo« anscheinend in Wittenberg veröffentlicht. [25] In Nürnberg war man verärgert, weil der (doch wohl authentische) Brief Kritik an der Obrigkeit enthielt, weil Caritas sich als Frau in religiöse Angelegenheiten mischte und weil sie die Reformation ganz ablehnte. Caritas selbst hat nie den Schritt in die Öffentlichkeit getan und eine Streitschrift oder einen Brief selbst dem Druck übergeben. Sie glaubte, mit ihrem religiösen Klosterleben die gerechte Sache zu verteidigen, und war an der Erhaltung dieser Gemeinschaft und dieses Lebens interessiert, nicht an öffentlich ausgetragenen, religiösen Auseinandersetzungen.

Die reformatorische Lehre fand in Nürnberg bereitwillige Aufnahme; im März 1525 erklärte der Rat der Stadt sie zur herrschenden Religion. Seit Beginn der 1520er Jahre bemühte man sich, die Klöster zum Abfall zu bringen und sie zu säkularisieren. Die Karmeliter, Benediktiner und die Kartäuser unterwarfen sich bald; den größten Widerstand lieferten die Bettelorden, die Franziskaner und die von Caritas geleiteten Clarissen. Caritas hat den Kampf mit dem Rat in einer chronikartigen Denkschrift aufgezeichnet, die zwar damals nicht veröffentlicht wurde – und wohl auch nicht zur Veröffentlichung bestimmt war – aber in handschriftlicher Ausfertigung erhalten geblieben ist. Die *Denkwürdigkeiten* setzen mit dem Jahr 1524 ein und berichten mit eingelegten Briefen und Gesuchen über die Maßnahmen der Bürger und Stadtväter, das Kloster zu säkularisieren, und über den Widerstand und die Lage der Nonnen. Caritas berichtet:

Dann vill leut unter den gewaltigen und schlechten [einfachen] komen uber tag zu irn freuntyn [Verwandten], dy sy pey uns im closter hetten, den predigten und sagten sy von der newen lere und disputirten unaufhorlich, wy der closterstandt so verdemlich und verfurisch wer und wy nit muglich wer, das man darinnen sellig kundt werden, dann wir wern all des Teuffels. Darumb wollten ettlich ir kind, swester und numen mit gewalt auß dem closter haben mit vill trowortten und auch mit großem verhayssen, des sy on zweiffel kaum halbs gelast [eingelöst] hetten. Diß fechten und streytten weret lange zeit, offt mit großem zorn und schentwortten [Schimpfworten]. (S. 1)

Als die Bemühungen der Angehörigen die Nonnen nicht umstimmen konnten, verbot der Rat den Franziskanern die Seelsorge und ersetzte sie mit protestantischen Predigern. Caritas machte Eingaben an den Rat und sandte Briefe an den Pfleger des Klosters, der aber den Rat unterstützte. Sie verteidigte ihr Leben, eigenes Lesen und eigene Entscheidung:

Sind wir von der genad gottes des verstants, das wir wol wißen, das wir nit volgen solten zuvor diweyl wir selbs die heillige geschrifft auch leßen kunnen. (S. 93)

Caritas gebraucht die Argumente der Reformer (Rückgriff auf das Evangelium) und kehrt sie gegen sie; sie will sich nicht der Autorität der neuen Prediger unterwerfen, sondern hält zäh an der alten Kirche fest. Sie beruft sich auf ihr rechtes Verständnis der Schrift, ebenso wie die

Reformer sich das richtige Verständnis zuschreiben. Doch lehnt Caritas im Gegensatz zu den Reformern jede Art von gewaltsamer Beeinflussung ab:

Wir einer itlichen erlaubt haben, wo sy nit mit freyem, gutten willen pey uns beleiben woll, mug sy hyngen, wo sy woll; das aber die, so gern beleiben wollen und die mit der hilf gottes, on die wir nichts vermugen, das zu halten verhoffen, das sy got gelobt haben und darvor wider iren willen genot wern, acht ich ye nit recht. (S. 94)

Gegen den Rat kann Caritas nichts erreichen. Protestantische Prediger werden für das Kloster bestellt, die katholische Messe wird abgeschafft, die Nonnen werden durch das Einbauen eines Sichtfensters gezwungen, in der Kapelle öffentlich sichtbar der Predigt und dem evangelischen Gottesdienst beizuwohnen. Der Pfleger des Klosters vertritt die Forderungen des Rates, nicht die Interessen der Schwestern, als der Rat schließlich ein Ultimatum mit fünf Forderungen stellt: Jede Schwester soll frei das Kloster verlassen können und ihre Mitgift zurückerhalten, die unbemittelten eine Versorgung oder Aussteuer, wenn sie heiraten, aus den Mitteln des Klosters erhalten; die Nonnen sollen weltliche Kleider tragen; die Nonnen sollen Gespräche mit Besuchern ohne Zeugen führen (die in Klausur lebenden Schwestern konnten nur am Redefenster, ohne selbst gesehen zu werden, und im Beisein einer Aufseherin mit Außenstehenden reden); das Kloster soll innerhalb von vier Wochen ein Gesamtinventar aller Besitzungen und Einkünfte erstellen. Der Rat setzt alles, außer der Kleiderfrage durch, und der Klosterpfleger macht weitere Versuche, Caritas zum evangelischen Glauben zu bekehren.

Schließlich entfernen drei Familien ihre Töchter mit Gewalt, die Ratsherren visitieren 1527 das Kloster, eine Nonne verläßt das Kloster freiwillig, der Rest bleibt. Der Rat verordnet daraufhin, daß keine neuen Schwestern mehr aufgenommen werden dürfen. Damit ist das Kloster zum Aussterben verurteilt und die Säkularisierung des Besitzes gesichert; Caritas hat das lediglich aufschieben, aber nicht verhindern können. Daß der Rat diesen Aufschub überhaupt gestattete, mag daraus zu erklären sein, daß Caritas und ihr Bruder Willibald Pirckheimer, der eine Schutzschrift für das Kloster verfaßte, aus einer einflußreichen Nürnberger Patrizierfamilie stammten und man eine direkte Konfrontation gegen den Widerstand dieser hochgestellten Bürger nicht wagte. Der langsame Weg war ebenso erfolgreich. Willibald starb schon 1530, Caritas 1532; als Nachfolgerin wurde ihre Schwester Klara gewählt, über die wir durch viele Briefe unterrichtet sind. Als Klara nach wenigen Monaten verstarb, folgte die Tochter Willibalds, Katharina Pirckheimer, als Äbtissin. Die letzte Nonne des Klarenklosters verstarb erst 1590.

Neben der Auseinandersetzung um den rechten Glauben und die rechte Lebensform für die Nonnen steht die Forderung des Rates, daß die Schwestern heiraten sollen. Die Heirat verweigern die Schwestern immer wieder, sie weisen auf ihr erfülltes Leben im Glauben hin, auf ihr schwesterliches Zusammenleben, auf die mütterliche Fürsorge der Äbtissin Caritas, auf ihr Leben als Bräute Christi. Ihr Gelübde wird als »Hochzeit« bezeichnet und als untrennbare, quasi-eheliche Verbindung mit Christus verstanden. Diese familiären Bezeichnungen wie auch emotionalen Beziehungen deuten an, daß hier eine Lebensform entwickelt ist, die durchaus dem weltlichen Familiengefüge vergleichbare emotionale und menschliche Bedürfnisse befriedigt wie das Ehe- und Familienleben. Gerade die engen freundschaftlichen Beziehungen der Caritas zu ihrer Schwester, zu ihrer Nichte, zu anderen Schwestern im Orden, zu ihrem Bruder und anderen Humanisten und Priestern außerhalb des Ordens machen deutlich, warum Caritas die Lebensform nicht aufgeben will. Ein weiterer Grund ist die Möglichkeit der religiösen und geistigen Entwicklung, der sie sich widmen kann, weil sie von den Sorgen um Geburt, Kinderaufzucht und Haushaltsfragen befreit ist. Es war eine echte Alternative zum bürgerlichen Leben, die die Reformation mit religiösen Argumenten vernichtete und verbot.

Neben den religiösen Gründen standen aber wirtschaftliche und gesellschaftliche: Besonders die Bettelorden waren in der bürgerlichen Stadtwirtschaft unproduktiv, waren unnütze Esser, deren unabhängige und vielfach autarke Lebensform – neben Gaben von außen wurde alles im Kloster selbst erwirtschaftet – der Stadtwirtschaft nicht zugute kam, während ihre Produkte nicht besteuert wurden und dann noch Konkurrenz bedeuteten. Ihre Gegenleistungen, wie Erziehung der Töchter, Armen- und Krankenpflege, wurden nicht als genügend wichtig erachtet.

Die *Denkwürdigkeiten* und die Briefe der Caritas spiegeln diesen Gegensatz nur indirekt, doch enthalten sie genügend Angaben über wirtschaftliche und organisatorische Fragen, die mit der religiösen Auseinandersetzung Hand in Hand gingen. Der demütige, unterwürfige und ganz auf Tugend ausgerichtete Lebensstil der Caritas macht es nicht möglich, sich gegen die aggressiven, Autorität heischenden Forderungen der Reformation zu wehren. Caritas griff nicht zur Schmähschrift, zur Veröffentlichung ihrer Argumente, zur Verteidigung ihrer Lage, zur Anklage gegen die Übergriffe des Rates und des Klosterpflegers. Ihre *Denkwürdigkeiten* stehen der mittelalterlichen Chronik näher als der beliebten literarischen Form der Reformation, dem Pamphlet. Caritas berichtet oder läßt sachlich in chronologischer Abfolge berichten, schließt nach Humanistenart Briefe und lange Briefstellen mit ein. Sie argumentiert und verteidigt ihre Position mit Bibelstellen unter Berufung auf moralische Gründe, auf eine lange Tradition und auf die rechte Lehre. Doch sie gebraucht keine der drastischen Ausdrücke, scharfen Argumente, beleidigenden Worte, wie sie in den Streitschriften für und gegen die Reformation an der Tagesordnung waren. Selten geht sie so weit, die neue Lehre als falsch zu bezeichnen oder deren Anhängern unlautere Motive zu unterschieben; sie verteidigt vielmehr ihren Standpunkt, ohne den anderen herabzusetzen.

So ist es nicht verwunderlich, daß ihre *Denkwürdigkeiten* nicht veröffentlicht wurden. Caritas wollte nicht in den publizistischen Kampf um den rechten Glauben eingreifen; die sachliche Chronik sollte für sie, für die Wahrheit ihres Standpunktes sprechen. In Nürnberg hätte man eine Veröffentlichung auch kaum erlaubt, und ein auswärtiger Druck wäre noch viel schwieriger und gefährlicher gewesen. Vielleicht wäre ein Druck zustande gekommen, wenn Willibald und Caritas selbst länger gelebt hätten. Ihr häufiges Kranksein in den letzten Lebensjahren, die zeitraubenden Verhandlungen mit dem Rat und besonders das Fehlen eines den Nonnen verständnisvoll zugewandten Vertreters dürften ein solches Vorhaben wohl verhindert haben.

Mit einer Äbtissin wie Caritas und dem Aussterben des Nürnberger Klarissenklosters geht eine religiöse Lebensform für Frauen zu Ende, die vom Hochmittelalter bis zum 16. Jahrhundert (auserwählten adligen und patrizischen) Frauen eine der patriarchalen Bevormundung weitgehend entzogene Gemeinschaft ermöglicht hatte. [26] Diese Frauen hatten ihren geistig-religiösen Interessen leben können, ohne durch ständiges Gebären und ohne als namenlose Dienerin des (Ehe)mannes und der Kinder sich physisch zu erschöpfen. Wohl bestanden weiterhin Klöster in katholischen Gegenden, doch war ihr Ansehen auch durch die Angriffe der Reformatoren gesunken. [27] Hinzu kam, daß alle Frauenklöster noch strikterer männlicher Aufsicht (Pflegern, Vögten oder Aufsehern) unterstellt wurden. Das Konzil von Trient beschnitt weiterhin die Kompetenzen der Äbtissin und bestätigte außerdem erneut die strenge Klausur für Nonnen, die sich dann im ausgehenden 16. und 17. Jahrhun-

Zwei Bürgersfrauen verprügeln einen Mönch –
Federzeichnung von Urs Graf – um 1521.

»Das Bad der Widertäufer« (Heinrich Aldegrever, um 1530).

dert abgeriegelt von der Welt viel weniger karitativen und erzieherischen Aufgaben widmen konnten, es sei denn mit Kleinpensionaten für
wohlhabende Mädchen innerhalb der eigenen Mauern. Lediglich die
neuen weiblichen Lehrorden der Gegenreformation [28] konnten auf
erzieherischem Gebiet eine gewisse Bedeutung erlangen. Doch weil sie
»nur« Mädchen erzogen und an den höheren Bildungsinstituten und der
kirchlichen Hierarchie keinen Anteil hatten, konnten sie auch nicht entfernt die Bedeutung erreichen, die z.B. die Jesuiten als Orden *und* durch
die Einzelleistung seiner hervorragenden Vertreter erlangen konnten.

Zwar wandelten die Protestanten einige Klöster in evangelische Da-
menstifte um, die reichen Adelsfamilien zur Versorgung ihrer ledigen
Töchter vorbehalten blieben. Diese Stifte, – noch die in ihrer Familie als
leicht überspannt geltende Karoline von Günderrode (1780–1806)
wurde erst 19jährig in ein solches Stift abgeschoben –, erreichten jedoch
nie eine besondere Bedeutung; sie waren »standesgemäße« Aufbewah-
rungsanstalten für »alte Jungfern«, ab und an für geschiedene Frauen
oder Witwen einer Klasse, die unter sich bleiben wollte.

Mit der Auflösung der religiösen Gemeinschaften für Frauen verlegten die Reformatoren das religiöse Leben der Frau ganz in die Familie
und unterstellten es dem jeweiligen Hausvater, der sozusagen als
Hauspriester auch die geistliche Erziehung und Leitung seines Haushalts
innehatte, die Bibel vorlas und das Gebet führte. Diesem Patriarchen
unterstand die Frau auch in religiösen Fragen vollkommen. An eine
seelsorgerische Betätigung oder an eine Beteiligung in der kirchlichen
Hierarchie war bei den Protestanten ebensowenig zu denken, wie bei
den Katholiken. Prediger oder Kanonikus (Inhaber einer Kirchenpfründe)
konnten nur Männer sein; besonders die orthodoxen Theologen wachten streng darüber, daß keine Frau sich zu Fragen des Dogmas äußerte
oder in der Gemeinde seelsorgerisch tätig wurde. Wie im folgenden zu
zeigen ist, blieb eine Katharina Zell ebenso eine Ausnahme und ohne
Nachfolge in der frühen Neuzeit, wie eine Argula von Grumbach, die
auch von Luther und anderen protestantischen Reformern totgeschwie-
gen wurden. Eine Anna Ovena Hoyers wurde als Sektiererin ver-
schrien und mußte ihre Heimat (Schleswig-Holstein) verlassen.

Im Protestantismus waren mit der Beseitigung der Marienverehrung
und Heiligenlegenden auch die weiblichen Leitbilder für Frauen beseitigt worden, an denen sie ihr Leben als Frauen (als Mütter und als aktive
Märtyrerinnen für den Glauben) hätten orientieren können. Das Dogma
(die männliche Trinität), die Kirchenhierarchie (vom Pfarrer bis zum

Bischof) und familiäre Seelsorge (Hauspriester) waren ganz in männlicher Hand; als religiöse Einzelseele war die Frau dem Patriarchat fest einverleibt. Hatten sich Frauen der neuen Lehre zugewandt, um aktiv mitzuarbeiten und mitzudenken, wie es Katharina Zell und Argula von Grumbach taten, so wurden sie enttäuscht. Sie mußten wieder dort anfangen, wo die Frauen im Mittelalter schon einmal angefangen hatten, als »geistliche Magd«, doch nunmehr als »Gehilfin des Ehemannes«. Dennoch sollte schon das Experimentieren mit religiösen Formen im 17. Jahrhundert – außerhalb der orthodoxen protestantischen und katholischen Kirche – Frauen neue Möglichkeiten bieten: in sektiererischen Gemeinden bei den zunächst spöttisch als »Frömmler« bezeichneten »Pietisten«.

Religiöse Streiterinnen:
Katharina Zell und Argula von Grumbach

Frauen aus dem Bürgertum waren im Umkreis der Reformatoren und evangelischen Prediger für die neue Lehre als Helferinnen, Ehefrauen und Begleiterinnen tätig, ohne jedoch in die theologischen Dispute einzugreifen (kaum eine hätte auch dazu die Vorbildung gehabt, wenige hätten schriftlich argumentieren können). [29] Dennoch gab es in der ersten Generation einige Streiterinnen für die protestantische Sache. Für diese ist Katharina Zell (1497/8–1562) typisch, die aus einer wohlhabenden Handwerkerfamilie stammte und dann das Amt einer evangelischen Pfarrersfrau in den ersten Jahrzehnten der Reformation in unermüdlichem Einsatz für die reformatorischen Bestrebungen wirkungsvoll und überzeugt versah. Mit ihrer beachtenswerten, außergewöhnlichen publizistischen Tätigkeit trat sie als religiöse Streiterin für die Reformation hervor.

Katharina war die Tochter eines angesehenen Tischlers in Straßburg und schon 25 oder 26 Jahre alt, als sie 1523 den 20 Jahre älteren Straßburger Münsterprediger Matthias Zell [30] heiratete; 1523 wurden sieben Straßburger Priester exkommuniziert, weil sie geheiratet hatten. Unter diesen sieben war Matthias Zell; Katharina hatte sich selbst für die Heirat entschieden (sie war nicht Zells »Pfaffenmetze« [31] gewesen), weil sie aktiv an den reformatorischen Bestrebungen teilnehmen wollte: »Unsere Ebeberedung (war) mit von Widem, Morgengab, Silber und Gold, sondern von Feuer und Wasser um der Bekanntnuß Christi willen«, schrieb sie später. [32] Als die Gruppe der sieben verheirateten Priester sich gegenüber dem Straßburger Bischof 1524 mit einem lateinischen Traktat verteidigten, schickte auch Katharina einen Brief an den Bischof und richtete außerdem eine zweite Schrift an den Rat der Stadt Straßburg: *Entschuldigung Katharina Schützinn/ für M. Matthes Zellen/ jren Ehegemahel der ein Pfarrher und dyener ist im wort Gottes zu Strassburg. Von wegen grosser lügen uff jn erdiecht* (Augsburg, 1524) [33], in der sie die kontroverse Priesterehe verteidigte. Der Rat konfiszierte jedoch diese Schrift, zitierte Matthias Zell zu sich und befahl ihm, seiner Frau zu verbieten, Pamphlete zu verfassen und zu veröffentlichen – Katharina tat das dann auch erst wieder nach Matthias' Tod (1548).

Martin Luther, der viele öffentliche Briefe an Frauen richtete, um Anhänger für die neue Lehre zu gewinnen, schickte ihr am 17. Dezember 1524 einen (kurzen und formelhaften) Brief, in dem er sie zu ihrer Bekehrung zum Evangelium und zu ihrem Gatten beglückwünschte. [34] Katharina war eine in ihrer Heimatstadt Straßburg bekannte und wichtige Frau aus dem wohlhabenden, aufstrebenden Bürgertum, das Luther für die Reformation brauchte; von ihrem Wirken als aktive Streiterin hat er nicht viel gehalten, noch es später anerkannt; er hat sie vielmehr als unbequeme Frau ignoriert.

Mit ihrer Heirat des Matthias Zell begann für Katharina ein langes, streitbares Leben für die Reformation und deren Anhänger. Sie gebar zwei Kinder, die bald verstarben, und blieb dann kinderlos, so daß sie sich vierzig Jahre lang ganz als Helferin ihres Mannes und nach dessen Tod (1548) der Sache der Reformation in Südwestdeutschland widmen konnte. Sie selbst betrachtete ihre Kinderlosigkeit ganz im Sinne Luthers als Zeichen göttlichen Mißfallens über ihre Sünden. Vielleicht entwikkelte sie ihre publizistische und ökumenische Tätigkeit, um für ihre Kinderlosigkeit – denn als solche galt die Tatsache, daß sie »nur« zwei nicht lebensfähige Kinder geboren hatte – zu kompensieren; in Briefen an Freunde beklagte sie ihre Kinderlosigkeit, diesen allgemein als weiblichen Makel verstandenen Zustand.

Um so bemerkenswerter war die aktive Mitarbeit der Katharina Zell in der Gemeinde. Straßburg wurde als freie Reichsstadt, die nicht unmittelbar dem Kaiser unterstand und so nicht verpflichtet war, das Wormser Edikt von 1519 gegen Luther und seine Anhänger zu befolgen, ein Zentrum für die Reformation und für flüchtende und verfolgte Anhänger. Als z.B. ein vertriebener Pfarrer mit etwa 150 Anhängern aus dem benachbarten Städtchen Kentzingen in Straßburg Zuflucht suchte, brachte Katharina 80 in der Pfarrei unter und besorgte Quartier und Essen für die ganze Gruppe. An die zurückgebliebenen Frauen schickte sie einen Trostbrief: *Den leydenden Christglaubigen weybern der gemain zu Kentzingen meinen mitschwestern in Christo Jesu zu handen* (1624). [35] In all ihrer Qual möchten die Frauen »gedencken des unüberwindtlich wort gottes« und daraus lernen, daß auch schwere Schickungen Gaben Gottes seien. Nur der glaubende Mensch versteht es, daß Gott so unbegreiflich und »also wunderbarlich handelt«. Die Frauen sollten laut dieser Ermahnung nicht nur selbst einen »steyffen glauben« haben, sondern auch ihren Männern fröhlich zureden. Denn jeder Glaube muß angefochten sein und muß sich »in dem ungewissen« bewähren. In dieser Weise versteht die Briefschreiberin das Wort aus dem Buch-Hiob: »Des menschen leben ist ain reyter spiel.«

Während des Bauernkrieges besuchte Katharina zusammen mit ihrem Mann und einem anderen Prediger die Bauernführer im Feldlager in der Nähe von Straßburg. Nach deren Niederlage flüchteten sich etwa dreitausend Bauern mit ihren Familien, die den Massentötungen entgangen waren, in die reichsfreie Stadt Straßburg, die selbst nur etwa 25 000 Einwohner zählte und den Zustrom von hungernden, mittellosen, verfolgten Bauern (die als Asylsuchende natürlich keine Rechte in der Stadt besaßen) nur schwer versorgen konnte. Zusammen mit einem Ratsmitglied (der als Anhänger der Wiedertäufer dem Los der verfolgten Bauern aufgeschlossen gegenüberstand) organisierte Katharina privat (da der Rat nur Hilfe für *Bürger* der Stadt zugestand) die Versorgung der Flüchtlinge für ein halbes Jahr, bis die meisten wieder in ihre Gebiete zurückkehren konnten.

Auch war Katharina immer wieder die Gastgeberin bekannter Humanisten und Reformer, die auf der Durchreise oder zu Besuchen nach Straßburg kamen, wie etwa Zwingli und der Basler Reformer Oecolampadius, deren »Köchin und Magd« sie zwei Wochen war, wie Katharina es ausdrückte (Brief, S. 313). Sie bewirtete die protestantischen Delegationen, als 1540 im Hagenau in der Nähe von Straßburg Protestanten und Katholiken Religionsgespräche führten. Mit ihrem Mann reiste sie in die Schweiz, nach Schwaben, Nürnberg, in die Pfalz und besuchte 1538 Luther und Melanchthon in Wittenberg. Als sich Luther 1529 über der Abendmahlsfrage geweigert hatte, mit den Reformierten sich zu vereinigen, schrieb Katharina einen (leider nicht erhaltenen) Brief an Luther, in dem sie ihm die Gründe vor Augen hielt, warum eine Einigung mit den Reformierten dringend nötig sei. Luthers Antwortbrief enthält eine religiöse Zurechtweisung, einen Hinweis auf die Autorität Gottes, keinen eigentlichen Gegengrund:

Denn ihr wisset zu guter massen, das woll die lieb soll vber alles gehn und den forgang haben, ausgenomen Gott, der vber alles, auch vber die liebe, ist. Wo derselbige und sein Wort furgeht, so soll Ja bey vns die liebe gewiß die oberhand haben nehest Gott. Es will solche hohe sachen nicht mit vnsern anschlegen nach andacht, sondern mit hertzlichem gebet vnd geistlichem seufftzer angriffen sein. Denn es ist Gottes sache, nit vnser. Gott muß dabey und da zu thun. Vnsers thun ist nicht. Bettet, Bettet, Bettet, vnd last Ihn sorgen! Hie mit Gott befohlen, Amen. Grusset mir ewrn lieben herren! [36]

Als Matthias Zell 1548 starb, sprach Katharina Gedenkworte am Grab und veröffentlichte eine Gedenkschrift. [37] Sie verheiratete sich nicht wieder. Katharina blieb weiterhin in Verbindung mit den Reformern; ihre Briefe zeugen von ihrer lebhaften Anteilnahme und scharfsichtigen Beurteilung politischer und religiöser Ereignisse. Sie sah z.B. die für die Sache der Reformation verheerenden Folgen des Interims (1549) [38] voraus, die für Straßburg bedeuteten, daß die protestantische Predigt nur in drei Kirchen erlaubt wurde, unter der Bedingung, daß sie in keiner Weise kontrovers sei. Die beiden führenden lutherischen Pfarrer, Butzer und Fagius, wurden verbannt, und Katharina versteckte sie drei Wochen in ihrem Haus, als sie ihre vorgeschriebene Abreise verzögerten. Es war eine durchaus gefährliche Tat, für die sie hätte mit dem Leben bezahlen können, wie sie auch in den 1530er Jahren verschiedene Sektenführer, die sich nach Straßburg geflüchtet hatten und gegen die dort der Prozeß gemacht wurde, im Gefängnis besuchte.

Nach dem Tode ihres Mannes (1548) kränkelte sie, mußte das Pfarrhaus für einen katholischen Prediger räumen, der nun wieder am Münster predigte, und widmete sich dann unheilbar Kranken. Sie nahm einen an den Blattern erkrankten Neffen bei sich auf, bis er in das Blatterhaus, ein städtisches Spital, übersiedeln mußte. [39] In dieses Blatterhaus, das ständig etwa 30 bis 40 Kranke für mindestens sechswöchige »Kuren« beherbergte, trat Katharina Zell 1555 mit ihrem Neffen als »Pfründnerin« ein, d.h. sie zahlte ein jährliches Kostgeld. [40] In zwei (erhaltenen) Eingaben an den Untersuchungsausschuß des Rates von 1557 schilderte Katharina ausführlich die Mißstände des Krankenhauses und das Elend der Kranken, während der Schaffner (Verwalter) und seine Freunde in großem Luxus leben und speisen:

Das hüs siecht vilmal keinem bloterhüs glich sonder dem spiegel und friburger stüben [zwei beliebte Straßburger Gasthäuser] so ist ein unnütz hüshalten in der küchen und sünst, do vil verwüst würt. darnach will mans an den armen ersparen und widderufheben, was verschüttet ist. das hüs läuft voll raten und müsz, die beth und anders zerfressen. hat wüste hund, die kein katzen lassen pliben sonder zerrissen si. die armen ligen ellend mit getüch und anderen und spinnen doch iber ihe hels. [41]

In ihrer offenen und unerschrockenen Art schilderte Katharina nicht nur die Mißstände sehr anschaulich und kritisch, sie machte auch eine Reihe von konkreten Verbesserungsvorschlägen, die dann größtenteils durchgesetzt wurden: das Schaffnerehepaar sollte entlassen werden, dafür ein »gotsförchtige vatter und mutter« (II, S. 72), ein wirklich fürsorgendes Pflegerehepaar, angestellt werden, eine für Pfleger und Kranke verbindliche Pflichten- und Hausordnung, sowie ein Inventar des beweglichen Besitzes (wie z.B. Tischgeräte, Wäsche, Betten) müsse erstellt werden. In diesem Zusammenhang ist auch bemerkenswert, daß Katharinas Vorschlag, einige angesehene Bürgersfrauen sollten eine gewisse Aufsicht über die Haushaltung übernehmen und dabei das überflüssige Dienstpersonal einschränken, abgelehnt wurde, denn pflegerische und aufseherische Funktionen durften nur Männer erfüllen, oft unterstützt durch ihre Ehefrauen. Daß aber auch Frauen (angesehene Bürgersfrauen) als Einzelpersonen (also nicht über ihren Ehemann) Aufsichts- oder Fürsorgepflichten übernehmen, wurde nicht erlaubt – auch nicht an anderen Spitälern und Fürsorgeanstalten, obwohl es an guten Aufsichtskräften fehlte. [42]

Außerdem ist bemerkenswert, daß Katharinas Vorschläge zur besseren Behandlung der Kranken ebenfalls abgelehnt wurden (sie kritisierte z.B. die neue (Quecksilber-)»Schmierkur«, die von Patienten und Laien übereinstimmend als widerlich, unmenschlich und schädlich für die Kranken bezeichnet wurde, von den Ärzten aber angewendet wurde, weil sie einfacher, schneller und damit lukrativer war. Gegen die Autorität der Ärzte hatte die Stimme einer Laiin und dazu einer Frau, auch wenn sie sich immerhin jahrelang intensiv mit Krankenpflege und Armenfürsorge beschäftigt hatte, einfach kein Gewicht. – Doch spiegeln Katharinas schriftliche Eingaben ihr praktisches und organisatorisches Talent. Der logisch-sachbezogene Aufbau der Eingaben, der seine Wirkung auf den Rat nicht verfehlte, zeigt, wie auch ihre anderen Traktate und Schriften, ihre Fähigkeiten zu schriftlicher, sachbezogener Äußerung.

Als im Gefolge des Augsburger Religionsfriedens von 1555 Straßburg das Luthertum zu seiner offiziellen Religion erklärte, begegneten einige protestantische Prediger anderen Sektierern mit derselben Unnachgiebigkeit und Grausamkeit, die vorher den Protestanten angetan worden war. Katharina trat privat und öffentlich für eine tolerante, menschenwürdige Haltung den Andersgläubigen gegenüber ein. Als 1562 die protestantische Geistlichkeit das kirchliche Begräbnis einer Anhängerin der Schwenckfelder verweigerte, leitete Katharina in aller Stille frühmorgens um sechs Uhr den Gottesdienst auf dem Friedhof, wofür ihr der Rat einen öffentlichen Tadel aussprach; ihre Bettlägrigkeit und ihr wenige Monate darauf folgender Tod bewahrten sie vor einer drastischeren Strafe.

Katharina Zell hat ein umfassendes Rechtfertigungsschreiben hinterlassen, als sie 1557 die Schrift *Ein Brief an die ganze Bürgerschaft der Stadt Straßburg* [43] zum Druck beförderte. Dieser »Brief«, der immerhin fast 170 Druckseiten umfaßt, ist ihre Verteidigung gegen den protestantischen Prediger Ludwig Rabus, der ihr »unverschämtes Maul« scharf angegriffen und behauptet hatte, der Teufel selbst habe Katharina Zell inspiriert. Katharina antwortet auf Rabus' Vorwürfe selbstbewußt und gelehrt, wie es einem theologischen Disput zukommt. Uns interessiert hier nicht ihre »große Einsicht in die Gottesgelarheit [sic]« (Füsslin, XXIV) — auch diese ist höchst interessant, da für Frauen theologisches Wissen tabu war —, sondern ihre Lebensgeschichte, ihr Lebensweg, wie er aus diesem Rechtfertigungsschreiben ersichtlich wird. Sie sagt von sich selbst:

Ich bin, seit ich zehen Jahre alt, eine Kirchen-Mutter, eine Ziererin des Predigtstuls und Schulen gewesen, habe alle Gelehrten geliebt, viel besucht, und mit ihnen mein Gespräch, nit vom Danz, Weltfreuden, noch Faßnacht sondern vom Reich Gottes, mit ihnen gehabt. (Brief, S. 196)

Sie habe gewirkt »nit nach der Maß eines Weibes, sondern nach der eingeschenkten Maß, die mir Gott durch seinen Geist gegeben hat«. Nicht nur zu Matthias Lebzeiten, auch noch zwei Jahre nach seinem Tode hat sie im Münsterpfarrhaus »die Verjagten und Armen aufgenommen« und auf eigene Kosten verpflegt. Katharina berichtet insbesondere von ihrer Arbeit als Pfarrfrau, »wie ich das Evangelium hab helfen bauen« in Straßburg und »in weiten und nahen Städten und Landen... Bücher gelesen und Brief geschrieben« (ebd., S. 197).

Das Selbstverständnis der Katharina Zell hielt sich ganz in den Grenzen, die der »christlichen Ehefrau« vorgeschrieben waren. Sie bezeichnete sich als einen »Splitter aus der Rippe des gesegneten Mannes

Matthias Zell« (Brief, 200). Er, Matthias Zell, nannte sie »mein Helfer«. Die Gegner der Reformation verbreiteten die Geschichte, sie habe ihn mit der Magd erwischt, und als sie ihn zur Rede gestellt habe, habe er sie geschlagen. Es ist eine den Verhältnissen der Zeit nach durchaus glaubwürdige Geschichte, doch Katharina verteidigte sich *schriftlich* gegen diese Verleumdung und wies auf das harmonische eheliche Verhältnis der Ehegatten hin, das allen Zeugnissen nach in gegenseitiger Achtung und gemeinsamem Kampf für die Sache der Reformation bestand. Diese Ehe war eine Arbeitsgemeinschaft, eine Partnerschaft für den Glaubenskampf, eine Streiterehe. Dabei waren alle Ziele, Aufgaben, Beschäftigungen Katharinas denen ihres Mannes selbstverständlich untergeordnet. Ihre Bildung, ihre Begabung, ihr Menschenverständnis und ihr Mitleid mit anderen Menschen im Unglück, besonders auch den Andersgläubigen gegenüber, und nicht zuletzt ihre Kinderlosigkeit erlaubten Katharina Zell, ein aktives Leben für die Gemeinde und die Reformation zu führen.

Dabei gab es, auch von so guten Freunden wie dem Straßburger Reformator Butzer, des öfteren leicht boshafte Anspielungen auf ihre selbständige Tätigkeit, die als Herrschsucht, als Erhebung über die Rolle der Frau verstanden wurde. Der Vorwurf, sie wolle eine Frau Doktorin werden, eine im 16. Jahrhundert undenkbar lächerliche, eine ketzerische Vorstellung, kursierte im Briefwechsel (Butzer an Myconius, 1548), als sie selbst nach dem Tode ihres Mannes (1548) eine Gedenkrede hielt. In der Tat unterschied sie von den humanistischen Reformatoren des Südwestens nur der (allerdings wichtige) Umstand, daß sie als Frau kein Amt bekleiden konnte. Aber als Ehefrau eines lutherischen Predigers konnte sie für die Reformation, deren überzeugte und erklärte Anhängerin sie schon *vor* ihrer Heirat mit Zell 1523 war, durch, neben und mit ihrem Manne wirken. Neben ihren Schriften (zu den öffentlichen Briefen und Traktaten kommen noch eine kleine Liedersammlung [44] und eine Psalmenparaphrase [45] hinzu) ist besonders ihre Tätigkeit für die Gemeinde bemerkenswert: Bewirtung und Hilfe für Flüchtlinge, Besuch von Gefangenen im Gefängnis, Armen- und Krankenpflege. Katharina Zell setzte nicht nur ihre ganze Arbeitskraft für die Sache ein, während viele Reformer vornehmlich von der Kanzel herab predigten, sondern auch ihren Ruf, ihre gesellschaftliche Stellung, ihre Gesundheit und ihr Leben.

An dem Leben der Katharina Zell wird deutlich, was eine protestantische Pfarrersfrau für ihren Mann (und für die Gemeinde) bedeuten konnte: eine »Helferin« für seine beruflichen, religiösen und familiären Belange. Katharina Zell blieb ganz in diesem Wertsystem verhaftet und hätte nie eine Selbständigkeit für sich beansprucht, sondern sie sah ihr Leben nur innerhalb dieser Ehe verwirklicht und beklagte immer wieder ihre Kinderlosigkeit.

Unter den Frauen aus dem Adel und Patriziertum, die Anhängerinnen der Reformation wurden und die im Dienst der neuen Lehre geschrieben haben, war Argula von Grumbach (1492–1563) [46], die 1523 und 1524 eine Reihe von Flugschriften zu religiösen Streitfragen veröffentlicht hat. Sie stammte aus der alten bayrischen Adelsfamilie Stauf, kam 1508 an den Münchner Hof und war dort »Frauenzimmer« (Hofdame) bei der Herzogin Kunigunde von Bayern. Nachdem 1509 ihre beiden Eltern an der Pest verstorben waren, ihr Onkel wegen Hochverrats 1516 öffentlich in Ingolstadt hingerichtet worden und ihr Familienbesitz tief verschuldet war, wurde Argula mit dem unbedeutenden fränkischen Adligen Friedrich von Grumbach verheiratet. Als Versorgung für Argula und als persönliche Gunst verlieh Herzog Wilhelm von Bayern Argulas Mann ein Pflegeamt, die Statthalterschaft von Dietfurt, die mit besonderen Vollmachten als Vertreter des Herzogs und guten Einkünften verbunden war. Argula kam um 1518 als etwa 24jährige vom Hofleben in München in das damals noch ganz mittelalterlich befestigte kleine Städtchen in der Nähe des Altmühltals.

Die bewegten Ereignisse in ihrer eigenen Familie, ihre gründliche religiöse Unterweisung am Münchner Hof und die Abgeschiedenheit in dem fränkischen Städtchen mögen Argula bewogen haben, sich weiter selbständig mit religiösen Fragen zu beschäftigen. Durch die Beziehungen, die sie am Münchner Hof wohl angeknüpft hatte, führte sie einen regen Briefwechsel und war über die politischen und religiösen Ereignisse wohl so gut unterrichtet, wie es aus der Ferne und über Briefe möglich war. Ein paar Beispiele: Von Georg Spalatin, dem Hofkaplan des Kurfürsten Friedrichs (des Weisen) von Sachsen, hatte sie ein Verzeichnis aller deutschen Schriften Luthers erhalten, im Juni 1522 schickte Paul Speratus (der sich nach Iglau in Mähren geflüchtet hatte) einen Brief von Argula an Luther, in dem sie über die strikte Anwendung des Wormser Edikts in den Niederlanden berichtet; 1523 sagte Argula von sich, sie habe alle deutschen Schriften Luthers gelesen.

Im September 1523 schickte Argula Briefe an den Rektor der Universität Ingolstadt, an die Universität und an Herzog Wilhelm von Bayern, um für den jungen Theologen Arsacius Seehofer einzutreten, der als

Anhänger Luthers und Melanchthons von der theologischen Fakultät in Ingolstadt zum Widerruf gezwungen und zur Klosterhaft verurteilt worden war. Seehofer, der Sohn eines einflußreichen Münchner Bürgers, hatte nach kurzem Studium in Wittenberg bei Melanchthon die Magisterwürde in Ingolstadt erworben, nach dem Brauch der Zeit sofort mit eigenen theologischen Vorlesungen begonnen und die Paulusbriefe nach der Anleitung Melanchthons ausgelegt; bei einer Haussuchung fanden sich Luther-Schriften und Nachschriften von Wittenberger Vorlesungen, ein schwerer Verstoß gegen das Religionsmandat der bayrischen Herzöge, die unter dem Einfluß des Ingolstädter Theologen und bekannten Luther-Gegners Dr. Johann Eck im März 1522 eine scharfe Verordnung erlassen hatten, die es allen bayrischen Untertanen verbot, Lehren oder Schriften Luthers anzunehmen oder darüber zu disputieren. Mit einer Eingabe beim Herzog erreichte Seehofers Vater, daß der junge Seehofer nicht der geistlichen Gerichtsbarkeit übergeben wurde (von der er wahrscheinlich als Ketzer verbrannt worden wäre), sondern daß er lediglich am 7. September 1523 vor der versammelten Universität Ingolstadt öffentlich widerrufen mußte und in das abgelegene Kloster Ettal verbannt wurde.

Argula von Grumbachs Briefe enthielten ein religiöses Bekenntnis und ein politisches Zeugnis zugleich, da sie die Autorität der Geistlichkeit in Glaubenssachen in Frage stellte und ihr Vorgehen kritisierte. Mit Bibelzitaten verteidigt sie ihre Position. So beginnt das Schreiben an die Ingolstädter Universität:

Der Herr sagt Johannis am zwölfften, Ich Licht komme in die Welt, daß ein jeglicher, der an mich glaubet, nicht bleibe in der Finsterniß... Solche Wort, von Gott selbs geredet, sind mir allezeit vor Augen; denn es werden weder Frauen noch Mann darinnen ausgeschlossen. Aus diesem werde ich gedrungen euch zu schreiben. [47]

Sie fühlt sich ebenso berufen, ja verpflichtet, wie Männer in Glaubensfragen Stellung zu nehmen, zu bekennen und den Verstand zu gebrauchen statt Gewalt. Sie wirft den Theologen jedoch vor, daß sie gewalttätig sind:

Ach Gott, wie werdet Ihr bestehen mit euer Hohen Schuhl, daß ihr so thorecht und gewaltiglich handelt wider das Wort Gottes, und mit Gewalt zwinget das heilig Evangelium in der Hand zuhalten und dasselbige zu verläugnen [Seehofer mußte den Widerruf mit der Bibel in den Händen tun]... Ja, so ichs also betrachte, so erzittert mein Herz, und alle meine Glieder. Was lehrt dich Luther und Melanchthon anders als das Wort Gottes? Ihr verdammet sie unüberwunden... Zeiget mir, wo es stehet? Ihr hohen Meister, ich finde es an keinem Ort der Bibel, daß Christus noch seine Aposteln oder Propheten gekerckert, gebrennet noch gemördet haben, oder das Land verboten. (ebd.).

Argula argumentiert weiter, daß die Fürsten von der Geistlichkeit verführt und betrogen würden, weil die Fürsten mit ihren Geschäften so beansprucht wären, daß sie keine Zeit zum gründlichen Bibelstudium hätten; sie weist auf das Edikt vom Nürnberger Reichstag vom März 1523 hin, demzufolge der theologische Streit bis zum nächsten Konzil ruhen und nur das Evangelium gepredigt werden solle. Es gehörte schon ziemlich viel Selbstbewußtsein und Mut dazu, wenn Argula die Ingolstädter Fakultät so herausfordert:

Ich scheu mich nicht, vor euch zukommen, euch zuhören, auch mit euch zu reden, dann ich kann auch mit Teutsch fragen... Darum ich mir nicht förchte, so ihr anderst schrifftlich und nicht gewaltiglich mit Gefängniß oder dem Feuer unterweisen wollt... Ich kann kein Latein, aber ihr könnt teutsch, in dieser Zunge gebohren und erzogen. Ich habe euch kein Weiberzeug geschrieben, sondern das Wort Gottes als ein Glied der Christlichen Kirche. (Kolde, Beilage 1, a 4 v)

Am gleichen Tag sandte Argula noch ein zweites Schreiben an Herzog Wilhelm von Bayern [48], worin sie ihn bittet, nicht den Ingolstädter Theologen zu glauben, sondern als Fürst dafür zu sorgen, daß das Evangelium gepredigt und die Mißstände der Kirche behoben würden. Sie greift dabei auch soziale Fragen auf:

Euch [Fürsten] gehört das Schwerdt der Straffe und nicht den Geistlichen... Wollte Gott, es ließen sich Fürsten und Herren von den Geistlichen nicht länger am Affen-Seil führen. E.F.G. fände wohl eine Türken-Steuer [1529 stehen die Türken vor Wien], so E.F.G. würden verordnen bey allen Stifften und Klöstern, auch Pfarren und Messen, die Register aufzuheben, ihre Leute, so ihnen Zins und Gült geben, in die Gericht zu kommen und eigentlich ihr Vermögen erfahren, hätten sie zu viel, daß man es zum gemeinen Nutzen brauchet, auf deß der arme Mann nicht also beschwehret würde. [49]

Argula wendet sich hier gegen die Herrschaftsbestrebungen der Geistlichen [50], gegen die wirtschaftlichen Privilegien und die Steuereinnahmen aus geistlichem Besitz. So greift sie auch die Gewohnheit der »Absenz« an, nach der die Inhaber reicher Pfarrpfründe ihre Einkünfte in den Städten verzehrten und dafür ungebildeten, schlecht bezahlten Vikaren die Pfarrstellen auf dem Lande überließen. Hier verbinden sich religiöse Überzeugungen mit politischen und sozialen Fragen, denen Argula als Frau des Stadtpflegers, durch ihr Leben am bayrischen Hof und durch ihren Korrespondentenkreis durchaus aufgeschlossen gegenüberstand und über die sie (für eine Frau ihrer Zeit) ausgezeichnet unterrichtet war.

Die Briefe an die Ingolstädter Universität und an den Herzog waren nicht geheim geblieben, und allerlei Verleumdungen und Drohungen gegen sie waren im Umlauf. So richtete Argula im Oktober 1523 ein Schreiben an den Rat von Ingolstadt und erklärte ihre Stellungnahme. Weitere Briefe an Herzog Johann von Bayern, an dessen Statthalter Adam von Törring und ein Sendschreiben an »alle christlichen Stände und Obrigkeiten« folgten und erschienen im Druck (bei dem Augsburger »Winkeldrucker« Philipp Ulhart) [51], sie wurden in Nürnberg und Straßburg nachgedruckt.

Als sich im Spätherbst 1523 die deutschen Reichsstände in Nürnberg versammelten, um auf einem neuen Reichstag über die Religionsfrage zu beraten, reiste Argula dorthin, um für die lutherische Sache zu werben. Sie richtete – wohl durch Spalatins Vermittlung – ein Schreiben an Luthers Landesherrn, den Kurfürsten Friedrich von Sachsen, das dann ebenfalls gedruckt wurde, und sie erhielt eine Audienz beim Pfalzgrafen Johann von Simmern, der den Kurfürsten von der Pfalz auf dem Reichstag vertrat. Argula war jedoch bitter enttäuscht über die Gleichgültigkeit der Fürsten, die sich für Religionsfragen kaum interessierten und stattdessen ihre Zeit mit Essen, Trinken, Spiel und Festlichkeiten verbrachten.

Auch die Reaktion der Ingolstädter Hochschule war nicht gerade ermutigend gewesen: Sie hatte Argula einen Spinnrocken geschickt. Ein Student hatte sie sogar in einem Spottgedicht 1524 verhöhnt:

> Fraw Argel arg ist ewer nam,
> Vil ärger / daß jr one scham,
> Und alle weyblich zucht vergessen,
> So frevel seyt vnd so vermessen.
> Daß jr ewer Fürsten und Herren,
> Erst wolt aynen newen glawben lernen... [52]

Der Student mahnt Argula dann, daß Frauen in der Kirche zu schweigen und die Männer zu ehren hätten »in Forcht, Gehorsam, Zucht und Scham«. Der Ingolstädter Student spricht aus, was das Reformationszeitalter über Frauen dachte:

> Daß jr nit solt Disputieren,
> Sonder das hauß dahaym Regieren.

Vnd in der kirchen schweygen still
Sehet nun mein liebe Sibill
Wie ain frech vnd wildt thier jr seyt,
Und wie jr euch dunckt so gescheydt... (D2v)

Argula antwortete mit Versen, erklärte sich zu einer öffentlichen Disputation bereit; auch »Bauern und Frauen« seien nicht von der göttlichen
Lehre ausgeschlossen. Sie beruft sich auf Schriftsteller und muß bekennen, solange Irrlehren verbreitet werden:

Dieweyl jr gottes wort vertruckt
Schendt got/ die seel zum Teuffel zuckt
Will ich es gar nit vndterlassen
Zureden im hauß vnd auff der strassen
So vil mir Got gnad drin gibt
Will ichs taylen meym nächsten mit (Blv)

Sie nimmt sich ein Beispiel an Judith und Deborah, »daß sie auch von
Gott gesandt«, und kehrt das »nur-ein-Weib-Argument« gegen ihren
männlichen Angreifer: der Student sei es gar nicht wert, daß ein gelehrter Mann mit ihm streite, deshalb habe Gott ihm eben nur ein Weib
gesandt. Ein ganzes Jahr habe seine Gegenschrift auf sich warten lassen,
wohl um »auf Poëterei« aufgezäumt zu werden, die gar nicht »auf göttliche Weisheit gerichtet« sei. So etwas könne sie auch leicht anfertigen:

Wan es damit were außgericht
Köndt machen baldt ayn solch gedicht
Hab nit vil Poeterey gelesen
Auff hoch schulen auch nit gwesen
Doch mich nach ewern sytten gericht
Gleich yetzt gemacht mein erst gedicht... (B3v)

Sie will sich auf Gottes Wort allein verlassen und auf die Autorität eines
Luther und Melanchthon, während sie die Lästerer Gottes seinem Gericht überläßt. – Eine Antwort scheint Argula auf diese Schrift nicht
mehr erhalten zu haben.
   Diese wohl erst im Herbst 1524 veröffentlichte *Antwort in gedicht-
weise* war Argulas letzte Streitschrift in Sachen Reformation. Argulas
Familie und ihr Mann scheinen sie sehr bedrängt zu haben, sich aus den
religiösen Fragen herauszuhalten. Wie sie es in einem Brief ausdrückt,
habe ihr Mann »die Christin in ihr verfolgt«, sie nennt ihn tyrannisch
und sagt, sie schreibe mit Angst. In einem (gedruckten) Brief an einen
Vetter ihrer Mutter, Adam von Törring, der als Statthalter in Neunburg
an der Saale lebte, verteidigt sie ihre religiöse Haltung, fordert den

Onkel auf, sich selbst ein Urteil in der Glaubensfrage zu bilden und schließt den Brief mit den Worten:

Das Gut, das man mir nehmen kann, ist nit viel. Ihr wißt, daß mein Vater unter den Herrn von Bayern verdorben und seine Kinder zu Bettlern worden sind. Wiewohl sie mir und meinen Kindlein mit Diensten meines Hauswirts von ihnen gehabt Gutes getan haben. Gott sei ihr Lohn. So haben die Pfaffen zu Würzburg meines Jungherrn Gut auch verzehrt. Meine vier Kindlein wird Gott wohl versorgen, und sie speisen mit den Vögeln in der Luft, auch bekleiden mit den Blümlein des Felds. Er hats gesagt, kann nit lügen. [53]

Bei der herzöglichen Politik in Bayern hatte Argula aber, wie es scheint, auf die falsche Karte gesetzt. Herzog Wilhelm blieb unter dem Einfluß seines Kanzlers Leonhard von Eck ganz auf der katholischen Seite, weil er sich mehr vom Kaiser (seinem Vetter) versprach als von einer Parteinahme für den Kurfürsten von Sachsen und andere norddeutsche Fürsten. Sicher wollte Argula mit ihrem Brief an den Herzog von Bayern unter dem Hinweis auf die ungerechte Behandlung des Arsacius Seehofer auf die ablehnende Haltung des Herzogs gegenüber den Reformatoren einwirken und den Herzog gegen die autoritären Übergriffe der Geistlichkeit stimmen. Da man gegen eine Frau schlecht einschreiten konnte, riet der Kanzler, der Herzog solle ihren Mann zur Rede stellen, »warum er seiner Frau solches Schreiben und Ausstreuen der lutherischen Lehre, den ernstlichen Befehlen zum Spott zugesehen und gestattet habe«. [54] Argulas Mann verlor dann im Frühjahr 1524 sein Pflegeramt, die Familie mußte Bayern verlassen – Argula hatte vier kleine Kinder – und kam danach in immer größere wirtschaftliche Schwierigkeiten.

Diese Verhältnisse scheinen sie dann gezwungen zu haben, sich nicht mehr öffentlich in religiöse und politische Angelegenheiten zu mischen. Argulas Brief an den Rat der Stadt Regensburg vom 29. Mai 1524 ist ihre letzte öffentliche Äußerung. [55] Argula mußte sich ganz den finanziellen Angelegenheiten widmen, sie lebte mit ihren Kindern auf den fränkischen Gütern ihres Mannes, mußte, wie der erhaltene wirtschaftliche Briefwechsel bezeugt, die Wirtschaft allein führen, da ihr Mann sich um nichts kümmerte. Sie wirtschaftete genug aus den verschuldeten Gütern heraus, um ihre drei Söhne in Nürnberg und Wittenberg erziehen zu lassen; ihre einzige Tochter schickte sie ebenfalls zur Erziehung nach Nürnberg, wo sie verstorben zu sein scheint.

Argula unterhielt weiterhin einen regen privaten Briefwechsel mit lutherisch gesinnten Männern, besuchte 1530 Luther, als er während des

Augsburger Reichstages auf der Coburg, im südlichsten Zipfel des kursächsischen Gebietes, weilte. Nachdem ihr Mann 1530 gestorben war, verheiratete sie sich 1533 wieder mit einem böhmischen Adligen, der auch protestantisch war und schon 1535 starb. Ihre zwei ältesten Söhne verstarben, der dritte verpfändete 1560 die Familiengüter, so daß Argula die letzten Jahrzehnte ihres langen Lebens wohl mittellos bei Verwandten verbracht hat. 1563 wurde sie in Straubing verhaftet, weil, wie es in der herzöglichen Anklageschrift heißt, sie »die einfältigen und unverständigen Untertanen von Köfering und anderen Orten zum Abfall verursacht und zum Ungehorsam angereizt, unsrer alten wahren katholischen Religion widerwärtige und aufrührerische Bücher vorgelesen, sie vom christlichen Gottesdienst abwendig gemacht und zu sich in ihre sektische Winkelschul« gezogen habe. [55a] Da sie wegen der gleichen Sache schon einmal im Gefängnis gewesen war, sollte sie bestraft werden. Doch die Räte des Herzogs Albrecht V. von Bayern (der 1550 seinem Vater Wilhelm gefolgt und streng katholisch war) rieten davon ab, da ihre Verwandten Fürsprache eingelegt hatten und sich unter dem bayrischen Adel eine Reihe von Sympathisanten für die Reformation fanden: die Staufferin sei nur »ein altes erlebtes Weib«. Argula war damals etwa 70 Jahre alt, ein biblisches Alter für ihre Zeit.

Die sieben veröffentlichten Traktate der Argula von Grumbach zeigen ihr mutiges Eintreten für die Reformation. Sie sind alle in den wenigen Monaten vom Herbst 1523 bis zum Spätsommer 1524 geschrieben, bis Argula durch den Verlust des Pflegeramtes ihres Mannes und den Druck ihrer Familie gezwungen wurde, nichts weiter an die Öffentlichkeit dringen zu lassen. In ihrem privaten Briefwechsel, bei der Erziehung ihrer Kinder und ihrer privaten Religionsausübung ließ man sie gewähren. Obwohl sie kein Latein konnte, war sie in religiösen Fragen gebildet, sie belegte alles mit Bibelzitaten. Ihre Sendschreiben sind klar und logisch aufgesetzt, wobei sich religiöse und politische Argumente vermischen.

Wenn man sie nur als evangelische Bekennerin betrachtet, übersieht man Argulas klaren Blick und genaue Kenntnis der politisch-religiösen Verhältnisse wie des realen, täglichen Lebens. Sie vertrat den Standpunkt einer unabhängigen Adligen, einer bekennenden Frau, deren Selbstbewußtsein und Anspruch auf Selbständigkeit, auf religiöser Freiheit und eigener Entscheidung in Glaubenssachen basierte. Unter den Hunderten von Traktaten für die Reformation waren die Argulas politisch wichtig, weil sie von einer Adligen aus Bayern stammten: der alte

Adel gab den Reformern mehr Ansehen, und nach Bayern drang die Reformation nur schwer ein. Lieber hätten die Reformer sicher einen Mann aus dem Adel als Verfasser gehabt, sie unterstützten sie nicht öffentlich. Auch die Katholiken ignorierten sie weitgehend, denn die einzige schriftliche Antwort, die Argula von ihnen erhielt, war das Spottgedicht eines Studenten. Die Universität Ingolstadt schickte ihr – einen Spinnrocken. Bei dem religiösen Streit hatten Frauen als Autorinnen nichts zu suchen, auch nicht bei den Reformern, für die Frauen nur als Anhänger und Vermittler der neuen Lehre – besonders adlige Frauen, die auf regierende Fürsten und ihre Kinder indirekt Einfluß ausüben konnten –, von Interesse waren. Argula wirkte dann auch für den Rest ihres langen Lebens im privaten Kreis, als Bekennerin, als Erzieherin ihrer Kinder und in evangelischen Zirkeln an ihrem Wohnort. Literatur, auch die Gebrauchsliteratur für eine religiös-politische Sache war einer Frau verschlossen. Der Privatbrief blieb ihr als einzige Mitteilungsform.

Religiöse Selbstsuche und Organisatorin der Gemeinde:
Anna van Schurman, Eleonore Petersen und Erdmuthe von Zinzendorf

Hatten die reformatorischen Staatskirchen nicht nur in Deutschland, sondern ebenso in England, der Schweiz, den Niederlanden und Skandinavien das religiös-gesellschaftliche Leben der Frauen reduziert, weil die Religiosa, ein der Religion geweihtes Leben, verbannt worden war, so eröffneten die freikirchlichen Gruppen, die Baptisten (Täufer) und Quäker (der englische Dissent), die Labadisten in Holland, die Sektierer, Schwärmer und Pietisten in Deutschland den Frauen neue Wege. Die Sekten benötigten Frauen, wenn sie sich organisieren, festigen und gegen die Angriffe der etablierten Kirchen verteidigen wollten, denn besonders adlige und wohlhabende Frauen konnten Sozialprestige und finanzielle Mittel liefern. Frauen brauchten der Verlust bürgerlicher Stellungen oder Ämter nicht zu fürchten, da sie diese sowieso nicht innehatten; auch besaßen Frauen oft das nötige Organisationstalent und waren bereit, es für die religiöse Gruppe einzusetzen.

Zum anderen fühlten sich Frauen von der zumeist mystisch gefärbten Religiosität angezogen, nicht weil Frauen von Natur aus irrational und dem Herzen leben, sondern weil Frauen aus den rationalen, gelehrten Erörterungen des christlichen Dogmas ausgesperrt waren, die während der Reformation und Gegenreformation auch bei den orthodoxen Lutheranern, die deutlich Züge der rationalen Scholastik zeigten, vorherrschten. Frauen hatten bei dogmatischen Fragen wie überhaupt in der Kirche zu schweigen und waren ganz auf den Glauben, auf nicht rational erfaßbares, religiöses Erleben verwiesen, wollten sie es nicht bei dem Auswendiglernen und Nachplappern von Katechismus, Bibelversen und religiösen Liedern bewenden lassen. Die Beschäftigung mit dem eigenen Inneren aber hatten alle Sektierer gemeinsam.

Dazu kam, daß fast alle freikirchlichen Richtungen die Liebesgemeinschaft der gläubigen Christen betonten und dabei ein religiöses Persönlichkeitsideal anstrebten, das die Frau als Geschlechtswesen nicht mehr erniedrigte und in der Gemeinde nicht mehr als ewige Tochter der sündebringenden Eva diskriminierte. Schon der Sektierer Valentin Weigel (1533–1588, Pfarrer bei Chemnitz) hatte sich dem vorherrschenden Verstandeswesen in der lutherischen Kirche widersetzt. Er trennte zwischen der irdischen, aus Adams Rippe geschaffenen Eva und der himmlischen Weisheit Sophia, mit der die menschliche Seele sich wieder vereinigen wolle. Auch der schlesische Mystiker Jakob Böhme (1575–1624) beschäftigte sich immer wieder mit dem Bild eines ursprünglichen Menschen, des androgynen Adam, den er weder als Mann noch als Frau ansah, sondern als beides, als eine männliche Jungfrau, einen einzigen, nach dem Bilde Gottes geschaffenen Menschen. In diesem ursprünglichen Menschen war Sophia, die Weisheit, das Licht oder die Idea: er sollte aus sich selbst heraus gebären und sich unkörperlich, auf magische Art fortpflanzen. Aber die Sophia entwich ihm, als in seiner Imagination die begierliche Lust in ihm siegte, als er nach körperlicher Wesenheit verlangte. [56] Das irdische Prinzip, die Lust, hatte in ihm gesiegt. Nach diesem Fall wurde Eva aus ihm erschaffen, weil er sich nun wie die anderen körperlichen Wesen fortpflanzen mußte. Eva trug das Licht in sich, das Adam entwichen war, aus dem einst die Jungfrau wiedergeboren werden sollte, aber mit der irdischen Schwäche, sterblich zu sein. Durch den Sündenfall, den zweiten Fall, entwich die himmlische Jungfrau ganz von ihnen und Adam und Eva wurden aus dem Paradies ausgestoßen. Dieser Mythos von der Entstehung des Menschen kehrt in Böhmes Schriften immer wieder. Auch wenn die aus der Kabbala stammende Lehre von der androgynen Natur des ursprünglichen Menschen immer wieder aufgegriffen wurde, so war doch für das 17. und 18. Jahrhundert Böhme ihr einflußreichster Vertreter. Für Böhme war die himmlische Jungfrau Sophia das rechte Weib für den Menschen gewesen, und die irdische Frau ist nur ihr schwacher Ersatz:

Für Unmut mag ichs wol kaum schreiben, weils aber nicht anders sein mag, so wollen wir derweil der Frauen Kleid tragen, aber in der Jungfrauen leben; und ob wir wol viel Trübsal in der Frauen empfangen, so wird uns doch die Jungfrau wol ergetzen: Müssen uns also mit der Frauen schleppen, bis wir sie zu Grabe schicken, als dan soll sie sein ein Schatten und Figur, und die Jungfrau soll sein unsere Braut und werte Krone. [57]

Böhme geht es keineswegs um die irdische Frau oder deren Aufwertung, wohl aber impliziert seine an sexueller Metaphorik reiche Sprache und seine mystische Lehre von einem weiblichen Prinzip, der Sophia, eine Beteiligung, einen Ort für das Weibliche im religiösen Kosmos.

Die Lehre von der ursprünglich androgynen Natur des Menschen, die durch den Sündenfall verlorenging, wurde in England und Frankreich auch von Frauen mehrfach übernommen und artikuliert. Jane Lead (1624–1704) begann nach dem Tode ihres Mannes, als sie immerhin 46 Jahre alt war, ihr religiöses Leben und Erleben unter dem Einfluß von Böhmes Schriften, die unter den englischen Enthusiasten zirkulierten, neu zu verstehen, gründete eine Philadelphische Gesellschaft für religiöse Entzückung und Erfahrung Gleichgesinnter und schrieb ihre Suche nach dem Inneren Licht nieder in *A Fountain of Gardens Watered by the Rivers of Divine Pleasure and Springing Up in All the Variety of Spiritual Plants* (1697–1701). [58] Lead sieht die Spuren einer in der Geschichte des Christentums versunkenen Sophia und findet sie in sich selbst: sie legt die Geschichte der Ruth, Rebecca und Maria neu als Folgeerscheinungen der Sophia aus, des unterdrückten weiblichen Prinzips. Böhmes mystisches Gedankengut half Jane Lead, über ihr eigenes religiöses Leben zu schreiben und es Gleichgesinnten mitteilen zu können. Die Lehre vom Inneren Licht gab ihr den Anstoß und vermittelte die Sprache für ihre Autobiographie; sie schrieb ihre Träume und Visionen in tagebuchartigen Aufzeichnungen nieder und versuchte sich immer wieder in der Auslegung von biblischen Geschichten. In den letzten 23 Jahren ihres Lebens von 1681 bis 1704 ließ sie allein 15 Bücher oder religiöse Schriften drucken. Als Frau konnte sie ihre Autobiographie nicht veröffentlichen. Nur als Prophetin konnte sie ihre religiösen Erlebnisse und Gedanken für verwandte Seelen unter den Sektierern publizieren (und war somit eine erfolgreiche Erbauungsschriftstellerin).

In Frankreich verbreitete Antoinette Bourignon (1616–1680) [59] die Lehre von der ursprünglich androgynen Natur des Menschen in *Le nouveau Ciel et la nouvelle Terre* (1688), wonach der Sohn Gottes aus der himmlischen Eva ewig gezeugt und noch vor dem Sündenfall des

Fr. Johanna Eleonora Petersen,
gebohrne von und du Merlau.
Hrn Dr J.W. Petersens heliebste

Titelkupfer zur Autobiographie von Johanna Eleonora Petersen.

Anna Maria Schurman als gelehrte Frau
im steifen Seidenkleid mit einem Buch in der Hand,
im Fenster der Kirchturm von Utrecht –
offizieller Stich von Dupin nach ihrem Selbstbildnis,
der um 1636 in alle Länder Europas versandt wurde.

ursprünglich androgynen Adam zum Mensch geworden sei. Ihre Biographie und ihre Schriften wurden, anders als die der Jane Lead, in Deutschland bekannt, wie auch die später verfaßten Schriften der Madame Guyon (1648–1717). Ihre Briefe, Lieder, Bibelerklärungen, ihr Buch vom inneren Gebet, ihre erbaulichen Schriften wie *Das Licht der Welt* und ihre Traktate zur Kindererziehung fanden besonders in Deutschland viele Leser, ebenso wie ihre Lebensbeschreibung, die sie 1709 abgeschlossen hat.

Die 800 Seiten umfassende Autobiographie der Madame Guyon lehrt die Überwindung der Eigenliebe und ausschließliche Öffnung des Herzens gegen Gott, die Selbsttötung und quietistische Gelassenheit, Weltflucht und mystische Hingabe an Gott (nicht aber diesseitige Untätigkeit oder Unterdrückung des Ich). Es ist eine der ausführlichsten und subtilsten religiösen Autobiographien der Weltliteratur, in der die Guyon psychologisch einfühlsam ihr Schicksal von frühester Jugend bis in ihr Alter analysiert. Schon als kleines Kind war sie in Klöstern der Ursulinen und Benediktinerinnen von älteren Schwestern erzogen und in fromme Selbstbetrachtung eingeführt worden. Mit fünfzehn wurde sie nach kurzem Aufenthalt im vornehmen elterlichen Haus verheiratet und erlebte während der qualvollen Ehe ihre ersten Ekstasen als Braut Christi: mit 28 wurde sie Witwe und hatte ihre Kinder zu versorgen, schloß sich einem Seelenfreund (Père La Combe) an, gründete in Genf eine Stiftung für fromme Frauen, wechselte verschiedentlich den Wohnsitz, da sie wegen ihrer religiösen Ansichten verfolgt, einmal sogar der Zauberei verdächtigt (in Grenoble) und wiederholt verhaftet wurde. Der Papst verdammte ihre Schriften, obwohl sie im Kardinal Fénelon einen Verteidiger gefunden hatte. Ihre früheren Gewissensqualen, Selbstvorwürfe und Ekstasen wichen einer seligen Ruhe, ihre Lebensgeschichte schloß sie mit einem Hinweis auf Tauler. Diese »schöne Seele« sollte das Vorbild für viele mystisch-religiös lebende Frauen im 18. Jahrhundert in Deutschland werden.

Auch die gelehrte Holländerin Anna van Schurman (1607–1678) [60] fand als ältere Frau ihren Lebenssinn in sektiererischer Frömmigkeit. Sie schloß sich schon in den 1630er Jahren an den Prediger und Utrechter Theologieprofessor Gisbert Voet an, von dem sie Hebräisch und andere semitische Sprachen lernte, um den Urtext der Bibel zu studieren. Wie andere, nicht-orthodoxe protestantische Theologen des 17. Jahrhunderts glaubte Voetius, der durch seine fast 65jährige öffentliche Wirkung einen großen Einfluß auf die Reformierten hatte, an die besondere Eignung der Frauen zur Frömmigkeit. (Voetius gehörte aber auch zu den puritanischen Eiferern gegen das Theater, den Tanz, das Spielen und den zeitgenössischen Luxus in den wohlhabenden Niederlanden, besonders auch gegen teure Kleidung und Schmuck der Frauen). Da er die Praxis der niederländischen Calvinisten bestärkte, private Versammlungen (Konvertikeln) zur Katechisation und Glaubensübungen abzuhalten, und da er lehrte, daß dabei Frauen den Umständen gemäß den Hausgottesdienst anführen und gelegentlich sogar eine Frau, die die nötige Kenntnis der Schrift besitzt, die Andacht in den Konvertikeln leiten könne, arbeitete er der aktiven Mitarbeit von Frauen in der Gemeinde vor. Bei Theologen wie Voet zeichnet sich ganz langsam eine Haltung ab, die das strenge Schweigegebot für die Frauen in den etablierten Kirchen aufweicht, indem nämlich Frauen bei privaten, häuslichen Frömmigkeitsübungen – unter Umständen – die Andacht leiten dürfen. Weder an regelmäßige Leitung noch an irgendwelche Beteiligung an offiziellen Versammlungen oder Kulthandlungen ist da gedacht, jedoch umgehen die privaten Konvertikel die hierarchisch-patriarchalische Kirchenordnung und fördern stattdessen die aktive Beteiligung theologisch kenntnisreicher Laien am kirchlichen Leben.

Hier nun konnte Anna Maria Schurman, die ihre weltliche, philologische Gelehrsamkeit später nur als unfruchtbaren Irrweg betrachtet hat, in den Konvertikeln wirken und dann von diesen ausgehend in der Sekte Labadies ein Betätigungsfeld finden, das ihr als älterer Frau ein geistig, religiös, menschlich und gesellschaftlich erfülltes Leben erlaubte. Anna Schurman war immerhin fast 60 Jahre alt, als sie sich Labadie anschloß und wohl die wichtigste Stütze der Labadisten wurde. Hier konnte sie sich – wie fremd auch immer die Formen und Dogmen uns heute anmuten mögen – als Christin und ledige Frau selbst verwirklichen.

Nach dem Tode ihrer Mutter mußte die Schurman den Haushalt für ihren Bruder und zwei alte, kränkliche und fast erblindete Tanten führen, bis sie nach deren Tod seit 1660 befreit von Familienaufgaben in Utrecht leben konnte. Durch ihren Bruder, der sich einige Jahre in Basel und Genf bei Labadie aufgehalten hatte, lernte sie diesen ehemaligen Jesuiten kennen, der zum Calvinismus übergetreten war und die Kirche reformieren wollte. Anna Maria unterstützte Labadies Berufung an die französische Gemeinde in Middelburg; als Labadie 1666 in die Niederlande kam, half sie ihm, obwohl er in religiöse Kontroversen verwickelt war. Als er sich schließlich in Amsterdam niederließ, zog Anna Maria mit einigen Freundinnen in sein Haus, worauf jedoch die Stadt Labadie die Bildung einer Gemeinde untersagte. Durch die Vermittlung der Schurman kam die Gemeinde (1670) in der (protestantischen) Reichsabtei Herford bei der Äbtissin Elisabeth unter, mit der Anna Maria persönlich durch ihre Studien bekannt geworden war.

Hier haben wir einen der ganz wenigen Fälle, in denen eine Frau eine andere, gleichgesinnte Frau öffentlich (außerfamiliär) unterstützt hat. Denn es ging der Äbtissin Elisabeth wohl nicht um die Erweiterung ihrer Macht oder ihres Ansehens (ganz im Gegenteil, sie setzte ihre Position aufs Spiel), sondern darum, das religiöse und geistige Anliegen der Schurman und ihrer Gruppe zu schützen und den Ausgewiesenen einen Platz zum Leben zu verschaffen.

Elisabeth (1618–1680) [61] war eine der Schurman verwandte Natur; ihre Lebensumstände als Frau ließen sie in vielem ähnliche Erfahrungen machen. Sie war die älteste, hochbegabte Tochter des Kurfürsten Friedrich V. von der Pfalz (des Winterkönigs), wurde von ihrer holländischen Großmutter, einer Prinzessin von Oranien, religiös und geistig anspruchsvoll in Berlin erzogen (in einigen protestantischen Adelsfamilien vermittelten Mütter ihren Töchtern oder anderen weiblichen Verwandten eine gründliche religiöse und weltliche Erziehung), kam mit neun Jahren zu ihren in Den Haag im Exil lebenden Eltern. In diese Jahre in den Niederlanden fällt die Bekanntschaft mit der Bürgerstochter Anna Maria Schurman, die sich zu einer Freundschaft entwickelte. Nach zwei standesgemäßen Verlobungen, die beide wieder gelöst wurden, da die Familie nicht die erwünschte Stellung im europäischen Hochadel halten konnte, lebte Elisabeth bei verschiedenen weiblichen Verwandten, bis sie schließlich durch ihren Vetter, den Kurfürsten von Brandenburg, die reich dotierte Stelle der Äbtissin in Herford erhielt. (Die berühmte Abtei hatte seit ihrer Gründung 821/23 bis zur Auflösung 1802 nur fürstliche Frauen als Vorsteherinnen, war reichsunmittelbar und stand im 17. Jahrhundert, als die Brandenburger durch Erbschaft Schutzherren der Abtei wurden, reformierten und lutherischen Adligen offen, die als Stiftsdamen einen gesicherten Lebensabend dort verlebten.) Spannungen entstanden mit den lutherischen Predigern in Herford, da die Äbtissin die Prediger für die lutherische Stadt ernannte, allerdings seit einem Vertrag von 1629 mit Bewilligung des Rates.

Als Elisabeth die Labadisten in Herford in einem Hause im abteilichen Distrikt aufnahm, kam es zu heftigen Auseinandersetzungen mit den Bürgern und Geistlichen der Stadt Herford. Schon die Zusammensetzung der Gruppe erregte Mißtrauen. Abgesehen von Labadie, einem Franzosen und zwei vornehmen Holländern, waren die anderen adligen und gutbürgerlichen Anhänger nur Frauen: Anna Maria van Schurman, Wilhelmine Buytendyck, die drei Schwestern Sommeldyck, Luise Huygens, Emilie van der Haar und deren Mägde. Daß die Labadisten unverheiratet zusammenwohnten, eine wirtschaftliche Konkurrenz für die Handwerker wurden und die lutherischen Bürger zu ihrer sektiererischen Religionsgemeinschaft bekehren könnten, alarmierte die Prediger, die bei dem Kurfürsten Beschwerde einlegten, dann den Stadtrat bewegten, keine neuankommenden Frauen in die Stadt mehr einzulassen und den Bäckern und Bauern jeglichen Verkauf an die Gemeinde zu verbieten. Die Fremden wurden sogar tätlich angegriffen.

Labadie war das Zentrum und der Anziehungspunkt der Gemeinde. Er hielt zweimal wöchentlich Gottesdienst in der Stiftskapelle in deutscher und französischer Sprache, außerdem zweimal täglich in dem gemeinschaftlich bewohnten Haus. Der Gottesdienst sollte die Gläubigen erwecken, und diese Erweckung gipfelte in einem mystischen Tanz, einem enthusiastischen Hüpfen und dem Kuß als Ausdruck vollkommener Wiedergeburt. Bis zu 300 und 400 Personen nahmen manchmal an diesen Gottesdiensten teil. Die Gruppe lebte nach strengen Regeln und hielt alles Vermögen gemeinschaftlich. Ein aus Amsterdam mitgebrachter Buchdrucker druckte die französischen und lateinischen Schriften Labadies und der Schurman, sowie deutsche Verteidigungsschriften gegen ihre Angreifer. Labadies Ruhm als Prediger lockte vornehme Fremde von überall her an, die dem Gottesdienst beiwohnten, wie die Schwester der Äbtissin, die Herzogin Sophie von Hannover. Mehr als das religiöse Gehabe erregten jedoch die Lebensformen Anstoß: die Gütergemeinschaft, bei der alle Mitglieder ohne Standesunterschiede schwere Handarbeit machten, und die Anwesenheit so vieler Frauen in der Gemeinde.

Schon 1672 siedelten die Labadisten nach Altona über (wo den Reformierten freie Religionsausübung zugesagt war) und zogen 1775 wieder in die Niederlande zurück (auf Schloß Waltha bei Wieuwerd in Friesland, das drei zur Kolonie gehörende Schwestern geerbt hatten). Hier starb Anna Maria 1678. Kurz vor ihrem Tode im einundsiebzigsten Lebensjahr vollendete sie den zweiten Teil ihrer auf Latein geschriebenen religiösen Autobiographie *Eucleria seu melioris partis electio* [62], eine Rechtfertigung ihres religiösen Lebensweges. Sie schrieb diese Autobiographie in der Sprache der Gelehrten und Theologen, um diese Kreise mit der Veröffentlichung zu erreichen, aber sie machte sich auch in ihren auf religiöse Erfahrung zurückgreifenden Ausführungen den Laienchristen und Frauen ihrer Zeit verständlich. In dieser Autobiographie widerrief sie nämlich freiwillig und mit missionarischen Absichten, dazu um sich selbst zu verteidigen und ihre Wahl zu erklären, ihre frühere Gelehrsamkeit, die sie als leer und bedeutungslos gegenüber ihrem Weg zu Gott hinstellte. Theologen und Gelehrte, die sie angefeindet hatten, sollten durch ihre Autobiographie ihre »rechte Wahl« (eukleria) verstehen und billigen können und müssen. Daran läßt der Text keinen Zweifel. Mit dem Untertitel des Werkes, »seu melioris partis electio« greift sie außerdem bewußt auf die Geschichte von Maria und Marta zurück (Lukas 14,42), in der Maria, die zu Füßen Jesu sitzt und seinen Lehren zuhört, »optimam partem elegit« gegenüber der Marta, die in der Küche tätig war und Maria zur Mitarbeit für das leibliche Wohl des Gastes Jesu aufgefordert hatte. Der Rückgriff der Schurman auf gerade diese Geschichte zeigt, daß sie keine weltliche Hausfrau sein wollte, sondern wie Maria an der geistlichen, nicht aber der weltlichen Speise Anteil nehmen wollte.

So hatte sie denn – wenn wir ihrer Autobiographie glauben schenken dürfen – ihrem Vater auf dem Sterbebett versprochen, unverheiratet und »von weltlichen, verderblichen Heiratsbanden« (25) frei zu bleiben. Wenn Annas Vater sie aufgefordert hat, unverheiratet zu bleiben (und es spricht nichts gegen die Wahrscheinlichkeit eines solchen Wunsches), so hat er wohl die Vermögenslage der Familie Schurman dabei im Sinn gehabt: 1617 waren noch zwei unversorgte Brüder in einer (teuren) Ausbildung in Franeker, die dann mit Ämtern versorgt werden mußten; außerdem blieben Mutter und Tochter Anna, dazu zwei unverheiratete, blinde Tanten (die dann ab 1618 im Schurman-Haushalt leben sollten) zurück. Da war sicher kein Geld für eine standesgemäße Aussteuer vorhanden, und der Vater wollte seine Tochter vor einer nicht standesgemäßen Heirat, die allerdings verarmte Frauen aus wohlhabenden Familien oft in eine schwierige Lage brachte, bewahren.

Wie es zu der Wandlung der Schurman von der berühmten »gelehrten Frau« zur verschrienen »Schwärmerin« kam, ist im Einzelnen kaum zu rekonstruieren. Schon lange, bevor sie Labadie kennengelernt und sich ihm 1660 angeschlossen hatte, war sie dem orthodoxen Calvinismus kritisch gegenübergetreten. Ihre Entscheidung für Labadie beruhte nicht auf einer plötzlichen Erleuchtung, sondern war ein lang andauernder Prozeß, von dessen Endpunkt her sie ihr gesamtes Leben in ihrer Autobiographie rechtfertigt. Nichtigkeit und Sinnlosigkeit der Wissenschaft ist bei ihr ein immer wiederkehrendes Thema. Mit ihrem Sprachstudium habe sie geglaubt, die Bibel besser verstehen zu können, doch »war dies anders als die Sonne durch Fackeln erhellen zu wollen?« (51). Mit ihrem Wissen habe sie »gleichsam eine Weltkugel, nicht wie der Kaiser in der Hand, sondern im Kopfe« getragen (61). Sie erzählt anschaulich, ausführlich und souverän, wie der »theologische Haß« die Labadisten verfolgt, wie sie sich niederzulassen versuchen, wie ihre Gemeinde, ihr tägliches und religiöses Leben organisiert ist und abläuft. Trotz der Verfolgungen lebt sie in »tiefem Frieden und großer Ruhe« (284) und erklärt ihre Wahl:

> Die Verleugnung der gar zu großen Wißbegierde [ist mir] jetzt unendlich lieber (wie es allen seyn sollte), als alle Einsichten in das so verwickelte Labyrinth der Wissenschaften, die uns gewöhnlich nur von der einfältigen und lauteren Erkenntnis Christi des Gekreuzigten abführen. Betrachte ich aber meine Künste und mancherlei Handarbeiten, die vorhin keinen geringen Wert in meinen Augen hatten, so erröte ich jetzt, sie durch das schlechteste Spinngewebe an Feinheit übertroffen zu sehen; und wie sehr beschämen mich nicht die Bienen... Ich arbeite also jetzt, der Ermahnung des Apostels zufolge, mit den Händen etwas Gutes, um dadurch zum gemeinschaftlichen Besten der Gemeine auch das Meinige beizutragen. (S. 284)

Eindeutiger konnte die Schurman ihre Absage an die »gelehrte Frau« und ihre Hinwendung zu menschlichen und religiösen Werten und Formen nicht aussprechen. [63]

Auch in Deutschland finden Frauen besonders nach dem Dreißigjährigen Krieg ein erfülltes Leben in sektiererischer Frömmigkeit. [64] An den Konvertikeln, den privaten Erbauungsstunden, die Spener und andere Pietisten abhielten, nahmen sie teil, als fromme und selige Frauen wurden sie von den Predigern umworben, verehrt und gefördert, als Prophetinnen fanden sie Verehrung und Anbetung, ebenso wie sie von orthodoxen Geistlichen und Magistraten angefeindet, ausgewiesen oder eingekerkert wurden. Wo da die Grenze zur Ketzerei und zur Hexerei lag, bestimmte oft der Zufall, ob nämlich diese Frauen einflußreiche Gönner von ihrer Frömmigkeit, Prophetie und ihren Visionen überzeugen konnten. Was war Betrug und was war göttliche Inspiration? Bei den Pietisten wurde die gefühlsmäßige, irrational-religiöse Haltung gegenüber der verstandesmäßigen betont, den Frauen in der Androgynenlehre die einseitig moralische Vorbelastung als Tochter Evas genommen. Sie wurden sogar vielfach als bevorzugtes Gefäß göttlicher Offenbarung, als besonders aufnahmefähig für echte Frömmigkeit betrachtet. Jedenfalls wurden die Prophetien in pietistischen Kreisen (es waren einfache Mägde, Kleinbürgerinnen, Bürgers- und adlige Frauen darunter) ebenso ernst genommen, wie sie von den Gegnern verspottet und befehdet wurden.

Wichtiger als die Kontroversen um die erweckten Prophetinnen sind die Biographien und Erbauungsschriften der Pietisten selbst, in denen Männer wie Frauen in einem Rechenschaftsbericht über ihr Leben selbst Zeugnis über ihre Frömmigkeit abgaben. Eines der ganz wenigen *veröffentlichten* Selbstzeugnisse einer Frau ist das *Leben Frauen Joh. Eleonora Petersen, Gebohrnen von und zu Merlau... Von ihr selbst mit eigener Hand aufgesetzet* (1718). [65] Eleonora von Merlau (1664—1724) stammte aus einer kleinadligen Familie, verlor mit neun Jahren die Mutter und wurde lieblos von Pflegerinnen und einer Stiefmutter betreut, während der Vater als Hofmeister beim Landgrafen von Hessen tätig war. Mit zwölf Jahren wurde sie »nach Hofe gethan«, zunächst zu einer geistig gestörten Gräfin, dann kam sie als Kammerjungfer zu einer Herzogin. Eine Verlobung mit einem adligen Abenteurer wurde nach vielen Jahren gelöst; ihre Gebete, innere Einkehr und die Bekanntschaft mit Pietisten bestärkten sie darin, ehelos zu bleiben und sich von den Festlichkeiten bei Hofe ganz zurückzuziehen. Den Heiratsantrag eines Geistlichen lehnte der Vater für sie ab. 1675 gab sie ihre Stellung auf, da der Vater, dessen dritte Frau bei einer Entbindung soeben gestorben war, sie zur Versorgung des Neugeborenen zurückrief. Da das Kind bald darauf ebenfalls starb, war sie von Verpflichtungen frei; statt in die Hofstellung zurückzukehren, zog sie zu einer mit dem Pietisten Spener befreundeten Witwe in Frankfurt. In ihrer gemeinsamen Wohnung fanden fromme Versammlungen statt, so daß der Rat sie 1678 aus der Stadt zu verweisen drohte.

Im Jahr 1680 warb der Doktor der Theologie und Superintendent Johann Wilhelm Petersen (1649—1727) um ihre Hand. Wie sie sagt, legte sie die Entscheidung mit Gelassenheit in Gottes Hand, d.h. sie ließ bei ihrem Vater um dessen Einwilligung anfragen, die der Vater trotz des Standesunterschiedes und der weiten Entfernung, in der sie mit Petersen in Lübeck wohnen würde, überraschenderweise doch für die nunmehr 34jährige Tochter mit eigenem Hausstand gab. Die Ehe verlief dann allem Anschein nach harmonisch, obwohl Petersen, der inzwischen in Lüneburg Superintendent wurde, durch seinen Chiliasmus (Verkündigung des tausendjähriges Reiches und Weltendes) die Opposition vieler Amtsbrüder hervorrief, von religiösen Schwindlern betrogen, 1692 seines Amtes enthoben und des Landes verwiesen wurde. Petersen fand jedoch bald wieder einflußreiche und wohlhabende Gönner, erhielt schließlich eine jährliche Pension von 700 Talern vom Kurfürsten von Brandenburg und widmete sich seinen religiösen Schriften, Reisen und Predigten, wie er breit und selbstgefällig in seiner Autobiographie darlegt. Als er während seiner ersten Bekanntschaft mit Eleonore in Frankfurt ihr seine jüngste Schrift gegen den Calvinismus verehrt hatte, weil sie ihr, »die Hebräisch gelernt und sonst in der heiligen Schrift gute Kenntnisse hatte, nicht unangenehm sein würde«, hatte Eleonore erwidert, er »hätte den Gott Petersen darin geehrt«. [66] Diesen Ausspruch Eleonores könnte man auch auf die Autobiographie Petersens, ja auf alle seine theologischen Schriften beziehen. Petersen zeigte, wie auch andere Geistliche, die durch ihre Predigten auf die Gläubigen einwirken und in ihren öffentlichen Disputationen theologische Streitfragen erörtern wollten, diesen Zug einer eitlen Selbstgefälligkeit.

Dennoch heiratete Eleonore von Merlau den Geistlichen Petersen, wie denn besonders die kleinadligen Frauen den erfolgreichen Predigern nachliefen, sie umschwärmten und verehrten. Eleonores Autobiographie gibt Aufschluß darüber, weshalb so ein frommes Leben in der zweiten Hälfte des 17. Jahrhunderts für eine Frau erstrebenswert sein konnte. [67] Da fällt zunächst die fehlende Mutterbeziehung in ihrer Kindheit auf, wenn sie als Neunjährige die Mutter verliert, zu anderen Frauen keine Beziehung finden kann, dafür in panischer Angst vor dem strafenden Vater lebt und deshalb eine fast lebenslange kindische Abhängigkeit an eine Vaterfigur behält, die sie dann auf die Geistlichen und Gott überträgt. Die Petersen beschreibt, wie nach dem Tode der Mutter der Vater sich »zu Hofe« aufhielt und eine Schulmeisterswitwe ins Haus nahm, »welche ihre eigenen Kinder im Flecken hatte, und denen zuwandte, was uns gebühret hätte, uns aber mangeln ließ« (S. 10). Abends ließ diese die Kinder oft allein; von ihr bestellte Leute aus dem Dorf verkleideten sich als Gespenster und plünderten das Haus. »Weil aber der Vater sehr hart gegen uns war, hatten wir nicht das Herz, etwas zu klagen, sondern waren nur froh, wenn er wieder fortgereiset war« (ebd.). Ein benachbarter Freund deckte den Geisterschwindel auf, und eine Soldatenfrau wurde die nächste Haushälterin, die – so Eleonores Autobiographie – mehr am Braten gestohlener Hühner interessiert war als an den Kindern. Als Eleonore bei einem Unfall zwei Treppen tief von einem Turm stürzte, wurde ihr stundenlanges Ausbleiben nicht bemerkt, sie erhielt obendrein Schelte. Im Konfirmandenunterricht wurde sie von einem Mädchen beim Pfarrer verleumdet, von ihrer ersten gräflichen

Herrin »bei Hofe wie ein Hund« behandelt, beinahe ins Wasser gestürzt und sogar mit einem Messer bedroht. Zwar ist die zweite Hofstelle weitaus besser, doch auch hier findet sie überall Neid, Mißtrauen, Verleumdung unter den Frauen, mit denen sie zusammenarbeitet.

Um so auffälliger ist ihre sklavisch anmutende Bindung an den Vater, ohne daß sie ihm menschlich nahe gestanden hätte. Als Elfjährige mußte sie die Haushaltung übernehmen,

und von allem Rechnung thun, welches mir sehr schwer war, weil der seel. Vater, so oft er nach Hause kam, mir sehr hart begegnete, und alles was zerbrochen, oder sonst nicht gleich recht nach seinem Sinne war, von mir forderte, und oft unsinnig sehr hart strafte, darüber ich solche knechtische Furcht bekam, daß ich zusammenfuhr, wo ich nur eine Stimme hörete, so der Stimme meines Vaters ähnlich war. (S. 13)

Diese »knechtische Furcht« vor dem strafenden Vater scheint ihre lebenslange, kindliche Abhängigkeit von einer Vaterfigur vorbereitet zu haben. Im Gebet, in religiöser Zwiesprache mit Gott findet sie den Mittelpunkt und Halt ihres Lebens. Alle Schicksalsschläge erträgt sie als Prüfungen Gottes, weshalb sie sich ganz still und abwartend verhält. Als die langjährige Verlobung aufgelöst wird, ist sie froh und befreit:

Ich aber kehrete mich an nichts mehr, sondern erkennete, daß durch solche Gelegenheit, Gott meinem streitenden Gemüte Freiheit gegeben, da ich mich immer sorgete, ich möchte mich an ihm irren, oder möchte dieses und jenes nicht wahr sein; also wurde ich der Last los, und war unterdessen so gestärkt, daß andere Heiraten nicht mehr bei mir statt fanden (S. 25).

Indem sie sich still und passiv verhält, nimmt sie das als gottgesandt und unabänderlich an, was sie sowieso nicht ändern kann und worauf sie keinen Einfluß hat. Ihre weibliche Rolle bestand darin, auf eine Heirat zu warten, die ein Bewerber ihr antragen, ihr Vater bewilligen oder ablehnen würde. Als Objekt in diesem für die lebensbestimmendem Spiel darf sie selbst nicht handeln (Intrige und Manipulation lehnt sie als unmoralisch ab, auch wohl weil sie weiß, daß sie dazu nicht in der richtigen Position ist – sie ist weder schön, noch erotisch anziehend, noch reich, und so bleibt ihr als Ausweg nur das willige Sich-fügen und die Hinwendung zur Religion).

Auch ihre Heirat mit Petersen, bei der sie immerhin 36 Jahre alt ist, stellte sie der Entscheidung ihres Vaters als Stellvertreter Gottes anheim:

Aber mein lieber Mann ließ sich nichts irren, sondern schrieb an einen lieben Freund und vornehmen Geistlichen und auch an meinen seel. Vater welchen Brief ich erstlich zurücke hielte, bis ich in meinem Gewissen gedrungen wurde, solches Werk, weil es keine andere Absicht hätte, als zur Ehre Gottes, meinem Vater zu übergeben; schrieb ihm solches und sandte seinen Brief, und war dabei so still, als ob mirs nichts anginge; alles, was darin gehandelt wurde, war mir fremde, ich dachte auch nicht, daß es mein seliger Vater zugeben würde (S. 39).

Ihr Vater überläßt ihr die Entscheidung, doch das will sie nicht annehmen, und sie übergibt sich ganz »seinem Willen«; sie fügt sich völlig in die patriarchalische Welt, indem sie den Willen des Vaters als Zeichen dafür ansieht, daß Gott sie »zu solchem Stande« (der Ehe mit einem nicht standesgemäßen Geistlichen) berufen habe. Es ist die Haltung eines Opfers, das erst dadurch sich ein Selbst verschafft und eine Freiheit, indem es die festen Grenzen und die männliche Hierarchie freiwillig übernimmt und sich damit aneignet.

Diese Haltung zeichnet sich schon in ihrer in der Rückschau geschriebenen Autobiographie ab in den eigenen Gebetsübungen, der Unterweisung im Katechismusunterricht, ihren Gesprächen und der daraus resultierenden lebenslangen Freundschaft mit (pietistischen) Geistlichen. Sie berichtet:

Ich durch Gottes sonderbare Schickung erstlich mit dem einen gottseligen Freund bekannt wurde, da er auf dem Schiff war, in welchem wir nach dem Wasser-Bad fuhren, da kam er durch Gottes sonderbare Schickung neben mir zu sitzen, und kamen in einen geistlichen Discurs, welcher etzliche Stunden währete, also daß die 4 Meilen von Frankfurt bis Mainz, allwo er ausstieg, mir nicht eine Viertelstunde däuchte, und redeten ohne Aufhören zusammen, daß nicht anders war, als ob er in mein Herz sähe, und alles hervorkam, was mich bis dorthin noch in Zweifel gehalten, ja es war auch nicht ein Wort verloren, dessen ich nicht vom Geist Gottes wäre erinnert worden zu der Zeit, wenn es könnte in die Praxin gestellet werden; Ja ich fand an dem Freund das, woran ich gezweifelt, an einigen Menschen in der Welt zu finden (S. 26).

Der Freund weist sie auf das Exempel des Herrn, auf das »Wort der Wahrheit« hin, und sie fühlt von da an eine »göttliche Überzeugung« in ihrem Herzen. Von diesem Zeitpunkt an wird das religiöse Leben ihr Leben; ihre Gebete, Träume, frommen Übungen und Offenbarungen füllen es aus. Sie gebiert zwei Söhne, die sie nur ganz kurz erwähnt, wie sie auch das Leben und die Aktivitäten ihres Mannes fast völlig übergeht. Stattdessen füllen den größten Teil ihrer Autobiographie die Enthüllungen, die ihr Gott seit ihrer Verheiratung hat zuteil werden lassen,

wobei der Chiliasmus und die Offenbarungen des Johannes eine promi-
nente Rolle spielen. [68] In diesem prophetischen Buch fanden die vielen
Visionärinnen und Propheten, die besonders in der zweiten Hälfte des
17. Jahrhunderts und im frühen 18. immer wieder von sich reden machten und damit Bewunderer, Spötter und Verfolger auf den Plan riefen,
immer wieder ihren Stoff. Die letzte Vision der Petersen ist insofern
interessant, als sie versucht, ein weibliches Element mit in die Religion
hineinzubringen:

Das letzte Bild, wegen des Geheimnisses vom Vater, Sohn und Mutter, so in
dem Gemach gewesen, habe ich, nachdem mir die himmlische Gott-Menschheit
und das himmlische Jerusalem, als der Tauben-Geist, davon wir Geist von Geist
geboren werden, ist aufgeschlossen worden, dahin gedeutet; denn dadurch ist
das Geheimnis der heiligen Trinität des Vaters, des Sohnes und des Heil.
Geistes, der nach dem Hebräischen in dem weiblichen Genere, als fruchtbare
Mutter und ausbrütende Taube ausgesprochen wird, in die Offenbarung gekommen. (S. 68)

Eleonore hatte Jane Leads Traktat über das Geheimnis der Wiederbringung aller Kreaturen gelesen und verkündete in der unter dem Namen
ihres Mannes erscheinenden Schrift *Das ewige Evangelium der allgemeinen
Wiederbringung aller Creaturen* (1700) diese Lehre als Offenbarung. In
Schriften wie *Anleitung zum gründlichen Verständnis der Offenbarung Christi* (1696) und *Der geistliche Kampf der berufenen, auserwählten und gläubigen Überwinder unter dem Bilde der sieben Gemeinden dem Johanni in der
Offenbarung gezeiget* (1698) propagierte sie ihre mystischen Erfahrungen
eines inwendigen Reiches, daß der Mensch in sich selbst gehen soll, um
Gott auf dem tiefsten Grund seiner Seele zu finden. In der Innigkeit des
Herzens lehre Gott selbst die Menschen. Der Katalog ihrer Schriften [69], in denen sie die immer neuen mystischen Erlebnisse beschreibt,
ist eindrucksvoll; es waren aber nur wenige im Vergleich zu denen ihres
Mannes, der am Ende seiner Biographie (von 1717) immerhin 54 gedruckte und noch 105 (!) unveröffentlichte aufzählt und dabei die poetischen und polemischen seiner Jugend überschlägt; zwei Jahre später bei
der zweiten Auflage seiner Biographie kann er dann berichten, daß er
inzwischen dreizehn weitere gedruckt und acht neue verfaßt hat. Gedruckt wurde zumeist »auf Kosten guter Freunde«. – Da die Petersens
jedoch keine eigentliche Gemeinde gründeten und mehr im persönlichen Kontakt und durch ihre Schriftenflut andere Gläubige zu erwek-
ken suchten und enthusiasmierten, war ihre Wirkung wohl schon bei
ihrem Tode in den 1720er Jahren im Abklingen.

Anders war es bei den sich organisierenden Pietisten, die Gemeinden gründeten, wie die Herrnhuter des Grafen Zinzendorf. Hier nun spielten Frauen in der Aufbauphase eine hervorragende Rolle; ihre tätige Mitarbeit, die mit der der Pionierfrauen in Amerika vergleichbar ist, machte den Aufbau der Gemeinde und die weltweite Missionsarbeit erst möglich. Auch im 18. Jahrhundert waren viele Frauen für die Gedanken der Pietisten besonders empfänglich. Die schwärmerischen Verehrerinnen pietistischer Prediger bis hin zu Lavater sind jedoch relativ selten öffentlich in Erscheinung getreten. Wohl war das Zeitalter der Prophetinnen vorbei, aber in den pietistischen Gemeinden arbeiteten Frauen fleißig mit, blieben jedoch bescheiden im Hintergrund, besonders wenn es um Verwaltung und Entscheidungen in der Gemeinde ging. So haben Frauen in der wichtigsten pietistischen Gemeinde, den Herrnhutern, bedeutende Aufbauarbeiten geleistet, wie das Beispiel der Erdmuthe Zinzendorf zeigt.

Erdmuthe Zinzendorfs Mann, Nikolaus Ludwig Graf von Zinzendorf (1700–1760), siedelte mährische Brüder auf seinem Besitz an und gründete die Herrnhuter Brüdergemeinde, für die er dann mit missionarischem Eifer Anhänger in ganz Europa und Amerika warb. Er selbst wurde 1737 zum Bischof der Brüdergemeinde ernannt, nahm 1748 das Augsburger Bekenntnis an und erreichte so die offizielle Anerkennung durch die lutherische Kirche. Dank seiner sorgfältigen Erziehung durch Frauen und der lebenslangen Unterstützung seiner beiden Ehefrauen und anderer weiblicher Verwandter konnte er diese weltweite Mission ausführen, sowie theologische Schriften und religiöse Lieder schreiben und verbreiten. Zinzendorfs Wahl fiel erst auf Erdmuthe, nachdem zwei zuvor ihn interessierende schöne und reiche Cousinen schon anderweitig verheiratet worden waren.

Auch Dorothea Erdmuthe war standesgemäß, eine Gräfin Reuß zu Plauen (1700–1756), die wie Zinzendorf selbst aus einer religiösen Familie stammte. Ihre Mutter Benigna von Reuß-Ebersdorf, geb. Solms-Laubach (1670–1732) [70], die den Pietismus in ihren Gebieten eingeführt hatte, behielt ein herzliches Verhältnis zur Tochter und unterstützte sie bis zu ihrem Tode auch in Spannungen mit Zinzendorf und in der jungen Ehe. Der rege und eingehende Briefwechsel von Mutter Benigna und Tochter Erdmuthe spiegelt das Vertrauensverhältnis zwischen den beiden Frauen, eine recht seltene Erscheinung, da Frauenfreundschaften ganz wenig belegt sind und auch die Mütter meistens ihren Töchtern unbedingten Gehorsam dem Gatten gegenüber raten und die Autorität des Ehemannes in allen Fragen ihren eigenen Töchtern gegenüber verteidigen. [71]

1722 wurde Erdmuthes Ehe geschlossen, als Zinzendorf nach seinem Studium in Halle und Wittenberg und nach Reisen nach Paris, Leiden und London im sächsischen Staatsdienst in Dresden war. Erst nach dem Tode seiner Großmutter Henriette von Gersdorff (1648–1726) [72], die selbst geistliche Lieder verfaßt und Zinzendorf pietistisch erzogen hatte, widmete er sich von 1727 an der Herrnhuter Gemeinde, wohin auch die Familie umzog. Während Zinzendorf die religiöse Seelsorge wahrnahm, führte Erdmuthe die große Hauswirtschaft und übernahm die wirtschaftliche Leitung der Herrnhuter Siedlung und der folgenden Missionsarbeit. Zunächst mußte Erdmuthe sich aber an die Lebensformen der Brüder gewöhnen.

Bei dem äußeren und inneren Zusammenschluß der alten Herrnhuter Gemeinde wurden 1727 kleine »Sozietäten« gegründet, die sogen. »Banden«, zu denen sich die Einwohner Herrnhuts nach Geschlechtern getrennt in freier Wahl zusammenschlossen. Mitglieder und Leiter besaßen Vertrauen zueinander, denn in den Bandenversammlungen wurden religiöse Fragen mit rückhaltsloser Offenheit behandelt und die innersten Gefühle ausgesprochen. Die Bandenführer besprachen sich dann teils einzeln, teils gemeinsam in Konferenzen mit Zinzendorf über die religiösen Regungen der einzelnen Mitglieder, »über den Stand jeder einzelnen Seele«. [73] Ab 1728 wurden solche Banden auch für Frauen gebildet und Erdmuthe mußte sich beteiligen. Sie wurde zur »Vorsteherin« dieser Banden, wie Zinzendorf als »Vorsteher« die Männerbanden beaufsichtigte. Es muß ihr sehr schwer gefallen sein, offen auch persönliche Fragen, und darunter waren für die Frauen besonders Ehefragen, zu besprechen. Erst einige Jahre später, als Zinzendorf 1731 seine Missionsreisen mit einem Aufenthalt in Kopenhagen begann, hatte Erdmuthe

nach langem inneren Kampf den Standpunkt in Frömmigkeit und Leben erkämpft, der Zinzendorfs Erwartungen entsprach. Sie ist geworden, ei *er* sie wollte und sich dachte;... diese Wandlung [bedeutete] ein schweres Opfer an eigener innerer Selbständigkeit, ein Opfer freilich, dem sich wohl keine Frau an Zinzendorfs Seite ganz hätte entziehen können (Jannasch, S. 123) –

so berichtet der offizielle (moderne) Biograph der Brüdergemeinde von Erdmuthe. Zinzendorf war der Erzieher und Diktator des Seelenlebens seiner Frau, ganz im Sinne des »christlichen Hausvaters«. Erdmuthe gehörte nie zu den »*geistlichen* Größen Herrnhuts« (Jannasch, 126). 1732 wurde sie zur »Vizeältesten« gewählt, doch war das ein bedeutungsloses Amt neben dem eigentlichen Ältestenamt, das Anna Nitschmann, die zweite Frau Zinzendorfs, später für die Frauen innehatte.

Erdmuthes eigentliche Lebensaufgabe für die Herrnhuter Gemeinde war ihre Finanz- und Haushaltsführung. Die Siedlung blühte, denn die aus Böhmen ausgewiesenen oder dort abgeworbenen Brüder wurden bekannt für ihren Fleiß und ihr handwerkliches Geschick, so daß später Friedrich II. sie gern als Siedler in Preußen aufnahm. Doch Zinzendorfs Werk verschlang unverhältnismäßig hohe Summen, was seinem Charakter und der Art seiner Unternehmungen zuzuschreiben war. Er hatte einen »Hang zu übertriebener Großartigkeit«, hielt einen »riesigen Hofstaat«, der »sicher hätte kleiner sein dürfen, wenn auch Zinzendorf eine Anzahl von Brüdern und Schwestern zu seiner persönlichen freien Verfügung benötigte« (Jannasch, 127). Selbst die Herrnhuter Apologeten wagen hier, den Grafen zu kritisieren, der sich – bei aller Frömmigkeit – wie ein kleiner absolutistischer Fürst mit äußerem Aufwand und Dienern aufführte, was natürlich als Aufwand für die religiöse Gemeinde legitimiert wurde. Seine beständigen Reisen seit 1731 verschlangen Unsummen, die er als relativ armer Adliger weder besaß noch aus seinen kleinen Gütern erwirtschaften konnte. Selbstverständlich flossen das gesamte Vermögen seiner Frau Erdmuthe und die vielen privaten Spenden in seine waghalsigen Unternehmungen ein. Dazu machte er so hohe persönliche Schulden, daß er schließlich 1732 des Landes verwiesen wurde (nicht aus religiösen Gründen, sondern weil er unehrenhaft verschuldet war).

Erdmuthe hatte seit 1728 das Amt der »Hausmutter« über den großen Hofstaat, der nach Zinzendorfs eigener Aufzählung um 1730 aus folgenden »Domestiquen« ihrer Rangordnung nach bestand: einer Wirtschafterin (die ohne Lohn diente), Zinzendorfs Haushofmeister, seinem Pagen, drei Kammerjungfern (die neben Erdmuthe die vier Kleinkinder betreuten, dazu als Köchin und Ausgeberin von Vorräten und Gebrauchsgegenständen fungierten), einem Kopisten und drei weiteren Dienern für Zinzendorf, einem Hofwächter, einem Hausknecht, einer Waschjungfer und sechs Mägden, einem Kutscher und einem Vorreiter. Erdmuthes Mutter klagte dann auch wiederholt, »Mannsleute habt Ihr immer genug, aber Weibsleute für Frau und Kinder sind nicht überflüssig«. [74] Die Tafel, so Zinzendorf, hatte meistens 18 Leute durch »Zuspruch von weither«, außerdem unterhielt der Haushalt ein Armenhaus von 50 Personen. Das war die »Viktualienwirtschaft«, die Erdmuthe zu versorgen hatte. Dazu kamen die gesamte Geldwirtschaft für die Familie und die Gemeinde, dann die Güterwirtschaft, die Verwaltung der Zinzendorf gehörenden Güter. Zinzendorf bemerkte dazu, daß Erdmuthe »alles mit dem Kopf durch anderer Hände« tue: Sie versah die Buchführung und beaufsichtigte die gesamte Korrespondenz. Zu körperlicher Arbeit wäre sie auch schon deshalb nicht imstande gewesen, weil sie zwischen 1728 und 1733 vier Kinder zur Welt brachte, die alle nach wenigen Jahren starben; 1742 hat sie »sieben beim Heiland«, und nur drei Töchter lebten schließlich bis zum Erwachsenenalter, von denen besonders die älteste, Henriette Benigna Justina (1725–1784), dem Vater und ihrem Herrnhuter Ehemann auf Reisen folgte (dreimal nach Amerika und sogar nach Grönland). Die genaue Zahl der vielen Geburten Erdmuthes ließ sich nicht ermitteln, nur daß diese so etwa alle 15 bis 24 Monate stattfanden und Erdmuthe seit etwa 1729 nach jeder Niederkunft lange bettlägerig, dann immer wieder krank war.

1732 verkaufte Zinzendorf seine Güter an Erdmuthe, die gerade eine Erbschaft von 20000 Talern erhalten hatte. Es war aber nur ein Scheinverkauf, um seine Schulden wenigstens teilweise zu sanieren und um dabei in den Genuß der Erbschaft zu kommen, die Erdmuthe nur dann antasten konnte, wenn der Titel zu erworbenem Grundbesitz auf ihren Namen lautete. Im Kaufvertrag steht jedoch Zinzendorf das Recht des Wiedererwerbs nach fünf Jahren zu, daß nämlich das Gut ohne Entgelt ihm wieder zufallen sollte! So wurde Erdmuthe zwar juristisch Besitzerin der Güter, sie verlor aber ihre Erbschaft (Zinzendorf deckte mit dem Bargeld einen Teil seiner Schulden), verpflichtete sich dazu noch zu Zinszahlungen an ihren Mann und übernahm auch offiziell die Verantwortung sowohl für die Schuldendeckung wie für die Unterhaltung der Zinzendorfschen Werke. Damit war Zinzendorf von allen Geldfragen befreit, Erdmuthe aber mußte die durch Mißernten und Teuerungen immer größer werdende Schuldenlast und die Unsummen für die Missionsarbeit und Reisen Zinzendorfs tragen, bei den Zahlungsterminen das nötige Geld zusammensuchen und die nötigen Verbesserungen an den Gütern vornehmen. Zinzendorfs Schuldenlast stieg ins »Ungemessene«; wenn sie ihn darum ansprach, so meinte er: »Ich habe Befehl vom Herrn, darauf gehe ich« (Jannasch, 138).

Zinzendorfs ständige Reisen, seine Unbekümmertheit im Geldausgeben und seine immer enger werdende Beziehung zu der Schwester Anna Nitschmann (1720–1760), die ihn auch auf Reisen begleitete, entfremdeten Erdmuthe von ihrem Mann. (Erdmuthe selbst mußte in Sachen der Brüdergemeinde verschiedentlich reisen, um sie bei Zinzendorfs langer Abwesenheit in Amerika zu vertreten; so war sie 1741 trotz wiederholter schwerer Krankheiten in Dänemark und Livland. Auch an so seltsame, vom Gatten vorgeschriebene Praktiken wie die ständige Befragung des Loses, wenn eine Entscheidung anstand, gewöhnte sie sich.) Doch nach Zinzendorfs Rückkehr aus Amerika 1743 kam der Bruch, sie wurde vom Generaldiakonat abgesetzt und zog sich ganz zurück. Der finanzielle Zusammenbruch stand vor der Tür. Während dann religiöse wie wirtschaftliche Änderungen eingeführt wurden, war Erdmuthe fast ununterbrochen krank. Zinzendorf umgab sich mit einem Kreis jugendlicher Verehrerinnen wie Anna Nitschmann, einer weiteren Frau, seiner ältesten Tochter, deren Mann und einem Sohn. Dieser Kreis überwachte in Zinzendorfs Auftrag alles.

Anna Nitschmann hatte schon 1736 die Verheiratung mit einem Herrnhuter ausgeschlagen. Daß sie als Ältestin und damit Vorsteherin der Schwestern ledig war und blieb, war höchst ungewöhnlich, doch Zinzendorf fand noch seltsamere Rechtfertigungen für seine immer enger werdende Beziehung zu Anna. 1737 ließ er sich von ihrem Vater adoptieren, wurde also Annas Adoptivbruder und ließ sich zugleich einen »Emanzipationsschein« von seinem neuen Adoptivvater ausstellen, nach dem jedes auch nur äußerliche Bedenken im Fall einer etwaigen Heirat mit seiner einstigen Adoptivschwester verbannt sein mußte. Anna verehrte Zinzendorf als ihren geistlichen Vater glühend, Zinzendorf schrieb religiöse Liebesgedichte für Anna.

Trotz ihrer Kränklichkeit lebte Erdmuthe noch bis 1756 (noch fast 20 Jahre, in denen ihre Nachfolgerin schon bestimmt war!); sie zog sich zurück, denn ihren Dienst als »Mitstreiterin« des Ehemannes in der »Streiterehe« der Pietisten [75], wie sie Zinzendorf verstanden wissen wollte, hatte sie erfüllt; sie war physisch verbraucht und wirtschaftlich am Ende. Dennoch nannte Erdmuthe die Anna Nitschmann in ihrem Testament von 1741 als eine von fünf Personen, die sie bittet, im Falle ihres Todes sich der Kinder anzunehmen. Wahrscheinlich hatte Zinzendorf Erdmuthe zu dieser ungewöhnlichen Nennung bewegt, wohl auch von Anna als der Nachfolgerin gesprochen; Anna gegenüber hatte er sich schon 1737 deutlich erklärt, daß sie seine nächste Frau werden würde. Auch der Gemeinde gegenüber legitimierte er bei Erdmuthes Tod Anna als die von seiner ersten Frau selbst auserwählte Nachfolgerin und heiratete sie nach dem vorgeschriebenen Trauerjahr. – Zinzendorfs

Erdmuthe Dorothea, Gräfin von Zinzendorf,
in der Haube der Hausfrau,
dem einfachen dunklen Kleid mit Spitzenkragen (um 1730?).

Katharina von Bora, Luthers »Hausfrau«
(Holzschnitt von Lucas Cranach d. Ä., 1526?).

weltliche Brüder im Adel hatten für solche Dreiecksverhältnisse eine andere Lösung, die »maitresse en titre«; Zinzendorf legitimierte sein Verhältnis mit seinen moralischen und religiösen Auffassungen. Auch im Zeitalter der Doppelmoral für Männer und Frauen stieß diese Art von religiöser Heuchelei die Zeitgenossen von Zinzendorf und den Herrnhutern vielfach ab.

Die dominante und bevormundende Haltung auch der Pietisten gegenüber Frauen wird an Zinzendorfs Verhältnis zu beiden Ehefrauen, zu Erdmuthe und zu Anna, deutlich. Die erste war ihm als Mutter seiner Kinder ebenso dienlich wie als Arbeitskraft und Finanzquelle. Anna dagegen diente dem alternden Zinzendorf als Helferin in der Gemeinde, als jugendlich-schwärmerische Verehrerin, die seine väterlichen wie erotischen Gefühle ansprach. Beide Frauen sind typisch für die weiblichen Anhänger der Pietisten im 18. Jahrhundert: Erdmuthe war die nützliche Arbeitsbiene, Anna die jugendlich schwärmerische Verehrerin des väterlich-patriarchalisch herrschenden Geistlichen.

So gerieten die Pietisten bei ihren Zeitgenossen am Ende des Jahrhunderts zum Teil gerade deshalb in schlechten Ruf, weil sie sich »hinter die Weiber machten« (was sie taten) und sich »von Frauen regieren ließen« (was sie nicht taten). Zwar wird immer wieder auf den Einfluß der Frauen in der Brüdergemeinde hingewiesen, doch stehen die Frauen deutlich unter der Anweisung der jeweiligen Männer. Zinzendorf glaubte, daß Frauen weicher und »ihre Affekte« reger seien [76], er verteilte (nur ganz unwichtige) Ämter an Frauen: sie waren Krankenwärterinnen und eine (!) Frau war Schulmeisterin für die Mädchen der Armenschule, die Führerin der Schwestern wurde die Ältestin Anna Nitschmann. Frauen waren im Gemeinrat vertreten, wie auch in der Synode (der überregionalen Versammlung). Es werden jedoch die Eifersüchteleien der weiblichen Gemeinbeamten kritisiert, als ob unter den Männern immer alles harmonisch und ohne Streitigkeiten abgegangen wäre, doch das waren »sachliche Differenzen« (Uttendörfer, S. 66).

1764 beschnitt jedoch die Synode zu Marienborn die Mitarbeit der Frauen ganz empfindlich. Zwar gab es nunmehr zwei Komitees, eins aus 14 Brüdern bestehend, das andere aus 15 Schwestern, nachdem das Schwesternkomitee versichern mußte, daß sie »keinen Anspruch auf ein Kirchenregiment im eigentlichen Sinn, sondern nur wünschen, von der Gehilfenschaft nicht ausgeschlossen zu sein« (Uttendörfer, S. 68). Die Synode bestimmte dann die Trennung der beiden Geschlechter in der Gemeinde und daß das weibliche Geschlecht *notwendig unter der Direk-*

tion der Ältesten stehen müsse und die Schwestern vom Direktorium ausgeschlossen sein sollten, ein Mitspracherecht nur in geringeren Gremien und nur bei den Fragen, die die Schwestern betrafen, haben würde, so daß Schwestern weder Generalarbeiterinnen, Ältestinnen noch Jüngerinnen werden konnten. Witwen- und ledige Schwesternchöre bekommen jeweils einen (männlichen) *Kurator*, ohne dessen Zuziehung sie sich in keine äußere Sache von Erheblichkeit einlassen durften. Damit haben auch die religiösen und organisatorischen Experimente der Herrnhuter Pietisten für die Frauen dort geendet, wo die anderen Protestanten die Frauen schon immer hatten: unter der Vormundschaft des Mannes.

Die »schöne Seele«: Susanna Katharina von Klettenberg

Vergleichsweise unabhängige und selbständige Frauen waren oft nicht gewillt, sich den Pietisten anzuschließen, obwohl sie ihnen im religiösen Erleben nahestanden. Eine solche Frau war Susanna Katharina von Klettenberg (1723–1774), von der wir wohl kaum etwas wüßten, wenn sie nicht zum Bekanntenkreis von Goethes Mutter gehört und wenn nicht Goethe im *Wilhelm Meister* Aspekte ihrer Biographie als die »Bekenntnisse einer schönen Seele« eingefügt hätte. Die fromme Klettenberg war in vielem vorbildlich und typisch für wohlhabende Protestantinnen im 18. Jahrhundert, die in pietistischer Frömmigkeit sich selbst finden und leben konnten. Ihre erhaltenen Selbstzeugnisse setzen erst mit dem Jahre 1754 ein (sie war damals schon über dreißig), so daß für ihre Kindheit und Jugend immer wieder auf Goethes »Bekenntnisse« zurückgegriffen und seine Fiktion ungefragt als authentisch übernommen wird. [77] So gilt es im folgenden zu zeigen, daß Susanna Katharinas Lebenserfahrung in entscheidenden Punkten anders war, und wie und warum Goethe ihre Biographie für seine Zwecke umdeutete. Die Literarisierung der Klettenberg in der »schönen Seele« ist typisch dafür, wie pietistische Frauen wieder eingemeindet wurden in eine patriarchalische Gesellschaft, aus der sie sich – ausgehend vom religiösen Selbsterlebnis – zu emanzipieren versucht hatten.

Die Klettenberg gehörte zu den adligen Kreisen der freien Reichsstadt Frankfurt und wuchs wohlbehütet als die älteste Tochter eines Arztes zusammen mit zwei jüngeren Schwestern auf. Die aus einer Hugenottenfamilie stammende Mutter hatte das Vermögen in die Familie gebracht und wohl auch ein Interesse an den Lehren der Reformierten, die jedoch keinen öffentlichen Gottesdienst in der Stadt halten durften und denen der Zutritt zu den Ämtern verweigert war. Susanna war als Kind schon kränklich, doch sie erhielt eine standesgemäße Erziehung im Hause, lernte Französisch und Englisch und wurde wie üblich nach der Konfirmation in die gute Gesellschaft von Frankfurt eingeführt. Fast dreißig Jahre später äußerte sie sich im Rückblick über diese Jahre:

Ich kannte Ihn [Jesus] nicht, da er mir rief. Mit Beugung muß ichs sagen: daß ich mit keinem Gedanken, der etwas wert war, an Ihn gedachte. Die natürliche Entfernung von Gott und ein äußerer Wohlstand hatten mich ganz in die Eitelkeit der Welt begraben, ich schlief am Rande des Abgrundes. [78]

In diesem weltlichen Leben erfolgte 1742 eine Verlobung mit dem Patriziersohn und Juristen Johann Daniel Olenschlager, der im Hause Klettenberg verkehrte. Ein aktenmäßig belegter Zwischenfall, weil er ein gerichtliches Nachspiel hatte, ereignete sich zu dieser Zeit bei einer Gesellschaft im Hause Textor, der Familie von Goethes Mutter. Bei einem Pfänderspiel sollte Olenschlager einer jungen Frau etwas ins Ohr sagen, worüber der eifersüchtige Ehemann der Frau seinen Degen zog und Olenschlager einen Hieb versetzte, so daß er aus einer Kopfwunde ziemlich stark blutete. Die Streitenden wurden getrennt, Susanna Katharina leistete erste Hilfe und verband Olenschlager. Als dieser dann wieder genesen war, erschien er bei den Klettenbergs zu Besuch und hielt um Susannas Hand an. Über das Verhältnis Susannas zu Olenschlager ist nichts weiter bekannt, außer daß sie im Einverständnis mit ihrem Vater 1747 die Verlobung löste, als Olenschlager Senator in Frankfurt geworden war und seinen Antrag wiederholt hatte. Susanna war damals immerhin schon 24 Jahre alt, scheint von dem Lebenswandel Olenschlagers abgestoßen worden zu sein, denn sie wandte sich in den Jahren der Verlobung ganz der pietistischen Erbauungs- und Predigtenliteratur zu.

1743 kam der vom Halleschen Pietismus beeinflußte Prediger Fresenius (1705—1761) nach Frankfurt, der »gesalbte Lehrer und getreue Knecht Christi«, wie Susanna Katharina ihn nannte, und meinte, »ich könnte manches zum bessern Verständnis seiner Pastoralsammlungen gehörige Anekdote erzählen«. [79] Fresenius wurde auch der Beichtvater von Goethes Mutter und traute sie; er verkehrte in der guten Gesellschaft Frankfurts und wurde von der Klettenberg als wortgewandter, väterlicher Ratgeber verehrt, so daß sie keine seiner Predigten ausließ, bis Fresenius als Senior der Frankfurter Geistlichen zum fanatischen Gegner der Pietisten wurde. Die Klettenberg hörte auch den 1745 berufenen pietistischen Pfarrer Griesbach, mit dessen Frau sie befreundet war und der sie vor ihrem Tode auf ihren Wunsch besuchte und einsegnete. [80] Aus den 1740er Jahren stammen ihre Predigtnachschriften des Predigers Friedrich Christoph Steinhofers (1706–1761), der bis 1737 in Ebersdorf wirkte, sich dann aber von den Herrnhutern trennte, als die schwärmerische Richtung dort das Übergewicht erhielt. [81]

Ein Vers in dem Stammbuch ihrer Freundin, der Frau Rath Goethe, von 1748 spiegelt ihre Gottsuche:

> Laß mich recht arm und elend werden
> und decke meinen Schaden auf,
> die innere Greuel, den Sinn der Erden,
> und hemme meinen alten Lauf,
> laß mich den Schlangenbiß empfinden
> und sich den Durst nach Dir entzünden,
> daß ich nach nichts mehr schrei und fleh
> als nur nach Dir und Deiner Gnade,
> bis ich mich bei so großem Schade,
> geheilet und erhöret seh. (S. 218)

Ihre religiöse Suche ging weiter; anfänglich hatte sie sich »der Räte des seligen Fresenius bedient, allein in die Länge wollte es nicht gut tun. Meine Seele war auch keine Uhr, die sich nach einer andern stellen läßt«. [82] 1751 lernte sie den gleichaltrigen Pietisten herrnhutischer Prägung, Friedrich Karl Moser (1723–1798) kennen, der sich als Jurist in Frankfurt niederließ; sie und ihre Schwester wurden die Seelenfreundinnen des nicht sehr glücklich verheirateten Mannes. Ein 1754 anonym erschienenes Bändchen *Der Christ in der Freundschaft* (Frankfurt und Leipzig: Joh. Aug. Raspe) enthält zwölf Aufsätze dieser drei Freunde über das Thema der Freundschaft. Je fünf wurden von Moser und Susanna Katharina verfaßt, zwei von ihrer jüngsten Schwester Maria Magdalena (1726–1768). Warum anonym? Moser war schon als Autor erbaulicher Lieder hervorgetreten, aber für die Schwestern Klettenberg waren es wohl ihre gesellschaftliche Stellung und ihre religiöse Auffassung, weshalb sie lieber ungenannt bleiben wollten. Auch Susannas Bändchen *Neue Lieder* (1756) erschien ohne Verfassername, denn die Ausgaben waren sicher nur für einen kleinen Kreis von Gleichgesinnten gedacht. Die Vorrede der *Freundschaft*-Sammlung bemerkt:

Unsere Namen, Stand und Geschlecht geben oder nehmen dem Werte dieser Betrachtungen nichts... Wir empfinden in uns die große Gewißheit, unsere

Freundschaftstunden mit reicher Frucht in der Ewigkeit wieder zu finden, und wann es dem Herrn gefallen sollte, die Lesung dieser Blätter mit Segen an andern zu begleiten, und dadurch unsere Absicht bei deren Bekanntmachung zu rechtfertigen. [83]

Moser selbst hatte in einem Brief einem Freunde gegenüber die Autoren identifiziert:

Ich habe zwar das scharfe Verbot, meine Consorten nicht zu nennen... C. ist die älteste Fräulein von Klettenberg, X. die jüngste Fräulein und P. Ihr Freund Moser... Es ist eine besondere Gnadengabe von Gott, die Bekannt- und Freundschaft dieser auserwählten Personen erlangt zu haben; und unsere Freundschaft ist wirklich so, wie Sie es gedruckt lesen. [84]

Die drei Freunde, die sich hier in den Aufsätzen über verschiedene Aspekte, Erfahrungen, Gefahren und Situationen von Freundschaft und Liebe äußern, waren »erweckte« Christen. Als Vorbild ihrer Freundschaft untereinander galten biblische Freunde, David und Jonathan, Paulus und Petrus, der historische Jesus in den Beziehungen zu seinen Jüngern und die Reformer Luther und Melanchthon. Die Freunde sind »wiedergeborene« Menschen, die für andere »Wiedergeborene« ideale zwischenmenschliche Verhaltens- und Lebensweisen darstellen und erläutern.

Die Klettenberg behandelt das Wesen der wahren Freundschaft in dem Aufsatz »Der Charakter der Freundschaft«; daß sie getragen sei von der aus Gott fließenden Barmherzigkeit und teilnehmenden Liebe. Geistige Harmonie und innere Übereinstimmung trage die echte Freundschaft der Kinder Gottes, die im Zeichen der Gnade steht. Eine solche Freundschaft, gegründet auf natürliche Zuneigung und die Gnade Gottes, hat Susanna Katharina mit ihren beiden Schwestern verbunden, mit denen sie in einer »durch Natur und Gnade seltenen Eintracht« lebte. [85] Wenn sie hier von Liebe spricht, so meint sie, »dieser große Gott ist die Liebe. So unumschränkt nun Gott ist, so unumschränkt ist die Liebe« (142). Diese Liebe (und damit ist nicht erotische Anziehungskraft gemeint, die sie »natürliche Neigung« nennt) ist nachgiebig, gleichbleibend freundlich, nicht eifersüchtig oder neidisch, ist nicht verspielt, ist ohne Argwohn und nicht eigensüchtig. Die Klettenberg beschreibt damit ein Verhalten, wie es unter pietistischen Freunden als ideal bestehen sollte und sicher angestrebt, wenn auch wohl selten erreicht wurde. Dieses Verhalten schließt das Konkurrenzdenken, alles Kämpferische, Aggressive, nur um die eigene Person Zentrierte aus — also weitgehend die heroischen, am gesellschaftlichen Erfolg und Kampf orientierten

Eigenschaften, die ihre Zeit als typisch männlich verstand. Demgegen-
über will die neue Gesellschaft der »Brüder« und »Schwestern« echte
christliche, mitmenschliche Verhaltensweisen aufbauen; diese Beziehungen bestehen im persönlichen Umgang mit anderen Gleichgesinnten
und sind der konkurrierenden Außenwelt, dem weltlichen Leben entge-
gengestellt. Die Klettenberg möchte Eigenschaften, Fähigkeiten und
Verhaltensweisen verwirklichen, die stützend, nährend, verständnisvoll,
helfend sind; es sind insofern weibliche Eigenschaften, als diese vornehmlich von Frauen als Tugend gefordert und geübt worden sind,
obwohl die Klettenberg diesen Geschlechtsunterschied nicht macht.
Dieser wird erst mit der viel bewußter artikulierten Trennung in männlich und weiblich am Ende des Jahrhunderts vollzogen, wenn zugleich
die Männer von solchen Verhaltensweisen entbunden, entmutigt sogar
dafür als »weibisch« diskriminiert werden, die Frauen dagegen auf diese
Eigenschaften festgelegt, sie von ihnen als Tugenden gefordert werden.

Für die Klettenberg und viele Pietistinnen ihrer Generation ist es eine
Lebens- und Umgangsform mit anderen Menschen – mit Männern und
Frauen –, bei der sie als Frau gegenüber den zeitgenössischen Anforderungen der Konvenienzehe, der Dienerschaft an Ehemann und Familie
und Bevormundung durch den Vater oder Ehemann, nur an persönlichem, menschlichen Freiraum gewinnen können. In der »christlichen
Freundschaft« kann sie als Frau selbständig ohne Bevormundung oder
einseitige Abhängigkeit als vollgültiges Glied dieser Gesellschaft leben.

Auch ihre anderen Aufsätze kreisen um diese Lebensform der »christlichen Freundschaft«. In »Von Beobachtung sittlicher Pflichten bei einer
christlichen Freundschaft« bestimmt Susanna Katharina diese Pflichten
dahingehend, daß die Menschen einander Liebe und Ehrerbietung zu
erweisen haben. Sie kritisiert die zeitgenössischen Komplimente, das
Dienern gegenüber Höherstehenden (ohne aber im entferntesten die
Standesunterschiede anzutasten, denn »das Christentum hebet den
Unterschied der Stände nicht auf«, 163), und sie fordert stattdessen den
»Respekt gegen andere« (155), »Demut und Hochachtung gegen den
Nächsten« (156) und »gewisse Schranken«, daß z.B. Personen beiderlei
Geschlechts nicht so »vertraulich, so herzlich, so frei miteinander umge-
hen, wie bei gleichem Geschlecht« (165). Gerade bei freundschaftlichen
Beziehungen mit Personen des anderen Geschlechtes warnt sie davor,
zu anhänglich und abhängig voneinander zu werden. In »Vom billigen
und unzeitigen Nachgeben« tadelt sie das Übermaß an »natürlichen
Affekt« und den »störrigen Eigensinn« (182). Gehorsam gegen andere

Menschen ist zwar ein Teil der göttlichen Weltordnung, »gehorchen aber bedeutet: du mußt, nachgeben: wir wollen auch« (ebd.).

Gilt diese Regel nun auch im Ehestand? Die Klettenberg führt aus:

> Der Wille der Frau ist des Mannes seinem in billigen Dingen unterworfen; das ist wahr. Will nun ein Mann seine Herrschaft eigensinnig behaupten, so gilt diese Regel allerdings, und die Frau muß in solchem Fall nachgeben; kennte aber ein Mann sein wahres Wohl und lebte auf eine freundschaftliche Weise mit seiner Gattin, so hat diese Regel keine Statt. (184)

Die traditionelle Ehe fordert, daß die Frau dem Manne Gehorsam schuldig ist, aber die Klettenberg möchte, daß die Eheleute Freunde sind:

> Wir handeln nur von *Freunden*, und unter diese zähle ich darum die Eheleute, weil mir vor aller andern ehelichen Verbindung grauet. Sobald ich Freunde nenne, erhellet sich von selbsten, daß keiner ein Recht über den andern hat, als soweit es ihm der andere gegeben. (184)

Ihr graut vor der Ehe, in der der Mann die Herrschaft hat; bei Konflikten zwischen Eheleuten wünscht sie das Nachgeben, nicht aber daß der Mann Anspruch darauf habe, sein Recht durchzusetzen. Doch behandelt Susanna Katharina weniger das Verhältnis von Eheleuten als das von Freunden überhaupt, denn ihr ging es anscheinend zuerst darum, dem Menschen in der Freundschaft eine bestimmte Autonomie in den Beziehungen zu seinen Freunden, eine Art von Selbstbehauptung zu sichern. Das ist keineswegs die Haltung eines gehorsamen Opfers, einer unmündigen Person, sondern die Klettenberg denkt sich und andere als autonome Personen und grenzt die christlichen Menschen deutlich im Verhalten gegeneinander ab. Auf Geschlechtsunterschiede kommt sie schon deshalb fast gar nicht zu sprechen, weil sie von »wiedererweckten« Menschen ausgeht, bei denen der Geschlechtsunterschied keine Rolle mehr spielt; vor Gott und durch Gottes Gnade besteht jeder dieser Erweckten eben nur als einzelner Mensch, nicht als Geschlechtswesen, als männlich oder weiblich. So kann sie eine Autonomie gegenüber dem Freund bewahren, die allerdings ganz in Gott gegründet ist:

> Da aber kein Mensch, auch der allervertrauteste Freund, nicht imstand ist, so genau zu prüfen, was meinem geistlichen Wohl förderlich oder hinderlich ist, als ich dieses selbst tun kann, und es sich also leicht zutragen kann, daß selbst mein innigst vertrauter Herzensfreund mir etwas zumutet, das gar nicht gegen die göttliche Gebote ist, das er selbst auch schon oft ohne Schaden getan, ich aber kann es nicht tun, ohne meine Seele zu verwunden, so muß ich ja Gott mehr zu

gefallen suchen als dem liebsten Freund und ihm alle Zumutung abschlagen. (194)

Susanna Katharina bleibt ganz auf dem Boden eines christlichen Lebens, aber sie hat mit der Autonomie der erweckten Christin die männliche Vormundschaft abgelegt; diese existiert für sie einfach nicht mehr, ist nicht mal ein gesellschaftliches Problem, mit dem es sich auseinanderzusetzen gälte. Eine solche befreite Haltung mag erklären, warum sie nicht geheiratet hat und warum sie auch nie ihre Selbständigkeit aufgegeben hat, um der Einladung der Herrnhuter 1768 zu folgen, zu ihnen zu ziehen – und dort einen für sie bestimmten Mann zu heiraten. In einem späteren Brief meinte sie nur:

Die Herrnhutische Gemeine gewinnte dabei, wenn du sie nicht siehest – nach langem sehen – fügte es sich daß ich anno 68 nach Marienborn reisen konnte – sahe auch das verlaßne Haag – und also doch die denen Anstalten gewidmete Gebäude – und hatte *Genug* – auf immer. [86]

In Susanna Katharinas Aufsätzen treten die erotischen Beziehungen zwischen den Geschlechtern vollkommen in den Hintergrund. Sie umgeht diese, läßt sie beiseite liegen und läßt sie nicht zum Zentrum ihres Denkens und Handelns werden, denn das Zentrum ist Gott, nicht aber der Mann oder Liebhaber, den die gesamte (zumeist von Männern verfaßte) schöne Literatur in der zweiten Hälfte des 18. Jahrhunderts bei der Freundschafts- und Liebesbeziehung in den Mittelpunkt stellt. Nur indem sie sich dieser Zentrierung entzog, konnte Susanna Katharina ihre eigene Unabhängigkeit gegenüber dem »Freund« bewahren und die Entscheidung über ihr eigenes Leben behalten, den sie auch den Vertretern der Kirche gegenüber nicht aufgeben wollte. Diese Haltung bedeutete zwar keine Emanzipation als Glied der bürgerlichen Gesellschaft, aber es war wohl eine Umgehung der Vormundschaft, ein Mündigwerden als *christliche Frau*, nicht als Ehefrau, denn in diese Falle ließ sie sich nicht locken. In ihrem Ablehnungsbrief an die Herrnhuter kommt sie auch auf den wirtschaftlichen Aspekt zu sprechen, daß sie nämlich ihre »jährliche Revenuen« selbst benötige und ihre sonstigen Kapitalien ihrer Schwester übergeben habe. Susanna Katharina war nicht nur als fromme Frau für die Herrnhuter von Interesse, sondern eben auch als reiche Standesperson. Und diese Stellung als Adelige und wohlhabende Frau verliehen ihr viel von ihrer unabhängigen Haltung; zwar werden wirtschaftliche Gesichtspunkte in ihren Aufsätzen nie erwähnt, denn sie führte ein gesichertes, sorgloses und bei der allgemeinen Armut der Kleinbürger und Unterschichten ein vergleichsweise luxuriöses Leben.

Die Aufsätze vermitteln einen Einblick in die zwischenmenschlichen Umgangsformen unter den Pietisten, wenn sie einzelne kleine Vorkommnisse — leider viel zu wenige — beschreibt. Sie enthalten psychologische Beobachtungen, Anweisungen und Urteile darüber, wie man in bestimmten Situationen verfahren möge. Diese feine Beobachtung und Psychologisierung auf der einen Seite und das immer wichtiger Werden der zwischenmenschlichen Beziehungen auf der anderen arbeiten der schönen Literatur nach 1750 vor, geben vielfach ihren Inhalt ab. Ohne die Selbstprüfungen, Selbstbeobachtungen und das stete Nachdenken über die eigenen Gefühle und Beziehungen zu den Freunden wären solche Figuren wie die Schwedische Gräfin bei Gellert, Madam Leidens bei der Sophie Laroche oder Werther kaum denkbar. Andererseits konnte nur ein Lesepublikum, das an sich und anderen diese Psychologisierung der zwischenmenschlichen Beziehungen — auch wenn es zunächst ganz unter religiösem Anstrich geschehen war — erlebt hatte, solche Darstellungen der schönen Literatur nachempfinden und sich dafür begeistern. Die Pietisten, besonders die Frauen unter ihnen, lieferten die Tradition und Vorbedingung für diese Freundschafts-Literatur der Empfindsamkeit und des Sturm und Drang.

In dem religiösen Erleben der Klettenberg ereignete sich 1757 der »Durchbruch«, diese den Pietisten eigene Art der persönlichen »Erwekkung« durch Jesu, über die Susanna Katharina später in einem Brief an Lavater schrieb:

Nach 10jährigem Suchen fühlte ich in einer glücklichen Stunde daß Er ist, ja Er ist. Er war gestern bei denen Aposteln, die Ihn sahen, hörten, betasteten, die das was sie gesehen gehört, mit Händen gegriffen haben, zu dem End anderen schrieben, damit sie gleiches Glück mit ihnen genießen, und so gut von seinem Sein ein unmittelbares Gefühl haben möchten, wie sie. — Er ist aber auch noch Heute bei uns. Er ist bey uns durch ein Gefühl das just so lebhaft, so bleibend, so überzeugend ist, wie das, so durch Sehen mit Augen entstanden. Sehen der Augen ist nichts wann es nicht zum Gefühl im Herzen wird. [87]

Diese Gewißheit und dieses Entzücken scheinen sie bis zu ihrem Tode begleitet zu haben.

Sie nahm schon ab 1755 an pietistischen Konvertikeln teil, denn eine eigentliche Herrnhutische Gemeinde gab es in Frankfurt nicht, weil die Geistlichen, besonders Fresenius, sich dagegen wehrten. Die Erbauungsstunden wurden im Haus der Klettenberg abgehalten, in der Wohnung der reichen Kaufmannswitwe Jancke, die ihre beste Freundin war. Frau Jancke hatte zwei verwaiste Neffen bei sich, für die sie den Pfarrer Claus als Privatlehrer zu sich in die Wohnung genommen hatte. Dieser Pfarrer berichtete über die Erbauungsstunden:

Der Herr von Bülow [ein aus der Herrnhuter Gemeinde kommender Pietist, der seit 1755 als Beamter der hessisch-darmstädtischen Regierung in Frankfurt lebte] ist mir überaus gesegnet. Dasjenige, worauf er die Seelen weiset, ist immer nur eins, nämlich beflossen sein mit Lammes-Blut und das so alle Stunden, von Morgen an bis in die Nacht in einer Gottes-Freud verbracht, das mache das Leben selig... Es ist unter den ledigen Brüdern eine recht artige Gemeinschaft und ganze Übereinstimmung in der Materie: Jesu-Kreuze, Jesu-Todesstunden, Jesu über alles schöne Wunden, Jesu Gottes-Leichelein soll mein ein und alles sein! Wir sind auch, was das Äußere betrifft, ziemlich ungestört und genießen große Freiheiten. Man sieht wohl, daß der Heiland die Sache allein mainteniert. Manchmal halten wir Singstunden, manchmal redet der Herr von Bülow etwas. [88]

Die heute geschmacklos wirkenden religiösen Bilder wie »Jesu über alles schöne Wunden, Jesu Gottes-Leichelein« entsprachen durchaus der herrnhutischen Gedanken- und Bilderwelt, für die Graf Zinzendorf ähnlich verniedlichende Formulierungen gefunden hatte. Zu dem Kreis der »adeligen Fräuleins« (der drei Klettenberg-Schwestern) gehörten um 1760 noch die Frau des Predigers Griesbach, ein Legationsrat Moritz und Frau, Moser, der Pfarrer Claus und eine Reihe von wohlhabenden Witwen, sowie einige reiche Bürger und Handelsleute. Es war also ein Kreis gutsituierter Bürger mit auffallend vielen alleinstehenden Frauen, ein Kreis, der keineswegs die Standesgrenzen aus den Augen verloren hatte.

1763 verheiratete sich die jüngste Schwester (sie verstarb aber schon 1768 nach der Geburt ihres zweiten Kindes); die zweite Schwester starb 1765 und der kränkliche Vater, der von seinen Töchtern betreut wurde, starb 1766. Susanna Katharina nahm eine Gesellschafterin zu sich und pflegte nun besonders intensiv ihre Kontakte und Freundschaften mit Gleichgesinnten, zumeist Herrnhutern, persönlich, soweit sie sich in Frankfurt oder Umgebung aufhielten, oder aber stand im Briefwechsel mit ihnen. Im Januar 1774 nahm sie noch Kontakte mit Lavater auf und schrieb eine ganze Reihe von glühenden, religiösen Briefen, auch nachdem er sie in Frankfurt (auf dem Wege zur Kur) besucht hatte. Seit ihrer Kindheit war sie kränklich gewesen und Ausbrüche eines Lungenleidens (Tuberkulose?) kamen wiederholt, bis sie im Dezember 1774 ziemlich unvermittelt starb.

Religiöse Verse hat Susanna Katharina wohl über mehrere Jahrzehnte geschrieben, aber nur wenige anderen mitgeteilt. 1756 erschien ein kleines Bändchen *Neue Lieder* [89] in einer Liebhaberausgabe im Druck, ohne daß ihr Name genannt wurde. Die darin enthaltenen Lieder stehen ganz in der Tradition des evangelischen Kirchenliedes eines Paul Gerhard, Johannes Scheffler oder Gerhard Tersteegen, wenn sie schreibt:

> Laß, was irdisch ist, verschwinden,
> Mach mich von dem Liebsten frei,
> Komm, mein Herze recht zu binden,
> Daß ich deine Magd nur sei;
> Jesu! Hier sind meine Ohren,
> Laß des Wortes scharfen Stahl,
> Sie an deiner Tür durchbohren,
> Als der Knechtschaft Ehren-Mal. (S. 207)

In diesen Jesu-Liedern bezeichnet sich Susanna Katharina als dessen Magd und ringt um ein festes Band mit ihm. »Feßle meinen Willen,/Bind ihn unendlich fest an Dich«, schreibt sie, und »Ich habe ihn gefunden,/ Er hat sich mir verbunden« (S. 208). Sie spricht vom »Versöhnungs-Blut, du Labsal kranker Seelen« (S. 208) und von dem »Vergnügen... nach jener frommen Ewigkeit« (S. 212). Gegenüber Liedern des 17. Jahrhunderts überwiegt die Heilsgewißheit, die Freude und Seligkeit über die Erlösung, wogegen sich die Erwähnungen von Christi Wunden und Leiden fernab von wirklichem Leiden verniedlicht und versüßt anhören. Doch sind Stil, Sprache und auch der Rhythmus der Lieder fließend und wirken – gegenüber der Herrnhuter Dichterei eines Zinzendorf – ausgesprochen modern. Allerdings nahm die Klettenberg in späteren Liedern auch das Herrnhuter Bild von der Seitenwunde Christi, in die sich der Gläubige wie eine Taube schützend setzt, auf und dichtete:

> Drum schließ mich in die Ritzen
> Deiner offenen Seiten hinein;
> kann ich nur ruhig sitzen
> als Dein liebes Täubelein,
> so bin ich recht wohl geborgen.
> Ich bin Dein so wie ich bin,
> und leg alle meine Sorgen
> auf Dein eignes Herze hin. (S. 201)

Die religiöse Bilderwelt, die sehr reduziert ist, wirkt fast spielerisch. Schwärmerei und ein Schwelgen in dem Gefühl der Seligkeit kommen in folgenden Versen zum Ausdruck, die an die Spindel, das Instrument und Zeichen weiblicher Beschäftigung, gerichtet sind:

> Komm, Spindel komm, froh soll die Hand dich lenken;
> Du läßt mir Kopf und Herze frei;
> Empfindungsvoll kann ich da fühlend denken;
> Das Andre ist doch Narretei. [90]

Das »Andre« waren die feinen Handarbeiten, der Pinsel, die Feder und die Bücher. Ihre Hingabe an die religiöse Empfindung, »fühlend zu denken«, dürfte denn auch für die entleerte, auf wenige Bilder reduzierte, religiöse Vorstellung der Klettenberg verantwortlich sein. Hier von Mystik zu sprechen, wie es auch bei den Herrnhutern noch geschieht, trifft nur insofern zu, als das Ende dieser Frömmigkeitsbewegung sich in den verharmlosten und entleerten Bildern äußert. Von dem eigentlichen Glaubenskampf, den Zweifeln, der Verzweiflung, der Suche, der Zwiesprache ist wenig geblieben. Stattdessen finden sich neben der gefühlvollen und seligen Stimmung eine ungewohnte Sicherheit und Selbstbehauptung.

Besonders aus den einstrophigen Gedichten, die sie 1774 Lavater übergab, spricht die Gewißheit der religiösen Seele, wenn sie dichtet:

> Wie kindlich darf ich mit ihm sprechen!
> Er gönnt mir stets ein offnes Ohr!
> Ihm trag ich alle mein Gebrechen
> Und alle meine Klagen vor!
> Wie leichte wirds dann meinem Herzen?
> Denn Er, Er nimmt an meinen Schmerzen
> Den zärtlichsten und treusten Teil.
> Umschließt Er mich mit seinen Armen
> Und tröstet mich durch sein Erbarmen,
> So werden meine Wunden heil! (S. 217)

Die Klettenberg wurde eine selbstbewußte, unabhängige Christin, von der der religiöse Schwärmer Lavater sagen konnte: »Wovon sie sprach, sprach sie mit ausnehmendem Verstand und einer Bestimmtheit, die nur der erfahrene, geübte Selbstdenker erreichen kann« (S. 41). Doch als er ihren Aufsatz »Aussichten in die Ewigkeit« las, notierte der »liebe Gottesschwätzer« (so nannte ihn Herder) in sein Tagebuch: »Kann alles unterschreiben, wenn schon einiges mehr durchdacht werden müßte« (S. 42). Gefühl und Verstand waren für die Klettenberg keine gegensätzlichen Pole, sondern sie versuchte, sie zu versöhnen. Ihre Gedanken kreisten in immer denselben Gängen, ohne wirklich theologisch oder philosophisch neue Positionen zu formulieren. Und an den sich ganz bescheiden abzeichnenden Position der autonomen Christin, die in der Freundschaft den Geschlechtsgegensatz und -unterschied aufzuheben versuchte, waren zeitgenössische Theologen und Literaten nicht interessiert. Sie verstanden sich durchaus als Gönner und Patriarchen gegenüber religiös oder literarisch interessierten und gebildeten Frauen. Doch öffentlich hätte Lavater natürlich die ihn schwärmerisch verehrende *adlige* Dame nicht kritisiert: er und andere Geistliche brauchten den entzückten weiblichen Umgang als Bestätigung ihrer (religiösen) Mission, ihrer patriarchalischen Stellung in der Religionsausübung.

Wer manipulierte hier wen? Lavater äußerte sich höchst anerkennend über die »Gleichförmigkeit ihrer Denkweise« (S. 44). Der unvermittelte Tod der Klettenberg verhinderte, daß diese Freundschaft, bei der zeitweise täglich Briefe gewechselt wurden, erkalten würde, da er sie jäh abbrach. Ob Lavater ihre Selbständigkeit länger toleriert, oder ob sie sich aus ihrer schwärmenden Anhänglichkeit (nicht Abhängigkeit) an den fernen Prediger zurückgezogen hätte, wie sie es bei (dem anwesenden) Fresenius, Moser, Trescho, den Herrnhutern getan hatte, können wir nicht sagen.

Goethe setzte ihr ein Denkmal als »schöne Seele«. War die Klettenberg eine »schöne Seele« im Sinne des ausgehenden 18. Jahrhunderts, wie Goethe sie darstellte? Goethe hatte die Klettenberg als Freundin der Mutter näher kennengelernt, als er 1768 als 19jähriger krank aus Leipzig in seine Vaterstadt zurückgekommen war; auch Katharina Susanna war in dem Jahre schwer erkrankt, und die beiden scheinen gegenseitig an ihrem Geschick Anteil genommen und gemeinsame Interessen verfolgt zu haben, wie das Lesen medizinisch-magischer Bücher und religiöser Schriften. In den Jahren hielt Goethes Mutter pietistische Versammlungen in ihrem Haus ab, und Goethe beschäftigte sich mit religiösen Fragen, doch als er nach seiner Genesung nach Straßburg gereist war, schrieb er im August 1770 an die Klettenberg:

Ich bin heute mit der christlichen Gemeinde hingegangen, mich an des Herrn Leiden und Tod zu erinnern... Mein Umgang mit denen frommen Leuten ist nicht gar stark, ich hatte mich im Anfange sehr stark an sie gewendet, aber es ist, als wenn es nicht sein sollte. Sie sind so von Herzen langweilig, wenn sie anfangen, daß es meine Lebhaftigkeit nicht aushalten konnte. [91]

Auch wenn Goethe eine Zeitlang während der Bekanntschaft mit der Klettenberg pietistischen Gedanken nahe stand, so war er doch weder ein Pietist noch ein enger Freund der Susanna Katharina geworden. Die mehr als dreißig Jahre später im Rückblick in *Dichtung und Wahrheit* geschriebenen Worte sind eine leicht ironische Verklärung der Beziehung, wenn er meinte: »Nun fand sie [die Klettenberg] an mir, was sie bedurfte: ein junges, lebhaftes, auch nach einem unbekannten Heil strebendes Wesen.« [92] Auch die Klettenberg hat sich, soweit ihre Aussagen erhalten sind, nie dahingehend geäußert, daß sie eine besonders enge Beziehung zu Goethe gehabt hätte, – er war der Sohn einer Freundin und Base aus der Frankfurter guten Gesellschaft –, auch wenn sie beide eine Begeisterung für Lavater, der in den 1770er Jahren in ganz Deutschland angeschwärmt wurde, teilten. In einem vertrauten Brief an Moser bemerkte sie über Goethe, »seine *inquiétudes* lächern micht«. [93] Mehr als der Abstand einer Generation trennte die beiden.

Als Goethe 1795 die »Bekenntnisse einer schönen Seele« schrieb, war es sicher nicht seine vornehmliche Absicht, ein Porträt der Klettenberg zu zeichnen, sondern vielmehr das Leben einer pietistischen Frau. Dazu benutzte er weitgehend biographische Daten aus dem Leben der Klettenberg; er kannte ihre Schriften und Lieder, viele ihrer Briefe und besaß noch Briefe von ihr, konnte sich bei seiner Mutter nach Einzelheiten erkundigen (obwohl der Briefwechsel aus den Jahren nichts enthält) und erinnerte sich sicher auch an Erzählungen der Mutter und anderer, sowie an seine eigene Bekanntschaft und Gespräche mit der Klettenberg. Daß ihm eine Autobiographie der Susanna Katharina vorgelegen hat, wie sie Pietisten als Lebensrückblick zu verfassen pflegten, ist möglich, aber weder beweisbar noch für das Verständnis der »Bekenntnisse« von Bedeutung. [94]

In Goethes »Bekenntnissen einer schönen Seele«, die dem Stil und der Anlage der Herrnhuter Autobiographien in vielem verpflichtet sind, blickt die Schreiberin zurück auf ihren Weg, der einem inneren Trieb folgend zu Gott geführt hat:

Es ist ein Trieb, der mich leitet und mich immer recht führet; ich folge mit Freiheit meinen Gesinnungen und weiß so wenig von Einschränkung als von Reue. Gott sei dank, daß ich erkenne, wem ich dieses Glück schuldig bin und daß ich an diese Vorzüge nur mit Demut denken darf. [95]

Die innere Freiheit und der Trieb bedeuten keine individuelle Verselbständigung ihrer Person, sondern sind ein Ausdruck ihrer engen Verbundenheit mit Gott, dem sie ihr inneres Glück schuldet. Es ist ein religiöser Trieb, dem die »schöne Seele« mit Freiheit und ohne Einschränkungen folgt. Ihren Weg beschreibt sie selbst in den feinsten Regungen mit psychologischer Selbstbeobachtung von ihrer Kindheitserkrankung im achten Lebensjahr bis zur Erfüllung ihres reifen Lebens. Sie wächst in der guten Gesellschaft einer Residenzstadt auf; nach der üblichen Privaterziehung, den Vergnügungen und Verliebtheiten als junges Mädchen, verlobt sie sich, löst nach einigen Jahren die Verlobung, um sich selbständig Gott zu widmen. Ein reicher Onkel vermittelt ihr den Platz einer Stiftsdame, sie erlebt den Tod ihrer Mutter, die äußerst reiche Verheiratung ihrer Schwester, das Heranwachsen der vier Kinder ihrer Schwester, den Tod ihres Vaters und zuletzt den ihrer Schwester und ihres Schwagers. Der alle überlebende reiche Onkel bestellt einen französischen Geistlichen zur Erziehung der Waisen, die dann im weiteren Verlauf des *Wilhelm Meister*-Romans als Natalie und Lothario eine wichtige Rolle spielen werden.

Goethe hat eine Reihe von wichtigen Änderungen gegenüber der Klettenberg-Biographie vorgenommen, besonders im späteren Verlauf ihres Lebens, nachdem sie die Freundschaft mit Philo (Moser) aufgegeben hat. Am wichtigsten ist die Hinzufügung des reichen und gebildeten Onkels, der eine Art Vormundstelle an ihr vertritt; er berät sie, versorgt sie und versucht, sie für bestimmte Überzeugungen zu gewinnen, ohne sie jedoch zwingen zu können. Er ist ein wohlwollender Patriarch, der natürlich den Lebenssinn und Zweck der »schönen Seele« so viel besser übersieht als sie selbst.

Der Lebenslauf dieser »schönen Seele« ist eng mit dem Geschehen des Romans verknüpft: Ihre Erzählung beeindruckt die Schauspielerin Aurelie, die Schwester des Theaterdirektors Serlo, und wirkt so beruhigend und tröstlich auf sie, daß sie ruhig und ohne Bitterkeit gegen ihren Liebhaber, von dem sie sich verlassen glaubt, stirbt. Auch auf Wilhelm haben die »Bekenntnisse« großen Eindruck gemacht, wie er später Natalie (der Nichte der »schönen Seele«, die ihr am ähnlichsten sieht) gegenüber gesteht:

Was mir am meisten aus diesen Schriften entgegenleuchtete, war, ich möchte so sagen, die Reinlichkeit des Daseins, nicht allein ihrer selbst, sondern auch alles dessen, was sie umgab, diese Selbständigkeit ihrer Natur und die Unmöglichkeit, etwas in sich aufzunehmen, was mit der edlen liebevollen Stimmung nicht harmonisch war. (518).

Doch obwohl Aurelie und Wilhelm die »schöne Seele« wegen ihrer »Reinlichkeit des Daseins« bewundern, sind die »Bekenntnisse« nicht leitbildgebend für die Personen des Romans. Zwar gesteht Natalie, daß sie den »Bekenntnissen« viel schuldig sei, doch relativieren ihre anderen Bemerkungen die positive Einschätzung dieses frommen Lebens. Natalie bemerkt, daß andere, die auch das Manuskript gelesen hatten, weniger begeistert geurteilt hätten:

Wenn nun eine schöne Natur sich allzu hart, sich allzu gewissenhaft bildet, ja, wenn man will sich überbildet, für diese scheint keine Nachsicht in der Welt zu sein. Dennoch sind die Menschen dieser Art außer uns, was die Ideale im Innern sind, Vorbilder, nicht zum Nachahmen, sondern zum nachstreben. (518)

Der Gemütszustand dieser »schönen Seele« wird somit als vorbildlich erachtet, nicht aber ihr Lebenslauf als nachahmenswert. Hier kritisiert Goethe die Passivität der »schönen Seele«, die er zwar als Gemütszustand anerkennen, nicht aber als exemplarische Lebensform verstanden wissen möchte. An die Stelle der *vita contemplativa* der Pietistin setzt er die *vita activa* der Turmgesellschaft. Noch ein weiterer Punkt der Kritik wird geäußert: die »schöne Seele« ist überbildet, sie hat sich zu viel mit sich selbst beschäftigt, wie Natalie sagt:

Eine sehr schwache Gesundheit, vielleicht zu viel Beschäftigung mit sich selbst, und dabei eine sittliche und religiöse Ängstlichkeit ließen sie das der Welt nicht sein, was sie unter andern Umständen hätte werden können. (517)

Die »schöne Seele« hat nicht ihre Aufgabe in der Welt erfüllt. Hier wird nicht nur ihre Religiosität und Introvertiertheit kritisiert, wie alle Interpreten meinen, sondern auch die Rolle der »schönen Seele« in der Gesellschaft, ihre Rolle als Frau.

So ist die Schilderung des Lebensweges durchgängig mit Bemerkungen versehen, die auf die Nichterfüllung dieser »schönen Seele« in ihrer Rolle als Frau weisen. Die »schöne Seele« deckt mit ihren eigenen Worten, ohne sich dessen bewußt zu werden, ihre *unweibliche* Rolle auf. Wegen ihrer Wißbegierde nennt ihr Vater sie schon einen »mißratenen Sohn« (360). Sie liest viel zu viele Bücher, wird ein »halbkluges Mädchen« und der Gedanke an den Ehestand hat für sie »etwas Schreckhaftes« (370). So ist sie viel zu sehr mit sich selbst beschäftigt, um eine gute Verlobte und später eine folgsame Ehefrau zu werden. Sie lehnt jede sexuelle Annäherung des Verlobten streng ab, und die Verlobung geht auseinander, als sie handelt, wie es ihr »ums Herz« ist, als sie ihre Entscheidung nur von sich selbst abhängig macht und keine Art von Zwang dulden will (379). Ihre Selbständigkeit, ihr Unwillen und Unvermögen, sich dem Bräutigam unterzuordnen, ihre Aversion gegen alles

Sexuelle verstoßen gegen ihre weibliche Rolle und Pflicht. Sie ist ein Mädchen, das »Gott mehr schätzte als ihren Bräutigam« (383), eine Frau, die aus Furcht vor der sexuellen Liebe diese ganz vermeiden wollte und sich damit auch ihrer späteren Rolle als Ehefrau und Mutter bewußt entzieht. Nachdem sie ihren Verlobten abgewiesen und dazu noch einige andere Bewerber ausgeschlagen hat, wird ihr Leben zwar immer frommer, gleichzeitig aber auch immer statischer, immer mehr um ihre eigene Seele zentriert, und es wird ihr zunehmend eine Last, ihre weiblichen Aufgaben in der Verwandtschaft wahrzunehmen. Zwar pflegt sie pflichtbewußt ihre Mutter, dann ihre Schwester und zuletzt ihren Vater bis zu deren Tod, aber sie tut es ohne Hingabe oder Freude. An der Familie und den Kindern ihrer Schwester nimmt sie dann wenig Anteil, und als diese verwaist sind, bemüht sie sich auch nicht besonders um sie. Dennoch schmerzt es sie, daß der Oheim die Kinder absichtlich von ihr fernhält und zur Erziehung der Waisen einen französischen Abbé bestellt, denn nachdem die »schöne Seele« schon einmal mit der Lösung der Verlobung und dem Abweisen anderer Freier die natürliche Mutterschaft ausgeschlagen hat, würde sie nun doch gern die Mutterstelle an den Kindern ihrer Schwester vertreten. Doch ist sie in den Augen des Oheims viel zu sehr auf ihr Inneres und ihren eigenen Tugendweg eingestellt, um diese weibliche Pflicht wahrnehmen zu können. Deshalb möchte der im Roman deutlich als leitbildhafte Vaterfigur gezeichnete Oheim sie auch überhaupt nicht in der Nähe der Kinder wissen. So zerrinnt ihr Leben am Schluß ohne Leistung, ohne konkrete Aufgabe, ohne diesseitiges Schaffen und nur ein statisches Bild abstrakter Glückseligkeit bleibt zurück. Die »schöne Seele« ist als Frau und Mensch steril geblieben und hat versagt, so impliziert der Autor der »Bekenntnisse«.

Eine psychoanalytische Deutung der »Bekenntnisse« hat gezeigt, daß Goethe in der Religiosität der »schönen Seele« eine sexuelle Neurose darstellt, eine Sublimation neurotisch verdrängter Sexualität. [96] Das kränkliche Mädchen Susanna entwickelt während der Pubertät in der Begegnung mit ihrem Französisch-Lehrer, der ihre sexuellen Phantasien genüßlich verfolgt, sie dafür bestraft und zugleich plumpe Annäherungsversuche macht, eine lebenslange Furcht vor Männern und Sexualität. Susanna sublimiert ihre Schuldgefühle in ihrer sinnlich-triebhaften Gottesverehrung, während sie allen Männern sowie ihrer eigenen Sinnlichkeit ablehnend gegenübersteht. Die Neurose läßt sich auf ein Pubertätserlebnis mit einer männlichen Autoritätsfigur, mit einem älteren Mann zurückführen, der seine natürliche Autorität als Lehrer und als attraktiver, reifer Mann mißbrauchte, indem er sich seiner Schülerin sexuell näherte und ihre Unerfahrenheit und Unreife ausnutzte.

Diese moderne Leseart der »Bekenntnisse« unterstreicht um so mehr, wie sehr die »schöne Seele« als *Frau* gebrandmarkt wird, weil sie sich weigert, männliche Autorität anzuerkennen, sich dieser zu beugen und ihr Leben als Pflichterfüllung unter dieser Autorität zu führen. Die »schöne Seele« wählt nach der Enttäuschung und Verwirrung über den Autoritätsmißbrauch ihres Lehrers, der später in einer anderen Variante noch einmal mit dem Verlobten erlebt wird, den einzigen ihr verbleibenden Weg, der sie von männlichem Autoritätsmißbrauch befreien wird, das religiöse Leben einer Pietistin. Daß dabei ihre sinnliche Natur in ihrer mystischen Gottesverehrung eine Art von Sublimierung erhält, bildet die Autonomie ihrer Person in ihrer eigenen Welt; nur so kann sie sich von ihrer Anhänglichkeit an ihren Verlobten langsam befreien: nach jahrelangen Kämpfen stellt sie Gott höher als ihren Bräutigam und alle anderen Männer. Von nun an kann sie die Ansprüche aller anderen Männer abweisen, die geistige Autorität ihres Oheims und die physische Anziehungskraft ihres späteren Freundes Philo. Sie geht ganz ihren eigenen Weg, ist ebenso selbständig wie selbstbewußt in religiösen Fragen, wo sie zwar als Pietistin gezeichnet wird, aber nicht als schwärmerische Mitläuferin, sondern als eine, die sich doch fein von den Herrnhutern, von Zinzendorf und anderen Pietisten distanziert, wenn ihr Nachdenken und ihr innerer Trieb sie anders führen.

Mit ihrer durchaus eigenständigen *vita contemplativa* kann sie sich allen Ansprüchen, die die Männer der patriarchalischen Gesellschaft an sie als Frau stellen, entziehen. Sie verweigert den Geschlechtsverkehr, sie lehnt es ab, sich durch die Kunstauffassungen des Onkels bevormunden zu lassen, und sie weigert sich, eine Geliebte und Mutter zu werden. Sie folgt »der Freiheit ihrer Gesinnungen«, wie sie am Schluß der »Bekenntnisse« noch einmal ausdrücklich bestätigt. Damit hat »die schöne Seele« bewußt den Weg der Nonne gewählt, die im Namen Gottes ledig bleibt. Bei den Protestanten aber ist sie als Ledige eine »Sünde wider die Theologie«, bei Goethe eine Sünde wider die »moderne« weibliche Rolle. So entfernt der Oheim sie denn auch aus der Welt Wilhelm Meisters, sie wird nicht zur Erzieherin von Natalie und Lothario. Mehr noch, sie ist längst gestorben, ehe die Romanfiguren zu handeln beginnen. Ihre »Bekenntnisse« werden gelesen und ihre Wirkung besprochen, doch sie ist im Romangeschehen eine Tote unter Lebendigen, deren Lebensgeschichte ein lebloses Ideal darstellt.

Goethes Kritik an der »schönen Seele« trifft ihre *vita contemplativa*, der er die weibliche Rolle der liebenden Ehefrau und Mutter entgegenhält, wie sie dann in der Nichte Natalie (die dem äußeren Bild ihrer Tante gleicht, nicht aber den Lebensweg der »schönen Seele« nachahmt) zeichnet. Natalie wird schließlich – nach anfänglichen Verwirrungen – als Braut Wilhelm Meister zugeführt. Natalie verkörpert die wahre »schöne Seele«, die in der weiblichen Sphäre aktiv, mütterlich und liebend ist. Das Leitbildgebende dieser Weiblichkeitskonzeption ist nicht zu übersehen. Die liebende Frau und Mutter als »schöne Seele« wird als ideale Form des Weiblichen präsentiert, nicht die selbständige Gottessucherin Klettenberg.

Goethes Ästhetisierung des pietistischen Lebens als »schöne Seele« – die Klettenberg nannte sich nicht so und wurde nie so genannt – weist auf die Veräußerlichung der religiösen Haltung hin. Die tugendhafte Gottsucherin wurde zur tugendhaften Geliebten (und Ehefrau). Sicher war die »schöne Seele« oder »belle âme« ein Modewort der empfindsamen Bürger im späten 18. Jahrhundert. Caroline Flachsland als Herders Braut oder Sophie Gutermann (die spätere LaRoche) als Wielands Verlobte zählten dazu; Wielands Romanhelden begegnen ihr. [97] Schiller sah in der »schönen Seele« die ideale Weiblichkeit, wie er es in seiner Abhandlung *Über Anmut und Würde* formuliert hat:

Die schöne Seele hat kein anderes Verdienst, als daß sie ist… In einer schönen Seele ist es also, wo Sinnlichkeit und Vernunft, Pflicht und Neigung harmonisieren, und Grazie ist ihr Ausdruck in der Erscheinung… Alle Bewegungen, die von ihr ausgehen, werden leicht, sanft und dennoch belebt sein. Heiter und frei wird das Auge strahlen, und Empfindung wird in demselben glänzen.

Die Statik aller Verben, mit denen die »schöne Seele« beschrieben wird, signalisiert ihren Zustand als ein passives »Sein«, nicht ein aktives Leben. Und damit war die Frau aus der Realität, aus dem täglichen Leben verbannt in die erhabene Welt bürgerlicher Kunst und Philosophie. Für eine selbständige, religiöse Lebensform war für Frauen endgültig kein Platz mehr; jetzt konnten sie als Musen den Dichter inspirieren, als Geliebte ihn befriedigen, als Ehefrauen ihm dienen. In dieser Goetheschen Fiktion der »schönen Seele« spiegelt sich die Vereinnahmung der Pietistin ins Patriarchat und die Rücknahme der im Religiösen erreichten Mündigkeit.

Drittes Kapitel

Schülerin und Lehrerin:
Bildung und Erziehung

Frauen haben nichts gelernt und was sie besitzen,
sind die ererbten Vorurteile einer vollkommen ungebildeten Mutter.
Juan Luis Vives, Von der Unterweisung einer christlichen Frau, 1523.

MAGDALIA: *In Spanien und Italien gibt es einige wenige Frauen*
vornehmen Standes, die sich mit jedem Manne messen können; in
England sind es die Töchter des Morus, in Deutschland die Pirckhei-
mer und Blaurer. Wenn ihr euch nicht vorseht, kommt es schließlich
dahin, daß wir den Vorsitz in den Theologenschulen führen, in Kir-
chen predigen und eure Mitren in Beschlag legen... Ihr seht die Sze-
nen schon wechseln auf der Weltbühne. Herunter mit den Masken,
damit jeder seine eigene Rolle spiele!
ANTRONIUS: *Davor möge uns Gott bewahren!*
Erasmus von Rotterdam. »Unterhaltung eines Abtes
und einer gebildeten Frau«, Gespräche, 1521/29.

Auch die Frauen sollen Charakter haben, auch sie sollen sich nicht
an die Dinge, an die Welt verlieren. Auch sie sollen sich als eine
eigentümliche Welt darstellen.
Betty Gleim, Über die Bildung der Frauen und die Behauptung
der Würde in den wichtigen Verhältnissen ihres Lebens, 1814.

Bildungsprogramme und Leitbilder für Frauen

Die Theoretiker weiblicher Bildung in der Frühen Neuzeit waren ausschließlich Männer; diese stellten auch bis zum ausgehenden 18. Jahrhundert die wirksamen Leitbilder für Frauen auf, um aus betont männlicher Perspektive ihre Vorstellungen von dem, was eine Frau sei und sein
solle, zu propagieren und Mädchen dementsprechend zu erziehen.
Dabei blieb diese Erziehung fast völlig den Familienumständen, den
Eltern oder Vormündern überlassen; Mädchen waren von allen Erzie-
hungsinstitutionen, die geistige Bildung und berufliche Befähigung vermittelten, wie die Lateinschulen und Universitäten, ausgeschlossen. Sie
wuchsen im Haus in ihre weibliche Rolle hinein, wurden höchstens
durch weibliche Bezugspersonen, die adeligen durch eine Hofmeisterin

oder Gouvernante auf ihre spätere Rolle als Hausfrau und (Landes-) Mutter vorbereitet. Nur für die begrenzte Erziehung als Christin, die zur Konfirmation oder Firmung führte, erhielten sie ganz elementare religiöse Unterweisung. So behandeln die Bildungsprogramme dieser Zeit vornehmlich die christlichen und hausmütterlichen Tugenden, die eine Frau für die patriarchalische Familie ausbilden soll.

Im Mittelalter war geistige Bildung den adligen und geistlichen Führungsschichten vorbehalten; im 13. Jahrhundert hatte zwar der Dominikaner Vinzenz von Beauvais in seiner Schrift *De eruditione filiorum nobilium* (Über die Erziehung fürstlicher Kinder) erstmals auch adligen Töchtern einen kurzen Abschnitt gewidmet, doch erst die Humanisten stellten auch für die Bildung des (wohlhabenden) Bürgertums theoretische Forderungen auf, erörterten die Gründe und schlossen Frauen ausdrücklich in die Bildungsprogramme mit ein. Einige widmeten der weiblichen Bildung kleine Abhandlungen wie der gebürtige Spanier Luis Vives (1492–1540), der lange in den spanischen Niederlanden lebte und im Anschluß an seine Erziehertätigkeit (seit 1516 war er Institutor des jungen Kardinals Wilhelm Croy in Louvain) mehrere pädagogische Traktate verfaßt hat. Seine Schrift *De institutione feminae Christianae* (1523) [1] war der aus Spanien stammenden englischen Königin Katharina von Aragon gewidmet, von der Vives als Erzieher an den englischen Hof Heinrichs VIII. berufen wurde, wo er dessen Tochter, die Prinzessin Maria, unterrichtet hat, bis er 1528 dann durch Verwicklung in den Ehestreit in Ungnade gefallen ist. In seiner Schrift behandelte Vives eingehend die Mädchenerziehung und das Verhalten der Frau als Gattin und Mutter.

Vives trat für die Bildung der (vornehmen) Frau ein, weil nur so eine wahrhaft fromme, christliche Frau herangezogen werden könne. Er stellt fest, daß die Frauen seiner Zeit nichts gelernt haben, »und was sie besitzen, sind die ererbten Vorurteile einer vollkommen ungebildeten Mutter« (S. 18). Es sei die Aufgabe des Staates, für die Bildung der Frauen zu sorgen. Lesen, Schreiben und das Studium ausgewählter lateinischer Klassiker, Unterweisung in der Verwaltung des Hauses (Spinnen, Nähen, Weben, Kochen), ärztliche Regeln und Gesundheitsvorkehrungen stehen auf seinem Programm. Vives schlägt Übungen und Lektüre in der Muttersprache und in Latein vor, um die Ausdrucksfähigkeit der Frau zu schulen. Beim Leseunterricht sollen nur nützliche und moralische Werke christlicher Dichter (z.B. Fabeln) gelesen werden; Autoren wie Sappho oder Properz lehnt er als unnütz ab; er bekämpft die *Amadis-*

Romane und solch »verpestete Bücher« wie Poggios *Facetien* oder Boccaccios *Decamerone* – Liebesgeschichten sind schon hier keine geeignete Lektüre für das Mädchen, das ganz zur christlichen Hausmutter erzogen werden soll.

Das von den Eltern begonnene Erziehungswerk soll vom Ehemann fortgesetzt werden, wie Vives in seiner Schrift *De officio mariti* (1528, *Über die Pflicht des Ehegatten*) als Anhang zur spanischen Übersetzung der *Erziehung der christlichen Frau* darlegt. Wie Luther und die Reformer erblickt auch der Katholik Vives in der Ehe die gültige Form des christlichen Lebens; wie diese gliedert er die Frau in die christlich-patriarchalische Gesellschaft ein, wenn er sagt: »Ein verdörrter Baum nur ist der Mann, dessen Haupt nicht Christus ist; kopflos ist die Frau ohne den Ehemann« (S. 25). Vives formuliert hier, wie gleichzeitig Luther in seinen Schriften, die unter den Humanisten vielfach diskutierte und beschriebene Struktur eines christlichen Hausstandes.

Neu und wichtig bei Vives ist das Eintreten für die geistige Bildung der Frauen (auch wenn das Ziel hier ganz die tugendhafte Hausfrau und Mutter ist), denn er hält das weibliche Geschlecht »auch der größten Dinge für fähig«. Damit ist die antike und noch mittelalterliche Streitfrage, »ob die Frau etwa eine Seele habe?« nun endgültig überwunden und eine neue Frage aufgegriffen worden: wie die weibliche Erziehung beschaffen sein soll, um auf die weibliche Rolle der christlichen Ehefrau und Mutter vorzubereiten – eine Frage, über die auch am Ende des 18. Jahrhunderts noch mit ähnlichen Argumenten diskutiert werden wird, wie es schon Vives tut! Für diese im 16. Jahrhundert neue Frage, wie nämlich die weibliche Bildung beschaffen sein soll, bringt Vives eine entscheidende Wendung: er befürwortet geistige Bildung (Lesen und Schreiben), d.h. Ausbildung der Muttersprache und Einführung in die Kirchen- und Gelehrtensprache, Latein, mit nicht nur religiösen Texten, sondern auch mit Texten der klassisch-antiken literarischen Tradition.

Ähnlich sehen andere Humanisten weibliche Bildung. Erasmus behandelt in seiner 1526 erschienen Schrift *De institutione matrimonii Christiani* (*Über die christliche Ehe*) im letzten Abschnitt die Mädchenerziehung, die, so führt er aus, schwieriger sei als die der Jungen. Vor allem müsse ein Mädchen zur Keuschheit und Sittsamkeit erzogen und von allem ferngehalten werden, was diesen Endzweck in Frage stellen kann. So steht auch bei Erasmus wie bei Vives die Erziehung zur Sittlichkeit im Vordergrund. [2] Diese sieht Erasmus hauptsächlich durch den Müßiggang gefährdet, gegen den er das Gebet und die Beschäftigung mit den

Wissenschaften empfiehlt, da diese den Geist beständig in Anspruch nehmen und dadurch vor Verirrungen bewahren. Er tadelt mit scharfen Worten die Erziehungsweise seiner Zeit, die auf elegante Verbeugungen, auf das Schließen der Lippen beim Lachen und andere Äußerlichkeiten Gewicht legte. Was die intellektuelle Bildung der Mädchen betrifft, so stellt Erasmus ähnliche Forderungen auf wie Vives. Er will, daß Mädchen sich geschichtliche Kenntnisse aneignen und die »christlichen Dichter« wie Prudentius, Aratus oder Juvencus mit Fleiß lesen. In seinen *Colloquia* widmet Erasmus einen eigenen Dialog der »Erudita puella« (dem gelehrten Mädchen) und empfiehlt klassische Studien für Frauen, damit diese mit den Autoren des Altertums vertraut werden können.

Da die Humanisten mit den einflußreichen Männern ihrer Zeit Beziehungen anzuknüpfen verstanden, fanden ihre Ideen in bürgerlichen und fürstlichen Kreisen Eingang. Das Zeitalter der Renaissance und des Humanismus kennt erstmals in seinen Städten, besonders in Italien, Spanien, England und Frankreich [3], eine ganze Reihe gebildeter, vornehmer Frauen. Hatte schon Erasmus gegenüber Vives die moralische Bildung der Frau besonders betont, so waren Luther und mit ihm die Protestanten nur an der Erziehung zu christlichen Tugenden interessiert: »Wollte Gott, eine jegliche Stadt hätte auch eine Mädchenschule, darinnen des Tags die Maidlin eine Stunde das Evangelium hörten, es wäre zu deutsch oder lateinisch« [4]; auf diese Formel Luthers läßt sich das Erziehungsprogramm der Protestanten bringen, das eine von den Jungen getrennte Schule und einen eigenen Lehrplan für die Mädchen vorsieht. Mehr als elementare Kenntnisse im Lesen, Schreiben und ein wenig Rechnen für die Haushaltung sind dabei für Mädchen nicht vorgesehen. Obwohl protestantische Kreise bis heute auf die Bildungsfreudigkeit der Reformatoren und auf die großen Leistungen des Protestantismus im Erziehungswesen hinweisen, blieben Luther und die Reformation doch, was die Mädchenbildung anbetraf, weit hinter dem Bildungsprogramm der Humanisten zurück. [5]

So verlief die Diskussion über weibliche Bildung im 17. und frühen 18. Jahrhundert theorielos und desinteressiert; neben vereinzelten Hinweisen auf die natürlichen Verstandeskräfte auch des weiblichen Geschlechtes etwa bei Johann Valentin Andreä oder bei Comenius, stehen einige Klagen über die völlige Vernachlässigung weiblicher Bildung wie in der gesellschaftspolitischen Schrift *Christen-Staat* (1693) des Ludwig von Seckendorff, der Kanzler im Dienst Herzog Augusts des Frommen von Gotha war:

Bei Kerzenschein betrachten Mutter und Kind Bilder in einem Buch,
auf dem Tisch liegen Lichtschere und Schreibzeug –
ein Sinnbild für die erste Unterweisung des Jungen
im Sehen, Erkennen, Benennen,
dem Kopieren und selbständigen Nachzeichnen durch die Mutter
(Federzeichnung von J. de Gheyn, um 1600).

Augſpurg, bey Albrecht Schmid ſel. Erben, Haus und Laden auf dem untern Graben.

Getrennte Stadtschule für Jungen und Mädchen im 17. Jahrhundert –
Augsburger Flugblatt.

Es ist kein geringer Fehler / daß man dißfalls so wenig darauff siehet/ und das Weibs-Volck zum theil zu schlecht und zu sclavisch theils zu hoch und ohne Ordnung hält... Ist also eine große und unverantwortliche Nachlässigkeit/ daß so wenig Sorge für die Unterweisung und gute Erziehung des weiblichen Geschlechts getragen wird. Ein sehr weniges geschieht in den Mägdlein-Schulen/ und bleibet gemeiniglich nur bey dem alleruntersten Grad der Catechisation/ Gleichwohl spüret man/ wie fähig das Weibs-Volck aller Lehre ist/ dazu man sie ziehen will/ so weiß man auch/ was sie in Regierung der Gemüther vermögen. [6]

Gegen das Desinteresse an weiblicher Bildung vermochte auch der vielbeachtete lateinische Traktat der »gelehrten Frau«, der hochbegabten Holländerin Anna Maria von Schurman, *De capacitate ingenii muliebris ad scientias* (1638; Über die Eignung des weiblichen Verstandes für die Wissenschaften [7]) nichts auszurichten. Die Schurman verteidigte hier die Ansicht, daß Frauen sehr wohl die erforderlichen geistigen Gaben besitzen, um zu studieren; auch wenn die Akademien und Universitäten ihnen verschlossen sind, können sie durch Privatlehrer und Selbststudium – wie es die Schurman getan hatte, die elf Sprachen konnte und sich ein reiches Wissen auf allen Gebieten angeeignet hatte – in alle Wissensgebiete vordringen. Doch blieb Anna Maria van Schurman mit ihrer Meinung und als gebildete Frau eine vereinzelte Ausnahme.

Im Sinne seines Jahrhunderts sprach vielmehr der Amtmann und satirische Schriftsteller Hans Michael Moscherosch in seiner Schrift *Insomnis Cura Parentum · Christliches Vermächtnuß oder Schuldige Vorsorg Eines Trewen Vatters* (1643): »In einer Jungfrawen hand gehören diese zwey stücke: Ein Bettbuch vnd Eine Spindel.« [8] Religion und Handarbeit waren nützlich, um die Frau in ihrer Unwissenheit und Unmündigkeit zu belassen, an geistige Bildung für die Frau dachten die männlichen Pädagogen und die meisten Väter nicht.

Der Protestantismus hatte keine eigentlichen Leitbilder für Frauen; während bei den Katholiken nach wie vor die Jungfrau Maria, die Legenden weiblicher Heiliger und die Nonnen eine leitbildgebende Funktion hatten, so konnten sich protestantische Mädchen und Frauen nicht an individuellen, religiösen, weiblichen Vorbildern orientieren. Weder die jeweilige »Landesmutter«, Herrin oder gar die Pfarrersfrau konnten in der Frühen Neuzeit für Frauen zum Vorbild werden. Es gab dagegen nur das Schreckgespenst der Hexe! Wohin die protestantische Frau auch schauen mochte, sie sah nur Männer, die alles, auch ihre Bildung und ihr Wesen, bestimmten.

Einigen Widerhall fand auch in Deutschland das Bildungsprogramm

des französischen Abtes Fénelon, *Traité sur l'éducation des filles* (1687), das
der Pietist und Pädagoge August Hermann Francke in deutscher Übersetzung *(Von der Erziehung der Töchter)* schon 1698 erscheinen ließ. [9]
Fénelon war im Gefolge der feministischen Bestrebungen in Frankreich
für die Mädchenbildung eingetreten, hatte diese aber ganz in den
Dienst der weiblichen Bestimmung zur christlichen Ehefrau gestellt. Die
sich so progressiv gebende Schrift Fénelons, die in der Geschichte der
Erziehung immer wieder als wichtiger Schritt für die Bildung der Frau
bezeichnet wird, spiegelt vielmehr die reaktionären Tendenzen im
Frankreich des ausgehenden 17. Jahrhunderts wider und ist ein konser-
vativer Versuch, die Emanzipationsforderungen adliger Frauen in patriarchalische Bahnen zu lenken und zu entkräften [10]: Das Erziehungsprogramm Fénelons verfolgte hauptsächlich das Ziel, arbeitsame,
dem Luxus abgewandte, natürlich-einfache Mütter für die luxuriös lebenden, moralisch degenerierten französischen Adelsfamilien des *ancien
régime* heranzubilden, die durch ihr Vorbild und die Erziehung der Kinder zur Tugend diesen Verfall aufhalten könnten.

Im 18. Jahrhundert wurden dann auch in Deutschland die Forderungen der Aufklärung nach Bildung und Entwicklung des Menschen zögernd auf die Frau ausgedehnt. Bildung und Erziehung für Frauen wurden ausführlich diskutiert – ausschließlich von männlichen Autoren und
Pädagogen, die dem Bildungsbürgertum angehören. Doch kommen die
Anstöße und Leitbilder zunächst aus dem Ausland, aus England und
Frankreich: es sind die Moralischen Wochenschriften in den ersten Jahrzehnten des 18. Jahrhunderts und die Erfolgsromane Richardsons in den
1740er und 1750er Jahren, dann die Schriften Rousseaus in den 1760er
Jahren. Dieser Literatur, die schnell übersetzt wird und viele Nachahmer
in Deutschland findet, ist gemeinsam, daß Lebensbereiche und -fragen
der Familie und der Frau mit angesprochen und dargestellt werden, so
daß Frauen ihr Leben darin gespiegelt sehen und versuchen können, sich
daran zu bilden und zu entwickeln.

Die Moralischen Wochenschriften bringen nach dem erfolgreichen
Vorbild der englischen Essayisten Steele und Addison [11] in kleinen
Erzählungen, Typen- und Sittenschilderungen (»Gemälden«), Briefen
und fingierten Dialogen zwischen Vertretern verschiedener Gesell-
schaftsgruppen oder Geschlechter Fragen des praktischen Alltagslebens
oder der geistigen Beschäftigung. Ehe, Frauenbildung, Beurteilung von
Kunst und Literatur, Moral und Verhaltensregeln sind Themen, die die
Frauen besonders ansprechen. Als Leserinnen werden Frauen bewußt

kultiviert: hier ist einmal ein Markt zu erobern, die begüterten Frauen aus der gehobenen Bürgerschicht können diese zumeist monatlich erscheinenden Schriften von ihren Ehemännern kaufen lassen und damit finanzieren helfen. Zum anderen äußert sich in den Aufsätzen die belehrende Bevormundung der Herausgeber besonders für das weibliche Publikum, dem – ähnlich wie in der Predigt – Lebenshilfen und Verhaltensregeln gegeben werden müssen. Patriarchalisch-didaktische Interessen gingen Hand in Hand mit wirtschaftlichem Nutzen.

Damit verbunden war der Appell an die Leserinnen, ihre geistigen Fähigkeiten zu entwickeln. Typisch für diesen Appell war die (fingierte) Stimme einer Frau im *Hamburger Menschenfreund* von 1739:

Sind wir denn nicht so wohl vernünftige Creaturen, als die Mannspersonen? Und haben wir nicht das Recht, wie sie, unseren Verstand aufzuklären, die Schönheit der Tugend zu erkennen, und dasjenige aus den Wissenschaften zu lernen, was uns vernünftiger, angenehmer und leutseliger machen kann? [12]

Bildung durch Lesen wird für Frauen propagiert, sie werden aufgefordert, ihren Verstand zu gebrauchen und Lebensklugheit zu erlernen; das bedeutet aber keineswegs eine wissenschaftliche oder auf einen Beruf hinzielende Ausbildung, sondern es bedeutet Bildung der eigenen Persönlichkeit, von Tugenden und geselligen Fertigkeiten. »Kein Frauenzimmer muß eine Gelehrte von Profeßion werden« (*Der Gesellige*, 1748), heißt die Losung, und das bleibt eine feste Regel für das ganze 18. Jahrhundert und weit darüber hinaus. Geistige Bildung und moralische Entwicklung der Person aber bedeutet einen Schritt auf dem Wege der Individuation und Selbstbehauptung, einen Schritt aus dem Kollektiv der Hausmutter und Gebärerin.

Bei dem Interesse der Frauen an weiblichen Themen (nicht an gelehrten oder religiösen Fragen) konnten Richardsons Romane in England, wo die Familie des Mittelstandes und dessen Frauen zum Geschmacksträger der schönen Literatur wurden, wie dann auch in Deutschland ansetzen. Der 50jährige Buchdrucker Samuel Richardson (1689–1761), ein väterlicher Berater ihm befreundeter Frauen, nahm Stoffe aus dem weiblichen Leben und schrieb aus betont weiblicher Perspektive seinen ersten Roman *Pamela, or Virtue Rewarded. In a Series of Familiar Letters from a Beautiful Young Damsel to Her Parents* (1740). [13] Die 15jährige Häuslertochter Pamela Anders kommt als Dienstmädchen in das vornehme Haus der mütterlichen Mrs. B., die sie wie eine junge Dame erzieht. Nach deren Tod ist Pamela den Nachstellungen des Sohnes

Mr. B. ausgesetzt, der ihre gesellschaftliche Abhängigkeit ausnutzt. Obwohl Pamela seinen Nachstellungen schlagfertig und geistesgegenwärtig widersteht – anders als bei Kleists *Marquise von O.* hilft ihr in der Not ein Ohnmachtsanfall –, gibt sie schließlich auf Anraten ihrer Eltern die Stellung auf, wird aber auf der Reise überfallen und auf Mr. B.'s Landsitz verschleppt. Dort erhält sie Schreibverbot und führt heimlich ein Tagebuch, was später durch Zufall in Mr. B's Hände gerät. Er wird beim Lesen so von ihrem Wesen und ihrer Unschuld ergriffen, daß er sie (die von ihm und seinem Geld doch insgeheim fasziniert ist) gegen den Widerstand der Gesellschaft und seiner Familie heiratet.

Eine ähnliche Verführungsthematik, ähnliche Gegensätze zwischen bürgerlicher Tugend und aristokratischer Verantwortungslosigkeit, aber auch Rücksicht, Herzlichkeit und Aufrichtigkeit in menschlichen Beziehungen (in der Familie, zwischen Frauen und Männern) schildert Richardson in *Clarissa, or the History of a Young Lady* (1748), wo er trotz sadistischer Szenen und tragischem Ausgang die Träume und Wunschvorstellungen seiner weiblichen Heldin psychologisch einfühlsam gestaltet. Auch in seinem letzten Roman, *Sir Charles Grandison* (1753–54), werden Intimitäten des Familienlebens dargestellt. An diesen Romanstoffen, die die Tugend- und Autoritätskonflikte der bürgerlichen Frauen artikulieren, können die Leserinnen sich bilden, sich orientieren, mit ihren Wunschvorstellungen anknüpfen.

Weibliche Tugend und Liebe wurden große Themen der schönen Literatur in Deutschland, so in Gellerts *Das Leben der schwedischen Gräfin* (1747/48) oder in Sophie La Roches *Die Geschichte des Fräulein von Sternheim* (1771). [14] Während Richardson als väterlicher Freund und als väterlicher Erzieher für Frauen schrieb und seinen fiktiven Frauengestalten ein Eigenleben und Erleben zugestand (bei Gellert ist das viel weniger der Fall), setzen sich mit Rousseau die Perspektive des Mannes als Liebhaber und dessen Ansprüche an die Frau durch. Besonders sein Roman *Émile ou de l'éducation* (1762) übte großen Einfluß auf die Konzeption vom Wesen der Frau und ihrer Bestimmung aus. Als fiktionale Biographie mit pädagogischen Absichten konzipiert, enthielt der Roman eine anthropologisch-psychologische Begründung der Erziehung, die aus der »Natur« und Entwicklung des Menschen abgeleitet wurde. Zentraler Blickpunkt war aber bei Rousseau nicht der Mensch schlechthin, sondern der Mann, Émile.

Das fünfte Buch enthält neben allgemeinen Betrachtungen über Frauen und ihre Erziehung die Entwicklungsgeschichte der Sophie, da nämlich Sophie dem Emile als Gattin bestimmt ist. Es fällt sofort auf, daß Sophies Entwicklung nicht den Erziehungsgrundsätzen unterliegt, die in den vorangehenden vier Büchern als allgemeingültig entwickelt worden waren; die Phasen ihrer (weiblichen) Entwicklung sind weniger klar unterschieden und nicht systematisch dargestellt. Sophie durchläuft keinen eigengesetzlichen Wachstumsvorgang, sondern ist ganz auf ihre dem Manne dienende, weibliche Bestimmung hin festgelegt, und diese Bestimmung ist die der liebenden Ehefrau und Mutter: »La femme est faite spécialement pur plaire à l'homme« – die Frau ist geschaffen, um dem Mann gefällig zu sein, lautet die vielzitierte anthropologische These Rousseaus, und: »Es ist ihre eigentliche Bestimmung, Kinder zu gebären.« [15] Émile dagegen entwickelt sich wie ein frei über sich selbst verfügender, ein mündiger Mensch; Sophie ist ganz auf die Liebesehe mit dem Mann hin konzipiert. Zwar meinte Rousseau, daß Mann und Frau – bei allen körperlichen Unterschieden – von Natur aus geistig ebenbürtig seien, aber er betonte ebenso die Unterschiede in ihrer Persönlichkeit. Der Mann ist aktiv, stark, der Gebende; die Frau ist passiv, schwach, die Empfangende.

Nach Rousseau sind Funktion und Rolle in der Gesellschaft so verteilt, daß der Mann für das Leben erzogen werden muß, die Frau für *sein* Haus. Dieses »Haus« erfordert aber eine Ehefrau *und* Geliebte; die Erziehung des Mädchens bedeutet für Rousseau im wesentlichen Erziehung zur liebenden Ehefrau. Männliche Perspektive, Ansprüche und Bedürfnisse sind überall bestimmend, sie werden als selbstverständlich hingestellt. Rousseau hat einen »modernen« Typus der unmündigen »Hausmutter« beschrieben, aber eine »Hausmutter« ist sie allemal; diese neue Version ist empfindsam, liebevoll, in seelischen Angelegenheiten wie in praktischen Dingen der Haushaltung vorbildlich; geistig und musisch gebildet. Dieses männliche Wunschbild huldigt großbürgerlichen Vorstellungen, denn Sophie soll, wie in jeder Hinsicht, auch bei der häuslichen Arbeit »gefallen«:

Es gibt keine Nadelarbeit, die sie nicht machen kann und nicht mit Vergnügen machen würde; aber die Arbeit, die sie am liebsten von allen tut, ist das Spitzenklöppeln, da es keine andere gibt, die man in anmutigerer Haltung verrichten könnte und bei der sich die Finger mit mehr Grazie und Leichtigkeit üben... [sie] kocht nicht gern, obgleich sie Feinschmeckerin ist; die kleinen Küchendienste widern sie irgendwie an; sie sind ihr nie sauber genug. Darin ist sie von äußerster Empfindlichkeit, und diese bis zum Exzeß getriebene Empfindlichkeit, ist zu einem ihrer Fehler geworden: eher würde sie das ganze Essen ins Feuer werfen, als sich ihre Ärmelrüschen zu beschmutzen. [16]

Nichts hat dem am großbürgerlichen und adligen Leben sich orientierenden Rousseau ferner gelegen als die kleinbürgerliche Auffassung, die
Frau allein auf Küche und Kinderstube zu beschränken, um dort »Dienst-
mädchenarbeiten« zu verrichten. Sophie liebt die feinen Handarbeiten
und Lebensgewohnheiten; sie ist kein biederes Hausmütterchen, wie es
Fausts Gretchen sein wird.

Die deutsche Diskussion über die Mädchenbildung wurde jedoch
entscheidend von Rousseau angeregt, in dessen Romanen die »natürliche« Bestimmung der Frau und ihre Rolle in der Gesellschaft in ein-
gänglicher, leicht verständlicher Fiktion dargeboten wurde, eine Vorbild
gebende Fiktion, die nahe genug an der Realität gewesen sein muß, um
überzeugend zu wirken, und idealisiert genug, um ein erstrebenswertes
Leitbild zu werden. Die Reaktion in Deutschland auf dieses Leitbild
können wir so zusammenfassen: Das positive, kultivierte, geistvolle,
empfindsame Frauenbild, das Rousseau entwirft, wurde leitbildartig
übernommen und besonders im Bildungsbürgertum zum Maßstab realer
Lebenserwartungen wie fiktiver Gestaltung gemacht. Die Ausrichtung
weiblicher Bildung auf die Liebesehe hin wurde von den Romantikern
als der tiefere Lebenssinn männlich-weiblicher Beziehungen propagiert,
im 19. Jahrhundert als Grundlage des bürgerlichen Selbstverständnisses
in der Familie betrachtet und ist bis heute lebendig. Die rein männliche
Perspektive Rousseaus, aus der heraus das Weibliche und seine soziale
Rolle für die eigenen Bedürfnisse des Mannes projiziert werden, wurde
kritiklos übernommen und nirgends hinterfragt. Bildung und Erziehung
der Frau wurden ganz auf ihre Rolle im Hause als Gestalterin eines
nunmehr *intimen* Gattenlebens festgelegt; für die Gestaltung und Erhaltung der Intimsphäre war die Frau verantwortlich, in diesem Bereich
erhielt sie auch die Hauptverantwortung für die Erziehung der Kinder.
Mit der »naturgegebenen« Differenzierung von männlich und weiblich,
wie sie Rousseau romanhaft darstellte, wie sie dann Kant, Humboldt
und Fichte anthropologisch und philosophisch begründeten [17], blieb
weiterhin der Lebens- und Persönlichkeitsbereich der Frau streng abgesondert. Zwar war er aufgewertet worden, doch war er funktional dem
des Mannes unterstellt. In der deutschen Pädagogik blieb die getrennte
Erziehung der Geschlechter mit entsprechend modifiziertem Erziehungsprogramm bis in die 60er Jahre des 20. Jahrhunderts, wenn nicht
in der Theorie, so doch für die Praxis bestimmend.

In der Nachfolge Rousseaus und als Ausdruck der neuen Ansprüche
der (wohlhabenden) bürgerlichen Frauen befaßten sich zahllose Literaten

und Pädagogen mit Fragen der weiblichen Bildung und mit der Diskussion dessen, was eine Frau sei. [18] Ob es sich da um Wielands *Weibliche Bildung* (1786), Ernst Brandes' *Betrachtungen über das weibliche Geschlecht und dessen Ausbildung im geselligen Leben* (1802) oder Jean Pauls *Levana oder Erzieherlehre* (1807) handelt, alle befassen sich mit den »Töchtern des Mittelstandes« und alle wollen aus männlicher Perspektive »eine gute Gattin, Hausfrau und Mutter« erziehen. Über kleine Einzelheiten mag man sich streiten, im Bildungsziel sind sich alle einig. Ein kurzer Blick auf eine repräsentative Schrift des späten 18. Jahrhunderts zum Thema Mädchenbildung soll genügen. J.H. Campes *Väterlicher Rath für meine Tochter. Ein Gegenstück zum Theophron. Der erwachsenen weiblichen Jugend gewidmet* (1789), erschien (abgesehen von Nachdrucken) bis 1832 allein in zehn Auflagen und enthält eine umfassende Theorie der Mädchenbildung, die große Wirkung auf die nachfolgende Literatur hatte. Campe war Schulrat, Schriftsteller, Besitzer der Braunschweigischen Schulbuchhandlung und eines bedeutenden Verlages. Er war der Prototyp jenes gebildeten Bürgers, der mit Hilfe öffentlichen Räsonnements Einfluß auf die gesellschaftlich-moralischen Entscheidungen der Obrigkeit zu gewinnen versuchte. Auch Campes Ausführungen über Mädchenbildung galten den »Töchtern aus gesitteten Ständen« (d.h. der bürgerlichen Schicht) und zielten auf die dreifache Bestimmung dieser »höheren Tochter« ab, wie Campe ausführte,

beglückende Gattinnen, bildende Mütter und weise Vorsteherinnen des inneren Hauswesens zu werden,... welche durch Aufmerksamkeit, Ordnung, Reinlichkeit, Fleiß, Sparsamkeit, wirtschaftliche Kentnisse und Geschicklichkeiten, den Wohlstand, die Ehre, die häusliche Ruhe und Glückseligkeit des erwerbenden Gatten sicher stellen, ihm die Sorgen der Nahrung erleichtern und sein Haus zu einer Wohnung des Friedens... machen sollen. [19]

Campe schrieb einen getrennten Erziehungsgang für das weibliche Geschlecht vor, der in der frühesten Kindheit anfing und wie schon immer mit der Verheiratung endete. Der Vater sollte den Erziehungsweg des Mädchens leiten, während die Mutter sie in alle weiblichen Fertigkeiten und Geschäfte einführte. Campe ist typisch für die Diskussion der Mädchenbildung: hier schreibt ein Bürger einen pädagogischen Entwurf für die Töchter seines Standes, ein Vater für seine Tochter. Die auf das Bürgertum beschränkte und davon aus verallgemeinernde Ausrichtung, die selbstverständlich patriarchalische Blickrichtung, um die Vormundschaft des Mannes zu erhalten, bleibt charakteristisch für die deutsche Mädchenbildung.

Anders als der Franzose Rousseau erhebt der deutsche Protestant Campe Bedenken gegen die Beschäftigung mit der schönen Literatur und mit fremden Sprachen, weil diese das bürgerliche Mädchen von ihrer Bescheidenheit und Sittenreinheit abhalten und von ihrer Kulturfunktion entfernen könnten. Campe bekämpft die Lesewut, den verderblichen literarischen Luxus und die Gelehrsamkeit. Er möchte die für ihn wahren Tugenden des weiblichen Geschlechtes (Sanftmut, Gehorsam, Keuschheit, Sittsamkeit) fördern und die angeborenen Laster (Schwachheit, Eitelkeit, Verführbarkeit, »Kleingeistigkeit«) im Keim ersticken. Eine kleinliche, pedantische Bevormundung spricht aus diesen Erziehungsabsichten, dazu ein tiefes Mißtrauen gegen geistige Bildung und gegen die *selbständige* Entfaltung der Frau. Ohne es je selbst einzugestehen, spiegelt Campes Erziehungsprogramm die Angst vor jeglicher Art von weiblicher Emanzipation, die die männliche Vormundschaft und Herrscherrolle über die Frau in Frage stellen könnte. Campe zwängt die Frau in die patriarchalische Familie, die die Entfaltung der Frau so lange verhinderte, wie die männliche Vorherrschaft darin gesichert war.

Zwei Gesichtspunkte bleiben der Bildungsdiskussion im 18. Jahrhundert in Deutschland völlig fremd, daß auch die Frau geistige Bildung um ihrer selbst willen genießen möchte und daß eine (Aus)bildung zu einem Beruf für die Frau führen kann. Im Bildungsprogramm der Männer bleiben Frauen unmündig und auf das »Haus« beschränkt, ein endloser Zirkelschluß. Erst die Befreiung aus dieser Unmündigkeit, wie sie schon Mary Wollstonecraft in *A Vindication of the Rights of Woman* (Verteidigung der Rechte der Frau, 1792), forderte, dessen deutsche Übersetzung der Pädagoge Salzmann schon 1793 veranlaßte, konnte einen Neuansatz bringen. Ihre Gedanken stoßen jedoch in Deutschland ebenso auf verständnislose Ablehnung und Furcht, sie könnten »Männinnen« bilden, wie die (höchstwahrscheinlich) von Ernst Theodor Hippel verfaßte Schrift *Über die bürgerliche Verbesserung der Weiber* (1792) [20], die die vollen Bürgerrechte der Frauen wenigstens theoretisch erörtert:

Wäre es dem Staate ernst, die große und edle Hälfte seiner Bürger nützlich zu beschäftigen; fühlte er die große Verpflichtung, diejenigen, welche die Natur gleich machte, auch nach Gleich und Recht zu behandeln, ihnen ihre Rechte und mit diesen persönliche Freiheit und Unabhängigkeit, bürgerliches Verdienst und bürgerliche Ehre wiederzugeben; öffnete er den Weibern Kabinette, Dikasterien, Hörsäle, Comptoire und Werkstätten; ließ' er dem vermeintlich stärkeren Manne das Monopol des Schwertes, wenn der Staat sich nun einmal nicht ohne Menschenschlächter behelfen kann oder will; und machte er übrigens unter beiden Geschlechtern keinen Unterschied, so wie die Natur es wollte und wie die bürgerliche Gesellschaft es auch wollen sollte, wenn sie sich nicht etwa ihrer natürlichen Herkunft schämt: so würden Staatswohl und Staatsglückseligkeit sich überall mehren, die Menschen wachsen wie die Weiden an den Wasserbächen und die Menschheit ihrer großen Bestimmung mit schnellen Schritten zueilen.

Hippel fragt rhetorisch: »Was hilft Wissen und Wollen, wenn es nicht zum Tun kömmt!« Doch sogar das Wissen und Wollen fehlte noch in der deutschen Bildungsdiskussion über Frauen um 1800.

Besonders mit dem Ausschluß aus Lateinschulen und Universitäten ging die Mädchenbildung jetzt getrennte Wege. Bis ins 20. Jahrhundert hinein verfügten Frauen nun nicht mehr über die Voraussetzung zu einer außerhäuslichen Laufbahn (nach 1500 verschwinden auch Ärztinnen aus den Urkunden). [21]

Mädchenschulen seit der Reformation

Im Mittelalter bildete der Ritterstand seine männliche Jugend vom Knappen zum Ritter aus; zünftige Handwerker in den Städten vermittelten ihren Söhnen als Lehrlinge und Gesellen ihre Handwerkskünste, um künftige Meister in ihnen zu erziehen; die Geistlichkeit erzog ihren männlichen Nachwuchs in Klöstern und auf theologischen Schulen; Universitäten und Latein-Schulen wurden zunehmend die Zentren, in denen den Jungen höhere geistige und berufliche Bildung (Theologie, Philosophie, Jura) vermittelt wurde. Keine dieser Bildungsinstitutionen oder Schulen nahm Mädchen auf oder erlaubte es, daß Mädchen in einer Lehre in diese Berufe hereinwuchsen. [21] Außerhäuslichen Unterricht für Mädchen gab es im Mittelalter in Klöstern und später in den Städten des späten Mittelalters in kleinen, elementaren Winkelschulen. Die zumeist adligen Nonnen nahmen einige vornehme Mädchen zu sich, die dann meistens auch Ordensschwestern wurden; von eigentlichen Schulen kann hier nicht die Rede sein. Für das 14. Jahrhundert sind eine Reihe von städtischen Elementarschulen für die Töchter der Patrizierfamilien und Adligen bezeugt (u.a. in Mainz, Speyer, Frankfurt) [22], daneben gab es »Lehrfrauen«, die gegen Entgelt einige Mädchen um sich versammelten, um sie weibliche Handarbeiten und bestenfalls ein wenig Lesen, Schreiben oder Rechnen zu lehren. Die eigentlichen Bildungsstätten für die Frauen der Oberschichten blieben die Klöster (die aber keine allgemeinbildenden Schulen waren, sondern Stätten religiösen *Dienstes*), und bis zur Reformation war der Andrang der Frauen so groß, daß öfter die Aufnahme gesperrt werden mußte.

Luther und die Reformatoren polemisierten gegen die Klöster und zerstörten diese Stätten weiblicher Bildung, ohne gleichwertige Möglichkeiten für Frauen zu schaffen. Sie griffen zwar die Bildungsforderungen der Humanisten für breitere Schichten auf, denn sie benötigten zur Verbreitung ihrer Lehre und Schriften ein Publikum, das lesen konnte, und schlossen Frauen mit ein, einmal, weil Frauen für die Propagierung der Reformation wichtig waren und zweitens, weil Frauen als tüchtige, fromme Hausmütter in der christlichen Ehe, der Kernzelle der erneuerten christlichen Gesellschaft, gebraucht wurden. 1524 forderte Luther in seinem Sendschreiben *An die Radherren aller stedte deutsches lands: das sie Christliche schulen auffrichten und hallten sollen* auch Mädchenschulen:

Meyn meynung ist, das man die knaben des tags eyn stund oder zwo lasse zu solcher schule gehen... Also kan eyn meydlin ia so vil zeyt haben, das es des tags eyne stunde zur schule gehe, und dennoch seyns gescheffts ym hause wol warte, Verschleffts und vertantzet und verspielet es doch wol mehr zeyt. [23]

Anders als die Humanisten war Luther mit dieser bescheidenen Erziehung zufrieden; auch Zwingli und Calvin waren an Fragen der weiblichen Bildung nicht weiter interessiert.

Ausgehend von Luthers Gedanken zur Mädchenschule enthalten im 16. Jahrhundert etwa vierzig protestantische Kirchenordnungen Forderungen und – mit Einschränkungen – Anweisungen für den Unterricht von Mädchen unter zwölf Jahren für etwa ein bis zwei Jahre in getrennten Schulen. [24] Auch wenn von Ort zu Ort die Zustände sehr unterschiedlich waren und die Schulordnungen nur selten in die Praxis umgesetzt wurden, so lassen sich (kleine) »Jungfernschulen« für (nichtadlige) Mädchen in einigen (protestantischen) Städten und vereinzelt auf dem Lande nachweisen, an denen zumeist »Schulfrauen« (oft ehemalige Nonnen, die Frau des Predigers oder Küsters, Witwen, dann deren Töchter) unterrichteten. Lesen, Schreiben und Religion (der Katechismus, Psalmen, geistliche Lieder und Sprüche) wurden auswendig gelernt; außerdem gab es »Lehrmütter«, die mehrere Mädchen zu sich nahmen und neben Lesen und Schreiben »nützliche« weibliche Tätigkeiten wie Nähen und Sticken lehrten. Die Lehrkräfte hatten keinerlei Vorbildung (Magister und Promovierte unterrichteten dagegen an den nur Jungen offenstehenden Lateinschulen; auch an Elementarschulen für Jungen waren oft Lehrer mit einigen Semestern Universitätsstudium tätig). Für eine

Besoldung der Lehrkräfte in Mädchenschulen standen meistens weder städtische noch fürstliche noch kirchliche Mittel zur Verfügung, sie waren allein auf das Schulgeld der Eltern angewiesen, erhielten bestenfalls vom Rat der Stadt freie Wohnung und Befreiung von bürgerlichen Abgaben.

Wie desolat die Lage und wie primitiv die Anfänge solcher Kleinst-Institutionen für Mädchen waren, mag das Beispiel der ersten Berliner Mädchenschule zeigen. [25] 1574 sollten in Berlin zwei Mädchenschulen eingerichtet und eine weibliche Lehrkraft als Leiterin berufen werden; aber eine »geschickte Jungfer-Schulmeisterin« war in Berlin nicht zu finden, so daß eine Martha Moller aus Magdeburg angestellt wurde. Ihr Bruder war dort Wappensteinschneider, sie gehörte also zu einer wohlhabenden Bürgersfamilie. Sie beherrschte jedoch nicht die hochdeutsche Schriftsprache, die damals z.B. von den (männlichen) Schülern der »Neuen Schule im Kloster« (dem späteren, berühmten Gymnasium zum Grauen Kloster) durch die Schulordnung von 1574 gefordert wurde. Ihre Briefe und Eingaben an den Rat und an den Kurfürsten zeigen viele niederdeutsche Formen, einen steifen Satzbau und Schriftduktus und damit ihre geringe Gewandtheit im Schreiben; jedoch argumentierte sie klar und selbstbewußt, ein Beispiel dafür, daß formelle Schulung in einer Lateinschule nicht unbedingt die Voraussetzung für klare und logische Darstellung der Gedanken sein muß. Seit dem Beginn ihrer Tätigkeit stieß Martha Moller auf Widerstand im Rat, der einfach das Gebäude verfallen ließ, in dem sie unterrichtete; 1574 und 1578 mahnten die Visitatoren den Rat, das baufällige Gebäude instandzusetzen. Als sich Martha Moller 1577 beschwerte, daß ihr fünf Jahre der Lohn nicht gezahlt worden war (d.h. Roggen und Holz waren ihr nicht geschickt worden), wurde sie vom Rat entlassen.

Martha Moller wandte sich nun mit einem Gesuch an den Kurfürsten, und der Rat der Stadt Berlin rechtfertigte sich daraufhin mit folgenden Begründungen: 1) Martha Moller sei weder in Berlin geboren noch aufgezogen, 2) sie sei eine Fremde und keine Bürgerin, 3) sie sei vom gegenwärtigen Rat nicht angestellt worden. Die »Schuljungfer« antwortete treffend, daß 1), wenn auswärtige Herkunft ein Grund zur Entlassung sei, das kurfürstliche Hoflager und die Hälfte aller Ämter in Berlin aufgekündigt werden müßten; 2) wäre dann der Rektor der »neuen Schule im grauen Kloster«, der aus Liegnitz stammte und in Frankfurt an der Oder zum Magister promoviert hatte, auch zu entlassen; 3) hätten der neue Rat und Bürgermeister sie drei Jahre im Amt geduldet und damit »approbiert und bestätigt«. Viele angesehene Bürger setzten sich beim Rat und beim Kurfürsten für Martha Moller ein und lobten ihren guten Unterricht im Lesen, Schreiben und im Nähen.

Der Rat stellte dann trotzdem einen Mann als Schulmeister für die »Jungfernschule« ein, dem seine Frau, die weder lesen noch schreiben konnte, helfen sollte. 1579 bezahlte dieser Mann dem Rat anderthalb Taler für das Bürgerrecht und schwor den Bürgereid. Er bekam ein anderes, besseres Gebäude und auch sein Nachfolger war ein Mann. Von der (baufälligen) Schule der Martha Moller hören wir nichts mehr; die mutige, selbständig argumentierende, unverheiratete, erfolgreiche Lehrerin scheint einfach durch den männlichen Rat ausgehungert und durch einen Mann verdrängt worden zu sein. Am Ende des 16. Jahrhunderts gab es in Berlin drei »Jungfernschulen«; alle drei standen unter der Leitung von Männern ohne jede Vorbildung, alle drei Schulen gingen im Dreißigjährigen Krieg ein.

Diese Berliner Verhältnisse dürften charakteristisch für die protestantischen Gegenden der Zeit sein: elementare Mädchenschulen gehen von oft erfolgreichen »Schuljungfrauen« in die Hände von ungebildeten, verheirateten Männern über, um in den Wirren des Dreißigjährigen Krieges wieder zu verschwinden. Für die Mädchen der Kleinbürger, der Armen und der ländlichen Bevölkerung gab es keine Schulen; die Adels- und Patriziertöchter hatten teilweise Privatunterricht in der Familie. An einigen wenigen Orten wurde an die alte Klostertradition angeknüpft, wie im (nunmehr protestantischen) Stift Gandersheim – der Wirkungsstätte der Roswitha –, wo eine Lehrschwester vier bis sechs adlige Mädchen den Katechismus und die Psalmen auswendig lernen ließ und etwas Schreiben, Nähen und weibliche Handarbeiten lehrte. Von der geistigen Bildung des Mittelalters war hier auch für adlige Frauen wenig geblieben.

In katholischen Gebieten verloren die alten Klöster und Orden als Stätten der Frauenbildung ihre Bedeutung, aber es entstanden neue Lehrorden für Frauen. Konvente nahmen weiterhin Erziehungsfunktionen für begüterte Mädchen wahr, die teilweise gegen Entgelt bei ihnen im Hause wohnten oder sich durch Arbeit (Seidenwirken und Leinweben) ernährten. Neben Stiftungen reicher Witwen, die für Mädchenschulzwecke verwendet wurden, bildeten sich im 17. Jahrhundert besonders im Rheinland Laiengemeinschaften von Frauen, die nicht an die klösterliche Klausur gebunden waren, die sogenannten Devotessen, und die als »Schuljungfrauen« beschäftigt wurden. [26] Sie unterrichteten hauptsächlich in elementaren »Katechismusschulen« und unterstanden der Aufsicht eines Pfarrers oder eines Jesuitenkollegiums (sie wurden in Köln auch verächtlich »Jesuitessen« genannt), wobei es oft Kompetenzstreitigkeiten gab und über die Eigenwilligkeit der »Schuljungfrauen« geklagt wurde, die sich der geistlichen Oberaufsicht nicht fügen wollten. Der Stoßseufzer eines Kölner Pfarrers »a talibus liberet dominus« (möge uns der Herr von diesen Frauen befreien) kennzeichnet die Antipathie und das Mißtrauen des männlichen Klerus gegen diese »Schuljungfrauen«. Über irgendwelche Vor- und Ausbildung ist wenig bekannt. »Schuljungfrau« war eine Lebensaufgabe; nach einer Probezeit bestimmten die Präfektin der Devotessen und ihre Assistentinnen über die Aufnahme; moralische Verfehlungen und Ungehorsam gegen die (männlichen) Katechismusleiter führten zum Ausschluß; ihr Gelübde legten die Devotessen, die ein geistliches Gewand trugen, dem Rektor des Jesuitenkollegs ab. Außerdem waren die Devotessen als Pfarrhelferinnen recht nützlich; 1705 unterrichteten sie in Köln z.B. nicht nur »die Proletarier in Religion, die nicht in die Kirche kommen, weil sie keinen ordentlichen Rock haben«, sie besorgten auch viele Kirchenarbeiten, wie die Reinigung der Kirche, der Schule, der Altäre, sie spielten Orgel, hielten die kirchlichen Gewänder in Ordnung, halfen dem Küster beim Läuten der Kirchenglocken, hielten den Friedhof in Ordnung, pflegten Kranke, und bei Abwesenheit des Pfarrers betete wohl auch mal eine Devotesse abends in der Kirche den Rosenkranz vor – dafür hatten sie freie Wohnung und Kost (geringes Entgelt wurde pauschal für bestimmte Arbeiten, z.B. Orgelspielen, und Unkosten, z.B. Beschaffung der Besen, gezahlt). Diese Dienstmägde des männlichen Klerus dürften außer dem Katechismusunterricht und ein wenig Unterweisung in weiblichen Tätigkeiten (Spinnen, Weben) kaum etwas für die Mädchenbildung getan haben; auch diese geringe, ausschließlich religiöse Erziehung ist fest in den Händen des männlichen Klerus, besonders der Jesuiten. Einziges Ziel war hierbei die Erhaltung der christlich-katholischen Familie »durch die religiöse Erziehung der Haustöchter«. Die Frau wurde wie bei den Protestanten zur »Sittsamkeit und Seligkeit« erzogen. [27] Dieselben Ziele, aber eben modifiziert für den anspruchsvolleren Lebensstil der gehobenen Schichten, verfolgten die schon im 16. Jahrhundert entstehenden weiblichen Lehrorden, wie die Englischen Fräulein, die Ursulinen und die Chorfrauen des hl. Augustinus (die Congregatio Beatae Mariae Virginis, auch BMV genannt), die von Frankreich aus im 17. und 18. Jahrhundert im Rheinland und anderen katholischen Gebieten Niederlassungen (zunächst unter der geistlichen Leitung der Jesuiten) gründeten und sich ganz der Erziehung widmeten. Sie sahen ihre Aufgabe zuerst in der Erziehung aller, auch der armen Mädchen, die kein Schulgeld zahlen konnten, und arbeiteten in den Städten. Gegen Ende des 17. Jahrhunderts wurden diese mit den Schwesternschulen verbundenen Einrichtungen meistens zu Internaten für Töchter aus wohlhabenden Bürgerkreisen, dem Land- und Beamtenadel umgewandelt.

Köln mag ein typisches Beispiel für die größeren Städte liefern. Die Ursulinen kamen 1639 nach Köln (ihre Genossenschaft war 1618 zum Orden erhoben worden); die Jesuiten verwendeten sie zu Katechismus- und Mädchenunterricht, bis sie sich 1690 selbständig machten, gegen den Widerstand des Rates schließlich 1692 Grundbesitz erwarben und ihre eigentliche Lehrtätigkeit beginnen konnten. Dafür mußten sich die Schwestern zunächst verpflichten, unentgeltlich armen wie reichen Kindern an Werk- und auch an Sonn- und Festtagen Unterricht im Lesen, Schreiben, Rechnen, Wirken und Stickarbeiten, in Sprachen und Instrumentalmusik zu geben. Die Schule sollte in engster Verbindung mit der »Katechismusschule« der Pfarreien stehen. Zwar hatte die Schule der Ursulinen fünf Klassen, es waren aber nur Abteilungen in einem Schulraum und das Lehrangebot war weit bescheidener als das Programm. In der ersten Abteilung wurde den Vier- bis Fünfjährigen Religionsunterricht erteilt; in der zweiten den Fünf- bis Neunjährigen Buchstabieren gelehrt und mit Leseübungen begonnen; in der dritten Abteilung lernten die Mädchen den Katechismus und die Evangelien lesen; die fünfte Abteilung hatte morgens Lese- und Schreibunterricht, nachmittags wurden Handarbeiten gemacht.

Die recht begrenzte Erziehung stand also ganz im Dienste des religiösen Lebens, war abhängig vom männlichen Klerus und der Kirche; wie auch in protestantischen Gegenden, wurden die »weiblichen« Fertigkeiten eingeübt. Wenn humanistisches Gedankengut, reformatorische Kirchenordnungen und das Konzil von Trient Bildung und Erziehung in Deutschland im 16. und 17. Jahrhundert entscheidend gefördert haben, so gilt das ausschließlich für Männer. Universitäten, Lateinschulen, Jesuitenschulen, Ritterakademien, Fürstenschulen, städtische Elementarschulen verbesserten und vergrößerten sich ungemein; nur Männern standen diese Bildungsmöglichkeiten offen, nur sie wurden ausschließlich in der geistig-kulturellen Tradition erzogen und auf öffentliche sowie kirchliche Ämter und Berufe vorbereitet. Frauen blieben durch die religiös-moralische Definition ihres Wesens und ihrer Bestimmung von dieser

Erziehung völlig ausgeschlossen. Auch die ganz elementaren praktischen Anfänge der Mädchenbildung für breite Schichten erlahmten im 16. Jahrhundert mehr und mehr. Mädchenerziehung wurde bestenfalls eine Sache der »Klipp-« oder »Winkelschulen«. Wie hätte überdies der Dreißigjährige Krieg den »Luxus« einer Mädchenbildung fördern können?

Auch das bildungsfreudige 18. Jahrhundert brachte nur wenige neuartige Schulinstitutionen für Mädchen, wohl aber eine Reihe von kurzlebigen, privaten Schulgründungen. Bekannt wurde das »Gynaeceum«, die hohere Mädchenschule, die der Pietist und erfolgreiche Pädagoge August Hermann Francke (1663–1727) in Halle gründete. Francke wollte Fénelons Programm auf deutsche Verhältnisse übertragen und hatte sich wohl auch an der Schule der Madame de Maintenon, der königlichen Mätresse, in Saint-Cyr orientiert, die vorbildgebend für vornehme Mädchenschulen wurde, als Fénelon nach 1689 Einfluß auf die Schule nahm. Franckes »Gynaeceum« war die letzte Schulgründung innerhalb der Franckeschen Stiftungen, dem Komplex von Arbeits- und Erziehungsanstalten in Halle, wo Francke auch an der erst seit 1694 bestehenden Universität Professor für Theologie war. Nach einer Armenschule, einer Bürgerschule, dem Waisenhaus, dem Paedagogium für Jungen des Adels und der Lateinschule für begabte Bürgersöhne richtete Francke dann 1698 das »Gynaeceum« für höhere Mädchenbildung ein. Doch bei Franckes Tod im Jahre 1727 hatte das Kleinstpensionat nur 8 (!) Schülerinnen (alle Anstalten hatten zusammen etwa 2300 Schüler) und wurde bald geschlossen. Mädchen waren auch im Waisenhaus (1727 waren es 34 Mädchen und 100 Jungen) und in der deutschen Bürgerschule. Doch erhielten die Mädchen neben Religionsunterricht nur elementare Unterweisung im Lesen und Schreiben; sie wurden dafür im Nähen, Sticken und Spinnen ausgebildet und vornehmlich als Hilfskräfte für die häuslichen und pflegerischen Arbeiten in dem großen Komplex von Schulen verwendet (1727 waren dort etwa 2200 Kinder). Während die Anstalten viele ärmere, begabte Jungen auf das Universitätsstudium oder bürgerliche Berufe vorbereiteten, arbeiteten die Mädchen als Dienstpersonal und erhielten dafür minimale Erziehung. Franckes »Gynaeceum« für Bürgertöchter hatte keinen Erfolg und keine Nachfolge in Deutschland.

Für adlige Frauen gab es im 18. Jahrhundert einige Standesschulen, wie das von der Pietistin Henriette von Gersdorff 1705 gegründete Magdalenenstift in Altenburg. 1774 richtete Herzog Karl Eugen von Württemberg eine Schule für protestantische Adlige in Stuttgart ein, in der die »Fräulein« neben Religion, Deutsch und Rechnen auch Französisch, Musik, Tanzen und feine Nadelarbeiten lernten. Auch die weiblichen Lehrorden, die Ursulinen, die Englischen Fräulein und die Chorfrauen vom Hl. Augustinus unterhielten überall im katholischen Deutschland Institute, die größtenteils aus ihren Niederlassungen im späten 17. und frühen 18. Jahrhundert hervorgingen, teilweise noch heute bestehen [28] und deren erzieherische Tätigkeit in der zumeist von protestantischen Männern verfaßten Geschichte der Pädagogik nicht gewürdigt worden ist.

Um Französisch und feinere weibliche Fertigkeiten wie Musizieren oder Tanzen zu lernen, wurden die älteren Mädchen aus wohlhabenden Bürgersfamilien in der zweiten Hälfte des 18. Jahrhunderts in private Pensionate und Institute geschickt, die zumeist von Französinnen oder Schweizerinnen auch in kleinen Residenzstädten eröffnet wurden. Von geregeltem Unterricht kann da kaum die Rede sein; gesellschaftliche Umgangsformen wurden vermittelt und das Französische als Konversationssprache bei feinen Handarbeiten geübt. Diese Pensionate fungierten auch als eine Art Heiratsvermittlung für Töchter aus der Provinz. Wie umstritten diese »Schulform« war, zeigt der Roman der Berliner Verlegersfrau Friederike Helene Unger, *Julchen Grünthal* (1784) [28a], der von den französischen Pensionaten und Erzieherinnen eine sehr abfällige Darstellung gibt. Diese Gouvernanten seien selbst ganz ungebildete, unsittliche Personen von niedriger Herkunft, die ihren Beruf und oft auch alles Deutsche hassen. Helene Unger forderte stattdessen deutsche Erziehungsanstalten und besser noch die private Erziehung im eigenen Hause für die Töchter. Der Roman stellt ein zeitgenössisches Problem, das der weiblichen Bildung, erfolgreich dar und fand viele Leserinnen.

Seit den späten 1780er Jahren gab es eine Reihe von Schulgründungen für Mädchen; alle waren aus privater Initiative entstanden und folgten pädagogischen Absichten, die auf die Erziehung und Bildung der Töchter des Bürgertums gerichtet waren. [29] So entstanden »Philanthropine« (um nach der von Basedow begründeten, auf die Lehre Rousseaus beruhenden, naturgemäßen, »menschenfreundlichen« Methode zu erziehen), wie etwa die praktisch-allgemeinbildende Heimschule des Pädagogen Christian Gotthilf Salzmann im ländlichen Schnepfenthal bei Gotha, deren Mädchenabteilung allerdings nur von 1786 bis 1790 bestand. Der weitaus größte Teil der Schulgründungen war der »Bestimmung des Weibes« gewidmet, in denen neben vertieftem Religionsunterricht viel (oft die Hälfte der Stunden) auf Handarbeitsunterricht entfiel, aber auch deutsche Literatur im Lehrplan erschien, wie in Heidelberg, Blankenburg, Lübeck, Goslar oder Göttingen. Schließlich gab es Schulen mit hausfraulich orientierter Bildung, wie etwa die 1811 gegründete Luisenstiftung in Berlin, die eine Ausbildungsstätte für Mütter und Erzieherinnen wurde. Zahlenmäßig fielen diese Schulen, die selten mehr als 25 Schülerinnen hatten, kaum ins Gewicht. Erst nach 1800 wurden mehr private Schulen gegründet.

Bei allen diesen Schulgründungen blieb das Leitbild die dienende, arbeitende Frau als Hausfrau, Gattin und Mutter. Auch auf die gesellschaftliche Rolle der Frauen als spätere Dame der Gesellschaft wird für die wohlhabenden Klassen Rücksicht genommen; alles, was der »Bestimmung der Weiblichkeit« dienen kann, kommt in diesen privaten, meistens von Männern gegründeten und geleiteten Schulen in irgendeiner Form zur Anwendung. Dies bleibt die Ausrichtung der (höheren) Mädchenschulen und -bildung das ganze 19. Jahrhundert hindurch. Der Bürger sichert sich noch einmal für die nächsten hundert Jahre (und länger) den Dienst der Frau in der patriarchalischen Familie.

So wurde die bürgerliche Gesellschaft zum Initiator und Träger der neuen Bildungseinrichtungen für Mädchen. [30] Wie es vorher nur die Kirche mit den Klöstern und Lehrorden tun konnte, institutionalisierte das Bürgertum im 19. Jahrhundert ein höheres Mädchenschulwesen, das bis ins zwanzigste Jahrhundert hinein hauptsächlich auf privater Grundlage bestand. In Preußen gab es 1901 neben 656 privaten nur 213 öffentliche Mädchenschulen; das höhere Mädchenschulwesen wurde erst 1908 dort in das staatliche Schulsystem integriert (bis 1914 schlossen sich die Länder Bayern, Sachsen, Hessen und Württemberg den preußischen Reformen an). Die höheren Mädchenschulen hatten seit ihrem Beginn und behielten bis weit ins 20. Jahrhundert hinein ein viel niedrigeres Niveau als die entsprechenden Anstalten für Jungen.

Und die »Volksschule«? Schon vereinzelt war im 17. Jahrhundert die »allgemeine Schulpflicht« angeordnet worden (in Württemberg 1649), im 18. Jahrhundert erließen fast alle deutschen Territorien (z.B. Preußen 1713, 1717, 1763) diese Gebote. Doch einen regelmäßigen Schulbesuch, ausgebildete Lehrer, einen angemessenen Stundenplan und Schulgebäude oder Räume gab es für diese »Volksschulen« im 18. Jahrhundert kaum. Wurden die Söhne der Kleinbürger, Armen und Landbevölkerung oft gar nicht oder unregelmäßig zur Schule geschickt, weil sie mitarbeiten mußten, so die Töchter noch unregelmäßiger. Bibelverse,

Lieder und der Katechismus wurden auswendig gelernt, allenfalls standen Lesen, Schönschreiben und ein wenig Rechnen auf dem Lehrplan; die schlechtbezahlten Lehrer ohne Vorbildung übten oft andere handwerkliche Berufe aus, um genug Verdienst zu haben. Die Qualität dieser Volksschulerziehung war auch für die Jungen zweifelhaft; vielfach war der Ausbeutung der Kinder, die in Waisenhäusern oder Institutionen aufgenommen und an Manufakturen und Werkstätten als Teil ihrer »Erziehung« vermietet wurden – die Mädchen an Schaf- und Baumwollspinnereien – keine Grenzen gesetzt, was sogar von den Zeitgenossen als Skandal angesehen wurde. [31] Frauen »unterrichteten« allenfalls ganz kleine Kinder in privaten Winkel- oder ABC-Schulen, die mehr eine Kinderbewahranstalt waren und ihre Schüler zum »Stillsitzen, leichten Arbeiten, und Gedächtnissachen anhielten«. [32] Konnten sich begabte Jungen wie Hamann, Moritz oder Tieck später einen Weg in die Lateinschule oder gar zur Universität bahnen, so blieben die Mädchen der Schichten, die keine Privatlehrer bezahlen konnten, allein auf diese elementaren Schulen angewiesen – wenn sie sie überhaupt besuchen konnten. *Klasse* und *Geschlecht* [33] bestimmten den Grad der Schulerziehung, der am Ausgang des 18. Jahrhunderts und in späteren Jahrzehnten erreicht werden konnte.

Lesen und »Lesewut«

»Als eine Frau lesen lernte, trat die Frauenfrage in die Welt«, bemerkte Marie von Ebner-Eschenbach in ihren Aphorismen (1880) und wies damit auf die zentrale Bedeutung des Lesens für unsere Gesellschaft hin: Erst mit dem Lesen erhielten Frauen die Möglichkeit, selbständig und ohne einen Vermittler die geistig-kulturellen und die wirtschaftlichen (außerhäuslichen) Lebensformen kennenzulernen; mit dem Lesen (und dann mit dem Schreiben) begann die Bildung der eigenen Persönlichkeit, die Individuation und Verselbständigung der Frau, ihr Heraustreten aus der familiären Gebundenheit in die Öffentlichkeit. Lesen, das sah Marie von Ebner-Eschenbach deutlich, bedeutete in einer an Sprache *und* Schrift orientierten Kultur den Zugang zur geistigen Tradition und einen ersten Schritt zur Mündigkeit. Mit der durch Lesen selbständiger werdenden Frau trat die »Frauenfrage« in die Welt, die Reflexion über das Gelesene, über die eigene Person, über die Rolle der Frau in der Gesellschaft und die Forderung nach Emanzipation aus der (Geschlechts-)Vormundschaft des Mannes. Die uns heute so selbstverständlich erscheinenden Fertigkeiten des Lesens und Schreibens sind von zentraler Bedeutung; sie eröffnen den Zugang zu jeder Art von geistiger Bildung, sind der Schlüssel zu dem, was die westliche Welt unter Kultur und Zivilisation versteht und bedeuten eine notwendige Voraussetzung, um an den kulturellen, geistigen und wirtschaftlichen Lebensmöglichkeiten unserer Gesellschaft überhaupt erst teilnehmen zu können.

Zu Beginn des 16. Jahrhunderts ist es eine ganz kleine Gruppe von Frauen der Eliteschicht des Adels und der Patrizier (und fast alle sind Nonnen), die lesen, und eine noch viel kleinere Gruppe, die schreiben kann; zu Ende des 18. Jahrhunderts ist diese Schicht breiter, als Lesepublikum der »schönen Literatur« einflußreich und beginnt, auch schriftstellerisch tätig zu werden. Doch waren schätzungsweise auch um 1800 noch immer etwa ein Drittel aller Frauen in Deutschland Analphabetinnen; die große Mehrheit erhielt lediglich elementarsten Lese- und Schreibunterricht, konnte weder zusammenhängende Texte lesen noch schreiben. [34] Im Vergleich zum sich entfaltenden und große Fortschritte machenden Schul- und Bildungswesen für Männer besonders des Bürgertums in den drei Jahrhunderten von der Reformation zur Romantik bewegt sich diese Entwicklung von der Analphabetin zur Leserin und Schreibenden in den bescheidenen und engen Grenzen privater Bemühungen, die der Erhaltung und Festigung (ideologisch und materiell) des Patriarchats dienen. Hierin liegen die Probleme der Bildung und Erziehung für Frauen. Bildung und Erziehung sind jedoch eine Vorbedingung für eine Individuation, für die Teilnahme am literarischen Leben und für die sich abzeichnenden Ausgangspositionen des Mündigwerdens am Ende des 18. Jahrhunderts.

In der Regel vermittelte der Mann der Frau das Lesen, als Lehrer der Elementarschulen (die »Lehrjungfern« beherrschten oft das Lesen garnicht), als Ehemann, wie Luis Vives in seiner Schrift *De officio mariti* (1528; Über die Aufgaben des Ehemannes) vorschlug, und als »Hausvater« las er ihr die Bibel und den Katechismus vor. Männer blieben die offiziellen Vermittler von Wissen und Bildung bis weit ins 19. Jahrhundert hinein (eine Tradition, die sich bis heute noch auf den Universitäten gehalten hat, wo überwiegend Männer als Hochschullehrer tätig sind). Sie vermittelten als Väter, Brüder, Onkel, als (Haus-)Lehrer und Pädagogen Wissen und geistige Bildung im Privatunterricht.

Mit der Reformation, die die Heilige Schrift in der Muttersprache in den Mittelpunkt stellte und die alte religiöse »Bildkultur« durch die neue »Wortkultur« ersetzte, wurde jedoch das Lesen für *alle* Gläubigen wichtig, für das auch das Auswendiglernen des Katechismus, der Kirchenlieder und ganzer Bibeltexte nur ein Ersatz war. Erst das eigene Lesen ließ die Gläubigen richtig am religiösen Leben teilnehmen, indem sie dann die Schriften Luthers und der Reformer aufnehmen und ihre Argumente sich aneignen konnten. Besonders Frauen aus dem protestantischen Adel und Patrizierfamilien lernten im 16. Jahrhundert das Lesen (und in zweiter Linie erst das Schreiben); sie lasen religiöse Literatur und besaßen neben der Bibel wohl auch Lutherschriften und Erbauungsbücher, wenn sie sich den Luxus des Buchbesitzes leisten konnten.

Die uns erhaltenen Bibliotheksverzeichnisse von drei vornehmen Frauen aus dem 16., 17. und frühen 18. Jahrhundert spiegeln das religiöse Interesse ihrer Besitzerinnen wider. Elisabeth von Braunschweig-Lüneburg (1519–1558) [35] besaß 1539 in ihrer Bibliothek eine repräsentative Sammlung protestantischer Schriften, deutsche Bücher sowie einige holländische und französische Texte, jedoch nicht ein einziges lateinisches Buch. Auch Sibylle Ursula (1629–1671) von Braunschweig-Lüneburg, eine Tochter des gelehrten Büchersammlers Herzog August, hatte mehr als hundert Jahre später eine stattliche eigene Bibliothek. [36] Sie schrieb, wie so manche fromme, adlige Frau ihres Jahrhunderts, schon als Kind erbauliche Lieder und Gebete, war am literarischen Leben ihrer Zeit interessiert und beteiligt, führte sogar einen lateinischen Briefwechsel und einen französischen (mit Mlle de Scudéry), komponierte und schrieb Theaterstücke. Ihre Bibliothek enthielt über 800 Bände, etwa die Hälfte davon waren erbaulich-religiösen Inhalts, etwa ein Drittel ihrer Bücher in französischer Sprache, darunter die wichtigen literarischen Werke ihrer Zeit, besonders die barocken Prosaromane. Ihre Bibliothek dürfte in Umfang und Vielseitigkeit eine Ausnahme für eine Damenbibliothek sein, auch für eine Frau des regierenden Adels. Dennoch nimmt sich diese Bibliothek bescheiden aus gegenüber etwa der des Herzog Friedrich von Württemberg-Neuenstadt, der 20000 Bücher besaß (und die Sammlung der Sophie Elisabeth nach deren Tod im Kindbett aufkaufte), oder im Vergleich mit der großartigen Wolfenbütteler Bibliothek ihres Bruders, des Herzog Ernst August von Braunschweig.

Noch zu Beginn des 18. Jahrhunderts bestand der Bücherbesitz wohlhabender Patriziertöchter vornehmlich aus geistlicher Literatur, wie z. B. den zwölf Büchern im Brautschatz der Nürnbergerin Anna Maria Imhof bei ihrer Verheiratung mit dem Patrizier Philipp Fürer im Jahre 1712, u. a. einer Bibel, illustrierten biblischen Historien, Postillen und Gebetbüchern (z. B. Arndts *Paradiesgärtlein*). [37] Eine ganz ähnliche, auf Erbauungsliteratur und auch Sachbücher für das Haus ausgerichtete Sammlung wurde im *Frauen-Zimmer-Bibliotheckgen oder Thuelicher Vorschlag* (1705) den Frauen empfohlen, die der (bürgerlichen) Oberschicht angehörten und damit rechneten, bald über einen größeren Hausstand zu gebieten. [38] Auch hier wurden zunächst die Bibel, dann Gesangbücher, Predigt- und Andachtsbücher (darunter Spener und Arndt) empfohlen, dazu noch geistliche Literatur zur Kirchengeschichte, zum jüdischen Altertum, zu Katholizismus und Calvinismus und Sachbücher: ein Kochbuch, ein Gartenbuch, eine Einführung in die Genealogie und Johann Jakob Bechers *Haus-Vater*. In dieser »Frauenzimmerbibliothek« zeichnet sich schon das belehrende 18. Jahrhundert ab, in dem sich Literaten und Pädagogen immer wieder mit der Lektüre der Frauen beschäftigten.

So trat schon 1724 die hamburgische Wochenschrift *Der Patriot* (hg. v. Brockes, 1624–26) mit Vorschlägen für eine »Frauenzimmerbibliothek« hervor, in der den Frauen etwa 90 Titel anempfohlen wurden. Davon war die erste Gruppe von etwa 25 Büchern für Andacht und Erbauung bestimmt, die zweite von etwa 35 für »Wissenschaft und Belustigung« (Reisebeschreibungen, Lehrbücher über deutsche und französische Sprache und Bücher zu fast allen Wissensgebieten), eine dritte Gruppe von 18 Titeln behandelte die »Klugheit« (Werke von Montaigne, Molière, französische und englische Fabeln oder auch Anstandsbücher), 10 weitere Werke betrafen die Haushaltung. [39] – Ähnliche Leseprogramme für Frauen waren in den *Discoursen der Mahler* (1723, herausgegeben von Bodmer und Breitinger) und in Gottscheds *Vernünftigen Tadlerinnen* (1725) erschienen. Auch wenn hier Programme und Idealvorstellungen von Männern entwickelt werden, die keineswegs ein Spiegel der realen Lesegewohnheiten der zeitgenössischen Frauen waren, so sind doch diese Aufforderung und Anleitung zum Lesen für die Frauen des gehobenen Bürgertums bemerkenswert. Denn mit dem Propagieren des Lesens in der Frühaufklärung und mit dem Eingehen auf Lebensbereiche der Frau und dem Einnehmen ihrer Perspektive ist in den Moralischen Wochenschriften der Selbstbildungsprozeß von Frauen auf breiterer Ebene in Gang gesetzt worden.

Die »Frauenzimmerbibliotheken« spiegeln bei aller Bevormundung der Leserin die neuen Interessen seit der Aufklärung: neben der religiösen Literatur nehmen unterhaltende Sachbücher und Belletristik einen immer breiter werdenden Raum ein. 1765 empfahl Goethe seiner Schwester Cornelia als geeignete Frauen-Lektüre besonders die Romane

Richardsons, französische, englische und italienische Literatur, darunter Briefe, Komödien Molières, sogar Tasso und Guarinis *Pastor Fido*. Bevormundend schrieb er: »Aber merke dirs, du sollst keine Romanen mehr lesen, als die ich erlaube.« [40] Cornelias Lektüre sollte sie zu Betrachtungen und Notizen über das Gelesene anregen, an den Briefen sollte sie ihren Briefstil schulen; alles Erotische (Boccaccios *Decamerone* z.B.) wurde ausdrücklich verworfen. Wie alle gutbürgerlichen Frauen in der zweiten Hälfte des 18. Jahrhunderts, so war auch Cornelia eine gelehrige, willige Schülerin und eifrige Leserin. Ähnlich wie in England die Frauen als neues Literaturpublikum den Wandel zur Feinfühligkeit und Sentimentalität in der Belletristik bewirken halfen [41], so wurden auch in Deutschland die Frauen eine wichtige Lesergruppe, die der Belletristik zum Durchbruch verhalf und diese beeinflußte. Mit seinen Fabeln, moralischen Erzählungen, rührseligen Lustspielen und dem sentimentalen Roman *Die schwedische Gräfin* wurde Gellert zu einem Lieblingsschriftsteller der Frauen. Von Wieland bis Jean Paul machten Frauen einen wichtigen Anteil der Leserschaft aus. Denn »die Frau brauchte Bücher, die sich mit seelischem Einfühlungsvermögen passiv bewältigen ließen, ohne daß mannigfache Vorkenntnisse gefordert wurden«. [42] Die nötige Vorbildung, um gelehrte Literatur lesen zu können, hatten Frauen nicht; sie konnten nur solchen Themen, Situationen und Figuren Interesse abgewinnen, die ihrem Vorstellungsvermögen entsprachen und Erfahrungsbereich verwandt waren. Dabei konnten sie sich bilden und diese genießen, Literatur war Unterhaltung und Selbstbildung zugleich.

Das Lesen der Frauen, das um die Jahrhundertwende dann zum guten Ton der gebildeten Frau gehört, wurde nicht kritiklos hingenommen. Neben den ängstlichen Ermahnungen und Erörterungen der um die Tugend der Frau bemühten Theologen und Literaten, ob die jeweilige Lektüre auch moralisch für sie geeignet sei, finden sich zunehmend Warnungen vor der »Lesewut« der Frauen. Schon Gottscheds *Biedermann* hatte 1727 betont, daß ein tugendhaftes Mädchen »sonst manch schönes Buch [liest], sobald ihre Frauen-Arbeit und die Haushaltungs-Geschäfte ihr Zeit dazu lassen. Aber keine Liebes-Bücher und Romane; sondern historische, moralische und geistliche Schriften sind ihr liebster Zeitvertreib«. [43] Die Hausfrauenpflichten dürfen keineswegs unter dem Müßiggang des Lesens leiden! So stellte ein besorgter Autor im *Geselligen* (1749) seinen Leserinnen eine kluge Hausfrau beim Spinnen vor, die dabei auch lesen konnte. Ihr speziell dafür angefertigtes Lesepult wird genau beschrieben, damit es für alle fleißigen Hausfrauen

nachgebaut werden kann. Der besorgte Autor läßt seine lesende Frau
versichern:

Dieses Pulpet dient mir nicht nur beim Spinnen, sondern auch beim Nähen,
Stricken und dergleichen. Mir ist es unmöglich, bloß allein an solche Arbeiten,
wenn ich damit beschäftigt bin, zu gedenken. Sie lassen mir beständig so viel
Raum in der Seele übrig, daß ich mit völligem Nachdenken dabei lesen kann.
Aber eben so unmöglich ist es mir auch, allein zu lesen, ohne eine häusliche
Arbeit dabey zu verrichten. [44]

Die männlichen Pädagogen suggerieren so den Frauen, wie sie zu lesen
haben und wie sie das Lesen ihrer weiblichen Arbeit unterordnen können. Daß jedoch ein Mann gleichzeitig eine Handarbeit ausführen und
dabei lesen würde, schlägt keiner dieser Pädagogen vor... Die Arbeit
des »Hausvaters« erfordert seine volle Aufmerksamkeit, so auch sein
Lesen, auf das er sich ganz konzentriert. Seine Arbeit und sein Lesen
sind qualitativ anders als bei der Frau, intensiver, anspruchsvoller, weniger oberflächlich und zerstreuend. Frauen lesen, um den »Raum in der
Seele« zu füllen, sich zu »ergötzen«, um sich »in der Lesung eines guten
Buches auszuruhen«. So definieren die männlichen Ratgeber das Lesen
für die Frauen um 1750.

Wenige Jahrzehnte später dann werden diese weiblichen Lesegewohnheiten, die zunächst als unterhaltende Abwechselung bei den
Handarbeiten der Frauen nahe gelegt wurden, kritisiert. Jetzt wird be-
mängelt, daß Frauen oberflächlich, »extensiv« lesen [45], daß sie eine
Menge Bücher verschlingen, besonders die der neuen und oft »unmora-
lischen« Gattung der (Liebes-)Romane. Vor dieser »Lesewut« warnen die
männlichen Kritiker, die dazu moralische Argumente gegen die idealisierten, exaltierten und erotischen Romaninhalte anführen. [46] Hier
trifft die männliche Kritik wohl eine ganz kleine Gruppe von wohlhabenden Frauen, die sich den Luxus des Viellesens und Besitzes von
Dutzenden von modischen Büchern leisten konnten. So berichtet Luise
Mejer, als sie eine Zeitlang das Amt der Gesellschafterin bei der Gräfin
Stolberg (der Frau Christian Stolbergs) übernommen hatte, 1783 in
einem Brief an ihren Freund H.C. Boie:

Ich soll der Gräfin Luise Vorleserin und Secretair werden... Ich lese gleichzeitig
in sechs Büchern und werde gefragt daraus wie ein Kind... Man stopft hier die
Menschen mit Lektüre, wie man Gänse mit Nudeln stopft. Die Gräfin hat heute
ihre Rechnung beschlossen: sie hat in diesem Jahr fünfundsiebzig Bände durch-
gelesen ohne die Journale etc – und 911 Briefe geschrieben. [47]

Und 1784 schreibt die aus dem mittleren Bürgertum stammende Luise über die »Lesewut« in diesem adligen Haus:

Nun will ich dir unseren Tageslauf erzählen. Um zehn Uhr wird gefrühstückt. Dann liest Stolberg ein Kapitel aus der Bibel und einen Gesang aus Klopstocks Liedern vor. Jeder geht nach seinem Zimmer. Ich lese dann in dem ›Spectator‹, der ›Physiognomik‹ und noch einigen Büchern, die mir die Gräfin gegeben hat. Sie kommt zu mir herunter, indess Lotte übersetzt, und ich lese ihr den ›Pontius Pilatus‹ von Lavater eine Stunde lang vor. Indessen sie ihre lateinische Stunde hat, schreibe ich ab für sie oder lese für mich, bis angerichtet ist. Nach Tisch und Kaffee liest Fritz aus den ›Lebensläufen‹, dann kommt Lotte zu mir herunter und ich lese ihr den Milton eine Stunde vor, bis es Teezeit ist um 9 Uhr abends. Nach dem Tee liest Stolberg ein Kapitel in der Bibel und einen Gesang aus dem Klopstock vor, damit Gute Nacht. (ebd.)

Solche exaltierten Gewohnheiten lassen sich zunächst bei Frauen des niederen Adels feststellen, die seit etwa 1770 das literarische Schaffen der bürgerlichen Dichter fördern, begleiten und anregen. Dabei ist interessant, wie der »Hausvater« Stolberg noch den lesenden Tag mit religiöser Lesung einrahmt (mit der Bibel und – Klopstock).

Bei den Frauen des mittleren Bürgertums bestehen diese Freiheiten nicht oder doch selten. Die Gefahr des Lesens bezeichnet treffend Vater Miller in Schillers *Kabale und Liebe*, wenn er seine Luise zurechtweist: »Da haben wir's, das ist die Frucht von dem gottlosen Lesen« (I,3). Diese Frauen haben kaum die nötige Zeit und die Mittel, um viel zu lesen und sich Lektüre zu beschaffen. So besaß die Familie eines Steuereinnehmers in einer preußischen Kleinstadt nicht weit von Berlin auch 1794 außer der Bibel und dem Gesangbuch keine Bücher; die geistig rege, erzählfreudige Ehefrau, die ein ausgezeichnetes Gedächtnis hatte und gern las, bat den Rektor der Stadtschule, ihr etwas zum Lesen zu leihen. Sie erhielt ein Erbauungsbuch mit der Bemerkung, »eine Frau könne was Klügeres tun als Bücher lesen. Das solle nur so was heißen, als wäre (sie) etwas Besseres als andere Weiber«. [48] Diese Frau wird wohl kaum ihre Bitte wiederholt haben.

Viele Frauen des bürgerlichen Mittelstands konnten dann seit den 1790er Jahren vielfach in Leihbibliotheken Bücher für geringes Entgelt ausleihen. Auch einige Lesezirkel öffneten sich nun für Frauen. [49] Schon seit etwa 1750 gab es über 500 solcher Lesezirkel in deutschen Städten, die gemeinsam für ihre Mitglieder zunächst die wichtigen gelehrten und unterhaltenden Zeitschriften abonnierten, dann allgemeinbildende, populärwissenschaftliche, politische Literatur für ihre

Mitglieder bereitstellten. Zeitschriften und Bücher waren verhältnismäßig teuer. Auch die »aufgeklärten und gebildeten Bürger«, die wohlhabenden Beamten, Akademiker, Honoratioren der Stadt konnten sich kein Abonnement aller sie interessierenden Zeitschriften leisten, so daß sie sich zu Lesezirkeln (Zeitungen, Zeitschriften und Bücher zirkulierten unter den festen Mitgliedern in einer bestimmten Reihenfolge) oder Lesebibliotheken (eine Bibliothek bildet das Zentrum der Gesellschaft) zusammenschlossen. Frauen waren als Mitglieder dieser Gesellschaften in den Statuten *ausdrücklich* ausgeschlossen (wie auch Studenten). Die Lesezirkel und Gesellschaften hielten jedoch nur einen kleinen Anteil belletristischer Literatur (etwa 10 v.H.), Unterhaltung (etwa 9 v.H.), Musik-Kunst-Theater und Frauen-Zeitschriften (je etwa 2 v.H.). Belehrung, Wissen, Information standen im Vordergrund dieser männlichen Leservereinigungen und nicht schöngeistige Unterhaltung, die dann durch die (kommerziellen) Leihbibliotheken seit etwa 1800 besonders dem weiblichen Lesepublikum vermittelt wird.

Auch am Ende des 18. Jahrhunderts dürfen Frauen sich nicht für »gelehrte« Literatur interessieren, diese gilt als »unweiblich« und bleibt – wie auch die Philosophie – das Prärogativ der Männer. Frauen werden auf die »schöne Literatur« verwiesen, jedoch nur die moralische, tugendfördernde. Ein wichtiges Lesepublikum für diese Literatur waren die Frauen des Adels und besonders des gehobenen Bürgertums, – kaum die der Mittelschicht und sicherlich nicht die Kleinbürger, ländliche Bevölkerung, die Bediensteten und Lohnarbeiterinnen. Für die lesenden Frauen bedeutete die Literatur (besonders die Belletristik) den Inhalt und auch die Grenzen ihrer Bildung. Diese Bildung war Selbstbildung, vorausgesetzt daß die jeweilige Frau die Mittel, die Zeit und die Gelegenheit dazu hatte.

Privaterziehung und Selbstbildung

Im ausgehenden 18. Jahrhundert war die »gebildete« Frau (nicht etwa die »gelehrte« Frau) das Ideal der höheren Stände. Mit Bildung war die Entfaltung ihrer menschlichen Fähigkeiten gemeint, worauf jegliche Erziehung und Unterricht auszurichten waren. Wissen, Gelehrsamkeit, Fachkenntnisse, Räsonnieren oder gar Philosophieren sollten ihr fern sein, da diese eine Frau nur verbildeten, zur »Männin« machten. Mit der »gebildeten Frau« war als neues Leitbild das ältere Kulturmuster der

»gelehrten Frau« endgültig verdrängt, nachdem dieses lange von den gelehrten Männern bekämpft und von den Literaten des 18. Jahrhunderts verspottet worden war.

Private Erziehung und Selbstbildung waren der Schlüssel zu geistiger Beschäftigung für Frauen seit dem 16. Jahrhundert, weil die wenigen Bildungsinstitutionen (Elementarschulen) höchstens das Lesen und Schreiben vermittelten. Daß Frauen dennoch sich unter günstigen Umständen eine beachtliche Bildung aneigenen konnten, zeigt der private, individuelle »Bildungsgang« von Frauen aus dem 17. und 18. Jahrhundert. Er zeigt auch, wie sehr die sozialen Umstände die Selbstbildung einer Frau begünstigt oder verhindert haben.

Maria Sibylla Merian (1647–1717), Malerin, Insektenforscherin und Amerikareisende, war die Tochter des Kupferstechers Matthias Merian d. Ä., der einen großen merkantilen Kunstbetrieb in Frankfurt aufgebaut hatte. [50] In diesem Kunstbetrieb wurde sie von Kindheit an systematisch in die Techniken des Zeichnens, Malens und Kupferstechens eingeführt; ihre älteren Brüder, ihr Stiefvater, Schüler und Mitarbeiter des Vaters unterrichteten sie. Lesen und Schreiben lernte sie, wenn nicht von ihrer Mutter, so vielleicht von oder mit ihren Brüdern zu Hause (von einem Schulbesuch erfahren wir nichts); später lernte sie bei einem Privatlehrer Latein, um die wissenschaftlichen Funde ihrer Insektenforschung in Surinam (Niederländisch Guyana) veröffentlichen zu können. Als sie mit ihrem Mann, dem Blumenmaler Andreas Graff, 1670 nach Nürnberg übersiedelte, stellte sie Lehrmädchen ein und bildete sie aus, damit sie ihr bei Auftragsarbeiten (Blumenmalerei, Kupferstechen, Seidenmalerei) helfen konnten. Außerdem unterrichtete sie Patriziertöchter in ihrem Hause in Gouache- und Seidenmalerei und -stickerei.

Solch ein Lernen innerhalb des Familienbetriebes und Weitergeben ihrer Kunstfertigkeit im Privatunterricht dürfte für Frauen im Kunsthandwerk, das nicht zunftmäßig organisiert war und deshalb Frauen nicht generell ausschließen konnte, im 17. Jahrhundert noch typisch gewesen sein. Hier war die Mitarbeit der Frauen im Familienbetrieb willkommen, wahrscheinlich sogar für das Florieren solcher Betriebe notwendig. Blumen- und Seidenmalerei war keineswegs eine auf Frauen beschränkte Tätigkeit, wie es »kunstgewerbliche« Tätigkeit seit dem 19. Jahrhundert fast ausschließlich wurde, sondern eine einträgliche, hochentwickelte Fertigkeit, da im Barock die Nachfrage nach dekorierten Innenräumen, Tapeten, Stoffen, Buchvorlagen und kleinen Gebrauchsgegenständen bei den wohlhabenden Schichten sehr groß war.

Die Merian eignete sich ihre wissenschaftliche Ausbildung, nachdem sie sich 1685 von ihrem Mann getrennt hatte, durch Lesen und Privatstunden selbst an. Sie war eine vielseitig begabte Frau, eine Autodidaktin, die begütert, intelligent und gesund genug war, ihre Begabungen zu entwickeln und zu fördern. Ein ähnliches Zusammentreffen von begüterter Familie, einem erziehungsfreudigen Verwandten, eigenem Spielraum als (Ehe)Frau, Begabung und guter Gesundheit kann man bei allen Frauen im 17. Jahrhundert feststellen, die eine kulturschaffende Tätigkeit ausüben. Diese Frauen zeigen die Möglichkeiten weiblicher Bildung auf, wie sie für adelige und wohlhabende bürgerliche Frauen vereinzelt im 17. Jahrhundert bestanden haben. Gesicherte wirtschaftliche Verhältnisse, persönliche Umstände wie Begabung und ein Erzieher (ganz selten: eine Erzieherin) innerhalb des Familienverbandes waren nötig, damit sich eine Frau selbst bilden und in die den Männern vorbehaltenen kulturschaffenden Traditionen eindringen, dann dort einen selbständigen Beitrag leisten konnte und sich selbst in Verbindung mit dieser Welt einen kleinen Wirkungskreis zu verschaffen vermochte.

Nur in den adligen Familien und in den wohlhabenden Patrizierhäusern wurde von Erziehern (der Söhne) oder einem Familienmitglied Lesen und Schreiben und bei besonders begabten Mädchen weiteres Wissen und Bildung vermittelt. Das blieb noch so bis weit in das 18. Jahrhundert hinein, das erst ab etwa 1780 die Notwendigkeit weiblicher Bildung intensiv diskutierte und weitgehend akzeptierte, je nach Vermögen und Stand. Wie diese Privaterziehung und Selbstbildung aussah, läßt sich am besten an charakteristischen Einzelfällen aus dem 18. Jahrhundert zeigen, wenn dabei die jeweilige Bestimmung der Frau für ihre spätere Ehe mit berücksichtigt wird.

Die Herzogin Anna Amalia von Weimar (1739–1807) ist in ihren Bildungschancen typisch für eine Frau aus dem regierenden Adel im 18. Jahrhundert. Bereits mit achtzehn Jahren war sie »zum zweiten Male Mutter, wurde Witib, Obervormünderin und Regentin«. [51] Als fünftes Kind des Herzogs von Braunschweig im Jahr 1739 geboren, war sie ähnlich klein, schmächtig und häßlich wie ihr berühmter Onkel, Friedrich II.. Über ihre Ausbildung schrieb sie später in ihrem Lebensrückblick:

Meine Erziehung zielte auf nichts weniger, als mich zur Regentin zu bilden... Diejenigen, die zu meiner Erziehung bestimmt waren, hatten noch selbst nötig, gouverniert zu werden. Eine Person... hatte leider viele Leidenschaften, folglich auch viele Launen, die ich allein entgelten mußte. [52]

Trotz ihrer Kritik an der französischen Gouvernante (Oberhofmeisterin) erhielt Anna Amalia von den am Hofe angestellten Lehrern gründlichen Unterricht (er unterstand dem freisinnigen Theologen Johann Friedrich Wilhelm Jerusalem), und sie konnte später in ihren langen Jahren als Witwe die öde, kleine Residenzstadt Weimar in einen Musenhof verwandeln.

Unterricht durch den Hofprediger, durch den Instructor des Erbprinzen bzw. der Brüder und eigens dazu an den Hof dazu berufene Künstler oder Literaten wurde in der Regel den Töchtern der regierenden Familien ermöglicht. Dazu kam dann noch eine Oberhofmeisterin oder Gouvernante, die die französische Sprache und Literatur lehrte und für Sitte und Zeremoniell zuständig war. Eine solche Privaterziehung wurde dann auch vom Klein- und Landadel und vom Großbürgertum je nach Vermögen nachgeahmt; man ging immer mehr dazu über, Hofmeister für die Söhne und (weitaus weniger Gouvernanten) für die Töchter zu beschäftigen. [53]

Als Hofmeister dieser Kreise boten sich besonders nach etwa 1770 die vielen Theologen und Absolventen der philosophischen Fakultät an, die bei der großen Zunahme von Studenten in der zweiten Hälfte des 18. Jahrhunderts keine Ämter fanden oder lange darauf warten mußten. Die schlechte Bezahlung und Behandlung der Hofmeister durch ihre Herrschaft, die sie mit den Bediensteten, von denen sich diese Bürgerssöhne selbst ausdrücklich distanzierten, auf eine Stufe stellten, sind bekannt. Als Hofmeister haben Winckelmann, Voß, Lenz, Kant, Hölderlin, Herbart, Jean Paul und Fichte, um nur die bekanntesten zu nennen, ihre berufliche Laufbahn begonnen.

Die Konflikte und Probleme, die sich auch für Mädchen bei dieser Erziehung durch Hofmeister ergaben, werden in Lenz' Drama *Der Hofmeister* (1774) mit berührt. Das Schauspiel trägt den ironischen Untertitel »Vorteile der Privaterziehung«: der Hofmeister soll Sohn und Tochter Gustchen eines Majors von Berg unterrichten, den Sohn in allen Fächern, die Tochter täglich eine Stunde in Religion und Zeichnen(!). Während der heimliche Verlobte Gustchens sich auf der Universität weiterbildet und so abwesend ist, fällt die kaum 15jährige Gustchen auf die sentimentalen und recht plumpen Annäherungsversuche des Hofmeisters herein, der seine Vertrauensstellung als Lehrer ausnutzt; das naive Gustchen wird schwanger. Ihr Kind wird dann ironisch als »ein trauriges Pfand der Schwachheit [weiblichen] Geschlechts und der Torheit des [männlichen] bezeichnet: am meisten aber der vorteilhaften

Erziehung.

Der Hofmeister interessiert sich für die junge, adelige Mutter,
während dem gelangweilten, daumenlutschenden Kleinen
das Buch entglitten ist
(satirischer Stich von Daniel Chodowiecki, um 1780?).

Eine bürgerliche Mutter mit dem Gebetbuch in der Hand
unterrichtet ihre Töchter
(Daniel Chodowiecki 1790?).

Erziehung junger Frauenzimmer durch Hofmeister« (V, 12). Auf den Einwurf, wie Mädchen denn erzogen werden sollten, wenn nicht durch Hofmeister, stellt der Autor Lenz die rhetorische Frage in den Raum: »Gibt's für sie keine Anstalten, keine Nähschulen, keine Klöster, keine Erziehungshäuser?« (V, 12). Der Autor Lenz war daran interessiert, die wirtschaftliche und soziale Misere der Hofmeister aufzuzeigen, nicht aber die Probleme der Mädchenerziehung. Geeignete »Anstalten« für Mädchenerziehung des Bürgertums, wenn man überhaupt an Mädchenerziehung dachte, gab es eben nicht. Das Problem der sexuellen Ausnützung des Lehrer-Schülerinnen-Verhältnisses beantwortete Lenz recht naiv mit der »Schwachheit« des weiblichen Geschlechts; auch für den sozialen Fragen aufgeschlossenen Stürmer und Dränger Lenz waren Frauen vornehmlich die Töchter Evas.

Für die Privaterziehung und Selbstbildungsmöglichkeiten für Frauen des (alten) Landadels ist auch Elisa von der Recke (1754–1833) typisch. Sie stammte aus einer der angesehensten und ältesten Familien in Kurland, wurde von einer Wärterin, einer Leibeigenen ihres Vaters, bis zum siebten Lebensjahr mütterlich betreut, bedient und mit rührseligen Geschichten über ihre früh verstorbene Mutter versorgt. Von ihrer Großmutter wurde sie streng erzogen, von einer französischen Gouvernante wurde ihr auf Französisch Unterricht erteilt. Erst als sie elf Jahre alt war, kam sie zu ihrer Stiefmutter, einer hochgebildeten Frau, die mit Gesprächen und Vorlesen Elisas »Lebensansichten erweiterte«. [54] An ihrem 16. Geburtstag heiratete sie den reichsten Gutsherrn Kurlands. Alle weitere Bildung und persönliche Entfaltung kam vornehmlich durch Lesen, während sie einsam und zurückgezogen in einer unglücklichen Ehe lebte. Schon nach fünf Jahren, 1776, verließ sie ihren Mann; ihre späteren Freundschaften mit den prominenten Literaten, Denkern und Künstlern der Zeit sowie ihre Reisen bildeten sie weiter. Zu der Bildung im familiären Kreis kam noch das autodidaktische Lernen hinzu, das bei allen geistig interessierten Frauen der Zeit stark ausgeprägt war.

Sicher dürfen wir das Erziehungsbild einer Anna Amalia oder Elisa von der Recke nicht auf alle Frauen ihres Standes übertragen; viele hatten weder Lust noch die Möglichkeit zur Selbstbildung, wenn nicht schon in der Kindheit ein entscheidender Anstoß im Elternhaus gegeben war. Erst dann konnten Frauen in die geistige Tradition ihrer Familie hineinwachsen, wenn sie auch einen Förderer, einen »Privaterzieher« fanden. So erhielten Luise Kulmus Gottsched, Cornelia Goethe oder Sophie La Roche ihre Bildung und Erziehung von gebildeten Vätern (La

Roche, Goethe), Brüdern oder Vettern (die Gottschedin) zunächst im privaten, eigenen, häuslichen Kreis. Eine solche Familientradition und -atmosphäre, in die die Frauen hineinwuchsen, darf für die Bildungsmöglichkeit nicht unterschätzt werden.

Familien der bürgerlichen Mittel- und Unterschicht waren dagegen im 18. Jahrhundert nicht oder nur ganz begrenzt an der geistigen Erziehung interessiert, ja sie sahen sogar eine Gefahr darin für die zukünftige Hausfrauenrolle des Mädchens. So erklärte die Mutter der Anna Luise Karsch kategorisch dem Großvater gegenüber, der Latein lehren wollte: »Sie kann lesen und schreiben, dies ist alles, was ein Mädchen wissen muß... sie wird nicht studieren.« [54a] Später wird der zukünftige Ehemann mißtrauisch und kündigt fast die Verlobung auf, als er erfährt, daß Anna Luise lesen und schreiben kann. Mißtrauen gegenüber Frauenbildung und Desinteresse waren sicher die Regel und dafür verantwortlich, daß fast immer ein großer Abstand zwischen den Männern und Frauen aus derselben Familie bestand.

Ein eklatantes Beispiel für den Unterschied an geistiger Bildung zwischen Männern und Frauen aus demselben Elternhaus bietet die Familie von Gotthold Ephraim Lessing (1729–1781). Einen Vergleich mit dem gefeilten deutschen Briefstil Lessings erlauben die Briefe seiner Mutter Justina Salome und seiner Schwester Dorothea Salome. 1771 schreibt die Mutter etwa sechs Monate nach dem Tode des Vaters an Lessing, der als herzoglicher Bibliothekar in Wolfenbüttel lebt, und bittet um ein Gedächtnisgedicht für den Vater, um das Erstellen eines Leichensteines und einer Gedenktafel in der Kirche – wie das für alle Pfarrer in der Gegend (Oberlausitz) von den Söhnen gemacht wurde. Sie schreibt:

Nun ist die Unmöglichkeit bey mir denn es wirt dir noch wol bewußt mein Liebster Sohn du wirst es auch deutlich aus der Schwester ihrem Briefe ersehen was nöthich zubezahlen ist nehmlich eine Oblication von 128 thl und das übrige auf Pfant welches mein bisgen Schmuck und Silberwerck darunter auch der Ring und der Becher ist den du der Schwester geschencket hast ich habe fieles verstoßen müßen denn die Noth war fiellmall so groß das wir uns nicht anders zuhelffen wusten da die Einnahme des Seeligen Vaters nachmahl nicht fiel über 300 thl war mit der Besoltung die wir nicht bekammen an dem Krig nicht zudencken wie schlecht es bey uns gewesen ist weis der Liebe Gott ich und deine Schwester und der Seeli Bruder... [55]

Etwa ein Jahr später (1772) schreibt die Schwester und bettelt um Nachricht und Unterstützung:

Wir haben alle Dage mit großen Verlangen auf einen Brief von Dir gewartet aber es geht immer ein Post Dag nach den andern hin und wir bekommen keinen Du weist wohl nicht oder bekümerst Dich nicht darum ob Deine Mutter lebt oder stirbt oder wie es Ihr sonst gehet von mir und den Bruder in Pirne wil Ich gar nicht reden... und dieses ist auch der Lieben Mutter und mein eintziger Wunsch wen wir noch leben solten und wie froh wolten Wir sein wen wir weder Dich noch den Bruder beschweren solten... ich schreibe Dir dieses mit vielen Trähnen wie ich überhaupt sehr schwer bin dran gegangen Dir zu schreiben ich habe mir es veste vorgenomen Dich mit keinen Briefe von mir mehr zu inkomediren... wen Die Liebe Mutter wohl wäre und in Stande Dir zu schreibe so wirde Sie es selbst getahn haben das Du mir antworten solst das wäre wohl zu viel verlangt und wer weiß wie Ich dich durch meinen Brief beliediget habe aber setze Dich nur an meine Stelle so wirst Du schon ein gelinders urteil davon fällen. [56]

Diese »hungrigen und verbitterten Briefe«, wie der Lessing-Biograph Erich Schmidt sie bezeichnet hat, sind kaum mehr als ein stockendes Sprechen, ungrammatisch, ohne Interpunktion, ohne Syntax und Orthographie. Es erübrigt sich, die gefeilten Briefe Lessings dagegen zu halten, um den himmelweiten Bildungsunterschied zwischen den Frauen und Männern derselben Familie zu veranschaulichen.

Hier handelt es sich immerhin um die Familie eines Hauptpastors in Kamenz, um ein evangelisches Pfarrhaus, aus dem im 18. Jahrhundert die Mehrheit der deutschen Schriftsteller stammen. Was ist nun der bildungs- und sozialgeschichtliche Hintergrund der Familie Lessing? Die kränkelnde und wenig gebildete Mutter gebar zwölf Kinder; auch wenn weniger als die Hälfte das Erwachsenenalter erreichten, so waren es doch zu viele Esser für die mageren Einkünfte des Vaters, dessen Gelehrtenaspirationen und Bücherkäufe die Familie weiterhin verschuldeten. Vier Söhne und eine Tochter starben als Kleinkinder, zwei weitere im Kindesalter, vier Söhne und eine Tochter (unsere Dorothea Salome) haben die Eltern überlebt. Während die Familie für die Schul- und Universitätsausbildung der vier Söhne hungerte und der Vater sich verschuldete – alle Söhne machten einen Universitätsabschluß –, konnte und wollte er für die geistige Bildung der Tochter nichts tun; Dorothea Salome heiratete nicht (war also ohne Versorgung), und nach dem Tode des Vaters mußten Mutter und Tochter die Söhne – nur die Bittbriefe an Lessing sind erhalten, die aber Hinweise auf ähnliche Gesuche mit wechselndem Erfolg an die anderen drei, alle mäßig besoldeten Brüder enthalten – um Unterstützung anbetteln, um nicht zu verhungern. Der Witwe Lessing standen 30 Taler im Jahr als Entgelt zu; die beiden

Frauen benötigen, wie ein Brief der Schwester besagt, etwa 50 Taler für etwa 9 Monate, um nur das Allernotwendigste zum Leben zu haben – dazu mußten sie die beträchtlichen Schulden des Vaters abzahlen. Gotthold Ephraim Lessing bezog als Bibliothekar in Wolfenbüttel von 1769–1775 jährlich 600 Taler (dazu freie Wohnung und Holz). Wieviel Unterstützung die Söhne nach Jahren des Wartens dann der praktisch mittel- und erwerbslosen Mutter und Schwester zukommen ließen, ist nicht genau zu ermitteln. Lessing beschwerte sich einmal in einem Brief an die Mutter über das »Nörgeln und Schmähen« der Schwester; »verweisen Sie ihr doch diese Lieblosigkeit...«, schrieb er 1776. [57] – Die Lessing-Forschung übergeht gern diese Episode und spricht vielmehr von einer Mutter, die dem »freien Streben des Sohnes kein Verständnis entgegenbrachte«, und der Schwester, die mit »peinlich dummen und spitzen Beschwerden« später von den Brüdern »einen Entgelt« forderte.

An dem Beispiel der Familie Lessing können wir also für die Frauen des (wenig begüterten) Mittelstandes festhalten: sie wurden von geistiger Bildung ausgeschlossen; für jegliche Art von Bildung und für ihren Lebensunterhalt waren sie ganz von den männlichen Familienmitgliedern abhängig. Weder dieses Bildungsdefizit noch die ökonomische Abhängigkeit wurden im 18. Jahrhundert in Frage gestellt, selten auch nur als solche erkannt, sondern auch von den Frauen als selbstverständlich hingenommen. Bildung verhalf den begabten Söhnen des weniger vermögenden Bürgertums zum gesellschaftlichen Aufstieg, für die Frauen war geistige Bildung ein Luxus, wenn nicht gar ihrer »Hausfraulichkeit« abträglich und verminderte eventuell noch ihre Chancen, von einem Manne zur Heirat gewählt zu werden: geistige Bildung konnten sich nur die Frauen der höheren Stände erlauben.

Die »gelehrte Frau«

Im 16. und 17. Jahrhundert war es keineswegs ein Makel, sondern eine große Ehre weil Ausnahme, eine »gelehrte Frau« genannt zu werden, genau so wie die gelehrten Männer in hohen Ansehen standen. Die Nürnberger Äbtissin Caritas Pirckheimer, die Schwester des Humanisten Willibald, zählte zu den gelehrten Frauen [58]; Anna Sabina, die Tochter Melanchthons, Ehefrau des Professors Sabinus in Königsberg oder die Professorenfrau Helena Sibylla Moller (1669–1735), Tochter des Orientalisten Johann Christoph Wagenseil in Altdorf, wurden so bezeichnet, weil sie Latein und Griechisch konnten. Begabte Frauen in Gelehrtenfamilien konnten unter günstigen Umständen durchaus in die väterliche Tradition der Gelehrsamkeit hineinwachsen und sich dort begrenzt betätigen.

Eine solche hochbegabte Frau war Anna Maria van Schurman (1607–1678) [59], die dem Lateinunterricht ihrer Brüder zuhörte, äußerst kunstfertig schon als Kind war (sie konnte sticken, schnitzen, Blumen malen und aus Papier schneiden, kalligraphische Zeichnungen anfertigen), mehrere moderne und alte Sprachen erlernte, von ihrem Vater in gelehrte Fächer (Astronomie, Geschichte, Geographie, Mathematik) eingeführt und wegen ihrer Sprachkenntnisse – sie sprach fließend Latein, schrieb französisch, lateinisch, griechisch, hebräisch und natürlich auch holländisch – und Gelehrsamkeit von den Zeitgenossen als Wunder von Utrecht bestaunt wurde. Als 1636 die Universität Utrecht gegründet wurde, schrieb sie auf Wunsch des Gründungsrektors Voetius, der ihre Studien gefördert hatte, ein holländisches und ein lateinisches Festgedicht; in einer verdeckten Loge im Vorlesungssaal des alten Domes durfte sie dann Vorlesungen und Disputationen (u.a. Descartes) mit anhören, wurde jedoch nicht zum Studium an der Universität zugelassen. (Sie war damals schon 31 Jahre alt und unverheiratet, hat zwanzig Jahre lang zwei kranke Tanten gepflegt).

1638 wurde ihre lateinische Abhandlung *Amica dissertatio inter A. M. Schurmanniam et Andream Rivetum de capacitate ingenii muliebris ad scientias* (Freundschaftliche Disputation zwischen A.M. Schurman und Andreas Rivetus über die Eignung des weiblichen Verstandes zur Gelehrsamkeit), die aus dem Briefwechsel mit dem Pariser gelehrten Theologen hervorgegangen war, von diesem veröffentlicht. Diese gelehrte Disputation führt mit streng logisch-rationalen Argumenten den Beweis, daß Wissen für die Frauen nicht nur nicht schädlich sondern eine Tugend sein kann. [60] Frauen seien unterschiedlich veranlagt, doch besitzen sie ebenso wie der Mann das Vermögen, die Grundlage und das Verlangen nach Wissen und Kunst; Studien können die Leere und die freie Zeit einer Frau wohl ausfüllen, besonders wenn sie jung, unverheiratet und gesund ist; als Christin sollte eine Frau auch die vornehmste Wissenschaft, die Theologie betreiben; daraus folgt, daß sie auch deren Hilfswissenschaften betreiben kann. Alles, was dem menschlichen Verstand zugänglich ist, das ist auch für die Frau geeignet, darunter Wissenschaft und Kunst, die zum Lobe Gottes bestehen; Unkenntnis und Unwissenheit führen nur zum Aberglauben und von Gott weg. Deshalb sollen

Frauen zum Lernen und Studieren angehalten und die Vorbilder berühmter Frauen ihnen vorgestellt werden. Auch wenn die Frauen in der Kirche, im Staat und in der Öffentlichkeit von den Ämtern ausgeschlossen sind, so könnten sie doch für sich selbst und in untergeordneten und privaten Beschäftigungen dieses Wissen nutzen.

Die gelehrten Ausführungen der Schurman gingen weit über das hinaus, was in Deutschland zu dem Thema Frau und Wissenschaft gesagt und was Frauen von den Gelehrten zugestanden worden war; die Schurman stellte aber keineswegs generelle Gleichheitsforderungen auf, wie es Marie de Gournay, die Freundin und Nachlaßverwalterin von Montaigne, in *L'égalité des hommes et femmes* (1624) mit Bibelargumenten und Klassikerzitaten getan hatte. Auch die Thesen von der Überlegenheit der Frau und den Mängeln des männlichen Geschlechtes, die Lucretia Marinelli in *La Nobilita e L'Eccellenza delle Donne e i Diffetti e Mancamenti degli Uomini* (1604) aufgestellt hat, möchte die Schurman nicht diskutieren, geschweige denn verteidigen. Sie hielt sich eng an die Frage der geistigen und wissenschaftlichen Beschäftigung der Frau und verteidigte diese, und damit ihre eigene Gelehrsamkeit (ohne jedoch jemals persönlich auf ihre Lage oder Person zu sprechen zu kommen), um so die noch immer gängige Meinung der Gelehrten zu widerlegen, die den Frauen aufgrund ihres Geschlechtes und ihrer biologischen Bestimmung die Teilnahme an der Gelehrsamkeit und den Wissenschaften absprachen (Rivet z.B. wies auf Hand- und Hausarbeit für Frauen hin).

Schurmans *Dissertatio* wurde zusammen mit ihren anderen philologischen Schriften in den *Opuscula Hebraica, Graeca, Latina, Gallica, Prosaica et Metrica* (Leiden: Elzevir, 1648) gedruckt. Eine französische Übersetzung von 1646 und eine englische von 1656 bezeugen das Interesse auch außerhalb gelehrter und theologischer Kreise. In Deutschland wurden die Gedanken der Schurman im 18. Jahrhundert von Dorothea v. Erxleben (Leporin) in ihrem Traktat (s. unten) aufgegriffen, ihr Werk noch 1749 von der literarisch tätigen Dorothea Loeber (sie war Mitglied der Deutschen Gesellschaft in Göttingen, Jena und Helmstedt) herausgegeben. [61] Auch wenn die Schurman eine Anhängerin Labadies wurde und dann in ihrer religiösen Autobiographie ihre frühere Gelehrsamkeit als eitle Weltlichkeit verworfen hat, so bleibt doch ihr origineller, philosophischer Beitrag zum Thema Frau und Gelehrsamkeit ungeschmälert, weil sie in ihrer theoretischen Analyse die progressiven Möglichkeiten ihrer Situation gegenüber den theologisch-patriarchalischen Beschränkungen reflektiert. Sie vertritt mit den Argumenten des

Patriarchats die Gleichheit der geistigen Kräfte von Mann und Frau und fordert die Entwicklung der rationalen und religiösen Persönlichkeit der Frau. War ihr Eintritt in eine Sekte mit dadurch ausgelöst worden, daß sie als »gelehrte Frau« keinen Platz in der Universitätsstadt Utrecht und in der gelehrten Welt fand, sondern ihre »Wissenschaft« nur in den Dienst Gottes stellen konnte?

Noch im frühen 18. Jahrhundert war die Bezeichnung »gelehrte Frau« in Deutschland durchaus anerkennend. Als Ergänzung zu den zahlreichen Gelehrtenkompendien über Männer wurden Frauenlexika veröffentlicht, die nicht »berühmte« oder »tugendsame« Frauen vorstellten, wie es ähnliche Werke zumeist im 17. Jahrhundert getan hatten, sondern »gelehrte« Frauen: Johann Caspar Eberti, *Eröffnetes Cabinett deß Gelehrten Frauenzimmers* (Frankfurt und Leipzig, 1706) und C.F. Paullinis, *Das Hoch- und Wohl-Gelahrte Teutsche Frauen-Zimmer* (Frankfurt und Leipzig 1705). [62] Gottsched und die Aufklärer vertraten durchaus den Standpunkt, daß eine Frau gelehrt sein kann; und förderten die Bildung der Frauen. So verlieh die philosophische Fakultät in Wittenberg 1733 auf Gottscheds Vermittlung hin der gelehrten Dichterin Christiane Mariane von Ziegler (1695–1760) die *laurea poetica* (die Dichterwürde); Leipzig hatte das allerdings verweigert, wie denn weibliche Gelehrsamkeit vielfach mißtrauisch beäugt, sogar verspottet wurde. Doch in einem vertraulichen Brief warnte die Ziegler die Tochter einer Freundin, die sich für die Wissenschaften interessierte: »Die Schwierigkeit, so man [den Frauen in den Wissenschaften] machen will, rühret wohl am meisten von dem männlichen Geschlechte her, dieses will immer etwas besonderes vor sich alleine behalten, und siehet es gar nicht gerne, wann ihnen das Weibliche Geschlechte nachklettern will.« [63] Leipziger Studenten dichteten Spottlieder auf die Ziegler. Eine Frau im Hörsaal einer Universität war im 18. Jahrhundert noch einfach undenkbar. Luise Gottsched saß als Ehefrau des berühmten Leipziger Professors im Gang und hörte bei halb angelehnter Tür den Vorlesungen ihres Mannes zu.

Dorothea Leporin (1715–1762) [64] wurde von ihrem Vater in seine medizinische Praxis eingeführt und half ihm bei der Versorgung von Kranken. Nach jahrelangem Bemühen wurde sie schließlich 1754 zur Doktorpromotion an der medizinischen Fakultät Halle (auf besondere Verwendung Friedrichs II.) zugelassen. Dorothea Leporin veröffentlichte 1742 die Schrift *Gründliche Untersuchung der Ursachen, die das weibliche Geschlecht vom Studieren abhalten, darin deren Unerheblichkeit gezeiget, und wie nötig und nützlich es sei, dass dieses Geschlecht der Gelahrt-*

heit sich befleissige, umständlich dargelegt wird. [65] Die Argumente sind ein Echo auf die Schurman; die Leporin weist gleichfalls auf die Möglichkeit, Nützlichkeit und Notwendigkeit des Frauenstudiums hin. Sie geht aber viel weiter als die Schurman, indem sie Frauen durchaus für berufliche Tätigkeit geeignet findet, und stellt sogar die Frage, warum Frauen nicht auch Ärztinnen sein können. Die Promotion der Leporin war ebenso ungewöhnlich wie die Tatsache, daß sie bis zu ihrem Tode 1762 in Quedlinburg (als Ehefrau des Predigers Johann Christian Erxleben) als Ärztin praktizierte. Die Promotion hatte die Universität Halle schließlich nicht mehr verhindern können, weil Friedrich II. auf das Gesuch der Leporin hin (ihr Vater war inzwischen verstorben) diese praktisch befohlen hatte, und weil, wie der Rektor bemerkte, es keine Gesetze gäbe, die den Frauen das Medizinstudium verbieten würden. Ihre medizinische Tätigkeit war der Dorothea Leporin nur deshalb möglich, weil ihr Vater sie als Helferin in seine Praxis eingeführt hatte und sie sich dort als eine gewandte und erfolgreiche Ärztin bewährte.

Doch ist und bleibt die Leporin ebenso eine Ausnahme und Kuriosität wie Dorothea Schlözer (1770–1825), die älteste und Lieblingstochter des Staatswissenschaftlers Schlözer, bei der der ehrgeizige Vater schon seit ihrem vierten Lebensjahr systematisch mit Sprachunterricht anfing, die mit acht Jahren öffentlich in einem Konzert auftrat und elfjährig mit auf eine Bildungsreise nach Italien genommen wurde. Als Siebzehnjährige promovierte sie in Göttingen – zum 50jährigen Bestehen der Universität. Solche Ausnahmen können aber nicht die Tatsache verdecken, daß im späten 18. Jahrhundert die »Mode« der gelehrten Frau längst vorüber, die Bezeichnung zu einem Schimpfwort geworden war.

Offener Widerstand der Männer, der von Spott bis zur Beschimpfung und Verhinderung mit allen Mitteln reichte, begegnete nunmehr den wenigen Frauen in der zweiten Hälfte des 18. Jahrhunderts, die es wagten, sich »männliche« Gelehrsamkeit anzueignen. So bemerkte der Göttinger »ordentliche Lehrer der Weltweisheit« Meiners 1798 in seiner *Geschichte des weiblichen Geschlechts*:

Gelehrte Weiber waren nie schlimmer berüchtigt, als in unseren Zeiten, einer unserer berühmtesten Schriftsteller... bat neulich den lieben Herr Gott, daß er Europa außer andern Landplagen auch vor gelehrten Weibern bewahren, oder davon befreyen wolle. [66]

Das Frauenstudium war und blieb indiskutabel; auch im 19. Jahrhundert konnten deutsche Frauen nur im Ausland studieren, an deutschen Universitäten wurden sie als Gasthörerinnen für »weibliche Fächer« erst in den 1890er Jahren vereinzelt zugelassen, wenn die Universität und der jeweilige Dozent ihre Zustimmung gaben; erst 1901 gewährte Baden als erstes Land den Frauen die Immatrikulation durch Ministererlaß. [67] 1933 wurde der »numerus clausus« für Frauen eingeführt und ihr Anteil auf 10 v.H. der Studierenden festgelegt. Das Frauenstudium blieb die letzte, den Frauen vorenthaltene Bildungsmöglichkeit, weil, wie die männlichen Theoretiker des 18. Jahrhunderts wohl richtig befürchteten, es mit der ausschließlichen »Bestimmung des Weibes zur Ehefrau und Mutter« nicht zu vereinen war, und weil es die Herrschaftsstruktur der patriarchalischen Gesellschaft im Privatleben und in der Öffentlichkeit verändern würde.

Erzieherinnen

Als Mütter, Nonnen, Schulfrauen, Hofmeisterinnen und Gouvernanten sind Frauen erzieherisch tätig gewesen und namenlos geblieben; einige haben ihre Erfahrungen und Ratschläge niedergeschrieben; Elisabeth von Braunschweig-Lüneburg z.B. verfaßte 1545 als vorsorgliche Mutter ein Regierungshandbuch zum Regierungsantritt ihres Sohnes und 1550 ein Ehestandsbuch für ihre Tochter Anna Maria, als diese Albrecht von Preußen heiratete. [68] Mütterliche Fürsorge, gute Ratschläge und religiöse Anweisungen sind auch in Anna Ovena Hoyers Schrift *Ein Geistlich Gespräch zwischen Mutter und Kind vom wahren Christentum* (1628) enthalten, mit der sie ihre Kinder zum rechten Glauben und rechten Lebensweise im Sinne des nicht-orthodoxen Protestantismus erziehen wollte. Im 17. Jahrhundert schreiben Fürstinnen und vornehme Frauen häufiger erbaulich-erzieherische Schriften für ihre Kinder, für ihren Hausgebrauch.

Haben in religiösen Gemeinschaften Frauen seit jeher erzieherische Aufgaben für Mädchen wahrgenommen, so werden erst mit der Diskussion über weibliche Bildung im ausgehenden 18. Jahrhundert Frauen aus dem Bürgertum pädagogisch auch für Mädchen, die nicht zur näheren oder weiteren Familie gehören, tätig; gegen Ende des Jahrhunderts wird Mädchenerziehung ein erstes Berufsfeld für bürgerliche Frauen, dem die umstrittenen und häufig kritisierten französischen Gouvernanten, die oft aus Hugenottenkreisen stammten, und englischen Erzieherinnen in wohlhabenden deutschen Familien vorgearbeitet hatten. Erzieherische Tätigkeit paßt seit dem 19. Jahrhundert harmonisch in das Bild des Weiblichen als »gute Mutter«. Anders als Politik und Wirtschaft ist der erzieherische Bereich dem Hause und der Familie zugeordnet: für die Erziehung – abgesehen von Fürstenerziehung – haben Männer sich dann nie besonders interessiert, wenn diese Aufgabe weder Macht noch Reichtum versprach und die bestehenden Machtverhältnisse nicht bedrohte.

Im späten 18. Jahrhundert ergaben sich für Frauen, die sich außerfamiliär erzieherisch betätigen wollten, Konflikte mit den kirchlichen Seelsorgern und selbsternannten Hütern der Moral, den vielen Absolventen der theologischen und philosophischen Fakultät, die auf pädagogischem Gebiet als »Volkserzieher« – es waren die Pfarrer, Literaten und Schöngeister – ihr Brot zu verdienen suchten und sich durch ihr akademisches Studium kompetent und berufen fühlten. Sie wollten selbstverständlich für die »unmündigen Frauen« sprechen und als Pädagogen auch handeln. Unter diesen vielen männlichen Pädagogen, die mit neuen Institutionen und Methoden experimentierten, sind die Schriften und die praktische Tätigkeit von zwei Frauen wichtig, die sich beide theoretisch wie praktisch mit Fragen der Mädchenbildung befaßt haben und als Schulgründerinnen und Leiterinnen in der Öffentlichkeit bekannt wurden: die Dichterin Karoline Rudolphi und die mehr als eine Generation jüngere Pädagogin Betty Gleim.

Karoline Rudolphi (1754–1811) [69] wuchs in beengten Verhältnissen in Potsdam auf, wurde schon früh als Dichterin bekannt, deren Lieder in volkstümliche Sammlungen der Zeit aufgenommen wurden. Der bekannte Liederkomponist Reichardt hat 28 Gedichte von ihr vertont und in einem Band veröffentlicht. Ihr Vater war Lehrer am Waisenhaus in Potsdam und verstarb 1763, als Karoline neun Jahre alt war; die Mutter bezog dann eine Pension von zwei Talern(!) monatlich (das Gehalt des Vaters hatte zunächst aus 10, dann nach seiner Eingabe [von 1757] ab 1761 aus 12 Talern bestanden). Drei Geschwister waren verstorben, der Bruder erhielt einen Freiplatz im Halleschen Waisenhaus und studierte dann Medizin, während Karoline und die Mutter sich mit Handarbeit kümmerlich ernährten, bis Karoline alt genug war, als Näherin in wohlhabenden Familien zu arbeiten. Schließlich konnte Karoline 1778 die Einwilligung ihrer Mutter erhalten, eine Stelle als Gouvernante auf einem Gutshof in der Nähe von Neubrandenburg anzunehmen.

Hieraus entwickelte sich ihre erzieherische Tätigkeit: Die Familie übergab die vier Töchter an Karoline, als sie wegen der unerfreulichen
Ehestreitigkeiten ihre Stelle kündigen wollte. Sie zog 1785 in die Nähe
von Hamburg, wo sie mit Campe, Klopstock und dem Reimarus-Kreis in
Verbindung trat. Da die Familie ihrer Zöglinge die versprochenen Zah-
lungen für die Betreuung nicht einhielt, erweiterte Karoline ihren Kreis
zu einem kleinen Internat von zehn bis zwanzig Schülerinnen. Ihr Bruder
und ein weiterer Lehrer halfen beim Unterricht. 1803 verlegte Karoline
ihre Schule aus wirtschaftlichen und gesundheitlichen Gründen nach
Heidelberg, wo sie schon 1811 verstarb.

Aus der Sicht eines Schulverwalters – alle offiziellen Stellen im Schul-
wesen waren selbstverständlich von Männern besetzt –, des Oldenbur-
ger Schulrats von Türck, der 1804 eine Schulbesichtigungsreise durch
Deutschland gemacht hatte, war die Schule der Karoline Rudolphi besonders lobenswert, weil sie »zarte Weiblichkeit« heranbildete. In seinen
Aufzeichnungen (von 1838) lobte er:

Mir ist es bei der weiblichen Erziehung weder um glänzende Talente, noch um
das, was man Welt nennt, noch weniger um Gelehrsamkeit zu thun, sondern um
die häuslichen Tugenden und besonders um jene zarte Weiblichkeit, um jene
kindliche Reinheit und Unschuld, die dem Mädchen selbst die sicherste Schutz-
wehr gegen alle Künste der Verführung, gegen alle nachteiligen Einwirkungen
neuer und ungewohnter Eindrücke der Sinnenwelt gewährt und dem Manne,
dem ein solches Weib zu Teil wird, sein eignes und das Glück seiner Kinder
sichert. Jene zarte Weiblichkeit, jenen kindlichen Sinn, glaubte ich an den Zöglingen der edlen Rudolphi zu bemerken, und das ist es, was mich so sehr für sie als
Erzieherin einnahm, wenn sie auch nicht schon in anderen Rücksichten die
gerechtesten Ansprüche auf meine Achtung gehabt hätte. [70]

Hier wertet der Pädagoge lediglich, daß die männlichen Ansprüche
eines Ehemannes und Vaters befriedigt werden, wenn er »edle Weiblichkeit« und »kindlichen Sinn« an Karoline Rudolphis Erziehungsprogramm
lobt. Die Persönlichkeit der Karoline und ihre pädagogischen Fähigkeiten scheinen diesen Schulmeister wohl davon überzeugt zu haben, daß
eine Mädchenschule eine den männlichen Wünschen entsprechende Erziehung vermitteln kann; doch klingt zwischen den Zeilen das Mißtrauen gegen Mädchenerziehung noch immer mit.

Karoline Rudolphi hat ihre erzieherische Arbeit in romanhaft idealisie-
render Weise in ihrem *Gemälde weiblicher Erziehung* (1807) beschrieben,
das bis 1857 in vier Auflagen erschienen ist, also den Ton weiblicher
Erziehungsvorstellungen gut getroffen haben muß. Als »Tante Selma«

schreibt die Verfasserin Briefe über eine Reihe von Jahren an eine junge Mutter und berät sie über jeden Schritt in der Pflege der jüngsten Tochter. Bald übernimmt sie selbst die Betreuung des Mädchens, weil die Mutter ihrem Mann in seiner Diplomatenlaufbahn nach Rußland folgen muß. Der Bruder und andere Kinder kommen hinzu, so daß ein familienähnlicher Kreis in ländlicher Abgeschiedenheit entsteht und die Erzieherin über ihre erzieherische Tätigkeit der Mutter in Rußland berichtet. Interessant ist die individuelle Behandlung der Kinder, die sich ganz selbst entfalten können; dabei befaßt sich Karoline Rudolphi als Erzieherin nur mit den Mädchen, die Bildung und Beurteilung des Jungen (ein Hauslehrer wird für ihn gesucht) lehnt sie ab, da sie sich nicht dazu berufen fühlt.

Die Erzieherin aber ist eine von Tugend und Liebe überströmende Mutter, der neue Typ der »edelen Weiblichkeit«. Man sieht, welch einen beschränkten Rahmen das von Männern propagierte Leitbild von Weiblichkeit und Mütterlichkeit für die Erziehungsarbeit von Frauen absteckt:

Zwar schreiben und lehren die Männer viel über die weibliche Erziehung, aber das berechtigt uns nicht über die Grenze zu gehen! Ihr Gebiet ist größer, ist nicht so eng abgesteckt, als das unsrige [71],

bemerkt die Erzieherin Karoline Rudolphi. Die engen Grenzen erkennt sie wohl, aber sie beachtet und achtet sie. Darin lag der Erfolg einer Erzieherin wie der Rudolphi, daß sie das von Männern gebilligte Weiblichkeitsideal der tugendhaften, mütterlichen, liebevollen Frau verkörpert und in ihren Zöglingen weiterbildet. Dieses Weiblichkeitsideal hat betont mütterliche Züge, wie denn die Erzieherin im Grunde eine Ersatzmutter ist, weil die richtige Mutter ihren Aufgaben nicht nachkommen kann – der Kreis ihres Internats war klein, ähnlich wie der familiäre Kreis in ihrem idealen pädagogischen *Gemälde*. Die Rudolphi stellte jedem der Bände ihres *Gemäldes* ein Madonnenbild voran, um die Nähe zu diesem christlich-mütterlichen Leitbild aufzuzeigen. Viele Züge erinnern auch an das von Pestalozzi entworfene Bild der sich ganz hingebenden, liebevollen Mutter in seinem Erziehungsroman *Lienhard und Gertrud* (1781). Aus solchen Konzepten ließ sich keine Erziehungsarbeit und Schulform für Mädchen außerhalb eines familiären Rahmens entwickeln, in der ernste Geistesarbeit geleistet und die intellektuelle Ausbildung der Mädchen gefördert wurde. »Alle Verstandeskultur soll vom Manne ausgehen« [72], war denn auch einer der Kernsätze des pädagogischen *Gemäldes* der Rudolphi.

Was Karoline Rudolphi in ihrer pädagogischen Arbeit vielmehr zu verwirklichen suchte, scheint das gewesen zu sein, was ihr ihre Lebensumstände versagt hatten, die weibliche Rolle der Mutter und Ehefrau. Sie selbst wird als »ausgewachsen« (bucklig) beschrieben; eine Heirat mit einem Offizier, der in Potsdam stationiert war und wie Karoline für Lyrik und Literatur schwärmte, kam nicht zustande. Der adelige Offizier war selbst nicht reich und brauchte eine vermögende, standesgemäße Frau, um heiraten zu können. Karolines Armut und ihre desolaten Familienverhältnisse ermöglichten der begabten und überaus sensiblen Frau lediglich einen kümmerlichen Lebensunterhalt in der abhängigen, wenig geachteten Gouvernantenstellung. Erst ihr selbständiger Aufbau eines Familien-Internates brachte ihr eine Erziehungsaufgabe ein, die der einer Mutter glich und ein eigenes Programm nach ihrem Ermessen (auch wenn dieses eigene Ermessen weitgehend von den pädagogischen Vorstellungen und dem zeitgenössischen Leitbild von Weiblichkeit geprägt ist) ermöglichte.

Ihre Lieddichtung hatte ihr einen gewissen Freiraum an geistiger Betätigung gegeben; dieses Interesse für Literatur bringt sie auch in ihre Erziehungsarbeit ein. In ihren sog. »praktischen Stunden« ließ sie Gedichte rezitieren und trug diese und eigene Gedichte auch selbst vor, die dann nachempfunden und genossen wurden. Die enge Verbindung von Dichterin und Erzieherin und die emotionelle Beziehung zur schönen Literatur als eine Art Ersatz für nichtgelebtes Leben zeigen den Stellenwert der Literatur für Karoline Rudolphi; sie dürfte typisch sein für so viele Frauen ihrer Generation, die zu Beginn der Sturm- und Drang-Zeit erwachsen wurden (die Rudolphi wurde 1754 geboren und war 1770 sechzehn Jahre alt), die diese Literatur lasen, nachempfanden, nachlebten und auch selbst sich im Dichten versuchten. Selbst wenn man das, wie bei der Rudolphi, als eine Art von Eskapismus und Kompensation für einengende Lebensumstände wertet, welche andere Lebensmöglichkeit hätte Karoline Rudolphi gehabt — bei ihrer begrenzten Erziehung, dem fehlenden Vermögen, dem engen, allgegenwärtigen und präskriptiven Leitbild von Weiblichkeit und bei ihrer gesellschaftlichen und wirtschaftlichen Unselbständigkeit? Erst aus der Perspektive der Rudolphi und ihren Lebensmöglichkeiten sieht man den relativen Freiraum eigenen Lebens und eigener Entwicklung, den sich die Rudolphi zu schaffen vermochte.

Kein familienartiges Internat, sondern wohl die bedeutendste Mädchenschule ihrer Zeit war die von Betty Gleim geschaffene Institution in

Bremen. Betty Gleim (1781–1827) [73] stammte aus einer aus Halberstadt nach Bremen eingewanderten begüterten Kaufmannsfamilie. Sie
war die Großnichte des Dichters Johann Wilhelm Ludwig Gleim
(1719–1803). [74] Nach der Aufhebung einer vorschnell eingegange-
nen Verlobung mit einem Prediger entschloß sich Betty Gleim, ihr
Leben der Erziehung von Mädchen zu widmen. Im Sommer 1805
besuchte sie eine Reihe berühmter Erziehungsinstitute, um dann mit der
Schrift *Ankündigung von dem Plan einer in Bremen im Jahre 1806 zu
errichtenden Lehranstalt für Mädchen* ihre Schulgründung zu beginnen.

1812 zählte die »Lehranstalt für Mädchen«, die Betty Gleim von
1806–1815 leitete und später noch einmal übernahm, trotz des verhältnismäßig hohen Schulgeldes von 80–160 Mark achtzig Schülerinnen.
Sie hatte drei Stufen (für 4- bis 8-, 8- bis 12-, 12- bis 16jährige); die
Mädchen erhielten in der Oberstufe z.B. in 30 Wochenstunden Unterricht in deutscher Grammatik, in Religion (Moral), Geschichte, Geographie, Physik, Zeichnen, Lektüre klassischer Schriftsteller, Gesang, Rechnen, Schönschreiben und Handarbeiten (acht Stunden wöchentlich mit
Konversationsübungen im Französischen). Wenn auch in dem Handarbeitsunterricht, der ein Viertel aller Unterrichtsstunden ausmachte, das
seit der Reformation für Frauen vorgeschriebene Arbeitsprogramm noch
nachwirkte, so zeigen doch der Umfang, die Einteilung der Stufen und
die Wahl der Fächer mit ihrer Betonung des Deutschunterrichts, der
Lektüre deutscher Literatur, der Sprachen und musischen Fächer einen
modernen Schultyp, der in der höheren Mädchenschule bis in die
1960er Jahre vorherrschend war.

Betty Gleims Schule war für die Töchter der gebildeten, wohlhabenden Familien Bremens gedacht, es war die einzige Mädchenschule. Für
Jungen gab es die Domschule (seit dem 16. Jahrhundert lutherisch), ein
reformatorisches Pädagogium und ein Gymnasium, außerdem schickten
die reichen Kaufmannsfamilien ihre Söhne, die nicht studieren sollten, in
Pensionsanstalten nach Celle, Hannover, Braunschweig und in das Phil-
anthropin nach Dessau. Eine Schulreform im Jahre 1817 richtete für die
»Jugend männlichen Geschlechts« [75] eine Vorschule eine, die ältere
Schüler auf die Gelehrten- und die Handelsschule vorbereitete. Die
Volksschule blieb auf Elementarunterricht und die nichtvermögenden
Klassen beschränkt. Für Mädchen gab es dagegen in Bremen seit dem
16. Jahrhundert nur diverse Winkelschulen, auch konnten sie seit dem
17. Jahrhundert an dem Elementarunterricht in den Volks- und
Kirchspielschulen teilnehmen, wohin aber nur wenige Familien ihre

Töchter und auch dann nur für kurze Zeit schickten. Noch um 1800 waren Mädchen auf Privatunterricht im eigenen Hause oder auf kleine private Töchterschulen angewiesen, die von ehemaligen Gouvernanten oder armen Witwen unterhalten wurden. Die Lage in Bremen war typisch für die Mädchenerziehung in den größeren und reicheren Städten Deutschlands. Dabei ist bemerkenswert, daß Betty Gleims Schule die erste höhere Mädchenschule war, die bewußt eigene Bildungsziele und ein inhaltlich reichhaltiges und anspruchsvolles Programm verwirklichte. Betty Gleims Forderung lautete: »Erziehet die Weiber ernster, würdiger, edler!« [76] Der Einfluß der Bildungsforderungen des deutschen Idealismus und deren Bildungstheoretiker Fichte, Humboldt, Herbart, Schleiermacher waren in dieser praktischen Erziehungsarbeit spürbar; ebenso gingen die Schriften der Betty Gleim von diesen Bildungsforderungen aus, indem sie für Frauen umfassende Bildung betonten und deren Notwendigkeit immer wieder herausstellten.

In ihrer Hauptschrift *Erziehung und Unterricht des weiblichen Geschlechts* (1810) nimmt sie die Forderung nach geistiger, nicht an die Hausfrauenrolle gebundener Bildung für die Frau zum Ausgangspunkt ihrer Ausführungen. Sie bekämpft entschieden die noch immer weitverbreitete Ansicht, eine gebildete Frau könne keine gute Hausfrau sein. Wie Männer neben der Brotwissenschaft noch andere Kenntnisse sich erwerben und für ihre Freizeit sich ein eigenes Lieblingsfach wählen, so fordert Betty Gleim diese Möglichkeit auch für die Frau. Sie fragt:

Was macht viele Weiber so unmuthig in ihrem eigenen Hause? Was treibt sie aus demselben hinaus und läßt sie nur außer demselben ihr Vergnügen suchen? Nichts als die innere Leerheit und Langeweile; nichts als die Unfähigkeit, sich selbst zu beschäftigen... Eine Frau von wahrer und allseitiger Bildung fühlt diese Leere und Langeweile nicht. [77]

Bildung zum Ausfüllen der inneren Leere und Langeweile, ein Überschreiten der Grenzen des Hausfrauendaseins im Geistigen, das war der Kern der Gleimschen Erziehung. Die emanzipatorischen Forderungen, die sich auch auf den öffentlichen und außerhäuslichen Bereich erstreckten, wie sie Mary Wollstonecraft und Theodor Hippel geäußert hatten, lehnte Betty Gleim ab. Sie teilt die derzeit gängige polarisierte Geschlechterauffassung, wie sie Humboldt vertreten hatte, und betont die Pflege der Wesenszüge, die sie als spezifisch weiblich versteht (Höflichkeit, Gefühl und die »unmittelbare Anschauung des Gemüths und Geistes«, die sie als Takt bezeichnet).

Doch blieb Betty Gleim nicht bei allgemeinen, auf Weiblichkeit zuge-
schnittenen Bildungsforderungen. Zu einzelnen Fächern arbeitete sie
genaue didaktische Anleitungen aus. In einer Reihe von Schriften widmete sie sich dem Deutschunterricht und stellte ein dreiteiliges Lesebuch
für Mädchen zusammen, in dem die Texte der deutschen Klassik besonders berücksichtigt wurden. Dabei appellierte sie an die eigene Weiterbildung: »Leset nicht zuviel, sondern schreibet mehr. Denn durch das
Schreiben zeigt sich, ob sich etwas in euch gestaltet habe. Mehr noch
aber thut und lebt, als ihr leset und schreibet.« [78] Betty Gleim entwikkelte einen aktiven, auf Entwicklung der Persönlichkeit ausgerichteten
Bildungsgang für Frauen. Damit forderte sie eine den Männern ebenbür-
tige Bildung, weil sie in der Frau auch den Menschen sah, daß nämlich,
wie sie es ausdrückte, »jedes weibliche Wesen auch noch als Mensch
einen Werth und eine Bestimmung hat« (ebd.). Es sei die Aufgabe des
Staates, so argumentierte Betty Gleim, solche Institute zu gründen und
zu fördern, »durch welche die Idee der Bildung und eines erhöhten Seins
an die Menschen und namentlich an die Weiber gebracht werden
kann«. [79]

Betty Gleim artikulierte Bildungsforderungen, die weit über die von
Campe und Rudolphi hinausgingen; erst der Vergleich mit der zeitgenössischen pädagogischen Literatur zeigt die Modernität ihres Pro-
gramms. Anders als die kunstsinnige, gebildete Gefährtin (bei Rousseau), anders als die ganz auf Liebe (bei Schleiermacher), auf Mütterlichkeit (bei Pestalozzi) ausgerichtete Frau, die immer nur ein Komplement
männlicher Wünsche oder Dienerin männlicher Herrschaftsansprüche
bleibt, sieht Betty Gleim die Frau als einen selbständigen Menschen, der
neben und über die »naturgegebene« Rolle der Ehefrau und Mutter
hinaus Eigenwert hat und eine Persönlichkeitsentwicklung durch-
macht. [80] In ihrer Abhandlung *Über die Bildung der Frauen und die
Behauptung der Würde in den wichtigen Verhältnissen ihres Lebens* (1814)
schreibt sie: »Auch die Frauen sollen Charakter haben, auch sie sollen
sich nicht an die Dinge, an die Welt verlieren. Auch sie sollen sich als
eine eigenthümliche Welt darstellen.« [81] Mit dieser »eigenen Welt«
formuliert Betty Gleim Mündigkeit für Frauen als Individuen; es ist eine
emanzipatorische Ausgangsposition, die besonders die bürgerliche
Frauenbewegung mit Helene Lange und Gertrud Bäumer am Ende des
19. Jahrhunderts wieder aufgreifen wird.

Gesellschaftliche und politische Fragen und Bereiche klammert Betty
Gleim ganz aus. Sie selbst wurde sich der aus ihrer Position entwickeln-

Junges Mädchen beim Briefeschreiben
(Gerard Ter Borch, um 1650).

Lesendes Mädchen
(Federzeichnung von Angelika Kaufmann, 1770).

den Konflikte für die Frau nicht bewußt, da für sie die Erziehungsaufgabe (entweder als Mutter oder in erzieherischen und pflegerischen Berufen) naturgemäß und lebensfüllend für eine Frau war. An Machtfragen, Produktion, an außerfamiliären, gesellschaftlichen Rollen war sie nicht eigentlich interessiert. Sie entdeckte und bildete das weibliche Individuum, kein Endziel, wohl aber ein Ausgangspunkt der Emanzipation der Frau.

Bei allen Versuchen, Bildungsziele und Programme der Pädagogik (wie z.B. das humanistische, persönlichkeitsbildende Erziehungsideal Humboldts und des deutschen Idealismus) für die Mädchenerziehung zu übernehmen, blieb das Leitbild der »Bestimmung des Weibes« vorherrschend. Daran schloß sich die Bildung der individuellen Persönlichkeit an. Die Widersprüche und Konflikte, die noch notwendigerweise aus diesem einschränkenden Leitbild ergeben, das über der späteren engen weiblichen Ehefrauen- und Mutterrolle das Individuum vergessen hatte, werden besonders an zwei Fragen deutlich: 1) die Frage der Ledigen, die diese »Bestimmung des Weibes« nie erreichen würden; 2) die Frage der höheren Bildung (nicht im Sinne der Klassen), die auf ein Universitätsstudium und damit auf die (bevorzugten) akademischen öffentlichen Berufe hinführte. Betty Gleim hatte die Frage der Ledigen schon aufgegriffen; sie hatte argumentiert, daß das Leben einer unverheirateten Frau nur dann als sinnlos und vertan erscheinen müsse, wenn man die »Bestimmung der Weiblichkeit« einzig und allein auf die der Ehefrau und Mutter festlegt und nur in dieser Rolle ein erfülltes Leben für Frauen ermöglicht sieht. Für die Unverheirateten schlug Betty Gleim die vielen pflegerischen und erzieherischen Aufgaben vor, die im Sozialgefüge der Gesellschaft nötig sind und die nicht durch und innerhalb der Familie gelöst werden können. Betty Gleim ging schon 1814 soweit, eine Reihe von pflegerischen Schulen und Ausbildungsstätten zu fordern, die der Staat einrichten und unterhalten sollte.

Hier bahnte sich der Kompromiß an, der die Mädchenerziehung bis weit ins 20. Jahrhundert hinein gekennzeichnet hat: eine begrenzte berufsfördernde Ausbildung wird für »weibliche« Berufe zugestanden, d.h. für Berufe, die sich mit der »Bestimmung des Weibes« zum Pflegen, Erziehen und Dienen an anderen vereinbaren lassen. Doch war Betty Gleim weit ihrer Zeit voraus, denn die Frage der Ledigen wurde von den männlichen Pädagogen und Schriftstellern zu Ende des 18. Jahrhunderts nicht diskutiert: außer privaten Anstellungen als Gouvernanten waren Frauen an allen bürgerlichen Berufen gesetzlich ausgeschlossen, und daran wollte keiner rütteln. Nicht verheiratet zu sein, war bestenfalls ein persönliches Unglück, das diese Frauen wegen ihrer Häßlichkeit oder ihres Stolzes und Eigensinns selbst verschuldet zu haben schienen.

Bei diesen die Pädagogik beherrschenden Vorstellungen ist die anonyme Schrift von 1798, *Ein Wort zu seiner Zeit. Für verständige Mütter und erwachsene Töchter*, eine zaghafte erste Stimme für die berufliche Ausbildung von Frauen. Die Verfasserin war Eleonore Elisabeth Bernhardi (1768–1849), die 1800 eine private Töchterschule gründete, pädagogische Schriften veröffentlichte und die Einkünfte davon für Waisen, Witwen und Hausarme ihrer Heimatstadt Freiberg in Sachsen zur Verfügung stellte. Bernhardi betont, daß die Zahl der unverheiratet bleibenden Mädchen ständig wachse und daß ein durch Krankheit (z. B. Blattern) entstelltes Mädchen kaum eine Chance habe, zu heiraten. Diese Mädchen hätten keine Möglichkeit, ein erfülltes Leben zu leben und würden außerdem noch als alte Jungfern verspottet. Gerade die neue Betonung in der Pädagogik und Literatur der »Bestimmung des Weibes zur Gattin, Hausfrau und Mutter« als Orientierungspunkt für weibliches Leben und Bildung vertiefe diese Vorstellungen vom verfehlten Leben der Ledigen. Hier wird zum ersten Mal eine Kritik an den vorherrschenden pädagogischen und anthropologischen Konzeptionen des ausgehenden 18. Jahrhunderts laut, die aus der Perspektive der Frau kommt, die Rechte der Frau als Mensch vertritt und ihre Einengung als Gattungswesen kritisiert. Von den männlichen Pädagogen geht kaum einer auf diese Frage ein; der berühmte Pädagoge Basedow (*Methodenbuch für Väter und Mütter*, 1770) kann lediglich fordern, die Ledigen sollten sich mit ihrem Los abfinden und sich ihre Enttäuschung um ihrer glücklicheren Schwestern willen nicht anmerken lassen! Wieder wird die zweckgebundene Bildungskonzeption der herrschenden männlichen Pädagogik deutlich, deren Endziel die Stärkung und Festigung der patriarchalischen Familie ist.

Bei Bernhardi und etwas später bei Betty Gleim sind die Forderungen nach Berufsausbildung noch recht zaghaft: Kinderpflege, Haushaltsführung, Krankenpflege, Handarbeiten und Unterricht werden vorgeschlagen, von Fordern kann man noch nicht einmal sprechen. Eine erste Konzession an diese weiblichen Berufsmöglichkeiten sind die Anfänge der Lehrerinnenausbildung in dieser Zeit. Viel konsequentere und weiterreichende Forderungen nach Berufsmöglichkeiten sprachen Mary Wollstonecraft und Ernst Theodor Hippel aus. Wie auch bei Christian D. Voß, *Versuch über die Erziehung für den Staat* (1799/1800), wurde hier die Aufhebung männlicher *Vorrechte* und Berufsverbote für Frauen gefordert, wie die Aufhebung des männlichen Zunftrechtes, das z.B. nur Schneidern erlaubte, Frauenkleidung herzustellen. Im Gefolge der Französischen Revolution traten sie gegen den grundsätzlichen Ausschluß der Frauen aus öffentlichen Ämtern ein. Diese Forderungen wurden als viel zu radikal abgelehnt und erst wieder von den ersten Feministinnen in Deutschland wie Luise Otto-Peters aufgegriffen, die das Recht der Frauen auf bezahlte, außerhäusliche Arbeit verteidigten und einzuführen versuchten. – Frauen machen auch in der Berufsdiskussion einen ersten Anfang. Mündig werden, Persönlichkeitsbildung und Verselbständigung sind eine erste Voraussetzung für das Heraustreten aus der Familie und damit des Eintritts in einen (bürgerlichen) Beruf. [82]

Überblicken wir die Entwicklung der Bildungsmöglichkeiten für Frauen von der Reformation bis zum Ende des 18. Jahrhunderts, so fällt zunächst die lange und feste Bindung an »Gebetbuch und Spindel«, an Religionsunterricht und weibliche Handarbeiten auf. Das sichert den festen Platz als christliche Hausfrau, aus dem es kein Entrinnen gibt. Derselbe eingeengte Platz wird mit weltlichen, ideell überhöhten Argumenten wiederum von männlichen Pädagogen am Ende des 18. Jahrhunderts festgelegt. Ein Anschluß an männliche Bildungsmöglichkeiten und an ein auch nur vergleichbares Niveau wird Frauen nicht zugestanden, bestenfalls auf der alleruntersten Ebene der Elementar- oder Katechismusschulen. Wie gering im allgemeinen die geistigen Bildungsmöglichkeiten für Frauen im 18. Jahrhundert, besonders auch im Vergleich zu den Männern waren, zeigt eine zeitgenössische Stimme aus dem Jahre 1804:

Genau genommen waren unsere Töchter von aller bessern Bildung ausgeschlossen. Sie waren beschränkt auf den gemeiniglich lästerlichen Unterricht im mechanischen Lesen und Buchstabenmalen. Alle edlern Gedanken, Ansichten und Kenntnisse hielt man vor ihnen zurück. Man dachte kaum daran, auch ihnen Kenntnisse beizubringen, auch sie zu richtigern Einsichten und zu einem richtigern Urtheil zu führen, auch ihrem Geiste eine vernünftige Richtung zu geben. Wenn sie die vermeintlichen Elemente – Lesen, Schreiben und die Anfangsgründe des Rechnens – und oft kaum noch diese gefaßt hatten, dann führte man ihnen noch etwa einige biblische Beweißstellen der kirchlichen Dogmen, einige Trostsprüche und ein Paar Bogen voll Katechismusfragen und Antworten zu Gemüthe, und verstieß sie so aus dem Abc-Unterrichte ohne Gnade und Barmherzigkeit an den Kochherd, in die Kinderstube, in die Putzzimmer, aufs Feld oder sonst wohin. [83]

Geistige Bildung (und eigene literarische Tätigkeit) für Frauen ist im 18. Jahrhundert noch immer von privater Einzelinitiative abhängig. Dennoch werden im Gegensatz zum 16. und 17. Jahrhundert diese Privatinitiativen weit verbreitet und wirksam, so daß man im letzten Drittel des Jahrhunderts eine zahlenmäßig bedeutsame Gruppe von Frauen feststellen kann, die als Leserinnen Einfluß auf das literarische und kulturelle Leben nehmen, und eine kleinere Gruppe, die als Schriftstellerinnen in Erscheinung treten. Nachdem Frauen als Lesepublikum eine wichtige Rolle in der literarischen (nicht der politischen) Öffentlichkeit spielen, nachdem Frauen selbst lesen und damit die Grenzen der ihnen zugestandenen Bildung selbständig überschreiten − die Diskussion über die besonders die Frauen gefährdende »Lesewut« im ausgehenden 18. Jahrhundert spiegelt die männlichen Ängste vor diesen Grenzüberschreitungen −, wird von den männlichen Pädagogen den Frauen Bildung zwar zugestanden, diese aber bevormundet, ganz in den Dienst der patriarchalischen Gesellschaft gestellt und männlichen Bedürfnissen untergeordnet, denn überall schwebt als Leitbild die »dienende Hausfrau, Gattin und Mutter« vor, mit einer nunmehr eine durch Bildung veredelte Weiblichkeit, statt der nur biederen »Hausmutter«.

Mit dem »Gebetbuch« wurde jedoch meistens auch eine ganz elementare Fähigkeit vermittelt, das Lesen. Mit dem gesellschaftlichen Wandel im 18. Jahrhundert und in der Nachfolge der Männer wird das Lesen zum Schlüssel der Individual- und Persönlichkeitsbildung. Diese geht, wie bei den bürgerlichen Männern, vielfach über die Literatur und die Welt, die Bücher aller Art eröffnen. Während für die Männer die wissenschaftlich-berufliche Ausbildung von der Lateinschule, dem Gymnasium bis zur Universität offensteht, geht jede Ausbildung und Bildung für Frauen nur über *private* Träger (Familie, Hauslehrer) und *Eigeninitiative*. Auch diese Bildung ist weitgehend auf das beschränkt, was Bücher, besonders die der schönen Literatur, vermitteln. So geht der lange und immer wieder verhinderte Weg der Frau zur Mündigkeit, in die Öffentlichkeit und Emanzipation über die Literatur, über die Welt der Bücher und der Bildung, die durch die Vermittlung von Büchern möglich wird. Bildung als Selbstbildung des weiblichen Individuums eröffnet sich den bürgerlichen Frauen in der zweiten Hälfte des 18. Jahrhunderts als ein erster Schritt auf dem Wege zur Emanzipation.

Viertes Kapitel

Fürstin, Patrizierin, Bürgersfrau:
Zur literarischen und kulturschaffenden Tätigkeit
der Frauen des Adels und Bürgertums

Sie bleybt bey Wahrheit/ liebt das Recht
hat ihren eignen Kopf...
Drumb rath ich Euch/ laßt sie gehn
sicher auff ihren Wegen...
Anna Ovena Hoyers, Ein Schreiben über Meer gesandt/
An die Gemeyn in Egellandt (1649)

Gefellt dir nicht mein schlechtes [schlichtes] Schreiben
Und meiner Feder edler Safft,
So laß nur bald das Läsen bleiben,
Eh dann es dir mehr Unruh schafft.
Sibylle Schwarz, Deutsche Poetische Gedichte, 1650

Die Männer müssen doch gestehen,
Daß sie wie wir, auch Menschen sind.
Daß sie auch auf zwey Beinen gehen;
Und daß sich manche Schwachheit findt.
Sie trincken, schlafen, essen, wachen.
Nur dieses ist der Unterscheid,
Sie bleiben Herr in allen Sachen,
Und was wir thun heißt Schuldigkeit.
Christiane Mariane von Ziegler, »Das männliche Geschlechte,
im Namen einiger Frauenzimmer besungen« (1739)

Zwar ist die Zahl der Frauen klein,
Die sich in Wissenschaft bestreben,
Und die mit Fleyß bemühet seyn,
Sich aus dem Staube zu erheben.
Ihr werten Frauenzimmer, auf!
Bestrebt euch! steigt den Berg hinauf,
Wo Phöbus herrscht, regiert und thronet;
Wo man in seinen Tempel geht...
Sidonia Hedwig Zäunemann,
Poetische Rosen in Knospen, 1738

Reformation und Fürstenpolitik:
Die Schriften der Elisabeth von Braunschweig-Lüneburg

Aus der Stadtkultur der italienischen Renaissance kommen die bekannt gewordenen literarisch und künstlerisch tätigen Frauen des 16. Jahrhundert, wie die Dichterinnen Vittoria Colonna (1490–1547), Gaspara Stampa (gest. 1554), Olympia Morata (1526–1555) oder die Schauspielerin Isabella Andreine (1562–1604). [1] Frauen des europäischen Hochadels wurden wichtige, kluge und gebildete Regentinnen, wie Isabella von Kastilien und Elisabeth von England; sie schrieben Memoiren und literarische Texte im Zeitgeschmack.

So verfaßte Margarethe von Österreich (1480–1530), die Tochter von Kaiser Maximilian und Maria von Burgund, lyrische Poesien, Balladen, Rondeaux (im Stile Marots); ihre Memoiren wurden 1547 von Jean de la Haye unter dem Titel *Les Marguerites de la Marguerite des Princesses* veröffentlicht. Ihr Vater setzte sie nach ihrer Verwitwung als Statthalterin der Niederlande ein, wo sie von 1507 bis zu ihrem Tode 1530 (mit kurzer Unterbrechung) bedeutende Künstler und Gelehrte der aufblühenden Renaissancekultur im Norden als Mäzenatin an den Hof von Mecheln zog. Sie gehörte ganz zum französischen Kulturkreis. Auch die Schwester Franz I. von Frankreich, Marguerite de Navarre (1492–1549), verfaßte religiöse und unterhaltsam-erotische Texte wie das *Heptameron*, eine Sammlung von Anekdoten nach dem Vorbild Boccaccios, dazu Dramen, Farcen und eine Schäferdichtung. Margarethe von Valois (1552–1615), die Frau Heinrichs IV, hinterließ drei Bücher mit Berichten aus ihrem Leben und ihrer Umgebung. Auch die (erst 1652 veröffentlichten) *Les amours du grand Alexandre*, die das bewegte Privatleben Heinrichs IV. umkreisen, stammen aus der Feder einer Frau des französischen Hochadels, von Louise Margarethe von Lothringen (1585–1631). [2]

In Deutschland ist im 16. Jahrhundert keine Frau des regierenden Adels mit vergleichbaren literarischen Texten oder als hervorragende Regentin bekannt geworden, auch wenn es durchaus gebildete, literarisch interessierte Frauen gegeben hat. Wohl hatte im 15. Jahrhundert Elisabeth von Nassau-Saarbrücken (um 1395–1456) [3] elf Jahre die Regierung geführt und eine Reihe französischer Chansons de geste auf Anregung ihrer französischen Mutter in deutsche Prosaromane übertragen, darunter *Sibille* (um 1437) – die legendäre Geschichte der unschuldig vertriebenen, verleumdeten, dann wieder gerechtfertigten Gattin Karls des Großen – und *Loher und Maller* (vor 1437). Diese Romane wurden dann erst 1500 bzw. 1513/14 gedruckt und zu einer beliebten Lektüre.

Auch Maria von Böhmen und Ungarn (1505–1558), eine Schwester Karls V., die teilweise in Wien erzogen worden war und der Erasmus mit der Zuschrift seines Werkes *Vidua Christiana* (1529) huldigte, war gebildet und zeigte Interesse am literarisch-künstlerischen Leben der Niederlande, als sie dort Regentin war. Sogar religiöse Verse werden ihr zugeschrieben (oder waren in ihrem Namen ausgegeben); geheime Sympathie für die Reformation wurde bei ihr vermutet, bzw. von den Reformatoren ihr aus politischen Gründen zugeschrieben. [4] Ihr bewegtes Leben stand jedoch ganz im Dienste der habsburgischen Familienpolitik und ließ ihr kaum Zeit und Muße zu eigener literarischer Beschäftigung. Die Reformation und die daraus entstehenden politischen und religiösen Unruhen beschäftigten sie vollkommen während ihrer langen Regentschaft in den Niederlanden von 1530 bis 1555.

Die Reformation und die politischen Kämpfe der regierenden Adelsfamilien in Deutschland haben das Leben der ihnen angehörenden Frauen weitgehend bestimmt. Diese Frauen sind vornehmlich ein Objekt in einer intensiven Heirats- und damit Eroberungspolitik. So war Maria von Ungarn und Böhmen schon in der Wiege dem (noch gar nicht geborenen) Sohn des Königs von Böhmen und Ungarn versprochen worden. Als sie neun Jahre alt war, wurde die Verlobung feierlich bestätigt, mit sechzehn Jahren die Ehe geschlossen; vier Jahre später war Maria Witwe. Sie bestand jedoch darauf, nicht wieder verheiratet zu werden und wurde dann ihren beiden Brüdern, Maximilian und Karl, dem sie besonders nahestand, eine Stütze in der Verwaltung der habsburgischen Länder, indem sie die wichtige und schwierige Regentschaft der Niederlande geschickt und erfolgreich 25 Jahre lang innehatte.

Die »Lex Salica«, das im 5. Jahrhundert in lateinischer Sprache aufgezeichnete und später modifizierte Recht der salischen Franken, schloß das weibliche Geschlecht von der Erbnachfolge ganz aus, einschließlich deren Kinder (in England und Spanien galt nach angelsächsischem und westgotischem Recht die kognatische Sukzession). Dieser Ausschluß der Frauen des regierenden Adels von der Regierungsübernahme, der Mitregentschaft oder vormundschaftlichen Regentschaft für einen unmündigen Sohn läßt sich in der Frühen Neuzeit am deutschen Adel immer wieder demonstrieren. Nur in ganz wenigen Ausnahmefällen kommt es zur meist ganz kurzen vormundschaftlichen Regentschaft für einen heranwachsenden Sohn; diese ist dann auch immer umstritten. (Die Regentschaft der Maria Theresia 1740 löst, trotz vorheriger vertraglicher Vereinbarung, Machtmanipulationen aus – u.a. einen Erbfolgekrieg und die drei schlesischen Kriege, bei denen die Schwäche einer regierenden Frau einkalkuliert war).

Die Frauen des Adels in Deutschland sind dann auch von direkter politischer Wirksamkeit grundsätzlich ausgeschlossen und zu Heiratsobjekten entmündigt, über die von den männlichen Verwandten entschieden wird und deren Lebenszweck, sind sie einmal politisch opportun verheiratet, darin besteht, gesunde männliche Erben zu produzieren. Zufälle, indirekte Manipulation und starke Persönlichkeiten nur konnten diese restriktive Rolle der Fürstinnen umgehen. Dafür ist Elisabeth von Braunschweig-Lüneburg ein Beispiel.

In den Kämpfen der Fürsten um Macht, Territorien, Erhaltung und Erweiterung der Herrschaft hat Elisabeth von Braunschweig-Lüneburg eine wichtige Rolle gespielt und dabei ihre schriftstellerische Tätigkeit in den Dienst ihrer politischen und religiösen Interessen und Überzeugungen gestellt. Obwohl sie, verglichen mit den Habsburgern, zu einer weitaus weniger wichtigen Familie gehört hat, war doch ihr Leben in seinen Begrenzungen und seinen Möglichkeiten symptomatisch für die Frau aus dem regierenden Adel im Deutschland der Reformation. Die Herzogin Elisabeth von Braunschweig-Lüneburg (1510–1558) [5] begann ihre selbständige Tätigkeit erst als Witwe und vormundschaftliche Regentin ihres Sohnes (1540 bis 1545), als sie an der Kirchen-, Kloster- und Hofgerichtsordnung für ihr Fürstentum mitarbeitete, 1545 einen *Christlichen Sendbrief* für ihre Untertanen verfaßte und veröffentlichte, 1545 ein *Regierungshandbuch* für ihren Sohn, 1550 ein *Ehestandsbuch* für die Verheiratung ihrer ältesten Tochter Anna Maria mit Herzog Albrecht von Preußen aufsetzte und eigenhändig als Prachtband abschrieb, 1556 ein *Witwentrostbuch* in Druck gab und eine handschriftliche Sammlung von geistlichen Liedern hinterließ. Diese Schriften und Lieder erhalten im Rahmen der politischen und reformatorischen Bestrebungen der Elisabeth als Regentin und Fürstenmutter ihre Bedeutung, denn sie sind aus ihrer politischen Tätigkeit erwachsen und eng mit ihrem persönlichen Leben verbunden.

Elisabeths Vater, Joachim I. von Brandenburg, war ein humanistisch gebildeter Fürst, der fest am alten Glauben hielt. So wurde Elisabeth streng katholisch erzogen und 1525 – sie war gerade fünfzehn Jahre alt – an den vierzig (!) Jahre älteren Herzog Erich von Braunschweig-Calenberg verheiratet. Die Ehe verlief trotzdem zufriedenstellend (Elisabeth gebar einen Sohn und drei Töchter), und als sich Elisabeth 1538 zu der neuen Lehre Luthers bekannte, ließ Herzog Erich seine »liebe Ilse« gewähren, »weil unsere Gemahlin uns in unserm Glauben nicht hindert, so wollen wir sie auch in ihrem Glauben ungehindert lassen«. [6] — Anders war es Elisabeths Mutter, Elisabeth von Dänemark, ergangen, die 1527 protestantisch geworden war und die schließlich vor ihrem unnachgiebigen Manne fliehen mußte, um ihr Leben zu retten. Sie begab sich in den Schutz ihres Onkels, des sächsischen Kurfürsten Johann, lebte dann ärmlich in der Nähe von Wittenberg und stand in geistigem Austausch mit Luther.

Daß Elisabeth den Religionswechsel ihrer Mutter dem Vater verraten haben soll, erscheint sehr fraglich. Elisabeth hat ihre Mutter öfter besucht, mit ihr korrespondiert und gegen den Willen ihres Vaters diese Verbindung aufrecht erhalten. Wurde Elisabeth von ihrer Mutter beeinflußt, sich mit Luthers Schriften zu befassen und sich allmählich zur neuen Lehre zu bekennen? Jedenfalls erfolgte Elisabeths Übertritt erst 1538, drei Jahre nach dem Tode ihres Vaters und kurz nach einem Besuch ihres Bruders Johann, des Markgrafen von Küstrin. Auch politische Erwägungen mögen Elisabeth zum Religionswechsel bewogen haben; 1538 war nämlich ihr Mann geneigt, auf die Werbung seines katholischen Neffen Heinrich von Braunschweig-Wolfenbüttel (ihre Länder waren ursprünglich vereinigt, dann durch Teilung unter Brüdern getrennt aber in Gesamtlehnschaft und durch Erbeinigung miteinander verkoppelt) einzugehen und dem katholischen Bund von Nürnberg beizutreten. Elisabeth, die in einer Art von Nebenregierung schon die Verwaltung in ihrer (erweiterten) Leibzucht (fast dem gesamten Fürstentum Göttingen mit Sitz in Münden) selbst führte, unterstützte dagegen mit ihrem förmlichen Übertritt zum Luthertum ihren südlichen Nachbarn Philipp von Hessen und den Schmalkaldischen Bund, dem sie jedoch nie beitrat. Sie hielt mit ihrem Territorium eine Mittelstellung zwischen den feindlichen Parteien inne, zwischen dem katholischen Schwager Heinrich von Braunschweig-Wolfenbüttel und dem protestantischen Philipp von Hessen, die beide am Besitz des Herzogtums Braunschweig-Calenberg interessiert waren und auf den Tod oder Machtverlust Herzog Erichs (der 1538 immerhin schon 68 Jahre alt war) warteten.

Elisabeth trat nicht nur formell zur neuen Lehre über, sondern sie widmete ihr Lebenswerk der Einführung und Durchsetzung der Reformation in ihrem Gebiet, den Landen Braunschweig-Calenberg. [7] Denn als Elisabeths Mann 1540 starb, verstand sie es, die vormundschaftliche

Regierung für ihren einzigen, noch minderjährigen Sohn Erich an sich zu bringen und die Mitvormünder Heinrich von Braunschweig, Philipp von Hessen und ihren Bruder Kurfürst Joachim II. von Brandenburg weitgehend auszuschalten. Sie führte die Reformation in ihren Landen ein und berief den bekannten Prediger Antonius Corvinus, den sie mit der Abfassung einer neuen evangelischen Kirchenordnung beauftragte, die 1542 in Erfurt gedruckt wurde. Mit Luther trat sie in Briefwechsel. In den fünf Jahren ihrer vormundschaftlichen Regentschaft (1540–45) reformierte sie die Klosterordnungen, gab eine Hofgerichtsordnung heraus und verbesserte die Verwaltung durchgreifend. Dabei war sie selbst unermüdlich tätig, entwarf politische Schreiben, Gesandtschaftsinstruktionen, Landtagspropositionen und Briefe, wie sie auch schon vorher die Rechnungen über ihre Leibzucht persönlich geführt hatte. Von ihrer Reform- und Verwaltungstätigkeit ausgehend verfaßte sie Schriften für ihre Untertanen. Sie war 34 Jahre alt, als sie 1544 die erste, den *Christlichen Sendbrief*, an ihre Untertanen aufsetzte.

Elisabeths Briefe und Schriften zeigen, daß sie die damalige hochdeutsche Schriftsprache gut beherrschte und sich gewandt ausdrücken konnte. Obwohl sie schon mit fünfzehn Jahren verheiratet wurde, muß sie eine gute Ausbildung im Elternhaus, vielleicht zusammen mit ihren älteren Brüdern, erhalten haben. Auch der geistig sehr gebildete und im Sinne des Humanismus modern denkende Vater mag einen Einfluß gehabt haben, denn der hatte 1520 den Orthographen Fabian Frangk (geb. 1490), der später das *Kanzlei- und Titelbüchlein* und eine *Orthographia* (1531) verfaßte, für Elisabeths drei Jahre jüngeren Bruder Johann an den Hof geholt. Die damals zehnjährige Elisabeth wird wahrscheinlich dem Unterricht des jüngeren Bruders zeitweise zugehört haben. Für Mädchen wurden auch an Fürstenhöfen keine Erzieher bestellt, die Ausbildung der Prinzessinnen lag in den Händen der Mutter und ihrer weiblichen Umgebung, dem »Frauenzimmer«. [8] Latein lernte Elisabeth nicht, wie sich denn auch kein einziges lateinisches Buch in ihrer sonst für eine Fürstin recht reichhaltigen Bibliothek [9] fand. Ihre rege schriftliche Tätigkeit – sie muß fast täglich mehrere Briefe zumeist eigenhändig geschrieben haben –, ihre Kenntnis der Bibel und vieler religiöser Schriften bezeugen ihre andauernde geistige Betätigung und eigene Fortbildung in den sie interessierenden Fragen.

Elisabeths *Christlicher Sendbrief* (er wurde 1545 mit einem Nachwort des Theologen und Reformers Corvinus angeblich ohne ihr Wissen in Hannover gedruckt) [10] wendet sich an ihre Untertanen, die Prälaten,

Räte, die Ritterschaft und die ganze Landschaft, um sie zu einem frommen Leben im Sinne des Reformwerkes aufzurufen, um dem ziemlich verwahrlosten Land ein festes Gepräge lutherischer Frömmigkeit und Organisation zu geben. In dem *Sendbrief* an ihre Untertanen stellte sie Bibelsprüche geschickt zusammen, um die Stände zur Besserung ihres Lebens zu veranlassen. Elisabeth tut das, weil sie als die von Gottes Gnaden eingesetzte Fürstin, als Obrigkeit sich für das Heil ihrer Untertanen verpflichtet fühlt. Erkenntnis der Sünde, Glaube und Gebet sind die Merkmale des christlichen Lebens. Dann geht sie ganz konkret auf die Pflichten der einzelnen Stände ein: die Pfarrer sollen die Gemeinde mit ernster Bußpredigt anhalten, der Adel soll seine aufwendige Lebensführung, seine epikuräischen Sünden unterlassen, die vier großen Städte ihres Territoriums (Göttingen, Hannover, Northeim, Hameln) sollen ihre wucherischen Geschäfte unterlassen, wie sie aus Luthers Buch *Über den Wucher* lernen möchten. Sie erkennt das schwere Los der kleinen Städte und der Bauernschaft an und versichert, daß die Auflagen und Steuern nur aus Not gemacht werden, daß der Landesfürst diese zum Schutz in den Kriegswirren, zur Erhaltung der Ordnung braucht. Pflichterfüllung und leidender Gehorsam sind die weltlichen Tugenden, die Elisabeth im Sinne des Reformwerkes ihren Untertanen vorhält, um die drohenden Fehden und Religionskriege abzuwenden. Religiöse Argumente werden mit sozialen und politischen vermischt, das weltliche Leben unter dem Aspekt des moralischen Zusammenlebens nach biblischen Grundsätzen geordnet. Elisabeths *Sendbrief* gewinnt als Dokument ihrer Regierungsabsichten und der Intentionen ihrer Reform eine einmalige Bedeutung.

Als Elisabeth ihrem Sohn Erich II. die Regierung des Fürstentums Göttingen-Calenberg 1545 übergab, verfaßte sie für ihren Sohn ein *Regierungshandbuch*, dessen 195 Blätter in Quartformat sie selbst ins Reine schrieb und in einem silbernen Prachtumschlag als Geschenk für seinen Regierungsantritt binden ließ (das Original befand sich in der ehem. Universitätsbibliothek in Königsberg). [11] Elisabeth, die sich im Text mehrfach als die Verfasserin bezeichnet, beginnt mit religiöser Unterweisung über die zehn Gebote, den Glauben, über Taufe, Abendmahl und Absolution. Dann erst folgen die Anweisungen über die »rechtschaffenen gottseligen fürstlichen Werke«. Der Fürst soll als Schutz seiner Untertanen auftreten (Elisabeth schließt Witwen und Waisen besonders mit ein), für Gerechtigkeit sorgen und die christliche Lehre schützen. Dann folgen Bemerkungen über den Ehestand, ganz konkrete Angaben über die Behandlung der Stände und über verwaltungstechnische und finanzielle Aufgaben (Münzrecht, Besteuerung, Führung der Kanzlei, fiskalische Fragen usw.), denn das Land war unter Erich I. hoffnungslos verschuldet. Ein eigenhändiges Register und die Chronik ihrer Familie beschließen den Band.

Das *Regierungshandbuch* gibt ein genaues Abbild der Staatsregierung eines kleinen Fürstentums zur Zeit der Reformation. Der Einfluß der lutherischen Reform auf das religiöse und auf das soziale Leben läßt sich aus den organisatorischen Vorschriften gut ablesen. Dabei zeigt sich die verwalterische Fähigkeit der Elisabeth, die auch zu Lebzeiten ihres Mannes die Kanzlei selbst beaufsichtigt und die finanziellen Belange des verschuldeten kleinen Fürstentums geprüft und kontrolliert hatte. Ihre Schrift, die natürlich nicht für eine weitere Öffentlichkeit bestimmt war, ist der erste evangelische Fürstenspiegel. Im 16. Jahrhundert verfaßten dann verschiedene protestantische Fürsten solche Anleitungen für ihre Söhne, wie Herzog Albrecht von Preußen 1562, seine Frau dann 1563 (die Herzogin Anna Maria war die zweite Tochter der Elisabeth), der Herzog Julius von Braunschweig 1579. Auch wenn die Schrift natürlich nicht zur Veröffentlichung bestimmt war, so sollte sie doch in der fürstlichen Familie von Generation zu Generation weitergereicht werden, wie Elisabeth am Schluß gebeten hat:

So du aber menliche erben, welchs got nach seinem veterlichen willen schicken wolle, nicht kriegen wurdest, so laß [das Buch] meinen tochteren, deinen lieben schwestern, in der erbschaft zukomen, damit mein vleis, muhe und mutterliche wolmeinung, so ich hirin zu forderung gotlicher ehre und zu wolfart dein lants regiments erzeigt, im gedechtnis bey den nachkomen pleiben und dir und allen jungen hern ein anfang zu christlicher regirung sein moge. (S. 43)

Hier drückt sich deutlich der missionarische Eifer der Elisabeth aus, den sie in der Fürsorge für ihre Kinder – immer sind ihre drei Töchter mit eingeschlossen – als Mutter und für ihr Land als Fürstin mit der neuen Lehre verbindet.

Mit dem *Regierungshandbuch* wollte Elisabeth auch ihre Regierungsform fortgesetzt wissen, die sie zu Lebzeiten ihres Mannes entwickelt und dann als Regentin für ihren Sohn eingeführt und durchgesetzt hatte. Trotz ihrer unermüdlichen Tätigkeit konnte sie als Frau lediglich fünf Jahre die Regentschaft für ihren noch unmündigen Sohn durch geschickte politische Manipulation durchsetzen, denn einen Rechtsschutz hatte sie auch als adelige Frau nicht. Unter Berufung auf das salische Gesetz wurde auch ihre Vormundschaft angefochten; die nach Herrschaft und Territorien strebenden Fürsten, besonders ihr Schwager

Heinrich von Braunschweig und das nicht eindeutig abgefaßte Testament ihres ersten Mannes erlaubten ihr nur ein kurzes Zwischenspiel. Doch blieb ihr Reformwerk (das religiöse und das administrative) schließlich doch in Braunschweig-Calenberg bestehen, während ihr Sohn zur Partei des Kaisers übertrat, katholisch wurde, die Reformation rückgängig zu machen versuchte, sie mehrfach betrog, ihre Leibzucht (das ihr als Witwenversorgung zustehende Gebiet) trotz vertraglicher Zusicherung 1554 wegnahm, als Regent weder Interesse am Lande noch politische Fähigkeiten zeigte und dann ohne Erben starb. [12] Elisabeths mütterliche Fürsorge konnte in einem System, in dem Macht vor Recht und männliche Rechte immer vor denen der Frauen kamen, weder bei ihrem eigenen Sohn noch bei ihren zwei Ehemännern erwarten, daß die Männer auf ihre Vorrechte verzichteten, auch nicht bei den Männern der neuen Lehre.

Auch für ihre Töchter sorgte Elisabeth unermüdlich. Sie war ihr Leben lang bemüht, den geringen Erbanteil der Töchter aufzubessern, und hatte immer deren Wohlergehen im Auge, auch als sie sich zum zweiten Mal 1546 mit dem protestantischen Grafen Poppo von Henneberg verheiratet hatte. Nach jahrelangem Briefwechsel mit Albrecht von Preußen brachte sie eine Heirat ihrer Tochter Anna Maria (1532–1568) mit dem 42 Jahre älteren Herzog (seine zweite Ehe) zustande. [13] Kurz nach der Hochzeit, am 16. Februar 1550, begann Elisabeth damit, ihren *Mütterlichen Unterricht* [14] zu verfassen. Auch hier war die eigenhändige Reinschrift (136 Blätter in Oktav) der Elisabeth erhalten, mit der die Mutter ihre Tochter über das Wesen des Ehestandes unterrichten wollte. Grundlage der Schrift ist die Bibel und das Verhalten der biblischen Frauengestalten; die Ehestandsmoral spiegelt die Ehekonzeption der lutherischen Reform wieder. Elisabeth handelt in einzelnen Kapiteln von der Liebe, der Keuschheit, dem Gehorsam, den eine christliche Frau ihrem Manne schuldet, von den Tugenden der Ehefrau, aber auch von Dankbarkeit der christlichen Männer, zu der diese ihren Frauen gegenüber angehalten sind, von den Pflichten der Eltern gegenüber den Kindern und denen der Kinder gegenüber ihren Eltern. Hier bringt Elisabeth eine selbstbewußte Aufwertung der moralischen und biologischen Rolle der Frau, die sich weit von der mittelalterlichen Theologie entfernt hat, wenn sie schreibt:

Wie durch den man der mensch komet, also komet der man durch geberung von dem weibe, und wirdt der man durch das weib also erfreuet, das ehr seines leibes frucht und seines fleisches bilde und gestalt sendt... Es sol jhe ein man seines weibes nit uberdrussig werden; sie in kranckheit und widerwerttickeit nit lassen, sonder sie nahren, pflegen und warthen als seines eigen leibs... Dan das weib ist dem Man darumb nit underworfen, das ehrs mit biterkeit handeln solt, sonder das ers liben sol wie seinen eigen leib und wie der herre die gemeine. (S. 51)

Hier folgt Elisabeth ganz der lutherischen Ethik, wobei sie die Pflichten des Ehemannes als Gegengabe für die tugendhafte Ehefrau hinstellt. Elisabeth behandelt lediglich moralische Fragen, die anhand der biblischen Sprüche und Exempla beantwortet werden. Manchmal geht sie auch auf die besondere Lage ihrer Tochter ein, daß sie in Königsberg eine Stieftochter vorfindet und daß sie sich ein Beispiel an ihrem Stiefvater Poppo von Henneberg nehmen solle, der seine Stiefkinder immer wie seine eigenen behandelt habe. Elisabeth rät ihrer Tochter: »Laß sie nimant kegen dir beschwatzen; dan sie ist gezogen genuck, wirdt von jderman zuchtig, stille, gehorsam, gotselig und dugentlich gepreiset« (S. 52).

Konkrete, gegenwartsbezogene Fragen berührt Elisabeth kaum, wie denn auch nur der eine Abschnitt »Wie sich ein christlich weib schmükken soll« auf zeitgenössische Kleidung und Haartracht eingeht (und natürlich zur Einfachheit rät; die Kleiderfrage und der Luxus sind ein beliebter, viel diskutierter und in offiziellen Kleiderordnungen oft behandelter Punkt). Hier läßt sich deutlich erkennen, wie der Ehestand und damit die Tugend der Ehefrau zum Zentrum des weiblichen Lebens geworden ist. Soziale, gesellschaftliche, außerfamiliäre Bereiche werden nicht berührt, auch nicht etwa das Hofleben oder gar Regierungsgeschäfte; die Schrift geht nicht einmal auf den besonderen Status der Tochter als Fürstin ein, sie könnte die Stellung einer jeden Ehefrau beschreiben. Diese Beschreibung des Frauenlebens im Sinne der biblischen Ehestandsmoral zeigt deutlich (gerade im Gegensatz zu den konkreten Angaben im *Regierungshandbuch* für ihren Sohn), wie reduziert und von der Außenwelt und dem gesellschaftlichen Leben abgeschlossen der weibliche Lebensbereich auch für eine deutsche Fürstin im 16. Jahrhundert definiert wird. Das Leben und die politische Betätigung der Elisabeth waren eine Ausnahme, wie sie späteren Generationen im 16. und 17. Jahrhundert einfach nicht mehr möglich wurden. Die Prinzessinnen und besonders die protestantischen adeligen Damen verbringen ihr Leben zumeist als tugendsame Ehefrauen und Mütter, allenfalls als Leserinnen (zuweilen auch als Verfasserinnen) erbaulicher Lieder und Schriften, bevor die höfischen Sitten und Gebräuche an den absolutistischen Residenzen (nach dem Dreißigjährigen Krieg) aus Frankreich übernommen wurden.

Auch Elisabeth wandte sich der Form des religiösen Liedes zu. Auf dem Tiefpunkt ihres Lebens schrieb sie eine Reihe von geistlichen Liedern, in die sie ihre Situation mit einbezog. Sie hatte sich 1553 (nach der Aussöhnung mit ihrem Sohn) nach Hannover begeben, um dort die Rückführung der Stadt und des Landes zur Reformation einzuleiten und Gelder für ihren Sohn zur Verteidigung seines Fürstentums zu besorgen. Sie unterschrieb eine persönliche Schulderklärung, doch die Schlacht ging verloren, und der Sieger, der langjährige Rivale und Gegner Elisabeths, Heinrich d.J. von Braunschweig-Wolfenbüttel, stellte Bedingungen; Erich mußte sich zur Verbannung seiner Mutter aus seinem Fürstentum verpflichten, außerdem wurde ihr die Leibzucht Münden, die Quelle *eigenständiger* Einkünfte weggenommen, so daß Elisabeth mittellos in Hannover dastand und die riesige Schuld nicht zurückzahlen konnte, für die sie in Hannover persönlich haftete. Erst als sie durch Hunger, das Verlassen ihrer Begleiter und schwere Krankheit gezwungen wurde, die Bedingungen anzuerkennen, wurde sie im Mai 1555 freigelassen und mußte sich auf die Besitzungen ihres zweiten Mannes in die Grafschaft Henneberg zurückziehen.

Elisabeths Kampf um das Überleben, um den Erhalt ihrer Leibzucht, ihr Suchen nach politischen Verbündeten, ihre Schreie nach Hilfe spiegeln sich in diesen religiösen Liedern. Die Lieder sind in einer nicht von Elisabeth stammenden Abschrift in der Gothaer Bibliothek erhalten; sie sind alle datiert und mit einer kurzen, die Situation erläuternden Überschrift versehen. Elisabeth versuchte ihren langjährigen Briefpartner und Schwiegersohn Albrecht von Preußen zu bewegen, sie vertonen und drucken zu lassen, was jedoch nicht geschah. [15] Sie geht häufig von Volksliedern oder von bekannten evangelischen Kirchenliedern aus, adaptiert deren Inhalt und Gedanken und bezieht sie auf ihre Situation.

In einem Lied vom 8. Oktober 1554, im Ton von »Innsbruck ich muß dich lassen«, beschreibt Elisabeth ihre bevorstehende Abreise (die sich aber dann doch bis zum Frühjahr 1555 hinauszögern sollte):

[1] Braunschweig ich laß dich farenn,
Ich fare dahin meine strassenn,
Ist nicht wider meinenn dannck,
Der liebe gott wolle es waltenn,
Der mich thue weiter erhaltenn,
Zu seines Nahmenn ehr,

[6] Thut meiner in warheit gedenckenn,
Was ich euch habe gelernnet,

Zuhaltenn vber recht,
Zu betruebenn nit witwen und weisenn,
sundernn lasset euch beuolen sein,
Vnnd richtet es dahin,

[11] Ich scheide vonn hir mit wisenn,
Leide lieber vnnrecht dann thue,
Ich hab euch trewlich gemeint,
Wie ein mutter Ire kinder,
Das trag ich fur gott rein gewissenn,
Deme sei dafür Lob... (S. 170—71)

In dem zwölfstrophigen Lied folgt Elisabeth der Strophenform des Volksliedes, das lautet:

Innsbruck ich muß dich lassen,
Ich fahr dahin meine Straßen
In fremde Land dahin.
Mein Freud ist mir genommen
Die ich nit weiß bekommen,
Wo ich im Elend bin.

Lediglich Elisabeths erste zwei Zeilen klingen an das Volkslied an, in dem ein Mann seiner Liebsten klagt, daß er jetzt großes Leid tragen und sie verlassen muß, dann aber geht Elisabeth eigene Wege. Sie bemüht sich auch nicht um eine genaue Einhaltung des Rhythmus, denn ihr Lied sollte möglichst neu vertont werden, wie sie Herzog Albrecht schrieb. So wurde häufig ein neues Lied auf einem bekannten Lied (»im Ton von«) aufgebaut, wie denn das spätere Kirchenlied »O Welt ich muß dich lassen« an das Innsbruck-Lied anknüpft. Von dem Volkslied übernimmt Elisabeth lediglich die Abschiedssituation und die bedrückte Haltung des Sprechenden, der im Volkslied von sich sagt »groß Leid muß ich jetzt tragen«.

In zwölf Strophen benutzt sie die Abschiedssituation, um dabei über ihre Regentschaft zu reflektieren und diese vor der Welt (und vielleicht auch vor sich selbst) zu rechtfertigen. Sie sieht ihr Leben und Schicksal als von Gott verordnet, sie hat in seinem Namen gehandelt (»er hat durch mich verordnet / Das hab ich aufgerichtet / Zu seinem Lob und Ehrn«). Sie habe den Nutzen des Landes gewollt, es habe nicht an ihrem Fleiße gefehlt. Sie ermahnt die Untertanen, ihrer in ihrem Sinne zu gedenken, was sie sie gelehrt habe, die Witwen und Waisen zu schützen (eine Anspielung auf ihre persönliche Situation) und bei der reinen Lehre zu bleiben, nicht von Gottes Wort abzufallen. (Anders als 1540 bei der Einführung der Reformation waren die Stände 1554 jetzt nach etwa vierzehn Jahren mit der neuen Kirchenordnung zum Luthertum übergetreten und wandten sich geschlossen gegen die Rekatholisierungsversuche durch ihren Sohn Erich und Heinrich von Braunschweig).

Sie sieht sich wie eine Mutter ihren Kindern gegenüber. Die Analogie der Landesmutter zum Fürsten als Landesvater wird immer wieder von adeligen Frauen gebraucht, die im 17. Jahrhundert Erbauungsliteratur für ihre Landeskinder schreiben. Es ist wohl eine Bezeichnung, die dem Selbstverständnis ihrer gesellschaftlichen Stellung entspricht, wie auch eine Rechtfertigung nach außen hin, daß eine Frau sich mit Schreiben beschäftigen darf. Elisabeth endet mit der recht selbstbewußten Feststellung, daß sie lieber Unrecht leide, als daß sie es tue und befiehlt sich dem Schutz Gottes (»Und sicher bringen zu haus«; sie wartete noch in Hannover auf die Zusicherung von Freiem Geleit, um von dort abziehen zu können). Elisabeths immer wieder ausgesprochenes Vertrauen auf Gott, das keine leere Formel ist, sondern ihr durchaus inneren Halt bedeutet, gibt ihr die Stütze für ihr selbstbewußtes Handeln und Auftreten. Auch wenn dieses Lied als Rechtfertigung gegenüber ihren Untertanen für die Öffentlichkeit gedacht war, so bleibt doch durchgängig der Eindruck ihrer starken Persönlichkeit und bewußten Selbstdarstellung bestehen.

Ebenso persönlich gehalten ist ein Gedicht an ihre Tochter Katharina. Diese jüngste Tochter stand der Mutter besonders nah, sie blieb bei ihr in Hannover, teilte den Hunger und die schwierige Lage der Mutter, die dazu noch befürchtete, man würde ihr Katharina mit Gewalt entführen und verheiraten. Das geschah denn auch später (1557), als Erich seine Schwester an den katholischen Burggrafen von Rosenberg verheiratete; ein Chronist berichtet sogar, Erich habe seiner Mutter den Tag der Hochzeit verheimlicht, so daß Elisabeth auf dem Wege zur Hochzeit nach Münden in einem Gasthaus erfahren habe, daß die Hochzeit schon zwei Wochen zuvor stattgefunden hätte und Katharina schon längst mit ihrem Gatten nach Böhmen abgereist sei – in unerreichbare Ferne für die Mutter, die ihre Tochter nicht mehr wiedersehen sollte. [16] In diesem »Neujahrsgruß«, der in der Handschrift vom 1. Advent (dem Beginn des Kirchenjahres) 1554 datiert ist, bedankt sich Elisabeth dafür, daß es ihr vergönnt ist, die Tochter bei sich zu haben (»sie hilft mir tragen das Kreuze schwer / läßt die Welt nicht abwenden sich«); sie dankt für Katharinas Treue und bittet Gott, sich ihrer anzunehmen:

[1] Allein gott in der hohe sie ehr,
Vnnd dannck für seine gnade,
Der mir das frewlin Catharina zart,
Zum tochterlin hat begnadet,
Inn seiner furcht sie lebet gar,
Getzieret mit gotseligkeit ist war,
Zu seinem Lob vnnd ehrenn,

[3] O Jesu Christ Sohnn eingebornn,
Deines himelschen Vaters,
Erbarm dich der verlassenn weisenn,
Vmb Ires gehorsambs willenn,
Gib Ir from gemahell der dich furchtet,
Mit langem lebenn sie segne,
Als ein gott vnnd vater der weisenn. (S. 180)

»Gib Ir from gemahell der dich furchtet«, das war der höchste Wunsch, den eine Mutter für ihre Tochter hegen konnte. Elisabeth bittet Gott um den rechten Glauben für ihre Tochter (4. Strophe) und um ein gottseliges Leben (5. Strophe) und wünscht in der letzten Strophe den andauernden Gehorsam der Tochter ihr, der Mutter, und Gott gegenüber. Von der angeredeten Katharina selbst erfahren wir nichts, keine Beschreibung ihres Äußeren oder ihrer Persönlichkeit, nur daß sie »zart und gottselig« ist. Elisabeth gestaltet ihr Lied ganz von ihrem Standpunkt, dem der Mutter aus. Ihre Fürsorge für die Tochter steht im Mittelpunkt, so daß das Lied mehr über die starke Beziehung der Mutter zu ihrer Tochter aussagt, als etwas über die Tochter selbst. Diese Beziehung ist wieder ganz in die zu Gott gestellt, von dessen Einwirken Elisabeth sich die Erhaltung ihrer engen Beziehung zu ihrer Tochter und das beste für deren Leben erhofft.

Elisabeth hat ihr Lied an das protestantische Danklied »Allein Gott in der Höh sei Ehr« angeschlossen; sie benutzt die erste Strophe und wandelt diese schon in der dritten Zeile auf ihre eigene Situation ab. Auch in anderen Strophen sind Anklänge an ein Lutherlied, wenn sie Luthers Zeile »das danket Gott in Ewigkeit« zu Beginn ihrer zweiten Strophe in »Das danck ich gott in ewigkeitt« umwandelt. Sie hat Luthers Aufruf wieder auf ihre Situation (»dank *ich*«) bezogen. Bei Elisabeths Vertrautheit mit den Liedern und Schriften Luthers sind diese sprachlichen Anklänge, ganz gleich ob sie nun bewußt oder unbewußt vorgenommen wurden, ein Ausdruck davon, daß Elisabeth ganz in diesen religiösen Gedanken lebte und danach ihr Leben deutete und einrichtete.

In einem Lobgedicht vom März 1555, als sie kurz vor ihrer Abreise aus Hannover stand, beschreibt Elisabeth ihr Leben. In der erklärenden Überschrift sagt der Schreiber, Elisabeth habe das Lied gemacht »mit Erstellung alles Kreutzes von Jugend auf«; ihr Lebensweg wird als Leidensweg in der Nachfolge Christi als *via crucis*, als Kreuzweg gesehen. Das Lied nimmt Bezug auf die Hauptpunkte ihres Lebens, ihre Geburt, ihre Regentschaft, körperliche Beschwerden (während und nach der Geburt ihrer vier Kinder), ihre Sicherung der öffentlichen Wege, Einführung der Reformation, Kampf gegen den Widerstand der Städte (Münden und Northeim), Abfassung ihres Regierungshandbuchs für Erich, ihre große Korrespondenz, Schutz der evangelischen Sache, Elend in Hannover, Untreue der Untertanen und Dienerschaft:

[13] Als man thett recht schreibenn,
Sechs vnnde viertzig Jar,
Wolt man mich gantz vertreibenn,
Vnnd lag Inn grosser gefahr,
Die kinder mich verliessenn,
Backennschleg trungenn herein,
Das thet dein fleisch verdriessen
Gots wortt was mein gewin,

[15] Daruber kam ich in diese krieg,
Meinn gott ist dir bekannt,
Der da obenn wonet im himelreich,
Der hats inn seiner hanndt,
Denn schadenn wirt er ergetzenn,
Beide hir vnnd dortt,
Auf In ich mein vertrawenn setze,
Trost mich mit seinem wordt

[17] Ich solt pillig nicht sagenn,
Was ich inn leidt gelittenn hab
Mit Bettlenn thet man mich plagen
So treib man mich hin ann,
Erbeit frost seuftzen vnnd schmertzenn,
Waren teglich mein Gast,
Must meidenn den liebstenn Im hertzen,
Das war mir die groste last,

[22] Es halff auch kein erinnerung,
Auch ganntz keine wolthatt,
Es geschach mir zur vercleinerung,
Es war Achitophels Radt,
Kein barmhertzigkeit auf erdenn,

Auch wenng Inn diesem Lanndt,
Was will noch daraus werdenn,
Es heufft laster vnnd schannde. (S. 197–199)

Trotz aller Klagen über die Ungerechtigkeiten, die ihr widerfahren sind, stellt sie ihr Leben selbstbewußt als das einer Regentin dar; es ist ein vollkommen unabhängiger, ein männlicher Standpunkt, wie er im 16. Jahrhundert zwar noch für eine hohe Adelige ausnahmsweise möglich, aber selten ist. Sie erwähnt überhaupt nicht, auch nicht in den anderen Trostliedern und selten in ihren Briefen, daß sie »nur« eine Frau ist und damit in einer untergeordneten Position. Sie sieht sich selbst und handelt ganz so unabhängig wie die anderen männlichen Regenten. Daß gerade aus dieser Haltung und aus diesem Herrschaftsanspruch ihr seit 1540 (der Zeit ihrer Regentschaft für ihren Sohn) alle Schwierigkeiten erwachsen, gesteht sie nicht ein. Nur die Hinweise auf die Witwe, die schutzlos dasteht, reflektieren ihre eigene Situation.

Wenige Monate nach ihrer Abreise aus Hannover, als sie in Ilmenau lebte, das ihrem zweiten Manne Poppo von Henneberg unterstand, schrieb sie noch eine letzte Schrift, ein *Trostbuch für Witwen*. Ihren eigenen Angaben nach verfaßte sie dieses Trostbuch in wenigen Wochen, vom 11. bis zum 26. Dezember 1555. Diese genaue Zeitangabe wird wohl nicht nur als literarischer Topos zu verstehen sein, wie er seit der Antike die etwaige Unfertigkeit eines Werkes entschuldigen soll, sondern dürfte eine reale Zeitangabe sein, da es zugleich als Geschenk gedacht war. Das 46 Druckseiten umfassende Büchlein, das schon 1556 erstmals im Druck erschien und bis 1609 fünf Auflagen erlebt hat [17], hatte Elisabeth zum Weihnachtsfest als Geschenk für verwandte Witwen und Waisen »statt Silber und Gold« – sie hatte in Ilmenau Schulden statt Einkünfte – verfaßt. Die späteren Auflagen, von denen die zweite von dem Berliner Domprobst Georg Cölestin mit der finanziellen Unterstützung von fünf Frauen zwischen 1571 und 1579 veranstaltet wurde, lassen auf eine weitere Rezeption der Schrift im protestantischen Nord- und Mitteldeutschland schließen. Sie widmete die Schrift zwei verwandten Gräfinnen von Schwarzburg und »allen ehrbaren und tugendsamen rechten Witwen im Fürstentum Braunschweig zwischen Deister und Leine, sonderlich den gottseligen Witwen zu Hannover« (S. 20). Elisabeth stellt hier Sprüche aus der Bibel zusammen und ordnet sie nach sieben Themen, darunter »Exempel wie Gott seinen Schutz beweist« (Kapitel IV), »Was eine rechtschaffene Witwe sei und was ihr Stand, Wandel und Sitten sein sollen« (Kapitel VI). Ausgangspunkt der Schrift

Sophie Elisabeth, Herzogin von Braunschweig-Lüneburg
(Porträtstich von Philipp Kilian, o.J.).

Titelkupfer

ist die geringe Achtung und der fehlende Schutz für Witwen und Waisen im täglichen Leben, »von der Welt Urteil... also daß nichts verächtlicher sein kann unter der Sonnen, denn Witwen und Waisen« (Kapitel I).

Zwar erkennt Elisabeth die Geringschätzung und Schutzlosigkeit der Frauen ohne Mann, der Kinder ohne Eltern, fragt aber nicht nach den tieferen Ursachen dafür, sondern möchte durch ihren Appell an die christliche Nächstenliebe diesen Zustand ändern. Den Witwen und Waisen empfiehlt sie evangelisches Gottvertrauen und das geduldige Tragen ihres Schicksals. Die alternde Frau, die als Witwe und Frau die Schutzlosigkeit immer wieder erfahren hat, tröstet sich in der Gemeinschaft der ebenfalls Schutzlosen. Die neue Lehre mit ihrem Appell an einen reformierten, christlichen Lebenswandel nach dem Evangelium soll für sie die sozialen Ungerechtigkeiten heilen. Vielleicht war deshalb die neue Lehre so anziehend für Elisabeth, weil diese zu versprechen schien, den Kampf aller gegen alle um Herrschaft, Geld und Einfluß mit gerechten, christlichen Neuregelungen zu überwinden.

Mit ihrem *Witwentrostbuch* stand Elisabeth in einer langen christlich-literarischen Tradition, die von Paulus' Ausführungen über den Witwenstand bis zu den Humanisten reicht, von denen besonders Erasmus und Luis Vives im dritten Buch seiner Schrift *De institutione feminae christianae* (1523) den Witwenstand beschrieben haben. Hier wurde das Ideal einer christlichen, tugendhaften Frau geschildert, die ihre Tage mit Gebet und guten Werken verbringt und ihre Wiedervereinigung mit dem Gatten erwartet. Was Elisabeth aus dieser Tradition gekannt hat, ist nicht genau auszumachen. Deutlich ist in ihrem Trostbuch eine Akzentverschiebung gegenüber der humanistischen Behandlung des Witwenthemas zu bemerken. Bei aller Betonung des gottergebenen, tugendhaften Lebens der Witwe stellt Elisabeth diese in ihre reale Umwelt und geht von der Schutzlosigkeit und Benachteiligung dieser Frauen aus. Sie erkennt die soziale Misere und ruft die Gesellschaft zu gerechter und mitleidsvoller Behandlung der Witwen auf. Es ist ein Aspekt, der sonst weitgehend fehlt oder zur Bedeutungslosigkeit herabgesunken ist, weil lediglich das moralische Leben der Witwe vom männlichen, scheinbar neutralen Standpunkt, nicht aber aus der Sicht der betroffenen Frau betrachtet wird, während Elisabeth sich – aus eigener Erfahrung und aufgrund der Kenntnis ihrer Umwelt – in die Situation einer Witwe hineinversetzen und deren gesellschaftliche Perspektive vertreten kann. Vielleicht lag der Erfolg ihres *Witwentrost-*

büchlein in dieser veränderten Perspektive, die wenigstens einen Anfang dazu bildete, aus der Sicht der betroffenen Frauen heraus ihren Stand zu betrachten.

Gerade die Ereignisse nach 1545 (dem Regierungsantritt ihres Sohnes) zeigen, wie sie als Frau und Witwe Schritt für Schritt von der männlichen Adelsgesellschaft entmachtet wird: mit Geld und mit Versprechen von Territorien und Gesandtschaftsreisen wird ihr Sohn vom Kaiser und der Liga abgeworben, so daß Erich das administrative Werk seiner Mutter, die Reformation im Fürstentum, rückgängig zu machen versucht und selbst konvertiert, sich um seine Territorien und um seine Familie (seine kinderlose Frau Sidonie von Sachsen, seine unverheiratete Schwester Katharina, seine Mutter Elisabeth) nur dann kümmert, wenn er Geld braucht oder politische Vorteile daraus schlagen kann. Nachdem Elisabeth 1555 endgültig aus ihrer Leibzucht Münden (ihrer wirtschaftlichen Grundlage) verjagt war, hintertrieb auch die männliche Verwandtschaft ihres zweiten Mannes (der Schwiegervater und Schwager, der mit Elisabeths ältester Tochter verheiratet war) dessen Beziehung zu ihr; ihre jüngste Tochter Katharina wurde schließlich von Erich gegen deren und gegen Elisabeths Wunsch (Elisabeth willigte aus Machtlosigkeit ein) verheiratet. Damit war Elisabeths Lebenswerk als Regentin und als Mutter zerstört, als sie 48jährig 1558 angeblich nach Anfällen geistiger Umnachtung starb. Auch wenn der Historiker Brenneke [18] in seiner Analyse der Persönlichkeit der Elisabeth von einem »hemmungslosen Machttrieb«, von dem »heißen Drang einer dazu nicht berufenen Frau in die politischen Händel hinein, in den hier religiöse Motive nur hineingewoben sind«, sprach, so handelte es sich bei Elisabeth vielmehr um die Verdrängung und Entmachtung einer Frau als Regentin und Mutter durch die patriarchalische Gesellschaft.

Die Schriften und Lieder der Elisabeth von Braunschweig-Lüneburg sind weitgehend Gebrauchsliteratur, sie sind alle für einen bestimmten Zweck verfaßt. Elisabeth gibt Instruktionen für ihre Untertanen, für ihren Sohn, ihre Tochter, für Witwen. Diese Instruktionen sind nicht im Sinne von Befehlen zu verstehen, sondern eine Mischung aus praktischen Verhaltensregeln und moralischen Grundsätzen, in denen Elisabeths eigene Erfahrung durchscheint. Ihre Lieder sollen in erster Linie Rechenschaft über ihr Handeln ablegen und Mitteilungen über ihren Zustand sein. Sie verteidigt und propagiert darin zugleich ihr Lebenswerk. Daß sie aber im Schreiben der Lieder, die sie in ihrer schwersten Zeit abfaßte, in der sie von Krankheit, Hunger und der Aussichtslosigkeit ihrer Lage gequält wurde, auch Trost und Befriedigung gefunden haben muß, sollte nicht vergessen werden.

Die Werke der Elisabeth sind charakteristisch für die Art von Literatur, die im 16. Jahrhundert von Frauen verfaßt wird: sie sind didaktisch und (im Rahmen des im 16. Jahrhundert Üblichen) dokumentarisch, Lebensbericht und -verteidigung, Lehre der eigenen Erfahrung, Mitteilung des eigenen Erlebens – wobei natürlich das Erleben nicht subjektiv-individuell ist und dargestellt wird, sondern immer im familiären, im gesellschaftlichen oder religiösen Bezugsrahmen erfahren wird. So verteidigen die ehemalige Nonne Ursula von Münsterberg das Verlassen des Klosters [19], die Nonne Caritas Pirckheimer den Bestand und das Leben ihres Klosters, die mittellose Adelige Argula von Grumbach das Recht auf den eigenen Glauben und die Lektüre des Evangeliums, die zeitweilige Regentin eines Fürstentums Elisabeth von Braunschweig ihre Regentschaft, ihre Maßnahmen als Landesmutter. Die Sendbriefe, die Hand- und Trostbüchlein zeigen durchaus eine Beherrschung der jeweiligen literarischen Gattung, ohne jedoch formal irgendwelche Ansprüche zu erheben; Aussage und Erreichen des Adressaten standen bei der Abfassung im Mittelpunkt, nicht die literarische Tradition oder Innovation waren wichtig. Von daher erhalten auch die Lieder der Elisabeth ihre eigene, persönliche Note, weil Elisabeth die volkstümliche, gängige Liedform aufgreift und zur Darstellung ihrer Situation, zur Verteidigung ihrer Haltung und Handlungen benutzt, sich zugleich Trost holt und ihre Umwelt informiert. Darüberhinaus zeigen diese Gebrauchsschriften durchaus, daß Elisabeth mit der jeweiligen literarischen Gattung vertraut war, wie denn auch ihre Bibliothek (ein Bücherverzeichnis von 1539 ist vorhanden, das den reichen Bestand schon vor Beginn ihrer schriftstellerischen Tätigkeit aufzeigt) und ihr umfangreicher (eigenhändiger) Briefwechsel von der Belesenheit und Bildung dieser Fürstin zeugen. Diese Bildung war aber nicht humanistisch-gelehrt, sondern moralisch-praktisch an deutschsprachigen reformatorischen Schriften orientiert.

Bekannt sind die Schriften der Elisabeth von Braunschweig-Lüneburg nicht geworden; sie waren ja auch nur an jeweils begrenzte Personenkreise gerichtet: an ihre Familie, an ihre Untertanen, an Witwen. Ihre Lieder wurden trotz ihrer Bemühungen bei Herzog Albrecht von Preußen nicht gedruckt; als verarmte, alte Fürstin hatte sie keine Mittel zum Druck. Doch ist gerade ihr Erbauungsschrifttum charakteristisch für die (beschränkte) literarische Betätigung der Frauen ihres Jahrhunderts, die Lesen und Schreiben beherrschten und die nötigen Mittel sich dazu beschaffen konnten: ein Minimum an (religiöser) Bildung, Muße oder doch Gelegenheit zum Schreiben und einen, wenn auch beschränkten Freiraum für die Schriften. Diese Frauen gehören zumeist dem Adel oder Patriziat an, sind oft von Hausmutterpflichten entlastet, d.h. sie sind (selten) ledig oder (meistens) verwitwet, fast immer wohlhabend, und sie stehen nicht (oder nicht mehr) im ständigen Zyklus von Schwangerschaften und Geburten, den die gesunde Frau normalerweise sofort mit der Verheiratung begann und über zwanzig Jahre (oder bis zu ihrem Tod im Kindbett) durchmachte. Es scheint, als ob ihre kulturschaffende Produktion erst beginnen kann, wenn sie von den Aufgaben der Reproduktion weitgehend entlastet ist. Noch wichtiger aber ist die gänzliche oder doch teilweise Entfernung des Ehemannes oder Vaters; zumindest aber ist deren wohlwollende Zustimmung eine Bedingung, ohne die eine eigene literarische oder kulturschaffende Betätigung einer Frau nicht möglich ist. Auch in diesem Bereich muß sie zuerst den Weg aus der Unmündigkeit finden.

Vorformen der Individuation und Emanzipation in der religiösen Dichtung:
Die »Geistlichen und weltlichen Poemata« (1650) der Anna Ovena Hoyers

Ganz im Sinne seines religiösen Jahrhunderts sprach Hans Michael Moscherosch, als er 1653 in seiner Schrift *Christliches Vermächtnüs oder schuldige Vorsorg eines treuen Vaters* feststellte: »In einer Jungfrauen Hand gehören diese zwei Stücke: ein Betbuch und eine Spindel.« [20] Ein Gebetbuch zur religiösen Erbauung und eine Spindel zur nützlichen Beschäftigung, diese beiden Gegenstände umreißen den Lebensbereich der Frauen, der ihnen ausdrücklich seit der Reformation zugeschrieben worden war: Frömmigkeit und Hausarbeit. Mit der Spindel wurde die zumeist lebenswichtige, weibliche Hausarbeit bezeichnet, mit der die Frauen (Hausfrauen, Töchter, unverheiratete weibliche Verwandte und Mägde im bürgerlichen und ländlichen Haushalt) einen produktiven Beitrag leisteten und oft auch einen Nebenverdienst beisteuerten. War mit dem Gebetbuch der Bereich der christlichen Tugend, der von den Frauen besonders zu beachtenden Moral und der eigenen, erlaubten religiösen Erziehung und Erbauung angesprochen, so kam doch mit dem »Buch« nicht nur ein Stück der geistlichen, sondern auch der geistigen Welt in das Leben der Frauen. Das Gebetbuch brachte den Frauen die durch Worte und Sprache vermittelte Welt, wenn sie durch die aktive Beteiligung an der religiösen Erbauung vom Zuhören zum Lesen und dann zum Schreiben, zunächst Abschreiben, dann eigenem Schreiben und damit eigenem Ausdruck führte.

In diesem Rahmen des eigenen Lesens und Schreibens soll die geistliche Dichtung der Frauen betrachtet werden, die in dieser Gattung der religiösen Literatur im 17. Jahrhundert zum erstenmal in der Geschichte der deutschen Literatur [21] – und in der Geschichte der Frauen in Deutschland – in überhaupt nennenswerter Anzahl sich äußern, eine Sprache finden, »mündig« werden (nicht im rechtlichen, sondern im existentiellen Sinne mündig), einen Selbstausdruck finden.

Die mit der Reformation dem Laienchristen erneut und eindringlich anempfohlene Mahnung, das Gebetbuch in die Hand zu nehmen, brachte für die Frauen eine von den Reformatoren weder beabsichtigte noch vorausgesehene Wandlung: mit dem Buch, zunächst der mechanischen Fertigkeit des Lebens und Schreibens, dann über die Inhalte des Buches wurden Frauen die ihnen bisher weitgehend verschlossenen geistigen Werte und Ausdrucksformen der Kultur indirekt, sozusagen als Nebenertrag, zugänglich gemacht. Und mit der Möglichkeit, an der geistigen Kultur teilzunehmen, wurde der Prozeß der Individuation, der Abgrenzung und Entwicklung des eigenen Ichs gegenüber dem Kollektiv der Hausfrau, der »christlichen Hausmutter« und der biologischen Rolle der Gebärerin, ganz bedeutend gefördert. Dieser Prozeß der Individuation war dann auch die notwendige Vorstufe zu emanzipatorischen Bestrebungen, sich aus der Unmündigkeit in der patriarchalischen Gesellschaft selbst zu befreien. Anders formuliert: der Prozeß der Individuation und Emanzipation geht für Frauen über das Lesen und Schreiben, über das Finden einer Sprache.

War der offizielle und heute in der Literaturgeschichte vornehmlich gewürdigte Literaturbetrieb des 17. Jahrhunderts hauptsächlich von akademisch gebildeten und als Beamte (sei es bei Adligen, an Universitäten oder in städtischen Gremien und kirchlichen Positionen) tätigen Autoren geprägt, die über die Lateinschule und ein Universitätsstudium mit der literarischen Tradition vertraut geworden waren, so kamen Frauen nur über die eigene Ausübung und aktive Partizipation an der religiösen Kultur, durch das Lesen der Bibel und erbaulicher Schriften (nicht über die ihnen verschlossene Dogmatik), zum eigenen Lesen und Schreiben. Eine der wenigen Ausnahmen bilden Frauen in gelehrten Familien wie Sibylle Schwarz, die neben der religiösen Unterweisung im Hause ihres

Vaters, der Professor in Greifswald war, auch schon als junges Mädchen mit weltlicher Literatur bekannt gemacht wurde.

Bei dieser Bindung der offiziellen Literatur des 17. Jahrhunderts an Gelehrten- und Hofkreise ist es nicht verwunderlich, daß die religiöse Literatur insgesamt, besonders die erbauliche, obwohl sie viel höhere Auflagen erzielte und viel breitere Leserkreise ansprach als die akademische, wenig Beachtung gefunden hat und daß bei der Vernachlässigung der erbaulichen Literatur durch die Literaturgeschichte besonders die Werke schreibender Frauen so gut wie unbeachtet geblieben sind. [22] Erst unter dem Aspekt der Individuation und den Vorformen der Emanzipation erhält die geistliche Dichtung von Frauen im 17. Jahrhundert Bedeutung, wie an dem Werk der Anna Ovena Hoyers, der Sektiererin und für ihren Glauben ins schwedische Exil gehenden Autorin, zu zeigen sein wird.

Anna Ovena Hoyers (1584—1655), eine der wenigen schreibenden Frauen im frühen 17. Jahrhundert, ist in die Literaturgeschichte eingegangen als eine »Schwärmerin«, die ein »förmliches wiedertäuferisches ›Gmeinschäftle‹« [23] begründete. Doch schon eine oberflächliche Durchsicht ihrer *Geistlichen und Weltlichen Poemata* (1650), der repräsentativen, noch von ihr selbst zusammengestellten Sammlung ihrer Gedichte zeigt die Einseitigkeit eines solchen Urteils: die Verse der Hoyers spiegeln vielmehr ihre tiefe Religiösität, ihre Fürsorge für ihre Kinder, ihre Selbständigkeit und Eigenwilligkeit in religiösen und weltlichen Fragen ebenso wie ihre Verachtung der Buchgelehrsamkeit und ihren Spott über die Heuchelei der lutherischen Orthodoxie.

Anna Ovena stammte aus einer reichen gebildeten Bauernfamilie der Landschaft Eiderstedt an der schleswig-holsteinischen Westküste. Früh verwaist, aber als Alleinerbin mit einer ungewöhnlich hohen Mitgift ausgestattet, wurde sie 1599 mit knapp fünfzehn Jahren an den Staller, den obersten Verwaltungsbeamten der Landschaft, Hermann Hoyer, verheiratet. Sie gebar mindestens neun Kinder, von denen sechs das Erwachsenenalter erreichten; nach 23jähriger Ehe verstarb ihr Mann 1622 – es ist kurz nach Beginn des Dreißigjährigen Krieges – und Anna war als Witwe die Fürsorge ihrer sechs überlebenden Kinder, die damals zwischen einem und zwanzig Jahren alt waren, überlassen, sowie die Verwaltung des durch die Wechselschulden ihres Mannes hoch belasteten Grundbesitzes. Anna begann in diesen 1620er Jahren – sie selbst war immerhin schon fast vierzig Jahre alt –, sich den erbaulichen Schriften und religiösen Traktaten der Reformatoren und Wiedertäufer zuzuwenden, ihre Versammlungen zu besuchen, selbst eine »Gemeine« der nach dem wahren Christentum suchenden Christen um sich zu versammeln. Wichtiger aber noch war, daß sie selbst nach und durch die Begegnung mit diesen Texten und nunmehr als alleinstehende Frau und Witwe zu schreiben begann, zunächst religiöse Lieder, dann geistliche und weltliche Verse verschiedener Art, besonders auch politisch-satirische, die gegen die orthodoxe lutherische Geistlichkeit gerichtet waren, weil die Pfarrer von der Kanzel herab sie angriffen und sie bei der Obrigkeit wegen ihrer sektiererischen Versammlungen verklagten.

Noch etwa zehn Jahre konnte sie sich als Witwe in ihrer Heimat (sie war von Tönning nach Husum übergesiedelt) aufhalten, dann mußte sie unter dem Druck der Gläubiger und der orthodoxen Geistlichkeit Schleswig-Holstein verlassen; sie ging mit ihren sechs fast erwachsenen Kindern nach Schweden in die Emigration. In Schweden hielt sie sich etwa zehn Jahre in dem kleinen Fischerort Västerwik auf und ernährte sich bescheiden durch den Verkauf landwirtschaftlicher Erzeugnisse, zog dann in den 1640er Jahren nach Stockholm, wo sie durch die Protektion der Königinmutter Maria Eleonora (der Mutter Christinas) 1649 ein kleines Gut als Geschenk erhielt. Wenige Jahre später verstarb sie 1655, wobei sie ein für ihre Zeit ungewöhnlich hohes Lebensalter von 71 Jahren erreicht hatte. Sie hatte auch ein ungewöhnlich bewegtes und ereignisreiches Leben geführt, als vornehme Stallersfrau im Tönninger Schloß und in der Familienresidenz, dem Renaissance-Schloß Hoyersworth, als Mutter zahlreicher Kinder, deren religiöse Unterweisung sie selbst übernahm, als Witwe, die religiöse Schriften und auch weltliche Literatur las und eine wiedertäuferische – mennonitische – Gemeinde um sich versammelte; sie war nach Hamburg gereist, hatte dort die Pest überstanden, hatte mit ihren Kindern Reisen nach Dänemark unternommen, um vor den einfallenden Truppen Zwinglis im Dreißigjährigen Krieg zu fliehen, hatte die Eiderstedter Sturmflut 1634 (bei der ca. 7000 Menschen umkamen) überlebt und war dann als fast fünfzigjährige, mittellose Witwe wegen ihrer Verschuldung und aus Glaubensgründen nach Schweden übergesiedelt.

Dieses lange und erlebnisreiche Leben hat sie mit Versen begleitet, die sie (nachweislich) seit 1628 veröffentlicht hat. Eine Sammelausgabe ihrer repräsentativen Verse erschien noch zu ihren Lebzeiten 1650 bei dem bekannten Drucker Elzevier in Amsterdam, dem Druckzentrum des Nordens, wo politisch oder religiös kontroverse Schriften erscheinen konnten. Diese Ausgabe, die *Geistlichen und Weltlichen Poemata*, wurden schon 1651 in ihrem Heimatland Schleswig-Holstein als ketzerisch und schändlich verurteilt, deren Verkauf und Vertrieb bei Strafe verboten und deren Exemplare eingezogen wurden. Neben dieser Sammelausgabe haben sich viele geistliche Lieder und Versgebete, in einer von Annas ältestem Sohn Caspar Hoyer angefertigten, unveröffentlichten Handschrift erhalten, die heute in der Königlichen Bibliothek in Stockholm aufbewahrt wird. [24]

Das Werk der Anna Ovena Hoyers wird erst aus ihrer religiösen Betätigung als »Sektiererin« verständlich, durch die sie in die Auseinandersetzung der lutherischen Orthodoxie mit den Wiedertäufern und anderen protestantischen Laientheologen geriet. Schon zu Ende des 16. Jahrhunderts war in den evangelischen Landeskirchen Deutschlands die Bekenntnisbildung wesentlich gefestigt, so auch in Schleswig-Holstein-Gottorf. Bestimmte Bekenntnisschriften wurden ausgewählt, kanonisiert und zur für die Landeskirchen verbindlichen Lehre erhoben, was sich besonders in der 1580 publizierten Konkordienformel niedergeschlagen hat, mit der sich das Luthertum gegen den Calvinismus abgrenzte und unter anderem die Lehre des schlesischen Reformators Schwenckfeld (1489–1561), des chiliastischen Laienpredigers und Führers der niederdeutschen Täufer Melchior Hofmanns, der Täufer und Spiritualisten des 16. Jahrhunderts verboten hat. Mit der Fixierung und Normalisierung der Lehre wurde zugleich ein freies und selbständiges Auslegen der Bibel durch den einzelnen Geistlichen und erst recht durch den Laien ausgeschlossen und verboten. Nur die theologischen Fakultäten waren zur Dogmatik, Apologetik und Polemik berechtigt; die landesherrlichen Kirchenregierungen, ihre Aufsichtsbeamte und geistlichen Gerichte wachten darüber, daß die Geistlichen und schon gar die Laien nicht von der festgesetzten Lehre abwichen. Diese Überwachungs- und Bewahrungsinstanzen des nun einmal festgelegten lutherischen Bekenntnisses, d.h. die theologischen Fakultäten und die geistliche Obrigkeit, bildeten die Vertreter der lutherischen Orthodoxie, die bis zum Einbruch des Pietismus gegen Ende des 17. Jahrhunderts das religiöse Leben und die Theologie in den lutherischen Kirchen völlig beherrscht haben.

Auch in Schleswig-Holstein siegte allmählich die Orthodoxie, doch gab es gleichzeitig sektiererische Strömungen, die von der lutherischen Geistlichkeit erbittert bekämpft wurden. Die Pfarrerssöhne aus Schleswig-Holstein studierten zumeist auf streng lutherischen Universitäten wie Rostock und Wittenberg, um selbst eine Stellung als Geistliche in ihrem Land zu erlangen. Waren sie dann einmal in Amt und Würden, so verteidigten sie oft erbittert und kleinlich ihre berufliche Stellung und ihre religiöse Position gegen andersgläubige Prediger und religiös interessierte Laien im eigenen Lande und gegen solche, die zugewandert waren, wie die Täufer, die seit der Mitte des 16. Jahrhunderts aus Norddeutschland und den Niederlanden nach Schleswig-Holstein übersiedelten, weil sie dort von der Obrigkeit toleriert wurden.

In diese Auseinandersetzungen geriet Anna Ovena Hoyers. Sie selbst hatte natürlich keine formelle theologische Ausbildung genossen (Frauen waren die Lateinschulen ebenso verschlossen wie ein Universitätsbesuch undenkbar war), sondern bestenfalls im Katechismusunterricht Lesen und Schreiben (Buchstabenmalen) gelernt, wahrscheinlich aber im Hause ihres gebildeten Vormundes und Onkels ihr religiöses Interesse entwickelt, Erbauungsschriften, geistliche und wohl auch weltliche Literatur gelesen, vielleicht sogar etwas Latein gelernt (genug jedenfalls, um später in einigen Gedichten lateinische Brocken geschickt zu verwenden). Als Ehefrau des Stallers Hoyer hatte sie sich nie zu religiösen Fragen geäußert und erst nach dem Tode ihres Mannes 1622 scheint sie sich viel intensiver mit religiösen Schriften beschäftigt zu haben. Neben Lutherschriften und seiner Bibel las sie die Werke Johann Arndts, Schwenckfelds, Valentin Weigels [25], die erst seit 1609 gedruckt waren, und die Werke des Niederländers David Joris, dessen Schriften in Eiderstedt und Umgebung stark verbreitet waren. Ihre frühen geistlichen Lieder, die ihren Weg zum eigenen Glauben, zum »wahren Christentum«, vielfältig dokumentieren, stammen erst aus den 1620er Jahren und den darauffolgenden Jahrzehnten.

Die Hoyers nahm dann den aus Glaubensgründen aus Flensburg ausgewiesenen Laientheologen Nicolaus Teting, einen Anhänger Weigels und in seinen eigenen Schriften Schwenckfeld nahestehend, 1622 in ihr Haus auf und wurde damit zur erklärten Feindin der Husumer Geistlichkeit. Einer Anekdote nach soll sie einmal bei einem Kirchenbesuch, als der Pfarrer von der Kanzel herab die Weigelianer und andere Schwärmer mit deutlichen Blicken auf Annas Kirchenplatz angriff, sich geräuschvoll erhoben und mit den Worten »De Düwel schall in de Husumer Kark kamen« die Kirche verlassen haben. Eine solche Äußerung paßt durchaus zu dem Ton ihrer antiklerikalen Haltung, die sich in ihren Satiren niedergeschlagen hat.

Am bekanntesten wurde ihre plattdeutsche Satire *De Denische Dörp-Pape* von 1630, worin Anna im Gegensatz zum engstirnigen, kleinlichen

Buchstabenwissen der Stadtpfarrer die Sauf- und Rauflust, die Dummheit und Unfähigkeit der Landpfarrer geißelt. Häufig greift sie die Buchstabengelehrtheit der Prediger an, wie in dem »Schreiben an die Herrn Titulträger von Hohen-Schulen« von 1625 (*Poemata*, S. 67–75). Ihre antiklerikale Haltung und ihre Argumente sind natürlich auch ein Echo auf ähnliche Bemühungen Luthers, wenn sie schreibt:

> Die glärten sind (wie Luther sagt)/
> Die verkehrten/ Gott seys geklagt. (*Poemata*, S. 50).

Doch sollten die Spottnamen, mit denen sie die Prediger belegt, und ihre derben Angriffe nicht darüber hinwegtäuschen, daß Anna tief religiös empfand und nach dem wahren Glauben suchte. Ihre antiklerikale Satire spiegelt die Enttäuschung über die etablierte Kirche und offizielle Geistlichkeit wider.

Die Hoyers wendet sich besonders gegen die Bevormundung durch die Prediger und dagegen, daß diese allein das Wort haben, alle anderen Gemeindemitglieder stillschweigen müssen:

> … In der Gemein/
> Da der Pfaff hat das wort allein/
> Als wen es wer sein eigen. (*Poemata*, S. 52).

Ja, die Pfarrer verspotten sogar diejenigen, die selbst Fragen stellen oder reden wollen, und hetzen die Gemeinde gegen diese auf. Anna verweist auf Jesus und die Apostel, die es wohl der Gemeinde erlaubten, Fragen zu stellen:

> Christus selbst hielte den gebrauch/
> Daß er in seiner Predigt auch
> Gern hört antwort und fragen.
> …
> Sanct Paulus will auch daß man soll/
> Was uns gelehrt wird/ prüfen wol/
> Die geister unterscheiden. (*Poemata*, S. 52)

Anna beruft sich auf ihre eigene Lektüre der Bibel und fordert als ihr Recht, selbst Fragen stellen zu können, um die Wahrheit zu finden. Hier spricht eine Laienperson, die keineswegs einen Dogmenstreit beginnen, wohl aber ihren eigenen Glauben finden und sich selbst rechtfertigen möchte.

War Annas tief religiöses Erleben, ihr Zurückweisen der Bevormundung durch die Geistlichkeit und ihre eigene Suche nach dem wahren

Glauben der Antrieb für ihre schriftlichen Äußerungen, so hat doch diese zunächst private, subjektive Haltung zu einem erstaunlich vielfältigen Begreifen ihrer Welt geführt, wie es sich in der repräsentativen, wohl von ihr selbst zusammengestellten Sammlung der *Geistlichen und Weltlichen Poemata* von 1650 darbietet. Die Sammlung wird eröffnet mit dem Versdialog *Gespräch eines Kindes mit seiner Mutter*, keiner dogmatischen Abhandlung, sondern einer praktischen Anleitung zum »wahren Christenthumb«. Den Anlaß zu dieser Schrift gab Annas eigene Erziehungsaufgabe; das jüngste ihrer neun Kinder, Friedrich Hermann, war sieben Jahre alt, als die Schrift als Einzeldruck unter Annas Namen 1628 erschien. Die Schrift ist von der Absicht der Mutter getragen, ihre Kinder selbst religiös unterweisen zu wollen und ihnen den Weg zum rechten Glauben selbst zu vermitteln. Die Mutter lehrt, daß das irdische Leben auf der Stufe der Sünde beginnt, die erkannt werden muß; dann folgt die Stufe der Reue und Wiederaufnahme in die Gnade Christi, um in bewußter *imitatio Christi* zu leben und die ewige Gottseligkeit zu erlangen. Diesen Weg, diese Pilgerreise weist die Mutter im Dialog und führt dabei das Kind.

Eine Illustration zu diesem Gespräch stellt das Titelkupfer der *Poemata* dar, eine ihren Sohn belehrende Mutter. Die dargestellte Szene könnte aus dem Leben der Hoyers stammen, denn sie allegorisiert die Rolle der Dichterin: eine Mutter, die in Schrift, Wort und Musik dem Kind den rechten Weg auf der Bühne des Lebens weist. Die im Vordergrund sitzende Frau ist im einfachen, zeitgenössischen Kleid dargestellt und schaut mit belehrender Geste den neben ihr stehenden Jungen an, der seine Hand aufs Herz, den Sitz des Glaubens, gelegt hat. Die zwei Folianten auf dem Tisch, die als Bücher einer Frau durch ihr Format sich als Bibel, als Altes und Neues Testament, ausweisen, und die an der Wand hängende »fiol« (Laute) deuten auf Wort und Musik hin, die als Medien der Unterweisung dienen. Auf dem Boden liegt ein aufgeschlagenes Buch neben einem Caduceus, dem Wanderstab des Merkur, der andeutet, daß das Buch als Wegweiser für das Leben und die Seelenreise des Jungen dienen soll. Die Bühne im Hintergrund stellt die kämpfende Seele dar, so wie das menschliche Leben nur ein kurzes Schauspiel auf der Weltbühne ist. Die in Kriegsausrüstung gekleidete Seele hält einen mit einem Kreuz gezeichneten Schild in der linken Hand und ein erhobenes Schwert in der rechten. Mit dem Schild des Glaubens wehrt die Seele Tod und Teufel ab, der mit seinem Pfeil auf sie zielt. Diese Kämpfer-Seele erstrahlt im Licht, dem göttlichen Licht der Wahrheit, und ist soeben aus dem auf dem Boden liegenden nackten Menschen, dem alten Adam, hervorgegangen. Während zwei Engel mit Palmenzweig und Lorbeerkranz vom Himmel herabschweben, reicht die rechts auf Kronen und Hüten stehende Frauenfigur einen bedeckten Kelch dar: Religio offeriert der neugeborenen Seele das Abendmahl, während die Zeichen der weltlichen und geistlichen Obrigkeiten ihr zu Füßen am Boden liegen. Was die Mutter lehrt und wofür sie den Jungen vorbereitet, wird sich auf der Weltbühne abspielen: die aus dem alten Adam erstandene Kämpfer-Seele, ein Miles Christianus, wird den Kelch des Glaubens von Religio empfangen und das Böse, die Sünde und den Tod, abwehren.

Unter dieses im Titelkupfer illustrierte Weltbild lassen sich alle Verse der Hoyers subsumieren, auch wenn sie in ihren Gedichten eine erstaunliche Vielfalt von literarischen Formen benutzt: Satire, didaktischen Dialog, Gelegenheitsgedicht, Bibelparaphrase, Lied (das eindeutig zum Gesang bestimmt war, denn Noten oder Melodienangaben sind beigefügt) und Buchstabenkreuz. Dabei steht die Hoyers den an französischen und niederländischen Vorbildern geschulten neuen Versen, die durch die Opitzische Reform in der deutschen Lyrik des 17. Jahrhunderts heimisch werden, noch ganz fern. Sie geht eigene Wege in der Satire, in ihren Liedern und den Buchstabenkreuzen, und sie tut das in den Formen und einer Sprache, die die Tradition der Erbauungsliteratur, der religiösen Schriften für Laien, der protestantischen Kirchenlieder fortsetzen.

Besonders produktiv war Anna Ovena Hoyers als Liederdichterin. Ihre Lieder stehen in der Tradition des evangelischen Kirchenliedes. Im 17. Jahrhundert gab es keine Abgrenzung zwischen dem Kirchenlied und dem geistlichen Lied; von der Kirche als Andachtsort her wurden die Lieder übernommen und zur privaten Andacht nach Hause getragen. Sie ermöglichten dem Liederdichter eine persönliche Beteiligung, einen Ausdruck seines Glaubens, ein Bekenntnis seiner Nöte. So wandelte sich das predigende Kirchenlied der Reformationszeit im 17. Jahrhundert zum Andachtslied frommer Herzen. Diese Wandlung wird an den Liedern der Hoyers besonders deutlich, da sie ihrer individuellen Frömmigkeit, die sie durchaus als lutherisch und im Rahmen der Kirche bleibend verstand, Ausdruck zu geben vermochte.

Annas Lieder waren als Gesang gedichtet, und für mehrere hat sie eine eigene Melodie hinzugefügt oder die eines bekannten Kirchenliedes oder auch eines weltlichen Liedes angegeben. Anna und ihr Stockholmer Kreis waren also mit den zeitgenössischen galanten Gesellschaftsliedern, mit Volksliedern und den geistlichen Liedern durch und durch vertraut. Sie haben zusammen gesungen und Instrumente gespielt, worauf Anna im »Posaunenschal« hinweist. Der älteste Sohn Caspar spielte »lieblich auff der Geigen« (*Poemata*, S. 198). Der jüngste Sohn Friedrich Hermann musizierte »auff Pfeiffen und Schalmeien« (S. 200) und Tochter Maria spielte »frölich die Clavieren« (S. 203). Annas Lieder waren also zunächst für ihre Hausmusik bestimmt, sie sollten gemeinsam gesungen werden, dann wurden sie weiteren Freunden und Gleichgesinnten handschriftlich und zum Teil im Druck übermittelt. »Singet lieblich zusammen« (S. 198) war die gemeinschaftliche gesellige Form, in der diese Lieder den Mittelpunkt der sektiererischen Frömmigkeit und Hausgottesdienste bildeten.

Daß die Hoyers aber auch der barocken Lyrik keineswegs fernstand, sondern deren Sprachspielereien und Künstlichkeiten in eigener Weise mit in ihre *Poemata* hineintrug, wird an den Buchstabenkreuzen und ihrer Vorliebe für Akrosticha, Chronogramme und anagrammatische Spielereien mit ihrem Namen deutlich. Die Buchstabenkreuze stehen wie Motti vor und im Anschluß an längere Werke, umrahmen Lieder in der Handschrift, leiten auf bestimmte Themen in einem geistlichen Gedicht hin und geben am Schluß eine auf eine knappe Formel gebrachte Sinngebung der vorausgegangenen Verse.

Auch die auffallend häufige Verwendung ihres eigenen Namens als Akrostichon, im Refrain von Liedstrophen, als Anagramm oder Kryptonym ist bedeutungsvoll und bleibt nicht auf der Ebene dekorativer Spielereien, auf der sie beginnt, stehen. Ihr dreiteiliger Name ANNA OVENA HOYERS (oder nur ein oder zwei Worte dieses Namens) erscheinen wiederholt als Akrostichon in ihren Liedern; einprägsam ist z.B. die in 16 Strophen wiederholte Schlußzeile »Hanns Ovens Tochter Anna« des Liedes »Auff/Auff Zion/« (*Poemata*, S. 216–219); im Druck sind außerdem die Worte »Hanns Ovens Anna« in Antiqua gesetzt und von der Fraktur des übrigen Textes abgehoben.

> Sie musicirt/
> Sie jubilirt/
> Sie sing't das *Hosianna*
> Den Herrn erhebt/
> So lang sie lebt/
> *Hanns Ovens* Tochter *Anna*. (S. 219)

Diese Spielerei mit ihrem Namen ist nun aber nicht als Hervorkehrung ihrer Person, als Betonung ihres Ichs oder als Hinweis auf ihr dichterisches Schaffen zu verstehen. Hier geht es nicht darum, daß das Werk etwa Ausdruck ihres eigenen Ich sei, sondern ganz im Gegenteil ist ihre Person, die ihr Name oder ihre Namen benennen, zu einem integralen Teil des göttlichen Weltreiches geworden, sie ist daran teilhaftig, darin eingebaut, darin geborgen und verborgen. Anna liefert damit einen Beweis ihrer Kunstfertigkeit, die aber zugleich ein Dienst, ein Ausdruck des Lob Gottes ist. Ebenso vereinen die *Geistlichen und Weltlichen Poemata* der Anna Ovena Hoyers nicht zwei gegensätzliche, getrennte Welten, sondern alle Verse sind eine Variation, ein Ausdruck religiösen Bekenntnisses in dichterischer Form, denn die Hoyers *muß* bekennen:

> Ich kan und will
> Nicht schweigen still/

schreibt sie 1643 im »Posaunenschall« (*Poemata*, S. 208). Und 1642 mahnt sie aus dem Schwedischen Exil die Gemeinde in ihrer Heimat in Holstein:

> Ich werd getrieben/ muß es sagen/
> Habs ehe geschrieben/ wills mehr wagen/
> Sollt es auch kosten kopff und kragen. (*Poemata*, S. 245)

Diesem bekennenden Christentum verleiht Anna Ausdruck in ihren Versen und Liedern bis ins letzte Jahr ihres langen Lebens.

Anna Ovena Hoyers' vergleichsweise unabhängige Stellung als Stallerswitwe – eine Frau von Stand, die aber nicht direkt einem über sie gebietendem Mann, Vater oder männlichem Verwandten unterstand – erlaubte ihr die Entwicklung über die religiöse Erfahrung zum eigenen, schriftlichen Ausdruck, ermöglichte sogar eine öffentliche schriftliche Äußerung zu religiösen Fragen in der gegen die Geistlichkeit gerichteten Satire. Als Außenseiterin im staatlich-gesellschaftlichen Gefüge, eine selbst ihren Lebensunterhalt bestreitende Witwe ohne Amt und Würden, die geschützt und verteidigt werden müßte, wollte Anna auf Vergeltungsmaßnahmen und Strafen seitens der Obrigkeiten keine Rücksicht nehmen. In diesem Sinne ist sie eine der wenigen unabhängigen Bürger(innen) ihres Jahrhunderts, die ohne Bevormundung vom Stadtpatriziat, einem Fürsten oder der Geistlichkeit, bei denen die Gelehrten und Literaten ihre Anerkennung und ihren Lebensunterhalt finden, zu leben versucht und die für dieses Leben ins Exil geht.

Dieser Weg der Hoyers zur Individuation und zu Vorformen der Emanzipation – zur Unabhängigkeit von männlicher Bevormundung und zur eigenen »Mündigkeit« – natürlich ganz im Rahmen der durch die Religionskriege und wirtschaftlichen Katastrophen beherrschten Zeit ist markant. Er wiederholt sich in entsprechenden Variationen bei anderen schreibenden Frauen des Jahrhunderts, für die ebenfalls der Weg vom »Betbuch« zum eigenen Buch, sprich Ausdruck führt, und damit zu einer Befreiung aus dem Kollektiv der domestizierten und sich physisch verbrauchenden Gebärerin.

So erkannte auch Katharina Regina von Greiffenberg, daß »ihr Dichten die einzig adäquate Möglichkeit einer Selbstdarstellung jenseits der gesellschaftlichen Ordnung« war, ein »Erlebnis der Einsamkeit« [26], denn sie konnte ihr frühes Gelöbnis von 1651, unverheiratet zu bleiben und ihr Leben Gott zu weihen, nicht ausführen: Auf das Drängen und – den psychologischen Druck – ihres um dreißig Jahre älteren, blutsverwandten Onkels und Vormundes hin mußte sie ihn schließlich 1664 heiraten, bewahrte sich aber in ihren geistlichen Versen den Freiraum für sich selbst, eine Form der Individuation und Emanzipation aus ihrer Lage. Ähnliches ließe sich zeigen bei den zahlreichen schreibenden Frauen aus dem (zumeist) niederen Adel [27] und dann nach dem Dreißigjährigen Krieg und im frühen 18. Jahrhundert an Frauen aus dem wohlhabenden Bürgertum, die besonders pietistischen Kreisen angehören.

So soll der unbekannte Text einer sonst nur in der hannoverschen Landesgeschichte bekannten Frau für viele unbenannte und unbedeutende Frauen stehen. Es ist die Geschichte der Eleonore von dem Knesebeck, die zwar im Sinne des etablierten Literaturkanons kein großes Werk aufzuzeigen hat, sondern die originelle Bedeutung des eigenen Schreibens als Ausdrucks-, Lebens- und Überlebensform illustriert: Eleonore von dem Knesebeck war die Kammerjungfer und Vertraute der Kurprinzessin Sophie Dorothee von Hannover [28], deren Liebhaber, der Graf von Königsmarck, 1694 im königlichen Schloß in Hannover ermordet wurde. Sophie Dorothee wurde in lebenslange Haft gesetzt und schließlich geschieden. Eleonore von dem Knesebeck, ihre Vertraute und Hofdame, wurde jahrelang in Einzelhaft in einem Turm der Festung Scharzfeld verwahrt. Während dieser Zeit war ihr jeglicher Kontakt mit der Außenwelt und mit ihren Angehörigen strengstens untersagt und unterbunden. Nach mehreren mißglückten Fluchtversuchen gelang schließlich nach drei Jahren ihre Befreiung. Aber in den verlassenen Turmzimmern, in denen Eleonora gehaust hatte, fanden die überrumpelten Bewacher eine seltsame Überraschung: Alle Wände und Türen waren mit Inschriften bedeckt, die Eleonora, der man jegliche Bücher und Schreibzeug verweigert hatte, mit Kohle und Kreide an die Wände gemalt hatte. Die Schriften reichten bis auf den Boden herunter, Eleonora mußte sogar auf dem Boden liegend geschrieben haben. Obwohl vieles verwischt und nur schwer leserlich war, mußten die Schriften fein säuberlich für die hannoverschen Akten abprotokolliert werden, eine deutsche Beamtengründlichkeit, der wir jetzt die Kenntnis der Texte verdanken: Bei diesen handelt es sich um memoirenartige Prosapartien, mit Anklagen gegen ihre Verfolger und Widersacher am Hof, aber zumeist um geistliche Dichtungen in Stil und Sprache des zeitgenössischen Kirchenliedes, immer in Umdeutung auf die besondere Lage der Eleonora, die ihr Schicksal beklagt und Hoffnung auf ihre Befreiung ausspricht; sie schreibt:

> Zerbrich, zerbrich Schlösser und Thüren
> Starker Gott, zerschmettre Du
> Riegel, Mauern. Laß mich führen
> Deine Engel, daß ich nu
> Mit Dir kann vom Felsen springen,
> Laß den Wächtern nicht gelingen,
> Diese meine Flucht zu sehen,
> Wie Elias laß' mich gehen. [29]

Sicher kann es hier nicht darum gehen, Eleonora von dem Knesebeck als Dichterin auszuweisen und sie der Literaturgeschichte zuzuordnen. Vielmehr bezeugen ihre durchaus gelungenen, teilweise formelhaft-konventionellen, teilweise individuell aussagekräftigen Verse und Prosapartien den Stellenwert des Schreibens für diese Frau in ihrer verzweifelten Lage. Sie tat das, was andere Frauen ihres Jahrhunderts auch in weit weniger dramatischer Situation getan haben; sie benutzte ihre (keineswegs selbstverständliche) Beherrschung des Schreibens und die Formen der Erbauungsdichtung, um sinngebend ihrer Lebenslage Ausdruck zu verleihen – ein erster Schritt zur Mündigkeit.

Neue Poesie, Freundschaft, Krieg: Sibylle Schwarz' »Deutsche Poetische Gedichte« (1650)

Waren Leben und Werk der Anna Ovena Hoyers ganz an der religiösen Tradition der Reformation und der Sektierer orientiert und von Glaubensnöten bestimmt, so fällt das kurze Leben der Sibylle Schwarz

(1621–1638) ganz in die Zeit des Dreißigjährigen Krieges. Doch ist das für die schon mit siebzehn Jahren verstorbene Autorin erstaunlich reiche und vielfältige Werk getragen von der neuen Poesie, von den besonders durch Opitz propagierten metrischen Errungenschaften und von französischen und holländischen Vorbildern. Dabei behandelt die Schwarz nicht nur religiöse Themen, sondern auch weltliche, besonders Liebe und Freundschaft, und sie behandelt diese Themen mit nuancierten, für die Dichtung des 17. Jahrhunderts vergleichsweise seltenen individuellen, persönlichen Tönen. Sie gehört zu den ganz wenigen Frauen ihres Jahrhunderts – wahrscheinlich ist sie überhaupt die erste Frau in der deutschen Literatur, von der wir auf das weibliche Ich bezogene Texte kennen –, die sich zugleich die literarisch-gelehrte Tradition angeeignet haben, diese beherrschen und dabei als Individuum und als Frau geschrieben haben, die die männliche Perspektive vielfach erweitert und die literarische Tradition auf sich selbst haben umschreiben können.

Sibylle Schwarz entstammte einer sehr angesehenen Patrizierfamilie in Greifswald, das mitten in dem verwirrenden Geschehen des Krieges lag. [30] Ihr Vater, ein Sohn begüterter Kaufleute, hatte als erster in der Familie studiert, sich 1605 als Jurist in Greifswald niedergelassen, wo er schon 1610 zum Ratsmitglied und 1631 zum Bürgermeister gewählt wurde. Sibylle war das jüngste von sieben Kindern, drei Brüder und zwei Schwestern überlebten sie, als sie schon 1638 ganz plötzlich an der Ruhr am Hochzeitstag ihrer Schwester Emerentia verstarb. Sibylles Mutter, die ebenfalls aus einer wohlhabenden Greifswalder Patrizierfamilie stammte, war früh gestorben, als Sibylle noch keine neun Jahre alt war; den Haushalt leitete dann die älteste Schwester Regine (sie war 1629 schon sechs Tage nach ihrer Hochzeit verwitwet und lebte wieder zu Hause) und nach deren Wiederverheiratung 1631 die andere Schwester.

Seit November 1627 waren kaiserliche Truppen in Greifswald einquartiert, 1631 wurde die Stadt von den Schweden besetzt, die von den Bürgern unterhalten werden mußten und die sich viele Greueltaten und Übergriffe auf die Bevölkerung leisten konnten. Auch im Hause der Schwarz waren zeitweilig hohe (adlige) Offiziere einquartiert, obwohl Ratsmitglieder, deren Verwandte und die Professoren der Universität Greifswald meistens von der Einquartierung auf Gesuch an den Herzog hin verschont wurden. Sibylles Vater war oft monatelang in Amtsgeschäften der Stadt abwesend, er weilte als geheimer Landrat lange am Stettiner Hof, dann als Gesandter der Pommerschen Stände 1633 in

Stockholm. Das Landgut Fretow, das dann 1637 geplündert wurde und abbrannte, bot lange Jahre eine Zufluchtsstätte für die Familie Schwarz. Die Kriegsereignisse und das dennoch kultivierte Leben der Greifswalder Patrizier und ihrer Universität haben das kurze Leben der Sibylle Schwarz geprägt, was sich in ihren Versen spiegelt.

Ihr Vater stand mit der Universität Greifswald und ihren Professoren in enger Verbindung und zeigte dies tatkräftig in der Unterstützung vieler dortiger Studenten. Diese enge Verbindung spricht ebenfalls aus den Gelegenheitsgedichten, die Sibylle Schwarz an befreundete Universitätsmitglieder richtete. Die Nähe zur Universität sowie wohl der Umgang mit ihren Brüdern und deren Privatlehrern, vielleicht sogar Unterweisung vom Vater und den ältern Brüdern – (sie soll von ihnen Latein und Holländisch gelernt haben, doch schweigen die Quellen über jeglichen Unterricht für Sibylle, so daß auch hier autodidaktisches Lernen sicher sehr wichtig war) – ließen sie in die geistig-literarische Tradition des Bildungsbürgertums hineinwachsen. Ihre ersten datierten dichterischen Versuche stammen aus den Jahren 1633 und 1634, als sie erst zwölf bis dreizehn Jahre alt war.

Ein besonderer Förderer ihrer literarischen Tätigkeit war ein aus Württemberg stammender Magister Samuel Gerlach, der in den 1630er Jahren als Feldprediger und Hauslehrer in Mecklenburg und Lübeck tätig war und 1638 Hofprediger in Eutin wurde. [31] Er machte Sibylle Schwarz vielleicht als ihr Privatlehrer mit der neuen Poesie, besonders mit dem Werk von Opitz bekannt und blieb nach seiner Abreise aus Greifswald brieflich mit ihr in Verbindung. Über die nähere Beziehung der Schwarz zu Gerlach ist nichts bekannt; wenige Monate nach Sibylles Tod 1638 verheiratete er sich in Eutin, war später Pfarrer in der Nähe von Danzig, wo er im Jahr 1650 ihre Gedichte herausgab. (Dies war nach dem Ende des Dreißigjährigen Krieges und zwölf Jahre nach Sibylles Tod).

Diese Sammlung der *Deutschen Poetischen Gedichte* [32], die Gerlach der damaligen Landesherrin, der Königin Christina von Schweden, gewidmet hat (Gerlach wurde aber nicht nach Stockholm berufen, sondern konnte dann auf Veranlassung Valentin Andreäs nach Württemberg zurückkehren), ist die einzige Werkausgabe der Sibylle Schwarz. Sie enthält neben dem für barocke Gedichtbände üblichen Vorspann an Widmungsschreiben und Lobgedichten einige Briefe Sibylles an den Herausgeber, dann in ziemlich wahlloser Anordnung viele Gelegenheitsgedichte und Verse im Stil der neuen Poesie, eine freie Bearbeitung des Themas »Daphne« nach Ovid, und ein mythologisches Trauerspiel anläßlich der Zerstörung des Landsitzes der Familie durch schwedische Truppen, die Schäferdichtung *Faunus*; ein Zyklus von Liebessonetten beschließt den zweiten Teil.

Gerlach scheint die Veröffentlichung jahrelang geplant zu haben; in den vom Jahre 1637 und 1638 datierten Briefen wünscht Sibylle den Druck der Gedichte, von denen sie handschriftliche Kopien übersendet, jedoch hält sie es »für rahtsam/ das nur der Nahme etwa verkehret/ oder gahr ausgelassen/ und an dessen stat ein anderer gesetzet würde« (I, S. i). Selbst wollte oder konnte Sibylle Schwarz einen solchen Druck wohl nicht veranlassen (oder bezahlen), auch als Autorin wollte sie sich verstecken, was viele zeitgenössische Autoren besonders mit ihren Erstlingswerken getan haben, wenn sie eine kontroverse Aufnahme erwarten durften. Gerlach hat wohl die von ihm gesammelten Abschriften von Sibylles Gedichten als Handschriftenbündel dem Drucker übergeben, ohne die Anordnung oder Ausführung weiter betreuen zu können, wie das lange Druckfehlerverzeichnis und die flüchtige Ausführung des zweiteiligen Bandes bezeugen.

Interessante, wohl von Gerlach veranlaßte Beigaben sind das Titelkupfer mit dem Porträt der Sibylle Schwarz und ein weiteres Bild, das dem zweiten Teil vorangestellt ist. (Die von dem später in Nürnberg wirkenden Kupferstecher Jacob Sandrart geschnittenen Kupfer müssen in den Jahren zwischen 1644 und 1648 entstanden sein, als dieser sich einige Zeit in Danzig aufhielt. Die Zeichnung lieferte der Danziger Maler Samuel Niedenthal. Diese Bildbeigaben müssen den Herausgeber Gerlach – oder Sibylles Familie – einiges Geld gekostet haben, sie unterstreichen den Wert der Ausgabe als Gedächtnisband für die früh verstorbene Dichterin. Dafür, daß die Familie diesen Band als kostbare Erinnerung an die Verstorbene wohl finanziell gefördert hat, spricht Gerlachs Widmung des zweiten Teiles an die noch lebenden Geschwister, die er samt ihrer Gatten und den Wohnorten einzeln aufführt.)

Die beiden Porträts der Sibylle Schwarz zeigen sie als Patriziertochter mit reichem Schmuck und Kleid; auf dem Titelkupfer ist sie mit langen, lockigen Haaren, im Festtagskleid mit der Inschrift »die Keusche Sibylla« als heiratsfähiges Fräulein abgebildet, auf dem größeren Porträt erscheint sie im dunklen Feiertagsgewand (wohl schwarzer Taft und Samt) mit weißem Spitzenkragen, aufgebundenem Haar und mit einer Rose in der Hand. Die Inschrift im ovalen Bildrahmen gibt neben dem Namen ihr Geburts- und Sterbejahr; dieses zweite Porträt ist ein Gedächtnisbild der verstorbenen Dichterin. Auch die Rose deutet als »vana rosa« ebenso auf die Vergänglichkeit weiblicher Schönheit hin wie die nach unten hängenden Fruchtgebinde, eine passende Beigabe für die dem Gedächtnis der Sibylle Schwarz gewidmete Werkausgabe.

Das Titelkupfer zeigt Sibylle außerdem von zehn Sibyllen aus der klassischen Mythologie umrahmt; es ist eine sich am Namen der Dichterin orientierende Einordnung in die Tradition der weissagenden Sibyllen. Dazu bringt Gerlach in seinen Widmungsversen unter dem zweiten Porträt eine Zuschreibung, die den bürgerlich-männlichen Erwartungshorizont seines Jahrhunderts durchscheinen läßt. Gerlach schreibt im Namen der Dichterin:

> Was mir der Himmel hat an Schönheit nicht gegeben,
> Das hat ersetzt Verstand und Tugend in mein' Leben;
> Ich stelt ein'n guhten Brief, schrib eine schöne Hand,
> Macht einen reinen Vers, Haußhalten war bekant
> Mihr auf das allerbäst; eß must den Tod verdrießen
> Drum hab' ich vor der Zeit mein Leben enden müßen. [33]

Hier spricht der Hausvater als Gelegenheitsdichter, der dazu noch sein Bild von der verständigen, tugendsamen guten Schreiberin und Haushälterin als »Ich«-Gedicht, als Selbstaussage der Sibylle in den Mund legt. Wie selbstverständlich maßt sich Gerlach die Stimme der Dichterin an, spricht er für sie. Diese Behandlung der literarischen Tätigkeit von Frauen, wie sie hier programmatisch dem Werk der Sibylle Schwarz durch den Herausgeber zuteil wird, ist symptomatisch für die patriarchalisch-bevormundende Art, mit der männliche Autoren das Werk literarisch tätiger Frauen festgeschrieben haben.

Wie und wann Sibylle Verse zu schreiben begann, ist nicht bekannt, wie so viele Fragen zu ihrem kurzen Leben offen sind. Wahrscheinlich fing sie mit den für (männliche) Lateinschüler ihrer Zeit durchaus charakteristischen Stilübungen, mit Gelegenheitsversen, Übersetzungs- und Kompositionsübungen kurz nach dem frühen Tod ihrer Mutter 1630 an, als sie ungefähr zehn Jahre alt war; in der kurzen Schaffensperiode von nur etwa acht Jahren sind ihre Dichtungen entstanden. In ihrem ungleichen, teilweise fragmentarischen Werk, das aber auch formvollendete und ausdrucksstarke Verse enthält, spiegeln sich Kriegsereignisse, ihr Leben in der Familie und ihre Freundschaft. Das formelle Muster ist der öfter erwähnte Opitz und die neue Poesie.

Sie selbst spricht mit betonter Bescheidenheit von ihrer literarischen

Produktion, wenn sie sie (in einem Brief an Gerlach) »ungepfefferte Gedichte« und »Ungeziefer« (18. März 1638, I, S. v) nennt. Sie verteidigt ihre Verse eigenwillig:

> Gefellt dir nicht mein schlechtes [schlichtes] Schreiben
> Und meiner Feder edles [sic] Safft/
> So laß nur bald das Läsen bleiben/,
> Eh dann es dir mehr unruh schafft. (I, S. vi)

In diesem Gedicht auf einen traditionellen Topos, »Wieder den Neidt«, verteidigt sie ihr Dichten gegen mißgünstige Kritiker, die sie als Frau angegriffen haben. Neben den üblichen Argumenten für die Dichtkunst (Poesie macht unsterblich, Verweis auf die antike Tradition, Legitimierung durch die Nennung des großen Opitz als Vorbild) führt Sibylle auch die weibliche Tradition an. Die Musen seien ja auch Frauen gewesen, dann gebe es das holländische Vorbild (der Schurman) und sie kenne 58 Dichterinnen:

> Was Sappho für ein Weib gewesen
> Von vielen/ die ich dir nicht nenn/
> Kanstu bey andern weiter lesen/
> Von den ich acht und fünffzig kenn/
> Die nimmer werden untergehen/ (I, S. viii)

Auf die Kritik, daß sie ›die Geschäfte ihres Berufs‹ als Frau über der Dichtkunst vernachlässige, antwortet sie:

> Sollt ich die Nadel hoch erheben/
> Und über meine Poesey/
> So muß ein kluger mir nachgeben
> Daß alles endlich reisst entzwey;
> Wer kann so künstlich Garn auch drehen/
> Das es nicht sollt in stücken gehen? (I, S. viii)

Ihr »Nadelwerk« (d.h. typisch weibliche Beschäftigung) würde doch nur vergehen (die folgenden Verse bringen dann eine Kette der Vergänglichkeitsmotive: »Wo ist… geblieben?«), während ihre Verse weiterleben.

Um sich als Frau zu legitimieren, übersetzt Sibylle Schwarz auch das »Lob der Verständigen und Tugendsamen Frauen/ verdeutschet auß dem Niederländischen« (I, S. lxi), in einer sinngemäßen, aber freien »translatio« im Stile der zeitgenössischen Übersetzungsübungen, an denen sich alle Autoren geschult haben. [34] Auch wenn sie nur diese Vorrede und nicht die ganze Bildgedichtserie von Daniel Heinsius'

Spiegel van de doorluchtige Vrouwen (1606) gekannt hat, so muß sie die Thematik des »Frauenlobes« interessiert haben, denn das Gedicht ›beweist‹ mit Rückgriff auf antike Vorbilder, daß Frauen den Männern ebenbürtig sind, nur »weniger bekannt«:

> Nun nemt diß an mit Danck/ und lehrt die Männer preisen
> Daß ihr den Frawen auch jhr Ehre mögt beweisen
> Und zulast jhren Ruhm; Ihr Sinn und Ihr Verstandt
> Ist zwar nicht minder klug/ doch minder nur bekannt. (I, S. lxiv)

Die Poesie geht Sibylle Schwarz über alles. Um das zu thematisieren, benutzt sie den gängigen literarischen Topos »Poëten gehn dem unadelichen Adel weit vor« für ein Sonett (II, H3r), und in dem Sonett »Alß sie ein Poëtischer Geist triebe« schreibt sie selbstbewußt:

> .../ich wil immer auch bei meinen Worten bleiben/
> Und steigen mit dem Sinn des Himmels Leiter an/
> Ein jeder sey bereit/ daß er mir folgen kann. (II, H3v)

Für die Erhebung, die sie in der Poesie findet, verzichtet sie gern auf äußerliche Eigenschaften:

> Ich lasse/ wer da will/ mit seinen Haaren prangen/
> Und disen mit der Stirn/ und jene mit den Wangen;
> Der eine rühme sich der falschen Freundschafft Brunst/
> Und jener lobe Gelt/ ich rühme mir die Kunst.
> Der drey mal dreyen hier/... (II, Klr)

Ihr Vorbild in der Dichtung ist Opitz, den sie als den großen Dichter ihrer Zeit verehrt (Opitz starb bekanntlich 1639, ein Jahr nach Sibylle Schwarz, in dem nicht fern von Greifswald gelegenen Danzig). Sie bittet Gerlach in einem Brief um neue Gedichte von Opitz. Von ihm hat sie die Regeln der neuen Metrik, einzelne Strophenformen wie auch das in Deutschland neu aufgekommene Sonett übernommen. Außer ihm erwähnt sie von den literarisch tätigen Zeitgenossen nur noch Buchner und Cats. Mit niederländischen Werken hatte ihr Bruder sie versorgt; die *Nederduytschen Poemata* (1616) des Daniel Heinsius, die auch für Opitz Vorbild waren, haben viele Vorlagen für Nachahmung und Erweiterung in ihren Versen geliefert.

Auch die Überlagerung ihrer Verse mit mythologischen Bildern ist der neuen poetischen Tradition entnommen. Beherrschung der antiken Mythologie und ihres Götterapparates gehörte zum Handwerkszeug des Dichters, bezeugte seine Belesenheit und Gelehrtheit. Bei Sibylle klingt das besonders gestelzt, weil ihre Inhalte so oft ein nichtgelehrtes, persönliches Anliegen durchblicken lassen. Dennoch scheint sie nicht ohne die modische barocke Einkleidung auskommen zu können, wenn sie z.B. eine Fahrt auf dem Wasser beschreibt, die für die an der Ostseeküste lebende Autorin keineswegs ungewöhnlich ist:

> Neptunus kam hervor auß seiner nassen Hütten/
> Und lies uns insgesampt auff seine Wohnung bitten/
> Es ließ auch Aeolus den warmen Westwind looß/
> Und Thetis nam uns sanfft in jhren zarten Schooß. (I, S. xli)

Da diese und ähnlich gestelzte Zeilen, die in dem völlig ernst gemeinten Klagelied über die Zerstörung des väterlichen Landgutes Fretow stehen (»Trost-Getichte. An unser Fretow«), sind sie sicher nicht ironisch gemeint; vielmehr zeigen sie, wie fern eine Frau wie Sibylle Schwarz, die sich aus den ihr erreichbaren Texten der literarisch-gelehrten Tradition das nötige Handwerkszeug zusammenlesen muß, dieser Tradition doch steht.

Das zeigt sich auch in der Themenwahl, wo sie als Frau zunächst die Themen, Topoi, Perspektiven, Wertungen der männlichen Autoren vorfindet und übernehmen muß, wie sie z.B. der die barocke Liebesdichtung beherrschende Petrarkismus erfordert. Sibylle Schwarz behilft sich da zunächst, indem sie Stoffe wählt, in denen eine Frau vorkommt. So greift sie in ihrem kleinen lyrischen Schäfergedicht *Daphne* auf eine mythologische Frauengestalt bei Ovid (*Metamorphosen* I,9) und in dem dramatischen Fragment *Susanna* auf eine biblische zurück. Bezeichnenderweise hat Sibylle Schwarz zwei vergleichsweise selbständig handelnde Frauengestalten gewählt. Daphne verweigert Apollo die Liebe, erliegt nicht seinen Nachstellungen, sondern läßt sich in einen Baum verwandeln. Die Nachdichtung erweitert die Klagen und Reden der beteiligten Personen gegenüber der lateinischen Vorlage; der Schluß ist geringfügig, aber bedeutsam gegenüber Ovids Versen abgewandelt. Bei Ovid schließt der Mythos mit Apollos Trauer über den Verlust der Geliebten und seinen Worten, »at quoniam coniunx mea non potes esse,/ arbor eris certe, dixit, mea« (I,328), die den Besitzanspruch Apollos auf Daphne anmelden: zwar kann er sie nicht zur Ehefrau haben, aber als Lorbeerbaum wird sie sicher sein Eigentum sein. Sibylle malt die Rolle der nunmehr in einen Lorbeerbaum verwandelten Daphne weiter aus, indem sie den aus ihm geflochtenen Lorbeerkranz der Dichter

beschreibt, den Baum als Schattenspender für das »Poëten Volck« bezeichnet und Wünsche anschließt:

> Und das soll seyn der Lohn/ den Tugend dir erwirbet:
> Weil Tugend lebt und steht/ wenn alle Welt schon stirbet/
> Sey grün und wachse wol/ das soll mein wünschen sein
> Und dein verdienter Lohn/ dabey gedencke mein. (I, cv)

Damit ist Daphne, die »der Keuschheit güldne Krohn« als Lohn erlangt
hat, sich selbst treu geblieben, nicht die Geliebte Apollos geworden,
wohl aber als Lorbeer eine allegorische Verkörperung der Poesie. Sibylle
Schwarz hat den antiken Mythos einer Frauengestalt gewählt, den sie
mit einer geschickten Veränderung ihrer eigenen Situation hat anpassen
können, denn sie selbst hatte die Dichtung über die Liebe gestellt.

In dem dramatischen Versuch *Susanna* – der biblische Stoff aus den
Apokryphen ist im protestantischen Schuldrama des 16. Jahrhunderts
mehrfach behandelt worden, um die keusche Frau zu zeigen – gibt sie
gleichfalls didaktische und moralische Argumente für die Wahl des
Stoffes an (Vorrede). Wie das biblische Vorbild zeigt sie eine in ihrer
schwachen Position durch ihre Überzeugung trotzdem starke Susanna,
die gegenüber allen Verleumdungen der als Richter Autorität genießen-
den Männer ihre Version des Vorfalls sogar ihrem eigenen Mann gegenüber verteidigt, der ihr nicht glaubt. Das Ende fehlt, würde aber auch
nur Bekanntes bestätigen können. Es scheint, als ob diese innere Stärke
und die lebendige Ausgestaltung der sprechenden Personen Sibylle
Schwarz an diesem Stoff interessiert haben. Hier steht eine in ihrer
Schwachheit sich behauptende, letztlich eine starke Frau im Mittelpunkt.

Neben der Aneignung der neuen Poesie bildete das Geschehen des
Krieges, unter dem Greifswald besonders zu leiden hatte, ein wichtiges
Thema, das den konventionellen Versen der Sibylle Schwarz immer
wieder eine persönliche Note verleiht. Hier geht es natürlich nicht um
eine Erlebnisdichtung im Sinne des seit Dilthey auf die Goethesche
Dichtung angewandten Begriffes, sondern darum, daß in den traditionellen Versen und Formen der neuen Poesie das konkrete Kriegserlebnis
durchscheint. Greifswald war schon 1627 bis 1631 durch kaiserliche
Truppen, dann durch die Einquartierung schwedischer Soldaten schwer
betroffen worden; die hohen Tribute zur Unterhaltung der Truppen,
Greueltaten der Soldaten, Plünderungen, Seuchen, Versorgungsnot,
Abriß öffentlicher Gebäude zu Verteidigungszwecken hatten bewirkt,
daß schon 1629 mehr als die Hälfte der etwa 1000 Bürgerhäuser leer

Sibylle Schwarz im zweiten Teil ihrer *Deutschen Poetischen Gedichte* von 1650.

LUDOVICA ADELGUNDA
VICTORIA KULMIA.
Ioh. Chr. Gottschedii Profess. Lipsiensis
Conjux
nata Gedani d. XI. April MDCCXIII.

Haußmann Pictor-Reg. Pol. pinxit.   Joh. Jac. Haid sculps. et excud. Aug. Vindel.

Gottscheds Gemahlin.

standen oder zerstört waren; die ganz Armen wurden aus der Stadt
ausgewiesen, während Patrizierfamilien sich zeitweilig auf ihre Landgü-
ter flüchten konnten. So hat Sibylle Schwarz diese grauenvollen Kriegsereignisse als Kind erlebt – 1627 war sie erst sechs Jahre alt – und den
Aufenthalt der Familie auf deren Landgut Fretow um so mehr genossen.
1637 mußte die Familie während der Auseinandersetzungen zwischen
dem Herzog von Brandenburg, der sich mit den Kaiserlichen verbündet
hatte, und den Schweden nach Stralsund fliehen. Fretow wurde verwüstet und abgebrannt.

In »Auff Ihren Abschied auß Greiffswald/ Gesang« schreibt sie darüber, wie »der Unholdt« Krieg sie aus Greifswald und dem Kreis der
Freunde und Familie vertrieben hat und selbst Fretow keinen Schutz
mehr bietet:

> Itzt aber wil die Kriegerey
> Zu Fretow keinen Menschen dulden/
> ...
> Ich sag und klage für undt für/
> Das manche lange Nacht verflossen/
> Seit daß ich auß der Frewden Thür
> Bin gantz und gahr hinauß gestoßen. (I, xlix)

Fretow war für sie der Ort, wo sie »lesen/ tichten/ schreiben« wollte; es
ist der ländliche Ort, der *locus amoenus*, wo sie in Muße leben und den
Krieg hatte vergessen können. Sind diese Verse noch von der idyllischen Pastoraldichtung geprägt, so berichtet Sibylle Schwarz in Gelegenheitsgedichten, die ja oft konkret auf ein Zeitgeschehen oder einen
persönlichen Umstand Bezug nehmen, (obwohl sie als leere Formelge-
dichte seit dem späten 18. Jahrhundert als unlyrisch in Verruf geraten
sind) über die zerstörerische Gegenwart des Krieges:

> Wo sucht man einen Band? in disem großen ganzen
> Ist nichts alß kläglich thun/ alß kuglen/ stükken/ schanzen/
> Alß blutiger begin/ alß Lanzen Spieß und Schwerdt/
> Alß Dieb- und Mörderey/ alß leerer Tisch und Herdt
> ...
> Der sieht sein Vaterland ganz öd und wüste stehen/
> Und jener siht sein Hauß von fern im Feur aufgehn
> ...
> In Summa alles das/ was Unheil heissen kan/
> Trifft unser armes Land/ und greifft uns sämtlich an.
> ...
> Die Frewde selber schläfft/ was wollen wir dan gehen/
> Und uns nach Fröligkeit im Elend ümme sehen? (II, E4r,v)

Die Verwüstungen und Zerstörungen des Krieges werden aufgezählt, beklagt und damit erklärt, daß Krieg als Strafe Gottes ertragen werden müsse und man nichts dagegen tun könne, als dieses Los zu beweinen und zu betrauern. Inhaltlich ganz ähnliche Alexandrinerverse hatte Opitz 1633 veröffentlicht, als er sein schon etwa zehn Jahre früher verfaßtes *Trostgedichte in Widerwärtigkeit des Krieges* und das Lehrgedicht *Vesuvius. Poema Germanicum* drucken ließ, die erste große Kriegsdichtung, die in Motiven, Form und Haltung vorbildlich für die Behandlung des Kriegsthemas in der deutschen Barockdichtung wurde. Während Opitz besonders im *Vesuvius* zeitgenössische Gelehrsamkeit aufbietet – der große Krieg wird in diesem Alexandrinergedicht mit der im einzelnen beschriebenen Naturkatastrophe des Vesuvausbruches verglichen –, bleibt Sibylle Schwarz bei einer vergleichsweise einfachen, anschaulichen Benennung.

Im »Trawer-Spiel/ Wegen einäscherung jhres Freudenortes Fretow« (I, cv-cxii) kleidet sie das Kriegsgeschehen in ein mythologisches Gewand. Die Götter bereden die Ereignisse, ein Chor der Schäfer und Hirten und ein Chor der Musen bilden das Echo. Jupiter gibt Mars nur ungern die Erlaubnis, Fretow zu zerstören. Während Neptun und Merkur sich um die Sicherheit der Einwohner sorgen, geht Mars gleich an die Zerstörung, die dann von den Chören beklagt wird. Das allegorische Spiel mit dem dürftigen, traditionellen Handlungsschema im Stil der zeitgenössischen Pastoralszenen bildete das formale Muster, das die neue Poesie für die Kriegsdichtung liefern konnte. Sibylle beschreibt die Flucht der Musen so:

> Wir liefen fort/ halb angezogen/
> Euterpen ist ihr Kleid entflogen/
> Thalia ließ die Schürtze gehn/
> Melpomene blieb barfuß stehn.
> Den Harbandt lies Erato hinden
> Wir konnten all uns selbst kaum finden/ (I, cxv)

Solche Verse zeigen, wie unzulänglich die Mythologie und Pastoraldichtung war, um darin zeitgenössisches Anliegen zu fassen. Diese Konvention der neuen Poesie versagte.

Andere, eigene Töne kann Sibylle Schwarz finden, wenn sie den Tod – ein großes Thema der Barocklyrik – thematisiert. Sie spricht nüchtern aus, was im Krieg zur Alltäglichkeit geworden war:

> Wer wolte für den Todt das Leben itzt begehren/
> Die Welt/ und was in ihr/ ist lauter Weh und Zehren/
> Ist nichts als Unbestandt/ und blutiger Begin
> Was noch erfrewlich wahr/ nimbt itzt der Krieg dahin. (I, xxxvii)

Wieder findet sie in diesem Gelegenheitsgedicht auf den vorzeitigen Tod eines Bekannten viel eindringlichere Worte, wie auch in »Auf den Todesfall der Frawen Cath. Essens«, wenn sie das mutterlose Kind betrachtet:

> ... Wer keine Mutter hat/
> Hat keinen Trost auch mehr...
> ... den Kindern ist entführet
> Mit ihr fast alle Welt/ was sonsten sich gebühret/
> Bleibt alsdann ungethan/ das Haus steht arbeitslos. (I, xcii)

Ebenfalls kann sie sich in die Rolle der Hausfrau hineinversetzen und diese ausführlich und realistisch schildern, während vergleichbare Gelegenheitsgedichte endlose Formeln für die Vergänglichkeit, das nichtige Leben und die Erlösung nach dem Tode anführen. Sie weiß um die Verlassenheit des verwaisten Kindes, den menschlichen Wert und den alltäglichen Aufgabenkreis der Mütter und Ehefrauen, und sie beschreibt diese sachlich mit einem Minimum an rhetorischen Formen – gerade für diese Inhalte hatte sie keine fertigen Formeln, weil in den Leichengedichten auf Frauen diese selten als Frauen, sondern meistens eingeengt auf die »Eheliebste« dargestellt wurden und besonders das Los des Witwers im Vordergrund gestanden hat.

Mit einem traditionellen, auf ihre eigene Situation angewandten Thema befassen sich vor allem die beachtenswerten Freundschaftsgedichte, die eine für den Frühbarock eigenwillige Ausdruckskraft besitzen und zum literarischen Dokument ihrer jugendlichen Freundschaft mit der Freundin Judith Tanck (1622–1650) geworden sind. Der frühe Tod der Mutter, die häufige Abwesenheit des Vaters auf Reisen und zu Amtsgeschäften als Ratsherr und Bürgermeister sowie die grausamen Kriegsereignisse müssen das Bedürfnis der Sibylle Schwarz nach engen zwischenmenschlichen Beziehungen verstärkt haben. Diese fand sie im Kreis der »Schwäger« (der Geschwister, deren Ehegatten und Vettern), besonders aber in der Freundschaft mit Judith, der Tochter eines Predigers aus Stralsund, die seit 1633 (dem Todesjahr ihres Vaters) ebenfalls in Fretow und in Greifswald Zuflucht gesucht hatte. Als Judith Tanck am 29. Mai 1639 den Stadtsyndikus von Stralsund heiratete und dorthin zog, war die enge Freundschaft jäh beendet (Sibylle verstarb dann wenig später am 31. Juli).

Die Freundschaftsgedichte gehen von dem realen Verhältnis zu Judith oder anderen Freunden und Verwandten aus, verweisen auf diese oft in subtilen Nuancen und stellen sie dann in den Rahmen dessen, was Freundschaft überhaupt bedeuten kann. Es ist eine eigentümliche Vermischung griechisch-antiker Freundschaftsvorstellungen und Topoi, die sich Sibylle Schwarz sicher aus der Tradition angelesen hat, mit stark religiösen Motiven einer auf jenseitige Lebenserfüllung ausgerichtete Denkweise. In dem Sonett »Wahre Freundschaft ist beständig« schließt sie mit dem Topos der festen Freundschaft:

> drumb glaub ich/ daß kein Ding so stark es immer sey/
> ohn Gottes Macht/ den Band der Freundschaft reißt entzwey.
> (II, E1r)

Ähnlich reiht sie in dem Alexandrinergedicht im Stil der Lehrgedichte von Opitz »Von wahrer Freundschaft« (II, O1r-O2r) antike und biblische Topoi, Metaphern und Exempel aneinander, um die Beständigkeit der wahren Freundschaft zu thematisieren, »da wir von in Büchern lesen... was brüderliche Lieb und Freundschaft würcken kan« (II, Olv). Vermittelte die literarische Tradition der Sibylle Schwarz »in Büchern« die Werte und Worte, so ließ sie diese Freundschaft mit Judith eine persönliche, eigene Sprache finden.

In »Am liebsten bey der Liebsten. Zu Ypatell/ auff der Insel Riga/ gemacht« beschreibt Sibylle in einem Lied den idyllischen, sorgenlosen Landaufenthalt, der zwar den Krieg vergessen macht, aber nicht über die Abwesenheit der Freundin hinwegtrösten kann:

> dieweil ich gerne will
> Die Lust im Grünen lassen/
> mein Lieb/ mein eigen Ich
> ist hier nicht umbzufassen/
> die ich lieb inniglich. (II, M2v)

Über den Abschied der Freundin ist sie untröstlich:

> Ja freylich hab ich ietzt mein bestes Guht verlohren/
> Mein alles ist dahin/ Ach wer ich nicht gebohren! (II, D2r)

In dem Alexandrinergedicht »Als ihre liebste Freundin einen Widerwillen auff sie gefasset« beschreibt sie in emotionellen Versen einen »klei-

nen Zanck« mit den rhetorischen Mitteln und Metaphern der konventionellen Liebesdichtung:

> Das ist mein höchster Trost/ denn all mein Tuhn und Tichten/
> Das itzund wird verlacht/ pflag ich auff sie zu richten/
> Die Feder weint mit mir/ die vor so embsig war
> Ihr meine trewe Gunst zu machen offenbar. (I, lxxiii)

Sibylle kann sich die traditionelle Liebesdichtung, in der der Sprechende
(fast) immer der Mann ist, aneignen. In einem Anhang von sechzehn
Sonetten in Anlehnung an petrarkistische Vorbilder spielt sie die Themen und Topoi dieser Liebesdichtung durch und zeigt ihr formelles
Können. Einen eigentlichen Unterschied zwischen Freundschafts- und
Liebesthematik und Topoi macht sie nicht (oder doch nur in den Sonetten, in denen das Thema eindeutig die Liebe ist). Sie hat die neue Poesie
unbekümmert gegenüber ihren »Neidern«, d.h. Kritikern, die das unpassend für eine Frau finden, für ihre Verse umgeschrieben. Darin ist Sibylle
eine Ausnahme zu ihrer Zeit (vergleichbare Dichtung einer Frau in
Deutschland ist jedenfalls nicht bekannt geworden).

Zwar gab es dichtende Frauen im Umkreis der Sprachgesellschaften
(auf die weiter unten noch einzugehen sein wird), doch kennen wir vor
1650 bestenfalls eine Reihe von Namen. Lediglich eine adelige Freundin
und Bewunderin von Zesen (und von Opitz) hat ein kurzes Prosawerk
mit Verseinlagen im Stil der neuen Poesie drucken lassen: Dorothea
Eleonora von Rosenthal (gest. 1649) veröffentlichte ihre *Poetischen Gedancken an einen der teutschen Poesie Beförderer* (1641) in ihrer Heimatstadt
Breslau. [35] Sie hatte einige Zeit in England und den Niederlanden
gelebt, war dort wohl mit Zesen zusammengetroffen, der ihr sein *Poetische Rosen-Wälder Vorgeschmack* (1643) gewidmet hat, ein ebenso kon-
ventionelles Werk in Prosa mit Lyrikeinlagen im Zeitgeschmack. Eleonora von Rosenthal beschreibt die Gedanken und Erlebnisse bei einer
Spazierfahrt, die vom Lesen eines Opitz-Gedichtes, seinem *Lobgedicht
des Feldlebens*, angeregt worden ist. Eleonora schickt ihre Hofmeisterin
zu ihrer Freundin Maria Elisabeth von Hohendorff (ebenfalls eine dichtende Dame), um sie zu der Spazierfahrt einzuladen, die sie auch über
den Tod ihres Geliebten trösten soll. Ihr Gespräch über Naturschönheit
und Dichtkunst, über Kriegsruhm und Dichterruhm endet mit der zu
erwartenden Antwort, daß Dichtkunst und Dichterruhm der beste,
wahre Adel sei. Ein Lob des großen Opitz, von Buchner und Zesen
beschließt das Bändchen.

Hier zeichnet sich schon ab, was die neue Poesie für viele schreibende Frauen aus dem (niederen) Adel werden wird: ein geselliges Spiel, eine Belustigung im Kreise literarisch gebildeter, belesener Freundinnen und der (zumeist bürgerlichen) Gelegenheitspoeten, die adelige Gönner und mehr und mehr aber auch Gönnerinnen suchen. Nach dem Ende des Dreißigjährigen Krieges beginnen Frauen damit, weltliche Verse in der literarischen Tradition des Barock zu schreiben (ob sie veröffentlicht werden, ist eine andere Frage). Diese Frauen kommen aus (klein)adligen oder (groß)bürgerlichen Verhältnissen, aus den wichtigen Städten wie Nürnberg, Leipzig oder Königsberg oder sie leben an einem Hof, wo die literarische Kultur zum wichtigen, geselligen Bestandteil der höfischen Kultur bzw. der patrizischen Lebensweise geworden ist.

Hofkultur, Spiele und Sprachkunst:
Sophie Elisabeth von Braunschweig, Catharina Regina von Greiffenberg und schreibende Patrizierfrauen

In der Hofkultur des 17. Jahrhunderts in Deutschland beteiligen sich gesellschaftlich hochstehende Frauen vielfach an der Organisation von Festlichkeiten und Spielen, die wie Rituale besondere Ereignisse im Fürstenleben markieren: Geburtstage, Geburten, Hochzeiten, Begräbnisse, Jahres- und Gedenktage oder auch die Friedensfeiern nach Beendigung des Dreißigjährigen Krieges. Eine solche Beteiligung setzte musikalische wie auch literarische Kenntnisse und Fähigkeiten voraus, die von den Frauen der fürstlichen Familien vielfach von Kindheit an, wenn sie beim Unterricht der Brüder zuhören, in späteren Jahrzehnten dann auch oft selbst einen Privatlehrer erhalten konnten, und bei der eigenen Teilnahme (oder Zuschauen) an Festlichkeiten erworben wurden. Eine musikalische Schulung war schon durch die Kirchenlied-Tradition der Protestanten weit verbreitet, denn das Erlernen von Liedern und Texten, der Instrumentalmusik (durch adlige Damen und Fräulein) gehörten zur religiösen Grundausbildung. Literarische und dramatische Impulse kamen aus den romanischen Ländern mit den allegorischen Aufzügen und Spielen, den Balletten, Maskeraden, Opern und Singspielen, die in unterschiedlicher Ausstattung, je nach Repräsentanzbedürfnis und -möglichkeiten des regierenden Fürsten, an allen deutschen Barockhöfen zur Mode wurden.

In Deutschland hat die barocke Hofkultur durch Zeitumstände und soziale Gegebenheiten eine besondere Prägung, die sie in vielem wesentlich von Frankreich, Italien, Spanien oder England unterscheidet und besonders auch die Wirkungsmöglichkeit der Frauen modifiziert. Zunächst dürfen die Auswirkungen des Dreißigjährigen Krieges nicht übersehen werden, die vielfach zur Zerstörung einer Residenz und Flucht der regierenden Familie geführt hatte. So war der Hof in Durlach 1622 vom Markgrafen von Baden aufgegeben worden, und die Familie lebte später im Exil in Basel [36]; die Residenz in Wolfenbüttel war noch 1643 ein armes, ausgeplündertes und in Ruinen liegendes Landstädtchen, als Herzog August von Braunschweig als Regent dort einzog. In beiden Familien waren mehrere literarisch interessierte Frauen tätig, trotz Krieg. Sie gehörten zum protestantischen Adel, aus dem besonders im norddeutschen Raum (Pommern, Brandenburg, Mecklenburg, Braunschweig, Schleswig-Holstein) seit dem 16. Jahrhundert vergleichsweise gebildete und geistig interessierte Frauen stammten. Familientradition und Verschwägerung scheinen hier wichtig gewesen zu sein, die die Kriegswirren überdauern und dafür in bescheidenem Maße kompensieren.

Dabei ist der äußere Aufwand der Hofhaltung und Lebensweise im Vergleich mit Frankreich [37] und England [38] bescheidener, oft mehr religiös orientiert und die Kluft zu den nichthöfischen Schichten, aber auch zu den (klein)adeligen Hofbeamten weitaus größer. Es gibt weder eine mit Frankreich vergleichbare Salongesellschaft noch eine Zentrierung auf eine Metropole wie Paris oder London. Schon ein Blick auf die französische Salongesellschaft zeigt, wie anders die Stellung und Möglichkeiten der adeligen Frauen in Frankreich und damit besonders ihre literarischen und kulturschaffenden Möglichkeiten waren. Die vornehmen Zirkel um gesellschaftlich hochstehende und geistig hervorragende Frauen in der Weltstadt Paris charakterisieren diese Salongesellschaft schon im 17. Jahrhundert, die in ihren geselligen Formen besonders die Beteiligung und Berücksichtigung der Frau miteingeschlossen, vielfach in den Mittelpunkt gestellt hat. Über Gesprächsspiele, Konversationen und allegorisch-theatralische Darbietungen eroberten diese Frauen langsam die ihnen verschlossene Bildung und hohe Literatur.

In den Salons trafen sich Frauen und Männer dieser Elite-Gesellschaft; sie boten einen gesellschaftlichen Fluchtraum, der größere Freiheiten als die Realität der Adelsgesellschaft (vom Vater bestimmte Heirat oder Kloster) ermöglichte. Hier wurden gesellige Formen entwickelt, die den Frauen (und den Männern) eine Selbstverwirklichung ermöglichte, wie sie die Autorinnen als »Utopie einer von fremder Verfügung erlösten Gesellschaft [entwerfen]. Ebenbürtig in Bildung, Würde und Selbstgefühl wählt in ihr die Frau den Mann zum Freunde, nachdem die eine ihre eigentliche Identität zu finden, der andere diese zu respektieren gelernt hat«. [39] In den höfischen Romanen der Mlle de Scudéry sind solche Lebensformen entwickelt, und sie hat die beiden Salons, an denen sie teilgenommen hat (die Gesellschaft im Hotel de Rambouillet von etwa 1624 bis 1648 und später ihre Samstage im »Marais«), in einer Chronik festgehalten.

Dagegen lebt die barocke Adelsgesellschaft in Deutschland über viele kleine und daneben bedeutendere Residenzen verteilt; die Frauen haben untereinander nur Kontakt – zumeist auch nur brieflichen –, wenn sie verwandt sind; sie reisen oder sehen sich (viel seltener als die Männer, die auch durch politische und diplomatische Missionen und Geschäfte aufeinandertreffen) zu verwandtschaftlichen Anlässen wie Hochzeit oder Begräbnis, und auch bei diesen Anlässen bleiben die Frauen oft fern (Schwangerschaft, Kriegswirren, Geldsorgen oder auch ihr geringerer Rang halten sie fern). Der protestantische Adel verkehrt nicht oder kaum mit dem katholischen des Südens, die Hauptstadt Wien ist lediglich für den österreichischen und schon kaum mehr für die Frauen des katholischen Adels ein geselliger Mittelpunkt, während der Kaiserhof allerdings für die Männer ein politisches Zentrum bildet. Für den protestantischen Adel fehlt ein vergleichbares Zentrum, für deren Frauen ist ohnehin ihr Land ihre Wirkungsstätte und ihr Horizont. Die eigene Familie, in der sie als Tochter, Mutter, Ehefrau eine feste, geachtete Stellung innehaben (oder als unverheiratete Tante oder verarmte Witwe im gesellschaftlichen Abseits leben), ist ihre Wirkungsstätte, an der sie Repräsentations- und Mutterpflichten im Rahmen des Adelshauses zu erfüllen haben. Fern liegen die Freiheiten und Geselligkeiten der französischen Salongesellschaft (auch wenn später vieles davon übernommen wird); der regierende Fürst und die Notwendigkeiten des absolutistischen Kleinstaates diktieren die Lebensformen der Frauen, die ganz auf die Bedürfnisse des Fürsten, der männlich geprägten Familie und Hofordnung hin ausgerichtet sind. In diesem feudalen und patriarchalen Rahmen steht die kulturschaffende Tätigkeit der adeligen Frauen in der höfischen Barockgesellschaft in Deutschland.

Am Braunschweiger Hof läßt sich die literarisch-kulturelle Betätigung weiblicher Familienmitglieder recht aufschlußreich bei Sophie Elisabeth (1613–1676), der dritten Frau von Herzog August d.J., und bei deren

(Stief-)Tochter Sibylle Ursula (1629–1671) – sie stammte aus der zweiten Ehe von Herzog August – verfolgen. Sicher haben Familientradition und die Aufgeschlossenheit gerade dieses Regenten für geistige und literarische Beschäftigung viel dazu beigetragen, daß auch die Frauen des Hauses sich dafür interessierten und selbst beteiligten, denn ohne die wohlwollende Unterstützung und Ermutigung dieses gelehrten, zunächst nicht zur Regierung bestimmten Fürsten wäre eine solche Beteiligung nicht möglich gewesen. August d. J. (1579–1666) [40], der immerhin 85 Jahre alt wurde, hatte sich nach dem Studium in Rostock, Tübingen, Straßburg und Padua und nachdem er Italien, die Niederlande und England bereist hatte, abfinden lassen und in Hitzacker eine Residenz ausgebaut (1604–1634), wo er eine hervorragende Büchersammlung angelegt und sich gelehrten Studien gewidmet und dabei auch diplomatische, politische und administrative Aufgaben gewissenhaft wahrgenommen hatte. Unerwartet wurde er 1634 nach dem Aussterben der Wolfenbütteler Linie regierender Fürst von Braunschweig und ging, nachdem seine zweite Frau schon mit 27 Jahren an der Geburt ihres siebten Kindes verstorben war, 1635 eine dritte Ehe ein. Diese dritte Frau, Sophie Elisabeth von Mecklenburg-Güstrow, konnte mit ihren geistigen und musischen Fähigkeiten und Interessen einen bedeutenden Beitrag zur deutschen Hofkultur im 17. Jahrhundert leisten.

Bei der Heirat 1635 war Sophie Elisabeth noch nicht ganz 22 Jahre alt, Herzog August immerhin schon 56; sie übernahm die Fürsorge für vier Stiefkinder – darunter die 1629 geborene und damals erst sechsjährige Sibylle Ursula, die bald literarische Interessen und Begabung zeigen sollte – und sie gebar drei eigene Kinder (1636, 1638, 1639). Ihre erhaltenen Briefe und die ihr von ihren Stiefkindern und eigenen Kindern gewidmeten Gedichte bezeugen die herzlichen Beziehungen und ihren persönlichen Einsatz für ihre Familie und für andere. Sie kam ganz den Erwartungen, die an eine Landesmutter gestellt wurden, entgegen und erfüllte diese Rolle vorbildlich. Als Sophie Elisabeth 1635 in das Herzogtum Braunschweig-Wolfenbüttel kam, herrschte seit 17 Jahren Krieg; unter dem gefürchteten Feldherrn Tilly hatten die Truppen der katholischen Liga das Land mehrfach durchzogen, vielfach ausgeplündert und verwüstet. Im Jahr 1643 konnte die Residenz wieder in die Hauptstadt Wolfenbüttel verlegt werden, nachdem August im Jahr zuvor einen Separatfrieden mit dem Kaiser abgeschlossen hatte. Erst jetzt konnte mit dem Wiederaufbau des Landes und der kulturellen Ausstattung des Hofes begonnen werden, der in der Mitte des Jahrhunderts ein (wenn auch im Vergleich zu anderen, reicheren Höfen weniger aufwendiges) eigenständiges Musik- und Theaterleben entwickelte. Daran hatte Sophie Elisabeth großen Anteil.

Ihre musische Begabung war früh durch Unterricht gefördert worden, obwohl sie wegen der Kriegsereignisse drei Jahre im Exil leben mußte und schließlich am Hofe des Landgrafen Moritz von Hessen (dem Vater ihrer Stiefmutter) eine Bleibe gefunden hatte. [41] In Wolfenbüttel fand sie bald nach der Befriedung des Landes Gelegenheit, ihre literarischen und musikalischen Fähigkeiten in den Dienst des Hauses Braunschweig zu stellen. Sie verfaßte höfische Maskeraden, Spiele und Gelegenheits-gedichte zu Geburtstagen von Herzog August und komponierte auch die Musik dazu. Diese Werke waren jedoch keineswegs für eine literari-sche Öffentlichkeit bestimmt, sie dienten allein der Repräsentation und wurden nur zum Teil als Festgaben und zum Verschenken an Freunde gedruckt. [42] Abgesehen von diesen Drucken wurde ihre umfangreiche literarische Tätigkeit nur handschriftlich festgehalten, wie eine Überset-zung aus dem Französischen und die tagebuchartigen Sammlungen von Epigrammen, Sprüchen, Liedern und Versen, die wohl als private An-dachtsbücher dienten und nicht zur Veröffentlichung bestimmt waren. Auch sind viele handschriftliche Briefe von ihr erhalten.

Die Übersetzung aus dem Französischen scheint am Anfang ihrer literarischen Tätigkeit gestanden zu haben. Von 1641 datiert die »Histori der Dorinde« [43], eine 147 Folioseiten füllende Handschrift, die eine kompilierende Übersetzung aus dem zweiten und vierten Teil der *Astrée* des Honoré d'Urfé enthält. Die fünf Teile dieses umfangreichen, belieb-ten Schäferromans, der selbst auf einer spanischen Vorlage beruhte, waren zwischen 1607 und 1627 erschienen. Der Wolfenbütteler Hof, vor allem Sophie Elisabeths Stiefkinder Anton Ulrich und Sibylle Ursula, war sehr am zeitgenössischen französischen Roman interessiert. 1656 nahm Anton Ulrich (der spätere Herzog) bei einem Besuch in Paris persönlichen Kontakt mit Mlle de Scudéry auf; der von den Geschwi-stern Anton Ulrich und Sibylle Ursula in Gemeinschaftsarbeit verfaßte große Roman *Aramena* verarbeitet vielfach Motive aus den Romanen der Scudéry und des Seigneur de La Calprenède. [44] Sophie Elisabeth gehört zu den frühen Rezipienten des galanten französischen Romans in Deutschland, der sich bald großer Beliebtheit erfreuen sollte. Sie schulte ihre Sprache bei ihrer kompilierenden Übersetzung aus dem Französi-schen, wie es noch im 18. Jahrhundert Luise Gottsched oder Sophie La Roche getan haben.

Ab 1648, als der Dreißigjährige Krieg beendet war, wurde der Geburtstag Herzog Augusts jedes Jahr feierlich begangen, wozu Sophie Elisabeth Gedichte, Singspiele, Maskeraden und Ballette verfaßte. So hat sie bis zu dessen Tod im Jahre 1666 alljährlich mindestens ein Huldigungsgedicht zu seinem Geburtstag geschrieben und auch drucken lassen (mit Ausnahme von 1649 und 1657). Die Gedichte sind kunstvoll in den verschiedenen barocken Formen gestaltet, wie sie die Nürnberger Dichter, zu denen der Hof Beziehung hatte, entwickelt hatten, oder es sind Oden, die als Satz und Gegensatz auch von ihr zu Musik gesetzt wurden. Inhaltlich wiederholen sich die Motive: Dank an Gott für die Erhaltung und Gesundheit des Fürsten, Lob auf den Landesherrn und seine Regierung, gute Wünsche für seine weitere Wirksamkeit, Dank für seine Friedenstätigkeit. Private oder persönliche Motive finden sich nicht; die Gedichte sind für die zeremonielle Öffentlichkeit des Fürstenhofes bestimmt, und Sophie Elisabeth hat darin ihren festen Platz, wenn sie 1653 dichtet:

> Diesen zwar kleinen Wunsch/ je dennoch groß gemeinet/
> Nembt Gnadenwillig an/ von der die nicht verneinet
> Daß Ihr ihr gantzes gar/ und ihrer Würde Ruhm
> Ihr höchstgeliebtes Theil/ sie Ewer Eigentuhm [45]

Sophie Elisabeth fühlt sich als »Eigentum« des Fürsten, die gesicherte Welt- und Rangordnung des Hofes spiegelt sich in diesen Versen.

Für die Geburtstagsfeste schrieb und arrangierte Sophie Elisabeth höfische Maskeraden, die zwar im Vergleich mit den am französischen Hof aufgeführten Spielen oder auch den Stuttgarter Hoffesten sich bescheiden ausnehmen, dennoch die Spiel- und Verkleidungsfreude bei der Repräsentation des Fürstenhauses zeigen. [46] In dem *Freuden-Festin* zum 75. Geburtstag Herzog Augusts arrangierte Sophie Elisabeth einen festlichen Zug der gräflichen und adeligen Personen, die sich dazu verkleidet und maskiert hatten, um den Herzog von den Zimmern der Sophie Elisabeth aus zum Tanzsaal zu geleiten. Dort wurden in Anwesenheit der Hofbeamten die allegorischen Figuren vorgestellt und gedeutet, dann schritt der Festzug zum Bankett, wo nach einer zeremoniellen Handwaschung in festgelegter Rangordnung die Plätze eingenommen wurden. Nach dem Essen bewegte sich der Zug zum Komödiensaal, wo ein Singspiel von Harsdörffer aufgeführt wurde, um danach feierlich zur Wohnung der Sophie Elisabeth zu ziehen und sich dort aufzulösen. An dieser Maskerade nahmen neben den vier Ehrengästen und dem Herzog 52 verkleidete Standespersonen teil, dazu kamen die Musikanten (mit zwei Bären, einem Ziegenbock und einem Hund), – die Dienerschaft und einfache Bürger waren selbstverständlich ausgeschlossen. Wenn es auch im Vergleich zu den größeren Höfen eine bescheidene Veranstaltung war, so zeigte sich doch das musikalische und organisatorische Talent der Sophie Elisabeth im Inszenieren der Maskerade.

Sie selbst spielte eine zentrale Rolle in der Figur der Natura. In einer aufschlußreichen Definition als »Beherrscherin aller Creaturen/ und der ganzen Welt« wird erläutert [47], daß Natura vom Himmel herab mit ihren Begleiterinnen, den vier Complexiones (den vier Temperamenten: dem melancholischen, phlegmatischen, cholerischen und sanguinischen) und ihren Untersassen, den sieben Planeten, gekommen sei. Damit stellt sich Sophie Elisabeth in die lange Tradition, in der die Natur mit dem Weiblichen identifiziert wird; sie spielt das nährende, mütterliche Prinzip, eine Allegorisierung ihrer Landesmutter-Rolle. In einer anderen Maskerade [48] schrieb Sophie Elisabeth die Rolle der Minerva, der Göttin der Weisheit, die Juppiter am nächsten stand, für sich selbst. Für diese Festaufführung (zum 76. Geburtstag des Herzogs) war eine Riesenkulisse mit dem Berg Parnassus erstellt worden. Am Fuß des steilen Berges war immerhin genug Platz, damit Minerva mitsamt ihrem Hof von sieben freien Künsten und neun Musen (insgesamt sechzehn Personen) im Halbkreis gestaffelt sitzen konnte (hinter dem Berg nahmen die Musiker Platz). Oben auf dem Berg war das geflügelte Dichterpferd Pegasus zu sehen. Auch diese Allegorisierung der Sophie Elisabeth als Weisheit und Kunst greift einen alten Topos auf, die Frau als Verkörperung der Weisheit und des Kunstschaffens. Sophie Elisabeth stellt sich damit selbstbewußt mitten in die höfische Kultur, an der sie in zentraler Rolle – in der Maskerade wie in der Realität – teilnahm.

In der höfischen Gesellschaft konnten die Frauen des Adels also im Rahmen der dem jeweiligen Fürsten dienenden Geselligkeit in repräsentativer Form wirken. An den Regierungsgeschäften hatten sie keinen direkten Anteil. Ähnliches galt auch für die Patrizierfrauen in den großen, wohlhabenden Städten nach etwa 1650; doch waren auch hier die Verhältnisse sehr unterschiedlich. Wohl das bekannteste Beispiel war die freie Reichsstadt Nürnberg, wo die Dichter sich im Pegnesischen Blumenorden zusammengeschlossen hatten, der auch Frauen als Mitglieder aufgenommen hatte. [49]

Mitglieder waren nicht nur die bekannten Literaten Nürnbergs, sondern auch Auswärtige und zuweilen auch deren Ehefrauen. So hatte der Pegnesische Blumenorden im ganzen 19 Frauen (von insgesamt 97 Mitgliedern) im 17. Jahrhundert, von denen allerdings nur ganz wenige mit eigenen Dichtungen hervorgetreten sind. So schrieb Katharina Stockfleth (1633?–1692), die Ehefrau des Ordensmitgliedes Heinrich Arnold Stockfleth, unter dem Ordensnamen »Dorilis« Verse und hatte bedeutenden Anteil an der Abfassung des Schäferromans *Die Kunst- und Tugend-Gezierte Makarie* (1669), den sie mit einem zweiten Teil fortführte (1673). [50]

Hier wäre auch Gertrud Möller (1641–1705) zu nennen, die als Tochter eines Königsberger Professors einen Mediziner in Königsberg heiratete, fünfzehn Kinder gebar (von denen drei überlebten) und Sonnette und Lieder verfaßte. Als Dichterin gekrönt, wurde sie 1671 in den Pegnesischen Blumenorden aufgenommen und erhielt den Blumennamen »Mornille« mit der Blume Ehrenpreis (Veronica) und der Beischrift »Der Himmel im Herzen gebildet«. Ihre Oden hätten Zierlichkeit der Rede und Kunstrichtigkeit, so wurde sie von Daniel Kaspar Morhof in seinem einflußreichen Werk *Unterricht von der teutschen Sprache und Poesie* (1682) [51] gelobt. Ihre gekünstelten Gedichte passen sich in der Tat ganz dem Ton der Nürnberger Schäferdichtung an. In der fiktiven Welt einer schäferlichen Dichtergemeinschaft waren – nach dem Vorbild der französischen Salons – [52] tugendsame und poetisch redselige Frauen von Stand als Hirtinnen willkommen. So wurde auch die Ehefrau eines Bayreuther Kammerrates, Catharina Margaretha Dobenecker (1649–1683), die aus einer großbürgerlichen, am Bayreuther Hof einflußreichen Familie stammte, vom Oberhirten Sigmund von Birken umworben und 1668 als »Silvia« in den Blumenorden aufgenommen. Birken hatte sie als Neunzehnjährige kennengelernt und anscheinend an eine Heirat mit ihr gedacht, wogegen ihre Familie Einspruch erhob. So sicherte er sich die dann mit einem Kammerrat verheiratete Frau wenigstens als Schäferin für seinen Orden, denn Birken lebte von Fürstengunst und Fürstengeld. [53]

In Nürnberg sollte auch die wohl begabteste Dichterin des 17. Jahrhunderts eine neue Heimat finden. Katharina Regina von Greiffenberg (1633–1694), die aus dem protestantischen Landadel in Österreich stammte, lebte ab 1680 in Nürnberg im Exil, nachdem sie seit 1663 verschiedentlich sich dort aufgehalten hatte. In Nürnberg wurde auch ihre erste Gedichtsammlung, *Geistliche Sonnette, Lieder und Gedichte* (1662), durch die Vermittlung Sigmund von Birkens – ohne ihr Vorwissen, wie es im Vorwort lautet – von ihrem Onkel zum Druck befördert. Im bewegten Leben und eigenständigen literarischen Wirken der Katharina Regina von Greiffenberg spiegeln sich das Elend der Glaubensspaltung, die religiösen Hoffnungen und Ängste des Jahrhunderts, wie auch die eingeschränkten Lebensmöglichkeiten einer Frau aus dem Landadel, für die religiös ausgerichtetes Schreiben zum Lebensinhalt und -ausdruck wird.

Wie ihre Eltern (ihr Vater starb, als sie kaum sieben Jahre alt war) hielt sie auch ihr Leben lang am protestantischen Glauben fest, während dem protestantischen Landadel in Österreich im Westfälischen Frieden zwar Glaubensfreiheit zugesichert, ihm aber die Religionsausübung verboten worden war. Der Tod ihrer jüngeren Schwester, an der sie sehr gehangen hatte, führte die Greiffenberg im Jahre 1651 – sie war damals achtzehn Jahre alt – zu einem religiösen Erlebnis und Durchbruch, der ihr ganzes weiteres Leben und (späteres) literarisches Schaffen bestimmen sollte. Sie gelobte, der »Deogloria«, dem Ruhme Gottes, ihr Leben zu weihen und Gott in Wort und Tat zu dienen. Dabei verwarf sie alle Weltlichkeit, besonders die zeitgenössische Schäferdichtung:

> Weg/ Eytelkeit!
> du must beyseit/
> der Andacht Platz zu machen;
> daß das Sünd-entschlummert Herz
> mög zu Gott erwachen. [54]

Mit diesen Versen hatte sie »die Französische Astree [den Schäferroman des d'Urfé] beyseit gelegt«, wie der programmatische Liedtitel ankündigt, und sich der Erbauungsliteratur zugewandt. Durch den in ihrer Nachbarschaft wohnenden, ebenfalls protestantischen Landadeligen Johann von Stubenberg wurde sie mit Literatur und mit gleichgesinnten Landsleuten bekannt gemacht, die in einem zwang- und statutenlosen Bunde miteinander verkehrten, sich wohl auch als »Isterschäfer« und »Isternymphen« am Parnaß kostümierten und bedichteten [55], denn auch Frauen gehörten zu diesem Kreis, für den sie das kleine Werk *Tugend-Übung Sieben Lustwehlender Schäferinnen* (erst 1675 veröffentlicht) verfaßte. Es enthält spielerisch verschlüsselt in scheinbar objektiver Form der Gesellschaftsdichtung – nach dem Muster von Harsdörffers *Frauenzimmer-Gesprechspielen* – wohl schon versteckte persönliche Hinweise auf die Liebe ihres Onkels (und Vormundes) [56], der 1659 um ihre Hand anhielt.

Hans Rudolph von Greiffenberg war nicht nur ihr langjähriger Vormund gewesen, sondern als Bruder ihres Vaters auch blutsverwandt und dabei dreißig Jahre älter als sie. Ihrer eigenen Aussage nach brachte ihr die Liebeswerbung »vielfältige Widerwärtigkeiten« und rief »Abscheu« in ihr hervor, besonders da sie seit ihrem Durchbruchserlebnis immer wieder den Wunsch ausgesprochen hatte, ihr Leben dem Lobe Gottes zu widmen. In ihren Briefen an Sigmund von Birken [57] sprach sie ihre Hoffnung aus, die Liebe des Onkels möge mit der Zeit vergehen. Der Onkel jedoch wurde zunächst krank, zog dann Erkundigungen bei der katholischen Kirche ein, ob im Falle einer Konversion die Eheschließung der Blutsverwandten genehmigt würde. Eine solche Genehmigung wurde in Aussicht gestellt, sogar eine geheime Konversion vorgeschlagen – eine zur Zeit der Gegenreformation durchaus gebräuchliche Praxis, von der auch viele österreichische Protestanten Gebrauch machten –. Erst das Drängen des Onkels auf eine Rekatholisierung scheint Catharina dann zum Nachgeben bewogen zu haben, und 1664 wurden die beiden im Territorium des (protestantischen) Markgrafen von Brandenburg-Bayreuth getraut, der als Landesherr und kirchlicher Oberhirte die nötige fürstliche Sondergenehmigung ausgestellt hatte.

In Österreich wurde die Ehe wiederholt angefochten, Rudolph sogar in Wien festgesetzt, die Güter bedroht, bis durch die Vermittlung des Kurfürsten von Sachsen 1666 endlich das Verfahren gegen Rudolph eingestellt wurde. Als Rudolph 1677 verstarb, geriet Catharina in wirtschaftliche Not, wurde in jahrelangen Prozessen um das Erbe betrogen und emigrierte verarmt schließlich 1680 endgültig nach Nürnberg (mit dem geringen Nachlaß ihrer Mutter), wo sie dann als Stiftsdame ein monastisch anmutendes Leben in St. Aegidien führte. Sie erlebte das alltägliche Schicksal der Witwe, dazu kam noch die Bedrängnis in der Konfessionsfrage.

Der rechte Glaube war ihr so wichtig, daß sie sogar ernsthaft versucht hat, Kaiser Leopold I. dazu zu bekehren. So reiste sie mehrmals nach Wien (1666, 1667, 1671, 1673 und 1675), obwohl Wien das Zentrum der Gegenreformation war und der Kaiser unter dem Einfluß der Jesuiten stand. Dennoch gab es auch dort durchaus irenische Bestrebungen, die eine Annäherung und Toleranz der Konfessionen anstrebten. Catharina verfaßte mehrere (nicht gedruckte und nicht erhaltene) Bekehrungsschriften, die wohl nicht in die Hände des Kaisers gelangten, obwohl sie zunächst bei Hofe wohlwollend aufgenommen wurde. Erst 1675 gab sie die Bekehrungsversuche endgültig auf.

Auch einem anderen wichtigen Zeitereignis, der 1663 wieder drohenden Türkengefahr, widmete sie ein Werk. Noch bevor sie 1663 von ihrem Landsitz Seisenegg mit ihrer Mutter nach Nürnberg flüchtete, hatte sie die *Sieges-Seule der Buße und Glaubens/ wider den Erbfeind Christliches Namens* [58] zu schreiben begonnen, die sie 1664 vollendet, allerdings erst 1675 unter ihrem Namen veröffentlicht hat. Sie äußerte sich damit öffentlich zu politischen Fragen, allerdings aus religiöser Perspektive. Das umfangreiche, in Alexandrinern abgefaßte Werk appelliert an alle deutschen Fürsten, sich hinter den Kaiser zu stellen und die Bedrohung des Reiches durch die heidnischen Türken abzuwehren. Es basiert auf ausführlichen historischen Studien und beschreibt die Geschichte des Islam, dessen Ausbreitung und Auseinandersetzung mit dem Christentum von den Kreuzzügen bis zum neuesten Türkenkrieg 1663, um dann zum Kampf für den rechten Glauben, für das Vaterland (das christliche Reich) aufzurufen. Sie hofft sogar, daß der Krieg Anlaß zu einem neuen Kreuzzug gegen die Ungläubigen werden möge, daß auch Jerusalem wieder befreit und die christliche Lehre unter der Oberherrschaft des habsburgischen Kaisers die Welt vereinen möge. Der Ausgang des Türkenkrieges kam solchen Vorstellungen keineswegs entgegen, und der Aufschub der Veröffentlichung dieser Schrift um ein volles Jahrzehnt unterstreicht die politische Wirkungslosigkeit solcher Gedanken – einer religiös denkenden Frau, deren gesellschaftliche Stellung als andersgläubige, verschuldete und in der Ehe angefochtene Landadelige auch sonst äußerst schwach war.

Dennoch hat Catharina die *Sieges-Seule* dann in Nürnberg unter ihrem eigenen Namen 1675 veröffentlicht; es ist ein Zeichen ihrer ernsten, missionarischen Absichten, ihres Vertrauens auf das Wort Gottes, das durch sie und in ihren Werken sprach. Schon ihre erste Gedichtsammlung, die *Geistlichen Sonnette/ Lieder und Gedichte/ zu Gottseeligem Zeitvertreib/* (1662), hatte nur wenig Beachtung gefunden, jedenfalls beschwerte sich der Verleger über fehlenden Absatz des Werkes. Doch kam es ihr nicht auf eine Breitenwirkung in einer literarischen Öffentlichkeit an; die Sammlung, die ihre über ein Jahrzehnt entstandenen Gedichte enthält, war von ihrem Onkel vermittelt, von Birken zusammengestellt und vielleicht auch überarbeitet und in Druck gegeben worden, ob wirklich ohne ihr Wissen, mag dahingestellt bleiben. Ihr Ruf als Dichterin beruht bis heute auf dieser Sammlung von 250 Sonnetten und Liedern in verschiedenen barocken Formen, wenn besonders ihre vollendete Beherrschung der Sonnettform hervorgehoben und sie darin mit Gryphius verglichen wird. Schon die zeitgenössischen Kunstrichter wie etwa Schottelius wußten sie als eine geistreiche, gelehrte Frau zu schätzen; Zesen hatte sie 1677 in seine Deutschgesinnete Genossenschaft aufgenommen und zur »Obervorsitzerin« der Lilien-Zunft unter dem Namen »Die Tapfere« gemacht, eine hohe Anerkennung als Dichterin, allerdings nur ein Ehrenamt ohne Funktion. Im Pegnesischen Blumenorden in Nürnberg wurde sie jedoch kein Mitglied. [59]

Das religiöse Anliegen stand nämlich immer im Mittelpunkt von Catharinas Denken und Schaffen, nicht aber literarische Ambition oder ästhetische Überlegung. In der *Sieges-Seule* erklärt sie Anlaß und Programm als Dichterin, daß ihr »fest-entschlossner Sinn« dahin gehe, wohin Gott sie rufe:

> ... O Höchster Herr der Herrn!
> Dir/ dir/ dir/ dir allein/ zu deinen höchsten Ehren/
> verricht' und dicht' ich diß.
> (*Sieges-Seule*, S. 241)

Ihre Tradition ist nicht eine literarische, sondern die der religiösen Erbauung, Mission und Mystik. Ihr Gedenkspruch »W.G.W« (wie Gott will) bezeichnet schon in einem frühen Sonnett ihre Haltung :

> Es gehe/ wie Gott will/ in meinem ganzen Leben:
> Es gehe/ wie Gott will/ auf dieser weiten Welt!
> denn Alles/ was Gott will/ mir trefflich wol gefällt:
> will auch/ in was Gott will/ mich williglich ergeben.
> (*Sonnette*, S. 49)

Diese Hingebung wird ihr Lebensinhalt und das Zentrum ihres Schreibens, seitdem sie bei ihrem religiösen Durchbruchserlebnis ihr Leben der Deoglori geweiht hat. In dem Lied »Über meine einig-und äusserstgeliebte Seelen-Göttin/ die Himmlische *Deoglori*« gab sie diesem »Sehnungs-Ziele« Ausdruck:

> *Deoglori*, Himmels Zier/
> und der Erden wehrte Sonne/
> mein Verlangen Wunsch und Gier/
> mein Herz-auserlesnes Leben!
> dir bin ich so gar ergeben/
> daß mit Freuden/ dir zu lieb/
> ich Leib/ Gut und Blut aufgib.
> (*Sonnette*, S. 252)

Ihre späteren Hauptwerke setzen dieses Gotteslob in mystisch anmutenden Erbauungsbüchern fort. Es sind drei Sammlungen von »andächtigen Betrachtungen« über das Leben, Leiden und Sterben Christi. 1672 ließ sie in Nürnberg *Des Allerheiligst- und Allerheilsamsten Leidens und Sterbens JESU CHRISTI Zwölf andächtige Betrachtungen* drucken, die 1682 in zweiter Auflage erschienen. Auch ihr zweites Erbauungsbuch, *Der Allerheiligsten Menschwerdung/ Geburt und Jugend JESU CHRISTI/ Zwölf Andachten* (1678), erlebte eine zweite Auflage im Jahre 1693, was die Beliebtheit dieser Gattung nur unterstreicht. Im selben Jahr (1693) erschien auch ihr drittes Buch, *Des Allerheiligsten Lebens JESU Christi Sechs Andächtige Betrachtungen Von dessen Lehren und Wunderwercken*, mit einem zweiten Teil von wiederum sechs Betrachtungen über Jesu »Heiligem Wandel/ Wundern/ und Weissagungen von- und biß zu seinem Allerheiligsten Leiden und Sterben«. Ihr Tod im folgenden Jahr (1694) ließ einen weiteren Band unvollendet. Diese umfangreichen, kunstvoll gestalteten und religiös eindringlich formulierten Werke heben Catharina Regina von Greiffenberg ab von der Gruppe adeliger und gelehrter Frauen ihres Jahrhunderts, die sich dem Schreiben zuwandten, um ihre Mußestunden auszufüllen. Sie sind wohl auch nicht als Vorläufer einer emanzipierten Dichterin zu verstehen, sondern eher als eine Form von »innerer Emanzipation« in das Reich der Gottesmystik. [60]

In ihrem Schreiben lebte Catharina ein gottgeweihtes Dasein, das es ihr als Protestantin möglich machte, ihr Gelübde zu halten, denn sie konnte sich keiner Ordensorganisation anschließen. Auch wurde sie nach jahrelangem Zögern von den Umständen gezwungen – sie sah die Krankheit und die in Aussicht gestellte Konversion ihres Onkels zum Katholizismus als einen Fingerzeig Gottes an –, in die Heirat mit ihrem Vormund und Onkel einzuwilligen. Die lobpreisende Leidensbetrachtung wurde zum Hauptgeschäft ihres Lebens; das Wagnis des Schreibens wird aus der »Notwendigkeit der zur Verwirklichung drängenden mystischen Existenz erklärbar«. [61] In diesem Sinne kann Catharina Regina von Greiffenberg mit den mittelalterlichen Nonnen verglichen werden, die durch göttliche Gesichte zum Schreiben getrieben wurden, wie Hildegard von Bingen oder Mechthild von Magdeburg oder Hadewich. Für diese Nonnen gab der regulierte Tageslauf in ihrer religiösen Gemeinschaft ihrem Leben einen Sinn neben dem Niederschreiben ihrer mystischen Erfahrungen; Catharina Regina von Greiffenberg zog sich ganz in die Einsamkeit des Schreibens, in ihre andächtigen Erbauungen zurück. Losgelöst von einengenden Ordenspflichten, war die Greiffenberg eine protestantische Frau, die sich dem Dichten völlig hingegeben hatte und in ihrem lebenslangen Kampf gegen die großen und die alltäglichen Unglücksfälle mit ihrer Existenz gegen die Schreibhemmnisse ankämpfte. Im Jahrhundert der Glaubenskämpfe steht die Greiffenberg damit noch ganz in der religiösen, mystischen, fast mittelalterlich anmutenden Tradition.

Bildung, Schreiben und Selbständigkeit:
Christiana Mariana von Ziegler, die Gottschedin,
Sidonie Hedwig Zäunemann, die Karschin

Als 1720 *Fr.[au] Margarethen Susannen von Kuntsch Sämmtliche Geist- und weltliche Gedichte* [62] veröffentlicht wurden, war die Autorin dieser Gedichtsammlung längst verstorben; der Band wirkt wie ein »Schwanengesang« auf ein vergangenes Jahrhundert. Dennoch signalisiert er das neue Interesse an dichtenden, gelehrten Frauen im frühen 18. Jahrhundert. Margaretha Susanna von Kuntsch (1651–1716) war die Tochter eines Hofbeamten und hatte einen Hofrat geheiratet, daher Interesse an geistiger Kultur gehabt, wie sie in dem von ihr selbst abgefaßten Lebenslauf, der ihrer Gedichtsammlung vorangestellt ist, schreibt:

Meine *Inclination* gienge zwar von Jugend auf dahin, mich in Erlernung der Lateinischen und Französischen Sprache, auch anderer guten Wißenschafften zu üben, aber meine lieben Eltern sahen hierinn weiter als ich, daß solches mehr eine Übung vor hohe Damen, als vor ein Frauenzimmer von mittelmässigem Stande, muste ich also hiervon bey einem geringen Anfange abbrechen. (*Geist- und weltliche Gedichte,* 7)

War solche Bildung um 1660 noch den adeligen Frauen vorbehalten, so sollte sie doch mit dem frühen 18. Jahrhundert auch vom (wohlhabenden) Bürgertum allmählich angestrebt werden. Als Ehefrau eines Hofbeamten in Altenburg nutzte die Kuntsch ihre literarische Bildung, um für Bekannte und Verwandte Gelegenheitsgedichte zu schreiben, aber auch um ihr eigenes Leben damit zu begleiten. Ihr Lebenslauf zählt, ganz monoton wirkend, die wichtigen Ereignisse in ihrer Ehe auf: die Geburten von insgesamt vierzehn Kindern, von denen fast alle als Kleinkinder starben und nur eine Tochter das Erwachsenenalter erreichte. Diese Tochter war »1692 vermählet worden, von welcher Ehe [die Kuntsch] 12 Kindes-Kinder erlebet« (ebd., 2).

In den engen Grenzen von Geburten und Todesfällen blieb der

Lebenslauf der Kuntsch verhaftet, so auch ihre Verse, von denen nur die auf den Tod ihrer eigenen Kinder einen besonders eindringlichen Ton gefunden haben, wenn sie ihre Verzweiflung trotz des Vertrauens in Gott durchblicken läßt:

> Euch frag ich nun/ die ihr hie um mich stehet/
> Und meinen überhäuften Jammer sehet/
> Sagt/ meine Freunde sagt/ was düncket euch?
> Man stöß't zum eilfften mahl in meine Wunden
> Ein scharff Gewehr/ wer hat dieß ie empfunden/
> Ist auch ein Schmertzen/ welcher meinem gleich? [63]

Anlaß zu solchen Versen war der Tod ihres elften Kindes, über den sie sich ganz im Sinne ihres religiösen Jahrhunderts mit der Schickung in Gottes bessere und unergründliche Vorsehung hinwegzutrösten versuchte. Solche Töne erbaulicher oder hingebungsvoller Frömmigkeit wurden in der Frauendichtung des frühen 18. Jahrhunderts selten und sind von anderen Themen und Formen verdrängt worden.

Dichtende Damen wurden auch in Deutschland bestaunt und zu einer beachtenswerten Kuriosität. Als zu Beginn des 18. Jahrhunderts drei lexikonartige Werke über das »gelehrte teutsche Frauenzimmer« herauskamen, schien die gebildete Welt sie entdeckt zu haben. Der weitgereiste, belesene, vielschreibende Junggeselle und selbst zum Dichter gekrönte Mediziner Christian Franz Paullini gab 1705 *Das Hoch- und Wohl-gelahrte Teutsche Frauenzimmer* [64] heraus, eine Aufzählung schreibender deutscher Frauen vergangener Jahrhunderte; schon 1706 erschien Johann Caspar Ebertis *Eröffnetes Cabinet Deß Gelehrten Frauenzimmers* [65], worin der gelehrte und fleißige Pastor ein umfangreiches, alphabetisches Verzeichnis aller durch Gelehrtheit berühmten Frauen alter und neuer Zeiten mit vielen Quellenangaben zusammengetragen hatte. Am bekanntesten wurde dann Georg Christian Lehms' *Teutschlands galante Poetinnen* [66] von 1715, das über 100 deutsche Autorinnen zum Teil mit Textproben und etwa 160 ausländische enthält. Diese Gegenüberstellung war nicht zufällig, denn die drei Werke sind durchaus von dem Gedanken inspiriert, daß eben auch Deutschland schreibende Frauen aufzuweisen hat und sich darin mit dem Ausland messen kann, oder wie Paullini es in seiner Vorrede formuliert hat, der Leser werde »ersehen, wie unser geliebtes Teutschland weder trabenden Spaniern noch die ehrgeizigen Welschen oder die aufgeblasenen Franzosen diesfalls im Geringsten nachzugeben habe, sintemal hier solche Pierinnen gezeigt werden, die viele Ausländerinnen in den Winkel jagen...« Auch wollen die Vorreden beweisen, daß Frauen durchaus zur Wissenschaft und Kunst befähigt sind, sie setzen sich mit den Argumenten der Frauenhasser und -verächter auseinander und plädieren schließlich für die Bildung der Frauen, wie es Lehms formuliert:

Die ganze Glückseligkeit besteht einzig und allein darin, wohlerzogen zu sein... Einer vernünftigen Tochter die Moral und Sittenlehre, Historie, Poesie und Musique lernen zu lassen, ist keine Sache von üblicher Consequenz... Kommt es auch gleich bisweilen dahin, daß in der Poesie einige verliebte Pieces verfertigt werden, so folget daraus noch nicht, daß diese edlen Regungen alle Gemüter verführen müssen, au contraire, eine tugendhafte Seele wird dadurch nur noch tugendhafter und das Feuer der Liebe stärkt die Flamme ihres Verstandes so nachdrücklich, daß alsdann die schönste Arbeit und die sinnreichsten Gedanken an Tag kommen. [67]

Hier zeigen sich schon die Gedanken der Frühaufklärung, wenn von der »Glückseligkeit« der »vernünftigen« Tochter die Rede ist, ihr Verstand zugebilligt und »sinnreiche Gedanken« von ihr erwartet werden. Erziehung, Verstand, Künste werden nun auch für die (groß)bürgerlichen Frauen für erstrebenswert erachtet: »wohlerzogen« soll die Frau aus gutem Hause sein.

Dieses neue Frauenbild förderte seit den 1720er Jahren besonders der Aufklärer und Literaturprofessor Gottsched, der die Frauen für sein Programm einer deutschen, modernen (sprich: an französischen, klassizistischen Regeln orientierten) Literatur gewinnen und gebrauchen konnte. Deutsch war die Sprache der bürgerlichen Frauen, Latein die Sprache der Gelehrten, Französisch die der höfischen Kreise. Für eine neue deutsche Literatur, die weltlich und nicht mehr geistlich orientiert war, bedeuteten die mit der deutschen Sprache aufwachsenden und von den *Latein*schulen wie höfisch-französischen Kreisen ausgeschlossenen bürgerlichen Frauen ein wichtiges Publikum. Deutsch Lesen und in zweiter Linie dann auch Schreiben wurde neben dem Musizieren zur Beschäftigung in Mußestunden der modernen, (gut)bürgerlichen Frau im 18. Jahrhundert, ähnlich wie es die adelige Frau schon im 17. Jahrhundert, in Deutschland in beschränkterem Maße als in der französischen Salongesellschaft, hatte tun können. Gottsched förderte und nutzte diese »moderne« Frau für sein nationales Programm einer *deutschen* Literatur.

1724 war der Pfarrerssohn aus Ostpreußen Johann Christoph Gottsched als Student in Leipzig eingetroffen, der sich schon in Königsberg von der Theologie zur Poetik gewandt und in Leipzig bei Leibniz'

Schüler Wolf studierte und als Hauslehrer bei Professor Mencke Zugang zu den gelehrten Kreisen fand. Die Universität war führend unter den nord- und mitteldeutschen Hochschulen, und Leipzig sollte als wichtige Handels- und Messestadt auch zum Zentrum des deutschen Buchhandels werden. Dazu war Leipzig auch kulturell anziehend als »Klein-Paris«, wo als Abglanz des üppigen Lebensstils des sächsischen Königshofes französische Sitten und Unterhaltungen in Mode gekommen, ein »galantes« Leben geführt werden konnte —, wenn man zur gutbürgerlichen Gesellschaft gehörte. Gottsched fand Eingang in die gute Gesellschaft über eine Frau, die vermögende Patrizierin, Witwe und musisch interessierte Christiana Mariana von Ziegler. Gottsched formulierte und propagierte ein modernes, der Aufklärung entsprechendes Bildungsprogramm für Frauen, die Ziegler wurde seine erste berühmte Schülerin (und gekrönte Poetin), die zugleich gesellschaftlich und wirtschaftlich seine Karriere als Professor, Kunstrichter und Schriftsteller bedeutend förderte, vielleicht sogar überhaupt erst ermöglichte; dazu kamen als wichtige Mitarbeiterin die Schauspielerin und Prinzipalin Caroline Friedericke Neuber [68] sowie seine spätere Ehefrau Luise Adelgunde Kulmus.

Gottsched konnte sich schnell und wirkungsvoll in Leipzig als Publizist der Aufklärung und Organisator einer Bewegung durchsetzen, die eine neue deutsche Literatur und gemeinsame deutsche Schriftsprache anstrebte. Schon 1725 trat er mit einer neuartigen Veröffentlichung, einer nach englischem Vorbild gestalteten Moralischen Wochenschrift, den *Vernünftigen Tadlerinnen* [69] hervor, die sich dazu noch vornehmlich an Frauen wandte. Nicht nur Frauenthemen wurden abgehandelt, sondern die Fiktion (?) weiblicher Herausgeber wird vorgestellt, eben die »Tadlerinnen«, wie es in der Vorrede lautet: »Wir unterwerfen uns keiner männlichen Aufsicht in Verfertigung der Blätter, die wir ins künftige herauszugeben willens sind; sondern sind entschlossen, dieselbigen ohne fremde Anordnung, nach unserm eigenen Gutdünken und auf unsre eigene Gefahr ans Licht treten lassen« (Erster Teil, S. 1). Die über zwei Jahre hin erscheinende Wochenschrift benutzte angeblich fingierte (?) weibliche Autoren unter den klingenden klassischen Namen Calliste, Phyllis oder Iris; sie wandte sich an »unstudirte, oder doch höchstens für mittelmäßig gelehrte Personen« und sollte »dem deutschen Frauenzimmer ein Blatt in die Hände… bringen, welches ihm zu einer angenehmen Zeitkürzung dienen, und doch von nützlicherm und lehrreicherm Zuschnitt seyn sollte, als die gewöhnlichen Romane« (Vorwort zur 2. Auflage, S. 2). Themen sind u. a. die richtige Erziehung der Frau, ihre Befähigung zum Studium (die ausdrücklich bejaht wird), ihre Rolle als »Haushalterin«, die Unwissenheit der Frauen, Vorschläge für eine Frauenbibliothek oder die Vision eines (abschreckenden) Frauenstaates. Dazu wird viel Wissenswertes aus Literatur und Kultur der Zeit gebracht. Diese neuartigen Themen und die darin enthaltene Kritik an der Gesellschaft – die Frauenperspektive diente Gottsched auch zur Bemäntelung seiner aufklärerischen Kritik an zeitgenössischen Mißständen – führten mit dazu, daß auf Betreiben der sächsischen Zensurbehörden *Die vernünftigen Tadlerinnen* 1627 nicht mehr erscheinen konnten.

Die literarisch-gesellschaftlichen Interessen und Beschäftigungen Gottscheds und der Christiana Mariana von Ziegler (1695–1760) gingen in den 1720er Jahren ein Bündnis ein, das die Ziegler zur ersten bekannten Autorin der neuen, regelmäßigen Literatur in Deutschland machte. 1722 war die Ziegler 27 Jahre alt, zweimal verwitwet, hatte ihre Kinder aus beiden Ehen durch Tod verloren und war wieder in ihre Heimatstadt Leipzig zurückgekehrt. Sie stammte aus einer bekannten Leipziger Patrizierfamilie; ihr Vater war Bürgermeister gewesen, allerdings in ein politisches Verfahren verwickelt und saß ohne einen Prozeß in jahrzehntelanger Festungshaft, so daß die Ziegler als wohlhabende, alleinstehende Witwe ohne männliche Vormundschaft ein großes Haus führen konnte. Bei ihr verkehrten Künstler, die von ihr protegiert wurden, denn sie konnte durch ihre Beziehungen Anstellungen vermitteln. In ihrem Haus veranstaltete sie musikalische Aufführungen; sie selbst spielte Querflöte und schrieb Verse, so auch einige Kantatentexte, die von Bach vertont wurden. [70]

Gottsched verkehrte bald bei ihr, beriet sie in poetischen Fragen, und 1728 erschien ihre erste Gedichtsammlung mit dem Titel *Versuch in gebundener Schreib-Art* [71] mit einem zweiten Teil 1729. Eine positive Rezension in den Leipziger *Neue Zeitungen von Gelehrten Sachen* [72] verhalf ihr zu Bekanntheit weit über die Grenzen der Stadt hinaus. Eine Prosasammlung *Moralische und vermischte Send-Schreiben an einige ihrer vertrauten und guten Freunde gestellet* (Leipzig: Braun, 1731) zeigte, daß die Ziegler auch klare, gefällige deutsche Briefprosa schreiben konnte. Sie wurde bald darauf als erste und einzige Frau in die Deutsche Gesellschaft aufgenommen, die Gottsched unter seiner Leitung von einer Studentenvereinigung in einen die deutsche Sprache und Literatur fördernden, gelehrt-geselligen Verein umgewandelt hatte; 1733 wurde die Ziegler sogar zur kaiserlichen Poetin gekrönt, allerdings nicht von der weitaus berühmteren Leipziger Universität, sondern von der philosophischen Fakultät in Wittenberg, wohin Gottsched sie empfohlen hatte, als der Dekan mit folgender Anfrage an ihn herangetreten war: »Vielleicht wüßten Euer Hochedelgeboren auch etwan jemanden, der die *lauream poeticam* annähme, wozu wir doch hier dann und wann einen Liebhaber gefunden, zumal sich die Kosten nur auf 14 Thaler belaufen.« [73]

Die Ziegler hatte das nötige Geld und der Dekan setzte ihr in ihrer Wohnung im Beisein vieler bekannter und gelehrter Männer den Efeukranz auf. Diese Ehrungen erregten in Universitätskreisen Aufsehen; nach der Mode der Zeit erschien eine ganze Sammlung von Glückwunschgedichten, deren Druck wiederum Gottsched veranlaßt hatte. Mit dieser bewußten Inszenierung der Ziegler als deutsche Dichterin förderte Gottsched sein Literaturprogramm und seine Deutsche Gesellschaft, zugleich propagierte er ein aufgeklärtes Bildungskonzept für die bürgerliche Frau.

Die Ziegler kommentierte diese Ehrungen mit sachlicher Distanz in ihren Schriften, die auch ihre persönliche Unabhängigkeit und ihr selbstbewußtes Rollenspiel dokumentieren. Sie wurde deswegen verspottet und öffentlich angegriffen, sie maße sich männliche Privilegien an. Unter den Leipziger Studenten zirkulierten Verse wie die folgenden:

> Ihr Schönen höret an,
> Erwehlet das studiren,
> Kommt her, ich will euch führen,
> Zu der gelehrten Bahn,
> Ihr Schönen höret an:
> Ihr Universitaeten,
> Ihr werdet zwar erröthen
> Wenn Doris disputirt,
> Und Amor praesidirt,
> Wenn artge Professores,
> Charmante Auditores,
> Verdunckeln euren Schein... [74]

Das Lied verspottet die Frauen, die sich Gelehrsamkeit aneignen wollen, obwohl sie doch nur galant spielen können und wollen. Als es 1736 in Leipzig auftauchte und populär wurde, gab es neben der Ziegler auch Gottscheds junge Frau, die sogar den Vorlesungen ihres Mannes hinter einer halboffenen Tür, um vor den Blicken der Studenten verborgen zu sein, folgte. Auf beide war das Lied gemünzt. Die Ziegler hatte schon in ihrer Antrittsrede in der Deutschen Gesellschaft die Mitglieder ironisch aufgefordert, ihre Wahl vor der Welt zu rechtfertigen und sie als »ein unwürdiges Mitglied ihrer Gesellschaft dennoch gegen alle Tadler und Spötter manierlich zu verteidigen.« Sie spricht ebenso leichthin ironisch mit der Frauen zugewiesenen Bescheidenheit von ihren »schlichten« Werken, von ihrem Unvermögen, sie erinnert an das »geheiligte Verbot, welches dem Weibe in einer Gemeine schweigen heisset« und erwähnt im selben Atemzug die bekannten gelehrten ausländischen Poetinnen. [75]

In ihrer »Abhandlung, ob es dem Frauenzimmer erlaubet sey, sich nach Wissenschaften zu bestreben«, bringt die Ziegler (zum erstenmal in deutscher Sprache) die bekannten Gründe für die Frauenbildung vor und ruft den Frauen zu: »Ich rathe euch, meine Schwestern euch mit unerschrocknem Muthe und offenem Herzen auf den Weg der wahren Weisheit leiten zu lassen... so könnt ihr getrost lernen und schreiben.« [76]

In der deutschen Literatur sind das neue Töne; die Ziegler spricht von »lernen und schreiben« ohne religiöse Rechtfertigung und um der eigenen Bildung und Vervollkommnung willen. Ihre eigene unabhängige Stellung erlaubte ihr, ironische Verse auf die Privilegien der Männer zu verfassen und deren Herrschaftsanspruch in einem Lied (die Noten folgen auf den Text) zu verspotten:

Du Weltgepriesenes Geschlechte,
Du in dich selbst verliebte Schaar,
Prahlst allzusehr mit deinem Rechte,
Das Adams erster Vorzug war.
...
Die Männer müssen doch gestehen,
Daß sie wie wir, auch Menschen sind.
Daß sie auch auf zwey Beinen gehen;
Und daß sich manche Schwachheit findt.
Sie trincken, schlafen, essen, wachen.
Nur dieses ist der Unterscheid,
Sie bleiben Herr in allen Sachen,
Und was wir thun, heißt Schuldigkeit.
(*Vermischte Schriften*, S. 67, 70.)

Doch sollten ihre *Vermischten Schriften* von 1739 ihre letzte Veröffentlichung sein. Der innere Kreis der Deutschen Gesellschaft, der sich als »scherzende Gesellschaft« regelmäßig zu geselligen Abenden im Hause der Ziegler getroffen hatte, ging 1736 auseinander – ein Jahr nach

Gottscheds Heirat –, nachdem viel Klatsch über die Beziehungen der Ziegler zu ihren eingeladenen Gelehrten in Leipzig in Umlauf gekommen war. Diese letzte Gedichtsammlung der Ziegler war auch nicht in Leipzig, sondern bei der Universitätsbuchhandlung in Göttingen erschienen, wohin das Gesellschaftsmitglied Balthasar von Steinwehr als Professor berufen worden war. 1741 heiratete die Ziegler von Steinwehr und lebte dann ohne literarischen Ruhm, ohne weitere dichterische Ambition mit ihm »höchst vergnügt« [77] bis zu ihrem Tode 1760.

Auch die vergleichsweise unabhängige und selbstbewußte Mariane von Ziegler war in ihrem literarischen Schaffen weitgehend abhängig von den Interessen und der Gunst der Männer, die sie umgaben, besonders von Gottsched. Noch weitaus abhängiger war die bekannteste gelehrte Dichterin der Aufklärung, Luise Adelgunde Kulmus, die Gottschedin (1713–1762). Sie stammte aus einer wohlhabenden Danziger Arztfamilie, zeigte schon als kleines Kind eine hervorragende Begabung und ein ausgezeichnetes Gedächtnis, so daß sie durch Familienmitglieder eine gute Privaterziehung erhielt (einschließlich Klavier-, Lauten- und Gesangsunterricht). Bald kopierte sie Bücher für den Vater, las der Mutter stundenlang vor und übersetzte aus dem Französischen. Gottsched lernte sie als Sechzehnjährige bei seinem Danziger Besuch 1729 kennen und erbat vom Vater, daß sie mit ihm korrespondieren dürfe. Ihre bis zur Heirat 1735 geschriebenen Briefe zeigen eine gelehrige Schülerin, die Lektüre, Übersetzungsaufgaben und lehrreiche Anweisungen von dem fernen Verlobten aus Leipzig erhält und die immer feinfühlig, klar und offen antwortet. Nur einmal widersetzt sie sich energisch; als nämlich Gottsched ihre Briefe veröffentlichen möchte, schreibt sie 1634: »Alles was ich Sie bitte, ist dieses: Verhindern Sie den Druck dieser Briefe, oder verschieben ihn, bis nach meinem Tode.« [78] (Die formelle Anrede mit »Sie« haben die beiden ihr Leben lang beibehalten.)

Diesen Gefallen hat ihr Gottsched getan und ihre Briefe nicht der Öffentlichkeit übergeben, obwohl er schon 1731 ihre Übersetzung *Der Frau von Lambert Betrachtungen über das Frauenzimmer* mit einigen ihrer Gedichte im Anhang in Leipzig veröffentlicht und sie damit als neue deutsche Autorin vorgestellt hatte. Die Briefe der Luise Adelgunde Gottsched, die sie durchaus als Privatbriefe verstand, wurden erst nach ihrem Tode von einer späteren Freundin herausgegeben. Sie enthalten die persönlichsten, aber immer ausgewogenen und wohlüberlegten Äußerungen der Gottschedin und zeigen ihr sicheres Urteil in literarischen Fragen und ihr feinfühliges Eingehen auf andere. Sie sind kulturgeschichtlich bemerkenswert wegen der sprachlich vollendeten, reinen deutschen Prosa.

Als Gottsched 1734 eine ordentliche Professur in Leipzig erhielt, stand der Heirat, die durch den Tod beider Eltern Kulmus, durch daraus resultierende unklare Vermögensverhältnisse für Luise und durch die weite Entfernung (Luise lebte in Danzig, Johann Christoph in Leipzig) eine zeitlang gefährdet schien, nichts mehr im Wege. Es vereinten die beiden die gemeinsamen literarisch-gelehrten Interessen, und Gottsched hatte die richtige Wahl getroffen, wie eine Leipziger Kollegenfrau im Hochzeitsgedicht schrieb:

> Du hast also wohl getan, daß Du Dir was ausgelesen
> Das geschickt, belebt wie Du, und von einem gleichen Wesen.
> Gleich und gleich gesellt sich gerne… [79]

Waren Luise und Johann Christoph Gottsched aber wirklich »gleich«? Luise war ihr Leben lang eine hochintelligente, fleißige und treue Helferin, Sekretärin und geistige Zuarbeiterin, die zu den Publikationen ihres Ehemannes Übersetzungen, Vorarbeiten und Konzepte, gelegentlich auch eigene kleine Beiträge lieferte. Dazu besorgte sie selbstverständlich die »Wirtschaftsangelegenheiten, an Küche, Wäsche und Kleidungen… ohne alles Geräusch aufs ordentlichste«, wie Gottsched nach ihrem Tode in der von ihm veranstalteten Gedenkausgabe ihrer *Sämmtlichen Kleineren Gedichte* schrieb. Sie hat oft sogar seinen Briefwechsel in seinem Namen geführt und war bis kurz vor ihrem Tode – trotz Krankheit – mit dem Ordnen und Beschriften seiner Bibliothek beschäftigt. Die Ehe blieb kinderlos.

Besonders als Übersetzerin war die Gottschedin unentwegt tätig und hat hervorragende Arbeit geleistet. Sie übersetzte zumeist aus dem Französischen, wie die regelmäßigen Dramen für Gottscheds Mustersammlung *Die deutsche Schaubühne* (1741–45) – darunter Voltaires *Alzire* und Molières *Menschenfeind* –, enzyklopädische Werke und Schriften der Akademie der Wissenschaften zu Paris. Aber auch bekannte Werke aus der englischen Literatur ihrer Zeit hat sie übersetzt: Addisons *Kato* (1735), Steele und Addisons Moralische Wochenschrift *Der Zuschauer* (1739–43) oder Popes *Lockenraub* (1744). [80]

Sosehr die Übersetzungen auch das Sprachvermögen der Gottschedin geschult haben und eine früh begonnene Beschäftigung fortsetzten, so unterstanden doch alle Gottscheds literarischem Programm und seinen Interessen. Besonders nach 1745 – in diesen Jahren begann die

Gottschedin auch über ihre »schwächliche Gesundheit« zu klagen – verschlangen die Übersetzungen der umfangreichen Prosawerke und gelehrten Schriften ihre Zeit und Energie. Dazu kamen ermüdende wissenschaftliche Hilfsarbeiten, wie bibliographische Vorarbeiten, Auszüge und Übersichten über gelehrte und literarische Werke für Gottscheds Schriften. Eine »ununterbrochene Kette von Arbeit« wurde ihr Leben; so schrieb sie schon 1742 ihrer Freundin in Dresden:

Vom frühen Morgen bis in die späte Nacht, sind wenige Stunden übrig, auf die notwendigsten Bedürfnisse des Lebens zu wenden. Ich muß an das... Gute zurückdenken, um mich über die gegenwärtigen Beschwerlichkeiten eines gelehrten Lebenswandels zufrieden zu stellen. Doch ist es mein Schicksal, diesen [sic] will ich mich mit Gelassenheit unterwerfen. Es ist mein Wunsch gewesen, und da ihn die Vorsehung in reichern Maaße, als ich jemals geglaubet, erfüllet hat, will ich nicht murren, sondern nach allen Kräften meinen Beruf erfüllen. (*Briefe*, Bd. 2, S. 275f.)

Zu eigenständigem literarischen Schaffen blieb abgesehen von Gelegenheitsgedichten kaum Zeit. Nur aus ihrer Übersetzung von Theaterstükken erwuchs Eigenes: sie schrieb mehrere originelle Lustspiele. Schon in ihrer ersten dramatischen Übersetzung, dem satirischen Lustspiel *La Femme Docteur ou la Théologie Janseniste* (1730, hatte sie Änderungen vorgenommen, indem sie lokalisierte, d.h. die Komödie auf deutsche pietistische Kreise, auf Francke und das Hallische Waisenhaus umschrieb, nach Königsberg verlegte und die Namen der Mitspieler eindeutschte. Ihre Version *Die Pietisterey im Fischbein-Rocke oder die Doctormäßige Frau*, die 1736 anonym mit fingiertem Druckort Rostock (für Breitkopf, Leipzig?) gedruckt wurde, enthält auch einen originellen Einschub der Gottschedin, die Plattdeutsch sprechende Frau Ehrlichin. Dialekt war allerdings als ungebildet während der Aufklärung verpönt, jedoch für komische Personen, denen derbe Wahrheiten in den Mund gelegt wurden, auch in den Moralischen Wochenschriften gebräuchlich. Die derbe Wahrheit der Frau Ehrlichin ist ihre Beschuldigung des pietistischen Pfarrers, er habe ihre Tochter im Konfirmandenunterricht verführt. Dieser Spott auf die Pietisten, die als geldgierige, scheinheilige Verführer dümmlicher Bürgersfrauen hingestellt werden, wurde begierig gelesen (*Die Pietisterey* wurde allein 1736–37 sechsmal nachgedruckt) und erregte aber besonders in Preußen Anstoß. Das Lustspiel wurde in Königsberg und Berlin von den Behörden konfisziert und zum Anlaß für eine Verschärfung des preußischen Zensurgesetzes.

Eigene Komödien für Gottscheds Musterbuch für ein vom Extemporieren, von schwülstigem oder unreinem Deutsch gereinigtes, regelmäßiges Schauspiel sollten folgen. Zu Gottscheds Sammlung *Die Deutsche Schaubühne nach den Regeln der alten Griechen und Römer eingerichtet* (1740–45) steuerte die Gottschedin neben dramatischen Übersetzungen auch drei Lustspiele, eine Tragödie und ein Nachspiel bei, auch wenn diese von ihr nur als »Nebenarbeit« (*Briefe*, 2, 215) betrieben werden konnten. Die Themen der Lustspiele nehmen das voraus, was in folgenden Jahrzehnten Stoff des »bürgerlichen Dramas« in Deutschland werden sollte. *Die ungleiche Heirat* (1744) behandelt den Standesgegensatz zwischen ahnenstolzem Adel und neureichen Bürgern, der auch durch eine Heirat nicht überbrückt werden kann. In der *Hausfranzösin* (1744) wird das in den wohlhabenden Bürgerfamilien zur Mode gewordene Streben nach französischer Bildung verspottet, indem die französische Gouvernante und anderes Hauspersonal sowie die alles Französische nachäffenden Bürger als komische Figuren erscheinen.

Im Mittelpunkt des Lustspiels *Das Testament* (1745) steht eine resolute Erbtante, die ihre erbschleichenden Verwandten an der Nase herumführt und sich wieder verheiratet, statt ihnen ihr Vermögen zu vermachen. Diese Tante führt als wohlhabende Witwe ihren Haushalt selbständig und gebieterisch, sie hat eine vergleichsweise unabhängige Position inne und verteidigt diese. Der Spott der Gottschedin richtet sich gegen die hinterlistigen wie plumpen Versuche der Verwandten, die Tante in ihrer selbständigen Position zu entmachten und zu entmündigen. Nur scheinbar geht die Tante auf dieses betrügerische Spiel ein, das sie durchschaut und zu ihren Gunsten zu Ende führt.

Die Typen dieser Lustspiele sind zwar vielfach den französischen und englischen Vorbildern, die die Gottschedin gelesen und teilweise selbst übersetzt hatte, nachempfunden, doch hat sie dabei zeitgenössische Probleme, die besonders Frauen betrafen, gestaltet: Heirat, Erbschaft, Familienbeziehungen, Erziehung und Bildung sowie Autoritätsfragen. Außerdem hat sie in ihren Lustspielen ungewöhnlich viele komische und ernste Frauenfiguren (die dramatische Literatur hat durchweg viel weniger Frauen- als Männerrollen) aus dem zeitgenössischen bürgerlichen Leben gestaltet, sowohl in den Haupt- wie in den Nebenpersonen. Hier konnte sie ganz deutlich Anregungen und Beobachtungen aus dem eigenen Lebensbereich mit einbringen und verarbeiten, was ihr ganz offensichtlich Spaß gemacht hat. In diesen innerhalb weniger Jahre geschriebenen Komödien zeigte die Gottschedin, wo ihr originelles literarisches Talent lag, dem sie hätte nachgehen können und wollen, wenn ihr »gelehrter Lebenswandel« unter der geistigen Vormundschaft ihres Mannes dazu Zeit und Muße gelassen hätte.

Im letzten Jahrzehnt ihres Lebens hat die Gottschedin die ihr aufgegebenen Pflichten als »Galeerenarbeit«, ihr Leben als »Kettentracht« empfunden, wie sie 1754 in einem Brief an ihre Altersfreundin Henriette von Runckel geschrieben hat (*Briefe*, 2, 211). Die Reise der Gottscheds nach Wien im Jahre 1749 und die Audienz bei Maria Theresia, die Luise als gelehrte Dichterin freundlich empfangen und anerkennend wahrgenommen hat – Luise hat darüber in einem ungewöhnlich detaillierten Brief berichtet –, war ein letzter Höhepunkt in ihrem Leben gewesen; danach war die kränkelnde Gottschedin nicht mehr eigenständig literarisch tätig. Sie war auch ihrem Mann entfremdet, dessen literarisches Programm längst von den Schweizern und der jüngeren Dichtergeneration in Deutschland angegriffen und dessen Position erschüttert worden war. Luise Gottsched hatte sich ganz ihrer Freundin Henriette von Runckel zugewandt, die eine enge Vertraute geworden war, während sie noch ständig von neugierigen Besuchern in Leipzig aufgesucht wurde, die die berühmte gelehrte Frau sehen wollten.

Zu anderen deutschen Autorinnen ihrer Zeit hatte die Gottschedin ein recht distanziertes Verhältnis; der Ziegler hatte sie, vielleicht auf Gottscheds Bitte hin, schon 1733 ein Gelegenheitsgedicht übersandt, das jedoch recht frostig klingt:

Hochwohlgeborne Frau!
Du Wunder unsrer Zeit!
Verzeihe, daß mein Kiel sich noch bisher gescheut,
Den schwachen Dichter-Trieb auf Deinen Ruhm zu lenken,
Und ihm ein schlechtes [schlichtes] Lied von meiner Hand zu schenken.
(*Kleinere Gedichte*, 105)

Auch ihre Antwort an die »Jungfer Zäunemannin« in Erfurt von 1734 ist reserviert, sie lehnt einen poetischen Briefwechsel ab mit dem Hinweis auf ihre fehlende poetische Gabe. Diese Bescheidenheit, die besonders in ihren frühen Jahren immer wieder zum Ausdruck kommt, machte sie zur »geschickten Gehilfin« ihres Mannes, während sie jedoch den vergleichsweise selbstbewußten Autorinnen wie der Ziegler oder der Zäunemann fremd, sogar ablehnend gegenüberstand.

Sidonia Hedwig Zäunemann (1714–1740), die nur ein Jahr jünger war als die Gottschedin und ebenfalls aus dem Bildungsbürgertum stammte, erprobte dagegen die Selbständigkeit, indem sie zeitweilig buchstäblich in die Männerrolle überwechselte, nämlich in Männerklei-

Titelkupfer zu den *Poetischen Rosen in Knospen* von 1738.

Catharina Regina von Greiffenberg.

dern allein Ausflüge zu Pferde machte und das in ihren Versen verkündete:

> So darf ich auf dem Pferd auch wohl ein Mannskleid tragen!
> Nein, dieser wegen beißt mich mein Gewissen nicht;
> Deshalben ziehet mich der Herr nicht vors Gericht,
> Er straft mich nicht darum. Ich kann zu allen Zeiten
> In solcher Tracht durch Blitz und Donner fröhlich reiten. [81]

Zu der Zeit reisten nur adelige Frauen vielfach in Männerkleidern, um incognito besser gegen Überfälle geschützt zu sein; bürgerliche Frauen reisten überhaupt viel seltener – da machte die Gottschedin unbedingt eine Ausnahme –, und die Ausflüge der Zäunemann waren ungewöhnlich, zeigten auch zugleich die engen Grenzen des weiblichen Lebensbereiches, aus dem sie bewußt auszubrechen versuchte, um sich weitere Erfahrungsmöglichkeiten zu verschaffen. Diese klingen in ihren Versen an, wenn sie schreibt:

> Der finstre Tannenwald hat mich gar nicht erschrecket,
> Vielmehr sein sanft Geräusch die größte Lust erwecket;
> Versuchts! es reiset sich des Nachts in Wäldern schön:
> Ich hab's erst nicht geglaubt, nun hab' ich es gesehn. [82]

Andere in ihrer Zeit und besonders für eine Frau ungewöhnliche Gedichtthemen waren das Großfeuer, das 1736 die Innenstadt von Erfurt zerstört hat und das sie anschaulich, genau und mit großer Anteilnahme beschrieben hat, sowie ihre Exkursion in ein Harzbergwerk. Solche Erkundigungen und Erlebnisse in Versform, mit »poetischer Feder«, wie es auf dem Titelblatt von 1737 heißt, entsprachen allerdings der literarischen Mode der Zeit. Auch die eigene Erfahrung und Erkundung der Natur und der zivilisatorischen Einrichtungen, die außerhalb des eigenen Horizontes lagen, gehörte zum neuen Lebensgefühl der Aufklärung – allerdings fast ausschließlich für Männer.

In ihrer eigenwilligen Lebensauffassung hatte die Zäunemann – so deutlich, wie ihre Zeit es erlaubte – die Ehe abgelehnt, wenn sie von der Heirat sagt, mit ihr weiche »der Jungfern Glück und die edle Freyheit« und:

> Niemand schwatze mir vom Lieben und von Hochzeitmachen vor,
> Cypripors Gesang und Liedern weyh' ich weder Mund noch Ohr.
> Ich erwehl zu meiner Lust eine Cutt- und Nonnen-Mütze
> Da ich mich in Einsamkeit wider manches lästern schütze.

Ich will lieber Sauer-Kraut und die ungeschmelzten Rüben
In dem Kloster, vor das Fleisch in dem Ehstands-Hause lieben.
(*Poetische Rosen*, S. 497)

Diese öffentliche Absage an die Ehe wiederholte die Zäunemann in einem Hochzeitsgedicht für ihre beste Freundin, wenn sie der Trauer über den Verlust ihrer Vertrauten Ausdruck gibt und den »Ehe-Stand« haßt, weil sie »die Freyheit hochschätzt« (*Poetische Rosen*, S. 249). Schon 1740 sollte sie bei einem Alleinritt nach Ilmenau (Harz) ertrinken.

Mit Gelegenheitsgedichten und Versen auf gesellschaftlich wichtige Personen hatte die Zäunemann sich als Dichterin bekannt gemacht und war besonders mit an Literatur interessierten, gelehrten Männern in Mittel- und Norddeutschland in Verbindung getreten; die *Hamburgischen Berichte von Gelehrten Sachen* bemühten sich seit 1734, Verse von ihr zum Abdruck zu erhalten. 1738 verlieh ihr die kurz zuvor gegründete Universität Göttingen die Dichterwürde, während die derzeit bekannte katholische Universität in ihrer Heimatstadt Erfurt kaum Notiz von ihr nahm. 1738 veröffentlichte die Zäunemann die einzige größere Gedichtsammlung *Poetische Rosen in Knospen* mit ihrem Titel »kayserlich gekrönte Poetin« auf dem Titelblatt.

Aufstrebende, der Aufklärung nahestehende Universitäten vergaben seit etwa 1730 gerne Ehrungen an dichtende, gelehrte Frauen, um ihren Ruf der Fortschrittlichkeit zu verbreiten − an eine Zulassung zum Studium oder gar zur Lehre dachte dabei natürlich keiner: dichtende Damen waren ein modischer Schmuck in gelehrten, literarischen Kreisen. Diese Frauen schrieben Gelegenheitsgedichte auf Personen und Ereignisse mit moralischen Gedanken, religiöse Verse wurden immer seltener; an Prosa oder Dramen versuchten sie sich selten, denn in den Jahrzehnten galten weder der Roman noch das Theater als moralisch vertretbare Beschäftigung für die gutbürgerliche Frau, die »gelehrt« sein wollte. Das sollte sich erst ändern, als der Roman nach 1750 langsam die (weibliche) Leserschaft eroberte und mit der La Roche seine erste große Vertreterin in Deutschland fand. (Das Theater sollte schreibenden Frauen bis ins zwanzigste Jahrhundert fast ganz verschlossen bleiben, solange sie − seit dem Ende der Neuberin als Prinzipalin − an Leitung und Organisation keinen Anteil mehr hatten und damit auch keine Aussichten auf Aufführung eigener dramatischer Produktion, zumal die »weibliche Muse« als ungeeignet für die strenge Formkunst des Dramas galt.)

Wie sehr die »weibliche Muse« am Rande des literarischen Geschehens stand, zeigt auch die nach der Gottschedin zweite Berühmtheit des 18. Jahrhunderts, die Karschin. Anna Luise Karsch (1722–1791) blieb trotz der Aufmerksamkeit, die die Berliner Literaten ihr vorübergehend zollten, eine Außenseiterin. Sie stammte aus kleinbürgerlich-ländlichen Verhältnissen in Schlesien, erhielt keinen Privatunterricht, sondern lernte von einem Großonkel auf ihr Bitten hin Lesen und Schreiben, bevor sie wieder im Elternhaus zur Säuglingspflege (ihre Mutter hatte sich erneut verheiratet) und bei der Viehzucht gebraucht wurde, wie denn alle Kinder in ähnlichen Verhältnissen so früh wie nur möglich in der Familie mitarbeiten mußten. Als Zwölfjährige wurde sie als Magd bei einer Näherin untergebracht, dann arrangierte die Mutter die Ehe mit einem Weber, der sich scheiden ließ und sie mittellos – ihre geringe Erbschaft fiel an den Mann – und mit dem dritten Kind schwanger aus dem Haus schickte. Eine zweite Ehe mit dem trunksüchtigen Schneider Karsch war praktisch zu Ende, als dieser 1760 im dritten Schlesischen Krieg ins preußische Heer eingezogen wurde, während die Karschin derzeit vier weitere Kinder aus dieser Ehe versorgte. Solche Verhältnisse waren nicht dazu angetan, eine literarische Laufbahn zu fördern. Die erfolgreichen männlichen Autoren des 18. Jahrhunderts kommen *alle* aus dem Bürgertum (oder niederen Adel), das eine Erziehung, sei es auch kümmerlich über einen Freiplatz zum Besuch einer Lateinschule wie etwa bei Moritz, vermitteln konnte. Die Karschin erwarb ihre geringe Bildung selbst und setzte ihr dichterisches Talent gegen die Widerstände in ihrer Familie und ihren Lebensumständen durch.

Mit Gelegenheitsgedichten konnte sie zunächst etwas Geld für ihre ärmliche Familie verdienen und dabei Freunde und einflußreiche Gönner finden; mit ihren Kriegsliedern nutzte sie geschickt die Tagesereignisse aus, wie in ihrem 1762 selbst verfaßten Lebenslauf zwischen den Zeilen zu lesen ist:

Einstmals fand ich in mir einen großen Trieb aufs Land; ich kam zu Predigern... und der Zufall führte mich an den Ort, wo Friedrich [II. von Preußen] übernachtete... im Predigerhause logirte der General Wobersnov. Geschwind machte ich ihn mir zum Freunde, sahe des andern Morgens den besten und größten Könige zu Pferde und hörte um ihn her seine Krieger einen Morgengesang anstimmen. Jetzt kannte ich den Trieb, der mich hinriß... und schickte mich an, den Sieg des Königs zu singen. Ich machte zwei Gesänge wegen dieses Sieges. [83]

Sie dichtete schnell und leicht, wenn sie anläßlich eines anderen Sieges beschreibt, wie sie für das Dankfest am folgenden Tag ein Lobgedicht verfassen und gedruckt vorlegen kann. Ein Baron von Kottwitz vermittelt ihre Übersiedlung nach Berlin samt ihrer Kinder, wo sie in literarischen Kreisen bekannt und gefördert wird. 1761 scheint sie auf dem Höhepunkt ihres Lebens zu sein, wenn sie schreibt:

Mein Glück steigt bis zum hohen Gipfel herauf: ich genieße einer uneingeschränkten Freiheit, meine Mahlzeiten sind am Tische des Commandanten, ich kenne die Sorge des Lebens nicht mehr. Mein Sohn wird von dem großmüthigen Kottwitz erzogen, und um meine Tochter bekümmern sich meine berlinischen Freunde; mich hört die Königin, die Prinzen und Prinzessinnen [Einladungen am preußischen Königshof], und meine Freunde bleiben mir getreu. Ich bedarf nicht der Hülfe des Arztes, und es hängt von mir ab, welchen Gesang, welches Buch, oder welchen Spazirgang ich wählen will. Glücklicher bin ich als der lydische König, der das Orakel zu Delphos befragen ließ... (»Leben«, S. 19).

Der (angelernte) mythologische Vergleich im Stile der antikisierenden Anakreontiker ihrer Zeit, mit dem die Karschin ihr persönliches Geschick zu verallgemeinern versucht, nimmt sich fremd aus in ihrem Leben wie in ihrer Dichtung. Dennoch bezeichnet sie deutlich ihre neue Freiheit, über ihre Zeit und Beschäftigungen verfügen zu können, sowie ihre materiell gesicherte Lage. Das sollte natürlich nicht so bleiben; schon bald führt sie einen eigenen bescheidenen Haushalt, für den sie mit Gelegenheitsdichtung und von Gönnern Geld erhält (die Hoffnung auf ein Haus oder eine Pension als Geschenk von Friedrich II. erfüllte sich nicht). Dann wurde es immer stiller um die Karschin, und sie starb 1791 wenig beachtet und in beschränkten Verhältnissen in Berlin. Die neue schöngeistige Literatur war längst an der Außenseiterin, die mit aktuellen Gelegenheitsgedichten und realistisch beschreibenden Versen in den 1760er Jahren berühmt geworden war, vorbeigegangen.

Die Berliner literarischen Freunde der Karschin, Sulzer und Ramler, hatten die Bekanntschaft mit Gleim vermittelt, der viele junge literarische Talente gefördert hat. 1761 wurde die Karschin in Magdeburg von literarischen Freunden gefeiert und besuchte Gleim im benachbarten Halberstadt, dem sie bis zu ihrem Tode viele ausführliche, offen von sich berichtende Briefe geschrieben hat. Ihre persönliche Begeisterung für Gleim erwiderte dieser nicht, vermittelte jedoch zusammen mit Sulzer 1764 ihre erste gedruckte Gedichtsammlung, *Auserlesene Gedichte von Anna Luise Karschin* [84] auf Subskription, was ihr immerhin 2000 Taler einbrachte. Bis an ihr Lebensende bemühte die Karschin sich, für ihre Familie und Angehörige, die selbst in ärmlichen Verhältnissen lebend die materielle Lage der Karschin weit überschätzten und ihren Beistand erlangten, mit ihrem Schreiben oder durch Beziehungen Geld zu verdienen. Die Karschin war die erste selbständige, vom Schreiben lebende Autorin in Deutschland, die sich dazu noch ohne Schulbildung aus »einem Stande…, der zunächst an den niedrigsten grenzt«, wie es im Vorwort ihrer Gedichte von 1764 heißt, in den bürgerlichen Dichterberuf hineingearbeitet hatte.

Wenn die Natürlichkeit ihres Genies von Sulzer, Gleim und anderen Zeitgenossen gefeiert wurde, so mußte die Karschin sich doch herrschenden literarischen Konventionen anpassen, die sie gelegentlich ironisierte, wie in dem autobiographischen Gedicht »Belloisens Lebenslauf«.

> Ich ward geboren ohne feierliche Bitte
> Des Kirchspiels, ohne Priesterflehn
> Hab' ich in strohbedeckter Hütte
> Das erste Tageslicht gesehn,
> Wuchs unter Lämmchen auf und Tauben
> …
> Die Lerche sang für Belloisen
> Und Belloise sang ihr nach.
> (*Gedichte*, 1792, S. 197)

Die Karschin idyllisiert ihre niedere Herkunft, ihr bäuerliches Leben im Stile der neuen Begeisterung für Natur- und Landleben. Selbstironisch nennt sie sich »belle Louise«, die schöne Luise. Auf ihr wenig schönes Aussehen hat sie selbst wiederholt hingewiesen (»die Natur vergaß den äußeren Putz«) [85], wie andere auch. 1776 begann Lavater in seiner viel beachteten *Physiognomik*, in der er vom Porträt her das Wesen bekannter Persönlichkeiten zu interpretieren versuchte, mit den Worten: »Lieber keine Verse machen, als so aussehen«, doch gestand er ihr ein geistreiches Gesicht und ein »außerordentlich helles, funkelndes, theilnehmendes Seherauge« zu. [86]

Die Karschin spielt mit ihrer Selbstbezeichnung »Belloise« wohl auch auf Rousseaus *Nouvelle Heloise* an, in dem ein angeblich naturgemäßes Frauenideal vorgestellt wird, dem sie selbst nicht entsprechen konnte und wollte. In ihrem beschönigendem »Lebenslauf« erinnert sie daran:

> Ward früh ins Ehejoch gespannet,
> Trug's zweimal nacheinander schwer,
> Und hätte mich wohl nie ermannet,
> Wenn's nicht den Musen eigen wär:
> In Unglück und in bittern Stunden
> Dem beizustehn, der ihre Huld
> Vor der Geburt schon hat empfunden.

Sie gaben mir Mut und Geduld,
Und lehreten mich Lieder dichten,
Mit kleinen Kindern auf dem Schoß.
Bei Weib- und Magd- und Mutterpflichten,
Bei manchem Kummer schwer und groß
Sang ich den König und die Schlachten,
Die ihm und seiner Heldenschar
Unsterblich grüne Kränze brachten,
Und hatte noch manch saures Jahr,
Eh' frei von andrer Pflichten Drang
Mir Tage wurden zu Gesang!

Bei aller Stilisierung als »deutsche Sappho«, wie sie von den Zeitgenossen auf Gleims Namensgebung hin genannt wurde, stand die Karschin der Dichtung als Kunst ambivalent gegenüber. Schon 1762 thematisiert sie die Beständigkeit ihres Schreibens in »Ob Sappho für den Ruhm schreibt? An die Frau von Reichmann«:

Frau, schreib ich für den Ruhm, und für die Ewigkeit?
Nein, zum Vergnügen meiner Freunde!
…
Homer, Virgil, Horaz und Pindar sind geblieben;
Die Griechin aber nicht, die meine Leyer trug,
So zärtlich war wie ich…
…
Halb Göttin war das Weib; neun Bücher schrieb sie voll
So schön, als wären sie geschrieben von Apoll.
Und ach! Von alle dem, was sie so schön geschrieben,
Ist nur ein kleiner Rest für unsre Zeit geblieben!
Frau, solch ein Schicksal trifft auch meine Lieder einst!
Wenn du voll Zärtlichkeit bey meiner Asche weinst.
Noch ehe sich an mir die Würmer satt gefressen,
Dann, Frau, hat schon die Welt mich und mein Buch vergessen.
(*Gedichte*, 1792, S. 268f)

Ohne historische Vorbildung fügt die Karschin sich in die »weibliche Tradition«, die ihr mit dem Sappho-Vergleich zugeschrieben worden ist. Ihre realistische Anschauungsweise steht in krassem Gegensatz zu den glatten Versen und der antikisierenden Mode, die aufgesetzt und unpassend klingt. 1783 schreibt sie an Gleim: »Meine Reimereyen gefallen nur denen, an die sie geschrieben worden. Ihnen fehlt das Interessante für andere…« [87]

Ebenso vergessen wie die Verse der Karschin – es gibt lediglich einen Nachdruck der Ausgabe von 1764 – sind ihre vielen ungedruckten Briefe an Gleim, die ein anschauliches, oft bedrückendes Bild ihres

Berliner Lebens geben, besonders in den zahlreichen Schilderungen drückender Armut, wo sie nach Möglichkeit zu helfen versucht, obwohl ihre eigenen Umstände wenig günstig sind. Bei ihren Gönnern erbittet sie Unterstützung und erinnert bei Hofe an das Versprechen, das ihr Friedrich II. bei einer Audienz gegeben haben soll, ihr ein Haus zu schenken. 1773 schreibt sie an Gleim von dieser Angelegenheit:

Es war eben zehn Jahr, daß der König mit mir gesprochen hatte. Ich ergriff diese Gelegenheit und schrieb einen Brief an ihn, welchen ich durch den von Knebel an den Kammerhusar Töschen schickte... vor acht Tagen fiel es diesen Herren ein, mir einen Streich zu spielen, denn daß der König meinen Brief gesehen hat, glaube ich nicht. Doch gesehen oder nicht gesehen, das ist gleichviel. Genug, ich erhielt von der Post ein Schreiben mit der Aufschrift an die deutsche Dichterin A.L. Karschin, das Hofstaatssiegel war darauf gedrückt und ganz unten stand: Hierin ein Gnadengeschenk von zwey Thalern... ich schrieb des andern Morgens an den Hofstaatssekretär also:
Zwey Thaler gibt kein großer König,
Ein solch Geschenk vergrößert nicht mein Glück,
Nein, es erniedrigt mich ein wenig,
Drum geb ich es zurück. [88]

Zehn Jahre später, 1783, hat sie wieder in der gleichen Sache geschrieben:

... ich bitte seine Majestät, sage die Beschaffenheit der Baustelle und bekomme statt eines günstigen Bescheydes drey Thaler zum Gechenk. Da entstand nun diese Quittung:
Seine Majestät befahlen
Mir, anstatt ein Haus zu baun,
Doch drey Thaler auszuzahlen.
Der Monarchsbefehl ward traun
Prompt und freundlich ausgerichtet
Und zum Dank bin ich verpflichtet.
Aber für drey Thaler kann
Zu Berlin kein Hobelmann
Mir mein letztes Haus erbauen.
Sonst bestellt ich ohne Grauen
Heute mir ein solches Haus,
Wo einst Würmer Tafel halten
Und sich ärgern übern Schmaus,
Bey des abgehärmten alten
Magern Weibes Überrest,
Die der König darben läßt.
ward aber *nicht* abgeschickt zur Hofstaatskasse. Ich quittierte prosaisch und bestand auf meiner Hoffnung, gebe sie auch noch nicht auf... [89]

Diese Ereignisse, wie sie in den Briefen der Karschin zum Ausdruck kommen, zeigen das Beziehungsgeflecht und die materielle Abhängigkeit im absolutistischen Staat. Gesuche, Briefe, Gelegenheitsgedichte waren für den Lebensunterhalt notwendig; die kritischen Antworten in Versen, die den König selbst *nicht* erreicht haben – das letztere Gedicht sandte sie nur an Gleim – zeigen die Selbständigkeit im Denken der Karschin, die damit ihre Situation zu meistern versucht.

Sie gab aber die Hoffnung nicht auf, und darin lag ein erster Ansatz zur Befreiung aus den Umständen. Die letzten dreißig Jahre ihres Lebens verbrachte sie als bekannte Autorin in Berlin, führte als von ihrem Ehemann getrennt lebende Matrone einen eigenen Haushalt, in dem auch andere Verwandte sowie ihre Tochter und Enkel mit versorgt wurden. Die Karschin blieb eine Ausnahme, eine Außenseiterin, die anders als die Zäunemann eine Art Männerrolle ausübte mit ihrem zum Lebensinhalt gewordenen – und zum Unterhalt dienenden – Schreiben.

Sophie La Roche, der Beginn der »Frauenliteratur« und der weiblichen Tradition

Die programmatische Vorrede »An meine Leserinnen« zu ihrer Moralischen Wochenschrift *Pomona* begann Sophie La Roche 1783 mit den Worten: »Das Magazin für Frauenzimmer und das Jahrbuch für Denkwürdigkeiten für das schöne Geschlecht – zeigen meinen Leserinnen, was teutsche Männer uns nützlich und gefällig achten, Pomona wird Ihnen sagen, was ich als Frau dafür halte –.« [90] Mit diesem ersten Satz zeigt die La Roche, daß sie den von Männern geleiteten Frauenzeitschriften bewußt eine von einer Frau geschriebene an die Seite stellen wollte, damit die Lektüre und damit die Bildung und Erziehung der Frau nicht mehr allein den männlichen Autoren überlassen bliebe. Sophie La Roche bekennt sich – im Gegensatz zu ihren Vorgängerinnen wie Luise Gottsched – nicht nur zur weiblichen Herausgeberschaft, sondern geht noch einen Schritt weiter. Sie besteht als Frau wie selbstverständlich auf dem Recht, über Angelegenheiten, die speziell Frauen betreffen, zu schreiben und damit als Autorin hervorzutreten. Als Sophie La Roche ihre *Pomona* herausgab, war sie schon 53 Jahre alt (im »Herbst« ihres Lebens, wie auch der Name »Pomona« andeuten sollte), und sie stand auf der Höhe ihres Ruhmes als Deutschlands bekannteste Schriftstellerin in der zweiten Hälfte des 18. Jahrhunderts. Ihr erfolgreicher Roman *Die*

Geschichte des Fräuleins von Sternheim (1771) war, von Wieland als Herausgeber betreut, besonders einem weiblichen Lesepublikum anempfohlen worden und war damit zu *dem* Roman für das »schöne Geschlecht« der empfindsamen Epoche geworden. Die La Roche selbst wurde mit ihrer Romanheldin, der »Sternheim«, identifiziert und als Autorin auf die Erzieherin von »Teutschlands Töchtern« festgelegt. Davon sollte sie und ihr Werk nicht mehr loskommen – und zugleich profitieren. Mit ihrem umfangreichen Prosawerk hat Sophie La Roche aber ein wichtiges literar- und kulturhistorisches Dokument geschaffen, das für die Entwicklung der deutschen Literatur ebenso bedeutend ist wie für die sozialgeschichtliche und kulturschaffende Rolle der Frau im 18. Jahrhundert.

Da in dem Werk der La Roche das Leben einer (bürgerlichen) Frau auch im bewußten und unbewußten Rückgriff auf ihren eigenen Lebenskreis zum ersten Mal in der deutschen Literatur so erfolgreich thematisiert wird, soll ausführlich auf wichtige Lebensphasen dieser Autorin eingegangen werden. Sophie wurde 1730 [91] in Kaufbeuren als die Älteste von zahlreichen Geschwistern geboren, von denen nur drei Mädchen und ein Bruder das Säuglingsalter überlebten. Ihre Familie siedelte nach Lindau und dann nach Augsburg über, wo ihr Vater Dekan der medizinischen Fakultät und sein Haus ein beliebter Treffpunkt von Gelehrten wurde. Sophie wurde streng pietistisch erzogen:

Im väterlichen Hause mußte alle Tage, neben der Arbeit an der Seite meiner Mutter, eine Betrachtung in Arndts wahrem Christenthume, am Sonntage eine Predigt von Frank in Halle gelesen und eine gehört werden [...]. Doch wurde ich daneben auch die beste Tänzerin, lernte französisch, zeichnen und Blumen malen, sticken, Klavier spielen, und Küche und Haushaltung besorgen. [92]

So beschreibt Sophie viele Jahrzehnte später ihre weibliche Bildung in ihrem Lebensrückblick *Melusinens Sommerabende* (1806). Sie erwähnt dort auch, daß sie schon mit drei Jahren lesen lernte, mit fünf die Bibel las und mit zwölf als Helferin ihres Vaters bei Herrenabenden recht nützlich war, »weil mein gutes Gedächtnis mich alle Titel und alle Stellen behalten ließ, welches ich dann auch zum Auswählen der Bücher selbst benutzte.« (ebd.)

Mit ihrer schnellen Auffassungsgabe, ihrer feinen Beobachtung und ihrem guten Gedächtnis bildete sich Sophie ihr Leben lang selbst weiter. Sie war, wie alle literarisch tätigen oder geistig hervorragenden Frauen im 18. Jahrhundert, hauptsächlich eine Autodidaktin. Anregungen und Wissen wurden dazu von den Männern in ihrem Lebenskreis vermittelt.

Da war zunächst der Vater, dann ein Kollege des Vaters, der spätere Verlobte Bianconi, der der siebzehnjährigen Sophie Unterricht im Italienischen, in Kunstgeschichte, Gesang, Mathematik — alles in französischer Sprache — gab, da der gebürtige Italiener und Leibarzt des Fürstbischofs von Augsburg Bianconi kein Deutsch verstand. Die Heirat scheiterte schließlich am Ehevertrag, da sich der streng protestantische Vater und der ebenso streng katholische Bianconi nicht über die Religionsklausel einigen konnten: der Vater bestand auf einer protestantischen Erziehung der Töchter, der Verlobte auf der katholischen *aller* Kinder — Sophie wurde dazu, wie es zu ihrer Zeit üblich war, gar nicht erst gefragt. Sie lehnte eine heimliche Trauung mit Bianconi ab, weil sie ihren »Vater nicht betrüben wollte«, der dann ihren Liebeskummer damit zu beenden suchte, daß er Sophie zwang, »alle Briefe [Bianconis], Verse, schöne Alt-Arien... in sein Kabinett zu bringen, zu zerreißen und in einem kleinen Windofen zu verbrennen; Bianconis Portrait... mit der Schere in tausend Stücke zu zerschneiden« (S. 17).

1748 war die Mutter gestorben, und Sophie betreute als die Älteste die drei Geschwister; sie wohnten zunächst beim Großvater Gutermann in Biberach. Im Spätsommer 1750 lernte Sophie dann ihren Vetter Wieland persönlich kennen; mit Wieland hatte sie schon korrespondiert und eine Seelenfreundschaft geschlossen, die bald zur Verlobung wurde, obwohl die Eltern dagegen waren. Als ihr Vater 1752 wieder geheiratet hatte und Sophie nach Augsburg übersiedeln sollte, schrieb ihr Wieland aus Zürich:

Ich kann es nicht zugeben, daß Sie wieder nach Augsburg gehen. Das wäre Sie einer Stiefmutter, ihren Verwandten und Ihrem Vater preißgeben. Sie sollen bey meinen Eltern bleiben, ich bitte Sie darum,... Wenn Sie nach Augspurg zurückgehen, so verliehre ich Sie das ist moralisch unfehlbar. Das wenigste was diese entsezliche Leute thun, ist daß Sie meinen Engel zu Tod kränken. [93]

Das Verhältnis Sophies zu ihrer neuen Stiefmutter und ihrem Vater war also gespannt; Sophie (und ihre drei Schwestern) waren, etwas kraß ausgedrückt, überflüssige Kostgänger, die man nur mit einer teuren Mitgift standesgemäß verheiraten konnte. Wieland, der im Vergleich zu dem Patrizier Gutermann aus bescheidenen Verhältnissen stammende Vetter und Pfarrerssohn, der dichtete und sich 1753 nach dem Aufenthalt in Erfurt und Tübingen nun in Zürich bei Bodmer bildete, stellte keine baldige Versorgung für Sophie in Aussicht.

Sophie hatte eine großbürgerliche Erziehung genossen, war eine Frau, die schöne Literatur las und dichtete, statt ihre Zeit auf häusliche Fertigkeiten und Tugenden zu verwenden, die für einen (klein)bürgerlichen Haushalt lebensnotwendig waren. Noch wichtiger war wohl, daß sie, da der Vater wieder geheiratet hatte, für Wieland nicht die erhoffte und wichtige große Mitgift bringen würde, wollte er sich als Jurist (oder auch als Geistlicher) großbürgerlich (und nicht so bescheiden wie sein Vater) etablieren. So wurde die Verlobung von beiden Elternseiten hintertrieben, dazu durch Wielands räumliche Entfernung und in den Briefen anklingende Mißverständnisse und Eifersüchteleien [94] keineswegs gefördert, so daß Sophie schließlich 1753 in die Konvenienzehe mit Frank de la Roche [95] einwilligte, die sie lebenslang zufriedenstellte.

Diese Ehe war sicher ein Glück für ihre schriftstellerische Begabung und spätere literarische Tätigkeit: sie gab ihr die finanzielle und gesellschaftliche Stütze, die geistige Anregung und menschliche Befriedigung, die Möglichkeit zur eigenen Weiterbildung und Erweiterung ihres Lebens-, Erfahrungs- und Bildungshorizontes, die sie für eine selbständige literarische Tätigkeit benötigte. So blieb Sophie das Los einer Luise Adelgunde Kulmus Gottsched erspart, als geistige Zuarbeiterin und Karrierebegleiterin nur das literarische Schaffen ihres Mannes lebenslang zu fördern.

Nach der Heirat siedelte Sophie zu La Roche in das Stadionsche Schloß nach Mainz über, wo der aufklärerisch gesinnte Graf Stadion als erster Minister am Hofe des Kurfürsten Emmerich Joseph von Mainz lebte. Hier lernte sie die Hierarchie eines kleinen katholischen Hofstaates kennen; sie mußte ihrem Mann beim Briefwechsel mit ausländischen Korrespondenten des Kurstaates helfen, auf Spaziergängen oder an der Tafel des Grafen Stadion für Anregungen zu Gesprächen sorgen, wofür sie sich Auszüge aus den verschiedensten Büchern machte, die ihr Mann auswählte, um diese graziös und scheinbar absichtslos einzustreuen, damit sie dann von dem Grafen und der übrigen Gesellschaft weiter diskutiert würden. Ihre Rolle als anregende, aber passiv-stumme Gesellschafterin beleuchtet ihre zweitrangige, dienstbare Stellung als Bürgerliche und als Frau. Auch in der gelehrt-unterhaltenden Konversation gebildeter Adelskreise und -zirkel waren Frauen bestenfalls Musen, sonst stumme Zuhörerinnen (oder Sexualobjekte). Wollten sie selbst partizipieren, so scharten sie einen Musenhof zumeist bürgerlicher Dichter, Musiker oder Maler um sich, wie es etwa Anna Amalia in Weimar in diesen Jahrzehnten getan hat.

Auch als Mutter konnte Sophie La Roche auf ein erfülltes Leben noch im hohen Alter stolz sein. Sie gebar acht Kinder in Mainz, von denen fünf das Kindesalter überlebten. Die älteste Tochter, Maximiliane (»Maxe«), beeindruckte später Goethe, der nach Maxes Heirat mit dem weitaus älteren Witwer und Kaufmann Peter Brentano in Frankfurt 1774 einige Zeit in ihrem Haus verkehrte. Unter Maximilianes zwölf Kindern waren Clemens und Bettina Brentano: Sophie von La Roche wurde »die Großmutter der Brentanos«. [96] Später betreute Sophie Clemens und Bettine einige Jahre, als die Mutter 1795 im Kindbett gestorben und der Vater sich wieder verheiratet hatte.

1762 zog sich Graf Stadion von den Staatsgeschäften auf sein Gut Warthausen in der Nähe von Biberach zurück, wohin ihm die Familie La Roche folgte. Als er 1768 starb, entstanden Unstimmigkeiten mit den Erben des Grafen, so daß La Roche auf eine Amtmannstelle in Bönnigheim angewiesen war, bevor er 1770 die Position eines Geheimen Rates beim Kurfürsten Clemens Wenzeslaus von Trier erhielt und zu dessen Hofstaat in Ehrenbreitstein übersiedelte.

Sophie hatte kurz nach ihrer Verheiratung wieder Kontakt zu Wieland geknüpft, die Freundschaft brieflich und, seitdem der Dichter als Stadtschreiber in Biberach lebte, persönlich fortgesetzt, bis Wieland 1769 durch die Beziehungen la Roches seine Professur an der kurmainzischen Universität Erfurt erhielt und dorthin umzog. – In diesen 1760er Jahren nahm Sophie ihre während der Verlobungszeit mit Wieland begonnenen schriftstellerischen Arbeiten wieder auf, Versuche mit Erzählungen und Anekdoten. Nach dem Tode des Grafen Stadion im Jahre 1768 gaben der vorübergehende Aufenthalt auf dem Gut Bönnigheim und die erzwungene Abwesenheit ihrer ältesten Töchter, die in einer Klosterschule katholisch erzogen werden mußten, Sophie vermehrten Mut und Muße, ihren 1766 begonnenen Roman auszuarbeiten, den Wieland editorisch betreute und mit Vorrede und Fußnoten versehen herausgab. *Die Geschichte des Fräuleins von Sternheim*, deren erster Teil im Mai und zweiter Teil im September 1771 erschien, war ein großer Erfolg und machte Sophie La Roche zu einer berühmten Frau: schon im Erscheinungsjahr erlebte der Roman drei Auflagen, 1772 eine weitere und dann noch vier in den nächsten 15 Jahren. Übersetzungen ins Französische, Englische, Holländische und Russische machten den Namen der Sophie La Roche auch außerhalb Deutschlands bekannt.

Mit dem Erscheinen der *Sternheim* hatte die öffentliche Karriere der La Roche als Schriftstellerin begonnen, während sie schon seit ihrer Bekanntschaft mit Wieland – und man darf annehmen schon angeregt von Bianconi –, also schon über zwanzig Jahre lang sich mit dem Schreiben von Prosatexten befaßt hatte. Der *Sternheim*-Roman zeichnet ein gefühlvolles Seelenbild einer tugendhaften Frau, ganz aus der Perspektive dieser Frau, die ein Vorbild für die Töchter und Frauen des begüterten Bürgertums werden sollte. Bei dieser Thematik setzen auch die nächsten Werke der La Roche an.

Während ihr Mann am Hof des Kurfürsten Clemens Wenzeslaus von Trier zum Kanzler aufstieg, wurde ihr Haus zu einem beliebten Treffpunkt der Literaten: es besuchten sie dort u.a. Wieland, die Brüder Jacobi, Goethe, Leuchsenring, Merck. In dieser Zeit arbeitete sie an ihrem nächsten Roman, *Rosaliens Briefe an ihre Freundin Mariane von St.* (1780–81), von dem zunächst Teile in Jacobis Frauenzeitschrift *Iris* (1775/76) abgedruckt worden waren. *Rosaliens Briefe* verfolgen die Entwicklung eines jungen Mädchens von der Verlobung und den Reisen mit ihrem Onkel bis zur jungen Ehefrau und der Geburt ihres ersten Kindes. Viel mehr noch als in der *Sternheim*, wo Intrigen weitgehend das Handlungsgefüge bestimmen, werden hier die innere Bildung und die äußere Entwicklung einer Frau in den Mittelpunkt gestellt. Nach einer Reihe von »Moralischen Erzählungen« und nach dem Roman *Geschichte von Miß Lony und der schöne Bund* (1789) ließ Sophie erst 1791 eine Fortsetzung von *Rosaliens Briefen* unter dem Titel *Rosalie und Cleberg auf dem Lande* folgen.

Seit 1780 hatte Sophie La Roche häusliche Sorgen: ihr Mann war unvermittelt aus seinem Kanzleramt entlassen worden und nur durch den Verzicht seines unmittelbaren Vorgesetzten, des Ministers von Hohenfeld, auf seine eigene Pension erhielt La Roche eine Versorgung. Die Familie lebte einige Jahre lang in Hohenfelds Haus in Speyer, ab 1786 dann in Offenbach, wo der lange kränkelnde La Roche 1788 starb. Seitdem ihr Mann nicht mehr als Hofbeamter tätig war, ihre Kinder erwachsen, die beiden Töchter verheiratet und nur der jüngste, recht schwierige Sohn zu Hause lebte, hatte Sophie aber auch mehr Zeit für sich. In diesen 1780er Jahren versuchte sie, sich als Schriftstellerin zu etablieren. Schon im Mai 1781 erwog sie eine Ausgabe ihrer moralischen Erzählungen auf Pränumeration, und im Januar 1783 erschien das erste von 24 Heften ihrer Wochenschrift *Pomona*, deren Erscheinen aber schon nach zwei Jahren wohl aus Finanzierungsschwierigkeiten eingestellt werden mußte.

Sophie La Roche erneuerte durch weite Reisen alte Bekanntschaften und lernte die interessanten Zeitgenossen der literarischen und geistigen Welt kennen. 1784 besuchte sie die Schweiz, 1785 Paris, 1786 reiste sie nach Holland und England. Von diesen Reisen brachte sie den Stoff zu den zahlreichen Reisebeschreibungen mit, die wie das *Tagebuch einer Reise durch die Schweiz* (1787), das *Journal einer Reise durch Frankreich* (1787) und das *Tagebuch einer Reise durch Holland und England* (1788) oft wie Tagebücher angelegt sind. Die La Roche war die erste bürgerliche Frau in Deutschland, die selbständig gereist ist und ihre Erlebnisse und Beobachtungen einem breiten, nicht vorwiegend weiblichen Lesepublikum in ihren Reisebeschreibungen bekannt gemacht hat.

Das 18. Jahrhundert war ohne Zweifel das goldene Zeitalter der Reisebeschreibung sowohl in Deutschland als auch in ganz Europa, denn es bestand ein gewaltiges Bedürfnis einer immer breiter werdenden Leserschaft auf »Welt«. Erlebnisse, Abenteuer, fremde Völker und Sitten, eine andere Umgebung reizten, man wollte über alle Dinge dieser Erde unterrichtet sein. Wer selbst nicht reisen konnte, reiste mit anderen Menschen auf dem Papier mit, denn die Reisebeschreibungen enthielten Berichte über die unterschiedlichsten Länder und Orte. Während nun auch Bürger in vermehrtem Maße zu reisen begannen, waren die Bildungsreisen meist den Männern vorbehalten. Männer konnten allein reisen, aber für eine Frau war es unstandesgemäß, ohne Begleitung und unmöglich, ohne Erlaubnis des Ehemannes (oder Vaters) zu verreisen. Auch hatten die bürgerlichen Frauen selten die Mittel zum Reisen, es sei denn, Ehemänner oder Väter bezahlten dafür.

Sophie La Roche war wohl die erste Frau in Deutschland, die durch ihre Schriftstellerei Geld verdiente, über das sie selbst verfügte, und das ihr ermöglichte, selbständige Reisen zu unternehmen. (Erst die um mehr als eine Generation jüngere Therese Forster-Huber konnte mit ihrer schriftstellerischen und journalistischen Arbeit das Geld zum Unterhalt ihrer Familie verdienen und war auch darauf angewiesen.) Um für neue Reisen Geld zu beschaffen, schrieb die La Roche über jede ihrer größeren Reisen eine Reisebeschreibung. Dabei erweist sie sich als eine gute Beobachterin von Menschen, Gegenständen und Umständen. Der kulturgeschichtliche Wert dieser Reisetagebücher ist nur vereinzelt gewürdigt worden, wie etwa Sophies Bemerkungen über London in einer englischen Übersetzung von 1933.

Ihre späten Erinnerungswerke, *Briefe über Mannheim* (1791), *Mein Schreibetisch* (1799), *Reise von Offenbach nach Weimar und Schönbeck im Jahre 1799* (1800), *Herbsttage* (1805), und das von Wieland herausgegebene Werk *Melusinens Sommerabende* (1806) bringen Schriftstücke,

Briefe, Reminiszenzen und Reflexionen über ihr langes und reiches Leben und ihre Freunde. – Auch ihr ausgedehnter Briefwechsel hat literarischen und sozialgeschichtlichen Stellenwert. Ihr ausführlicher und interessanter lebenslanger Austausch mit Wieland wird nun vorbildlich in der kritischen Ausgabe der Wieland-Briefe [97] zugänglich gemacht; hier sind die vielen ausführlichen französischen Briefe an Wieland aus den 1760er Jahren besonders mitteilsam. Die Liste ihrer Korrespondenten sowie der erhaltenen Briefe, die jedoch größtenteils in Archiven schlummern [98], ist lang. Darunter sind auch viele Frauen, wie die gleichaltrige Schweizer Rousseau-Freundin (und ehemalige Wieland-Verlobte) Julie Bondeli, die sie nie persönlich kennengelernt hat, die französische Prinzenerzieherin und Autorin Madame de Genlis, die sie auf ihrer Frankreich-Reise besucht hat, und die fast eine Generation jüngere Elise zu Solms-Laubach [99], die die alternde La Roche auch finanziell unterstützt hat.

1799 hatte Sophie mit ihrer Enkelin Sophie Brentano Weimar besucht, wo die einst verehrte »Mama« nun von Goethe und Schiller kühl empfangen wurde und Goethe sie privat als »nivellierende Natur« bezeichnete: »Sie hebt das Gemeine herauf und zieht das Vorzügliche herunter und richtet das Ganze alsdann mit ihrer Sauce zu beliebigem Genuß« (Brief an Schiller, 24. Juli 1799). In das Weimarer Kunstprogramm paßte die alternde Schriftstellerin – sie zählte damals 68 Jahre – nicht, denn sie war nur eine »Dilettantin«. Auch Wieland war der Besuch der langjährigen Freundin und Briefpartnerin, deren vertrautes Verhältnis sich seinerseits seit 1780 ganz merklich abgekühlt hatte, ein bißchen lästig. Er interessierte sich viel mehr für die Enkelin, die dann nach der Abreise glühende Briefe der Verehrung an den »lieben Vater« Wieland schickte. Die Greisin Sophie La Roche dagegen, die »schöne Seele« der 1770er Jahre, konnte längst nicht mehr die Weiblichkeitsvorstellungen der Klassik erfüllen, sie war weder eine Iphigenie noch eine Therese, Ottilie, Psyche oder gar eine Danae. Seit dem Sturz ihres Mannes – der Verlust des Amtes wurde allgemein so empfunden – war ihre gesellschaftliche Stellung zur Bedeutungslosigkeit herabgesunken, Beziehungen zu den Höfen konnte sie den aufstrebenden Literaten nicht mehr vermitteln, in ihrer eingeschränkten finanziellen Lage und besonders als alternde Witwe benötigte sie nach 1788 eher die Hilfe anderer, als daß sie durch ihre Protektion irgendwie nützen konnte. Als sie im Frühjahr 1807 in aller Stille in Offenbach starb, brachte Wielands *Teutscher Merkur* eine Würdigung von ihrem Offenbacher Freund Buri, in der es heißt:

Unsterblich wirkte sie auf Teutschlands Töchter,
Unzähl'ge Mütter bildeten Geschlechter,
Sophiens Schriften in der Hand
Zum künftigen Beruf und Stand. [100]

Wie und warum war das literarische Werk der La Roche auf pädagogische Lehrbücher für eine standesgemäße weibliche Erziehung zur Hausfrau und Mutter verengt worden? Als Seelenfreund und Mentor, dann
als »Kunstrichter« [101] hat Wieland das literarische Schaffen und Leben
der La Roche geformt, bestimmt und propagiert und zwar für den
Bereich, den Wieland wegweisend für das späte 18. und 19. Jahrhundert
einer schreibenden Frau zugewiesen hat, den Bereich der »Frauenliteratur«, d.h. einer von einer Frau für ein weibliches Lesepublikum verfaßten
Literatur. Auf diese Tätigkeit Wielands als »Kunstrichter«, als Mentor,
Kritiker, Redakteur und Helfer bei der Publikation des literarischen
Schaffens der La Roche ist nun näher einzugehen.

Schon in den Briefen der Verlobungszeit machte Wieland Vorschläge
zu den literarischen Versuchen, die Sophie ihm vorgelegt hatte:

Sie machen mir unendlich viel Vergnügen, wenn Sie sich in der Dichtkunst
immer mehr üben, wie auch in der deutschen Sprache, welche *viel schöner als die
französische* ist. Die Fabel, welche Sie mir geschickt haben, ist ganz artig, außer
daß die Wörter ›verbande, fande, erführe‹ wider die deutsche Grammatik verstoßen. Es muß ›verband‹, ›fand‹ heißen das e ist unerlaubt. Doch dieses ist eine
Kleinigkeit, die ich meiner liebenswürdigen Schwäbin gar gern vergebe. Ihre
Prosa ist unvergleichlich. (Juli 1751; WBr, Bd. 1, S. 20).

Bei der Arbeit an der *Sternheim* fast zwanzig Jahre später fungierte der
inzwischen weit bekannte und viel gelesene Dichter Wieland dann
wieder als Sprachlehrer und »Kunstrichter«, dem Sophie ihr im Entstehen
begriffenes Werk zunächst zur Kritik vorlegte. Als Sophie am 22. April
1770 aus Warthausen melden kann, daß der erste Band fast vollendet ist,
und anfragt ob er wohl des Druckes würdig sei, antwortet Wieland mit
den für seine Betreuung dieses Romans so charakteristischen Worten:
»Allerdings, beste Freundin, verdient Ihre Sternheim gedruckt zu werden; und sie verdient es nicht nur; nach meiner vollen Überzeugung
erweisen Sie Ihrem Geschlecht einen wirklichen Dienst dadurch« (WBr,
Bd. 4, S. 140). Immer wieder hatte Wieland den Nutzen dieses Werkes
für das weibliche Geschlecht betont, er nannte ihn »un bien infini aux
personnes de Votre sexe« (17. Dezember 1769; Bd. 4, S. 72).

Wieland vermittelt den Druck bei seinem Leipziger Verleger Reich; er
liest das Manuskript »immer mit der Feder in der Hand« und macht

stilistische und editorische Verbesserungen. Eine sprachliche Redaktion von Prosatexten war im 18. Jahrhundert durchaus üblich; auch Schiller oder Haller ließen sich ihre Werke durchsehen, damit etwaige durch Mundartgewohnheiten bedingte Formen und Wörter dem hochdeutschen Sprachgebrauch angeglichen wurden. Sophie La Roche stand durch ihre Lebensumstände dem Hochdeutsch zunächst fern. [102] Sie sprach Dialekt, denn sie stammte aus dem Grenzgebiet des sich der einheitlichen deutschen Hochsprache am meisten widersetzenden Schwaben und Bayern. Außerdem war sie zweisprachig (Französisch und Deutsch) – sie erledigte die französische Korrespondenz ihres Mannes, schrieb ihre Privatbriefe zumeist auf Französisch und sprach natürlich am Hofe in Mainz und Koblenz nur französisch. Dann hatte sie, weil sie eine Frau war, nicht die intensive Sprachschulung an den klassischen Sprachen und im systematischen Unterricht der Lateinschule genossen, die Universität nicht besuchen können und war so relativ wenig mit der Sprache der Gelehrten und überhaupt nicht mit philologischen Fragen in Berührung gekommen. Daher weichen ihre Orthographie, Grammatik und Diktion oft erheblich vom Hochdeutschen ab. Im *Sternheim*-Roman wurden diese sprachlichen Abweichungen von Wieland, die Orthographie wohl vom Kopisten und sicher auch vom Leipziger Drucker vielfach korrigiert, d.h. der Text wurde dem hochdeutschen Sprachgebrauch und Orthographie angeglichen. Auch in der sprachlichen Formulierung spielte Wieland als »Kunstrichter« eine bedeutende Rolle für diesen Roman der La Roche, indem er für Normierung und Angleichung an die vorherrschenden literarischen Modelle sorgte.

Auch auf die Rezeption der *Sternheim* nahm Wieland Einfluß, denn mit der Vorrede und mit seinen Anmerkungen präsentierte und kommentierte er den Roman in einer ganz bestimmten Weise. Mit dem Vorwort beabsichtigte er, die schriftstellerische Tätigkeit der La Roche, einer Frau, zu rechtfertigen und in das rechte Licht zu rücken. In seinen Anmerkungen brachte er oft unmißverständlich aber immer diplomatisch seine Kritik am Text zum Ausdruck. Er wollte bewirken, daß der Roman günstig aufgenommen würde. So führt Wieland in der Vorrede aus, wie er seine Freundin in eine Schriftstellerin verwandelt habe, und betont den »weiblichen« Charakter der Autorin, die er mit der Titelheldin Sternheim weitgehend identifiziert. [103] Die Freundin habe nie daran gedacht, »für die Welt zu schreiben oder ein Werk der Kunst hervorzubringen« (13); damit soll die Bescheidenheit der Frau und ihre »moralische Nützlichkeit« (S. 14) betont, ihre Weiblichkeit gewahrt werden. Auch der Anschein jeglicher Gelehrsamkeit und alles, was »Autors-Künste« genannt werden kann, müssen peinlichst vermieden werden. Dafür entschädigt die moralische Nützlichkeit; die »Originalität der Bilder und des Ausdrucks« läßt über die »Nachlässigkeit des Stils« und den »Mangel einer vollkommern Abglättung und Rundung« (ebd.) hinwegsehen. Schon einige Zeitgenossen, besonders Lenz, haben Wieland wegen des pedantischen Tons der Vorrede, der die Leistung der Autorin herabzusetzen scheint, kritisiert. Wieland versuchte, die schriftstellerische Leistung der La Roche mit dem gängigen Bild der bescheidenen, tugendhaften Frau zu vereinbaren: »Nützlich zu sein wünscht sie; Gutes *will* sie tun; und Gutes *wird* sie tun und dadurch den Schritt rechtfertigen..., sie in die Welt einzuführen« (S. 17). »Kunst« und Schriftstellerei aus »Profession«, das waren für Wieland und seine Zeit zwei Bereiche, in denen »die Freundin« (sprich: Frauen) aufgrund ihrer natürlichen Bestimmung nichts zu suchen hatten. Beide, Sophie und Wieland, waren ängstlich bemüht, daß der »Frauenroman« (und die Autorin) diese Grenzen nicht überschreite.

Was das Lesepublikum des Romans anbetrifft, so verweist Wieland wiederholt und vorrangig (jedoch nicht ausschließlich) auf Frauen, wenn er in der Vorrede schreibt, er konnte »dem Verlangen nicht widerstehen, *allen tugendhaften Müttern, allen liebenswürdigen jungen Töchtern* unsrer Nation ein Geschenke mit einem Werke zu machen, welches mir geschickt schien, Weisheit und Tugend... unter *Ihrem Geschlechte*, und selbst unter dem meinigen, zu befördern« (S. 10, Hervorhebung von mir). Wieland nimmt sein Geschlecht, die Männer, keineswegs als Leser aus, doch die Betonung liegt auf dem weiblichen Lesepublikum, das gleich dreimal angesprochen wird. Die Nützlichkeit des Romans insbesondere für lesende Frauen ist ein wichtiges Thema der Wielandschen Vorrede.

Diese Förderung einerseits und den Verweis an ein weibliches Lesepublikum andererseits läßt Wieland nun auch dem gesamten späteren Werk der La Roche angedeihen, allerdings mit immer schwächer werdendem Enthusiasmus. Das hat seine Erklärung in den sich langsam entfremdenden persönlichen Beziehungen; die stärkere Betonung des weiblichen Lesepublikums hat seine Entsprechung in der Entwicklung des literarischen Lebens und Marktes.

Nach dem Erscheinen der *Sternheim* schienen der literarische Ruhm und die gesellschaftliche Stellung der La Roche einige Jahre lang die Wielands zu überschatten; Sophie trat außerdem in nähere Beziehung zu dem um fast eine Generation jüngeren Goethe, der in diesen Jahren wiederholt scharfe Kritik an Wieland übte, während er und seine Freunde die Autorin der *Sternheim* zunächst feierten. Diese Rivalität entfremdete Wieland und die La Roche, die mit unveränderter Herzlichkeit und immer andauerndem Interesse an Wielands Leben *und* Schaffen Anteil nahm, während sich Wieland mehr und mehr vom literarischen Schaffen der La Roche distanzierte.

Da Sophies gesellschaftliche Pflichten in den siebziger Jahren sie stark in Anspruch nahmen, arbeitete sie längere Zeit an ihrem nächsten Roman, *Rosaliens Briefe an ihre Freundin Mariane von St.* (1880−81), von dem Teile unter dem Titel *Frauenzimmerbriefe* 1775 und 1776 in Jacobis Zeitschrift *Iris* gedruckt wurden und nicht in Wielands *Merkur*. Wieland schrieb dazu an Sophie:

So angenehm es mir gewesen wäre, den Leserinnen des Merkurs (denn der Merkur hat auch Leserinnen) eine Frucht des Geistes und Herzens meiner Freundin Sophie vorsetzen zu können, so billig finde ich Ihre Ursachen, warum Sie der Iris und unserm Jacobi den Vorzug gegeben haben... Die Iris ist ohnehin der schicklichere Platz für Frauenzimmer Briefe, die eine Frau zur Verfasserin haben. (16. Jan. 1775). [104]

Wieland weiß um den Markt der für Frauen geschriebenen Literatur und den Erfolg der La Roche beim weiblichen Lesepublikum in den 1770er Jahren, doch an dem Inhalt ihres literarischen Schaffens ist er nicht weiter interessiert. Als Sophie die »Briefe« später selbständig als Buch veröffentlicht hat, fragt sie direkt nach seinem Urteil als Kritiker über dieses Werk:

Lesen Sie doch, es liegt meinem Herzen daran Lesen *Sie*, meine Rosalie − *Wieland* soll meine Rosalie lesen, u. die güte haben − *alte* und *neue* güte mir was darüber zu sagen ich bitte bitte. [105]

Im selben Brief, in dem Sophie um Wielands kritisches Urteil über ihr Werk bat, hatte sie eine verständnisvolle und anerkennende Würdigung von Wielands soeben erschienenem *Oberon* gegeben; sie hilft auch »Souscripenten für die Schöne ausgabe samlen« (ebd.), doch Wieland äußerte sich nicht, weder öffentlich noch privat. Ob Wieland die späteren Werke der La Roche überhaupt noch flüchtig durchgeblättert hat? Immer wieder schreibt er, daß er ihre Bücher seiner Frau und den Töchtern weitergegeben hat; er glaubt, damit seine Pflicht gegenüber der La Roche abgegolten zu haben. Wie noch in den folgenden Jahrhunderten war die schöne Literatur, die von männlichen Autoren und aus männlicher Perspektive verfaßt wurde, selbstverständlich für *alle* Leser, Männer wie Frauen, bestimmt und galt als universal; die schöne Literatur aber, die von Frauen und aus ihrer Perspektive geschrieben wurde, war als »Frauenliteratur« nur für Frauen interessant.

Wieland war und blieb Sophies »Kunstrichter«, wenn er, als sie Beiträge für den *Merkur* lieferte, einmal monierte:

Lassen Sie es eine Dame und nicht eine Mannsperson seyn, welche schreibt. Nicht nur in ihrem Styl sondern in Ihrer ganzen Art zu denken, zu empfinden, Ihre Ideen zu verbinden, zu ordnen etc. ist etwas viel zu weibliches, als daß man sich's denken könnte, daß ein Mann so schreibe, so erzählte. Ce ton là ne vous va pas. [106]

Solche kritischen Bemerkungen machten Sophie »ängstlich« (wie sie es ausdrückte), und sie fühlte Wielands halbherziges Interesse, als sie ihn um ein Urteil über ihre *Pomona* bat:

Nun sind 6 volle monate mit Pomona umgegangen. Ich danke Ihnen herzlich für die pflege welche Sie dem geschöpf angedeyen liessen, und bitte sie inständig, da ich Sie nicht zu oft mit meinen Briefen plage, mir doch ein paar ganz aufrichtige Zeilen von dem zu schreiben was Ihnen gefiel, und was Sie anders möchten... Ihren beyfall mein freund – den von ihrer Mutter, und Gattin wünsche ich herzlich. [107]

Doch Wieland äußerte sich nicht weiter. Sophie hatte eine ständige Anzeige ihrer monatlich erscheinenden Schrift im *Merkur* gewünscht; das war keine Sache der Eitelkeit, sondern hätte den Absatz der Zeitschrift, die nach zwei Jahren einging, gefördert. Aber anstatt in seinem Journal Verkaufshilfe zu geben, versuchte Wieland, von dem reger werdenden Markt für Frauenliteratur selbst zu profitieren. Schon im Februar 1785 schrieb er an Sophie:

Sie haben vielleicht in öffentlichen Blättern gelesen: daß Reich in Leipzig [Wielands Verleger] eine deutsche Einkleidung der in Paris nächstens erscheinenden *Bibliotheque universelle des Dames* unter *meiner Aufsicht* [Hervorhebung von mir] ankündigt. Hoffentlich wird doch diese Entreprise nicht Ihre ›Bibliothek für Lina‹ croisiren?

Sophies geplante »Bibliothek«, eine Fortsetzung der *Pomona*, erschien dann nicht, und das einträgliche Geschäft mit den Damenkalendern, Frauenzeitschriften und Taschenbüchern für Damen machten andere; die Beiträge lieferten männliche Autoren von Rang und Namen, einschließlich Wieland, Goethe oder Schiller. Die »Großmama« La Roche gab als

Verlegerin auf, wie auch ein Jahrzehnt später Marianne Ehrmann, die bei Cotta eine progressive Monatsschrift für Frauen, *Amaliens Erholungs-stunden* (1790–1792), herausgegeben hatte, dann angeblich aus wirt-schaftlichen Gründen aufgekündigt wurde und sich mit ihrer privat verlegten *Einsiedlerin in den Alpen* nicht durchsetzen konnte. [108]

Wieland distanzierte sich immer mehr von dem Werk der La Roche. Auch ihren letzten großen Roman, *Geschichte von Miß Lony und der schöne Bund* (1789), rezensierte er trotz wiederholter Anfragen und Bitten nicht mehr im *Merkur*, hat ihn wohl auch gar nicht gelesen. Es ist Sophie, die weiterhin die Verbindung aufrecht erhält, regelmäßig schreibt, an Wielands Leben und Werk teilnimmt, die Reise nach Weimar und das Wiedersehen gegen Wielands Ausflüchte durchsetzt und damit die alte Freundschaft scheinbar erneuert. Wieland spielte dann noch einmal den »Kunstrichter« als Vermittler und Herausgeber von Sophies letztem Werk, *Melusinens Sommerabende* (1806), das sie ein Jahr vor ihrem Tode mit einer von Wieland angeregten »Selbst-Biographie« fer-tig stellt.

Diesmal war Wieland bei seiner Redaktion des Textes vorsichtig; er erkennt Sophies eigenen »Ton und Stil« an, will keine bedeutende Ände-rung vornehmen und ihre »individuelle Art zu empfinden und zu den-ken« nicht nach »den Gesetzen einer schulgerechten Grammatik und Dialektik umzuschaffen versuchen«. [109] Dieses Lob ist, im ganzen gesehen, ein doppeldeutiges, das wohl die Individualität der La Roche (nicht aber Originalität) anerkennt und herausstellt, ihr zugleich aber auch die fehlende allgemeine Gültigkeit und universelle Wirkung, nach der die Autoren des Weimarer Kunstprogramms strebten, abspricht. Die La Roche hatte und hielt, wie Wieland jetzt ausdrücklich schreibt, den »Beruf zu einer Schriftstellerin für Teutschlands Töchter«, das war »der wahre Schlüssel zu allen ihren Schriften« (a3v). Wieland will sie auch nicht »an irgend einer andern, teutschen französischen und engländi-schen Schriftstellerin messen und durch Vergleichungen würdigen« (a4r). Er wünscht lediglich aufrichtig, daß dieses ihr Werk »von ihren zahlrei-chen, durch ganz Deutschland und einen großen Teil von Europa zer-streuten *Gönnerinnen und Freundinnen* [meine Hervorhebung] mit Er-kenntlichkeit und liebevoller Teilnahme an der würdigen Verfasserin aufgenommen werden möge« (ebd.). Wielands letzte Würdigung ist eindeutig: die La Roche ist eine »Schriftstellerin für Teutschlands Töch-ter«.

Dieses Urteil des anerkannten, wichtigen Autors Wieland über das

Werk der La Roche ist symptomatisch für die Haltung der etablierten, schönen Literatur gegenüber den schreibenden Frauen um 1800: die Frauen sind »Musen« (Mütter oder Mätressen), die Männer ihre »Kunstrichter«. War die Freundschaft der La Roche und Wielands, wie alle menschlichen Beziehungen, vielschichtig und keineswegs statisch gleichbleibend, so war die wechselseitige Bedeutung der beiden für das eigene literarische Schaffen im Rahmen der Geschlechterdifferenzierung ihrer Zeit die der »Muse«, d.h. der anregenden, idealisierten, jugendvollen Liebe, und die des »Kunstrichters«, des langjährigen Mentors und Kritikers. Damit scheint uns ein literatursoziologisches Paradigma für das im späten 18. Jahrhundert – und weit über dieses hinaus – herrschende Verhältnis zwischen einer Autorin und einem Schriftsteller vorgegeben zu sein. Sie bedeutet für ihn vor allem die geliebte, verehrte Frau, die ihm menschliche Werte vermittelt, ihn erotisch anregt und befriedigt; ihre Person ist wichtig, ihr Werk tritt dagegen in den Hintergrund und wird, wenn überhaupt, gönnerhaft gefördert, zuweilen schulmeisterlich behandelt oder weitgehend unbeachtet gelassen (oder im eigenen Werk vereinnahmt, wie die Anregungen der Frau von Stein, die Verse der Marianne von Willemer in Goethes Dichtung).

Als Autorin und in ihrem Werk wird die schreibende Frau den Gesetzen der Weiblichkeit unterworfen: Wieland identifiziert die La Roche weitgehend mit ihrer Romanheldin Sternheim und deren weiblichem Tugendkatalog (zumindest leistet er dieser Identifizierung Vorschub), er weist die Autorin La Roche auf das weibliche Lesepublikum hin. Eine Zusammenarbeit erstreckt sich auf ihre Produktion für seine journalistische Unternehmung (die La Roche liefert als »Gehülfin« Erzählungen für den *Merkur*). Die schreibende Frau bedeutet eine erste, aber noch keine ernsthafte Konkurrenz wie dann im 19. Jahrhundert [110], es kommt nicht zu einer Partnerschaft oder einer gegenseitig sich ergänzenden Zusammenarbeit. Ein dienstbares oder abhängiges Verhältnis ist auch bei den Freundschaften der Klassiker und Romantiker zwischen einer Frau und einem Mann besonders ausgeprägt, während es bei Männerfreundschaften vielfach zu kollegialer oder kollektiver Zusammenarbeit, zu gegenseitiger Ergänzung kommt, jedenfalls solange die Freundschaft andauert. [111]

Der Autor besetzt vor allem die Funktion des »Kunstrichters« im Sinne eines Mentors und Lehrers für die schreibende Frau, sofern sie ihre Selbständigkeit überhaupt bewahren und ihre schriftstellerische Tätigkeit fortsetzen kann (als Geliebte ist das selten, als Ehefrau fast niemals

Sophie La Roche als schreibende Matrone
auf dem Titelblatt ihres Erinnerungswerks.

Anna Luisa Karsch
(Porträt aus Lavaters *Physiognomischen Fragmenten* von 1776).

möglich, denkt man an die Gottschedin als lebenslängliche geistige Zuarbeiterin, an Meta Klopstock, die im Kindbett schon stirbt, an Dorothea Schlegel, die nur für und unter dem Namen Friedrichs veröffentlicht oder an Sophie Merau, die nach ihrer Heirat mit Brentano fast garnichts mehr veröffentlicht). Daß die Verlobung Wielands mit Sophie in die Brüche ging, hat sicher die La Roche vor einem ähnlichen Schicksal bewahrt, vielleicht auch Wielands schriftstellerische Laufbahn begünstigt, denn er konnte neben der lebenswichtigen Hausfrau, die er geheiratet hat, zusätzlich auch die langjährige, ganz konkrete gesellschaftliche und menschliche Unterstützung der La Roche genießen, also die (unterschiedlichen) Dienste zweier Frauen. Als Mentor und Lehrer konnte er der Autorin La Roche seine Erfahrung vermitteln, das Bildungsdefizit wenigstens andeutungsweise ausgleichen helfen, sie in die literarische Tradition einführen, ihr Publikationsmöglichkeiten und Markterfahrung vermitteln. Alle diese Dienste erwies Wieland der La Roche bis etwa 1780 geduldig und gern, da er stets hilfsbereit war und sie wie ein väterlicher Freund behandelte. Sie blieb die lernbegierige Schülerin, die das Werk des großen Meisters bewunderte und sich nur ganz langsam und schüchtern aus diesem Lehrer-Schülerin-Verhältnis verselbständigte. Das Verhältnis blieb auf Wielands Seite bis zuletzt patriarchalisch und hierarchisch. Er war deutlich der Führende, Bestimmende, die Autorität in literarischen Fragen, der »Kunstrichter«. Sie nahm die von ihm vorgegebene Rolle an, als Frau für andere Frauen zu schreiben, als Autorin für »Teutschlands Töchter« bleibende Literatur zu schaffen. Noch war der Platz, den Wieland ihr zugewiesen hatte, die einzige Möglichkeit für eine Frau, sich als Autorin in der Öffentlichkeit zu betätigen.

Ist die Beschränkung auf die »Frauenliteratur« einengend und (vielfach) abwertend, so muß auch auf das damals neue und entwicklungsfähige Potential im literarischen Ghetto hingewiesen werden. Die empfindsamen, pädagogischen Romane der La Roche sind in ihren Fiktionen ein Stück eigenes, beobachtetes, nachempfundenes Frauenleben ihrer Zeit, gesehen mit den Augen und imaginiert mit dem Einfühlungsvermögen einer mütterlich-erfahrenen, aber auch weltgewandten, gutbürgerlichen Frau. Die La Roche war immerhin über vierzig, Mutter von fünf fast erwachsenen Kindern, hatte an einem kleinen Hof eine gewisse gesellschaftliche Rolle gut ausgefüllt, als sie die *Sternheim* schrieb. Wie nah Leben und Fiktion für sie (und ihre Leser/innen) waren, zeigen ihre späteren Reflexionen über den Roman aus dem Jahre 1791: »Ich wollte nun einmal ein papiernes Mädchen erziehen, weil ich meine eigenen nicht mehr hatte, und da half mir meine Einbildungskraft aus der Verlegenheit und schuf den Plan zu Sophies Geschichte.« [112]

Das »papierne Mädchen«, das die La Roche vorgab zu erziehen, wuchs zu einer »fille Phantasque« mit viel Herz und Charakter, zu einer »Seele« heran. Das ist es, was Lord Rich am Ende des Romans, als er die Papiere der Sternheim gelesen hat, findet. Lord Rich redet die Sternheim mit »beste geliebteste Seele« an und ruft ein andermal mit Entzücken über ihre Aufzeichnungen aus: »O Freund, was für eine Seele malt sich darin!« Die Sternheim überreicht dem entsagenden Lord Rich schließlich ihre Briefe und das Tagebuch mit den Worten: »Nehmen Sie [...], was Sie das Urbild meiner Seele nennen, zum Unterpfand der zärtlichen und reinen Freundschaft!« So stellte dann auch die vielzitierte Rezension von Merck/Goethe das Seelenthema in den Mittelpunkt: Man beurteile kein Buch, sondern eine Menschenseele. Nicht etwa trockene Gelehrsamkeit oder nach künstlichen Regeln der Dichtkunst zusammengetragenes Geschehen bringt dieser Roman einer Frau, sondern die Enthüllung der innersten Seelenvorgänge der Heldin. Dazu spielt die Handlung in der realen Welt der Gegenwart, über deren Hindernisse und Umstände nach einem langen Leidensweg die Heldin dann auch am Ende selbstverständlich triumphiert.

Keineswegs sind die Heldin und das Romangeschehen in *direkten* biographischen Bezug zur Autorin zu setzen. Sophie von La Roche hat sich ganz in einen fiktionalen Charakter hineinversetzt und einen empfindsamen Roman, ein Psychogramm dieser Seele geschrieben, eine edle Natur dargestellt und so gezeigt, was von einer tugendsamen Frau erwartet wurde. Damit war die »schöne Seele« für den deutschen Roman geboren, ein Frauentyp, der als Vorläuferin von Goethes Iphigenie bezeichnet werden kann.

Mit der Sternheim hatte die La Roche nicht nur eine psychologisch differenzierte, sondern auch eine vergleichsweise aktive, selbständig handelnde und denkende Romanheldin geschaffen. Deutlich wird der Abstand zu Gellerts Erfolgsroman, dem *Leben der schwedischen Gräfin von G**** (1747–48), in dem eine vergleichsweise hölzerne Figur in der Ich-Form ihr abenteuerliches Leben erzählt. Das Schicksal treibt diese arme, aber adlige und tugendhafte Frau durch fünf Länder und läßt sie nach dem Verzicht ihres zweiten Ehemannes wieder in den Armen des ersten, lange totgeglaubten, rechtmäßigen Besitzers und Gatten enden. Weinen ist die Ausdrucksform der schwedischen Gräfin, passives Leiden krönt ihr traurig-schönes Schicksal; Selbstanalyse und psychologisches Einfühlungsvermögen – auch in andere – ist die Ausdrucksform der Sternheim, aktiv handelnd und denkend trägt sie selbst zu ihrem Fall und ihrer späteren Erhöhung bei. Sie ist eine »ganz neue Gattung von Charakter«, was nicht nur auf ihre moralischen Werte – auch die schwedische Gräfin war tugendhaft –, sondern ebenso auf ihr Erlebnis-, Reflexions- und Ausdrucksvermögen zielt, sowie auf ihr Handeln und Nachdenken im Unglück. Als Frau konnte die La Roche sich viel besser in einen weiblichen Charakter versetzen als Gellert, trotz dessen Betreuerrolle für Frauenbriefe und weibliches Publikum.

Sicher war die La Roche beeindruckt und beeinflußt von den Romanen Richardsons und Rousseaus. Richardsons Einfühlung in die weibliche Psyche in *Pamela* (1740) und besonders in *Clarissa Harlowe* (1748) und sein puritanisches Frauenbild haben die streng pietistisch erzogene La Roche angeregt. Die leidenschaftliche Liebe wird als *die* Bedrohung der Heldin gesehen, die als Frau die sexuellen Triebe zu bändigen und zu sublimieren hat. Damit wird zwar eine moralische Überlegenheit der Frau in Bezug auf die Sexualität angenommen, zugleich im Sinne der Doppelmoral der Zeit ihr die Verantwortung für die Tugend, besonders im Bereich der Liebe, zugeschoben. Rousseau hatte in seinem pädagogischen Roman *Émile ou de l'éducation* (1762) auch die Erziehung einer Frau beschrieben, der Frau, die als liebende Gattin für Emile bestimmt ist. Wenn die La Roche von Richardson und aus der pietistisch-christlichen Erziehung lernte, daß die Frau verantwortlich für die Unterdrückung der eigenen sexuellen Triebe und deren Sublimierung beim Manne in wahre, dauernde Freundschaft und Liebe in der Ehe war, so lernte sie bei Rousseau, daß der Lebenszweck der Frau darin bestand, dem Manne zu gefallen und daß alle ihre Geistesgaben und Fähigkeiten für ihre Hausfrauen- und Mutterrolle in der patriarchalisch geleiteten Familie, ja Gesellschaft, auszubilden und zu verwenden waren. Aus diesen vielfältigen moralischen Ansprüchen an die Frau, aus den Weiblichkeitskonzeptionen des Männerromans (von Richardson bis Rousseau, von Gellert bis Thümmel und Hermes) und aus einer gehörigen Portion Selbsterhaltungstrieb ließ nun die La Roche ihre Sternheim, ihr »papiernes Mädchen«, erwachsen.

Die moralischen Ansprüche und die Weiblichkeitsvorstellungen einer uneingeschränkt patriarchalischen Gesellschaft gaben den Spielraum ab, in dem die La Roche ihre Sternheim sich bewegen lassen konnte. Trotz dieses festen und engen Rahmens, der vorschrieb, wie eine tugendhafte

Frau zu sein hatte und was ihr zu tun erlaubt war, stattete Sophie ihr Phantasiekind erfinderisch mit Betätigungsdrang und Überlebenswillen aus. Dabei galt es, innerhalb des von der patriarchalischen Gesellschaft für eine Frau Erlaubten zu bleiben, ja sogar in diesen engen Grenzen den moralischen Triumph der tugendhaften Frau zu feiern.

Das Romangeschehen bringt Schwierigkeiten und widrige Umstände für die Heldin und eine Probe, die sie mit Hilfe ihrer inneren Werte besteht. So ist die Sternheim dann am Hofe den Versuchungen eines selbstgefälligen Lebens ausgesetzt: leeren Vergnügungen, Luxus, Festlichkeiten, Intrigen um Macht und Geld, Spiel, Verführung, sexuellen Reizen. Sie erliegt diesen Versuchungen, weil sie in ihrer Selbstgewißheit und Naivität das leere Hofleben nicht durchschaut, sich scheinbar als Instrument gebrauchen läßt und damit ihre Tugend gefährdet. Ihre Entscheidung, mit Derby eine geheime Ehe einzugehen und sich so vom Hofe zu entfernen, ist der tiefste Punkt ihrer Täuschung. Unter neuem Namen, als Madam Leidens, entsagt sie allem äußeren Glanz. Sie verzichtet auf die Einnahmen aus ihren Gütern, kehrt nicht auf diese zurück, kleidet sich in »streifige Leinwand«, was wie ein Bußgewand anmutet; sie reflektiert über ihre Verfehlung, bereut, kommt zur Einsicht, und erst nach einer längeren Zeit selbstlosen Handelns für andere erfolgt die Erlösung. Die Entführung in die »Bleygebürge«, ihre mitleiderregende Lage und die wie ein Wunder wirkende Errettung bilden einen letzten Schicksalsschlag, der die Erhöhung und Erlösung unterstreicht, auch wenn diese Entführung mehr eine abenteuerliche und phantasievolle Erfindung, als eine glaubhafte Auseinandersetzung mit realen Zuständen ist. Der innere Gang der Sophie von Sternheim führt von der Eigenliebe zur Nächstenliebe, von einem ängstlichen Bemühen um die eigene Reinheit und Tugendhaftigkeit zum tätigen Leben, zu einer Tugend, die nicht um ihrer selbst willen, sondern für andere da ist: zum »echten Urbild des wahren weiblichen Genies und der übenden Tugenden« (S. 346). Damit hat La Roche einen aktiven, handlungsfähigen Frauentyp geschaffen, der selbständig und mündig werden kann – eine weibliche Tradition, die der viel später erst einsetzenden Emanzipation vorarbeiten wird.

Die Sternheim ist anders als die passive, dienende, narzißtische »schöne Seele«, mehr als die beleidigte Tugend einer Emilia Galotti und mehr als die sympathische, manipulierende Minna von Barnhelm. Die »übenden Tugenden« erlauben der Sternheim einen Freiraum zur Selbstbehauptung und -entwicklung, erlauben ihr, in sinnvolle Beziehung zu anderen Frauen (und Männern) zu treten und damit das Bezugsfeld und Herrschaftsverhältnis der patriarchalischen Gesellschaft in ersten Ansätzen umzudeuten (keineswegs aber aufzubrechen oder umzustrukturieren).

Diese »übenden Tugenden« werden erst allmählich entwickelt. Schon am Hofe ist die Sternheim – anders als ihre oberflächliche, intrigante Tante – tätig: sie liest, und als ihr die Bücher weggenommen worden sind, schreibt sie um so fleißiger ihre Briefe; sie macht weibliche Handarbeiten, sie gibt armen Familien Almosen. Doch gerade aus dem Almosengeben entsteht der äußerliche Anlaß ihres Unglücks: Als sie während des Landfestes dem Pfarrer Almosen für die Armen des Dorfes gibt, wird das als Rendezvous mit dem Fürsten gedeutet; und Lord Derby schleicht sich in ihr Vertrauen ein, indem er den Wohltäter der armen Familie spielt, die sie betreut hat. War das Almosengeben ein bequemes Mittel gewesen, ihr Mitleid mit den Armen zu zeigen, so war es doch keine »übende Tugend«. Erst nach ihrer Scheinehe mit Derby und nachdem sie ihn verlassen hat, erkennt sie bei ihrer Freundin Emilia einen besseren Weg: in der häuslichen Fürsorge der Emilia für ihre Familie und der Fürsorge von Emilias Mann für seine »armen Pfarrkinder« findet die Sternheim – nunmehr »neugeboren« als Madam Leidens – zur Fürsorge für andere, zur »übenden Tugend«. Mit der Unterstützung der reichen Madam Hills gründet sie ein »Gesindhaus [...], worin arme Mädchen zu guten und geschickten Dienstmädchen erzogen werden«. Dann hilft sie einer verarmten Familie, indem sie deren Kinder unterrichtet, selbst einige Zeit in ihrem Hause lebt und ihnen eine ihren Mitteln angemessene Lebensweise zeigt. In England setzt sie ihre Wohltätigkeit fort, die eben nicht mehr in der einfachen Vergabe von Geld besteht, sondern darin, daß die Sternheim andere ihre Fertigkeiten lehrt, sie berät und auch ihre Arbeitskraft für andere Frauen einsetzt. Es sind ganz rudimentäre Anfänge eines Sozialprogramms unter dem Motto: »Hilf anderen, damit sie sich selbst helfen können.«

An heutigen Maßstäben gemessen mögen diese Aktivitäten der Sternheim widersprüchlich und wirkungslos erscheinen, da sie die Ständeordnung selbst nicht angreift. [113] Statt Gesellschaftskritik präsentiert die La Roche einen Plan zur Verbesserung der sozialen Zustände: eine Gesindeschule, wo sie je nach individueller Eignung junge Mädchen aus dem armen Bürgertum und dem Bauernstande auf einen Beruf, der ihnen einen Lebensunterhalt garantieren soll, vorbereiten will, auf den Beruf des Dienstmädchens, der Köchin, der Kammerzofe. Die La

Roche konzipiert hier einen Berufsschultyp für Mädchen aus den ärmeren Schichten (nicht aus dem wohlhabenden Bürgertum), die auf eine Dienstbotenstelle bei einer Bürgers- oder gar Adelsfamilie hofften, um der Landarbeit, der Ausbeutung in den Manufakturen oder der erschreckenden Armut, die besonders die unversorgten Frauen der Kleinbürger und der Unterschichten traf, zu entgehen.

Eine Klassenkämpferin oder Kritikerin war die La Roche ebensowenig wie die männlichen Literaten ihrer Zeit, die zwar die Belange des Bürgertums gegenüber dem Adel vertraten, die klein- und nichtbürgerlichen Stände selten überhaupt wahrnahmen, zumeist verächtlich kritisierten. Die La Roche hat an verschiedenen Stellen in gut beobachteter Beschreibung auf die arme Landbevölkerung – das städtische Milieu kommt in dem Roman nicht vor – hingewiesen und auf die Verpflichtungen der durch das Schicksal Begünstigten für diese Armen aufmerksam gemacht. Das Wahrnehmen ihrer Mitmenschen führt Sternheims »schöne Seele« zum Mitleid, das Mitleid erzeugt dann die wohltätige Handlung, die »übende Tugend«. Die Sternheim kommt zum praktischen Christentum, nicht zu Gesellschaftskritik oder gar Revolution, denn Kampf, Gewalt und Macht liegen ihrem Denken fern.

Auch in der Imagination, in der fiktionalen Welt ihres Romans versuchte die La Roche die engen Grenzen der patriarchalischen Gesellschaft etwas zu erweitern, indem sie der Heldin einen gewissen Handlungsspielraum gegenüber den ihr Leben immer bestimmenden männlichen Figuren verschafft. Sie läßt die Sternheim als Waise auftreten – auch der väterliche Pfarrer stirbt bald, der väterlich gesinnte Onkel ist weit weg in Italien, – die selbst ihren Weg in der höfischen Gesellschaft finden muß und in der wichtigsten Entscheidung – der Ehe mit Derby, dem Verkennen des sie liebenden Mannes Seymour – die Umstände, Personen und ihre eigenen Gefühle falsch einschätzt. Abgesehen von ihrer Tante, einer »bösen Stiefmutter«, sind die wirklich wichtigen Bezugspersonen im ersten Teil drei Männer: der Fürst, dessen Mätresse sie werden soll, den sie aber bürgerlich-tugendhaft verabscheut, Lord Derby, der sie in der Scheinehe betrügt, und Lord Seymour, den sie liebt und schließlich auch heiratet. Der Handlungsspielraum der Sternheim besteht im ersten Teil des Romans lediglich darin, daß sie sich den Ansprüchen, Angeboten, Verlockungen von Männern ausgesetzt sieht, die sie als Frau besitzen wollen, und daß sie als Waise – gegen ihren männlichen Vormund, den Grafen Löbau und ohne einen väterlich gesinnten Berater – sich für einen dieser Männer entscheidet. Jedenfalls glaubt sie, sie müsse sich für einen entscheiden: Die Heirat soll ihren verloren geglaubten guten Ruf wiederherstellen. Diese selbständige Entscheidung für einen Mann entpuppt sich jedoch als Fehlentscheidung. Die Heirat bringt nicht das erhoffte tugendhafte Leben, den Freiraum für ihre Wohltätigkeit; sie ist dann auch nur eine Scheinehe, die ihr die Augen über sich selbst öffnet, statt sie lebenslang zu fesseln.

Wenn die männlichen Leser, geht man den Äußerungen von Lenz oder Herder nach, besonders in der tugendsamen Standhaftigkeit der Sternheim als idealer Frau und Opfer geschwelgt haben, die Stimmen zeitgenössischer Leserinnen zeigen, wie sehr sie sich mit dem Problem der Sternheim identifiziert haben: mit der Heirat der wichtigsten Entscheidung in ihrem Leben gegenüber zu stehen. Obwohl die Sternheim nicht in eine Konvenienzehe gezwungen wird, versagt sie trotz aller Tugend in dieser Entscheidung. In der Selbstbetrachtung und in den eingelegten Männerbriefen wird aber ein ganzes Netz von menschlichen und sexuellen Beziehungen zwischen den Geschlechtern bloßgelegt, die für den weiblichen Leserkreis lebenswichtige Beziehungsgeflechte und Spannungen aufdecken.

Im zweiten Teil geht die La Roche sogar so weit, daß sie ein Gespräch der Madam Leidens mit einer Witwe von C. einschaltet, in der die Vor- und Nachteile einer Heirat diskutiert werden. Die Witwe ist, wohlgemerkt, wohlhabend und vor verschiedene Möglichkeiten der Wiederverheiratung, die alle ein angenehmes, standesgemäßes Leben versprechen, gestellt. Diese an die Heiratsdiskussionen in den Romanen der Scudéry erinnernde Unterhaltung wurde dann auch von Wieland mit einer entsprechend abwertenden Anmerkung versehen; das Gespräch betont nämlich die Fesseln der Verheiratung und stellt eine Witwe vor, die »von dem ersten Joch so verwundet worden« ist, daß sie eine Wiederverheiratung ablehnt. Dieser etwas unvermittelt eingeschaltete Brief stellt ein Problem in den Raum, das zu der Zeit in Deutschland nicht diskutabel und nicht literaturfähig war: die Ehe als Ort der Unmündigkeit aus der Perspektive der Frau.

Im zweiten Teil des Romans ist dann die Romanheldin nicht mehr von Männern oder von Beziehungen zu Männern abhängig. Sie hat die Geschenke Derbys zurückgeschickt, sein Geld zurückgewiesen und ist, ohne eine Spur zu hinterlassen, aus der guten Gesellschaft verschwunden. Damit hat die La Roche für ihr Phantasiekind einen Freiraum außerhalb der patriarchalischen Gesellschaft erreicht. Als Madam Leidens hat sie sich nunmehr ganz von Männern und von dem Gedanken an eine Ehe abgewandt und konzentriert sich auf ihre »übenden Tugenden«. Durch diese Erziehungs- und Hilfsarbeiten schafft sie sich ein Betätigungsfeld, wo sie aktiv sein, Gutes tun und selbst Werte schaffen kann. Diese Werte sind nicht die von Reichtum, Besitz oder Macht. Wie das Beispiel ihrer »Gesindschule« zeigt, die sie dann auch in England einrichtet, sind es mehr als nur ideelle Werte: Es sind soziale Werte in der Gesellschaft. Die Schaffung dieser Werte kann Madam Leidens vollkommen ohne Bevormundung und Inanspruchnahme von Männern – finanziert wird alles von Frauen – vorantreiben. Madam Leidens lebt und handelt in einem Bezugssystem von Frauen; lediglich der »Prediger B.«, der Mann ihrer Freundin Emilia, fungiert als ein echter Freund und Berater, der sie als autonome Person und als Mensch anerkennt und schätzt, von dem sie aber weder finanziell noch gesellschaftlich abhängig ist. Ansonsten korrespondiert sie mit Emilia, wohnt bei ihr, dann bei Madam Hills und Lady Summers.

Mit dem Happy-End des Romans kehrt die Sternheim wieder in die patriarchalische Gesellschaft zurück, in der aber, so meint die »schöne Seele«, die höfischen Werte von Herrschaft, Macht und Geld außer Kraft gesetzt sind. Wenn wir den überschwenglichen Briefen am Ende des Romans glauben dürfen, so befinden wir uns in einer idealen Gesellschaft der Edlen und Guten, in der »alle Gesinnungen [der Sternheim] Handlungen werden müssen.« So schließt der Roman nicht einfach mit einer Idylle auf dem Lande, sondern mit der utopischen Vision einer Frau, die die höfisch-männliche Gesellschaft durch eine ländlich-weibliche, was die Werte und Bezugssysteme in dieser Gesellschaft anbetrifft, ersetzt hat. Das »echte Urbild des wahren weiblichen Genies«, das uns die La Roche am Ende des *Sternheim*-Romans vorstellt, hat nur die Sublimierung männlicher Sexualität bewirkt, wie Richardsons Frauen es tun mußten, es ist nicht nur eine ideale Sophie, die wie bei Rousseau dazu da ist, dem Manne zu gefallen, sondern die Sternheim hat dazu noch eine Gesellschaft auf der Grundlage »übender Tugend«, durch ihr Beispiel im Entwurf jedenfalls, ermöglicht. Der Roman endet mit einer weiblichen Utopie.

Daß eine solche Utopie nicht einzulösen war, zeigen schon die späteren Fiktionen der La Roche, *Rosalien Briefe* und besonders *Miß Lony und der schöne Bund*. Die La Roche wandte sich deshalb auch mehr konkreten, alltäglichen pädagogischen Fragen des Frauenlebens zu – und entfernte sich damit weit von der etablierten Literatur, in der der bürgerliche Mann sich und seine Welt aus seiner Perspektive im Zeitalter der getrennten Geschlechterrollen darstellte und sich als Individuum (trotz aller inhärenten Problematik) konstituierte.

Die von der La Roche begonnene weibliche Tradition, Frauen(er)leben aus weiblicher Perspektive zum Mittelpunkt eines imaginierten Textes zu machen, führte keineswegs gradlinig zur Mündigkeit. Einerseits fand sie (unterschiedliche) Nachfolger, etwa in Helene Ungers *Julchen Grünthal* (1786), Therese Forster-Hubers *Die Familie Seldorf* (1796–97) oder Sophie Mereaus *Amanda und Eduard* (1807), um nur einige der frühen »Frauenromane« zu nennen. Andererseits blieb die Tradition im Ghetto des »Frauenromans«, der ästhetisch am niedrigsten bewerteten Gattung des Romans und einer minderwertigen, weil »nur« weiblichen Leserschaft stecken. »Trivialroman«, bestenfalls »Unterhaltungsroman« sind die Wertungen der späteren Literaturwissenschaft, die die (aus rein männlichem Interesse entstandene) ästhetische Perspektive über die historische stellt. [114] Erst der sozialgeschichtliche Blick, der die historische Bedeutung sowohl der Klasse wie des Geschlechts mitberücksichtigt, kann die Ghettoisierung, Ausgrenzung, Verkleinerung und Verzerrung freilegen. Nach dieser Freilegung, die letztendlich erst durch den erweiterten Literaturbegriff der letzten Jahrzehnte, durch die »neue Literatur« der Frauen und durch die feministische Literaturwissenschaft ermöglicht worden ist, wird eine weibliche Tradition sichtbar, die in der imaginierten Welt des *Sternheim*-Romans zum erstenmal in der deutschen Literatur Gestalt annimmt und in die Frauen, langsam durch Schreiben mündig werdend, hineinwachsen.

Fünftes Kapitel

Von der Prinzipalin zur Primadonna:
Frauen am Theater

Die schöne Larve und wichtige Herrengunst
machen dem rechtschaffendsten Tun den Garaus.
Catharina Elisabeth Velten, Prinzipalin, 1712.

Mit einem Wort: ich schick mich drein.
So kann nichts niederträchtiges mein Unternehmen schimpflich machen
Ich ehre meine Not in mir, und kann sie öfters auch belachen.
Caroline Friedericke Neuber, verarmte ehemalige Prinzipalin, 1758.

Frauen im Wandertheater
und deren Verteidigung durch Catharina Elisabeth Velten

Im modernen Theater ist es eine Selbstverständlichkeit, daß Frauenrollen von Frauen dargestellt werden, es sei denn, mit dem Rollentausch (ein Mann in einer Frauenrolle oder eine Frau in einer Männerrolle) soll ein besonderer dramatischer oder komischer Effekt erzielt werden. Frauen auf dem Theater als Darstellerinnen von Frauenrollen bürgerten sich in Deutschland aber erst langsam im 17. Jahrhundert ein.

Das geistliche Spiel des Mittelalters wurde ausschließlich von Männern aufgeführt; auch nachdem es von den Klerikern in die Hände des Bürgertums übergegangen war, durften Frauen noch nicht mitwirken, dafür spielten in der Regel Jungen und junge Männer die Frauenrollen. Nur ganz vereinzelt gibt es im 16. Jahrhundert Hinweise auf Mädchen, die ausnahmsweise eine Frauenrolle übernehmen durften. Das bleibt auch so bei den religiösen (lateinischen) Spielen, die mit der Verbreitung der Reformorden bis weit ins 18. Jahrhundert hinein in den Orten mit Klöstern, Konvikten oder Missionsstationen aufgeführt wurden. Auch im (lateinischen) Humanistentheater des 15. und 16. Jahrhunderts, im Jesuiten- wie im protestantischen Schultheater agierten vom 16. bis 18. Jahrhundert die Schüler der jeweiligen Lateinschule – und diese war ausschließlich ein Erziehungsinstitut für Jungen. Wie selbstverständlich spielten die Schüler »in vestitu muliebri« (in Frauenkleidern), Mädchen erhielten in Ausnahmefällen eine besondere Dispens zum Spielen. Da Mädchen aber die Lateinschulen nicht besuchten (weil sie von der institutionalisierten höheren Erziehung im 16. und 17. Jahrhundert grundsätzlich ausgeschlossen waren), da die Jesuitenschulen und protestantischen Gymnasien die Hauptträger des literarischen Dramas seit der Reformation waren, blieb dieses Theater der Gebildeten, für das noch Gryphius, Hallmann und Lohenstein schrieben, den Frauen verschlossen. Gebunden an rein männliche Institutionen, waren das Kunstdrama sowie das Theater der Akademiker eine reine Männersache, die der rhetorischen Erudition und der moralischen Erziehung diente.

Auch in den Fastnachtspielen, im Bürgerspiel und auf der Meistersingerbühne spielten nur Männer; für die zahlreichen Frauenrollen hatte die Truppe des Hans Sachs nur Männer, die dazu noch zwei oder mehr Rollen durch einen der drei Schauspieler vor 1550, der fünf nach 1550 darstellten. [1] Diese männliche Tradition hielt sich auch bei anderen zünftig organisierten Spielleuten und bürgerlichen Gesellschaften, die durch Verbindungen von Handwerkern oder Laien getragen wurden. Erst das aus den Wandertruppen sich entwickelnde Berufstheater im 17. Jahrhundert und die theatralischen Veranstaltungen der Adeligen (Festaufzüge, Hoffeste, Liebhaberaufführungen, Hofoper) brachten auch Frauen auf die Bühne. Beim Berufstheater wurde die Mitwirkung der Frauen (Ehefrauen, Töchter) eine wirtschaftliche Notwendigkeit, die Frauen mußten miternährt werden und bereicherten die Attraktion und Zugkraft der Aufführung, wenn man hauptsächlich bei wohlhabenden Bürgern Geld oder Vergünstigungen erlangen wollte.

Das barocke Hoftheater in Deutschland folgte dem Vorbild der romanischen Länder, wo Frauen schon im 16. Jahrhundert auftraten, wie die Colombine in der italienischen Commedia dell'arte [2]: Die berühmte Italienerin Isabella Andreini (gest. 1604), von Tasso und Ariost in Sonetten besungen, spielte 1589 in Florenz bei der Hochzeit Ferdinands I., wurde 1603 nach Versailles eingeladen und war der Liebling der Pariser Hofgesellschaft. 1607 erschienen ihre Werke im Druck. Die Dramen von Racine, Corneille und Molière waren für Frauen geschrieben. So engagierten auch deutsche Fürstenhöfe Italienerinnen für Schauspiel, Gesang und Ballett. Um den Kontrast von weiblichen und männlichen Stimmen in der Oper richtig zur Geltung zu bringen, ging man (seit der Mitte des 17. Jahrhunderts) allmählich von den Krastraten, für die besonders die Koloratursoprane geschrieben wurden, auf Frauen als Sängerinnen über.

Ob die Tänzerinnen und Sängerinnen an den deutschen Höfen des 17. Jahrhunderts jedoch hauptsächlich aus künstlerischen Erwägungen engagiert wurden, ist sehr zu bezweifeln. So war 1617 die erste deutsche Opernsängerin in Salzburg die Favoritin des Erzbischofs [3]; die Schauspielerin als Mätresse eines (einflußreichen, möglichst adeligen) Gönners war eine Notwendigkeit bis zum Ersten Weltkrieg. [4] Für den absolutistischen Fürsten war der Unterhalt einer Schauspielertruppe und eines Ballettes eine Art Harem, wobei der Theaterdirektor oft als Kuppler für die Adeligen tätig war und nur solche Mädchen engagierte, die das erotische Interesse des männlichen Publikums erregen konnten.

Das Berufstheater entwickelte sich im 17. Jahrhundert langsam aus den Wandertruppen, die seit etwa 1590 zunächst aus England, Holland und Italien kamen und an Höfen spielten, später mehr und mehr deutsche Spieler (Komödianten) aufnahmen, unter der Leitung ihres Direktors (Prinzipals) von Stadt zu Stadt reisten und so lange spielten, wie der Rat der Stadt es ihnen gestattete und wie es profitabel war. Dieses Theater war in der Sprache und Gestik volkstümlich, komisch, unterhaltend und derb; es stand den offiziellen Literaturträgern der Zeit, den Hofpoeten und gelehrten Dichtern, fern und es wurde oft von der Geistlichkeit angegriffen, weil es als Satanstempel die Sitten der Zuschauer verderbe und die Gläubigen vom Gottesdienst fernhalte (Argumente, die seit frühchristlicher Zeit gegen das Theater vorgebracht worden sind).

In der bürgerlichen Gesellschaft waren die Komödianten (auch im gesamten 18. Jahrhundert) deklassiert; sie wurden der heterogenen Gruppe der Fahrenden, Fremden und Heimatlosen zugerechnet. Selten hatten sie ein bequemes Auskommen; oft übernachteten sie im Freien, in kaum geschützten Hütten, Zimmern oder in Scheunen, auch wenn der Bauer es nicht erlaubte. Als Folge von Hunger, Kälte und Strapazen erkrankten sie vielfach an Schwindsucht, viele tauchten einfach im Alter unter und starben in größter Armut. Der Prinzipal organisierte und leitete die Truppe, verhandelte mit der Obrigkeit um Privilegien und Spielerlaubnis, die Komödianten wurden von ihm entlohnt; oft machte der Prinzipal bankrott und zahlte monatelang keine Gage, wenn die Zuschauer wegblieben. Er versetzte dann ihre geringe Habe, die Schauspieler versuchten, bei einer anderen Truppe unterzukommen. Prinzipale und Truppen konkurrierten und befehdeten sich häufig, denn die Verdienstmöglichkeiten waren viel zu gering, in Kriegszeiten waren die Truppen ruiniert. In dieser »brotlosen Kunst« [5] der Wandertheater spielten Frauen seit der Mitte des 17. Jahrhunderts mit und waren für die Existenz der Truppe lebenswichtig.

Schon 1624 und 1628 hatten italienische Stegreif- und Commedia-dell'arte-Truppen in Österreich mit ihren Ehefrauen gespielt [6], eine der letzten englischen Truppen unter Joris Jolliphus gastierte in Süddeutschland und am Wiener Hof und engagierte, um konkurrenzfähig zu bleiben, Frauen für »Pastorellen und Singspiele nach italienischer Manier«. Auch der Pastor und Dichter Johann Rist berichtete (1666) über das Altonaer Gastspiel einer niederländischen Truppe, bei der weibliche und männliche Schauspieler »ihre Person so beweglich« gespielt hatten, daß man mit »Lust und Verwunderung hat müssen zusehen«. Für die Altwiener »Teutschen Komödianten« des genialen Hanswurst-Spielers Josef Anton Stranitzky, die ab 1707 in Wien spielten, übernahmen Frauen die Rollenfächer der Heroine und der intriganten Buhlerin. Junge, schöne Liebhaberin und schöne intrigante Mätresse, das sind die beiden den Frauen zugewiesenen Rollen im Theater des 17. und des 18. Jahrhunderts (nicht nur im Wandertheater, der Oper und den Hoffesten, sondern auch im bürgerlichen literarischen Drama); die alternde Schauspielerin kann bestenfalls ins Fach der Alten (der verspotteten oder bösen Frau) überwechseln –, oder selten wie die Neuberin durch »Hosenrollen« ihr Repertoire erweitern.

Einige Frauen erlangten sogar als Prinzipalinnen eine große Bedeutung, besonders Catharina Elisabeth Velten (um 1650–1715) und Karoline Neuber, die »Neuberin« (1697–1760). Beide wählten nicht frei den Beruf der »Künstlerin«, sondern kamen aus Zufall bzw. über ihre Ehemänner zum Theater. Vielmehr mußten sie, nachdem sie einmal aus der bürgerlichen Gesellschaft ausgeschieden waren, ihr Leben lang dort ihren Lebensunterhalt finden. Diesen Kampf ums Überleben, Arbeit und Brot wandten beide zur Reform und Verbesserung ihrer Truppen, des Schauspielerstandes und des Theaters an; beide waren, das gilt aber besonders für die Neuberin, literarisch tätig, d.h. sie verfaßten Gelegenheitsarbeiten für das Theater oder schrieben im Zusammenhang mit ihrer Tätigkeit als Prinzipalinnen. Es lohnt sich, dieser vielseitigen Betätigung der beiden Frauen, die praktisch sowie geistig-literarisch ist, einmal nachzugehen.

Catharina Elisabeth Velten, die »Veltin«, wurde um 1650, also kurz nach Beendigung des Dreißigjährigen Krieges, als Tochter des Prinzipals C. A. Paulsen sozusagen für das Theater geboren. Sie heiratete etwa 1671 Johannes Velten (1640–1693), der in Leipzig den Magistergrad

Die Tänzerin Barbarina,
von 1744 bis 1748 Primaballerina an der Berliner Oper,
Mätresse Friedrichs des Großen
(Gemälde von A. Pesne, 1745).

Friederike Caroline Neuber.

erworben und sich seit etwa 1665 der Paulsenschen Gesellschaft angeschlossen hatte. Velten gründete eine eigene Truppe, spielte vorwiegend in Süd- und Ostdeutschland, erhielt 1678 das Kursächsische Privileg – eine wichtige wirtschaftliche Grundlage für eine Wandertruppe,
nahm mehr literarische Stücke, z.B. Molière, in den Spielplan auf und
bemühte sich auch um die Erziehung seiner Schauspieler, indem er statt
des Extemporierens auch Rollen lernen ließ. Nach Veltens Tod 1693
übernahm Catharina Elisabeth als 43jährige Witwe die Prinzipalschaft
der Truppe, mit der sie 19 Jahre lang als Prinzipalin herumzog: sie
spielte in den Ostseestädten bis Danzig, Königsberg und Riga, sie
bereiste Dänemark, Schweden und auch den Südwesten Deutschlands.
Erst 1712, als sie zur Zeit der Kaiserkrönung Karls VI. in Frankfurt
spielen durfte – eine fürstliche Feierlichkeit, ganz besonders eine Kaiserkrönung, war immer eine lukrative Gelegenheit –, geriet Catharina
Elisabeth in Schulden (die Truppe der Sophie Elenson durfte gleichzeitig
spielen und nahm der alternden Prinzipalin zahlendes Publikum sowie
gute Schauspieler weg). Catharina Elisabeth mußte die Truppe auflösen,
verarmte gänzlich und starb drei Jahre später (1715), wahrscheinlich in
Wien.

Das Leben der Catharina Elisabeth Velten ist für die Sozialgeschichte
der Frau bemerkenswert: Als alternde Witwe konnte sie sich jahrelang
als Prinzipalin durchsetzen, allerdings als Außenseitern in der bürgerlichen Gesellschaft, und dabei Erfolge für ihr Theater erzielen. Schließlich wurde sie im Konkurrenzkampf um zahlendes Publikum von einer
jüngeren Frau, »einem wundervollen und reizbaren Weibsbild von einer
Prinzipalin« [7], der Sophie Elenson, zugrunde gerichtet. Sophie Elenson
hatte ebenso wie die Veltin nach dem Tode ihres Mannes die Prinzipalschaft übernommen (1708), heiratete noch zweimal Schauspieler, um
ihrer Truppe den nötigen männlichen Prinzipal zu geben; (Sophie hatte
auch einen Sohn und zwei schon mit Schauspielern verheiratete Töchter,
die ebenfalls mitspielten). Sophies Hauptattraktion war aber ihre von
allen Seiten gelobte Schönheit, dazu ihre Geschicklichkeit, diese Schönheit bei vermögenden Bürgern und Adeligen einzusetzen, so daß sie
Privilegien und Protektion für sich und ihre Truppe erlangen konnte.
Die verschuldete, kränkliche 62jährige Catharina Elisabeth Velten soll
1712 gesagt haben, als sie in Frankfurt ihre Prinzipalschaft – und damit
ihren Lebensunterhalt und -inhalt – verlor: sie könne es nicht länger in
einer Stadt aushalten, »worin die schöne Larve und wichtige Herrengunst dem rechtschaffendsten Tun den Garaus machen«. [8] Es ist kei-

neswegs das letzte Mal, daß das Diktat von »schöner Larve« und von »Herrengunst« das Schauspielerinnendasein bestimmt hat, man könnte dieses Diktat als symptomatisch für das Frauenleben im 18. Jahrhundert (und weit später) betrachten.

Über das Wirken der Catharina Elisabeth Velten als Schauspielerin, Prinzipalin und Gelegenheitsdichterin geben die Quellen nicht sehr viel Aufschluß. Lediglich eine Schrift zur Verteidigung des Theaters gegen die Angriffe der orthodoxen Geistlichkeit ist greifbar, weil sie eine frühe Verteidigung des Schauspielerstandes und des Theaters gegen die orthodoxen lutherischen Geistlichkeiten war, die Schauspieler als Erzsünder ansahen. Wie schon Johannes Velten im Jahre 1692 in Hamburg, so verweigerte die Geistlichkeit auch Catharina Elisabeth einige Jahre später bei einer schweren Erkrankung in Magdeburg das Abendmahl: beide mußten erst feierlich schwören, ihr sündiges Komödiantentum aufzugeben. Johannes verstarb, aber Catharina Elisabeth überlebte (wider Erwarten) und – brach diesen erpreßten Eid, sie führte ihre Truppe weiter und begann nach ihrer Genesung 1701 in Berlin zu spielen. Wie hätte Catharina Elisabeth auch anders ihren Lebensunterhalt verdienen können? Sie war 51 Jahre alt, ohne Versorgung oder Rücklagen (das Erspielte hatte immer gerade zum täglichen Leben gereicht), in der bürgerlichen Gesellschaft als Schauspielerin eine Ausgestoßene, als verwitwete Frau mittellos.

Wie empört die Geistlichkeit über diesen »Meineid« war, zeigt noch eine fast dreißig Jahre später verfaßte Darstellung dieses Vorfalles von einem Berliner Kantor, der schreibt [9]:

Dabei sich zutrug, daß als daselbst die Veldische Witwe in ein hitziges Fieber gefallen, und aus Angst ihres bösen Gewissens und Furcht des vor Augen schwebenden Todes, sich wegen ihrer sündlichen Profession mit GOTT versühnen solt und das Heil. Abendmahl verlangete, da wollte kein Prediger das Heiligtum dieser Hündin geben, und die edle Perle dieser Sau vorwerfen, ehe und bevor sie an Eides-Statt angelobet, diese unselige Lebens-Art künftig gäntzlich zu quittieren, dafern aus ihrem Siech-Bette ein Sieg-Bette werden solte. Welches letztere denn auch geschehen, aber sie hat ihr Wort schlecht gehalten, und mit den Hunden das Gespiene wieder gefressen.

Als »Hündin«, als »Sau«, der man Perlen (das Abendmahl) vorgeworfen hat, so wird die Veltin bezeichnet. Nach diesem »Meineid«, sprich: erpreßten Eid, schrieb ein Magdeburger Diakon namens Winkler 1701 in einem gehässigen Pamphlet »wider die Schau-Spiele oder Comödien«, nur solche Leute gingen zum Theater, die »ihren rechtmäßigen Beruf verlassen und entweder aus Faulheit oder liederlichem Herzen« aus dem bürgerlichen Leben geschieden seien, weil es bei dieser »Lebens-Art... allezeit fein lustig in Fressen und Sauffen hergehet...« Winkler warnt die Zuschauer vor der Gottlosigkeit der Komödien und den »buhlerischen Vorstellungen der Comödianten voll reizender Brunst«. Nicht weniger scharf antwortete die in ihrer Standesehre gekränkte Witwe Velten in ihrer Schrift *Zeugnis der Wahrheit vor die Schauspiele, oder Comödien* (1701) [10]:

Daß dannenhero nicht so schlechterdings folget, ob betreten den Schau-Saal nur solche Personen, welche an Wollust und Üppigkeit ihre größte Belustigung haben, wie mehrerwähnter Winkler wohl meinet und fürgiebet, indem er indiscriminatim von allen und jeden Comödianten ein verzweifelt böses und in der Warheit höchst strafwürdiges Urteil fället, wann er ohn alle Scheu sich unterstehen darf zu schreiben: »sollen nun die Comödianten eure Seelen erbauen, und diese Leute euch zum Himmel führen, die selbst auf dem breiten Wege der Verdamnis wandeln?« O unerhörte Worte von einem Priester und Seelen Hirten!

Nach der Zurückweisung der Argumente des Pfarrers – und öffentlicher Widerspruch einer Frau gegen einen Geistlichen war unerhört im frühen 18. Jahrhundert – verteidigt Catharina Velten die Frauen am Theater:

... Schließlichen die Weibes-Bilder betreffend, können solche keines Weges von den Schau-Spielern gänzlich ausgeschlossen werden; denn was St. Paulus saget I. Tim. II,12: »Einem Weibe gestatte ich nicht, daß sie lehre«, hat seine Richtigkeit, indem im N.T. denen Weibern nicht gestattet wird öffentlich in der Gemeine zu lehren. So aber diese Worte sollten weiter extendieret werden, daß die Weiber nämlich sollten weder zu Hause lehren, noch auch in denen Schau-Spielen sich hören lassen, damit ihre Stimme die Zuhörenden nicht zur Wollust reizen und bewegen möchte, würde ganz ungereimt herauskommen; denn wird ihnen gleich das öffentliche lehren und predigen verboten, so sind doch ihre guten Einfälle und Gedanken nicht eben in häuslicher Unterrichtung so schlechterdings zu verwerfen.

Die Schrift der Catharina Elisabeth Velten enthält drei wichtige Gesichtspunkte. Erstens verteidigt sie den Stand der Komödianten als einen ehrbaren Beruf; sie wendet sich gegen die allmächtige Geistlichkeit, die die Schauspieler eigenmächtig und ohne biblische Autorität von der Beichte und vom Abendmahl ausschließt. Zweitens nimmt sie zu den Paulusworten des Neuen Testamentes Stellung, nach denen die Frauen in der Kirche (d.h. in religiösen Angelegenheiten) zu schweigen haben. Dieses von der Geistlichkeit immer wieder gegen Frauen gebrauchte Verbot, um sie in Unwissenheit und Unmündigkeit zu halten, möchte die Veltin richtig verstanden wissen: die »guten Einfälle und Gedanken« der Frauen dürften ihnen nicht verboten werden, Haus und Bühne sollten ihnen zur Belehrung und Erziehung offenstehen. Drittens tritt die Veltin für die erzieherische Funktion des Theaters ein, das durch die Darstellung der Laster diese sichtbar und öffentlich macht und bekämpft.

Dieser dritte Gesichtspunkt wird zum überragenden Verteidigungssatz für das Theater im 18. Jahrhundert, wenn Schiller das Theater zur »moralischen Anstalt«, zur moralischen und ästhetischen Erziehungsanstalt des Bürgertums erhebt, so zeugen die beiden ersten Verteidigungspunkte von dem ausgeprägten Standes- und Selbstbewußtsein der Veltin; sie war standesbewußt als Komödiantin, selbstbewußt als Frau; als Prinzipalin ihrer Truppe fühlte sie sich zur Verteidigung ihres Gewerbes und ihres Standpunktes verpflichtet. Daher verfaßte sie das Traktat, das 1711 von Schauspielern als Verteidigungsschrift neu gedruckt und 1722 neu überarbeitet und benutzt wurde.

Doch die Angriffe der protestantischen Geistlichkeit hörten nicht auf; 1724 gab ein Augsburger Pfarrer die Schrift der Veltin mit gehässigen Kommentaren heraus, und noch Lessings Widersacher, der Hamburger Hauptpastor Goeze, ereiferte sich 1768 gegen die Veltin [11]:

Welches Theaters gute Sache hat die Veltin gegen [Diakon] Wincklern verteidigt?... Eine so gute Sache, welche auch eine Frau, eine Komödiantin gegen einen sonst geschickten, und in einem wichtigen Posten stehenden Gottesgelehrten behaupten konnte... Hat das Veltensche Theater eine gute Sitte, so haben sie die Bordelle auch.

Der Hauptpastor hat zwei gewaltige Argumente: Stand und Geschlecht (eine Komödiantin – eine Frau – gegen einen »in einem wichtigen Posten stehenden Gottesgelehrten«). Frauen am Theater machen es zum Bordell, so Unrecht hatte der Moraltheologe gar nicht, wenn man die Ansprüche der bürgerlichen und adeligen Männer an die Schauspielerinnen (*Wilhelm Meisters theatralische Sendung* beginnt mit diesen »Ansprüchen des Herzens«) bedenkt. Auch wußte der Moraltheologe genau, wo die Schuld lag, bei »Eva«, bei der Frau!

Prinzipalin und Theaterautorin: Caroline Friedericke Neuber

Die bedeutendste weibliche Prinzipalin Caroline Friedericke Neuber (1697–1760) war fast 50 Jahre jünger als die Veltin; sie stammte aus

dem Bildungsbürgertum, war die Tochter eines Notars, dessen tyranni-
schen Mißhandlungen sie 1712 vergeblich und 1717 mit Erfolg ent-
floh. [12] Zusammen mit dem gleichaltrigen Studenten Johann Neuber
(1697–1759) schloß sie sich der Spiegelbergischen Schauspieltruppe an.
Nach der Heirat 1718 in Braunschweig ging das Schauspieler-Ehepaar
Neuber später zur Haack-Hoffmannschen Truppe, deren Leitung die
beiden nach dem finanziellen Zusammenbruch Hoffmanns 1727 übernahmen. Der Leipziger Professor Gottsched bewunderte Caroline Friedericke Neuber besonders in ihrer Hosenrolle (sie stellte vier völlig
verschiedene Studententypen dar) und trat 1727 wegen seiner Reform-
pläne des deutschen Dramas nach französisch-klassizistischem Muster mit
den Neubers in Verbindung, die dann die von Gottsched und seinem
Kreis verfaßten und übersetzten »regelmäßigen« Alexandriner- und auch
Prosadramen zur Aufführung brachten und damit dem literarischen
Sprechtheater den Weg bereiteten. Die Neubersche Truppe spielte überall in Deutschland; 1740 folgte sie einer Einladung der Zarin nach
Petersburg, erlitt dort aber hohe finanzielle Verluste durch den plötzlichen Tod der Zarin. Nach der Rückkehr nach Deutschland, besonders
nach dem Bruch mit Gottsched, erlitt die alternde Neuberin eine Kette
von Mißerfolgen und Verlusten; scharfe Konkurrenz, ein mißlungenes
Gastspiel in Wien und schließlich der Siebenjährige Krieg (1756–1763)
zwangen die Prinzipalin zur endgültigen Aufgabe ihrer Truppe, bis sie
1760 (ein Jahr nach ihrem Mann) in völliger Armut starb.

Caroline Friedericke Neuber war als Schauspielerin, Prinzipalin und
Schriftstellerin und als Frau eine bedeutende Erscheinung des 18. Jahrhunderts, die sich gegen die Vorurteile, die gesellschaftlichen und wirtschaftlichen Zwänge der patriarchalischen Standesgesellschaft als Individuum behauptete und entfaltete, ehe sie in der Tat »tragisch« den Kampf
gegen Armut, Hunger, Krankheit und Alter als 63jährige verlor. [13]

Die Begabung und Leistung der Neuberin als Schauspielerin wurden
schon 1725 von Gottsched in seiner Moralischen Wochenschrift *Die
vernünftigen Tadlerinnen* hervorgehoben, als er sie in einer Leipziger
Aufführung von »Gespräche im Reiche der Todten« gesehen hatte [14]:

Und vor allen andern, vier Bursche von den berühmtesten Sächsischen Akademien, waren so unvergleichlich charakterisiert, daß ich mein Lebtag nichts
schöneres gesehen habe… Ein Schläger, ein Freund der morgenländischen Sprache, ein Zänker, und ein galant homme [wurden] von einem viermal verkleideten
Frauenzimmer so herrlich vorgestellt, daß ihnen nichts als eine männliche grö-
bere Stimme gefehlet.

Lessings Urteil von 1754, als ihre Glanzzeit schon längst vorbei war, wird immer wieder zitiert [15]:

Man müßte sehr unbillig sein, wenn man dieser berühmten Schauspielerin eine vollkommene Kenntnis ihrer Kunst absprechen wollte. Sie hat männliche Einsichten, nur in einem Artikel verrät sie ihr Geschlecht. Sie tändelt ungemein gerne auf dem Theater. Alle Schauspiele von ihrer Erfindung sind voller Putz, voller Verkleidung, voller Festivitäten; wunderbar und schimmernd.

Lessing weist hier auf ihre Berühmtheit hin, billigt ihr eine »vollkommene Kenntnis ihrer Kunst« zu; »Kunst« ist hier noch nahe an Fertigkeit, Tätigkeit und bedeutet weniger die kreative Fähigkeit ästhetischer Produktion, die »Kunst« seit der Geniezeit beinhaltet. Ihre Einsichten bezeichnet Lessing als »männlich«; diese (heute) sexistische Bezeichnung ist im Sinne der Geschlechtsrollen des 18. Jahrhunderts zu verstehen: eine Leistung war dann erst eine Höchstleistung, wenn sie »männlich« war; diese Bezeichnung war von Lessing wohl als Kompliment gemeint, doch gleich folgte die Einschränkung, daß sie eben doch durch ihren »tänzelnden« (beweglichen) Darstellungsstil und den Prunk der Kostümierung und Ausstattung »ihr Geschlecht« verrate. Das Lob wird sofort eingeschränkt und eine herabsetzende Abgrenzung des (vermeintlich) Weiblichen aus der betont männlichen Perspektive vorgenommen – diese männliche Perspektive eines Lessing hat sich lange gehalten. [16] Zeitgenössischen Beschreibungen und Stichen nach zu urteilen, zeichnete der Neubersche Stil sich jedoch dadurch aus, daß sie äußerst lebendig, leicht (nicht steif und zeremoniell wie das barocke Theater) mit natürlicher Mimik und Gestik in tragischen und komischen Rollen spielte, wobei sie in »Hosenrollen« (komischen Männerrollen) besonders glänzte und die neuen Verse (Alexandriner) verständnisvoll sprach: sie war eine für ihre Zeit und Verhältnisse geniale Schauspielerin.

Als Prinzipalin war sie wesentlich an der Reform des Wandertheaters beteiligt, auch wenn ihr Mann der offizielle Geschäftsträger der Truppe blieb. [17] Die alten volkstümlichen Stegreifkomödien und mit ihnen der rüpelhafte, ungebildet-komische Harlekin wurden langsam von der Bühne verdrängt; dafür wurden Kunstdramen, deren Verse die Schauspieler auswendig lernen mußten, im mehr natürlichen, deklamierenden Stil aufgeführt, wie etwa Gottscheds *Sterbender Cato* (1731). Caroline Friedericke Neuber trug damit wesentlich zur Hebung des literarischen Niveaus des Wandertheaters und zur Hebung der Sprech- und Spielfähigkeit der Schauspieler bei. Indem sie auf die Reformvorschläge Gottscheds einging, versuchte sie, das volkstümliche Theater in die Nähe der etablierten Literatur zu bringen, ein Versuch, der für sie den wirtschaftlichen Ruin bedeutete. Denn daß sie besonders nach etwa 1740 finanziell erfolglos war, lag wohl hauptsächlich an zwei Gründen. Einmal kamen die von Gottsched und seinem Kreis versprochenen regelmäßigen Dramen spärlich, auch Übersetzungen und Bearbeitungen ließen auf sich warten (die *Deutsche Schaubühne* erschien erst ab 1739); dazu waren sie langatmig, zumeist einfallslos und theatralisch wenig wirksam. Es war ein handlungsarmes Sprech- und Deklamationsdrama, der Situationsdramatik und dem Effekten-Theater völlig entgegengesetzt. Zum anderen war das literarisch interessierte Bürgertum in der ersten Hälfte des 18. Jahrhunderts eine kleine Schicht von Akademikern, die kaum in die »Komödie« gingen, während das zahlende Theaterpublikum weiterhin Harlekinaden und Situationsdramatik und -komik dem deklamierenden Worttheater vorzog. An den Höfen und beim Adel wurde allein das französische Schauspiel und die italienische Oper akzeptiert, deutsche Wandertruppen und deutsche Schauspieler wurden als vulgär und ungebildet überhaupt nicht oder nur für kurze Gastspiele zugelassen. Die drei schlesischen Kriege, besonders der Siebenjährige Krieg (1756–1763) taten ihr übriges, die wirtschaftliche Existenz der Neuberschen (und anderer Wandertruppen) zu vernichten. Erst als die kleinen Höfe und Residenzstädte sich seit den 1770er Jahren für das deutsche Theater zu interessieren begannen, besserte sich die Lage der Schauspieler.

Den wohl besten Einblick in das Wirken der Caroline Friedericke Neuber geben nicht die Berichte von Außenstehenden, sondern ihre eigenen zahlreichen Schriften. Hier handelt es sich fast ausschließlich um Gebrauchsliteratur. Neben zahlreichen Briefen haben sich lange und ausführliche Bittgesuche an Behörden, Gelegenheitsgedichte (Buchwidmungen, Bittgedichte, Freundschaftsbezeugungen, Dankgedichte) und deutsche Vorspiele erhalten. Anders als der schreib- und publikationsfreudige Akademiker in eigener Sache, Gottsched, hat Caroline Friedericke nur wenige ihrer Vorspiele vollständig im Druck erscheinen lassen können (nur drei sind heute bekannt), von den meisten wissen wir nur aus Theaterzetteln, Festprogrammen und zeitgenössischen Berichten. Ihre Briefe und Bittgesuche zeigen einen gewandten Prosastil; die Neuberin konnte Französisch und Latein, zumindest genug Juristenlatein, um es in ihren Bittgesuchen effektvoll im Stile der zeitgenössischen juristischen Praxis anzuwenden. Wenn man die seitenlangen, dem Zeitstil entsprechend umständlichen und gestelzten Bittgesuche liest, fragt man sich, wann die Neuberin Zeit dazu fand, diese Schreiben aufzusetzen. Doch waren diese Bittgesuche lebensnotwendig, als ihr z.B. 1734 nach dem Tode von König Friedrich August I. das Privileg, bei der Leipziger Messe zu spielen, vom Konkurrenten und Harlekin-Spieler Müller streitig gemacht wurde.

Bei dieser Gelegenheit schrieb sie mehrere lange Gesuche an den Rat der Stadt Leipzig und an den König von Sachsen; gereimte Bittgesuche an die Königin legte sie als Anlage den Eingaben bei. Ein typisches Bittgedicht beginnt [18]:

> Ach Große Königin
> Hier fällt zu Deinen Füßen
> Dein Lands Kind Deine Magd, die nichts verbrochen hat,
> und die ganz unverschuldt schon mehr hat leiden müßen
> als mancher Bösewicht für seine Mißethat.
> den deutschen Schauplatz hat mein fleiß so weit getrieben
> daß ihn Dein ganzes Land und andre Länder, mehr
> um seine redlichkeit als Rang und Ansehn lieben;
> und iezt verstößt man mich, gewiß das schmerzt mich sehr.
> In Leipzig hat man mir die Ehre nicht versaget
> daß ich mir für mein Geld den Schauplatz neu gebaut
> Der ganze Rath die Stadt die über uns nicht klaget
> hat unsere redlichkeit geprüffet und getraut
> der Rath hat uns sein Wort, sein Siegel drauf gegeben
> wer nun Contracte schließt, der wird auch leicht verstehn
> daß man ihn halten muß; wenn nur ein ehrlich leben
> und die bezahlung folgt, kan er nicht rückwärts gehn.

In flüssigen Alexandrinern beschreibt sie sachlich, präzise, im Stile der zeitgenössischen Bittgesuche (sie bezeichnet sich als »Magd«, »fällt zu den Füßen« der Königin – wie es bei einer Audienz, für die Caroline Friedericke Neuber natürlich viel zu unbedeutend war, die Bittsteller taten) ihr Anliegen: die Hebung und die Verbesserung des »deutschen Schauplatzes« (d.h. deutschsprachigen Theaters). Sie beruft sich auf den Vertrag, den ihr die Stadt Leipzig gegeben hat, so daß sie auf ihre Kosten die Bühne (am Fleischmarkt) errichten ließ, die ihr nun von der Müllerschen Truppe streitig gemacht wird. Sie appelliert an Redlichkeit und Ehrlichkeit, daß Verträge (juristisch war sie im Recht) zu halten und zu respektieren seien; sie erbittet im Folgenden nicht Vergünstigungen und besondere Privilegien von der Königin, sondern nur das Wenige, was ihr rechtmäßig zusteht:

auch laß mir meine Hütte
und schenk mein Haab und Gut nicht einem fremden Mann.

In einem anderen Bittgedicht in derselben Anlage und Sache spricht sie
ausführlich von ihrer »Kunst«, die dem Lande nützlich und ehrenhaft
ist [19]:

> Du nähmst Dich unser an, Du hälffst die Unschuld schützen
> Dein Königliches Herz wär selbst für uns bemüht,
> wär Dir es nur bekannt was wir dem Lande nüzen,
> wie unser Schauplatz Schand und leere Poßen flieht;
> mit was für Ehrfurcht wir uns ordentlich bestreben
> zu Deines Landes Ruhm die Kunst recht zu erhöhn
> es könt unmöglich seyn Du göntest uns das leben
> wir würden ganz gewiß bey Dir in Gnaden stehn;
> …
> Ach Große Königin sieh uns nur einmahl spiehlen
> sieh nur von unsrer Kunst ein Lust ein Trauerspiehl!
> Denn wird Dein reiner Geist selbst diese Wahrheit fühlen
> und sagen es geschieht den Leuten doch zu viel!
> wir wollen alle gern für unsre Kosten kommen,
> wir wollen Dir mit nichts verhaßt beschwerlich seyn
> da ich zu Deinen Thron die Zuflucht hab genommen,
> so sage nicht erzürnt zu meinen Bitten nein!
> Du trittst ja keinen Wurm wenn er Dir nichts kan schaden,
> Dein Königlicher Fuß zieht sich gewiß zurück,
> schenk uns als Würmern doch in Deinen Hohen Gnaden
> was Gott und Fleiß uns giebt, durch einen Gnaden Blick!

Stolz auf ihre Leistung und auf ihre Arbeit spricht aus den Zeilen,
Anspruch auf das, was rechtmäßig ihres ist »vor Gott und Recht«. Mut,
Selbstbewußtsein und Geschicklichkeit gehörten zur Abfassung dieser
Verse; dennoch bekam der Konkurrent Müller durch seine besseren
Beziehungen bei Hofe die gewünschten, d.h. die vormals Neuberschen
Privilegien. Caroline Friedericke Neuber trat zu selbstbewußt, zu wenig
untertänig auf – es gibt eine Reihe von Vorfällen, die eindeutig den
rechtmäßigen, durch Leistung und Vertrag erworbenen Anspruch der
Neuberschen Truppe bezeugen, der ihr streitig gemacht wird –, um als
Frau und Prinzipalin die männlichen Neider, die ihr das »wenig Brod,
[das] Hab und Gut nicht gönnen«, nicht hervorzurufen. Obwohl das
Recht auf ihrer Seite war, unterlag sie im Existenzkampf zumeist den
männlichen Prinzipalen, Stadträten, Hofbeamten.

Daß sie »nur« eine Frau war, dessen war sie sich immer bewußt; doch
sah sie das nicht als Schwachheit an, sondern sie wollte ihr Können und

ihre Leistung allein für sich sprechen lassen, wie sie es in der Vorrede zum *Deutschen Vorspiel* 1734 tat [20]:

Lieber Leser.

Hier hast du was zu lesen. Nicht etwan von einem großen gelehrten Manne; Nein! nur von einer Frau, deren Namen du außen wirst gefunden haben, und deren Stand du unter den geringsten Leuten suchen mußt: Denn sie ist nichts, als eine Comödiantin; von Geburt eine Deutsche. Sie kann von nichts, als von ihrer Kunst Rechenschaft geben: Wenn sie gleich so viel wissen sollte, daß sie einen jeden Künstler verstehen könnte; wenn er von seiner Kunst redet. Fragst du: Warum sie auch schreibt? So antwortet sie dir das, dem Frauenzimmer gewöhnliche, Darum! Fragt dich jemand: Wer ihr geholfen hat? So sprich: Ich weiß es nicht; oder: Es könnte doch wohl sein, daß sie es selbst gemacht hätte... Sie hat zwar niemalen durch Schriften bekannt sein; sondern nur, als eine Comödiantin anderer Leute Leidenschaften bescheiden, vorsichtig, aufrichtig und natürlich vorstellen wollen: Itzt aber, da sie ihre eigene Rolle auf, und vor der ganzen Welt zu spielen genötigt wird; so schämet sie sich auch nicht ihren ersten sichtbaren Auftritt in diesen Blättern gedruckt zu geben.

In diesem Vorspiel spielt sie in der Tat ihre eigene Rolle: in einer Allegorie wird der Streit zwischen der Müllerschen und der Neuberschen Gesellschaft um das Hofkomödianten-Privileg von 1733–1734 vorgeführt. Dieses *Deutsche Vorspiel* (so der Titel) zeigt vor allem eine klare Gegenüberstellung der Neuberschen Tendenzen und der Müllerschen Truppe.

Die Neuberin selbst spielte die Melpomene (die Muse der Tragödie), Johann Neuber bezeichnenderweise den »Obsequenz« (den »Folgsamen« – er hatte sich unüberlegt zu einem Kompromiß mit Müller schriftlich bereiterklärt, den er selbst allein unterzeichnet hatte und den Caroline Friedericke kurz darauf, wohl als sie davon erfuhr, widerrufen hat. Ihr wurde aber vom Rat bedeutet, daß Neubers Erklärung allein rechtmäßig sei, da er der offizielle Geschäfsträger war, sie nur in seinem Namen handeln könne). [21] Im Stück ist der Obsequenz Johann Neuber eine vorwiegend stumme Rolle, er folgt immer gehorsam nach und unterstützt in keiner Weise die gerechte Sache der Melpomene-Neuberin. Das Vorspiel läuft darauf hinaus, daß Apollo sich für Melpomene entscheidet und die Klage des Silenus (der Konkurrent Müller erschien als Mischwesen aus Pferd und Mensch mit Fellschurz, Bocksprofil und Pferdschweif) abweist. Die Argumente der Melpomene-Neuberin sind aber nicht ihre schwache Weiblichkeit (darauf wird überhaupt nicht, weder im Spott noch Ernst, angespielt), sondern allein ihre lauterer Absichten und besonders ihr Können.

Selbstvertrauen auf ihre Rechte und ihre Leistung statt unterwürfiger Schmeichelei dem Adel gegenüber, statt zerstörerischem Kampf ums Überleben spricht aus den Schriften der Caroline Friedericke. Gesellschaftlichen und wirtschaftlichen Erfolg hatte sie nur bedingt mit dieser selbständigen Handlungs- und Denkweise. Mittellos, oft hungrig und in dürftigster Kleidung bewohnte sie mit ihrem Mann in den letzten Jahren ihres Lebens eine Unterstube, die die beiden dann noch mit einquartierten Soldaten teilen mußten! Todkrank wurde sie aus einem Dorfgasthaus in Laubegast bei Leipzig ausgewiesen (eine Komödiantin sollte doch nicht etwa in einem angesehenen Hause sterben); es ist jedoch eine Legende, daß ihr Sarg gegen den Protest des Pfarrers heimlich über die Kirchhofsmauer gehoben wurde. Ihr Ende ist bezeichnend für die Frau, die als Prinzipalin im 18. Jahrhundert selbständig aufgrund ihrer eigenen Leistung ihr Leben zu gestalten suchte. (Sie hatte übrigens keine Kinder.)

Nach der Neuberin gab es keine bedeutende Frau als Prinzipalin mehr; die Prinzipale sind nach etwa 1750 ausschließlich Männer. Auch die Gründer, Direktoren oder Verwalter der stehenden Theater (der sogen. Nationaltheater – »national«, weil deutschsprachige Werke und Schauspiele von deutschen Schauspielern aufgeführt wurden), die seit dem berühmten Hamburger Nationaltheater von 1767 (an dem Lessing als Theaterkritiker mitwirkte) das Theaterleben bestimmen, sind ausschließlich Männer.

Tugendhafte Heroinen
und die Ansprüche des bürgerlichen Publikums

In der zweiten Hälfte des 18. Jahrhunderts wurden die Theatertruppen zunehmend seßhaft; mit der wachsenden Einwohnerzahl der Städte, dem größeren Interesse der Bürger an Unterhaltung und Bildung und mit der zunehmenden Verbürgerlichung der Schauspieler, die nun auch von konservativen Kreisen nicht mehr ausgestoßen, sondern zunehmend akzeptiert wurden, boten die Städte mehr Theaterpublikum, und die Truppen konnten länger gastieren. Feste, zum Teil hölzerne Theaterbauten, ein größeres Repertoire, kostspieligere Ausstattung und Kostümierung stellten auch weitaus größere Anforderungen (finanziell, gesundheitlich und künstlerisch) an die Schauspieler. Bekannte Prinzipale organisierten stehende Theater, wohlhabende Bürger und kleinere Höfe wurden zur Finanzierung gewonnen. Es scheiterten jedoch alle Theater-gründungen schließlich doch, weil sie nicht rentabel genug waren. Bei dieser organisatorischen Umstrukturierung wurden Frauen ausgeschaltet und in die ihnen zugewiesenen (begrenzten) Schauspielerrollen und in die zuarbeitenden Hilfspositionen abgedrängt; von der *Leitung*, den *künstlerischen Entscheidungen* und den *Kollegialorganisationen* wurden sie ausgeschlossen.

Ein Blick auf die zunehmend verbürgerlichten Prinzipalsfamilien [22] macht deutlich, wie die Ehemänner als Prinzipale und »Hausväter« (und nicht als »Obsequenz« wie ehedem Johann Neuber) den für die Unterhaltung der Bürger und dann auch der Höfe wichtig werdenden Theaterbetrieb beherrschten. Schon Friedrich Schönemann konnte beim Mecklenburger Herzog Christian Ludwig im Schweriner Schloß als Hofgesellschafter Aufnahme finden (1751—1756); während dieser Jahre gastierte die Truppe außerdem an 19(!) Orten zwischen Hamburg und Wismar, um Verdienst und Reputation aufzubessern; Konrad Ernst Akkermann veranlaßte einen festen Theaterbau 1755 in Königsberg und 1765 in Hamburg, wo seine Truppe dann bis 1769 (1767—1769 als »Nationaltheater«) spielte; Heinrich Gottfried Koch konnte sich mit seiner 32 Personen starken Truppe nach Gastspielen besonders in Hamburg, Weimar, Leipzig und schließlich in Berlin etablieren (1771—75); Carl Theophil Döbbelin erhielt für seine zweite Truppe 1767 das preußische Privileg, spielte 1767—70 in Berlin (unterbrochen von zahlreichen Gastspielreisen), führte 1775 Kochs Theater weiter, wurde 1786 »artistischer Leiter« des Berliner Nationaltheaters und 1789 pensioniert; Ekhof wurde (nach dem Theaterbrand 1774 in Weimar) 1775—1778 Direktor des Hoftheaters in Gotha. Freiherr von Dalberg organisierte mit beträchtlichen Geldmitteln das Mannheimer Theater, er war ab 1781 der erste aristokratische Intendant, 1776 erhob Josef II. das Theater an der Wien zum Nationaltheater.

In den Kollegialorganisationen, die über Rollen-, Bühnen- und Standesfragen berieten, waren gegen Ende des 18. Jahrhunderts keine Frauen mehr vertreten. Zwar hatte noch Ekhofs »Schauspieler-Akademie« von 1753 in Schwerin bei der Wahl der Schauspieler-Vertreter vorgesehen, daß auch »Frauenzimmer« gewählt werden konnten [23]; Teilnahme an den Sitzungen war Pflicht für alle Schauspieler (Männer und Frauen saßen getrennt). Doch beim Wiener Nationaltheater wurden schon 1776 die Männer des Theaterausschusses beim »Theatergrafen« (dem aristokratischen, vom Kaiser ernannten Leiter) vorstellig und ver-

Paulus Decker inv. et del.

Bande ist sereit ein Schauspiehl auszuführen,
Drum steht nach seinem Part ein jeder sich hübsch an,
iil aber sein Person er nicht wohl die Agiren,
so helffts, daß hier nicht nicht, wie sonst das Kleid den Mann.
Schauplaz ist die Welt von Glücks und Unglücks Fällen,
Beglückt, wer sein Person weiß wohl drauff vorzustellen.

Die zum Schauspiehl sich fertig
machende Comoedianten Bande.
AD COMICOS ACTUS SE PRÆPA-
RANS HISTRIONUM SOCIETAS.

Com Pr. Sac. Cæs. Maj.

Turba parata strepit, max ut spectacula sistat,
Utque datæ partes vestis et eligitur.
Nil nivat ornatus, ni quis se accomodat apta
Scenæ, namqᵹ virum non facit heic habitus.
Actores homines sunt; hæc et vita Theatrum,
Felix, qui partes scito agit usque suas.

Mart Engelbrecht exc. A.V.

Wandertruppe macht sich zur Aufführung zurecht (1730).

Selbstporträt der Malerin Dorothea Therbusch (1775).

langten den Ausschluß der Frauen, da diese durch ihre Rivalitäten bei der Rollenbesetzung die Beratungen störten. Die männlichen Schauspieler rivalisierten ganz genau so untereinander, sie beanspruchten jedoch bei der Verbürgerlichung des Theaters dieselben Vorrechte gegenüber den Frauen, wie sie der bürgerliche Patriarch gegenüber seiner Frau innehatte. [24] Noch im Bühnenverein von 1871 waren Frauen weder vertreten noch stimmberechtigt; erst bei der Neuregelung der Theaterverhältnisse im Jahre 1919 wurden die Schauspielerinnen erstmalig wieder an Theaterfragen beteiligt, die zur Zeit der Veltin, der Elenson oder Neuberin Frauen selbstverständlich (mit)bestimmten.

Auch die bürgerlichen Moralvorstellungen wirkten gegen die Schauspielerinnen: sie sollten verheiratet sein, aber eine Schwangerschaft galt natürlich als Entlassungsgrund. Als Hofbedienstete mußten sie um Heiratserlaubnis bitten, die nicht genehmigt wurde, wenn man eine Beeinträchtigung der Leistung befürchtete.

Diese zunächst widersprüchlichen und dann (teilweise direkt) frauenfeindlichen Anforderungen lassen sich an den Biographien der Schauspielerinnen ablesen, wie z.B. an denen der Ehefrau und der beiden Töchter des Prinzipals Ackermann. [25] Sophie Charlotte (1714−1792) stammte aus einer kleinbürgerlichen Familie, trennte sich 1738 (nach vierjähriger Ehe) von ihrem trunksüchtigen Ehemann, eröffnete (nach mißglücktem Versuch in Schwerin) eine Näh- und Stickschule in Hamburg; 1740 debütierte sie durch Ekhofs Vermittlung in Lüneburg, hatte 1742−44 als Prinzipalin eine eigene Truppe, mit der sie in Norddeutschland spielte. Als sie 1749 in Moskau die Todesnachricht ihres Mannes erhielt, heiratete sie dort Ackermann, der schon seit fast zehn Jahren ihr ständiger Gefährte gewesen war, und wurde seine entscheidende Stütze in geschäftlichen Fragen, nachdem Ackermann 1753 (in Danzig) selbst Prinzipal wurde. Charlotte war intelligent, praktisch, hatte »ausgedehnte Kenntnisse vom Theater« und war »sehr geschickt in den Geschäften, welche die innere Ökonomie des Theaters betreffen«, ihre Energie war ebenso unermüdlich wie ihre Eifersucht, ihr Mißtrauen und ihre Strenge gegenüber den anderen Mitgliedern der Truppe. Als Schauspielerin wurde ihre Darstellungskunst tragischer Rollen ebenso gelobt wie ihre Deklamation; die Titelrolle der Lady Johanna Gray war ihre Meisterleistung in der Sprechkunst. Ihre berühmten Charakterrollen waren die Milwood (Lillo) und die von Lessing nach dieser modellierte Marwood.

Madame Ackermann studierte und probte mit den »Frauen, Kindern und sogar den Männern« ihre Rollen; nach 1772 (sie war inzwischen

58 Jahre alt) trat sie nicht mehr auf, probte und erteilte aber weiter Schauspielunterricht. – Sie verfaßte und hielt häufig Theaterreden, Prologe und Epiloge bei Eröffnung oder am Ende eines Gastspiels in einer Stadt, zumeist eine Verteidigung des Theaters und der Würde des Schauspielerberufes. Sie übersetzte und adaptierte Stücke für ihre Bühne (die Ackermannsche Gesellschaft führte von 1754 bis 1771 insgesamt 332 verschiedene Bühnenwerke auf, dazu kamen noch Ballette; es waren etwa dreimal soviele Lustspiele wie Trauerspiele; die meistgespielten Autoren waren: mit Abstand Voltaire, dann Chr.F. Weisse, Destouches, Molière und Goldoni, vor Lessing und J.E. Schlegel).

Zu den Aufgaben der Madame Ackermann gehörte außerdem auch die Oberaufsicht und in den ersten Jahren die fast alleinige Anfertigung des gesamten Kostümfundus nach französischen theatralischen Kleiderzeichnungen (der Glanz der Garderobe zeichnete die Ackermannsche Truppe vor anderen Gesellschaften aus; ab 1761 beschäftigte sie einen Garderobier, später zwei weitere Schneider). Nach moderner Arbeitsteilung fungierte sie als Verwaltungsdirektor, Spielleiter, Schauspielerin, Schauspiellehrer, Dramaturg und Ausstatter in einer Person; ihr Mann war der Direktor und erste Schauspieler. Einen Sohn hatte sie aus erster Ehe mit zum Theater gebracht, den später als Schauspieler und Direktor berühmt gewordenen Friedrich Ludwig Schröder (1744–1816); mit Ackermann hatte sie einen Sohn und zwei Töchter. Jahrzehntelang litt sie an dem »Brustleiden« der Schauspieler, der Tuberkulose, und sie wurde als »fast immer kränkelnde« Frau beschrieben, die »gänzlich erschöpft« immerhin erst 1792 mit 78 Jahren starb. – Man muß sich die Arbeit, Leistung, Vielseitigkeit und das Durchsetzungsvermögen der Madame Ackermann vergegenwärtigen, um zu ermessen, was sie und die anderen Frauen für das Theater im 18. Jahrhundert bedeutet haben.

Ähnlich waren die Verhältnisse der nächsten Generation, der ihre beiden Töchter angehörten. Dorothea Ackermann (1752–1821) erschien mit vier Jahren als Arabella in Lessings *Miß Sara Sampson* zum ersten Mal auf der Bühne; andere Kinderrollen folgten, die wie üblich von den Prinzipalskindern gespielt wurden; für stumme Kinderrollen schrieb die Mutter ab und an passende Verse. Mit sechs Jahren tanzte sie im Ballett »erste Rollen«. Als Zwölfjährige begann sie, junge Liebhaberinnen zu spielen, mußte von Mai bis Dezember (die Gesellschaft spielte in Hannover, Göttingen, Braunschweig, Hamburg) in 21 für sie neuen Rollen auftreten und im darauffolgenden Jahr 23 neue Rollen für Bremen und Hamburg lernen. Durch Besetzungsschwierigkeiten war

Ackermann gezwungen, seine noch zu junge Tochter in Hauptrollen so einzusetzen, er handelte wohl kaum aus »väterlicher Liebe«, wie ein zeitgenössischer Literat meinte. Das Theater war ein Familienunternehmen, bei dem alle verfügbaren Kräfte voll mitarbeiten mußten. Die schauspielerische Begabung und die Sprechkunst der Dorothea wurden ebenfalls gelobt; doch mußte sie für ihre angeborene Häßlichkeit und Ausdruckslosigkeit (ihr Gesicht war von den gefürchteten »Blattern« – Pocken – entstellt) mit ihrem Spiel kompensieren. Sie spielte Minna von Barnhelm und Miß Sara Sampson unter den etwa 80 neuen Rollen vom März 1769 bis Ende 1771, davon 13 im Singspiel – eine überwältigende Arbeitsleistung; dazu mußte sie sich nach anfänglich schlechten Kritiken und gegen die scharfe Konkurrenz einer ausgezeichneten Heroinendarstellerin (und wirkungsvollen Schönheit), wie es Madame Hensel war, erst durchsetzen und ihre Anerkennung als Schauspielerin allmählich erkämpfen, bis sie in späteren Jahren »eine Lieblingsschauspielerin des Hamburgischen Publikums« wurde.

1778 heiratete sie den Altonaer Professor J.C. Unzer und verabschiedete sich mit einer von Unzer (!) verfaßten Abschiedsrede vom Publikum. Die unglückliche Ehe wurde nach acht Jahren geschieden; Charlotte kehrte jedoch nicht zum Theater zurück, sie starb erst 1821 im 70. Lebensjahr unausgefüllt, vereinsamt und arm. Wir können nur vermuten, warum Dorothea nach ihrer Scheidung 1786 nicht wieder zum Theater zurückgekehrt ist: einmal wird sie das beschränkte bürgerliche Leben dem noch unsicheren und aufreibendem Theaterbetrieb vorgezogen haben, zum anderen wäre die Rückkehr der nunmehr 34jährigen, wohl begabten aber äußerlich nicht besonders attraktiven Frau nur zu Heroinen-Rollen möglich gewesen, um bald ins Fach der Alten wechseln zu müssen. [26] Dem alternden Schauspieler blieben eine Reihe von Charakterrollen, in denen z.B. der Stiefbruder Schröder besonders glänzte, die alternde Schauspielerin konnte bestenfalls in einigen Nebenrollen (vom Typus der Mutter Claudia in *Emilia Galotti*) auftreten.

Die zweite Ackermann-Tochter, Charlotte (1757–1775), verstarb früh auf der Höhe ihres Ruhmes; ihr blieb das Altern als Schauspielerin, nicht aber die körperliche und seelische Belastung einer Frau am Theater erspart. Auch sie begann mit vier Jahren Kinderrollen und als noch nicht Zwölfjährige, die jugendliche Liebhaberin im Singspiel und in Lustspielen zu spielen. Nach dem Abgang der ersten Soubrette 1771 studierte sie »freilich auch in mancher Woche drei neue Rollen« ein, insgesamt waren es 35 in dem Jahr, 1772 dann »nur« 13 neue Rollen,

1773 wieder 36 neue Rollen, darunter sechs im Singspiel; 1774 waren es 35 neue Rollen (fast täglich tanzte sie außerdem Solopartien in großen mimischen Balletten, die fast immer mit einem Schauspiel zusammen gegeben wurden). So spielte sie Marie, um nur einige heute noch bekannte Stücke zu nennen, in Goethes *Clavigo* oder die Adelheid in seinem *Götz*, Ophelia im *Hamlet* und die Emilia Galotti. Unter der Anleitung der Mutter las sie viel, konnte Englisch, Französisch und Spanisch, und sie liebte das »unweibliche« Reiten. Ein Epigramm zirkulierte darauf in Hamburg:

> Das war Emilia, Galottis Tochter?
> Nein, es kann Emilia nicht sein.
> Sie, die jüngst andachtsvoll, um sich nicht seh'n zu lassen,
> Im Schleier hin zur Messe schlich,
> Setzt öffentlich aufs Pferde sich
> Und reitet männlich durch die Gassen.

Das bürgerliche Publikum forderte eine keusche Emilia, wie Charlotte sie auf der Bühne darstellte; ihr Vater und ihr Stiefbruder, der nach Ackermanns Tod 1771 die Direktion übernommen hatte und auch Familienoberhaupt geworden war, hielten Charlotte als tugendhaftes Beispiel den anderen Frauen im Ensemble vor. Charlottes Verhältnis zu ihrer Schwester, ihrer Mutter, zu den übrigen Frauen im Ensemble war kühl, gespannt und von Eifersucht und Neid bestimmt. Mit Schröder hatte sie oft Streit, so auch am Vorabend ihres plötzlichen Todes 1775. Die Todesursache der erst 17jährigen wurde mit Schlaganfall angegeben, man vermutete jedoch auch Selbstmord nach einem »moralischen Fall« (Schwangerschaft?) oder innere Verletzungen nach einem Sturz vom Pferd (ihr Arzt soll ihr einige Tage zuvor Opium gegen Schmerzen gegeben haben). Wenige Wochen vor ihrem Tode hatte sie an eine Freundin geschrieben [27]:

Die Kälte [meiner Mutter] ist erstaunlich, und ich kann es nicht ertragen. Ich tue alles, was man von mir verlangt, und dennoch ist man nicht mit mir zufrieden.

Hinter der in der zweiten Hälfte des 18. Jahrhunderts nun immer glanzvoller werdenden Rolle der großen (und der kleinen) Schauspielerinnen lag deren Misere als Frau versteckt.

Einen authentischen Einblick in das Schauspielerinnenleben im 18. Jahrhundert gewähren die Memoiren der Caroline Schulze-Kummerfeld (1745–1814), die ihre Erinnerungen an ihre Schauspielerinnenlaufbahn 1782, zwei Jahre vor ihrem endgültigen Abschied vom Theater, aufzuschreiben begann, als sie 37 Jahre alt war. [28] Der zweite Manuskriptband entstand 1793 in Weimar; doch erst 1828 wurden Auszüge aus diesen Handschriften veröffentlicht, die die Theaterwirklichkeit dieser Periode aus der Innenperspektive einer professionellen Schauspielerin wiedergeben.

Ihre Eltern waren Wanderschauspieler; Caroline war zwölf, als der Vater 1757 starb und eine fast mittellose Familie hinterließ, die die gesamte Garderobe wieder einmal versetzen mußte; die Mutter erholte sich von da an nie mehr wirklich. Nur die weiblichen Familienmitglieder waren für den Haushalt verantwortlich; die Schauspielerinnen übernahmen selbstverständlich die Fürsorge für Männer und Kinder. Carolines Memoiren bringen viele Zeugnisse für diese Doppel- und Dreifachbelastung:

Eine Magd hatte ich nicht. Keine würde ihren gewissen Dienst bei einer Herrschaft verlassen haben... Mithin lag nun die ganze Last auf mir. Ich trug's Wasser vom Brunnen zwei Treppen hoch, hackte Holz, tanzte und probierte im großen Saal, indem ich dazu in der Schürze das Suppenkraut und Gemüse putzte. Hatte alle Tage fast eine neue Rolle. (I, 152)

Hausarbeit und Versorgung der anderen Familienmitglieder war natürlich die Aufgabe der Frauen, die je nach der finanziellen Lage der Truppe außerdem die Kostüme anfertigten, änderten und aufbesserten. Caroline berichtet, fast wie beiläufig, über das Auftreten der Mutter in der Abendvorstellung desselben Tages, an dem ihr Kind gestorben ist, das sie vor wenigen Wochen geboren hatte, als Teil des Schauspielerinnenalltags; in ganz schlechten Zeiten nehmen sie Näh-, Flick- oder Schreibarbeit an, auch Haarwickeln, Perückenbehandlung und Mägdedienste. Selten bewohnen sie mehr als eine Unterstube, Vater und Sohn und Mutter mit der Tochter teilen ein Bett, wenn sie nicht auf Stroh schlafen. Als Schauspielerin mußte Caroline den Moralvorstellungen der bürgerlichen Frau genügen, wurde aber in ihrem Beruf von denselben bürgerlichen Männern als Freiwild betrachtet. Wie alle Schauspielerinnen mußte sie ihre Rolle als gesittetes Mädchen »so gut auf dem Theater als von demselben [spielen], und lieber einem Tadel als Schauspielerin sich unterwerfen, als dem einer guten Bürgerin« (*KS*, I, 183). Caroline hatte von ihrem 11. (!) Lebensjahr an ihre Erfahrungen mit einer Reihe von vermeintlichen Heirats- und weniger verhüllt vorgebrachten Anträgen, besonders von adligen Offizieren, gemacht. Die »ernsthaft und fürsorglich vorgetragenen« Anträge verliefen dabei nach einem offenbar weitverbreiteten Muster: der Herr übermittelte zunächst unauffällig oder anonym Geschenke, Einladungen, dann bot er Geld an, »Sicherung« für Caroline und ihre Familie, dann warb er um eine Art halb-offizielle Verbindung, weil er zur Zeit noch keine offizielle Ehe eingehen könne entweder der Mutter oder der Erbtante wegen, von der, wie der Werber beteuert, »der größte Teil [seines] zeitlichen Glückes ab[hängt]« (I, 156). Obwohl Caroline in ihren Erinnerungen dieses Thema beschönigend behandelt, wird eindeutig gezeigt, wie die Männer – je nach Stand und Vermögen – alle Mittel ihrer Macht über Frauen (und besonders Schauspielerinnen) einsetzen, um das gewünschte Verhältnis zu erlangen, das fast immer so endet: »Der Sommer kam; der Herr reiste fort« (I, 151). Das bürgerlich-moralisch denkende Publikum aber maß mit seinen Maßstäben der Tugendhaftigkeit die Frau. Ein »Fehltritt«, gar ein illegitimes Kind oder auch nur das Gerücht einer Schwangerschaft oder einer Liaison wurden nicht verziehen; andererseits »bestrafte« das zahlkräftige Publikum im Parkett (meistens Offiziere) die nach ihren Maßstäben allzu große Sprödigkeit einer Schauspielerin mit Zischen, Randalieren oder Boykott der Vorstellungen.

Um versorgt zu sein, nahm Caroline 1768, als sie auf der Höhe ihres Ruhmes als Schauspielerin (sie spielte die erste Heroine bei Ackermann in Hamburg) angelangt war, einen Heiratsantrag des 22 Jahre älteren Kaufmanns aus Hamburg, Wilhelm Kummerfeld, an. Ihr Antwortbrief auf seinen Antrag ist aufschlußreich: Sie führte Kummerfeld umständlich mehrere Bedingungen vor, von deren Erfüllung sie ihre endgültige Zustimmung abhängig zu machen gezwungen sei:

Vier Punkte, lieber Freund, müssen sie mir aufrichtig beantworten, damit keiner von uns beiden einst dem andern Vorwürfe machen kann. Der erste ist die Religion. Ungestört will ich in der meinigen leben und sterben; so wie ich sie ungestört die Pflichten der Ihrigen werde erfüllen lassen… Der zweite Punkt ist das Theater. Sie wissen die Vorurteile, die die meisten dagegen haben. Fühlen sie sich stark genug, über alle Vorwürfe, die man Ihnen einst machen kann und wird, hinauszusehen?… Das Dritte ist: Ich habe kein Vermögen. Mein Reichtum ist meine Kunst… Sind Sie in der Situation, ein Mädchen zu heiraten ohne Vermögen? Und gesetzt, sie können es jetzt, vermöge Ihres Dienstes, sind sie auch sicher, daß, wenn Gott sie vor mir, das ich nicht wünsche, aus der Welt nehmen sollte, ich auch dann, als Ihre gewesene Gattin, mit Umstand werde leben können? Freilich so nicht, als ich leben konnte, als der tägliche Verdiener noch da war. Aber doch, doch leben wie eine gute einsame Bürgerin ohne Nahrungssorgen? Kummerfeld, denken sie, daß ich bloß Ihretwegen das Theater als meinen einzigen Stecken und Stab von mir lege. Bloß aus Liebe für Sie. Bloß als die einzige Hoffnung, im Alter versorgt zu sein. Gottlos, unverantwortlich wäre es von Ihnen, wenn Sie mich jetzt in der Blüte meines Alters, jetzt, wo ich ernten kann aufs Alter, jetzt mich aus meinem Brot, meine Tugend in Ruhe setzen, und in meinem Alter hilflos zurückließen, daß ich wieder gezwungen wäre, mein Leben zu erhalten, bei dem Theater Schutz zu suchen, das Mitleid der Edlen und der Spott des gemeinen, niederträchtigen Auswurfes von Menschen würde! Sie sind kein Jüngling; Sie sind ein Mann. Weg also lieber jeden verliebten Gedanken!... Der vierte Punkt ist, daß Ihre ganze Familie mich als Ihre Frau erkenne und so mit mir umgehe... Nun, lieber Kummerfeld, ob ich gleich noch jung bin, so hab' ich doch vieles gesehen und erlebt, weiß was am Ende für närrische Auftritte, ja, oft ganze Zerrüttungen der zärtlichsten Liebenden daraus entstanden, wenn ein Teil sich gegen den Willen und die Absicht der Anverwandten verheiratete. Ich will keine Uneinigkeit unter Ihren Anverwandten stiften. Lieber begebe ich mich der Ehre, je mit solchen verwandt zu werden. Können sie mir bürgen für die vier Punkte, so bin ich die Ihrige. Können sie nicht, so bleiben wir Freunde.

Caroline Schulze gab ihren Beruf auf, überdachte aber sehr sorgfältig die gesellschaftlichen und wirtschaftlichen Fragen, die mit der Aufgabe ihrer finanziellen Selbständigkeit zusammenhingen. Dabei spielt die Versorgung im Alter eine besondere Rolle. Caroline lebte, wie praktisch alle ihre Berufsgenossen, in dem ständigen und deutlichen Bewußtsein, daß ihre Karriere einmal zu Ende sein würde und daß dies für viele ein Alter in Armut bedeutete. Die Dringlichkeit dieses Problems ist ihr auch persönlich schon früh klar geworden. So sagt sie über ihre Mutter: »Was wäre sie nun im Alter, wenn sie keine Kinder hätte« (I, 270)?

Doch der 22 Jahre ältere Kummerfeld starb schon 1777 im Wahnsinn und hoch verschuldet. Nach neunjähriger Ehe mußte Caroline zum Theater zurück, um ihren Lebensunterhalt zu verdienen, um die Verpflichtungen ihres Mannes abzutragen und um den Gehässigkeiten der reichen Kummerfeldschen Verwandtschaft zu entkommen. Zwar hatte der Ehemann Karoline in den vier Punkten (freie Religionsausübung, Vorurteilslosigkeit gegen ihre Theaterlaufbahn, finanzielle Absicherung als Witwe und Achtung bei den Verwandten) schriftlich seinen Beistand versprochen, aber die Wirklichkeit sah dann ganz anders aus. Trotz ihrer bewußten Forderungen, – und Caroline wußte wohl, was sie erwartete, als sie die vier Punkte zur Bedingung machte –, konnte sie in den wichtigsten (finanzielle Absicherung und menschliche Achtung) nichts erreichen. Gesetz und Gesellschaft waren gegen sie als Schauspielerin und als Frau; auch wenn sie ihre Wünsche klar artikulieren konnte, Ansprüche stellen oder diese gar durchsetzen konnte sie nicht.

Als Caroline wieder zur Bühne zurück mußte, wählte sie schließlich trotz der niedrigen Gage ein Angebot des Hoftheaters in Gotha, weil sie gehört hatte, daß dort verdiente Schauspieler am Ende ihrer Karriere eine Pension bezögen. Was ihr 1778 mit 33 Jahren wichtiger ist als eine hohe Gage, ist »die Hoffnung zur Pension« und »zeitlebens an einem Ort« zu sein (II, 74). Nach neunjährigem »Privatstand« begann so 1777 wieder das, was sie »ein Hottentotten- und Zigeunerleben« nannte (II, 120). Über kurze Engagements in Gotha, Mannheim, Innsbruck, Linz, Frankfurt und Bonn, gewöhnlich voller Enttäuschungen bei immer selteneren Erfolgen, spielte sie ihre letzte Rolle schließlich 1785 in Weimar, wo sie sich niederließ und eine Nähschule gründete. Damit und später durch Kummerfeldsches Waschwasser gegen Flechten und Sommersprossen (das der Apotheker Hoffmann für sie verkaufte) verdiente sie sich einen kümmerlichen Lebensunterhalt. Caroline tauschte gern eine bürgerlich gesicherte, wenn auch begrenzte Lebensform mit ihrer Schauspielerexistenz ein, um im Alter eine Lebensversorgung zu haben. Ihre Theaterkarriere betrachtete sie nicht als eine künstlerische Existenz, die ihr persönliche Freiheiten und Entwicklungsmöglichkeiten bot. Sie war am Ende ihrer Theaterlaufbahn nicht nur enttäuscht von dem mageren Ergebnis eines arbeits- und dabei risikoreichen Lebens, sondern fühlte sich auch physisch erschöpft. Sie war nicht nur am Ende ihrer Hoffnungen, sondern auch am Ende ihrer Kräfte.

Ihr betont bürgerlicher Gesichtspunkt, der auf Versorgung, wenn nicht als Ehefrau, so doch später als Nählehrerin, zielte, ist sicher aus den Erfahrungen ihres wirtschaftlich miserablen und physisch mehr als ihre Kräfte erfordernden Lebens zu erklären. Sie klagte nicht an, übte keine Kritik; doch die lakonische Schilderung ihres Schauspielerinnenalltags impliziert eine Kritik. Um zu überleben, mußte sie bürgerlich werden.

Sie verbrachte ihren Lebensabend im klassischen Weimar, wo das Theater zu einem kulturellen Mittelpunkt der Gesellschaft wurde; doch zur Weimarer Gesellschaft gehörte die verarmte, ehemalige Schauspielerin nicht. Es gibt keinen Anhaltspunkt, daß Goethe nach 1785 in Weimar mit ihr irgendwelchen Kontakt hatte, auch wenn er sie ehemals in Leipzig beklatscht, angebetet und 1767 angedichtet hatte [29]:

> O du, die in dem Heiligtum
> Der Grazien verdient zu glänzen,
> Auch ohngebeten krönt der Ruhm
> Dich mit den besten Kränzen;
> Doch soll des Lobes Melodie
> Dir immer gleich erschallen,
> So gib dir nicht vergebne Müh,
> Durch Tanzen zu gefallen.

»Immer gleicher Ruhm« wurde der Caroline hier versprochen, doch als alternde Nählehrerin blieb die Schulze-Kummerfeld aus Standesgründen unterhalb von Goethes Blickfeld, auch wenn beide dreißig Jahre gemeinsam (von 1785 bis 1815) in der damals knapp 6000 Seelen zählenden Residenzstadt lebten.

Caroline begann, ihre Memoiren zu schreiben, bevor Moritz' Theaterroman *Anton Reiser* 1785 erschienen war, und vor Goethes *Wilhelm Meister* (1795/96). Weshalb Carolines Werk nicht zu ihren Lebzeiten veröffentlicht wurde, ist nicht bekannt: wahrscheinlich fand sich kein Verleger, kein Vermittler (wie Wieland für den ersten Roman der La Roche 1771), und selbst konnte sie die Kosten nicht tragen.

In diesen Jahren begeisterten sich Bürgerssöhne für das Theater, um der engen Welt des Bürgertums zu entgehen. Goethes Roman gilt als realistische Darstellung des zeitgenössischen Theaters, trifft das aber auch für das Leben der Schauspielerinnen zu? Die drei Schauspielerinnen, deren Lebensweg mit der Welt Wilhelms bedeutend verknüpft ist, werden durch ihre Sexualität eingeführt und bestimmt. Mit Mariane, der schönen Geliebten, die im Nachspiel als junger Offizier gekleidet das Publikum »entzückte« (I, 9) [30], setzt der Roman ein. Kein Wort über ihre schauspielerische Fähigkeit, auch später, als sie Wilhelms Geliebte ist, wird nichts darüber gesagt. Dafür erzählt Wilhelm ihr ausführlich von seinen Puppenspiel-Erlebnissen, über seine Vorstellungen und Träume als Schauspieler und als Schöpfer eines Nationaltheaters, er schreibt ihr von seinen Absichten (keine konkreten Vorstellungen), für die Bühne zu leben und sie zu heiraten, bis er ihre (vermeintliche) Treulosigkeit entdeckt. (In der *Theatralischen Sendung* hatte Mariane in der Tat viele Liebschaften und war berechnend.)

Daß aber sexuelle Freizügigkeit der Schauspielerinnen vom zahlenden Publikum erwartet wird, macht eine Szene mit Mignon deutlich, in der ein Fremder das Mädchen mit der Peitsche bestrafen will, weil sie seinen Versuch, sie zu küssen, mit einer Ohrfeige beantwortet hatte. In der ganz selbstverständlichen Überzeugung, daß Schauspielerinnen landläufig als Freiwild gelten und dies auch zu akzeptieren haben, reagiert er entrüstet: »Ich werde wahrhaftig..., mit einer solchen Kreatur keine großen Umstände machen sollen« (671). Nicht nur die soziale Geringschätzung der Schauspieler verdeutlicht diese Szene, sie zeigt in besonderem Maß die als selbstverständlich betrachteten Ansprüche der Männer, den Schauspielerinnen sexuell nahe zu treten, wann immer sie es wünschten. – Indem aber Mariane sich schon emotionell für Wilhelm und zur Treue entschieden hatte (dies erfahren die Leser und Wilhelm allerdings erst nach ihrem Tode), ist aus der Schauspielerin als Sexualobjekt aller Zahlenden der alleinige Besitz Wilhelms geworden, der aus der gegenseitigen Liebe gerechtfertigt wird. »War es denn bloß Liebe zu Marianen, die mich ans Theater fesselte? oder war es Liebe zur Kunst, die mich an das Mädchen knüpfte« (277), fragt sich Wilhelm, als er vor der Entscheidung zwischen Bühnen- und Kaufmannslaufbahn steht.

Hier nun setzt Aurelie mit ihrer unglücklichen Liebesgeschichte ein: sie besiegelt Wilhelms Treueschwur mit Blut, indem sie mit ihrem (viel zu scharfen) Theaterdolch blitzschnell seine Handfläche einritzt. Aurelie lebt ihre Bühnenrolle der Ophelia, nachdem sie ihre Lebens- und Liebesgeschichte erzählt hat, dann in tiefer Verbitterung gegen ihren treulosen Freund bis zu ihrem Tod die Rolle der Orsina. Ihren Tod fordert sie mutwillig heraus (354), indem sie in der Erhitzung der Orsina-Rolle in die kalte Abendluft geht und sich die tödliche Erkältung zuzieht. Bei der Darstellung der Orsina hatte sie »alle Schleusen ihres individuellen Kummers« geöffnet (353), ihr Bruder Serlo kritisierte die »Entblößung ihres innersten Herzens vor dem Publikum, das doch mehr oder weniger mit jener fatalen Geschichte bekannt war« (354).

Aurelie ist zuletzt Wilhelms beste Freundin, und ihr Tod bedeutet auch Wilhelms Abschied vom Theater, so wie Aurelie in ihren Theaterrollen lebte, um sich von ihren persönlichen Problemen zu lösen, so hatte auch Wilhelm das Theater als seine eigentliche Lebenswelt verstanden. Aurelies Tod bringt Wilhelm dazu, sich von diesem Weg zu trennen. Aurelie wird wenigstens in zwei Theaterrollen charakterisiert, während Mariane nur Zuhörerin von Wilhelms Theaterkonzeptionen und -plänen war. Eine Eigenständigkeit als Schauspielerin hat auch Aurelie nicht; sie ist eine auf Wilhelm bezogene Figur aus der Theaterwelt, der noch einige Züge dieser Welt (Leidenschaft und Liebschaften) anhaften; von realistischer Gestaltung des Schauspielerinnenlebens kann jedoch nicht die Rede sein.

Ebensowenig ist mit Philine eine Schauspielerin gestaltet; Philine ist eine Lebenskünstlerin: Wilhelm lernt an ihr den »Wert und die Schönheit des Leichtseins«, sie verkörpert »Spiel, Lebensfreude und die Beherrschung der Mittel«. [31] Ebenso leicht, wie sie in Wilhelms Leben tritt, verschwindet sie wieder daraus. Eine spezifische Problematik des Schauspielerinnenlebens ist aber an ihr nicht aufgezeigt, interessiert auch noch nicht einmal in einigen Einzelheiten.

So wie die Theaterwelt in den ersten sechs Büchern eine Folie für

Wilhelms Lebensweg abgibt, so sind die drei Schauspielerinnen auf ihn hin konzipiert (Mariane als Geliebte, Philine als Lebenskünstlerin, Aurelie als Freundin). Sie begleiten Wilhelm, um ihn anzuregen. Sie verdeutlichen in ihrer Konzeption keine wesentlichen Züge und Probleme der Schauspielerinnen: So zentrale Konfliktstoffe wie Armut, Arbeit, Sexualität und die Ansprüche der bürgerlich-patriarchalischen Welt auf ihre Person werden nicht thematisiert. Sie bleiben trotz ihrer individuellen Tragik schöne Gemälde – von bruchlos-harmonisch verlaufender Weiblichkeit, auf der Bühne wie im Romangeschehen Musen, die – jede auf ihre Weise – die Männerwelt verschönern und bereichern.

Frauen am Hoftheater:
Mätressen, Primadonnen und »Ersatzkräfte«

»Die »Entreprisen« der großen Prinzipale in der zweiten Hälfte des 18. Jahrhunderts enden fast alle mit der mehr oder weniger gesicherten Direktion eines Hoftheaters. Waren die Erinnerungen der Schulze-Kummerfeld von dem Verlangen durchdrungen, ein tugendsam-nützliches Mitglied des bürgerlichen Standes zu werden, so strebten die Prinzipale und dann auch die Schauspieler danach, bei Hofe, für den Adel, wo mehr Geld, Prestige und Achtung zu erwarten war, ihre Theaterrollen zu spielen. Als Unterhalter und »Künstler« waren nun auch die deutschen Schauspieler dort willkommen; sie wurden Hofbedienstete (oder wie solche behandelt), nicht aber etwa als standesgleich angesehen. Friedrich II. hat sie als »Canaillen-Bagage« bezeichnet: »Es ist ein Teufels-Crop; ich wollte, daß sie der Teufel alle holte; die Canaillen bezahlet man zum Plaisir und nicht um Vexiererei von ihnen zu haben.« [32] Nicht viel anders dachte man an anderen Höfen (auch nicht in Weimar), selbst wenn man sich vornehmer ausdrückte.

Von Josef II. hieß es zwar 1776, daß er »jedem einzelnen Schauspieler seine innige Teilnahme zuwendet, ihn fördert, auszeichnet, ermuntert und belohnt« [33], doch war das Theater für ihn eine Institution zur Repräsentation und Unterhaltung, die möglichst wirtschaftlich geführt werden sollte. [34] Ein typisches Handbillet an den »Theatergrafen« lautete [35]:

Ich glaube, daß Sie der L. sagen können, daß sie das Engagement anderwärts annehmen kann, und gleichzeitig werden Sie sie kurzfristig wieder engagieren. Bis dahin wird man die St. oder die C. entlassen können, jene von den beiden, die weniger gefällt. Was den Lange betrifft, werden Wir ihn ohne Zweifel bald wiedersehen, wenn er erfährt, daß jede Zahlung an ihn eingestellt ist.

In diesem Hoftheater, für das die bürgerlichen Direktoren, Schauspieler, Theaterdichter und Literaten die Stücke lieferten, wurden die weitaus vielseitigeren Frauenrollen des Wander- und Prinzipaltheaters auf festgelegte und reduzierte »Rollenfächer« herabgemindert. Die Bühnenrollen waren quantitativ und qualitativ geringer als die der Männer, da die Dramen nun ausschließlich von Männern verfaßt wurden und eine männliche Gesellschaft spiegelten. Es gab einmal viel weniger große Rollen für Frauen (bis heute treten in der Regel doppelt so viele Männer wie Frauen auf und sind weniger als ein Drittel eines jeweiligen Ensembles Frauen): gegenüber der *Maria Stuart* und *Jungfrau von Orleans* gibt es *Die Räuber, Fiesko, Kabale und Liebe, Don Carlos, Wallenstein, Wilhelm Tell*, um nur Schiller als Beispiel zu nennen; die »Männerdramen« haben alle mehr und weitaus vielseitigere Männerrollen als die »Frauendramen«, wobei auch in der *Jungfrau von Orleans* insgesamt 6 Frauen und 16 Männer Sprechrollen haben, in der *Maria Stuart* sind es 4 Frauen und 15 Männer! Das »bürgerliche« Schauspiel (bürgerlich als Standesgesellschaft, nicht als literarischer Gattungsbegriff) spiegelte die patriarchalisch-bürgerliche Gesellschaft. Auch qualitativ waren (und sind vielfach bis heute) die Frauenrollen geringer anzusetzen; was sich in den engen »Rollenfächern« ausdrückt. So enthielt die Personalliste des Wiener Nationaltheaters um 1780 die Schauspieler [36]:

Herr Stephanie der ältere für Helden, Könige, Edle und zärtlich polternde Väter, Herr Joseph Lang für junge Helden und feurige Liebhaber, Herr Johann Dauer für zweite Liebhaber, liederliche Burschen und schleichende, blöde junge Herrchen, Herr Johann Bergopzoom für grimmige Bösewichte, Agenten und Tyrannen, Herr Johann Friedrich Müller für Pedanten und feinere komische Bediente, Herr Karl Jaquet für Militärpersonen und niedrig-komische Bauern, Herr Joseph Weidmann für Advokaten, Notare und affektierte, grimassierte Liebhaber, Herr Friedrich Schütz für Bonvivants, Chevaliers, Franzosen, Stutzer und Glücksritter.

und die folgenden Damen (ohne Vornamen!):

Madame Weidnerin für Königinnen, Edle und affektionierte Mütter, Madame Sacco für erste Heldinnen des Mittelalters, zärtliche und sanfte Liebhaberinnen und junge Mütter, Madame Adamberger für unschuldige Mädchen – auch schalkhaft und launisch – und Agnesen. [Agnesen waren im Mittelalter hübsche Bürgermädchen.] Madame Stephanie für Heldinnen, kokette und verkleidete Frauen, Demoiselle Jauet für erste junge Heldinnen und junge, tragische Liebhaberinnen, Madame Gottlieb für Bauernweiber und Wirtinnen, Madame Brockmann für komische Mütter und zänkische Weiber, Demoiselle Defraine für Vertraute und Bauernmädchen, Demoiselle Brenner für ungezogene, läppische Dirnen und kleine Vertraute, Madame Dauer für zweite und dritte Liebhaberinnen.

Außer den Heroinen und Liebhaberinnen waren die Schauspielerinnen auf eine Anzahl von Typen (Soubrette, böses Weib, Bauerndirne) beschränkt; auch äußerlich waren die Ansprüche fest begrenzt. Dies wird in den folgenden Richtlinien deutlich, nach denen der Schauspieler Müller Schauspielerinnen für das Wiener Nationaltheater engagieren sollte:

Für die tragische Darstellerin achte Er darauf, daß sie einen schmelzenden, leidenden Ton habe, ein düster-schwärmerisches Auge, ein schönes Oval, eine gerade, bedeutende Nase, schöne Oberarme, einen stolzen Nacken und Bewegungen voll Adel. Die Naive sollte möglichst über Wangengrübchen verfügen, herzlich und wahrhaftig wirken und mit Augenaufschlag rühren. – Für Kammerjungfern wähle Er keine zu große Person. Sie soll ein sanftes, schmeichelndes Organ haben, zierliche Bewegungen, und singen können.

Besonders die Schauspielerinnen bekamen zu spüren, daß zu ihrer »Kunst« – und an Tanz-, Gesangs-, Darstellungs- und Sprechkunst wurden hohe Ansprüche gestellt – ebenso das »schöne Oval«, die »bedeutende Nase« und die »schönen Oberarme« usw. gehörten, auch wenn die Dichter pausenlos die ästhetischen und moralischen Erziehungsaufgaben des Kunstdramas und des Theaters propagierten.

In Theaterpraxis und -leben waren die »Theaterdamen« der Inbegriff der Ästhetisierung, so wie es in den Kunstdramen die Frauenfiguren waren, die sie auf der Bühne darstellten. Bei der Liebhaberaufführung der ersten Prosafassung der *Iphigenie* am 6. April 1779 spielte die durch Goethes Vermittlung seit 1776 am Weimarer Liebhabertheater engagierte Corona Schröter (1751–1802) die Iphigenie, Goethe den Orest, daß »man glaubte einen Apoll zu sehen«. [37] Goethe war eng mit Corona befreundet, häufig mit ihr zusammen, und auch die Aufmerksamkeiten des Landesherrn Karl August für die »schöne Künstlerin« lieferten Gesprächsstoff und (Miß-)Deutungen [38]:

daß die Huldigungen eines Fürsten ihr nicht ganz gleichgültig gewesen sein werden, und daß schon die Rücksicht auf den hohen Stand des Courmachers Coronen verbot, jene ablehnende Kälte an den Tag zu legen, mit der sie in Leipzig ihre Verehrer zurückschreckte.

Wie auch immer die Verhältnisse gewesen sein mögen, was Corona selbst dachte, fühlte oder wollte, wissen wir nicht, nur daß Literaturhistoriker, auch in der Schröter-Biographie, wortreich die ehrenvollen Absichten der Herzogs und Goethes darstellen. – Als Berufsschauspieler unter Bellomo in Weimar engagiert wurden, trat sie mit diesen (aus Standesgründen?) nicht auf, blieb als Kammersängerin bei Hofe (und als Freundin Anna Amalias) tätig, begann viel zu malen und zu komponieren (eine erste Liedersammlung erschien 1786), und gab Gesangsunterricht. Als Schiller sie 1787 kennenlernte, schrieb er an Körner über »die Trümmer ihres Gesichts«, und daß »vierzig Jahre sie noch nicht ganz haben verwüsten können«; Schiller wußte auch eine Lösung für die Misere der alternden Künstlerin, nämlich: »einer Haushaltung vorzustehen«. [39] Obwohl Corona seit etwa 1782 mit dem im selben Haus, aber im getrennten Stockwerk wohnenden Oberhofmeister der Anna Amalie, Friedrich von Einsiedel, in einer diskret geheimgehaltenen Beziehung »intim liiert« war, heiratete sie Einsiedel nicht. Angst vor dem Klatsch der Hofgesellschaft und seine durch Spielschulden unsicheren Finanzen hielten Einsiedel wohl davon ab, die nicht standesgemäße Corona zu heiraten. Hatte doch Goethe zu Major von Knebels Hochzeit mit seiner langjährigen Geliebten, einer Kammersängerin und Kollegin Coronas, gespottet:

> Herr Bruder
> Welch ein Luder
> Bringst Du in Deine Einsiedelei!
> Ohne Zweifel
> Dich versucht der Teufel.
> Gott steh uns bei.

Oder war das Epigramm mit einem Blick auf die »Einsiedelei« der Corona verfaßt? Corona starb schon 1802 nach jahrelangem Leiden an der »Schauspielerkrankheit«, Tuberkulose, in Ilmenau, ohne daß in Weimar viel Notiz davon genommen wurde.

Für die Frauen am Theater war die schöne, junge Larve ihr eigentliches Kapital. Davon profitierten auch die Schauspieler, wie Joseph Anton Christ (1744–1823); er beschreibt in seinem Schauspielerleben, wie er immer dank der Damengunst (die Memoiren setzen ein mit »Tanzstunden bei einer Gräfin und ihrer Komtesse«) in der Theaterwelt seine Stellung aufbessert; so berichtet er von der ersten Begegnung mit Madame Döbbelin, der Prinzipalsfrau [40]:

> Eine Dame, schlank wie eine Birke und schön wie eine Cythere kam mir entgegen. Nach gemachter ehrfurchtsvoller Verbeugung wandte ich mich gegen Herrn Döbbelin und sagte: »Vermutlich dero Demoiselle Tochter?« Die Dame

lächelte sehr wohlgefällig, er aber sagte: Nein, es ist meine Frau.« Von diesem Augenblick an hatte ich mir die Protektion von Madame erkauft, und da ich es mir nie an Achtung, die man schönen Weibern schuldig ist, fehlen ließ, konnte ich in der Folge jedesmal, wo es darauf ankam, mit Gewißheit auf ihren Schutz zählen.

Und weiter erzählt er von der Madame Döbbelin:

Madam Döbbelin gab das Röschen [in der komischen Oper]... Zwei preußische Offiziere standen hinter mir, da stieß einer den andern an und sagte: »Guck a man, so schlank wie eine Spindel und hat doch eine ganze Ziegelscheune im Leib.« Mir war die Sache als Neuling ein Rätsel, aber... späterhin erfuhr ich, daß der Kammerherr von Alvensleben, der Madam protegierte, bereits sein ganzes Vermögen mit ihr versplittert und nun die letzte Ziegelscheune verkauft habe... Da wurde mir die Sache ziemlich klar, und die Decke fiel mir von den Augen.

Schauspieler Christ hatte die gegenseitigen Manipulationen richtig eingeschätzt und verstand es, seine Karriere (und sein Vergnügen) bis in sein hohes Alter zu fördern.

In diesem Spiel von Erotik, Kunst, Betrug, Manipulation, Ausnutzung und persönlichem Ehrgeiz hatten die »Theaterdamen« keinen leichten Stand, da sie zumeist das Objekt wurden. Selten konnte sich auch eine Primadonna wie Caroline Jagemann (1777–1848) länger darin behaupten. Ihr Leben auf der Bühne spiegelt die Sozialprobleme der Schauspielerin am Hoftheater, erstens die Lebensbedingungen und Möglichkeiten der Schauspielerin im Beruf, und zweitens die typischen und speziellen Anforderungen an die Frau, sowie die Privatprobleme als weibliches Theatermitglied. Eine Innenperspektive vermittelt Caroline Jagemann in ihren Memoiren, die sie im letzten Jahrzehnt ihres Lebens als eine Art Rechenschaftsbericht und Autobiographie aufzeichnete. [41] Caroline wurde 1777 in Weimar geboren, wo ihr Vater, ein ehemaliger Weltpriester und Direktor des Gymnasiums im kurmainzischen Erfurt, der nach seiner Absetzung 1775 konvertierte, Bibliothekar der Herzogin Anna Amalia war. Caroline berichtet über die »häusliche Disharmonie« (36) der Eltern, die sich scheiden ließen; sie blieb mit ihrer Schwester bei der Mutter, deren Unterstützung von jährlich 150 Talern gerade für eine kleine Wohnung vor den Toren Weimars (vor den Toren siedelte sich das städtische Proletariat an), dann nur noch für ein billiges Gartenhäuschen reichte, nicht aber für eine Ausbildung oder gar Aussteuer der Töchter. »Wen der Wohlstand verläßt, den verlassen auch die Menschen« (44), bemerkt Caroline über diese Jahre, in denen sie wie so viele Besitzlose, darunter besonders unversorgte Familien, Witwen und Waisen, hungern und frieren. Versorgung in einer standesgemäßen Heirat ist für Caroline kaum zu erwarten, so wird ihre früh entdeckte Stimme gefördert, denn ihr Talent verspricht einen Beruf, eine Versorgung in dem einzigen, bürgerlichen Frauen offenstehenden Gewerbe im 18. Jahrhundert, dem der Sängerin und Schauspielerin. Die vermögenden Bürgerstöchter hatten zwar alle Musikunterricht, aber doch nicht um Sängerin oder Schauspielerin zu werden!

Nach der Konfirmation, die das Ende der Kindheit bedeutete, wurde die Dreizehnjährige nach Mannheim geschickt, wo das Sängerehepaar Beck ihr Unterricht erteilte. Herr Beck stellte Caroline so nach, daß es — laut Iffland — zum Stadtgespräch wurde; Madame Beck war aus Eifersucht und wegen häufiger Entbindungen oft wochenlang nicht in der Lage, die Gesangstunden zu erteilen, für die sie 300 Gulden jährlich von der Großherzogin Anna Amalia bekam. Carolines Unterhaltskosten bei einer Kriegsratswitwe bezahlte der Vater, der inzwischen wiederverheiratet war, fünf Kinder mit der weitaus jüngeren zweiten Frau hatte und mit seiner ersten Frau prozessierte, um die Vormundschaft der zwei Mädchen, (Caroline und die 1784 geborene Schwester) zu erhalten. Caroline versuchte, was die Mutter geschrieben und übersetzt hatte, in Druck zu befördern, Kleidungsstücke von ihr zu verkaufen, um ihr neben abgesparten Münzen etwas Geld schicken zu können. Sie unterstützte die mittellose Frau bis zu deren Tode 1824. Caroline beschreibt die armselige Unterkunft, ihr Heimweh (besonders als ihr die Briefe der Mutter auf Anweisung des Vaters nicht mehr ausgehändigt werden) und ihren Erfolg bei Liebhaberkonzerten am Hofe des Pfalzgrafen. Nach knapp einem Jahr Gesangsunterricht erhält sie als Fünfzehnjährige von Iffland ein Engagement am Mannheimer Theater, das sie für vier Jahre bei geringer Gage bindet. Ihr Rollenfach war »junge Liebhaberinnen und Bäuerinnen« und sie schrieb: »Iffland benutzte meine Liebe als Zerstreuung für seinen Neffen, Beck betrachtete meine Liebe als künstlerisches Hilfsmittel« (54). Der Neffe, ein Student, schwur Caroline ewige Treue, zog dann aber das aussichtsreiche Jurastudium dem Theater vor. Caroline beklagt die Leere dieser Jahre: »Für meine geistige Bildung geschah nichts... Ich lernte Musik und Singen; in das wirkliche Leben wurde ich von niemandem eingeführt und mußte mir selbst Charakter und Grundsätze zusammensetzen« (48, 51). Sie erlebte in Mannheim »wie ein Vogel im Käfig« (5) die turbulenten Kriegsjahre mit Belagerung und Einnahme der Stadt, wurde von Offizieren umschwärmt, verfolgt und verlobte sich schließlich mit einem kleinen österreichischen Adeligen

Karoline Jagemann
(Silberstiftzeichnung von Christian Hornemann, 1800).

Corona Schröter
(Gemälde von Louise Seidler nach einer älteren Vorlage, etwa 1812).

(dessen Familie dann die unstandesgemäße Verlobung rückgängig machte) und kehrte 1796, als das Mannheimer Theater aufgelöst wurde und Iffland nach Berlin ging, nach Weimar zurück.

Der Großherzog Karl August zeigte schon bald persönliches Interesse für Caroline; 1797 wurde sie am Hof engagiert und handelte einen ausgezeichneten Vertrag für sich aus: Sie erhielt jährlich als Kammersängerin 200 Taler (die gleiche Summe wird auch als Pension ausgesetzt) und dazu weitere 400 Taler (einschließlich Garderobengelder) als erste Sängerin am Hofe. Sie verpflichtete sich aber auch, die Rollen der ersten Liebhaberin zu übernehmen, und dafür erhielt sie das Recht, auswärtige Gastspiele zu geben und ihr mißliebige Rollen in Weimar zurückzuweisen. Das war eine wichtige Freiheit, da beim Hoftheater Schauspieler ganz einfach ins Gefängnis gesteckt wurden (Frauen erhielten Stubenarrest), wenn sie z.B. eine Rolle verweigerten. Auch der Theaterdirektor Goethe machte von solchen Maßregeln Gebrauch. Mit diesem Vertrag hatte sich Caroline Jagemann eine Lebensstellung mit größtmöglichen Freiheiten und künstlerischen Entwicklungsmöglichkeiten erobert, auch wenn das erst 1791 unter Goethes Direktion in fürstliche Regie übernommene Weimarer Theater im Vergleich mit den großen Bühnen in Mannheim, Berlin oder Wien immer ein provinzieller Kompromiß blieb. Das Jahrzehnt nach der Französischen Revolution und die Wirren der Napleonischen Kriege waren nicht dazu geeignet, daß eine Schauspielerin unabhängig von Freunden und Protektion Karriere machen konnte. Ihre Heimatstadt Weimar bot Caroline persönliche Beziehungen und die Möglichkeiten einer kleinen Residenz, wie sie sich eine Schauspielerin nur wünschen konnte.

Die Schauspiel- und Gesangkunst der Jagemann wurde von den Zeitgenossen übereinstimmend anerkannt. So beteuerte Wieland, sie habe Oberon (Caroline spielte diese auf Wielands Werk fußende Rolle der Stranitzky-Oper schon in Mannheim ab 1791, dann in Weimar) in idealer Form dargestellt; Schiller war begeistert von Carolines Interpretation der Thekla im *Wallenstein*; Goethe urteilte, sie sei »auf den Brettern wie geboren und gleich in allem sicher und entschieden, gewandt und fertig wie die Ente auf dem Wasser«. Bei diesen Urteilen, die auf das Instinktmäßige, auf die edle weibliche Anmut abzielen, werden die langen arbeitsreichen Lehrjahre in Mannheim ebenso übersehen wie Carolines Intelligenz, ihr Durchsetzungsvermögen, ihre Eigenwilligkeit und ihre daraus resultierende Eigenständigkeit bei der Interpretation von Rollen. Sie setzte ihr Können, ihre gute stimmliche Begabung und ihr angenehmes Äußeres bewußt und geschickt für ihre Karriere ein. Sie war als Frau nicht unterwürfig, sondern konnte selbstbewußt von sich sagen: »Meine Stellung [hier meint sie ihre Rolle als Primadonna *und* als Mätresse], mein Talent und meine Meinung entzogen mich der sklavischen Unterwürfigkeit, in der Goethe die Theaterdamen sich gegenüber zu sehen wünschte« (96); sie berichtet, daß sie sich von Goethes Theaterpraxis »mehr abgestoßen als angezogen« fühlte (101), da dabei »Willkür und Despotismus« herrschten.

Als Berufsschauspielerin hatte die Jagemann zweifellos oft andere, zumeist theatergerechtere Auffassungen von Spiel und Inszenierung als Goethe: sie konnte später ihre Auffassungen durchsetzen, denn als offizielle Mätresse des Herzogs konnte sie ab 1801 Einfluß auf die Gestaltung des Weimarer Theaters nehmen. Ihr gesellschaftlicher Status als Fürstenmätresse hob auch ganz automatisch ihre berufliche Stellung: Noch 1797 schreibt die Jagemann in unterwürfigem Ton an Iffland in Berlin, um dort ein Gastspiel zu arrangieren (sie wird auch sofort verpflichtet und spielt an sechs Abenden, deren Erlös sie für ihre unversorgte Schwester bestimmt); der für das Theater zuständige Verwaltungsbeamte Kirms nennt sie »unsere kleine Jagemann« (die »Kleine« war damals 22 Jahre alt und eine Theaterpersönlichkeit). Als die Leidenschaft des Herzogs für die Jagemann immer offensichtlicher wird, steigen ihre Aktien u. a. bei Kirms, Goethe und Iffland und als im November 1801 das »Etablissement« offiziell vollzogen ist, kann Caroline selbstbewußt und ohne Formalitäten Iffland zu einem Gastspiel in Weimar einladen, wobei Kirms und Goethe als ihre Vorgesetzten ganz übergangen werden.

Bis zu dem Abend im Jahre 1828, als ihr nach einer Vorstellung als Lady Macbeth der plötzliche Tod des Herzogs gemeldet wurde, spielte die Jagemann; in das wenig attraktive Fach der »Alten« wollte sie dann nicht übergehen, zog sich auch aus gesellschaftlichen Gründen zurück und verließ Weimar 1829. Auch bei auswärtigen Gastspielen war sie mit viel Erfolg aufgetreten, wie im Sommer 1807 in Wien und dann in Leipzig. Vertraulich schrieb sie 1807 an Karl August: »Eben erst stehe ich auf, müde und matt von der gestrigen gewaltigen Fatigue, Maria Stuart genannt… und ich fühle, daß meine Kräfte sehr abnehmen« (329). Ihre zweite Entbindung lag erst wenige Monate zurück, bei den Gastspielen erschien sie in je fünf Sprech- und Gesangsrollen als Hauptdarstellerin und hatte dabei kaum einen spielfreien Tag. Ihre Karriere war arbeitsreich, anstrengend und füllte sie aus. Und ihr Privatleben?

Nach mehrjährigem Werben des Theatereigentümers und Landesfürsten Karl August, dem Caroline durch auswärtige Gastspiele zu entkommen suchte, wurde sie dessen Mätresse. 1801 wurde das »Etablissement« offiziell vollzogen. Schon bei ihrem Berliner Gastspiel 1797 hatte ihr Prinz August von Sachsen die »linke Hand« offeriert; 1807 interessierte sich Prinz Louis Ferdinand bei ihrem Leipziger Gastspiel ausnehmend für sie – die Primadonna als Fürstenmätresse, das gehörte zu dem Berufsbild der Hofschauspielerin. Angesichts des Skandals um die Gräfin Lichtenau, die Schauspielerin und Mätresse Friedrich Wilhelms II. von Preußen, die nach dessen Tode 1797 verhaftet und gezwungen wurde, auf ihr gesamtes Vermögen zu verzichten, sicherte sich die Jagemann durch einen Vertrag mit Karl August ab. Nach der Geburt von zwei Söhnen erhob sie der kränkelnde und fast zwanzig Jahre ältere Großherzog in den Adelsstand, um sie als Frau von Heygendorff den Goethes und Schillers in der Weimarer Gesellschaft gleichzustellen; er schenkte ihr ein Gut für eine standesgemäße Altersversorgung, und er traf Vorkehrungen für die Versorgung der Kinder (ein 1804 geborener Sohn verstarb bald, Goethe wurde Pate des 1806 geborenen Sohnes, ein weiterer folgte 1810 und eine Tochter 1812); einer standesgemäßen Versorgung dieser Kinder widmete sich die Jagemann nach dem Tode des Herzogs.

Ihr Verhältnis zu Karl August war bis zuletzt vertraulich; im Zeitalter der Doppelmoral war Caroline klug genug, den Herzog zu umsorgen, um sich seine Gunst zu erhalten. So schrieb sie einmal in einem vertraulichen Brief an Karl August, als dieser zur Kur in Karlsbad weilte (das Polizeibüro fertigte geheime Abschriften von der Post hochgestellter Personen für Napoleons Spione an): »Ich wünsche Dir, mein Alter, alles mögliche Vergnügen, was zu Deinem Wohlbefinden gehören mag. Auch lieben kannst Du – Du kannst lieben, doch verliebe Dich nur nicht (329).« Und Karl Augusts nicht gerade häufige Briefe berichten lakonisch: »Von Weibern ist niemand hier als viere, davon die jüngste dreißig Jahre, das zwar ein schönes, doch nicht ganz junges Alter ist... Das Wetter ist meistens gut, ich kann brav reiten... Ich habe heute einen großen Fraß bei mir. Lebe wohl, liebes Linchen« (332–33). Karl Augusts Vergnügen an ländlichen wie höfischen Weiblichkeiten war ebenso bekannt wie das kühle Verhältnis zu seiner Frau, der Großherzogin Luise von Darmstadt, die mit der Geburt des Erben 1783 den dynastischen Zweck erfüllt hatte. Für Karl August war die um eine Generation jüngere Jagemann ein angenehmer und bequemer, weil immer parater

Ersatz für die ihm längst entfremdete Ehefrau; die Fürstenmätresse war die standesgemäße Lösung.

Caroline wurde zwar von ehemals befreundeten Menschen wie Schillers Frau oder Caroline von Wolzogen gemieden, für sie bedeutete das Verhältnis jedoch eine emotionale Befriedigung: Karl August war ihr, das bezeugt der ganze Tenor der Erinnerungen, Vater-Ersatz, sie umsorgte ihn wie einen Ehemann, und er war der Vater ihrer Kinder, der ihr dazu noch größtmögliche berufliche Sicherheit und gesellschaftlichen Rang verschaffte. Anders als Corona Schröter, in die Goethe und Karl August unsterblich verliebt gewesen waren und die ansonsten ganz vergessen nur noch ab und zu von der Großherzogin empfangen wurde, konnte sich die Jagemann bei dem alternden Karl August eine feste Stellung aushandeln und damit die Sozialprobleme der Schauspielerin traumhaft, wenn man das Los ihrer berühmten und der vielen wenig bekannten Theaterkolleginnen betrachtet, lösen.

Die spezifisch weiblichen Sozialprobleme einer Schauspielerin des 18. (und 19.) Jahrhunderts bestanden einmal in der Unmündigkeit der Frau, die nur durch männliche Beziehungen (als Tochter oder Ehefrau) in der Gesellschaft definiert war und keine selbständige Karriere machen konnte; zweitens gab es das Dilemma der Frau als Sexualobjekt, da sowohl das männliche Publikum wie die Kollegen bei jeder Gelegenheit ihre Ansprüche anmeldeten; die eigenen sexuellen Wünsche konnten diese Frauen gar nicht erst äußern, da diese in Analogie zur bürgerlichen Frau als unmoralisch tabuisiert waren. Auf »liederlichen Lebenswandel« drohte ganz einfach Entlassung, wie Iffland das 1796 in Berlin z.B. mit der Demoiselle Altfilist machte. Hatte sich aber eine Schauspielerin zu spröde gezeigt, so wurde sie ausgepfiffen, wie es die adeligen Offiziere mit der Tochter der Bethmann-Unzelmann taten; für den Theaterskandal mußten sich dann Vater, Mutter und Tochter schließlich noch untertänigst auf der Bühne entschuldigen. [42] Auch die Kollegen waren keine unbedingte Sicherung für die junge und hübsche Schauspielerin, wie eine Bemerkung von Kirms über einen Weimarer Vorfall 1802 zeigt, als er an Iffland schrieb: »Es ist doch arg, daß man bei einer dergl. Widersetzlichkeit, als das Mädchen that, ihr ein Kind macht und Mutter und Kind seinem Schicksale überläßt... Es ist nur gut daß der leichtsinnige Mensch nicht wieder hergekommen ist.« [43] Den unbequemen Schauspieler war Kirms losgeworden, die hochschwangere Schauspielerin schob er aus »moralischen« Gründen ab: was heute als Vergewaltigung geahndet würde, war das normale Berufsrisiko einer Schausspielerin.

Das Altern aber bedeutete dazu Hunger, es sei denn, sie war erfinderisch wie die ebenfalls in Weimar lebende Caroline Schulze-Kummerfeld, und handelte mit – Gesichtswasser. Angesichts solcher Berufsbedingungen war es ein Glücksfall für Caroline, daß sie den galleleidenden, dickleibigen Großherzog noch so viele Jahre beglücken konnte – und sich dabei von der talentierten Sängerin und Schauspielerin zu einer ebenso talentierten Theater- und Operndirektorin entwickeln konnte, die am Ende ihres Lebens in ihren Erinnerungen Rückschau hielt. Waren die Memoiren der Caroline Schulze-Kummerfeld in ihrem oft lakonischen Stil eine nüchterne Bestandsaufnahme eines arbeitsreichen, aber innerlich nicht befriedigenden Theaterlebens, so versuchen die Lebenserinnerungen der Caroline Jagemann gerade, das erfüllte Künstlerleben einer für ihre Zeit sehr selbständigen und mitfühlenden Schauspielerin zu gestalten.

Welche Bedeutung hatte nun die Schauspielerin im 17. und 18. Jahrhundert für die Sozialgeschichte der Frau und für das Verhältnis von Frau und Literatur? Statistisch betrachtet war die Zahl der Schauspielerinnen im Verhältnis zur Gesamtbevölkerung ganz gering: gegen Ende des 18. Jahrhunderts wird der »Komödiantenstand« auf etwa 1000 Personen geschätzt. [44] Doch waren Schauspieler(innen) und Theater bei der Entwicklung der deutschen dramatischen Literatur seit Gottsched zu weithin sichtbaren, von den Bürgerssöhnen oft bewunderten Figuren des literarisch-kulturellen Lebens geworden; ihre Bedeutung wuchs mit der dramatischen Literatur, die sie spielten. Die Theaterromane *Anton Reiser* und *Wilhelm Meister* bezeugen diese Sichtbarkeit und Faszination des Schauspielerlebens. Beide Romane sind jedoch aus männlicher Perspektive geschrieben, an weiblichen Problemen und Lebenserfahrungen waren die Autoren nicht, bestenfalls sekundär interessiert (nur als Bildungserlebnisse des Helden Wilhelm Meister z. B.).

Mit der Schauspielerin haben wir einen Frauenberuf, der Möglichkeiten der individuellen Entfaltung und wirtschaftlichen Selbständigkeit für die (bürgerliche) Frau bedeuten konnte. Da war einmal die Betätigung außer Hause, dann eine durch die Berührung mit der Literatur vermittelte Bildung, eine freie künstlerische Gestaltung durch das Rollenspielen, die alle den Gesichts- und Erfahrenskreis erweiterten. Hier konnte sich die Persönlichkeit der Frau entwickeln und entfalten. Die Entlohnung für Leistung gab eine gewisse materielle Unabhängigkeit (auch wenn die großen Gagen und Pensionen nur den Primadonnen gezahlt wurden, die der kleinen Schauspielerinnen aber weit hinter den männlichen Kollegen lagen). – Im Wandertheater hatten die Prinzipalinnen weitgehende Mitsprache in technischen und künstlerischen Fragen gehabt. Als jedoch seit etwa 1750 das Theatergeschäft einträglicher und gesellschaftlich akzeptabler wurde, setzte sich die patriarchalische Herrschaftsstruktur durch, Frauen wurden im National- und Hoftheater nur noch als Schauspielerinnen gebraucht und eingesetzt. Außer kleinen Zugeständnissen an die individuelle Entfaltung und wirtschaftliche Sicherung außerhalb der »Familie« läßt diese patriarchalische Struktur emanzipatorische Entwicklungen für Frauen gar nicht erst zu. So bleibt von den Emanzipation versprechenden Anfängen der Prinzipalinnen um 1700 am Ende des Jahrhunderts wenig übrig: eine fast ausschließlich von Männern verfaßte dramatische Literatur sowie eine männliche Leitungsstruktur beherrschen das nunmehr salonfähig gewordene Theater. Wie in den literarischen Werken, agieren Frauen in von Männern vorgeschriebener Weise in engen Grenzen.

Schluß

Der lange Weg zur Mündigkeit:
Domestikation und Vorformen der Emanzipation

Dienen lerne beizeiten das Weib, gemäß seiner Bestimmung
Johann Wolfgang von Goethe, Hermann und Dorothea (1797)

Nun hingegen [nach der Heirat] waren meine Tage arbeitsam.
Ich zersauste entweder mit einem Holzblatt voll krumm gebogener
Stacheln Wolle und bereitete sie der Spinnerin zu, oder ich drehte
in meiner Hand unaufhörlich ein kleines Rad, Garn aufzuwinden
für den schnellaufenden Weberspul. Hundert geistliche Lieder
waren in meinem Gedächtnis; meine Geschäfte hinderten mich nicht,
die schönsten davon zu singen... Immer lag ein Buch unter dem
Kopfkissen meines Kindes. Ich langte es hervor, so oft ich die Pflichten
einer mütterlichen Amme vertrat. Ich las... mein Genie lag
unter dem Steinhaufen der Mühseligkeiten meiner Tage...
Ich wünschte mehr Bücher und weniger besetzte Stunden.
Aus dem Leben der A. L. Karschin. Von ihr selbst (1762)

Als eine Frau lesen lernte, trat die Frauenfrage in die Welt.
Marie von Ebner-Eschenbach, Aphorismen (1880)

I

Der Weg zur Mündigkeit ist lang, und keineswegs ist am Ende des
18. Jahrhunderts das Ziel erreicht. Die spätestens seit dem 16. Jahrhundert eingeübte Domestikation wird jetzt als freiwillige idealisiert und
festgeschrieben, wenn Fichte in seiner *Grundlage des Naturrechts* (1796)
die Polarisierung der Geschlechtscharaktere deduziert und für die idealtypische Bestimmung der Frau konstatiert:

Das Weib gibt, indem sie sich zum Mittel der Befriedigung des Mannes macht,
ihre Persönlichkeit auf, sie erhält dieselbe, und ihre ganze Würde nur dadurch
wieder, daß sie es aus Liebe für diesen Einen getan habe... Ihre eigene Würde
beruht darauf, daß sie ganz, so wie sie lebt, und ist, ihres Mannes sei, und sich
ohne Vorbehalt an ihn und in ihm verloren habe. Das Geringste, was daraus
folgt, ist, daß sie ihm ihr Vermögen und alle Rechte abtrete, und mit ihm ziehe.
Nur mit ihm vereinigt, nur unter seinen Augen, und in seinen Geschäften hat sie

noch Leben, und Tätigkeit. Sie hat aufgehört, das Leben eines Individuums zu führen; ihr Leben ist ein Teil seines Lebens. [1]

Diese von Fichte festgeschriebene Unmündigkeit ist keineswegs nur ein »Einschätzungsmuster des Weiblichen« [2], eine imaginierte Weiblichkeit, sondern ein zwingend gedachtes anthropologisches Muster wie auch eine (philosophische) Beschreibung der realen gesellschaftlichen Verhältnisse; am Ende des 18. Jahrhunderts ist das Frauenleben »ein Teil seines [des Mannes] Lebens«. Die christliche Ehefrau, die »Hausmutter«, ist das Leitbild und die der Frau vorgeschriebene soziale Funktion seit der Reformation. Ausdrücklich wird sie zur beruflichen und politischen Unmündigkeit (Unselbständigkeit als Person) in der androzentrischen Gesellschaft bestimmt, was für ihre Mündigkeit sowie ihre außerfamiliäre, kulturschaffende Tätigkeit weitreichende Konsequenzen hat.

Rolle [3] und Leistung der (Ehe-)Frau sind gleichfalls von konkreten Forderungen in der bürgerlichen Gesellschaft bestimmt. In seiner Sammlung praktischer, volkstümlicher und nationalgesinnter Essays, den *Patriotischen Phantasien* von 1774, legt der Jurist und Literat Justus Möser einem Witwer folgende Lobrede auf seine verstorbene Frau in den Mund:

Meine Selige stand alle Morgen um fünf Uhr auf, und ehe es sechs schlug, war das ganze Haus aufgeräumt, jedes Kind angezogen und bei der Arbeit, das Gesinde in seinem Beruf, und des Winters an manchem Morgen oft schon mehr Garn gesponnen, als jetzt in manchen Haushaltungen binnen einem ganzen Jahr gewonnen wird... Mein Tisch war zu rechter Zeit gedeckt und mit zwar guten Gerichten, welche sie selbst mit Wahl und Reinlichkeit simpel aber gut zubereitet hatte, besetzt. [4]

Beim Aufrechnen alles dessen, was diese Frau in ihrem sechzehnjährigen Ehestand »gezeugt hatte«, fand Mösers »Hausvater«, daß sich das »höher belief, als alles Geld, was sie in aller Zeit von mir empfangen hatte. So vieles hat sie durch Fleiß, Ordnung und Haushaltung gewonnen« (ebd.). Mit der Frau hatte der Hausvater also einen Gewinn erwirtschaftet; unverhüllter konnte das Geschäft mit der Ehe und mit der *Arbeitskraft* der christlichen Hausmutter wohl kaum ausgedrückt werden. Die anschauliche, belehrende Darstellung Mösers fand viele Leser, so auch den Beifall von Herder und Goethe. Aber auch ein Wandel klingt an in Mösers Essay, und dieser Wandel sollte am Ende des 18. Jahrhunderts noch einmal aufgehalten werden.

Als die Folgen der Französischen Revolution das feste Gefüge der Gesellschaft zu bedrohen schienen, besannen sich die bürgerlichen Dichter auf die, wie sie glaubten, alte, heilige und unwandelbare Tradition der Familie und die bewahrende Rolle der Frau. Diese patriarchalisch-bürgerliche Familie, in die die Frau als tugendhafte »Hausfrau« eingebunden ist, wurde nun in der schönen Literatur dargestellt und propagiert. So ist es kein Zufall, daß die populären, idyllisierenden Darstellungen von Voß, Goethe und Schiller in den 1790er Jahren erschienen sind. In seinem Hexameterepos *Luise* (1795) malte der Homer-Übersetzer Johann Heinrich Voß ein zufrieden-anschauliches Bild vom Leben in der Familie eines protestantischen Pfarrhauses. Der »ehrwürdige Pfarrer« und seine »verständige Hausfrau« geben den Segen zur Hochzeit ihrer Tochter Luise:

> Geh denn in Frieden mein Kind; vergiß dein Geschlecht und des Vaters
> Wohnungen; geh an der Hand des Jünglinges, welcher von nun an
> Vater und Mutter dir ist! Sei ihm ein fruchtbarer Weinstock
> Um sein Haus; die Kinder um den Tisch wie des Ölbaums
> Sprößlinge! So wird gesegnet ein Mann, der dem Herrn vertrauet!
> Lieblich und schön ist nichts; ein gottesfürchtiges Eheweib
> Bringet Lob und Segen! [5]

Mit diesen Worten übergibt der Vater dem Schwiegersohn seine Tochter, die wie ein fruchtbarer Weinstock um das Haus des Ehemannes (*sein* Haus) ranken soll. Die patriarchalische Rollenzuschreibung wird in einen idyllischen Naturvergleich poetisch gekleidet, dessen Bildtradition bis auf die Bibel zurückreicht. Der Weinstock als Emblem von Treue, Beständigkeit und von *Unselbständigkeit* rankt nicht um die stützende Ulme, sondern um »sein« Haus, eine Formulierung, die den männlichen Besitzanspruch durchscheinen läßt; auch der Hinweis auf die Fruchtbarkeit, auf die biologische Funktion der Frau fehlt nicht.

Dieselbe restaurative, patriarchalische Rollenzuschreibung wird in Goethes *Hermann und Dorothea* von 1797 zur Idylle stilisiert. Goethe wollte, so sieht es bis heute die Goethe-Forschung, den »Gefährdungen und ihren Folgeerscheinungen, die er in der französischen Revolution sah, ein Bild der Ordnung entgegensetzen« (Trunz) [6]; sein Epos erlebte »sogleich begeisterten Widerhall in breiten Kreisen… hier fand das deutsche Bürgertum sich selbst wieder« (ebd.).

Die zeitgenössische Geschichte des Epos (ein deutscher Wirtssohn erwählt als Braut die Tochter durchziehender französischer Flüchtlinge, die der Revolution zu entkommen suchen) feiert die traditionelle patriarchalische Familie als Träger der gesellschaftlichen Ordnung. Der reiche Erbe Hermann verliebt sich in die mittellose Dorothea, das vollendete

Ideal weiblicher Tugenden von Häuslichkeit und Bescheidenheit, die schüchtern dem ungeschickten Hermann in sein Elternhaus in dem Glauben folgt, sie sei nur als Magd gedungen worden. Nach Mißverständnissen, die für Dorothea zunächst kränkend sind, klärt der verständige Pfarrer die Lage auf, und auch Hermanns Vater stimmt schließlich der Verbindung zu.

Hermann hatte an der begüterten Nachbarstochter, die der Vater gern als Schwiegertochter gesehen hätte, keinen Gefallen gefunden (sie spielte Klavier und sang), weil sie darüber gelacht hatte, daß Hermann nur Adam und Eva kannte und die neue Bildung der Frau nicht schätzte. Mit der Nennung von Adam und Eva wird die Rückkehr zur biblischen Tradition, was das Geschlechterverhältnis anbetrifft, signalisiert: *vir caput mulieris* (der Mann ist das Haupt der Frau). Der Sohn dagegen hat sich als autonom werdender Mann aus der patriarchalischen Bindung an die Eltern gelöst: Hermann entscheidet sich, nachdem er sich in Dorothea verliebt hat, selbständig für sie, kann zunächst die Mutter für seine unerwartete Wahl gewinnen, dann tragen auch Dorotheas äußere Erscheinung (sie ist groß gewachsen, gesund, hübsch), die ihre innere Würde widerspiegelt, und der Pfarrer dazu bei, den Vater umzustimmen. Der sich anbahnende Vater-Sohn-Konflikt über die (nur vordergründig) unstandesgemäße und eigenwillige Brautwahl löst sich für den Sohn ganz im Sinne des sich aus der hausväterlichen Gewalt emanzipierenden jungen Mannes: Der selbständig denkende und vor allem auch selbständig auf sein Gefühl vertrauende Sohn entscheidet sich aus Liebe und aus Neigung für eine tiefere eheliche Verbindung; er kann Innerlichkeit, Gefühl, menschliche Werte über die Vermehrung seines Besitzes stellen – wovon er als reicher Wirtssohn sowieso schon genug erben wird. Das würdevolle und schöne Mädchen macht überdies seine Wahl zu einer erfolgversprechenden Angelegenheit, einer Ehe, die menschlich-harmonisch verlaufen dürfte, aber auch materiell keinen Nachteil bringen wird, da Dorothea eine tüchtige Hausfrau zu werden verspricht.

In dem kleinstädtisch-ländlichen Milieu, das den festen Rahmen für ein geordnetes, gesichertes Leben abgibt, verkörpert Hermann den Besitzbürger in seinen Wünschen und Ansprüchen als Mann und Hausherr:

> Desto fester sei bei der allgemeinen Erschütterung.
> Dorothea der Bund! Wir wollen halten und dauern,
> Fest zu halten und fest der schönen Güter Besitztum...
> Du bist mein; und nun ist das Meine meiner als jemals...

Weiß ich durch dich nur versorgt das Haus und die liebenden Eltern,
O, so stellt sich die Brust dem Feinde sicher entgegen.
Und gedächte jeder wie ich, so stünde die Macht auf
Gegen die Macht, und wir erfreuten uns alle des Friedens.
(9, 299–301; 311; 315–19)

Aus dem »christlichen Hausvater« [7] ist der besitzfrohe, selbständige Bürger als Ehemann geworden (»nun ist das Meine meiner als jemals...«), der sich als Sohn vom Vater emanzipiert hat, und zu dessen Glück und Besitz die Ehefrau gehört, die für das »innere Haus« zuständig ist.

Dienen ist die Bestimmung der Frau, zu der sich Dorothea ganz instinktiv, natürlich und konfliktlos, ohne etwas über den Mann und seine Familie zu wissen, entscheidet. Im Epos wird sie zunächst nur als »das Mädchen« bezeichnet, ein weibliches Gattungswesen, das erst am Ende, als der Pfarrer die Trauung vollzieht, mit ihrem eigenen Namen Dorothea (»Göttergeschenk«) genannt wird. Vergleichsweise ganz wenige Zeilen sind ihr und ihrer Entscheidung gewidmet, ihre Familie zu verlassen und sich ganz plötzlich ohne eine Absicherung oder weitere Informationen in der Fremde zu verdingen, während die ihr vertrauten Menschen weiterziehen werden. Sie begründet dann ihren Entschluß, mit dem fremden Mann zu gehen, so:

> Dieser [Hermann] kommt und wirbt, in seinem Haus mich zu sehen,
> Daß ich diene daselbst den reichen trefflichen Eltern;
> Und ich schlag' es nicht ab; denn überall dienet das Mädchen,
> Und ihr wäre zur Last, bedient im Hause zu ruhen. (7, 159–61)

»Überall dienet das Mädchen« – Dorothea folgt instinktiv der weiblichen Bestimmung. Zwar mißversteht sie Hermanns Antrag im äußerlichen Sinn, indem sie glaubt, sie werde als Magd angeworben; auch das nimmt sie freudig hin in der Fremde, denn sie hat wohl den tieferen Sinn ihrer Bestimmung erahnt, den Aufstieg von der Magd zur Ehefrau heimlich gewünscht, und so macht sie den Schritt von der dienenden Magd zur dienenden Tochter und Ehefrau freudig und willig:

> ...Wozu die Magd sich verpflichtet,
> Treu zu liebendem Dienst, den soll die Tochter Euch leisten...
> (9, 234–35)

Ist aber der Aufstieg von der Magd zur Ehefrau, wie ihn Goethes Epos symbolisieren soll, ein Aufstieg für die Frau in der patriarchalischen

Gesellschaft? Zwar ist in der bürgerlichen Intimfamilie die menschliche Beziehung zwischen den Gatten verinnerlicht worden; gegenseitige Achtung, Liebe, menschliche Qualitäten und kollektive Familieninteressen sind konstitutiv für die nun propagierte Liebesehe, aber die Ehe*frau* ist immer noch ein Stück Besitz geblieben, den der seinerseits in der Privatsphäre emanzipierte Mann und in der Gesellschaft durch Privatbesitz abgesicherte Bürger wählen kann (ihre Fähigkeiten, ihre menschlichen Werte und Tugenden, ihre sexuelle, körperliche Attraktion ermöglichen der Frau lediglich das Gewählt-werden). Goethes Bild der Magd verdeutlicht die abhängig-dienende Stellung der Frau, und so kann er mahnen: »Dienen lerne beizeiten das Weib, gemäß seiner Bestimmung.« Unmündigkeit wird hier noch einmal festgeschrieben als Dienst an Mann und Familie.

Schillers bekannte Stilisierung der patriarchalisch-bürgerlichen Familie in der *Glocke* von 1797 – ein Jahr nach dem Erscheinen von *Hermann und Dorothea* – legt die Rolle des Mannes und seiner Hausfrau ganz ähnlich fest: Die Hausfrau »waltet drinnen«, »mehrt den Gewinn« und »ruhet nimmer«. Zum Dienen kommt noch die unermüdliche, fleißige Arbeit der Frau. Zwar kam Spott im Jenaer Romantikerkreis in A.W. Schlegels Parodie auf Schillers biedere Verse vom Lob der Frauen, die Schlegel aber wohlweislich *nicht* drucken ließ:

> Ehret die Frauen! Sie stricken die Strümpfe,
> wollig und warm zu durchwaten die Sümpfe,
> flicken zerrissene Pantalons aus;
> kochen dem Mann die kräftigen Suppen,
> putzen den Kindern die niedlichen Puppen,
> halten mit mäßigem Wochengeld Haus... [8]

Auch die Romantiker konnten und wollten keineswegs die patriarchalische Familie angreifen, die Klassik und Idealismus als wirksame Sprecher des Bürgertums propagierten, höchstens das Pathos der Idyllisierung verlachen. Und in der eigenen Praxis machten sie es nicht viel anders, nur weniger idyllisch. Dorothea Veit-Schlegel (Brendel-Mendelssohn) war ihr Leben lang die fleißige, unermüdliche geistige Zuarbeiterin für Friedrichs literarische Pläne (er bestimmte, was sie exzerpierte, rezensierte, übersetzte und unter seinem Namen veröffentlichte) *und* die krampfhaft für die notwendige Versorgung Friedrichs tätige Hausfrau (ihre Briefe aus Paris und Köln vor Friedrichs Berufung nach Wien spiegeln die alltäglich-niedrigen Beschäftigungen und Nöte, wie sie »mit mäßigem Wochengeld Haus« hielt, während Friedrich Reisen machte und literarische wie gesellschaftliche Verbindungen anknüpfte und wahrnahm...). [9] Caroline Michaelis Böhmer-Schlegel-Schelling veröffentlichte keine Zeile unter ihrem Namen; jedoch lassen ihre Briefe das literarische Talent (und die menschlichen wie häuslichen Nöte) erahnen. [10] Die reiche, adlige, weltgewandte Madame de Staël ließ sich dagegen von ihrem Hauslehrer und Reisebegleiter August Wilhelm Schlegel nicht zur Ehe-/Hausfrau machen (die französische Aristokratin stand über dem bürgerlich-patriarchalischen Deutschen – und bestand auf ihrer Autonomie gegenüber den Männern in ihrem Leben).

II

Ausgehend von der Diskussion über die Rolle der Frau in der Familie und über das Wesen der Frau und ausgehend von deren literarischer Stilisierung am Ende des 18. Jahrhunderts, wurden die Geschlechterrollen von »außen« für den Mann und »innen« für die Frau immer wieder eingeübt. So entstand das Leitbild der bürgerlichen Hausfrau, die unmündig, arbeitsam, aber glücklich, da ökonomisch abgesichert, sich »Kirche, Kindern und Küche« widmen konnte, sollte und es dann auch selbst wollte. Diese einschränkende Rolle wurde im 19. Jahrhundert weiter sentimentalisiert und idealisiert. Die Idealisierung ließ den voremanzipatorischen Vorgang, der im 16. und 17. Jahrhundert mit der Suche nach eigenem Glauben begonnen, im 18. Jahrhundert verstärkt mit Lesen und geistiger Bildung fortgesetzt worden war, wieder ersticken; denn Idealisierung ist die subtilste und vielleicht auch die wirksamste Form der Verhinderung. Die tüchtige und züchtige Hausfrau wurde als Wunschbild einer kleinen, elitären Gruppe im ausgehenden 18. Jahrhundert propagiert, als gesellschaftliche, wirtschaftliche Veränderungen sowie die Ansprüche der Frau des wohlhabenden Bürgertums auf Mündigkeit die patriarchalische Familie und damit die Position des Mannes zu bedrohen schienen. [11]

Wenn von der Idealisierung der Rolle der Frau innerhalb der patriarchalischen Familie die Rede ist, darf nicht vergessen werden, daß diese Idealisierung mit ganz realen, die Mündigkeit der Frau verhindernden Beschränkungen erkauft worden ist: mit dem »Dienen« (Zuarbeit für den Mann und Unterordnung unter den Mann) und »Gebären« (der biologischen Aufgabe der Reproduktion, der gesellschaftlichen der Sozialisation). Die Lebensbeschreibung der Anna Luise Karsch, von der Einzelheiten immer wieder in ihren Versen aufklingen und in ihren Briefen reflektiert werden, spricht das so aus:

Nun [nach der Heirat mit 16 Jahren] hingegen ware meine Tage arbeitssam. Ich zerzauste entweder mit dem Holzblatt voll krumm gebogener Stacheln Wolle und bereitete sie der Spinnerin zu, oder ich drehte in meiner Hand unaufhörlich ein kleines Rad. Garn aufzuwinden für den schnellaufenden Weberspuhl. Hundert geistliche Lieder waren in meinem Gedächtnis; meine Geschäfte hinderten mich nicht, die schönsten davon zu singen... Immer lag ein Buch unter dem Kopfkissen meines Kindes. Ich langte es hervor, sooft ich die Pflichten einer mütterlichen Amme oder die Stelle der Wärterin vertrat. Ich las... mein Genie lag unter dem Steinhaufen der Mühseligkeiten meiner Tage... Ich wünschte mehr Bücher und weniger besetzte Stunden. [12]

Ihr Bericht (an Sulzer) ist zwar zurechtgestutzt für den Geschmack des Berliner literarischen Publikums, das sich für diese einfache Dichterin aus dem Volke eine Zeitlang interessiert hatte; sie beschönigt, verniedlicht, verkleinert die alltäglichen, unschönen Arbeiten – ohne sie jedoch wegzulassen – und betont ihren zweckfreien (?) Lese- und Bildungsdrang, indem sie sich selbst mit (dem Modewort) »Genie« bezeichnet. Doch scheinen die »Mühseligkeiten« ihrer Rolle als Frau (und die ihres Standes) durch: Ihre Arbeit steht ganz im Dienste der Familie, der Kinder, des Mannes. Ihre »Geschäfte« sind Hausarbeit, Handarbeit (zusätzliches Einkommen für die Familie durch Spinnen, Garnkämmen) und Kinderpflege.

Die Arbeit ist mühselig, ohne ein Ende, immer für andere und von anderen abhängig, besonders von ihrem Mann (an anderer Stelle erzählt sie, wie er Bedienung beim Essen und Trinken von ihr fordert, das wenige Haushaltsgeld vertrinkt, sie schlägt). Zu ihrer Hausarbeit kommt die fortwährende Bedienung des Mannes nach dessen Wünschen und Ermessen, die Arbeit für zusätzlichen Verdienst und selbstverständlich die Betreuung der Kinder (auch schon als Kind wurde sie von den Großeltern zurückgerufen, als sie eine neugeborene Stiefschwester betreuen soll). Keine dieser Arbeiten scheint sie besonders zu befriedigen, noch kann sie über sie bestimmen; sie sind im Gegenteil »ein Steinhaufen der Mühseligkeiten«.

Mit entsprechenden Variationen lassen sich solche andauernden Arbeitsleistungen, über die die Frauen weder verfügen noch direkt deren Ergebnisse genießen können, in der Frühen Neuzeit aufzeigen. Eine Anna Ovena Hoyers verwaltet den Besitz des Stallers, schweigt zu seinen Verwaltungsmaßnahmen gegen die nichtorthodoxen Protestanten, verliert ihr beträchtliches Erbe und geht *erst als Witwe* ihren religiösen und literarischen Interessen nach. Erdmuthe Zinzendorf verwendet alle ihre Energien auf die große Haushaltsführung, Bewirtung der häufigen Gäste, Buchführung und finanzielle Verwaltung (für die Herrnhuter Gemeinde), steckt ihr gesamtes Vermögen in die Unternehmungen des (hoffnungslos verschuldeten) Grafen, ist nach jeder der zahlreichen Geburten monatelang krank, um dann von der jüngeren Anna Nitschmann noch lange vor ihrem Tode ersetzt zu werden — Erdmuthes Lieder und ihre Leistung für die Brüdergemeinde werden nur in ihrer Biographie am Rande vermerkt. Die Gottschedin bleibt mit ihrem literarischen Schaffen immer die geistige Zuarbeiterin für das literarische Programm ihres Mannes, der ihr ihre Tätigkeit vom Abschreiben bis zum Übersetzen, vom Verfassen von Dramen bis zu Essays vorschlägt, wenn nicht vorschreibt — nur in ihren Briefen kann sie selbst über ihr Schreiben entscheiden. Die weite Anerkennung als »gelehrte Frau« kommt zunächst über die Stellung ihres Mannes, die ihr eine rezipierende Öffentlichkeit verschafft, dann aber durch die hervorragende Leistung ihrer sprachlichen Gewandtheit, ihrer Texte — in der männlichen literarischen Tradition, dem aufklärerischen Literaturprogramm (ihres Mannes).

Sophie La Roche avanciert von der Bücherhilfe ihres Vaters zur Anregerin der gräflichen Gesprächsrunde (ihr Mann wählte Bücher und Passagen aus, die Sophie memorierte und als Diskussionsstoff geschickt anbrachte, ohne sich jedoch an der Diskussion zu beteiligen) und zur Sekretärin für die ausländische Korrespondenz ihres Mannes — erst nachdem die Kinder fast erwachsen sind und eine Unterbrechung in der Karriere ihres Mannes entsteht, beginnt sie mit größeren literarischen Arbeiten. Die Beispiele ließen sich beliebig vermehren. Die Frauen der Frühen Neuzeit sind als Ehefrauen die »Gehilfinnen« (nicht etwa Partnerinnen) des Mannes, ihre Arbeitskraft untersteht jeweils dem Mann und ist ihm dienstbar. Das ist eine ganz reale, konkrete Form der Unmündigkeit.

Weitaus weniger dokumentiert, aber viel stärker belastend war die Reproduktion (und Sozialisation), das pausenlose Gebären und Betreuen der (Klein-)Kinder. [13] Der Bereich von Geburt und Sozialisation ist (bis heute), abgesehen von sachbuchartigen Behandlungen und pädagogischen Schriften, nicht eigentlich literaturfähig, besonders die Geburt erscheint allenfalls marginal in zusammenhängenden Texten, etwa in Briefen. Auch hier beschränken sich die Erwähnungen oft nur auf eine flüchtige Bemerkung über die Zahl der Kinder oder eine Geburt. So zählt die Nürnberger Patrizierin Magdalena Paumgartner in ihrem Briefwechsel von 1582 bis 1598 mit ihrem Mann, der auf Geschäftsreisen abwesend war, die 28. Kindtaufe bei Hans Welser, worüber die dritte Frau verstorben war. Bald ist Welser »wieder Bräutigam, [die vierte Frau] wird eine Mutter mit viel Kindern« [14] – sicher ein extremer Fall.

Immer wieder erstaunen die hohen Kinderzahlen (man denke nur an Dürers Mutter, Bachs Frau, an Maria Theresia); dabei wurden die einzelnen Schwangerschaften, die nicht mit einer gesunden Geburt endeten, selten erwähnt. Magdalena Paumgartner begnügt sich in ihren Briefen mit ganz kurzen Hinweisen auf ihre Schwangerschaften; eine Meta Klopstock schreibt wohl etwas offener an Klopstock darüber, stirbt aber schon bei der Geburt ihres ersten Kindes. Eine Seltenheit sind auch die Trauergedichte der Margarethe Susanna Kuntsch auf ihre zahlreichen Kinder, die alle wenige Tage nach der Geburt verstorben sind. [15] Dieser weibliche Bereich der Reproduktion mit seinen Beschränkungen und Möglichkeiten bleibt in der schriftlichen Tradition der Frühen Neuzeit fast ganz ausgespart. Ist Verschweigen schon Tabuisierung? Oder äußert sich in dem Desinteresse die Verdrängung dieses Bereiches aus der herrschenden Kultur und Mentalität? Es scheint, als ob gerade die Frauen, die dem (exklusiv weiblichen) Erleben der Reproduktion am Entferntesten stehen, in der Frühen Neuzeit beginnen, sich zu artikulieren.

Der lange Weg zur Mündigkeit ist nicht gradlinig und keine fortschreitende Entwicklung. Es sind vereinzelte, sporadische Aufbrüche und Ausbrüche aus der Unmündigkeit, die sich in unterschiedlicher Weise bei ganz verschiedenen Frauen zwischen etwa 1500 und 1800 manifestieren; die Domestikation der Frau verfestigt sich eher in ihrer literarischen Idealisierung bei Fichte, Humboldt, Goethe, Schiller oder Friedrich Schlegel. Katharina Zell konnte als religiöse Mitkämpferin mit dem Reformator und Prediger Matthias Zell und als (kinderlose) Witwe in ihrer praktischen und (gebrauchs)literarischen Tätigkeit für den neuen Glauben streiten. Caritas Pirckheimer sah ihr Lebenswerk für andere Frauen zerstört und schrieb die Chronik dieser Zerstörung. Anna Maria van Schurman drehte der (Männer-)Welt der Gelehrsamkeit, bei der sie schon mit ihrer ganz in deren Sprache gehaltenen *Dissertatio* über die Eignung der Frau zur Wissenschaft vergeblich um Einlaß gebeten hatte, den Rücken und fand originären Ausdruck in ihrer Autobiographie *Eukleria* für ihre bessere Wahl. Susanna Katharina von Klettenberg fand in dem Erlebnis der pietistischen Freundschaft, eine Variante der Religiosa, eine Lebensform, die der Protestantismus radikal bekämpft, sowie Goethes Literarisierung in den »Bekenntnissen einer schönen Seele« subtil enteignet und der patriarchalischen Welt untergeordnet hat. So sehen die einzelnen Aufbrüche, jeweils typisch für viele andere Frauen aus.

Doch es gab auch langsame Veränderungen im festen Gefüge der patriarchalischen Gesellschaft. Mit dem »Betbuch«, das Moscherosch den »Jungfrauen« des 17. Jahrhunderts neben der »Spindel« in die Hand gab, kam auch das Buch, die geistige Welt und Wortkultur, die bislang fast ausschließlich männliche Welt, langsam in erreichbare Nähe. Auch wenn der Ausschluß der Frauen aus den wichtigen Bildungsinstitutionen wie Akademien, Lateinschulen und Universitäten prinzipiell weiterbestand, ihre Zulassung nicht einmal diskutabel war, so bestand doch durch die Vermittlung des Lesens und Schreibens die Möglichkeit zur Selbstbildung in der Familie mit (zumeist männlichen Verwandten) oder im Alleingang. Der Lese-, Lern- und Denkprozeß ermöglichte spätestens seit der Aufklärung die Aneignung der geistigen und kulturellen Werte der *männlichen* Welt; damit kam jedoch auch ein Nachdenken über sich selbst – für immer mehr Frauen aus dem Bürgertum. Erst die (Irr-)Wege über die überangepaßte Weiblichkeit (an die Wünsche der Männer) einer Karoline Rudolphi und das pädagogische, organisatorische Geschick und bewußte Programm einer »Charakterbildung« für Frauen, wie es Betty Gleim dachte und praktizierte, arbeitete den Forderungen der ersten (bürgerlichen) Frauenbewegung nach angemessener Erziehung und Bildung vor, die letztlich Voraussetzungen für den Kampf um politische und rechtliche Mündigkeit waren.

Über jegliche Befähigung zu schriftlichem Ausdruck lief schließlich die Möglichkeit zu eigenem Ausdruck und der Beginn einer weiblichen Tradition. Die verzweifelten religiösen Lieder der Elisabeth von Braunschweig-Lüneburg, die satirischen Verse der Anna Ovena Hoyers standen der dominanten literarischen Tradition fern (sollten auch keinen Beitrag dazu leisten), sondern ermöglichten jeweils das Aussprechen des eigenen Anliegens. Das vergleichsweise luxuriöse Leben, die freie Zeit und Ansprüche auf Repräsentation und Festlichkeiten in der höfischen Gesellschaft lieferten einen kleinen Freiraum für musisch-literarische Tätigkeit im Rahmen dieser Kultur, etwa für die Singspiele der Sophie-Elisabeth oder die Spielereien im Nürnberger Kreis, denen auch die intensiven religiösen Wortgebilde der Katharina Regina von Greiffenberg in ihren endlosen Variationen verwandt sind. Erst das Literaturprogramm der Aufklärer wie Gottsched wandte sich auch mit an Frauen, die mit dem Beginn der »schönen Literatur« zunächst indirekt als Leserinnen, auf deren Welt und Geschmack vielfach abgezielt wird, diese beeinflußt.

Mariane Christiane von Ziegler, Sidonie Hedwig Zäunemann oder die Karschin setzten sich bewußt mit dem Verhältnis »zum männlichen Geschlechte« auseinander und denken über die ihnen zugeschriebene Rolle als Frau nach. Erst die La Roche entwirft eine (versöhnliche) weibliche Utopie (von Sophie, der »Weisen«, und ihrem Leidensweg in der patriarchalischen Gesellschaft). Wenn sie »ein papiernes Mädchen« mit ihrer Romanheldin erziehen wollte, so ist das ein Angebot an die Leser(innen); konkretere Anweisungen folgen z.B. in *Pomona* für »Teutschlands Töchter«. Hier wird Mündig-werden geübt, immer wieder und im literarischen Abseits der »Frauenliteratur«. Es ist jedoch kein festes philosophisches Gebäude, kein literarisches Programm, keine zwingende Ästhetik, die marktgerecht propagiert und kämpferisch verteidigt werden muß. Das bleibt den zeitgenössischen Literaten und ihren »Schulen« überlassen.

In der (Schein-)Welt des Theaters, das zugleich Anspruch darauf erhebt, die Bühne des Lebens zu sein, bleiben die Frauen als Schauspielerinnen unmündige Außenseiter, es sei denn sie können als Primadonna eine Zeitlang die Ansprüche des männlichen Publikums befriedigen. Als Prinzipalinnen und Theaterdichter konnten sie nur in den Jahrzehnten des von Adel und Bürgern verachteten Wandertheaters agieren. Als das Theater eine Existenzmöglichkeit für Schauspieler, Direktoren und Autoren zu bieten beginnt und zur beliebten Unterhaltung der Bürger avanciert, geraten sie mit den bürgerlichen Moral- und Tugendansprüchen an die Frau in Konflikt, wie ihn die Karoline Schulze-Kummerfeld in ihrer realistischen Theaterbiographie artikuliert. Der Rückzug auf die edle Künstlerin (und Fürstenmätresse) bleibt der Caroline Jagemann als Selbststilisierung ihres Lebens – im Autoritätskampf mit dem Theaterdirektor Goethe nutzte sie geschickt und bewußt diese von Goethe erlernte Stilisierung ihrer selbst, wie denn der Zauberlehrling, der die Geister rief, sie nicht mehr los wird.

So ist der »Ort« der Frauen in der Frühen Neuzeit nicht außerhalb der (patriarchalischen) Gesellschaft, in die sie hineingeboren werden, zu suchen. Mündigkeit ist das selbständige Gehen, Suchen und Infragestellen dieser Gesellschaft, wie Maria von Ebner-Eschenbach es formulierte: »Als eine Frau lesen lernte, trat die Frauenfrage in die Welt.«

Anmerkungen

Einleitung

1 In einer Rezension von Verena Stefans *Häutungen*, in: *Süddeutsche Zeitung* vom 7. 4. 1976; wiederabgedruckt in: *alternative*, 108/109 (1976), S. 119.

2 So der Band *Neue Literatur der Frauen. Deutschsprachige Autorinnen der Gegenwart*, hg. von Heinz Puknus (München: Beck, 1980).

3 Vgl. meine Rezension von Viktor Žmegač (Hrsg.), *Geschichte der deutschen Literatur vom 18. Jahrhundert bis zur Gegenwart*, (Frankfurt: Athenäum, 1979–80), 2 Bde., in: *Michigan Germanic Studies* (1982), 805–808.

4 In der theoretischen Diskussion zur deutschen Literaturgeschichtsschreibung und Literaturkritik hat die Kategorie Geschlecht bislang keine Beachtung gefunden. Unten mehr zur feministischen Literaturkritik.

5 Manfred Jurgensen, *Deutsche Frauenautoren der Gegenwart* (Bern: Francke, 1983), S. 10.

6 Hg. von Hiltrud Gnüg und Renate Möhrmann (Stuttgart: Metzler, 1985).

7 1777, Bd. 1, S. 298 f.

8 Zum sozialgeschichtlichen Hintergrund dieses Mythos im 18. Jahrhundert vgl. den vielbeachteten Aufsatz von Karin Hausen, »Die Polarisierung der ›Geschlechtscharaktere‹ – eine Spiegelung der Dissoziation von Erwerbs- und Familienleben«. In: *Sozialgeschichte der Familie in der Neuzeit Europas*, hg. von W. Conze (Stuttgart, 1977).

9 Z.B. bringt Reclams Universal-Bibliothek, die man wohl zu Recht als das Barometer dessen ansehen kann, was an deutschen Schulen und Universitäten im Deutschunterricht bzw. in germanistischen Seminaren behandelt und gelesen wird, was also zum traditionellen Kanon der Germanistik gehört, als einzige Texte von einer Frau vor 1800 *Die Pietisterey im Fischbeinrock* der Gottschedin und die *Geschichte des Fräuleins von Sternheim* der La Roche; die Auswahlsammlung der Briefe von Goethes Mutter rechne ich nicht eigentlich dazu, weil hier »der große Sohn« Goethe in seiner Mutter geehrt wird. Erst die (preiswerten) Reihen der Taschenbuchverlage wie Ullsteins »Die Frau in der Literatur«, Fischer, Luchterhand und Insel haben viele vergessene Texte von Autorinnen des 19. und besonders des 20. Jahrhunderts in den letzten Jahren wieder zugänglich gemacht.

9aDie Studie hat trotz ihrer provokativen Thesen, ihrer scharfsinnigen Beobachtungen und trotz der Prominenz ihres Autors verhältnismäßig wenig Resonanz gefunden. Eine Ausnahme bildet die verständnisvolle Rezension von Ernst Simon, »Drei gescheiterte Emanzipationen«, *Bulletin des Leo Baeck Instituts*, 15 (1976), 124–61. – Mayer meint das Scheitern der Gleichheits-postulate, daß zwar die formale Gleichheit aller Individuen vor dem Gesetz erreicht worden sei, nicht aber die »materiale Egalität einer gleichen Lebenschance« (S. 9). Obwohl Mayer einer der wenigen Literarhistoriker ist, der die Problematik der Frauenbilder in einer von Männern konzipierten Literatur überhaupt behandelt hat, so zieht er doch daraus nur halbe Konsequenzen für seine eigene Außenseiter-Studie: Unter den Juden und Homosexuellen, den anderen beiden Außenseiter-Gruppen, kommen Frauen fast überhaupt nicht vor. Damit werden Frauen in Mayers anderen Außenseiter-Gruppen ebenfalls als nicht betrachtenswerte, unwichtige Statisten übergangen, was wiederum die dominante männliche Perspektive der Literatur, auch bei ihrem vermeintlichen Kritiker Hans Mayer, kennzeichnet.

10 Auch bleibt die Wahl der Frauentypen, Judith und Dalila, problematisch und damit Mayers Darstellungsweise vielfach unbefriedigend. Die biblischen Mythen der Judith und Dalila, die beide kraft ihrer überlegenen Sexualität den Mann entmachten können (Dalila handelt dabei gegen Gottes Willen, während Judith für die gute Sache tötet), sind eben nicht deckungsgleich mit der Polarität von Eva und Maria, wie es Mayer assoziativ hinwirft: »Die Bürgerwelt war seit ihren Anfängen im Zeitalter von Humanismus, Renaissance und Reformation fast süchtig nach Evozierung eines weiblichen Außenseitertums. Dabei wagten sich die bildenden Künstler weiter vor als die zwischen gelehrter und volkstümlicher Schreibweise schwankenden Autoren der Epoche zwischen Erasmus und Shakespeare... Dalila aus Philisterland fügt sich unmittelbar in diese ambivalente und evokatorische Kunst der Grausamkeit. Allein auch sie ist Verderberin als Ausgeburt einer männlichen Kastrationsangst. Salome ist Verderberin eines Gottesmannes ebenso wie Dalila. Judith freilich handelt im Auftrag des Herrn, um das erwählte Volk zu retten. Allein alle Darstellung der Judith auf den Bildern der Maler von Cranach bis Corinth evoziert nicht Bewunderung für die weibliche Heroine, sondern Grauen als vor einem Monstrum. Es sind dediziert antiweibliche Bilder, gemalt, – je nachdem und nach der Zeitfolge – als Warnung; als ungeheuerlicher Kontrast von Weiblichkeit und Unweiblichkeit; schließlich als kokette Zusammenführung von Lust und Tod, Sinnlichkeit und Bluttat.« (S. 34, 35).

11 In seiner Darstellung tut Mayer selbst das, was er an dem amerikanischen Maler Richard Lindner beobachtet hat: Lindner sei einer, meint Mayer, »der von außen kommt und hereinschaut« (S. 159).

12 (Frankfurt: Suhrkamp, 1979), S. 75–76.

13 Damit sind die kulturkritischen und hermeneutischen Überlegungen zu Frauenbildern, die in der amerikanischen feministischen Literaturkritik spätestens seit Elizbeth Hardwicks *Seduction and Betrayal* (1970) bis hin zu Sandra M. Gilberts und Susan Gubars *Madwoman in the Attic* (1979) und Nina Auerbachs *Woman and the Demon* (1984) differenziert vorangetrieben sind, auch in Deutschland und an deutscher Literatur erprobt und vorgetragen worden. Vgl. etwa die Aufsätze in den Bänden *Die verborgene Frau. Sechs Beiträge zu einer feministischen Literaturwissenschaft*, hg. von Inge Stephan und Sigrid Weigel, Literatur im historischen Prozeß, Neue Folge 6 (Berlin: Argument Verlag, 1983) und in: *Feministische Literaturwissenschaft. Dokumentation der Tagung in Hamburg vom Mai 1983* (Berlin: Argument Verlag, 1984).

14 Vgl. dazu meine Aufsätze, »Schlegels *Lucinde*. Zum Frauenbild der Frühromantik«, *Colloquia Germanica* (1976/77), 128–39 und »Priesterin und Lichtbringerin: Zur Ideologie des Weiblichen in der Frühromantik«, in: *Die Frau*

als Heldin und Autorin. Neue kritische Ansätze zur deutschen Literatur, hg. von Wolfgang Paulsen (Bern: Francke, 1979), S. 111−24 und Sigrid Weigels »Wider die romantische Mode«, in: *Die verborgene Frau*, S. 67−82.

15 Vgl. die Aufsatzsammlungen *Frauen − Weiblichkeit − Schrift*, hg. von Renate Berger u.a. (Berlin, 1985) und *Weiblichkeit oder Feminismus?*, hg. von Claudia Opitz (Weingarten, 1984).

16 Vgl. Sigrid Weigel, »Das Weibliche als Metapher des Metonymischen: Kritische Überlegungen zur Konstitution des Weiblichen als Verfahren oder Schreibweise«. *Akten des Siebten Kongresses der Internat. Verein. f. german. Sprach- und Literaturwissenschaft* (Tübingen, 1986), Bd. 6.

17 *Essays on Women, Literature, and Theory*, hg. von Elaine Showalter (New York: Pantheon Books, 1985); besonders gehaltvoll sind Showalters »Feminist Criticism in the Wilderness«, S. 243−70 und Ann Rosalind Jones' »Writing the Body: Toward an Understanding of *L'Ecriture féminine*«, S. 361−78.

18 Die feministischen Aufsätze zur deutschen Literatur (vgl. oben, Anm. 13, 15) greifen allenfalls in eklektischen Hinweisen und ohne differenzierte eigene Forschung auf Literatur vor 1750 zurück. − Die beiden wichtigen Sammelbände *Die Frau als Heldin und Autorin* (oben, Anm. 14) und *Gestaltet und gestaltend. Frauen in der deutschen Literatur*, hg. von Marianne Burkhard, *Amsterdamer Beiträge zur neueren deutschen Literatur*, 10 (1980) enthalten lediglich einen Aufsatz zur Literatur vor 1750.

19 Vgl. hierzu meine Ausführungen »(Sozial)geschichte der Frau in Deutschland, 1500−1800. Ein Forschungsbericht«, in: *Die Frau von der Reformation zur Romantik. Die Situation der Frau vor dem Hintergrund der Literatur- und Sozialgeschichte* (Bonn: Bouvier, 1980), bes. S. 246ff.

20 *The Woman in American History* (Reading, Mass., 1971); *Black Women in White America: A Documentary History* (New York, 1972); *The Grimke Sisters from South Carolina: Rebels Against Slavery* (Boston, 1976); *The Female Experience: An American Documentary* (New York and Indianapolis, 1977) und die Aufsatzsammlung *The Majority Finds Its Past. Placing Women in History* (Oxford University Press, 1979).

21 *The Majority Finds its Past*, S. 180; alle Zitate sind von mir übersetzt.

22 Ebd.

23 Der moderne Feminismus unterscheidet sich im Autonomiebegriff und der Kritik an der patriarchalen Gesellschaft von den theoretischen Ansätzen und praktischen Forderungen der ersten Frauenbewegung, die »Gleichberechtigung« besonders in der Erziehung forderte und die Frauen auf der Grundlage gleicher Rechte in die bestehenden Institutionen und Strukturen einer männlich definierten Gesellschaft hineinbringen (integrieren) wollte. Der Feminismus hat Unabhängigkeit und Selbstbestimmung der Frau zum Ziel. Vgl. hierzu die klare Begriffsbestimmung bei Luise Pusch, »Feminismus und Frauenbewegung − Versuch einer Begriffserklärung«, in: *Feminismus. Inspektion der Herrenkultur* (Frankfurt: Suhrkamp, 1983), S. 9−17.

24 »Historische Frauenforschung: Fragestellungen und Perspektiven«, in: *Frauen suchen ihre Geschichte. Historische Studien zum 19. und 20. Jahrhundert*, hg. von Karin Hausen (München: Beck, 1983), S. 22−60. Zur historischen Frauenforschung s. auch entsprechende Beiträge in den historischen Fachzeitschriften

Geschichtsdidaktik bes. seit 1980 und *Geschichte und Gesellschaft* und die Aufsatzbände der Reihe *Frauen in der Geschichte*, hg. von Anette Kuhn u.a. (Düsseldorf: Schwann, 1979ff.).

25 Von Otto Flake (Frankfurt, 1981).

26 Auch bei Stone steht das männliche Beziehungsnetz und die Erfahrungswelt der Männer im Vordergrund und bestimmt z.T. die (oft sekundären) Aussagen von und über Frauen, auch angesichts feministischer Kritik in seinem Forschungsbericht »Family History in the 1980's. Past Achievements and Future Trends«, *Journal of Interdisciplinary History*, 12 (1981), 51–88. Dasselbe gilt für die deutsche Familienforschung, auch für Heidi Rosenbaums *Formen der Familie. Untersuchungen zum Zusammenhang von Familienverhältnissen, Sozialstruktur und sozialem Wandel in der deutschen Gesellschaft des 19. Jahrhunderts* (Frankfurt: Suhrkamp, 1982).

27 Bock (oben, Anm. 24), S. 33.

28 Ebd., S. 34.

29 Hierzu Anette Kuhn, »Das Geschlecht – eine historische Kategorie? Gedanken zu einem aus der neueren Geschichtswissenschaft verdrängten Begriff«, in: *Frauen in der Geschichte IV*, hg. von Ilse Brehmer u.a. (Düsseldorf: Schwann-Bagel, 1983), S. 29–50, die sich allerdings allein auf die Theorie der dualen Ökonomie (eines durch häusliche und außerhäusliche Arbeit strukturierten Wirtschaftsgefüges) bezieht und nur die frauenzentrierte Familienökonomie betrachtet.

30 Vgl. mein »Goethe as a Critic of Literary Women«, in: *Goethe as a Critic of Literature*, hg. von Karl Fink und Max L. Baeumer (University Press of America, 1984), S. 162ff.

31 Mehr zum Stellenwert der Frauenbriefe in meinem »Leben als Text. Briefe als Ausdrucks- und Verständigungsmittel in der Briefkultur und Literatur des 18. Jahrhunderts«. In: *Frauen Literatur Geschichte. Schreibende Frauen vom Mittelalter bis zur Gegenwart*. Hg. von Hiltrud Gnüg und Renate Möhrmann, (Stuttgart: Metzler, 1985).

32 Wie etwa die ausführlichen Gerichtsakten zum Fluchtversuch der (späteren) Schauspielerin und Prinzipalin Friedericke Caroline Neuber aus dem väterlichen Haus, als der Vater die Fünfzehnjährige verhaften ließ und sie durch Gerichtsurteil zwang, in sein Haus zurückzukehren; vgl. mein »Die ›böse‹ Frau‹ und das Züchtigungsrecht des Hausvaters in der Frühen Neuzeit«. In: *Der Widerspenstigen Zähmung. Zur Weiblichkeit in der Literatur*, hg. von Sylvia Wallinger, Innsbrucker Beiträge zur Kulturwissenschaft, 1986.

33 Die umfangreiche Bibliographie von Jean Woods und Maria Fürstenwald, *Schriftstellerinnen, Künstlerinnen und gelehrte Frauen des deutschen Barock. Ein Lexikon*, Repertorien zur Deutschen Literaturgeschichte, 10 (Stuttgart: Metzler, 1984) bringt die beste Quellensammlung von Texten schreibender Frauen des 17. und frühen 18. Jahrhunderts.

34 Quantifizierende Aussagen können nicht gemacht oder herangezogen werden, da es für den Lebensbereich von Frauen vor 1800 bislang keine nennenswerten statistischen Erhebungen gibt.

35 *Woman's Estate* (New York: Pantheon, 1971).

36 Weitere Bereiche wären noch die der Hexenverfolgung (die Prozeßakten

enthalten Aussagen von und über Frauen) und der Herrscherhäuser und Adelsfamilien (wo über die weiblichen Mitglieder historisch-archivalisches Material vorhanden ist). Beide Bereiche würden den Rahmen dieser Arbeit sprengen; sie sind noch nicht unter dem Gesichtspunkt »weiblicher Erfahrung« erschlossen worden. – Bei meinem Verfahren kann natürlich auch mehr und Wesentlicheres über die Frauen gesagt werden, die sich selbst schriftlich geäußert haben (wie es so viele adelige Frauen taten) und über die es verhältnismäßig authentische, wenn auch nur äußerliche Berichte gibt. – Fast gar nicht kommen die Frauen der Unterschichten, die als Mägde und Lohnarbeiterinnen tätig waren, in den Blick; sie sind noch zur Zeit der deutschen Klassik eine nicht literaturfähige Gruppe, die nicht einmal als Subjekte in der schönen Literatur dargestellt wurden, geschweige denn selbst geschrieben hätten, weil sie zumeist Analphabetinnen waren.

Erstes Kapitel

1 *Ein Sermon vom ehlichen Stand, 1519.* In: *Vom ehelichen Leben und andere Schriften über die Ehe,* hg. von Dagmar C.G. Lorenz (Stuttgart, Reclam: 1978), S. 4. Weitere Zitate aus dieser Ausgabe sind im Text mit Kurztitel und Seitenzahl vermerkt.

2 Ausgezeichnete Übersicht bei Eleonor C. McLaughlin, »Equality of Souls, Inequality of Sexes: Woman in Medieval Theology«, *Religion and Sexism,* hg. von Rosemary R. Ruether (New York: Simon and Schuster, 1974), 213–66; repräsentativ für die unkritische Betrachtungsweise auch moderner Theologen ist Friedrich Heiler, *Die Frau in den Religionen der Menschheit* (Berlin: de Gruyter, 1977).

3 Alfons Hufnagel, »Die Bewertung der Frau bei Thomas von Aquin«, *Theologische Quartalschrift,* 156 (1976), 132–65; bespricht die verschiedenen Formulierungen bei Thomas und möchte ihnen »alle abwertende Bedeutung« nehmen, indem er sie »in das Geheimnis der Vorsehung Gottes zruückverlegt«. Ähnlich apologetisch aber historisch-kritisch verfährt A. Mitterer, »Mann und Weib nach dem biologischen Weltbild des hl. Thomas und dem der Gegenwart«, *Zeitschrift für Katholische Theologie,* 57 (1933), 491–556, und »Mas occasionatus oder zwei Methoden der Thomasdeutung«, *ZKTh,* 72 (1950), 80–103. Fundierte Kritik vom feministischen Standpunkt aus bei Mary Daly, *Kirche, Frau und Sexus [The Church and the Second Sex,* 1965] (Freiburg: Olten, 1970).

4 Auf diese mittelalterliche theologische Auslegung des Thomas von Aquin, die die Haltung der Theologie und der kirchlichen Hierarchie gegenüber Frauen bis heute beeinflußt hat, spielt auch der Titel von Simone de Beauvoirs, *Le deuxième sexe,* das »zweite« Geschlecht, an, eine wichtige Nuance, die in der deutschen Übersetzung (Rowohlt 1968) »Das *andere* Geschlecht« verlorengegangen ist.   •

5 Hufnagel, 145.

6 Stefan Beissel, *Geschichte der Verehrung Marias in Deutschland während des Mittelalters,* 1909 (Nachdruck: Darmstadt: Wiss. Buchgesellschaft, 1972)

bringt aus katholischer Perspektive eine gründliche, materialreiche Stoff-
sammlung vom frühen Mittelalter bis zum 19. Jahrhundert, jedoch keine
Interpretation und ist deshalb brauchbarer als die ohne spezielle theolo-
gisch-historische Kenntnisse sich an rein literarischen Texten orientierenden
Darstellungen wie Peter Kesting, *Maria-Frouwe. Über den Einfluß der Marienverehrung auf den Minnesang bis Walther von der Vogelweide.* Medium Aevum,
5 (München: Fink, 1965) und Peter Kern, *Trinität, Maria, Inkarnation.* Philologische Quellen und Studien, 58 (Berlin: Erich Schmidt, 1971).

7 Eine ausführliche, auf historischen und rechtsgeschichtlichen Quellen beruhende Darstellung bringt Suzanne F. Wemple, *Women in Frankish Society.
Marriage and the Cloister 500 to 900* (Philadelphia: University of Pennsylvania Press, 1981), die auch die bisherige Forschung (besonders die romantischen Vorstellungen von der »Friedelehe«) zum germanischen Recht kritisch
sichtet.

8 Vgl. E. Friedberg, *Das Recht der Eheschließung nach seiner geschichtlichen Entwicklung* (Leipzig, 1865), S. 17.

9 Antonie Kraut, *Die Stellung der Frau im württembergischen Privatrecht. Eine
Untersuchung über Geschlechtsvormundschaft und Interzessionsfrage.* Diss. Tü-
bingen, 1934, S. 10–14. Noch immer die weitaus beste Darstellung ist
Marianne Weber, *Ehefrau und Mutter in der Rechtsentwicklung* (1907), Reprint
Aalen 1971, S. 200–78.

10 Vgl. »Ehe«. *Handwörterbuch zur deutschen Rechtsgeschichte* (Berlin: Schmidt,
1971²); der Artikel ist in Bezug auf die Rolle und Rechtstellung der Frau in
der Ehe unergiebig und ungenau; zum europäischen Eherecht (nach französischen und englischen Quellen, die oft von deutschen Verhältnissen abwei-
chen) vgl. Shulamith Shahar, *Die Frau im Mittelalter* (Königstein: Athenäum,
1981), S. 73–120 und Hans Dombois, *Kirche und Eherecht* (Stuttgart: Klett,
1974), bes. S. 19–71.

11 Vgl. B. Becker-Cantarino, »Die ›Böse Frau‹ und das Züchtigungsrecht des
Hausvaters in der Frühen Neuzeit«. In: *Der Widerspenstigen Zähmung.* Hg.
von Sylvia Wallinger und Monika Jonas (Innsbruck, 1986).

12 Luise Heß, *Die deutschen Frauenberufe im Mittelalter* (München: Neuer Filser-
Verlag, 1941) bringt eine Vielzahl von Belegen über weibliche Erwerbstätigkeit auch für das 16. Jahrhundert; die Studie geht zeitlich weit über das
Mittelalter hinaus und reicht bis etwa 1550. Heß behandelt außerdem noch
die Frau in »fahrenden Berufen«, die »Hübscherin« (Dirne), Bademagd, Wahr-
sagerin, das Troßweib, die Magd und Tagelöhnerin; ausführliche quellen-
kundliche Darstellung jetzt bei Merry E. Wiesner, *Working Women in Renaissance Germany* (Rutgers University Press, 1986).

13 Karl Bücher, *Die Frauenfrage im Mittelalter,* 2. erw. Auflage, (Tübingen:
Laupp), 1910, S. 19. In dem vielgelesenen *Kursbuch* 47 (1977) zum Thema
»Frauen« berichtet Ele Schöfthalter in »Troubadora und Meisterin«,
S. 115–23, nostalgisch von Weiberzechen, von der Beteiligung der Frauen
an handwerklichen Berufen, von Frauenzünften und selbständigen Handwer-
kerinnen, die dann systematisch von den großen Handelsmonopolen der
Männer im 15. und 16. Jahrhundert aus den Zünften und aus ihren Rechten
verdrängt wurden: »Die Trennung zwischen Haus und Beruf war damals

kaum ausgebildet. Auch nicht die Trennung zwischen un(ter)bezahlter, wenig geachteter Frauenarbeit und angeseheneren Männerberufen... Selbstverständlich waren Frauen in nahezu allen Handwerksdisziplinen vertreten« (S. 116). Vgl. Wiesner, *Working Women* und die dort aufgeführte historische Forschung für eine gründliche Korrektur dieser Vorstellungen.

14 *Aus der Zeit der Verzweiflung. Zur Genese und Aktualität des Hexenbildes.* Hg. von G. Becker u.a. (Frankfurt: Suhrkamp, 1977), S. 11–129; Zitat auf S. 116.

15 Vgl. Kurt Wesoly, »Der weibliche Bevölkerungsanteil in spätmittelalterlichen und frühneuzeitlichen Städten und die Betätigung von Frauen im zünftigen Handwerk (insbesondere am Mittel- und Oberrhein)«, *Zeitschrift für die Geschichte des Oberrheins*, 128 (1980), 69–117; bes. 70–73.

16 Wesoly, S 74; H. Wachendorf, *Die wirtschaftliche Stellung der Frau in den deutschen Städten des späteren Mittelalters*, Diss. Hamburg, 1934. (Quakenbrück: Trute, 1934).

17 Vgl. dazu Kapitel II, 1.

18 Auf Bücher beruhen z.B. die Angaben bei R. Mols, »Die Bevölkerung im 16. und 17. Jahrhundert«, in: *Bevölkerungsgeschichte Europas. Mittelalter bis Neuzeit.* Hrsg. von C.M. Cipolla und K. Borchardt, München 1971, S. 88, daß der Frauenüberschuß leicht 10–30% betragen habe, in Einzelfällen, nach Epedemien oder Kriegen, sogar über 50%. Zwar ist in einigen Städten, z.B. in Nürnberg 1499, eindeutig dokumentiert, daß es einen Frauenüberschuß gegeben hat, doch ist auch dieser keineswegs durchgehend und konstant belegt. Bei den Gewerbelisten ist die Aufschlüsselung der Frauen und Männer in den verschiedenen Berufsgruppen und Ständen wichtig. Je nach Bedarf des jeweiligen Gewerbes ist das Verhältnis von Männern und Frauen unterschiedlich (Knechte, Gesellen und Mägde wurden oft aus der umliegenden ländlichen Bevölkerung rekrutiert). Aus den Steuerlisten läßt sich jedoch nicht mit Sicherheit auf einen Frauen- oder Männerüberschuß schließen, weil die einzelnen Haushalte nicht nach Geschlecht aufgeschlüsselt sind, sich in den Frauenhaushalten sicher kein Mann, eventuell Jungen im frühen Kindesalter und Knechte, in den Männerhaushalten aber fast immer eine Anzahl von Frauen (Ehefrau, Töchter und Mägde) aber auch Knechte und Gesellen befanden. Nur die ganz wenigen, verläßlichen Zählungen der Gesamtbevölkerung einer Stadt können für die These des Frauenüberschusses in spätmittelalterlichen Städten zugrunde gelegt werden. Hier steht aber die demographische Forschung für Deutschland noch ganz am Anfang.

19 J. Hartwig, »Die Frauenfrage im mittelalterlichen Lübeck«, in: *Hanseatische Geschichtsblätter*, 35 (1908), S. 53–94; »Weibliche Zunftmeister [*vrouwen, die sulven mechtig sint, sulvesvrouwen*] sind in den meisten Ämtern nachweisbar«, S. 50.

19a Vgl. Margarete Wensky, *Die Stellung der Frau in der stadtkölnischen Wirtschaft im Spätmittelalter*, Quellen u. Darstellungen z. Hans. Geschichte, N.F. 26 (Köln/Wien: Böhlau, 1980).

20 Wesoly, S. 91, zu Nürnbergs Goldspinnerinnen vgl. Gertrud Schmidt, *Die Berufstätigkeit der Frau in der Reichsstadt Nürnberg bis zum Ende des 16. Jahrhunderts.* Diss. Erlangen, 1950.

21 Aufarbeitung der Quellen in Gustav Schmoller, *Die Straßburger Tucher- und*

Weberzunft. Urkunden und Darstellung, (Straßburg: Trübner, 1897); vgl. dazu die Kritik bei Wesoly, S. 92–97.

22 Wesoly, S. 103.

23 Rudolph Wissel, *Des alten Handwerks Recht und Gewohnheit*. 2 Bde. Einzelveröffentlichungen der Historischen Kommission zu Berlin, 7 (Berlin: Colloquium 1971–74), bes. II, S. 443 ff.

24 Frauenlöhne sind immer weitaus geringer als die für vergleichbare Männerarbeit; sie liegen zwischen ¼ bis ⅓ der Männerlöhne; vgl. Heß, (oben, Anm. 12), S. 34.

25 A. Pfeiffer, *Die Bäckerzunft im alten Speyer. Ein Beitrag zur Speyrer Zunftgeschichte* (Speyer, 1910), S. 15; Wesoly, S. 109.

26 Über die Lebensbedingungen der leibeigenen Frauen, der Mägde, Lohnarbeiterinnen und der Bediensteten bis zum 18. Jahrhundert gibt es kaum historisch fundierte Arbeiten. Quellen reduzieren sie meistens zu Nummern, erwähnen bestenfalls Entlohnungs- oder Arbeitsforderungen, auch mal eine Krankheit, aber immer aus der Sicht des Arbeitgebers; in der Schwankliteratur und den Fastnachtsspielen des 16. Jahrhunderts erscheinen sie bestenfalls als Tölpel, oder ihre Untreue, Dieberei und Interesselosigkeit wird kritisiert wie bei Luther; erst im 18. Jahrhundert erhalten die Kammerkätzchen oder Diener des bürgerlichen Dramas, etwa bei Lessing, vermenschlichte und verbürgerlichte, den sozial gehobenen Schichten angepaßte Rollen.

27 Ernst Mummenhoff, »Frauenarbeit und Arbeitsvermittlung. Eine Episode aus der Handwerksgeschichte des 16. Jahrhunderts«, *Zeitschrift für Sozial- und Wirtschaftsgeschichte*, 19 (1926), S. 157–65.

28 Vgl. Bruno Schönlank, *Sociale Kämpfe vor dreihundert Jahren*. Altnürnbergische Studien, (Leipzig, 1894), S. 50 ff.; G.K. Schmelzeisen, *Die Rechtsstellung der Frau in der deutschen Stadtwirtschaft. Eine Untersuchung zur Geschichte des deutschen Rechts*. Arbeiten zur deutschen Rechts- und Verfassungsgeschichte, 10 (Stuttgart: Kohlhammer, 1935), S. 83–87.

29 Vgl. Wilhelm Ebel, »Zur Rechtsstellung der Kauffrau«, in: *Forschungen zur Geschichte des lübischen Rechts*, I. Veröffentlichungen zur Geschichte der Hansestadt Lübeck, 14 (Lübeck: Schmidt-Röhmhild, [1950], S. 101–21.

30 Ebel, S. 107 (Zitat modernisiert).

31 Ebel, S. 121, Einleitung zur Revision 1586.

32 Informativ und vom protestantischen Standpunkt aus gesehen ist der Aufsatz von R. Seeberg, »Luthers Anschauungen von dem Geschlechtsleben und der Ehe und ihre geschichtliche Stellung«, *Lutherjahrbuch*, 7 (1925), 77–122; den modernen katholischen Standpunkt bringt Klaus Suppan, *Die Ehelehre Martin Luthers. Theologische und rechtshistorische Aspekte des reformatorischen Eheverständnisses* (Salzburg: Pustet, 1971); eine feministische Auseinandersetzung bei Dagmar Lorenz, »Vom Kloster in die Küche: Die Frau vor und nach der Reformation Dr. Martin Luthers«, in: *Die Frau von der Reformation zur Romantik. Die Situation der Frau vor dem Hintergrund der Literatur- und Sozialgeschichte*, hrsg. von Barbara Becker-Cantarino. Modern German Studies, 7 (Bonn: Bouvier, 1980), 7–33. – Ältere Darstellungen wie Waldemar Kawerau, *Die Reformation und die Ehe. Ein Beitrag zur Kulturgeschichte des 16. Jahrhunderts* (Halle: Verein für Reformationsgeschichte, 1892)

betrachten zumeist die Ehe »im Spiegelbild der deutschen Literatur des 16. Jahrhunderts« und sehen sie unhistorisch und apologetisch »als sittliche Reform gegen den Grobianismus der Sitten« (S. 10). – Uns interessiert hier das Lob der guten Ehefrau in den Ehespiegeln angefangen mit Albrecht von Eyb bis zum protestantischen Schuldrama nicht; diese als Textgrundlage für das Leben und Schreiben von Frauen im 16. Jahrhundert zu nehmen, wie es bei literarischen Darstellungen, etwa bei Robert Stupperich, »Die Frau in der Publizistik der Reformation«, *Archiv für Kulturgeschichte*, 37 (1955), 104–33, geschieht, ist verfehlt, da es sich bei den Ehespiegeln um von Männern verfaßte erbaulich-belehrende Literatur handelt.

33 Zitate aus Luthers Eheschriften nach *Vom ehelichen Leben...* (Stuttgart: Reclam, 1978).

34 *Tischreden*, Weimarer Ausgabe, 1, 532.

35 Vgl. dazu unten Kapitel II, 2.

36 So bei Johannes T. Hermes, *Sophiens Reise von Memel nach Sachsen* (1769).

37 Die Apologie der eigenen, protestantischen Position haben die Darstellungen von Luthers Eheauffassung auf protestantischer Seite bestimmt. So trifft man allgemein bis hin zu Paul Tillich, Rudolf Bultmann und Karl Barth die Meinung an, Luther habe mit der Aufwertung der Individualseele und des Gewissens, mit seiner Ehekonzeption eine Verbesserung der Rolle der Frau im Staatswesen eingeleitet, ja sogar erste Schritte zur Emanzipation der Frau möglich gemacht. Schon 1907 konstatierte Marianne Weber: »[Die] sittliche Autonomie und Selbstverantwortlichkeit [der Frau] auch gegenüber dem Mann anzuerkennen und zu schützen, lag dem damaligen – wie leider oft noch dem heutigen – Protestantismus sehr fern. Der Mann war den Reformatoren der geborene Hauspriester für Weib, Kinder und Gesinde... Luthers Eheauffassung... ist eben trotz mancher Züge gemütvoller Innigkeit doch so derb naturalistisch, daß sie gegenüber dem Mittelalter keinen prinzipiellen Fortschritt bedeutet« (*Frau und Mutter in der Rechtsentwicklung*, Tübingen: Mohr, 1907, S. 283 f.).

38 Vgl. André Biéler, *L'Homme et la femme dans la morale calviniste* (Genf: Labor et Fides, 1963), S. 36ff. Hier von »differenzierter Gleichheit« der Geschlechter zu sprechen, wie es auch E. William Monter »Women in Calvinist Geneva (1550–1800)«, *Signs*, 6 (1980), S. 191, tut, vertuscht die Tatsache, daß die Frau vom Mann abhängig (also ungleich) ist.

39 *Von Ehesachen* (1530), Weimarer Ausgabe, 30, I, 205. Vgl. Dombois, *Kirche und Eherecht* (oben Anm. 10), S. 45 ff.

40 Horst-Joachim Frank, *Catharina Regina von Greiffenberg. Leben und Welt.* Schriften zur Literatur, 8 (Göttingen: Sachse & Pohl, 1967), S. 41–48.

41 Maria Heinsius, *Das unüberwindliche Wort. Frauen in der Reformationszeit* (München: Kaiser, 1951), S. 146. Mehr zu Argula unten Kap. II, 4.

42 Heinsius, 71.

43 Heinsius, 72.

44 Rita Scheller, *Die Frau am preußischen Herzogshof (1550–1625)*. Studien zur Geschichte Preußens, 13 (Köln: Grote, 1966), S. 51; Anna Marias Bild ist in der Geschichte »durch Parteilichkeit und persönliche Motive« entstellt, S. 30.

45 Scheller, 55.

46 Leopold von Schlözer, *Dorothea von Schlözer der Philosophie Doctor. Ein deutsches Frauenleben um die Jahrhundertwende 1770–1825.* (Berlin: Deutsche Verlags-Anstalt, 1923), S. 273. Vor der Vermählung hatte der Ehemann Dorotheas versprochen, ein Wittum von 100000 Hamburger Mark vertraglich zu gewährleisten. Er leistete jedoch nur eine ungenügende Sicherheit in Form einer Lebensversicherung in London, für die er jährlich 1500 Taler – auch noch nach seinem Bankrott – zahlen mußte, und deponierte nie die im Ehevertrag geforderte Summe.

47 An C.G. Brinkmann, 2. Febr. 1979: »Briefe«, in Franz Deibel, *Dorothea Schlegel als Schriftstellerin im Zusammenhang mit der romantischen Schule*, Palaestra, 40 (Berlin: Mayer & Müller, 1905), S. 160f.

48 An A.W. Schlegel, Sept. 1802; *Caroline. Briefe aus der Frühromantik*, nach Georg Waitz hrsg. von Erich Schmidt (Leipzig: Insel, 1913), Bd. 2, S. 340f.

48a Vgl. Georg Schnath, *Ausgewählte Beiträge zur Landesgeschichte Niedersachsens.* Veröff. d. Instituts f. hist. Landesforschung d. Univ. Göttingen, 3 (Hildesheim: Lax, 1968), S. 52–257.

49 »Ehe«, (oben, Anm. 10), Sp. 827.

50 Der von der Tochter verfaßte »Lebenslauf der Dichterin Anna Louise Karschin, geb. Dürbach«, *Gedichte*, hrsg. von C.L. von K(lencke), geb. Karschin (Berlin, 1792), S. 3–127, darf in vielen sozialgeschichtlichen Einzelheiten, wie zur wirtschaftlichen Lage und zur Scheidung der Karschin, als korrekt gelten, weniger bei der Wertung bestimmter Vorfälle und Personen; zur Ehe mit Hirsekorn und Scheidung, vgl. S. 37–60; Zitat S. 50.

51 Irmgard Taylor, *Das Bild der Witwe in der deutschen Literatur* (Darmstadt: Gesellschaft Hessischer Literaturfreunde, 1980), S. 7.

52 Da sie sich schlau und teilweise erfolgreich dagegen wehren konnte, so gilt sie bei Historikern als »herrschsüchtige« Frau. Vgl. unten Kapitel IV, 1.

53 Vgl. Weber (oben, Anm. 37), S. 331–41; Hans Dernburg, *Lehrbuch des preußischen Landrechts*, Bd. 3: *Eherecht.* Dieter Schwab, *Grundlagen und Gestalt der staatlichen Ehegesetzgebung in der Neuzeit bis zum Beginn des 19. Jahrhunderts*, Schriften zum deutschen und europäischen Zivil-, Handels- und Prozeßrecht, 45 (Bielefeld: Gieseking, 1967).

53a Vgl. Susanne Weber-Will, *Die rechtliche Stellung der Frau im Privatrecht des Preußischen Allgemeinen Landrechts von 1794.* Europäische Hochschulschriften, Rechtswissenschaft, 350 (Bern: Lang, 1983), bes. S. 129ff.

54 Edward Shorter, *The Making of the Modern Family* (New York: Basic Books, 1975), S. 168–204, setzt bei diesem nicht eindeutig und genügend erforschten Wandel den Beginn der modernen, sich den Kindern liebevoll annehmenden Familie an, eine ebenso einleuchtende wie simplistisch erscheinende These.

55 Philosophische Bibliothek 256, Hamburg: Meiner, 1960, S. 306–307. Vgl. Hannelore Schröder, *Die Rechtlosigkeit der Frau im Rechtsstaat. Dargestellt am Allgemeinen Preußischen Landrecht, am Bürgerlichen Gesetzbuch und an J.G. Fichtes Grundlage des Naturrechts* (Frankfurt: Campus, 1979).

Zweites Kapitel

1 Vgl. Gottfried Koch, *Frauenfrage und Ketzertum im Mittelalter. Die Frauenfrage im Rahmen des Katharismus und des Waldensertums und ihre sozialen Wurzeln (12.–14. Jahrundert).* Forschungen zur Mittelalterlichen Geschichte, 9 (Berlin: Akademie Verlag, 1962), S. 122; vgl. hierzu auch Kapitel I, 2 »Die Frau in der mittelalterlichen Theologie und Kirche«.

2 Hans Küng, »Thesen zur Stellung der Frau in Kirche und Gesellschaft«, *Theologische Quartalsschrift,* 156 (1976), 132.

3 Hildegard Borsinger, *Die Rechtsstellung der Frau in der katholischen Kirche* (Zürich, 1930), S. 75.

4 Vgl. Friedrich Heiler, *Die Frau in den Religionen der Menschheit* (Berlin: de Gruyter, 1977), S. 163–65.

5 Brief eines Abtes an Margaretha von Basel, Äbtissin von Lichtenthal von 1477 bis 1496; zitiert nach Stephanus Hilpisch, *Aus deutschen Frauenklöstern.* Kleine historische Monographien, 32 (Wien: Reinhold, 1931), S. 150; vgl. auch S. Hilpisch, *Geschichte der Benediktinerinnen.* Benediktinisches Geistesleben, 3 (St. Ottilien, 1951) und *Die Doppelklöster. Entstehung und Organisation.* Beiträge zur Geschichte des Mönchtums und des Benediktinerordens, 15 (Münster, 1928).

6 Dazu Edith Ennen, *Frauen im Mittelalter* (München: Beck, 1984), bes. S. 110ff.; ein kurzer, auf der Regionalgeschichte einzelner Klöster und Orden beruhender Überblick zur Geschichte der Nonnenklöster und weiblichen Orden aus katholischer Perspektive – eine auf wissenschaftlicher Grundlage beruhende Geschichte fehlt – findet sich bei Hilpisch (oben, Anm. 5); zur rechtlichen Stellung und Organisation: Philipp Hoffmeister, »Von den Nonnenklöstern«, *Archiv für Katholisches Kirchenrecht,* 114 (1934), 3–96, 353–437.

7 Mehr dazu bei Ennen, S. 113.

8 Vgl. Herbert Grundmann, »Neue Beiträge zur Geschichte der religiösen Bewegungen im Mittelalter«, *Archiv für Kulturgeschichte,* 37 (1955), bes. S. 168–82; Otto Nübel, *Mittelalterliche Beginen- und Sozialsiedlungen in den Niederlanden. Ein Beitrag zur Vorgeschichte der Fuggerei.* Studien zur Fuggergeschichte, 23 (Tübingen, 1970).

9 Alexander Patschovsky, »Straßburger Beginenverfolgungen im 14. Jahrhundert«, *Deutsches Archiv für die Erforschung des Mittelalters,* 30 (1974), 56–125. – Das Konzil von Vienne (1311) verbot und exkommunizierte die Beginen sogar, weil sie dem Wahn sündloser Verkommenheit verfallen seien und Irrlehren verbreiteten, doch der Beschluß war nicht generell durchzusetzen und wurde bald teilweise rückgängig gemacht. Erst die Reformatoren zerstörten die Beginengemeinschaften radikal mit ihrer Propaganda gegen zölibates Leben und für die Verheiratung aller Frauen (die letzten Beginenhäuser wurden erst während der Säkularisation 1802 aufgelöst).

10 Karl Elm, »Die Stellung der Frau im Ordenswesen. Semireligiosentum und Häresie zur Zeit der heiligen Elisabeth«. In: *Sankt Elisabeth. Fürstin, Dienerin, Heilige* (Sigmaringen 1981).

11 Koch (oben, Anm. 1) sieht besonders in der kontinuierlichen häretischen

Frauenbewegung vom 10. bis zum ausgehenden 14. Jahrhundert eine »verschleierte Emanzipationsbewegung« (S. 82) der Frauen, da nach deren dogmatischen Lehrsätzen das weibliche Geschlecht zunächst als »grundsätzlich gleichberechtigt« angesehen wurde und in einigen Punkten, z.B. bei der Frauenpredigt der Waldenser eine Gleichberechtigung mit dem Manne geherrscht habe. Von »Gleichberechtigung« kann man hier, so scheint mir, kaum sprechen (auch bei den Ketzern wurden Frauen weder zum Diakonat noch zum Episkopat zugelassen). Vielmehr versuchte hier eine noch nicht in der hierarchisch-patriarchalischen Struktur vollkommen gefestigte religiöse Gruppe, als Außenseiter gegenüber der rechtmäßigen, institutionalisierten Kirche auch Frauen und besonders deren Arbeitskraft zur eigenen Festigung für sich zu gewinnen und dienstbar zu machen.

12 *Offenbarungen der Schwester Mechthild von Magdeburg oder Das fließende Licht der Gottheit.* Aus der einzigen Handschrift herausgegeben von P.G. Morel (Darmstadt, 1960), 2. Ausgabe, Buch III, Kap. 15. Der erhaltene Text ist eine oberdeutsche Übersetzung aus dem Niederdeutschen.

13 A.M. Haas, »Mechthild von Hackeborn. Eine Form zisterziensischer Frauenfrömmigkeit«. In: *Die Zisterzienser.* Schriften des Rheinischen Museumsamtes, 18 (Köln, 1982), Ergänzungsbd.

14 Vgl. zu den Mystikerinnen H. Grundmann (oben, Anm. 8), S. 174f. und Margret Bäurle, Luzia Braun »Ich bin heiser in der Kehle meiner Keuschheit‹. Über das Schreiben der Mystikerinnen«. In: *Frauen Literatur Geschichte* (Stuttgart: Metzler, 1985), S. 1–15. Doch wurden die vielfältige, intensive, religiöse Frauenbewegung und ihre gesellschaftlichen und wirtschaftlichen Organisationsformen zunehmend kritisiert und bedrängt, um dann von der Reformation größtenteils aufgelöst und beseitigt zu werden.

15 Schon die Beispiele bei Hilpisch (oben, Anm. 5), S. 56–58 und Ennen (oben, Anm. 6), S. 120–123 bezeugen die vielen Konfliktsituationen, in die die Frauenklöster und -gemeinschaften mit den jeweiligen Männerorden und der kirchlichen Hierarchie verwickelt wurden.

15a Hg. von L. Enders, Neudrucke deutscher Literaturwerke, 139. Halle 1896, S. 23–33.

16 1237 hatten über 300 Nonnen in nur fünf Konventen gelebt, 1450 waren es 140 in neun: vgl. Miriam U. Chrisman, »Women and the Reformation in Strasbourg 1490–1530«, *Archiv für Reformationsgeschichte,* 63 (1972), S. 163.

17 So noch bei Roland Bainton, *Women of the Reformation in Germany and Italy* (Minneapolis, MN.: Augsburg Publishing, 1971), S. 42–48.

18 Weimarer Ausgabe, Bd. 26, S. 623–25.

19 Diese Schrift erschien zuerst bei Hans Luft in Wittenberg, 1529 wurde sie in Nürnberg wieder gedruckt. Exemplar in der Staatsbibl. Preuß. Kulturbes. Berlin. – Zitate nach der Luther-Ausgabe von Georg Walch (St. Louis, Mo.: Concordia Publishing House, 1907), Bd. 19, Sp. 1694–1723.

20 Hubert Ermisch, »Herzogin Ursula von Münsterberg. Ein Beitrag zur Geschichte der Reformation in Sachsen«, *Neues Archiv für Sächsische und Altertumskunde,* 3 (1882), S. 307. Brief Ursulas an den Kurfürsten von Sachsen vom 18. Oktober 1528.

21 Ermisch, S. 311.

22 Albrecht Thoma, *Katharina von Bora. Geschichtliches Lebensbild* (Berlin: Reimer, 1900), S. 37.

23 *Die »Denkwürdigkeiten« der Caritas Pirckheimer (aus den Jahren 1524—1528)*, hg. von Josef Pfanner. Caritas Pirckheimer-Quellensammlung, 2 (Landshut: Solanus-Druck, 1962); *Briefe von, an und über Caritas Pirckheimer (aus den Jahren 1498—1530)*, hg. von Josef Pfanner. Caritas Pirckheimer-Quellensammlung, 3 (Landshut: Solanus-Druck, 1966). Herta Krabbel, *Caritas Pirckheimer. Ein Lebensbild aus der Reformationszeit* (Münster: Aschendorf, 1947) 3. Auflage; Gudrun Honke, »Caritas Pirckheimer«. In: *Schwestern berühmter Männer*, hg. von Luise Pusch (Frankfurt, 1985), 9—48.

24 Vgl. Johannes Kist, *Das Klarissenkloster in Nürnberg bis zum Beginn des 16. Jahrhunderts* (Nürnberg, 1929).

25 *Ein Missive oder Sendschreiben so die Äbtissin von Nürnberg an den hochberühmbten Bock Embser geschrieben hat, fast künstlich und geistlich, auch gut Nunnisch gedichtet* (1522). Welche Einschübe und Zusätze etwa gemacht wurden, und ob der Druckort Wittenberg fingiert und die Schrift vielleicht in Nürnberg erschienen ist, kann nicht mehr mit Sicherheit entschieden werden. Ein Original des Briefes ist nicht erhalten; es gibt ein Entschuldigungsschreiben Emsers, in dem er sich ärgerlich über die Einfügungen des Herausgebers äußert und dabei vermutet, daß das veröffentlichte Schreiben sogar gar ganz erfunden sei.

26 Diese *Denkwürdigkeiten*, wie der erste Druck von C. Höfler, Bamberg, 1852 die Schrift betitelt hat, liegen in vierfacher Ausfertigung vor, einem Konzept, in das verschiedene Handschriften Einträge und Änderungen gemacht haben, einer Reinschrift wohl von der Schreiberin des Klosters und zwei spätere Abschriften aus dem 17. Jahrhundert. Caritas selbst hat wahrscheinlich die Korrekturen, Ergänzungen und Kopieranweisungen im Konzept, das allen Abschriften zugrunde liegt, selbst eingetragen.

27 Vgl. hierzu die Darstellung schweizer Zustände bei Alice Zimmerli-Witschi, *Frauen in der Reformationszeit*. Diss. Zürich, 1981, S. 1—56.

28 Vgl. unten, Kapitel III, 2.

29 Die Rolle der Frauen als Helferinnen ist von der protestantischen Forschung zumeist betont worden, wie von Roland Bainton, *Women of the Reformation in Germany and Italy* (1971) und *Women of the Reformation. From Spain to Scandinavia* (1977), aktive Mitarbeit und Publizistik sind dagegen kaum bekannt; vgl. auch Robert Stupperich, »Die Frau in der Publizistik der Reformation«, *Archiv für Kulturgeschichte*, 37 (1955), 204—233.

30 Informativ ist William Klaustermeyer, *The Role of Matthew and Catherine Zell in the Strassburg Reformation*. Diss. Stanford University, 1965.

31 »Pfaffenmetze« war die abfällige Bezeichnung für die Haushälterinnen oder Frauen der Priester, die Kinder hatten, eine ebenso häufige wie umstrittene Erscheinung bei den Klerikern jeden Ranges, bis das Konzil von Trient das Zölibat wieder eindeutig allen Klerikern vorschrieb; die Reformatoren legitimierten dagegen die Ehe für die protestantischen Geistlichen.

32 *Ein Brief an die ganze Bürgerschaft der Stadt Straßburg betreffend Herrn Ludwig Rabus* (1557). In: J.C. Füsslin, *Beyträge zur Erläuterung der Kirchen-Reformationsgeschichte des Schweitzerlandes* (1753), Bd. 5, S. 310. Zitiert als »Brief«, Vorwort als »Füsslin«.

33 Der Brief ist im November 1524 geschrieben und bald darauf durch den Druck verbreitet worden; es handelt sich dabei um einen Augsburger Druck, eine Straßburger Ausgabe ist bislang nicht nachgewiesen.

34 *Weimarer Ausgabe*, Briefwechsel, Bd. 3, Nr. 808. Brief vom 17. 12. 1524.

35 Zitate nach Stupperich (oben, Anm. 29), S. 225.

36 *Weimarer Ausgabe*, Briefwechsel, Bd. 6, Nr. 1777. Brief vom 24. 1. 1535.

37 »Klagrede und Ermahnung Katharina Zellin zum Volk bei dem Grab M. Matheus Zellen«, nach dem Manuskript gedruckt von W. Horning, *Beiträge zur Kirchengeschichte des Elsasses*, 7 (1887), 49–79 und 113–21.

38 In den Vereinbarungen des Interims, einer Art Vergleich zwischen Katholiken und Protestanten, bevor das Konzil von Trient endgültige Regelungen treffen würde, hatte der Kaiser den Protestanten lediglich zugestanden, daß schon vollzogene Priesterehen anerkannt und die Messe in beiden Konfessionen zelebriert werden dürfe.

39 »Blattern«, die »Französische Krankheit«, bezeichnete (nicht wie im 18. Jahrhundert die Pocken) die Syphilis (und was dafür gehalten wurde), die ab etwa 1495 im Elsaß auftrat und sich schnell und seuchenartig in Deutschland verbreitete. In dem Furcht und Abscheu erregenden Stadium der Geschwülste und Auswüchse wurden die Kranken noch mehr gemieden als die Aussätzigen, so daß viele, wenn sie nicht von einer armen Familie gegen Entgelt aufgenommen wurden, auf offener Straße verhungerten und erfroren. So hatte schon 1503 der Rat einen Bürger zum Schaffner (Betreuer) der blattrigen Bürger bestellt, woraus sich das Blatterhaus entwickelte. – Otto Winckelmann, *Das Fürsorgewesen der Stadt Straßburg vor und nach der Reformation bis zum Ausgang des 16. Jahrhunderts*. Quellen und Forschungen zur Reformationsgeschichte, 5 (Leipzig, 1922).

40 Wohlhabende Bürger konnten sich mit einer festen Summe als Pfründner einkaufen, um im Alter sorgenfreie Unterkunft und Verpflegung im Hause zu genießen. Sie lebten getrennt von den Kranken und ihre Pfründe diente als Arbeitskapital für das Blatterhaus.

41 Winckelmann (oben, Anm. 39), Bd. 2, S. 75.

42 Ähnlich wurde in den rudimentären Anfängen des Mädchenschulwesens alleinstehenden Frauen bald das Unterrichten versagt; Schulfrauen konnten dann seit dem frühen 17. Jahrhundert nur noch die Ehefrauen (oder Töchter) von Schulmännern sein. Vgl. unten, Kapitel III, 2.

43 Oben, Anm. 32. Ludwig Rabus, der Nachfolger Zells, war ein orthodoxer Lutheraner, der wie die zweite Generation der Reformatoren intolerant gegen jegliche protestantische Anschauungen, die er für falsch hielt, polemisierte. In der Weihnachtspredigt 1556 in Straßburg hatte er Schwenckfeld scharf angegriffen und viele Straßburger Protestanten befürchteten schwerwiegende Folgen für die junge protestantische Kirche bei dieser Polemik. Rabus verließ Straßburg bald darauf, nachdem er sich mit dem Rat überworfen hatte, und trat eine Superintendentenstelle in Ulm an. Katharina sprach für die tolerante, ältere Generation der erfahrenen Reformer. Rabus ignorierte ihr erstes Schreiben, das er ungeöffnet zurücksandte; auf ihr zweites Schreiben hin begann er seine Antwort mit »Dein heidnisch, unchristlich, erstunken und erlogen Schreiben...« und endete mit den Worten »Dunkt

dich dieser Brief zu hart, so gedenk, man muesse einem Narren antworten, wie es sich gebührt«. (Füsslin, oben Anm. 32, S. 254, 278).

44 1534 hatte Katharina Zell für die Gemeinde ein Liederbuch in vier Teilen mit je zwanzig Liedern drucken lassen, die jeweils nur wenige Pfennige kosteten und so auch von weniger bemittelten Gläubigen erworben werden konnten. Sie traf die Auswahl aus dem Gesangbuch der böhmisch-mährischen Brüder, das 1531 erschienen war; das Große Straßburger Gesangbuch erschien erst 1541. Vgl. A. Erichson, *Matthäus Zell, der erste elsässische Reformator und evangelische Pfarrer in Straßburg* (Straßburg, 1878), S. 241 ff.

45 *Den Psalmen Misere/ mit dem Khünig David bedacht/ gebettet/ vnd paraphrasirt von Katharina Zellin... (1558).* Exemplar Zentralbibliothek Zürich. Die Paraphrase, der eine Auslegung des Vaterunsers folgte, war eine Trostschrift für einen isoliert lebenden, schwerkranken Bekannten; die Schrift hatte sie aus schon früher von ihr verfaßten, erbaulichen Texten zusammengestellt, wie sie im Vorwort sagt. Vgl. A. Zimmerli-Witschi (oben, Anm. 27), S. 88 f.

46 Historisch grundlegend Theodor Kolde, »Arsacius Seehofer und Argula von Grumbach«, *Beiträge zur bayrischen Kirchengeschichte*, 11 (1904/1905), 49—77; 97—124; 148—88.

47 Zitiert nach Felix Lipowski, *Argula von Grumbach* (München, 1801), Beilage 1, alr; vgl. auch Maria Heinsius, *Das unüberwindliche Wort. Frauen in der Reformationszeit* (München: Kaiser, 1951), S. 142. – Der vom 20. September 1523 datierte Sendbrief, der sicher auch in Abschriften zirkulierte, wurde bei Philipp Ulhart (unten, Anm. 51) in Augsburg gedruckt: *Wie ain Christliche Fraw des Adels, in Bayern durch jren, in Götli- cher Schrift, wolgegründten Sendt briefe, die Hohenschül zu Ingolstadt vmb das sy aynen Ewangelischen Jüngling, zu widersprechung des wort Gottes, be- trangt haben, straffet.* Exemplare Staatsbibl. München, Stadtbibl. Nürnberg (Kolde, S. 64), Zentralbibliothek Zürich.

48 Bei Ulhart 1523 gedruckt: *Ain Christenliche schrifft ainer Erbarn frawen, vom Adel darinn sy alle Christeliche stendt vnd obrikayten ermant, Bey der warhait, vn dem wort Gottes zu belyben, vnd solchs auß Christlicher pflicht zu zum ernstlichsten zu handtt- haben. Argula Staufferin. M. D. xxiii. Actuum 4. Richtent ir selb, obs vor gott recht sey, das wir euch mer gehorsam sein sollen denn gott.* Exemplare Zentralbibl. Zürich, Staatsbibl. München; Schottenhloher (unten Anm. 51), Nr. 12.

49 Zitat nach Lipowski (oben, Anm. 47), Beilage 6, d4v.

50 Der Herzog von Bayern hatte zwar das Religionsmandat erlassen, da die reformatorischen Predigten Unruhe ins Land brachten, aber er wollte die Durchführung seines Religionsmandates im Falle Seehofer z.B. nicht den geistlichen Gerichten überlassen.

51 Karl Schottenloher, *Philipp Ulhart. Ein Augsburger Winkeldrucker und Helfershelfer der »Schwärmer« und »Wiedertäufer« (1523—1529).* 1921. (Nachdruck, Nieuwkoop: de Graaf, 1967), S. 93—94, beschreibt sechs Drucke der Grumbach.

52 *Eyn Antwort in gedicht weiß/ ainem auß d'hohen Schul zu Ingolstat/ auff ainen spruck/ newlich von jm auß gangen/ welcher hynde dabey getruckt steet.* Zitat auf D2r. Exemplar Staatsbibl. Berlin.

53 Zitiert nach Heinsius (oben, Anm. 47), S. 149.

54 Heinsius, S. 146.

55 Vgl. Kolde (oben, Anm. 46), S. 164. Spätestens 1527, als der Reformprediger Leonhard Kaiser auf dem Scheiterhaufen bei Schärding verbrannt wurde, hatte die bayrische Politik sich endgültig gegen die Reformer entschlossen, während die fränkischen Reichsstädte, besonders Nürnberg, die neue Lehre angenommen hatten.

55a Heinsius, S. 158.

56 Vgl. Paul Kluckhohn, *Die Auffassung der Liebe in der deutschen Literatur des 18. Jahrhunderts und in der deutschen Romantik* (1922). 3. Auflage (Tübingen: Niemeyer, 1966), S. 121ff.

57 *Mysterium magnum*, Kap. 65, S. 38; zitiert nach Kluckhohn, S. 126.

58 Catherine F. Smith, »Jane Lead: The Feminist Mind and Art of a Seventeenth-Century Protestant Mystic«. In: *Female Leadership in the Jewish and Christian Traditions*, hg. von Rosemary Ruether und Eleonor McLaughlin (New York: Simon & Schuster, 1979), S. 183–204.

59 Ausführlich: M. van der Does, *Antoinette Bourignon. Sa vie (1616–1680) – son oeuvre* (Diss. Groningen, 1974).

60 Vgl. unten Kapitel III, 4.

61 Literatur bei Jean Woods, Maria Fürstenwald, *Schriftstellerinnen, Künstlerinnen und gelehrte Frauen des deutschen Barock. Ein Lexikon* (Stuttgart: Metzler, 1984), S. 92f.

62 Der erste Teil war 1673 in Altona erschienen, der zweite 1685 in Amsterdam (nach ihrem Tode). – Die holländische Übersetzung, die die Schurman noch kurz vor ihrem Tod selbst angefertigt hat, erschien 1784 in Amsterdam; Nachdruck: *Eucleria, of uitkiezing van Het Beste Deel*, hg. von S. van der Linde (Leeuwarden, 1978). Eine deutsche Übersetzung kam noch 1783 in Dessau heraus. Zitate nach dieser Übersetzung.

63 Una Birch, *Anna van Schurman. Artist, Scholar, Saint* (London: Longman, 1909), bes. 131–94.

64 Vgl. Richard Critchfield, »Prophetin, Führerin, Organisatorin: Zur Rolle der Frau im Pietismus«. In: *Die Frau von der Reformation zur Romantik* (Bonn: Bouvier, 1980), S. 112–137.

65 Die Autobiographie erschien 1718 als »zweyter Theil zu Ihres Ehe-Herrn Lebens-Beschreibung«, die schon 1717 gedruckt war; eine zweite Ausgabe beider erschien 1719; gedruckt wurde »auf Kosten guter Freunde«. – Den ersten Teil ihrer Autobiographie (bis S. 47) hatte Eleonore ihrer eigenen Angabe nach schon im Anhang ihrer Schrift *Hertzens-Gespräch mit Gott* (1689) drucken lassen. Alle Zitate nach der Ausgabe von 1718.

66 Zitiert nach Albrecht Ritschl, *Geschichte des Pietismus in der lutherischen Kirche des 17. und 18. Jahrhunderts* (Bonn: Marcus, 1884), Bd. 2, S. 230.

67 Gerhart v. Graevenitz, »Innerlichkeit und Öffentlichkeit. Aspekte deutscher ›bürgerlicher‹ Literatur im frühen 18. Jahrhundert«, *Deutsche Vierteljahrsschrift für Literaturwissenschaft u. Geistesgeschichte*, 49 (1975), *1–*82, erwähnt Frauen überhaupt nicht, wenn er der ›Innerlichkeit‹ des pietistischen Selbstverständnisses nachgeht.

68 Vgl. Martin Schmidt, »Biblisch-apokalyptische Frömmigkeit im pietistischen Adel«. In: *Text – Wort – Glaube. Studien zur Überlieferung, Interpretation und*

Autorisierung biblischer Texte. Kurt Aland gewidmet, hg. von Martin Brecht (Berlin: de Gruyter, 1980), S. 344–58.

69 Vgl. *Schriftstellerinnen* (oben, Anm. 61), S. 90f.

70 *Schriftstellerinnen,* S. 100.

71 Vgl. Wilhelm Jannasch, *Erdmuthe Dorothea Gräfin von Zinzendorf geborene Gräfin Reuß zu Plauen. Ihr Leben als Beitrag zur Geschichte des Pietismus und der Brüdergemeinde dargestellt* (Herrnhut: Verein für Brüdergeschichte, 1915); die auf gründlicher Archivarbeit beruhende Studie ist ganz aus der Perspektive der Zinzendorf-Verehrung geschrieben.

72 *Schriftstellerinnen,* S. 34f.

73 Jannasch, S. 116. – Diese Überwachung nimmt sich wie eine Bespitzelung und Bevormundung der einzelnen Mitglieder aus, doch bewundert die Herrnhuter Forschung kritiklos die Methoden und den Menschen Zinzendorf.

74 Brief vom 17. August 1717; Jannasch, S. 130. Zinzendorf machte die ausführlichen Angaben über seinen Hofstaat in einem Brief an die Patentante der Erdmuthe.

75 Fritz Tanner, *Die Ehe im Pietismus* (Zürich: Zwingli Verlag, 1952), bringt eine naive, apologetische Übersicht über die Rechtfertigungsversuche von Ehe, Sexualität und Liebe in pietistischen Kreisen; zu Zinzendorf, S. 92–121.

76 Otto Uttendörfer, *Zinzendorf und die Frauen* (Herrnhut: Missionsbuchhandlung, 1919), S. 1. Uttendörfer stellt Zinzendorfs Äußerungen über Frauen zusammen, um die »liberale« Haltung des Grafen zu beweisen, was ihm mit seinen eigenen Texten gründlich mißlingt.

77 Noch bei Grete Mecenseffy, »Susanna Katharina von Klettenberg – Ein Lebensbild«, *Zeitschrift für Kirchengeschichte,* 54 (1953/54), 65–104.

78 Brief vom 20. Dez. 1764 (an Trescho, Diakon in Mohrungen und Erbauungsschriftsteller, der 1762 sein bekanntestes Buch *Sterbebibel in Poesie und Prosa* veröffentlichte, worauf die Klettenberg einen Briefwechsel mit ihm begann); in *Die schöne Seele. Bekenntnisse, Schriften und Briefe der Susanna Katharina von Klettenberg,* hg. von Heinrich Funk (Leipzig: Insel, 1912), S. 227. Alle weiteren Klettenberg-Zitate nach dieser Ausgabe mit Seitenzahl im Text. Die Ausgabe vereint alle bekannt gewordenen schriftlichen Äußerungen der Klettenberg.

79 Brief an Trescho vom 20. Dez. 1764, *Schöne Seele,* S. 226.

80 Johanna Dorothea Griesbach berichtete am 16. Dez. 1774 über den Tod der Klettenberg an Lavater; *Schöne Seele,* S. 297–98.

81 R.C. Zimmermann, Das Predigtenmanuskript aus dem Nachlaß des Fräulein von Klettenberg«, *Goethe-Jahrbuch,* NF 22 (1960), 277–82.

82 An Trescho, 20. Dez. 1764, *Schöne Seele,* S. 226.

83 Die Vorrede fehlt in *Schöne Seele;* Zitat nach *Reliquien des Fräulein Susanna Katharina von Klettenberg, nebst Erläuterungen zu den Bekenntnissen einer schönen Seele,* hg. von J.M. Lappenberg (Hamburg: Rauhe Haus zu Horn, 1849), S. 215.

84 *Reliquien,* S. 216.

85 An Trescho, 12. Juli 1765; *Schöne Seele,* S. 229. – Wolfdietrich Rasch, *Freundschaftskult und Freundschaftsdichtung im deutschen Schrifttum des 18. Jahrhun-*

derts (Halle: Niemeyer, 1936) übergeht Frauen völlig; Ladislao Mittner, »Freundschaft und Liebe in der deutschen Literatur des 18. Jahrhunderts«. In: *Stoffe, Formen, Strukturen. Festschrift für H. H. Borcherdt.* (1962), S. 97–138, reiht lediglich einige literarische Zeugnisse aneinander.

86 An Lavater, 13. Juli 1774, *Schöne Seele*, S. 272.

87 20. Mai 1774; *Schöne Seele*, S. 259. Lavater hatte erweckte Christen aufgefordert, ihm ihren religiösen Durchbruch zu beschreiben und erhielt daraufhin hunderte von Briefen.

88 Bericht von 1757; *Schöne Seele*, S. 19.

89 Faksimiledruck nach dem Handexemplar der Klettenberg erschien Frankfurt: Frankfurter Verlagsanstalt, 1921, hg. von Emil Sarnow. Meine Zitate nach *Schöne Seele*, S. 199–218.

90 *Reliquien* (oben, Anm. 83), S. 212; vgl. Werner Krafft, »Susanne von Klettenberg und ihre Gedichte«, *Neue Deutsche Hefte*, 20/137 (1973), 20–36.

91 26. Aug. 1770; nach Mecenseffy (oben, Anm. 77), S. 84.

92 8. Buch, Weimarer Ausgabe, Bd. 27, S. 201.

93 21. Jan. 1774; *Schöne Seele*, S. 253.

94 H. Dechent argumentiert, daß Goethe die Autobiographie der Klettenberg gekannt habe (»Die autobiographische Quelle der Bekenntnisse einer schönen Seele«, *Berichte des Freien Deutschen Hochstifts*, N.F. 13, 1897, S. 10–59). Dechent stützt sich auf den ungedruckten Lebenslauf einer Frau Loretz (1726–1793), mit dessen Mann, dem »senior civilis« der Brüder-Unität, die Klettenberg korrespondiert hatte, weil der Lebenslauf der Loretz viele Parallelen zu dem der Klettenberg enthält. Im Hauptarchiv der Brüdergemeinde in Herrnhut liegen ca. 20000 handschriftliche autobiographische Viten, darunter die vieler Frauen, die bei der Beerdigung des jeweiligen Mitgliedes verlesen wurden.

95 S. 420. Alle Zitate nach der Hamburger Ausgabe, Bd. 7.

96 Vgl. Frank J. Beharriell, »The Hidden Meaning of Goethe's Bekenntnisse einer schönen Seele«. In: *Lebendige Form, Festschrift für Richard Henel* (München: Fink, 1970), S. 37–62.

97 Unergiebig: Hans Schmeer, *Der Begriff der »schönen Seele« besonders bei Wieland und in der deutschen Literatur* (1926) Nachdruck: KTO, 1967.

Drittes Kapitel

1 Deutsche Übersetzung von Johann Bruno, *Von vnderweysung ayner Christlichen Frawen, von Jungkfrawen, von Eefrawen, von Wittfrawen* (Augsburg 1544); Zitate nach der (auszugsweisen) Übersetzung in I. Wychgram, *Juan Luiz Vives' Schriften über weibliche Bildung. Ein Beitrag zur Geschichte der Pädagogik* (Wien: A. Pichler, 1883).

2 Vgl. Elisabeth Schneider, *Das Bild der Frau im Werk des Erasmus von Rotterdam*, Basler Beiträge zur Geschichtswissenschaft, 55 (Basel, 1955), S. 64–72.

3 Vgl. die materialreiche Darstellung von Ruth Kelso, *Doctrine for the Lady of the Renaissance* (Urbana: University of Illinois Press, 1956) und unten, Kapitel IV, 1.

4 *An kaiserliche Majestät und christlichen Adel von des christlichen Standes Besserung*, 1520, zitiert nach J. Wychgram, in *Geschichte der Erziehung vom Anfang an bis auf unsere Zeit* (Stuttgart u. Berlin: Cotta, 1901), Bd. 5, S. 225–26.

5 Vgl. dazu die nüchterne Einschätzung der reformatorischen Bildungsleistung bei Ludwig Voss, *Geschichte der höheren Mädchenschule. Allgemeine Schulentwicklung in Deutschland und Geschichte der höheren Mädchenschulen Kölns* (Opladen: Stocky, 1952), S. 40–61.

6 Zitiert nach Ulrich Herrmann, »Erziehung und Schulunterricht für Mädchen im 18. Jahrhundert«, *Wolfenbütteler Studien zur Aufklärung*, 3 (1977), S. 103.

7 Mehr dazu und zu Leporins Traktat (1742) zum selben Thema in Kapitel III, 5.

8 Abdruck der ersten Ausgabe (1643), hg. von Ludwig Pariser (Halle: Niemeyer, 1893), S. 63. In Kapitel 13 bis 17 befaßt sich Moscherosch mit Mädchenerziehung und bringt eine Art »Jungfrauenspiegel«, in dem er lediglich elementaren Unterricht für Mädchen befürwortet.

9 1708 erschien eine zweite deutsche Übersetzung von dem Leipziger Professor G. Olearius; mehr zu Francke in Kapitel III, 2.

10 Vgl. Carolyn Lougee, *Le Paradis des Femmes. Women, Salons, and Social Stratification in Seventeenth-Century France* (Princeton: Princeton University Press, 1976), bes. 173–188.

11 *The Tatler*, 1709–1711; *The Spectator*, 1711–1712; *The Guardian*, 1713; 1725–27 veröffentlichte Gottsched *Die vernünftigen Tadlerinnen* (für die 2. Ausgabe schrieb Luise u.a. die Aufsätze »Über die Gelehrsamkeit des Frauenzimmers« und »Über Arbeit und Müßiggang«) Vgl. unten Kapitel IV, 5.

12 Wolfgang Martens, *Die Botschaft der Tugend. Die Aufklärung im Spiegel der deutschen Moralischen Wochenschriften* (Stuttgart: Metzler, 1968). S. 525.

13 Schon 1742 erschien *Pamela oder, die belohnte Tugend... Aus dem Engländischen übersetzt von* M[athesen?] Frankfurt und Leipzig. Exemplar in Princeton University Library.

14 Vgl. unten Kapitel IV, 6.

15 Hg. von M. Raup (Stuttgart: Reclam, 1978), S. 726, 728; vgl. Karin Meiners, *Der besondere Weg, ein Weib zu werden. Über den Einfluß von Leitbildern auf die Entwicklung der höheren Mädchenbildung seit dem 17. Jahrhundert* (Bern: Lang, 1982), S. 34–41; wenig überzeugend Christine Garbe, »Sophie oder die heimliche Macht der Frauen. Zur Konzeption des Weiblichen bei J.-J. Rousseau«. In: *Frauen in der Geschichte IV* Düsseldorf: Schwann, 1983, S. 65–87.

16 S. 791; vgl. auch Gerda Tornieporth, *Studien zur Frauenbildung. Ein Beitrag zur historischen Analyse lebensweltorientierter Bildungskonzeptionen* (Weinheim u. Basel: Beltz, 1977), S. 56.

17 Vgl. oben, Kapitel I, 7.

18 Eine Auswahl der Schriften bei Hermann, »Erziehung« (oben, Anm. 6) S. 118–23; die Schriften wirken heute ebenso eintönig und langweilig, wie der häufige Rückgriff moderner Pädagogen und Germanisten auf einzelne Autoren dieser Bildungsdiskussion, als ob sie auch die reale Situation darstellen würde.

19 Zitate nach der 4. Auflage (Braunschweig: Campe, 1791), S. 14f. Außerhalb

der Ehe gab es für die (bürgerliche) Frau kein erfülltes Leben; mehr noch, das Wohlergehen der Gesellschaft und des Staates hängen von dieser zentralen Rolle der Frau in der Familie ab. Die bei Campe angeführte Argumentation für diese die christliche Tradition und Gesellschaft erhaltende Rolle der Frau wird noch heute in der Diskussion um Gesellschaft und Familie vorgetragen.

20 Vgl. das Nachwort von Ralph-Rainer Wuthenow zum Neudruck dieser Schrift (Frankfurt: Syndikat, 1977); Zitat auf S. 207−208.

21 Vgl. oben Kapitel I, 3; und Edith Ennen *Frauen im Mittelalter* (München: Beck, 1985), bes. 193 ff. Es ist ein Mißverständnis, daß Mädchen im Spätmittelalter zunftmäßig oder »gleichberechtigt« im Handwerk lernen konnten.

22 Vgl. Voss, *Mädchenschule* (oben, Anm. 5) S. 19−29; zu Frankfurt vgl. Maria Rudolph *Die Frauenbildung in Frankfurt am Main. Geschichte der privaten, der kirchlich-konfessionellen, der jüdischen und der städtischen Mädchenschulen*, Eruditio 6 (Bern, 1978), S. 27−31.

23 Zitiert nach Gertrud Bäumer, »Geschichte und Stand der Frauenbildung in Deutschland«. In: *Handbuch der Frauenbewegung*, hg. von Helene Lange und Gertrud Bäumer (Berlin: Moeser, 1902−6), Bd. 3: *Der Stand der Frauenbildung in den Kulturländern*, S. 20.

24 Neuere Quellenstudien zu Mädchenschulen fehlen; vgl. die alte Darstellung von Friedrich Roth, *Weibliche Erziehung und weiblicher Unterricht im Zeitalter der Reformation.* Diss. Leipzig, 1893.

25 Adalbert Theel, »Zur Geschichte der Berliner Mädchenbildung von ihren Anfängen bis zu ihrem Niedergang im Dreißigjährigen Krieg«, *Zeitschrift für die Geschichte der Erziehung und des Unterrichts*, 21 (1931), S. 154−69.

26 Vgl. für das folgende Joseph Kuckhoff, »Das Mädchenschulwesen in den Ländern am Rhein im 17. und 18. Jahrhundert«, *Zeitschrift für Geschichte der Erziehung und des Unterrichts*, 22 (1932), 1−35; Zitate auf S. 9, 10 und 28.

27 Hermann (oben, Anm. 6), S. 102−104.

28 Ursulinenschulen entstanden z.B. in Düren und Düsseldorf 1681, Breslau 1687, Dorsten 1699, Duderstadt und Schweidnitz 1700 (1950 bestanden noch 14 Anstalten in Rheinland-Westfalen allein); die Englischen Fräulein gründeten Schulen in München 1650, Augsburg 1662, ab 1703 besonders in Bayern (1918 gab es dort noch 102 Niederlassungen); vgl. Voß (oben, Anm. 5), S. 52−61.

28a Zu Unger vgl. Magdalene Heuser, »Spuren trauriger Selbstvergessenheit.‹ Möglichkeiten eines weiblichen Bildungsromans«. In: *Akten des VII. Kongresses der Internationalen Vereinigung für germanische Sprach- und Literaturwissenschaft* (Tübingen: Niemeyer, 1986), Bd. 5.

29 Elisabeth Blochmann, *Das Frauenzimmer und die Gelehrsamkeit. Eine Studie über die Anfänge des Mädchenschulwesens in Deutschland.* Anthropologie und Erziehung 19 (Heidelberg: Quelle u. Meyer, 1966) bringt die beste Übersicht über diese ersten Experimentalschulen für Mädchen des Mittelstandes.

30 Vgl. Tornieporth (oben, Anm. 16) S. 47f.

31 Vgl. Ursula Aumüller, »Industrieschule und ursprüngliche Akkumulation in Deutschland. Die Qualifizierung der Arbeitskraft im Übergang von der feudalen in die kapitalistische Produktionsweise«. In: *Schule und Staat im 18. und 19. Jahrhundert*, hg. von K. Hartmann u.a. (Frankfurt: Suhrkamp, 1974),

bes. 37ff. Untersuchungen zur Volksschule im 18. Jahrhundert (alle Arbeiten stammen aus dem 19. Jahrhundert) meinen mit Kindern und Schülern immer nur Jungen; über Mädchen gibt es, abgesehen von vereinzelten Hinweisen keine Studien.

32 Helmut Möller, *Die kleinbürgerliche Familie in Deutschland. Verhalten und Gruppenkultur*. Schriften zur Volksforschung, 3 (Berlin: de Gruyter, 1969), S. 49.

33 Auf die geschlechtsspezifische Problematik der Volksschule geht die Arbeit von Jürgen Zinnecker leider kaum ein: *Sozialgeschichte der Mädchenbildung. Zur Kritik der Schulerziehung von Mädchen im bürgerlichen Patriarchalismus* (Weinheim/Basel: Beltz, 1973).

34 Vgl. die Schätzungen bei Rolf Engelsing, *Analphabetentum und Lektüre. Zur Sozialgeschichte des Lesens in Deutschland zwischen feudaler und industrieller Gesellschaft* (Stuttgart: Metzler, 1973), S. 32–42; zur Alphabetisierung der Frauen in Deutschland vor 1800 gibt es, abgesehen von regional und zeitlich ganz begrenzten Einzeluntersuchungen, noch keine statistisch brauchbaren Zahlen.

35 Vgl. unten, Kapitel IV, 1. – Ingeborg Mengel, »Ein bisher unbekanntes Bücherinventar der Herzogin Elizabeth von Braunschweig-Lüneburg aus dem Jahre 1539«, *Zeitschrift der Gesellschaft für Niedersächsische Kirchengeschichte*, 50 (1952), 51–60.

36 Blake Lee Spahr, »Sybilla Ursula and Her Books«. In: *Problems and Perspectives. A Collection of Essays on German Baroque Literature*. Arbeiten zur Mittleren Deutschen Literatur und Sprache, 9 (Frankfurt/Bern, 1981), S. 95–110; vgl. auch Kapitel IV, 4 unten.

37 Rolf Engelsing, *Der Bürger als Leser. Lesergeschichten in Deutschland 1500–1800.* (Stuttgart: Metzler, 1974), S. 70.

38 H. Biedermann, *Deutschland im 18. Jahrhundert* (Leipzig, 1880), Teil 2, S. 525.

39 Peter Nasse, *Die Frauenzimmer-Bibliothek des Hamburger ›Patrioten‹ von 1724. Zur weiblichen Bildung der Frühaufklärung.* Stuttgarter Arbeiten zur Germanistik, 10 (Stuttgart, 1976).

40 Vgl. Goethe an Cornelia, 6. Dez. 1765; 28. Mai 1766; 27. September 1766; in Hamburger Ausgabe, *Briefe*, Bd. 1; Zitat auf S. 18.

41 Levin Schücking, »Die Familie als Geschmacksträger in England im 18. Jahrhundert«, *Deutsche Vierteljahrsschrift f. Lit. wiss. u. Geistesgeschichte*, 4 (1926), 439–58.

42 Engelsing, Bürger (oben, Anm. 37) S. 299. Diese These Engelsings von der »Feminisierung« der deutschen Literatur um 1750, der Frau als »Leserin und Richterin des Geschmacks«, die der Belletristik zum Durchbruch verhalf, ist in der Leseforschung nicht weiter diskutiert, eher belächelt worden. Frauen als Lesepublikum werden (auch von Autoren/innen der Gegenwart) oft noch als zweitrangig betrachtet, richtige Anerkennung kommt ihnen erst von einem männlichen Publikum.

43 Zitiert nach Wolfgang Martens, »Bürgerliches Lesen im Spiegel der Moralischen Wochenschriften«, in: *Lesegesellschaften und bürgerliche Emanzipation. Ein europäischer Vergleich*, hg. von Otto Dann (München: Beck, 1981), S. 61,

alle folgenden Zitate auf 62 f.; bei Martens ist auch die wichtige Literatur zur Leseforschung des 18. Jahrhunderts verzeichnet.

44 Martens, S. 62 f.

45 Den Übergang vom »intensiven« Lesen (religiöser und gelehrter Literatur) im 17. Jahrhundert zum »extensiven« Lesen in der zweiten Hälfte des 18. Jahrhunderts, das besonders die Leser(innen) der Belletristik betreiben, sieht Rolf Engelsing als wesentlichen Wandel im Leseverhalten an; »Perioden der Lesergeschichte in der Neuzeit«, *Archiv für Geschichte des Buchwesens*, 10 (1970), Sp. 945–1002.

46 Vgl. Gerhard Sauder, »Gefahren empfindsamer Vollkommenheit für Leserinnen und die Furcht vor Romanen in einer Damenbibliothek«. In: *Leser und Lesen im 18. Jahrhundert*, hg. von Rainer Gruenther (Heidelberg: Winter, 1977), S. 83–91.

47 H.C. Boie, »*Ich war wohl klug, daß ich Dich fand.*« *Briefwechsel mit Luise Mejer 1777–85* (München, 1961); zitiert nach Blochmann (oben, Anm. 29), S. 41.

48 Aus der Perspektive des Sohnes erzählt Karl Friedrich von Klöden, *Jugenderinnerungen*, hg. von Max Jähns (Leipzig, 1874), S. 79; vgl. auch »Wissen«, in Möller (oben, Anm. 32), S. 248 ff.

49 Marlies Stützel-Prüsener, »Die deutschen Lesegesellschaften im Zeitalter der Aufklärung«. In: *Lesegesellschaften* (oben, Anm. 43), S. 71–86.

50 Vgl. Ingeborg H. Solbrig, »»Patiencya ist ein gut kreutlein:‹ Maria Sibylla Merian (1647–1717)«, in: *Die Frau von der Reformation zur Romantik*, S. 58–85.

51 Wilhelm Bode, *Anna Amalia. Herzogin von Weimar*, (Berlin: Mittler, 1908), Bd. 1, S. 27.

52 Bode, S. 2.

53 Zum Hofmeister vgl. Ludwig Fertig, *Die Hofmeister. Ein Beitrag zur Geschichte des Lehrerstandes und der bürgerlichen Intelligenz* (Stuttgart: Metzler, 1979); Fertig klammert die Mädchenerziehung ausdrücklich aus, sie »erfolgte in aller Regel separat von der Jungenerziehung,... (bestand) im wesentlichen aus Bildung des ›Herzens‹ und des praktischen Hausverstandes und (verlief) recht theorielos«, S. 13.

54 Carl Wilhelm v. Schindel, *Deutschlands Schriftstellerinnen des neunzehnten Jahrhunderts* (1823–25) Nachdruck: Hildesheim, Olms, 1978, Teil 2, S. 129; Vgl. »Selbstbiographie Elisas von der Recke«. In: *Elisa von der Recke. Aufzeichnungen und Briefe aus ihren Jugendtagen*, hg. von Paul Rachel (Leipzig: Dieterich, 1900), S. 1–154.

54a »Leben der A.L. Karschin, geb. Dürbach. Von ihr selbst in Briefen an Sulzer. Mit Ergänzungen von Wilhelm Körte.« In: *Zeitgenossen. Ein biographisches Magazin für die Geschichte unserer Zeit*. 3. Reihe, Bd. 3 (Leipzig, 1831), S. 4. vgl. Kapitel IV, 5.

55 Lachmann-Muncker, Bd. 17, S. 20; 28. Februar 1771.

56 Lachmann-Muncker, Bd. 17, 140–142; 5. März 1772.

57 Lachmann-Muncker, Bd. 18, S. 179.

58 Vgl. oben, Kapitel II, 3.

59 Vgl. oben, Kapitel II, 5 zur religiösen Autobiographie der Schurman und mein »Die ›gelehrte Frau‹ und die Institutionen und Organisationsformen

der Gelehrsamkeit am Beispiel der Anna Maria van Schurman (1607–1678).« In: *Gelehrte und Gelehrsamkeit im Barock. Akten des 6. Kongresses des Internationalen Arbeitskreises für Barockforschung* (1987)

60 Anna Margaretha Hendrika Douma, *Anna Maria van Schurman en de Studie der Vrouw.* Diss. Amsterdam (Amsterdam: Paris, 1924).

61 Weitere Ausgaben der *Opuscula* 1650, 1652, 1672 (in Herford), 1700, 1723. Zur Bibliographie vgl. meinen Artikel (oben, Anm. 59).

62 Ausführlich zu diesem Thema: Jean M. Woods, »Das ›gelahrte Frauenzimmer‹ und die deutschen Frauenlexika«. In: *Gelehrte und Gelehrsamkeit* (oben, Anm. 59).

63 *Moralische und vermischte Sendschreiben* (Leipzig: Braun, 1731), S. 5 ff.; vgl. unten Kapitel IV, 5.

64 *Schriftstellerinnen*, S. 30 f.

65 In 2. Auflage 1749 verstümmelt nachgedruckt; Nachdruck (der Ausgabe 1642): Hildesheim, Olms 1977.

66 Hannover: Hellwingsche Hofbuchhandlung, 1798, Bd. 4, S. 287.

67 Kristine von Soden, »Zur Geschichte des Frauenstudiums«. In: *70 Jahre Frauenstudium. Frauen in der Wissenschaft* (Köln: Pahl-Rugenstein, 1979), S. 9–42.

68 Vgl. unten Kapitel IV, 1.

69 Vgl. *Schriftlicher Nachlaß von Karoline Rudolphi*, hg. von Abraham Voß (Heidelberg: Mohr, 1835), bes. »Aus meinem Leben«, S. 1–66; Otto Rüdiger, *Caroline Rudolphi. Eine deutsche Dichterin und Erzieherin, Klopstocks Freundin* (Hamburg: L. Voss, 1903).

70 Blochmann (oben, Anm. 29), S. 69.

71 Blochmann, S. 70.

72 Rüdiger (oben Anm. 69), S. 210, Brief I, S. 205.

73 A. Kippenberg, *Betty Gleim. Ein Lebens- und Charakterbild. Als Beitrag zur Geschichte der deutschen Frauenbildung und Mädchenerziehung, zugleich erwachsenen Töchtern eine Mitgabe für das Leben* (Bremen: M. Heinsius, 1882); Josefine Zimmermann, *Betty Gleim (1781–1827) und ihre Bedeutung für die Geschichte der Mädchenbildung.* Diss. Köln 1926 (Köln: Studentenburse, 1926).

74 Obwohl Betty mit ihrer Familie bis 1799 verschiedentlich im Hause von Wilhelm Körte, dem Neffen Gleims und Onkel von Betty, weilte, erwähnt Körte Betty nicht in seiner Gleim-Biographie, *Johann W. Ludwig Gleims Leben* (Halberstadt, 1811), wenn auch viel weniger wichtige andere Verwandte des Dichters genannt werden. Die Beziehungen Gleims zu den Bremer Verwandten, die er auf seiner Reise 1783 in Bremen doch wohl aufgesucht hat, scheinen später durch Körte auseinandergegangen zu sein.

75 Zimmermann (oben, Anm. 73), S. 98.

76 *Erziehung und Unterricht des weiblichen Geschlechts* (Leipzig: Göschen, 1810) Bd. 2, S. 150.

77 Zitiert nach Blochmann (oben Anm. 29), S. 112.

78 Blochmann, S. 74.

79 Blochmann, S. 75.

80 Monika Simmel, *Erziehung zum Weibe. Mädchenbildung im 19. Jahrhundert*

(Frankfurt: Campus Verlag, 1980) sieht in Gleims Programm die »Vergesellschaftung des bürgerlichen Frauenideals zur Reproduktion von Klassenunterschieden«; Gleim war keine Klassenkämpferin sondern stand den Gedanken des deutschen Idealismus nahe, die sie auf Frauen ausgeweitet wissen wollte.

81 Blochmann, S. 74.

82 Es muß angemerkt werden, daß diese Anfänge der Berufsdiskussion und -forderungen sich auf die bürgerliche Mittelschicht beziehen, nicht auf adlige Frauen (die durch das Familienvermögen und Adelsstifte vergleichsweise gut abgesichert waren; Gelderwerb galt auch für adlige Männer lange als nicht standesgemäß und wurde vielfach abgelehnt). Ebensowenig galten die Ausführungen den Frauen der Kleinbürger und Unterschichten, die seit jeher für den Familienbetrieb angelernt wurden oder als Mägde auf dem Lande und als Dienstboten in Stadthaushalten, dann als Tagelöhnerinnen in Manufakturen und Fabriken schon von Kindheit an arbeiteten. Berufe, das sind die bürgerlichen (und später die akademischen) Berufe.

83 Zitiert nach Herrmann (oben, Anm. 6) S. 112.

Viertes Kapitel

1 Noch immer die beste Darstellung bei E. Rodocanichi, *Le femme italienne avant, pendant et après la Renaissance* (Paris, 1922) und Ruth Kelso, *Doctrine for the Lady of the Renaissance* (Urbana/Illinois, 1956).

2 Vgl. Joan Kelly-Gadol, »Did Women Have a Renaissance?« In: *Becoming Visible. Women in European History*, hg. von Renate Bridenthal und Claudia Koonz (Boston, 1977).

3 Überblick bei Gerhard Sauder, »Elisabeth von Nassau-Saarbrücken und ihre Prosaromane«. In: *Saarländische Lebensbilder.* (1981), Bd. 1, S. 31–56, – Zu schreibenden oder kulturschaffend tätigen Frauen des Spätmittelalters in Deutschland gibt es, abgesehen von abgelegenen positivistischen Arbeiten zu einzelnen historischen Persönlichkeiten, keine Vorarbeiten.

4 Wilhelm Stracke, *Die Anfänge der Königin Maria von Ungarn, späteren Statthalterin Karls V. in den Niederlanden* (Göttingen, 1940); Roland Bainton, *Women of the Reformation From Spain to Scandinavia* (Minneapolis: Augsburg Publ., 1977), S. 205–15.

5 Vgl. hierzu B. Becker-Cantarino, »Die literarische Tätigkeit der Elisabeth von Braunschweig-Lüneburg«. In: *Virtus et Fortuna. Festschrift für Hans-Gert Roloff* (Bern: Lang, 1983), S. 237–58.

6 Zitiert nach Paul Tschakkert, *Herzogin Elisabeth von Münden (gest. 1528)… ihr Lebensgang und ihre Werke* (Berlin: Giesecke und Devrient, 1899), S. 7.

7 A. Brennecke, »Herzogin Elisabeth von Braunschweig-Lüneburg, die hannoversche Reformationsfürstin als Persönlichkeit«, *Zeitschrift der Gesellschaft für niedersächsische Kirchengeschichte*, 38 (1933), bes. S. 151 ff.

8 Über das Privatleben der adligen Frauen im 16. Jahrhundert ist kaum etwas bekannt; vgl. die Angaben aufgrund von Briefquellen und Hofordnungen

bei Iselin Gundermann, *Herzogin Dorothea von Preußen (1504–1547)* (Berlin: Grote, 1965), bes. S. 22 ff.

9 Ingeborg Mengel, »Ein bisher unbekanntes Bücherinventar der Herzogin Elisabeth von Braunschweig-Lüneburg aus dem Jahre 1539«, *Zeitschrift der Gesellschaft für Niedersächsische Kirchengeschichte*, 50 (1952), 51–60.

10 *Ein christlicher Sendbrief/ der Durch-leuchtigen Hochgebornen Fürstinnen vnd Frawen F. Elizabeth geborne Marggrafinnen zu Branden-burg… om alle jrer… Vndertanen geschrieben…* (1545). Exemplar in der Landesbibliothek Hannover.

11 Abdruck bei Tschakkert (oben, Anm. 6), S. 22–44; Zitate nach dieser Ausgabe, da das Original seit 1945 nicht mehr zugänglich ist.

12 Zu den komplizierten politischen Machtverhältnissen, vgl. Adolf Brennecke, *Vor- und nachreformatorische Klosterherrschaft und die Geschichte der Kirchenreformation im Fürstentum Calenberg-Göttingen* (Hannover: Helwing, 1928), Bd. 2, S. 278–403.

13 Über die sich mehrere Jahre hinziehenden Verhandlungen unterrichtet der informative Briefwechsel *Elisabeth von Braunschweig-Lüneburg und Albrecht von Preußen. Ein Fürstenbriefwechsel der Reformationszeit*, hg. von Ingeborg Mengel (Göttingen: Musterschmidt, 1954).

14 Abdruck bei Tschakkert (oben, Anm. 6), S. 44–55. Die Handschrift wurde ebenfalls in der ehem. Universitätsbibliothek Königsberg aufbewahrt.

15 Die Lieder wurden erst veröffentlicht durch v. d. Goltz, »Lieder der Herzogin Elisabeth von Braunschweig-Lüneburg, Gräfin von Henneberg, zu Hannover von 1553 bis 1555 gedichtet«, *Zeitschrift für niedersächsische Kirchengeschichte*, 19 (1914), 147–208. Zitate danach.

16 Elisabeth hatte nur zögernd nach zweitägiger Verhandlung ihre Einwilligung zur Heirat gegeben, Brennecke (oben, Anm. 11) Bd. 2, S. 393 ff.

17 Mir lag nur eine Ausgabe von 1606 vor: *Der Widwen Handbüchlein Durch eine Hocherleuchte Fürstliche Widwe, vor vielen jahren selbst beschrieben und verfasset.* Exemplar der Herzog August Bibliothek, Wolfenbüttel. Zu den Ausgaben vgl. Tschakkert (oben, Anm. 6), S. 20, Anm. 1.

18 Oben, Anm. 11, Bd. 2, S. 151 f.

19 Vgl. hierzu Kap. II, 2–4.

20 Vgl. hierzu Kapitel III, 1 »Bildungsprogramme und Leitbilder für Frauen«.

21 Seit Goedecke besteht die Bezeichnung »geistliche Dichterinnen«, die er nach Sterbedaten von 1 bis 75 numeriert hat (*Grundriß zur Geschichte der deutschen Dichtung*, Dresden 1887, Bd. 3, S. 317–31). Mit Ausnahme der Greiffenberg hat sich nur (oft entlegene) Spezialliteratur mit einzelnen Autorinnen beschäftigt, z.B. Brigitte E. Z. Archibald, *Ludamilla Elisabeth, Gräfin von Schwarzburg-Hohnstein und Ämilia Juliane, Gräfin von Schwarzburg Rudolstadt: Two Poets of the Seventeenth Century.* Diss. University of Tennessee, 1975.

22 Erst 1984 ist die erste moderne Gesamtausgabe der Greiffenberg als Nachdruck (eine kritische Ausgabe ist nicht geplant) erschienen; dagegen sind die kritischen Ausgaben, Werkausgaben und die Forschungsliteratur zu bekannten (und unbekannten) Barockautoren erstaunlich umfangreich, wie z.B. Gerhard Dünnhaupts *Bibliographisches Handbuch zur Barockliteratur* (Stuttgart: Hiersemann, 1981) dokumentiert, unter dessen 100 bibliographisch erfaßten Autoren sich drei Frauen befinden.

23 Erich Schmidt, »Eine niederdeutsche Dichterin«. In: *Charakteristiken* (Berlin: Weidmann, 1902), 2. Aufl., S. 83. – Vgl. zum Folgenden mein Nachwort zu Anna Ovena Hoyers, *Geistliche und Weltliche Poemata. 1650* (Tübingen: Niemeyer, 1985). Zitate nach dieser Ausgabe.

24 Teilabdruck im Anhang zur Ausgabe der *Geistlichen und Weltlichen Poemata* (oben, Anm. 4) und Beschreibung in B. Becker-Cantarino, »Die Stockholmer Liederhandschrift der Anna Ovena Hoyers«. In: *Barocker Lustspiegel. Festschrift für Blake Lee Spahr*, hg. von Martin Bircher (Amsterdam: Rodopi, 1984), S. 329–44.

25 Valentin Weigel (1533–1583), ein gnostisch-mystischer Gegner der herrschenden Theologie, hatte zurückgezogen als Pastor in der Nähe von Chemnitz gelebt.

26 Conrad Wiedemann, »Engel, Geist und Feuer. Zum Dichterselbstverständnis bei Johann Klaj, Catharina Regina von Greiffenberg und Quirinus Kuhlmann«. In: *Literatur und Geistesgeschichte. Festgabe für Heinz Otto Burger*, hg. von R. Grimm (Berlin: de Gruyter, 1968), S. 98.

27 Vgl. z.B. die Haltung der Elisabeth von Baden-Durlach (1620–1692); Jean M. Woods, »»Die Pflicht befihlet mir/ zu schreiben und zu tichten: Drei literarisch tätige Frauen aus dem Hause Baden-Durlach.« In: *Die Frau von der Reformation zur Romantik*, hg. v. B. Becker-Cantarino (Bonn: Bouvier, 1980), S. 36–57.

28 Hintergrund und Überblick über die vielfach behandelte, auch literarisch interessante Skandalgeschichte bei Leonard Forster, »Gelebter Petrarkismus: Der Briefwechsel des Grafen Königsmarck mit der Prinzessin Sophie Dorothee von Hannover«, *Daphnis*, 9 (1980), 517–56.

29 Georg Schnath, »Eleonore von dem Knesebeck, die Gefangene von Scharzfeld«. In: *Ausgewählte Beiträge zur Landesgeschichte Niedersachsens* (Hildesheim: Lax, 1968), S. 148.

30 Zur Lokalgeschichte und Biographie: Kurt Gassen, *Sibylle Schwarz. Eine pommersche Dichterin. 1621–1638* (Greifswald: Abel, 1921).

31 Vgl. Helmut W. Ziefle, *Sibylle Schwarz. Leben und Werk* (Bonn: Bouvier, 1975), S. 344f.

32 *Sibyllen Schwarzin/ vohn Greiffswald auß Pommern/ Deutsche Poetische Gedichte/ Nuhn zum ersten mahl/ auß ihren eignen Handschrifften/ herauß gegeben und verleget Durch M. Samuel Gerlach/ auß dem Hertzogtuhm Württemberg* (Danzig: Georg Rheten Witwe, 1650). Faksimiledruck hg. von Helmut W. Ziefle. Mittlere Deutsche Literatur in Neu- und Nachdrucken, 25 (Bern: Lang, 1980). Alle Zitate nach dieser Ausgabe.

33 Unter dem Titelkupfer zu Teil II, der nicht paginiert ist; wir verweisen auf Bogensignaturen.

34 Das von Sibylle übersetzte Gedicht entstammt Daniel Heinsius, *Nederduytsche Poemata* (Amsterdam: Willem Janß, 1616), S. 61.

35 Jean M. Woods, »Dorothea von Rosenthal, Maria von Hohendorf and Martin Opitz«, *Daphnis*, 11 (1982), 613–27.

36 Karl Zell, *Die Fürstentöchter des Hauses Baden* (Karlsruhe: Braun, 1842) und Jean Woods, »»Die Pflicht befihlet mir/ zu schreiben und zu tichten:‹ Drei literarisch tätige Frauen aus dem Hause Baden-Durlach«, *Die Frau von der Reformation zur Romantik* (Bonn: Bouvier, 1980), S. 36–57.

37 Vgl. die Darstellung bei Antonia Fraser, *The Weaker Vessel* (London: Weidenfeld & Nicolson, 1984), deren kulturgeschichtliche Belegstellen die Zentrierung auf London, die vergleichsweise Verstädterung des Adels, den Einfluß des (nichtregierenden) Landadels und wohlhabender städtischer Familien unterstreichen, deren Frauen an der literarischen Kultur zu partizipieren beginnen; Lesen und (geistige) Bildung für die Frauen dieser Schichten, was im 16. Jahrhundert nur der ganz kleinen Klasse des Hochadels ermöglicht worden war, bedeuten Fortschritte für Frauen in England im 17. Jahrhundert (S. 465 f.).

38 Renate Baader, »Die verlorene weibliche Aufklärung – Die französische Salonkultur des 17. Jahrhunderts und ihre Autorinnen«. In: *Frauen Literatur Geschichte. Schreibende Frauen vom Mittelalter bis zur Gegenwart* (Stuttgart: Metzler, 1985), S. 58 f.

39 Baader, S. 60.

40 Die beste Dokumentation findet sich in *Sammler, Fürst, Gelehrter. Herzog August zu Braunschweig und Lüneburg 1579–1666*. Ausstellungskataloge der Herzog August Bibliothek, 27 (Wolfenbüttel, 1979); sie enthält auch weiterführende Informationen zur literarisch-kulturellen Tätigkeit der Frauen um Herzog August.

41 Die biographischen Quellen sind ganz spärlich und auch noch nicht ausgewertet; vgl. die sehr brauchbare Einführung von Joseph Leighton, »Die literarische Tätigkeit der Sophie-Elisabeth von Braunschweig-Lüneburg«, in: *Europäische Hofkultur im 16. und 17. Jahrhundert*. Wolfenbütteler Arbeiten zur Barockforschung, 8 (Hamburg, 1981), Bd. 3, S. 483–88.

42 Von der Werkausgabe ist erschienen *Sophie Elisabeth, Herzogin zu Braunschweig-Lüneburg. Dichtungen*. Erster Band: *Spiele*. Hg. von Hans-Gert Roloff. Arbeiten zur Mittleren Deutschen Literatur und Sprache, 6 (Bern, 1980); zitiert als *Spiele*.

43 Handschrift (Autograph) in der Herzog August Bibliothek Wolfenbüttel: 14 Noviss. 2.

44 Vgl. Blake Lee Spahr, »Ar(t)amene: Anton Ulrich und Fräulein von Scudéry. *Europäische Hofkultur im 16. und 17. Jahrhundert*, Bd. 1, S. 93–104; und ders. »Madeleine de Scudéry and Sibylla Ursula, Herzogin von Braunschweig-Lüneburg: The Correspondance of Two Femmes Savantes«. In: *Theatrum Europaeum: Festschrift für Elida Maria Szarota*. Hg. von Richard Brinkmann u.a. (München, 1982).

45 *Gloria et Memoria... Dn. Augusto... Amicis et Ministris dicata et publicata.* Wolfenbüttel: Johann und Heinrich Stern, 1653. A2–A4.

46 Drei erhaltene Maskeraden-Konzepte von der Hand der Sophie Elisabeth datieren von 1654, 1655 und 1656; Hans-Gert Roloff, »Die höfischen Maskeraden der Sophie Elisabeth, Herzogin zu Braunschweig und Lüneburg«. In: *Europäische Hofkultur im 16. und 17. Jahrhundert*, Bd. 3, S. 489–96.

47 *Spiele*, S. 36.

48 »Der Minervae Banquet«, 1655, *Spiele*, S. 45–66.

49 Vgl. Karl Otto, »Die Frauen in den Sprachgesellschaften«. In: *Europäische Hofkultur im 16. und 17. Jahrhundert*, Bd. 3, S. 497–504.

50 Hg. von Volker Meid. Nachdrucke deutscher Literatur des 17. Jahrhunderts, 19–20. Frankfurt: Peter Lang, 1984.

51 Kiel, 1682. S. 403. Die bekannteste Gedichtsammlung der Gertrud Möller ist *Parnaß-Blumen oder geist- und weltliche Lieder bey müßiger Abend-Weile abgebrochen.* Hamburg, 1672. Zweiter Teil, 1675.

52 Vgl. Rosemarie Zeller, »Die Bewegung der Preziösen und die Frauenbildung im 17. Jahrhundert«. In: *Europäische Hofkultur im 16. und 17. Jahrhundert,* Bd. 3, S. 470f.

53 Vgl. Joachim Kröll, »Die Ehre des Gebirges und der hohen Wälder: Catharina Margaretha Dobenecker, geborene Schweser«, *Daphnis,* 7 (1978), 287–339.

54 *Geistliche Sonnette/ Lieder und Gedichte.* Hg. von Otto Burger (Darmstadt: Wissenschaftliche Buchgesellschaft, 1967), S. 265. Im Text als *Sonette* zitiert.

55 Vgl. die noch immer grundlegende Biographie von Horst Frank, *Catharina Regina von Greiffenberg. Leben und Welt der barocken Dichterin* (Göttingen: Vandenhoeck und Rupprecht, 1967), S. 30ff.

56 Vgl. die Interpretation von Peter Daly, *Dichtung und Emblematik bei Catharina Regina von Greiffenberg* (Bonn: Bouvier, 1976), S. 66–113.

57 Etwa 200 Briefe aus den Jahren 1666–80 sind erhalten und befinden sich im Archiv des Pegnesischen Blumenordens im Nationalmuseum, Nürnberg.

58 Nachdruck als Bd. 2 der *Sämtlichen Werke,* hg. von Martin Bircher und Friedhelm Kemp (London: Kraus, 1984). Zitate nach dieser Ausgabe.

59 Vgl. Peter M. Daly, »Catharina Regina von Greiffenberg«. In: *Deutsche Dichter des 17. Jahrhunderts. Ihr Leben und Werk.* Hg. von Harald Steinhagen und Benno von Wiese (Berlin: Erich Schmidt, 1984), S. 519ff.

60 Vgl. Ruth Liwerski, *Das Wörterwerk der Catharina Regina von Greiffenberg.* Berner Beiträge zur Barockgermanistik, 1 (Bern: Lang, 1978), S. 585ff.

61 Liwerski, S. 597.

62 Nebst einer Vorrede von Menantes (Halle, Neue Buchhandlung). Hinter dem Pseudonym Menantes verbarg sich der galante Dichter Christian Friedrich Hunold, dessen Roman *Die verliebte und galante Welt* (1700) Skandale des Weißenfelser Hofes verarbeitet hat, während sein viel gelesener *Satirischer Roman* (1706) Erfahrungen als Student aus Hamburger Künstlerkreisen und Lokalereignisse verarbeitet hat. Sein Interesse an der Dichtung einer Frau scheint davon bestimmt worden zu sein, daß um 1720 gelehrte, dichtende Frauen als bewunderte Ausnahme ins Gespräch kamen.

63 »Als die viertgebohrne liebste Tochter die angenehme Fritalea oder D.F.K. nach vielen ausgestandenen Kranckheits-Schmertzen/ den 31. Januarii 1690 ihres Alters 9 Jahr 3 Monath 9 Tage weniger 9 Stunden/ ihr Leben seelig beschloß«, ebd., S. 108.

64 Frankfurt und Leipzig; zweite Auflage 1712.

65 Darinnen die berühmtesten dieses Geschlechts umbständlich vorgestellet werden (Frankfurt und Leipzig: Michael Rohrlach Witwe u. Erben).

66 Frankfurt. Nachdrucke: Darmstadt: Bläschke, 1966 und Leipzig: Zentralantiquariat der DDR, 1973.

67 Zitiert nach Hanstein, S. 60, 68.

68 Vgl. unten Kapitel V, 2.

69 Halle: Johann Adam Spörl. Nachdruck: Leipzig, Zentralantiquariat der DDR, 197?. Gottsched selbst veranstaltete eine zweite Ausgabe 1738 (Leipzig und

Hamburg: Ludwig König) und eine dritte in 1748, wozu Luise Kulmus Gottsched mehrere Stücke beisteuerte. – Schon 1724 war in Hamburg *Die Patriotin* als kritisches Gegenstück zur ersten deutschen, *Der Patriot* betitelten Wochenschrift erschienen, die (fingierte ?) Beiträge von Frauen enthält. Die neue Rolle der (groß)bürgerlichen Frau war ein wichtiges, aus den englischen Moralischen Wochenschriften übernommenes Thema.

70 Philipp Spitta, »Mariane von Ziegler und Joh. Sebastian Bach«. In: *Zur Musik. Sechzehn Aufsätze* (1892). Nachdruck: Hildesheim: Olms, 1976. S. 97–118.

71 Leipzig: Braun; ein zweiter Teil erschien 1729.

72 14 (1728), S. 31 und 15 (1729), S. 359.

73 Zitiert nach Hanstein, S. 97.

74 Philipp Spitta, »Sperontes ›Singende Muse an der Pleiße‹. Zur Geschichte des deutschen Hausgesanges im 18. Jahrhundert«, *Vierteljahrsschrift für Musikwissenschaft*, 1 (1885), 89.

75 *Vermischte Schriften in gebundener und ungebundener Rede* (Göttingen: Universitätsbuchhandlung, 1739), S. 381–89.

76 Ebd., S. 396. (»Abhandlung«, S. 394–99).

77 Zedler, *Universallexikon*, Bd. 61, Sp. 579.

78 30. August. *Briefe der Frau Louise Adelgunde Victorie Gottsched gebohrne Kulmus*. [Hg. von Dorothee Henriette von Runckel] (Dresden: Gedruckt mit Harpeterischen Schriften, 1771). 2 Theile.

79 »Da Professor Gottscheds Mund die berühmte Kulmus küßt, welche eine Meisterin schöner Wissenschaften ist: da sich Gleich und Gleich gesellet: hat dieß Carmen aufgesetzt eine Freundinn edler Musen, die die Dichtkunst auch ergötzt. Anna Helena Volkmannin geb. Wassermannin.« *Der Frau Luise Adelgunde Victoria Gottschedinn, geb. Kulmus sämmtliche Kleinere Gedichte, Nebst dem, von vielen vornehmen Personen, Gönnern und Freunden beyderley Geschlechtes, Ihr gestifteten Ehrenmaale, und ihrem Leben* (Leipzig: Breitkopf, 1763), S. 244.

80 Vgl. das Schriftenverzeichnis (eine Bibliographie ihrer Werke fehlt) bei Ruth H. Sanders, »Ein kleiner Umweg:‹ Das literarische Schaffen der Luise Gottsched«. In: *Die Frau von der Reformation zur Romantik* (Bonn: Bouvier, 1980), S. 177f.

81 Zitiert nach Selig Cassel, »Erfurt und die Zäunemannin. Eine literarhistorische Skizze«, *Weimarisches Jahrbuch für deutsche Sprache, Literatur und Kunst*, 3 (1855), S. 450.

82 Ebd. S. 451.

83 »Leben der A.L. Karschin, geb. Dürbach. Von ihr selbst. In Briefen an Sulzer«. *Zeitgenossen*, 3, 3 (1831), S. 15.

84 Berlin: G.L. Winter. 1772 veranstaltete die Karschin selbst eine Sammlung *Neue Gedichte* (Mitau und Leipzig: Jakob Friedrich Hinz); die beste, aber keineswegs vollständige Sammlung wurde 1792 nach ihrem Tode von ihrer Tochter Luise von Klencke in Berlin herausgegeben, deren »Lebenslauf« jedoch vielfach durch das unfreundliche Verhältnis von Mutter und Tochter getrübt ist.

85 An Gleim, 17. Aug. 1763; zitiert nach Elisabeth Hausmann, *Die Karschin.*

Friedrichs des Großen Volksdichterin. Ein Leben in Briefen (Frankfurt: Societäts-Verlag, 1933), S. 196.

86 Zitiert nach Hausmann, nach S. 368.

87 Zitiert nach Hausmann, S. 313.

88 Nach Hausmann, S. 266f.

89 Hausmann, S. 312.

90 *Pomona für Teutschlands Töchter* (Speyer: gedr. mit Enderesischen Schriften, 1783), Bd. 1, S. 5.

91 Eintragung im Taufregister in Kaufbeuren am 6. Dezember 1730; das Geburtsjahr ist also nicht 1731, wie in den Handbüchern und der Literatur zumeist angegeben, sondern 1730; meine Angabe in der Reclam-Ausgabe der *Sternheim*, S. 381, ist ebenfalls zu berichtigen. Zur Biographie der La Roche vgl. Gabriele von Koenig-Warthausen, »Sophie La Roche geb. Gutermann. Schriftstellerin, Jugendliebe Wielands«, In: *Lebensbilder aus Schwaben und Franken*, hg. von Max Miller und Robert Uhland (Stuttgart: Kohlhammer, 1966), Bd. 10, S. 101–25.

92 *Melusinens Sommerabende*, hg. von C.M. Wieland (Halle: Societäts Buch- und Kunsthandlung, 1806), S. 15.

93 *Wielands Briefwechsel*, hg. von Werner Seiffert (Berlin: Akademie Verlag, 1963), Bd. 1, S. 168. Zitiert WBr.

94 Vgl. Wielands Brief vom 6. Juni 1753: »Ach! an welcher Unschuld habe ich mich verschuldet... Verbrennen Sie den hassenswerten mir unanständigen Brief, lassen Sie uns eine neue Periode unserer zärtlichen Freundschaft anfangen...« WBr, Bd. 1, S. 167.

95 Der katholische Hofrat Georg Michael Frank de La Roche war elf Jahre älter als Sophie. Er war das dreizehnte Kind eines unbemittelten Wundarztes, wurde als Vierjähriger vom Grafen Stadion, dessen illegitimes Kind er aber wohl nicht war, angenommen und erhielt den Adoptivnamen »La Roche«. Beim Grafen Stadion genoß er eine gute Erziehung, war sein Leben lang die rechte Hand seines Herrn und Adoptiv-Vaters, sein Sekretär, Reisebegleiter und Gesellschafter. Informativ: Rudolf Asmus, *Georg Michael de La Roche* (Karlsruhe: J. Lang, 1899), S. 2ff. Dokumente zur Abstammung.

96 »Großmutter der Brentanos« ist der Untertitel von Werner Milchs *Sophie La Roche* (Frankfurt: Societätsverlag, 1953), der einzigen neueren Biographie, die ebenso oberflächlich wie veraltet ist, wie die Verengung der La Roche in der Literaturgeschichte auf die Verlobte Wielands und Großmutter von Clemens und Bettina Brentano. – Noch immer lesenswert: Ludmilla Assing, *Sophie La Roche, die Freundin Wielands* (Berlin: Janke, 1859).

97 Die mustergültige Ausgabe von Werner Seiffert (oben, Anm. 93) ersetzt (bislang bis zum 31. Dezember gehend) die Ausgabe *Lettres de Sophie de La Roche à C.-M. Wieland*, hg. von Victor Michel (Nancy: Berger-Levrault, 1938).

98 Gedruckte und bislang ungedruckte Briefe sind zusammengestellt in *Ich bin mehr Herz als Kopf. Sophie La Roche. Ein Lebensbild in Bildern*, hg. von Michael Maurer (München: Beck, 1983); leider fehlt auch dort ein vollständiges Verzeichnis der in Archiven und Bibliotheken erhaltenen La Roche-Briefe.

99 *Sophie La Roche. Ihre Briefe an die Gräfin Elise zu Solms-Laubach 1787–1807,* hg. von Karl Kampf (Offenbach: Stadtarchiv, 1965).

100 *Teutscher Merkur,* März 1807, S. 135.

101 Vgl. hierzu mein »Muse und Kunstrichter: Sophie La Roche und Wieland«, *Modern Language Notes,* 99 (1984), 571–88.

102 Vgl. Carl Riemann, »Die Sprache in Sophie La Roches Roman ›Geschichte des Fräuleins von Sternheim‹. Ein Beitrag zur Geschichte der Schriftsprache im 18. Jahrhundert«, *Wiss. Zeitschrift der Fr.-Schiller-Univ. Jena. Gesellsch. u. sprachwiss. Reihe,* 8 (1958/59), S. 179–93.

103 Alle Zitate aus der *Sternheim* nach der von mir besorgten Reclam-Ausgabe (Stuttgart, 1983).

104 *C.M. Wielands Briefe an Sophie La Roche, nebst einem Schreiben von Gellert und Lavater,* hg. von Franz Horn (Berlin: Christiani, 1820), S. 169–70.

105 *Lettres* (oben, Anm. 97), S. 95.

106 *C.M. Wielands Briefe* (oben, Anm. 93), S. 221. 14. Februar 1781.

107 *Lettres* (oben, Anm. 97), S. 98; 4. Juli 1783.

108 Edith Krull, *Das Wirken der Frau im frühen deutschen Zeitschriftenwesen* (Charlottenburg: Lorentz, 1939).

109 »Der Herausgeber an den Leser«, *Melusinens Sommerabende* (Halle: Societäts- und Kunsthandlung, 1806), a3r.

110 So spätestens bei den Erfolgsautorinnen Fanny Lewald, Ida Hahn-Hahn, Luise Aston; vgl. Renate Möhrmann, *Die andere Frau. Emanzipationsansätze deutscher Schriftstellerinnen im Vorfeld der Achtundvierziger Revolution* (Stuttgart: Metzler, 1977).

111 Vgl. etwa die Mitarbeit am *Athenäum* von Fichte, Schleiermacher, A.W. Schlegel gegenüber den anonymen »Vorarbeiten« von Caroline oder Dorothea für Projekte von A.W. und F. Schlegel.

112 Vgl. besonders die ausführliche Analyse bei Christine Touaillon, *Der deutsche Frauenroman des 18. Jahrhunderts* (Wien: Braumüller, 1919).

113 Die La Roche lediglich als konservative Vertreterin des Besitzbürgertums zu sehen, scheint mir zu kurz gegriffen; Kritik an der Idyllisierung der Ständegesellschaft bei Peter U. Hohendahl, »Empfindsamkeit und gesellschaftliches Bewußtsein: Zur Soziologie des empfindsamen Romans am Beispiel von La Vie de Marianne, Clarissa, Fräulein von Sternheim und Werther«, *Jahrbuch der deutschen Schillergesellschaft,* 16 (1972), 176–207.

114 Marion Beaujean, *Der Trivialroman in der zweiten Hälfte des 18. Jahrhunderts* (Bonn: Bouvier, 1964) verfolgt den Trivialisierungsprozeß seit etwa 1780; das Wesen der Trivialisierung läge darin, daß »man das Vokabular der Zeit zwar übernimmt, es aber auf die alltägliche Erfahrungswelt anwendet und von seinem eigentlichen Sinn abstrahiert« (S. 70). Dagegen hat seit Helmut Kreuzer, »Trivialliteratur als Forschungsproblem. Zur Kritik des deutschen Trivialromans seit der Aufklärung« (1967). In: *Veränderungen des Literaturbegriffs* (Göttingen: Vandenhoek & Ruprecht: 1975), dessen historische Definition weitgehend Beachtung gefunden: »Trivialliteratur als Bezeichnung des Literaturkomplexes, den die dominierenden Geschmacksträger einer Zeitgenossenschaft ästhetisch diskriminieren« (S. 57).

Fünftes Kapitel

1 Heinz Kindermann, *Theatergeschichte Europas.* II. Band: *Das Theater der Renaissance* (Salzburg: Müller, 1959), S. 301.

2 Rosamond Gilder, *Enter the Actress. The First Women in the Theatre* (London: George G. Harrap, 1931); Julius Bab, *Die Frau als Schauspielerin* (Berlin 1915).

3 L. Welti, »Eine Prechtin aus Konstanz. Die erste deutsche Opernsängerin in Salzburg, 1617«, *Maske und Kothurn*, 7 (1961), 358—60.

4 Vgl. die zahlreichen Belege dafür, daß im späten 19. Jahrhundert »der zahlungskräftige Liebhaber sogar von den Direktoren in die Gage der Darstellerin einkalkuliert« wurde bei Gisela Schwanbeck, *Sozialprobleme der Schauspielerin im Ablauf dreier Jahrhunderte.* Theater und Drama, 18 (Berlin: Colloquium Verlag, 1957), S. 82—103.

5 Vgl. die sozialgeschichtliche Skizze des Wandertheaters von Reinhart Meyer in: *Hansers Sozialgeschichte der deutschen Literatur* (München: Hanser, 1980), Bd. 3, S. 190—98.

6 Alle Angaben im folgenden nach Kindermann, *Theatergeschichte*, Bd. 3, S. 389, 372, 379, 559.

7 Zitiert nach Schwanbeck, S. 22.

8 Ebd.

9 Schwanbeck, S. 18.

10 Abgedruckt in: *Frau Magister Velten verteidigt die Schaubühne. Schriften aus der Kampfzeit des deutschen Nationaltheaters.* Hrsg. von Carl Niessen. (Emsdetten: Lechte, 1940); meine (modernisierten) Zitate nach Schwanbeck, *Sozialprobleme*, S. 19, 20; vgl. auch H. Heckmann-French, »Ein Frauenzimmer macht Theater. Die Streitschrift der Prinzipalin Velthen«, *Colloquia Germanica*, 17 (1984), 235—50.

11 *Theologische Untersuchung über die Sittlichkeit der heutigen Schaubühne* (Hamburg, 1768); zitiert nach Schwanbeck, S. 21.

12 Vgl. mein »Die böse Frau und das Züchtigungsrecht des Hausvaters in der Frühen Neuzeit.« In: *Der Widerspenstigen Zähmung* (Innsbruck, 1986).

13 Der lesenswerte Abschnitt über »Tat und Tragik der Neuberin« in Kindermanns *Theatergeschichte Europas* (Bd. 4, S. 419—500) wird vielfach von Gottsched und seinen Bestrebungen überschattet; noch immer wichtig ist die gründliche Dokumentation von Friedr. Joh. von Reden-Esbeck, *Caroline Neuber und ihre Zeitgenossen* (1881), hg. von Wolfram Günther (Leipzig, 1985); eine sachliche und verständnisvolle Wertung der Persönlichkeit und Leistung der Neuberin bringt die fundierte und lesenswerte Freiburger Dissertation von Hannah Sasse, *Friedericke Caroline Neuber. Versuch einer Neuwertung* (Endingen/Kaiserstuhl: Wild, 1937).

14 Zitiert nach Reden-Esbeck, S. 49.

15 Zitiert nach Arthur Richter, *Ein deutsches Vorspiel von F.C. Neuberin (1734),* Deutsche Literaturdenkmale, 63 (Leipzig, 1897), S. IV.

16 Vgl. Sasse, S. 106, Anm. 122.

17 Vgl. Briefe von 1749 bei Sasse, S. 33.

18 Zitiert nach Reden-Esbeck, S. 148.

19 Reden-Esbeck, S. 151.

20 Zitiert nach Sasse, S. 144.

21 Vgl. Sasse, S. 33; genau derselbe Vorfall ist für 1749 belegt; wie das interne Verhältnis der beiden Neubers war, darüber ist nichts weiter bekannt.

22 Alle Angaben beruhen auf der informativen Zusammenstellung von Eike Pies, *Prinzipale. Zur Genealogie des deutschsprachigen Berufstheaters vom 17. bis 19. Jahrhundert* (Düsseldorf: Aloys Heyn, 1973).

23 Hans Kindermann, *Conrad Ekhofs Schauspieler-Akademie*. Sitz. d. öst. Akad. d. Wiss., Bd. 230 (Wien 1956).

24 Vgl. Minna von Alth, *Frauen am Theater. Freche Buhlerinnen?* (Freiburg: Herder, 1979), S. 38 f.; diese Arbeit verzichtet leider auf jegliche Literatur- und Quellenangaben.

25 Vgl. Herbert Eichhorn, *Konrad Ackermann, ein deutscher Theaterprinzipal. Ein Beitrag zur Theatergeschichte im deutschen Sprachraum*. Die Schaubühne. Quellen und Forschungen zur Theatergeschichte, 64. (Emsdetten: Lechte, 1965), S. 134—68.

26 Ihr Stiefbruder Schröder hatte zwar 1785 die Direktion des Altonaer Theaters übernommen (Spielorte waren Altona, Lübeck und Hannover), doch das Publikum verlangte Singspiele, die nicht Dorotheas Stärke waren. In Schröders Memoiren wird sie nach ihrer Hochzeit nicht wieder erwähnt; *Friedrich Ludwig Schröder. Beitrag zur Kunde des Menschen und des Künstlers*, hrsg. von F. L. W. Meyer (Hamburg: Hoffmann und Campe, 1819).

27 *Die Letzten Tage der jüngeren Demoiselle M. M. Ch. Ackermann. Aus authentischen Quellen zum Druck befördert* (Frankfurt und Leipzig, 1780), S. 31, 29.

28 Alle Zitate nach *Lebenserinnerungen der Karoline Schulze-Kummerfeld*. Hrsg. von Emile Benezé. Schriften der Gesellschaft für Theatergeschichte, 23 (Berlin: Selbstverlag der Gesellschaft für Theatergeschichte, 1915). Das Manuskript befindet sich im Landesarchiv Weimar; Benezés Veröffentlichung referiert nur weite Passagen und entstand nach einer stellenweise ungenauen Hamburger Abschrift.

29 *Jubiläumsausgabe*, Bd. 3, S. 51. Vgl. zum folgenden auch Walter D. Wetzels, »Schauspielerinnen im 18. Jahrhundert — zwei Perspektiven: Wilhelm Meister und die Memoiren der Schulze-Kummerfeld«, in: *Die Frau von der Reformation zur Romantik*, hrsg. v. B. Becker-Cantarino, Modern German Studies, 7 (Bonn: Bouvier, 1980), S. 195—216.

30 Alle Zitate nach *Hamburger Ausgabe*, Bd. 7.

31 So die gängige Interpretation von Trunz, *Hamburger Ausgabe*, Bd. 7, S. 692, 693.

32 Zitiert nach Reinhart Meyer, (oben, Anm. 5) S. 191.

33 Von Alth, *Frauen*, S. 49.

34 Vgl. C. Glossy, *Das Burgtheater unter seinem Gründer Kaiser Josef II.* (Wien, 1926).

35 Von Alth, (oben, Anm. 24) S. 49.

36 Von Alth, S. 39, 40.

37 So der Zuschauer und später bekannte Arzt Hufeland; vgl. Heinrich Stümcke, *Corona Schröter*. Frauenleben: Eine Sammlung von Lebensbeschreibungen hervorragender Frauen, 5 (Bielefeld und Leipzig: 1926) 2. Ausgabe, S. 69.

38 Stümcke, S. 55.

39 Stümcke, S. 105.

40 *Schauspielerleben im achtzehnten Jahrhundert. Erinnerungen von Joseph Anton Christ.* Hrsg. von Rudolf Schirmer (München und Leipzig: Langewiesche-Brandt, 1912), S. 52, 53.

41 Bei Carolines Tod 1848 waren die aufschlußreichen Kapitel über ihre Jugend und ihre Laufbahn bis 1801 abgeschlossen, die aber erst 1926 zusammen mit Briefen und anderen Dokumenten herausgegeben wurden: *Die Erinnerungen der Karoline Jagemann. Nebst zahlreichen unveröffentlichten Dokumenten aus der Goethezeit.* Hrsg. von Eduard von Bamberg. (Dresden: Sibyllen-Verlag, 1926).

42 Schwanbeck, (oben, Anm. 4) S. 50; Irmgard Laskus. *Friederike Bethmann-Unzelmann.* Theatergeschichtliche Forschungen, 37. (Kiel, 1926).

43 Georg Droescher, »Karoline Jagemann, Iffland, Kirms«. *Jahrbuch der Goethe-Gesellschaft, 15 (1929), 222–32.*

44 *Schwanbeck, S. 127.*

Schluß

1 Philosophische Bibliothek 256 (Hamburg: Meiner, 1960), S. 306f.

2 Silvia Bovenschen, *Die imaginierte Weiblichkeit* (Frankfurt: Suhrkamp, 1979), S. 257ff.

3 Auch wenn der Terminus »Rolle« in der anthropologischen Diskussion jetzt ad acta gelegt worden ist (vgl. Gisela Bock, »Historische Frauenforschung: Fragestellungen und Perspektiven«. In: *Frauen suchen ihre Geschichte,* hg. von Karin Hausen, München: Beck, 1984, S. 39f.), so ist er doch der historisch-sozialgeschichtlichen Darstellung adäquat; vgl. auch die differenzierten Überlegungen in Helen Z. Lopata, Barrie Thorne, »On the Term ›Sex Roles‹«, *Sings,* 3 (1978), 718–21.

4 *Patriotische Phanatasien,* hg. von W.J. v. Voigts (Berlin: Nicolai, 1842), Teil 1, S. 204.

5 Voß überarbeitete drei Idyllen von 1783 und 1784, die er im *Hamburger Musenalmanach* bzw. im *Teutschen Merkur* veröffentlicht hatte, zu seinem »ländlichen Gedicht«; zitiert nach *Werke in einem Band,* hg. von Hedwig Voegt, Bibliothek Deutscher Klassiker (Berlin u. Weimar: Aufbau, 1976), S. 146.

6 Hamburger Ausgabe (1949), Bd. 2, S. 669; alle Zitate nach dieser Ausgabe.

7 Zum vieldiskutierten »ganzen Haus« vgl. Otto Brunner, »Hausväterliteratur«. In: *Handbuch der Sozialwissenschaft* (1956), Bd. 5, S. 92ff.; kritisch: Gerda Tornieporth, *Studien zur Frauenbildung. Ein Beitrag zur historischen Analyse lebensweltorientierter Bildungskonzeptionen* (Weinheim u. Basel: Beltz, 1977), bes. S. 11–40.

8 Die Parodie erschien erstmals in *A.W. Schlegels sämmtliche Werke,* hg. von Eduard Böcking (1830), Bd. 2, S. 172.

9 Vgl. *Dorothea Schlegel geb. Mendelssohn und deren Söhne Johannes und Philipp Veit. Briefwechsel,* hg. von J.M. Raich (Mainz: Kirchheim, 1881), bes. Bd. 1.

10 Vgl. *Caroline Schlegel-Schelling in ihren Briefen*, hg. von Sigrid Damm (Leipzig: Reclam, 1979).

11 Historisch-materialistische Darstellung, Quellenmaterial und Bibliographie bei Ute Gerhard, *Verhältnisse und Verhinderungen. Frauenarbeit, Familie und Rechte der Frauen im 19. Jahrhundert* (Frankfurt: Suhrkamp, 1978); zur Kritik an der Familienideologie und -forschung mit besonderer Berücksichtigung der Frau, vgl. Karin Hausen, »Familie als Gegenstand historischer Sozialwissenschaft«. In: *Historische Sozialwissenschaft. Beiträge zur Einführung in die Forschungspraxis*, hg. von Reinhard Rürup (Göttingen: Vandenhoeck & Ruprecht, 1977), S. 59–95.

12 »Aus dem Leben der A.L. Karschin. Von ihr selbst, in Briefen an Sulzer.« In: *Zeitgenossen*, 3. Reihe, Bd. 3, Nr. 18 (Leipzig, 1831), S. 8f.

13 Ammen, Kinderfrauen und Erziehung der Kinder durch Bedienstete war in Deutschland nur im Hochadel und dort erst mit der Übernahme höfischer Sitten aus Frankreich gebräuchlich; wie die Einzelbiographien bis etwa 1750 immer wieder ausweisen, werden die Funktionen der Amme nur im Notfall oder Krankheitsfall von anderen übernommen. Mary Lindemann, »Love for Hire: The Regulation of the Wet-Nursing Business in Eighteenth-Century Hamburg«, *Journal of Family History*, 6 (1981), 379–95 bringt lediglich Quellen aus dem letzten Jahrzehnt des 18. Jahrhunderts, dazu die Diskussion im Anschluß an Rousseaus Vorstellungen über Säuglingsernährung und -pflege. – Auch sind zur Entlastung der Frauenarbeit in den wohlhabenden Haushalten bis etwa 1750 immer weitaus weniger Arbeitskräfte vorhanden, als für die Männerarbeiten (bei denen Frauen ebenfalls vielfach geholfen haben) bereitstanden.

14 *Briefwechsel Balthasar Paumgartners des Jüngeren mit seiner Gattin Magdalena*, hg. von Georg Steinhausen. Bibliothek des Literarischen Vereins Stuttgart, 104 (Stuttgart, 1895), S. 27.

15 Vgl. hierzu oben, Kapitel IV, 5. – Für die Frühe Neuzeit gibt es (punktuelle) demographische Untersuchungen zur Säuglingssterblichkeit und zu Geburtsraten (gegenüber der Gesamtbevölkerung), es fehlen Daten und Untersuchungen zur Müttersterblichkeit und zur Geburtsfähigkeit/leistung der Frauen; zur Problematik (bezogen auf englisches Material) vgl. Lawrence Stone, *The Family, Sex and Marriage In England 1500–1800* (London: Weidenfeld and Nicholson, 1977), bes. S. 66–84, 105ff.

Literaturverzeichnis

Texte und Textsammlungen

Abkürzungen für benutzte Bibliotheken:
HAB – Herzog August Bibliothek, Wolfenbüttel
StabiB – Staatsbibliothek Preußischer Kulturbesitz, Berlin
UBB – Universitätsbibliothek der Freien Universität, Berlin
UBG – Universitätsbibliothek, Göttingen
Yale – Yale University Library

Ackermann, Marie Magdalena Charlotte. *Die letzten Tage der jüngeren Demoiselle M. M. CH. A***; aus authentischen Quellen zum Druck befördert.* Hamburg: Buchenbröder und Ritter, 1775. University of Washington Library, Seattle

Baldinger, Friderika. *Lebensbeschreibung, von ihr selbst verfaßt.* Hg. und mit einer Vorrede begleitet von Sophie, Witwe von La Roche. Offenbach: Ulrich Weiß und Carl Ludwig Brede, 1791. StabiB

[Bernhardi, Eleonore Elisabeth.] *Ein Wort zu seiner Zeit. Für verständige Mütter und erwachsene Töchter. In Briefen einer Mutter.* Hg. von K. G. Sonntag, Ob. Pastor in Riga. Freiberg, 1798. UBG

Boie, Heinrich Christian. ›*Ich war wohl klug, daß ich Dich fand.*‹ *Briefwechsel mit Luise Mejer 1777–85.* München: Biederstein, 1961

Braunschweig-Lüneburg, Elisabeth von. *Ein Christlicher Sendebrief... om alle jrer... Vndertanen gechrieben...* Hannover: Rüden, 1545. Landesbibliothek Hannover
– *Der Widwen Handbüchlein Durch eine Hocherleuchte Fürstliche Widwe... selbst beschrieben und verfasset* [1556] Leipzig: Voigt, 1598. HAB
– »Lieder der Herzogin Elisabeth von Braunschweig-Lüneburg«, hg. von v. d. Goltz. *Zeitschrift für Niedersächsische Kirchengeschichte*, 19 (1914), 147–208

Campe, Joachim Heinrich. *Väterlicher Rath für meine Tochter. Ein Gegenstück zum Theophron. Der erwachsenen weiblichen Jugend gewidmet.* (1789) Braunschweig: Campe, 1791. 4. Auflage. UBB

Caroline. Briefe aus der Frühromantik. Nach Georg Waitz hg. von Erich Schmidt. Leipzig: Insel, 1913

Der Briefwechsel der großen Landgräfin Caroline v. Hessen-Darmstadt. Hg. von P. A. F. Walther. Wien, 1887. 2 Bde.

Deutsche Dichterinnen vom 16. Jahrhundert bis zur Gegenwart. Gedichte und Lebensläufe. Hg. von Gisela Brinker-Gabler. Frankfurt: Fischer Taschenbuchverlag, 1978

Fichte, J. G. *Grundlage des Naturrechts nach Prinzipien der Wissenschaftslehre.* 1796. Philosophische Bibliothek, 196. Hamburg: Meiner, 1960

Frauen der Goethezeit in ihren Briefen. Hg. von Günther Jäckel. Berlin: Verlag der Nation, [1964].

Fuchs, Anna Rupertina. *Poetische Schriften. Samt einer Vorrede von dem Leben der Frau Fuchsin.* Hg. von Friedrich Rothscholz. Nürnberg u. Altdorf: Tauber, 1726. UBG

Gersdorf, Henriette Catharina von. *Geistreiche Lieder und poetische Betrachtungen.* Halle: Waisenhaus, 1729. HAB

Gleim, Betty, *Erziehung und Unterricht des weiblichen Geschlechts. Ein Buch für Eltern und Erzieher.* Leipzig: Göschen, 1810. Indiana University Library
– *Über die Bildung der Frauen und die Behauptung ihrer Würde in den weiblichen Verhältnissen ihres Lebens.* Bremen: Comptoir für Literatur, 1814. German Society of Pennsylvania, Philadelphia

Goethe, Johann Wolfgang von. *Wilhelm Meisters Lehrjahre.* Hamburger Ausgabe, Bd. 7
— *Hermann und Dorothea.* Hamburger Ausgabe, Bd. 2
Gottsched, Johann Christoph. *Die vernünftigen Tadlerinnen.* Halle: Johann Adam Spörl,
1725—1727. UBG
Gottsched, Luise Adelgunde Victorie. *Das Testament, ein deutsches Lustspiel in fünf Aufzü-*
gen. In: *Die deutsche Schaubühne nach den Regeln und Mustern der Alten.* Bd. 6 (1745).
Nachdruck; Stuttgart: Metzler, 1974.
— *Der Frau von Lambert Betrachtungen über das Frauenzimmer aus dem Französischen*
übersetzt. Leipzig, 1731. StabiB
— *Der Witzling. Ein deutsches Nachspiel in einem Aufzug.* Texte u. Mater. z. Interpretation
bes. von Wolfgang Hecht. Berlin: de Gruyter, 1962.
— *Die Pietisterey im Fischbein-Rocke; Oder die Doctormäßige Frau. In einem Lustspiele vorge-*
stellet (1736) Hg. v. Wolfgang Martens. Stuttgart: Reclam, 1968.
— *Briefe.* Hg. von Dorothee Henriette von Runckel. Leipzig: Gedruckt mit Harperteri-
schen Schriften, 1771. 2 Teile. UBB
— *Sämtliche Kleinere Gedichte, nebst dem, von vielen vornehmen Personen, Gönnern und*
Freunden beyderley Geschlechtes, Ihr gestifteten Ehrenmaale, und Ihrem Leben. Hg. von ihrem
hinterbliebenen Ehegatten. Leipzig: Breitkopf, 1763. UBB
Greiffenberg, Catharina Regina von. *Geistliche Sonette, Lieder und Gedichte* (1662). Hg. von
Heinz Otto Burger. Darmstadt: Wissenschaftliche Buchgesellschaft, 1967.
— *Sämtliche Werke.* Hg. von Martin Bircher und Friedhelm Kemp. London: Kraus
Reprint, 1984. 10 Bde.
Grumbach, Argula von. *Wie ain Christliche Fraw des Adels, in Bayern durch jren, in Göttlicher*
schrifft, wolgegründten Sendtbrieffe, die Hohenschül zu Ingolstadt… straffet. [Augsburg:
Ulhart, 1523] Staatsbibliothek München
— *Ain Christenliche schrifft ainer Erbarn Frawen, vom Adel darinn sy alle Christenliche stendt*
vnd obrikayten ermant… [Augsburg: Ulhart, 1523] Staatsbibliothek München
— *Eyn Antwort in gedicht weiß ainem auß d'hohen Schul zu Ingolstat…* [1524] StabiB
— *An ain Ersamen Radt der stat Ingolstadt, ain sandtbrief von Frau Argula von Grumbach…*
[1523] UB Erlangen
— *Dem Durchlauchtigsten Hochgebornen Fürsten und herren, Herrn Friederichen Hertzogen zu*
Sachsen… Argula Staufferin. [Augsburg: Ulenhart] 1523. UB Erlangen
— *Ein Sendtbrief der edelen frawen Argula Staufferin an die von Regensburg.* 1524 StabiB
Hippel, Theodor. *Über die bürgerliche Verbesserung der Weiber.* (1793). Nachwort von Ralph-
Rainer Wuthenow. Frankfurt: Syndikat, 1977.
Hoyers, Anna Ovena. *Geistliche und Weltliche Poemata. 1650* Hg. von Barbara Becker-
Cantarino. Deutsche Neudrucke, Barock, 36. Tübingen: Niemeyer, 1986.
Horenburg, Anna Elisabeth. *Wohlmeynender und nöthiger Unterricht der Heeb-Ammen… alles*
durch vielfältige Erfahrung selbst gelernet. Hannover und Wolfenbüttel: Freytag, 1700.
UBG
Jagemann, Karoline. *Die Erinnerungen der Karoline Jagemann. Nebst zahlreichen unveröffent-*
lichten Dokumenten aus der Goethezeit. Hg. von Eduard von Bamberg. Dresden: Sibyllen-
Verlag, 1926
Karsch, Anna Luise. *Auserlesene Gedichte.* 1764 Nachdruck, Tübingen: Niemeyer, 1966
— *Neue Gedichte.* Mietau und Leipzig: Jakob Friedrich Hinz, 1772. StabiB
— »Lebenslauf der Dichterin Anna Louise Karschin, geb. Dürbach«. In: *Gedichte.* Hg. von
C.L. von K[lencke], geb. Karschin. Berlin, 1792. UBB
— »Leben der A.L. Karschin, geb. Dürbach. Von ihr selbst in Briefen an Sulzer. Mit
Ergänzungen von Wilhelm Körte.« *Zeitgenossen. Ein biographisches Magazin für die Ge-*
schichte unserer Zeit. 3. Reihe, Bd. 3, Leipzig, 1831. StabiB
Klettenberg, Susanna Katharina von. *Die schöne Seele. Bekenntnisse, Schriften und Briefe der*
Susanna Katharina von Klettenberg. Hg. von Heinrich Funk. Leipzig: Insel, 1912
— *Philemon oder von der christlichen Freundschaft. Aufzeichnungen der Fräulein F.C. von*

Klettenberg und ihres Freundeskreises. Hg. von Franz Delitzsch. Gotha: Schloeßmann, 1878. 3. Auflage
– *Reliquien der Fräulein Susanna Catharina von Klettenberg, nebst Erläuterungen zu den Bekenntnissen einer schönen Seele.* Hg. von J.M. Lappenberg. Hamburg: Rauhe Haus zu Horn, 1849
– *Neue Lieder.* 1756. Faksimilenneudruck nach dem Handexemplar der Dichterin. Frankfurt: Frankfurter Verlagsanstalt, [1921]
Klopstock, Margarete (Meta Moller). *Hinterlassene Schriften.* Hg. von F.G. Klopstock. Hamburg: J.C. Bohn, 1759. UBG
– *Briefwechsel mit Klopstock, ihren Verwandten und Freunden.* Hg. von Hans Tiemann. Hamburg: Maximilian-Gesellschaft, 1965. Bd. 3
Kummerfeld, Karoline. *Lebenserinnerungen der Karoline Schulze-Kummerfeld.* Hg. von Emile Benezé. Schriften der Gesellschaft für Theatergeschichte, 23. Berlin, 1915. 2 Bde.
Kuntsch, Margaretha Susanna von. *Sämtliche geist- und weltliche Gedichte.* Halle: Neue Buchhandlung, 1720. UBG
La Roche, Sophie von. *Geschichte des Fräuleins von Sternheim.* Hg. von Barbara Becker-Cantarino. Stuttgart: Reclam, 1984 (dort Werkverzeichnis)
– *Geschichte von Miß Lony und der schöne Bund.* Gotha: Carl Wilhelm Ettinger, 1789. UBB
– *Journal einer Reise durch Frankreich.* Altenburg: Richter, 1787. UBB
– *Melusinens Sommerabende.* Hg. von C.M. Wieland. Halle: Societäts- Buch- und Kunsthandlung, 1806. StabiB
– *Pomona für Teutschlands Töchter.* Speyer, gedr. mit Enderesischen Schriften, 1783–1784. UBB
– *Rosaliens Briefe an ihre Freundin Mariane von St.** Altenburg: Richter, 1780–1781. UBB
– *Tagebuch einer Reise durch die Schweiz.* Altenburg: Richter, 1787. UBB
Leporin, Christiane Dorothea. *Gründliche Untersuchung der Ursachen, die das Weibliche Geschlecht vom Studiren abhalten…* (1742). Nachdruck: Hildesheim: Olms, 1977
Luther, Martin. *Vom ehelichen Leben und andere Schriften über die Ehe.* Stuttgart: Reclam, 1978
Mechthild von Magdeburg. *Offenbarungen der Schwester Mechthild von Magdeburg oder Das fließende Licht der Gottheit.* Aus der einzigen Handschrift hg. von P.G. Morel. Darmstadt, 1960. 2. Ausgabe.
Meiners, Chr. *Geschichte des weiblichen Geschlechts.* Hannover: Hellwingsche Hofbuchhandlung, 1788–1800. 4 Bde. UBG
Möller, Gertrud. *Parnaß-Blumen oder geist- und weltliche Lieder bei müßiger Abend-Weile abgebrochen.* Hamburg 1672. Zweiter Teil 1675. UBG
Moscherosch, Hans Michael. *Insomnis cura parentum. Christliches Vermächnuß oder Schuldige Vorsorg eines trewen Vatters.* (1643) Hg. von Ludwig Pariser. Halle: Niemeyer, 1893
Münsterberg, Ursula von. *Ursach des verlassen Klosters zu Freyberg.* (1528) Luther-Ausgabe von Georg Walch. St. Louis, MO: Concordia Publishing House, 1907. Bd. 19
Neuberin, Friedericke Caroline. *Ein deutsches Vorspiel von F.C. Neuberin.* Hg. von Arthur Richter. Deutsche Literaturdenkmale, 63. Leipzig, 1897
Orléans, Herzogin Elisabeth Charlotte von. *Die Briefe der Herzogin Elisabeth Charlotte von Orleans.* Hg. von W.L. Holland. Bibliothek des Literarischen Vereins, Stuttgart, 88, 107, 122, 132, 144, 157. Stuttgart, 1867–81
Paumgartner, Magdalena. *Briefwechsel Balthasar Paumgartners des Jüngeren mit seiner Gattin Magdalena.* Hg. von Georg Steinhausen. Bibliothek des Literarischen Vereins Stuttgart, 104. Stuttgart, 1895
Pestalozzi, Johann Heinrich. *Lienhard und Gertrud* (1781–1787). Zürich: Rotapfel, 1944
Petersen, Johanna Eleonora. *Leben Frauen Joh. Eleonora Petersen… Von Ihr selbst mit eigener Hand aufgesetzet…* Auf Kosten guter Freunde, [o.O.] 1718. HAB
– *Gespräch des Hertzens mit Gott.* Ploen: Ripenau, 1689. HAB

Pirckheimer, Caritas. *Die »Denkwürdigkeiten der Caritas Pirckheimer (aus den Jahren 1524–1528).* Hg. von Josef Pfanner. Caritas Pirckheimer-Quellensammlung, 2. Landshut: Solanus Druck, 1962.
– *Briefe von, an und über Caritas Pirckheimer (aus den Jahren 1498–1530).* Hg. von Josef Pfanner. Caritas Pirckheimer Quellensammlung, 3. Landshut: Solanus, 1966.
Recke, Elisa von der. *Aufzeichnungen und Briefe aus ihren Jugendtagen.* Hg. von Paul Rachel. Leipzig: Dieterich, 1900.
– *Mein Journal; Elisas neu aufgefundene Tagebücher aus den Jahren 1791 und 1793/95.* Hg. von Johannes Werner. Leipzig: Koehler & Ameland, 1927.
Rosenthal, Dorothea Eleonora von. *Poetische Gedancken An einen der Deutschen Poesie sonderbahren Beförderer.* [Breslau] 1641. UBG
Rudolphi, Caroline, *Gedichte.* Hg. und mit einigen Melodien versehen von Johann Friedrich Reichardt. Berlin· In Commission bey August Mylius, 1781. UBG
– *Gemälde weiblicher Erziehung.* Heidelberg: Mohr und Winter, 1815. 2. Aufl.
– *Schriftlicher Nachlaß von Caroline Rudolphi.* Heidelberg: Mohr, 1835. UB Tübingen
Schurman, Anna Maria van. *Amica dissertatio inter Annam Mariam Schurmanniam et Adr. Rivetum de capacitate ingenii muliebris ad scientiam.* Paris 1638. UB Leiden
– *Eucleria seu melioris partis electio.* (Teil 1: 1673; Teil 2: 1685) Holländische Übersetzung: *Eucleria, of uitkiezing van het Beste Deel.* 1684. Nachdruck: Leeuwarden, de Tille, 1978. Deutsche Übersetzung: *Der Anna van Schurman EUKLERIA oder Erwählung des besten Theils. Eine Schrift, die zugleich einen kurzen Abriß ihres Lebens enthält...* Dessau und Leipzig: Buchhandlung der Gelehrten, 1783. UBG
– *Opuscula Hebraea, Graeca, Latina, Gallica, Prosaica et metrica.* Leiden: Elzevier, 1648. HAB
Schwarz, Sybille. *Deutsche Poëtische Gedichte.* 1650. Nachdruck. Mittlere Deutsche Literatur in Neu- und Nachdrucken, 25. Bern, 1980
Sophie Elisabeth, Herzogin zu Braunschweig und Lüneburg. *Dichtungen.* Bd. 1: *Spiele.* Hg. von Hans-Gert Roloff. Arbeiten zur Mittleren Deutschen Literatur und Sprache, 6. Bern: Peter Lang, 1980.
Staiger, Klara. *Tagebuch. Aufzeichnungen während des Dreißigjährigen Krieges im Kloster Mariastein bei Eichstätt.* Hg. von Ortrun Fina. Regensburg: Pustet, 1981.
Stockfleth, Maria Katharina. *Die Kunst- und Tugend-gezierte Macarie. Der Zweyte Theil: Der Bekehrte Schäfer.* Hg. von Volker Meid. Frankfurt: Peter Lang, 1984.
Unzer-Ziegler, Johanne Charlotte. *Versuch in Scherzgedichten.* Halle: Carl Hermann Hemmerde, 1751. StabiB
– *Versuch in sittlichen und zärtlichen Gedichten.* Halle: Carl Hermann Hemmerde, 1754. StabiB
– *Grundriß einer Weltweisheit für das Frauenzimmer.* Halle, 1767. 2. Ausgabe. UBG
[Velthen, Catharina Elisabeth]. *Frau Magister Velten verteidigt die Schaubühne. Schriften aus der Kampfzeit des deutschen Nationaltheaters.* Hg. von Carl Niessen. Emsdetten: Lechte, 1940
Vives, Luis. *De institutione feminae Christianae* (1523) und *De officio mariti* (1528). Deutsche Teilübersetzung in: I. Wychgram, *Juan Luis Vives' Schriften über weibliche Bildung. Ein Beitrag zur Geschichte der Pädagogik.* Wien: Pichler, 1883
– *Von underweysung ayner Christlichen Frawen, von Jungkfrawen, von Eefrawen, von Wittfrawen.* [Freie Übersetzung von *De institutione feminae Christianae* von Johann Bruno). Augsburg, 1544. UBG
Wollstonecraft, Mary. *A Vindication of the Rights of Woman* (1792). Hg. von G. Luria, New York, 1974.
Zäunemann, Sidonia Hedwig. *Das am 21. und 22ten Oktober 1736 unter Gluth und Flammen ächzende Erfurt.* Erfurt: Johann Heinrich Nonne [1736]. UBG
– *Das ilmenauische Bergwerk, wie solches den 23. und 30. Jenner befahren und bey Gelegenheyt des gewöhnlichen Berg-Festes mit poetischer Feder und Bergmännisch entworfen wurde.* Erfurt: Johann Heinrich Nonne, 1737. UBG

– *Die von denen Frauen gepeitschte Laster.* Frankfurt u. Leipzig: H.L. Bronner, 1739. UBG
– *Poetische Rosen in Knospen.* Erfurt: Joh. Heinrich Nonne, 1738. UBG

Zell, Katharina. *Den leydenden Christglaubigen weybern der gemain zu Kentzingen meinen mit schwestern in christo Jhesu zu handen.* [Straßburg?] 1524. Foundation for Reformation Research, St. Louis
– *Den Psalmen Misere/ mit dem Khünig David bedacht/...* [Straßburg?] 1558. Zentralbibliothek Zürich
– *Ein Brief an die ganze Bürgerschaft der Stadt Straßburg betreffend Herrn Ludwig Rabus.* (1557). In: J.C. Füsslin, *Beyträge zur Erläuterung der Kirchen-Reformationsgeschichte des Schweitzerlandes* (1753). Bd. 5. StabiB
– »Klagrede und Ermahnung Katharina Zellin zum Volk bei dem Grab M. Matheus Zellen«, *Beiträge zur Kirchengeschichte des Elsasses,* 7 (1887), 49–79; 113–21
– *Entschuldigung Katharina Schützinn/für M. Mathhes Zellen/ jren Ehegemahel.* [Augsburg], 1524. Zentralbibl. Zürich

Ziegler, Christiane Mariana von (geb. Romanus). *Moralische und vermischte Send-Schreiben an einige ihrer vertrauten und guten Freunde gestellet.* Leipzig: Braun, 1731. StabiB
– *Vermischete Schriften in gebundener und ungebundener Rede.* Göttingen: Universitätsbuchhandlung, 1739. UBG
– *Versuch in gebundener Schreib-Art.* Leipzig: J.F. Brauns sel. Erben, 1728. StabiB

Zinzendorf, Erdmuthe Dorothea. »Lieder«. In: Karl Friedrich Ledderhose, *Leben und Lieder der Gräfin Erdmuthe Dorothea von Zinzendorf, geb. Gräfin von Reuß.* Gütersloh: Bertelsmann, 1887

Bibliographien, Lexika und Forschungsberichte

(die üblichen Standardwerke für den Zeitraum 1500–1800 sind nicht mit aufgenommen worden, da sie kaum auf Frauen Bezug nehmen)

Becker-Cantarino, Barbara. »(Sozial)geschichte der Frau in Deutschland. 1500–1800. Ein Forschungsbericht.« In: *Die Frau von der Reformation zur Romantik. Die Situation der Frau vor dem Hintergrund der Literatur- und Sozialgeschichte.* Modern German Studies, 7. Bonn: Bouvier, 1980, S. 243–93.
– »Frauen in der englischen Geschichte und Literatur des 18. Jahrhunderts«, *Das achtzehnte Jahrhundert,* 7 (1983), 30–51.
– »Werkbibliographie der Anna Ovena Hoyers (1584–1655)«, *Wolfenbütteler Barock-Nachrichten,* 12 (1985), 97–101.

Eberti, Johann Caspar. *Eröffnetes Cabinet Deß Gelehrten Frauenzimmers Darinnen die Berühmtesten dieses Geschlechtes umbständlich vorgestellet werden.* Frankfurt u. Leipzig: Rohrlach, 1706
– *Schlesiens Hoch- und Wohlgelehrtes Frauenzimmer, Nebst unterschiedenen Petinnen...* Breslau: Michael Rohrlach, 1727. UBG

Frey, Linda u.a. *Women in Western European History. A Select Chronological, Geographical, and Topical Bibliography From Antiquity to the French Revolution.* Westport, Conn.: Greenwood Press, 1982.

Friedrichs, Elisabeth. *Die deutschsprachigen Schriftstellerinnen des 18. und 19. Jahrhunderts: Ein Lexikon.* Repertorien zur deutschen Literaturgeschichte, 9. Stuttgart: Metzler, 1981.

Kaminsky, Hans Heinrich. »Die Frau in Recht und Gesellschaft des Mittelalters«. In: *Frauen in der Geschichte IV.* Hg. von Anette Kuhn und Gerhard Schneider. Düsseldorf: Schwann, 1979, S. 295–313.

Lehms, Georg Christian. *Teutschlands galante Poetinnen mit ihren sinnreichen und netten Proben...* Frankfurt 1715. Nachdruck: Darmstadt, Bläschke, 1966

Pataky, Sophie. *Lexikon deutscher Frauen der Feder.* (1898) Nachdruck: Bern, 1972.

Paullini, Franz Christian. *Das Hoch- und Wohl-gelahrte teutsche Frauenzimmer; nochmals mit mercklichem Zusatz vorgestellet.* Frankfurt u. Leipzig: J.C. Stösseln, 1705. StabiB

Schindel, August Wilhelm von. *Deutschlands Schriftstellerinnen des 19. Jahrhundets.* 1825–1826. 3 Bde. Nachdruck: Hildesheim, Olms, 1980.

Woods, Jean, M. und Maria Fürstenwald. *Schriftstellerinnen, Künstlerinnen und gelehrte Frauen des deutschen Barock. Ein Lexikon.* Repertorien zur deutschen Literaturgeschichte, 10. Stuttgart: Metzler, 1984.

Untersuchungen

(weitere Spezialarbeiten zu einzelnen Frauen in den Anmerkungen; die geistes-, kultur-, sozialgeschichtlichen und literarhistorischen Standardwerke zum Zeitraum 1500–1800 sind nur in den wenigen Fällen verzeichnet, wenn sie ausdrücklich zumindest in einem Aspekt oder Kapitel auf Frauen eingehen)

Alth, Minna von. *Frauen am Theater. Freche Buhlerinnen?* Freiburg: Herder, 1979

Archibald, Brigitte E.Z. »Ludamilla Elisabeth, Gräfin von Schwarzburg-Hohenstein und Aemilia Juliane, Gräfin von Schwarzburg-Rudolstadt: Two Poets of the Seventeenth Century.« Diss. (masch.) University of Tennessee. 1975

Aus der Zeit der Verzweiflung. Zur Genese und Aktualität des Hexenbildes. Beiträge von Gabriele Becker u.a. Frankfurt: Suhrkamp, 1977

Baader, Renate. *Dames de lettres. Autorinnen der preziösen, hocharistokratischen und ›modernen‹ Salons (1649–1698): Mlle de Scudéry – Mlle de Montpensier – Mme d'Aulnoy.* Romanistische Abhandlungen, 5. Stuttgart: Metzler, 1986

Badt-Strauß, Berta. »Elise Reimarus und Moses Mendelssohn«, *Zeitschrift für die Geschichte der Juden in Deutschland,* 4 (1932), 173–89

Bainton, Roland H. *Women of the Reformation in Germany and Italy.* Minneapolis, MN: Augsburg Publishing House, 1971

– *Women of the Reformation. From Spain to Scandinavia.* Minneapolis, MN: Augsburg Publishing, 1977

– *Women of the Reformation in France and England.* Minneapolis, MN: Augsburg Publishing, 1973

Bäumer, Gertrud. »Geschichte und Stand der Frauenbildung in Deutschland.« In: *Handbuch der Frauenbewegung.* Hg. von Helene Lange und Gertrud Bäumer. Berlin: Moeser, 1902–1906. Bd. 3: *Der Stand der Frauenbildung in den Kulturländern,* S. 1–128

Becker-Cantarino, Barbara. »Caroline Pichler und die Frauendichtung«, *Modern Austrian Literature,* 12 (1979), 1–24

– »Die ›böse Frau‹ und das Züchtigungsrecht des Hausvaters in der Frühen Neuzeit.« In: *Der Widerspenstigen Zähmung.* Hg. von Sylvia Wallinger und Monika Jonas. Innsbruck, 1986

– »Die ›gelehrte Frau‹ und die Institutionen und Organisationsformen der Gelehrsamkeit am Beispiel der Anna Maria van Schurman (1607–1678).« In: *Gelehrte und Gelehrsamkeit im Barock. Akten des 6. Kongresses des Internationalen Arbeitskreises für Barockforschung.* Wolfenbütteler Arbeiten zur Barockforschung. 1987

– »Die schriftstellerische Tätigkeit der Elisabeth von Braunschweig-Lüneburg (1510–1558).« In: *Virtus et Fortuna. Festschrift für Hans-Gert Roloff.* Bern, Frankfurt, New York: Peter Lang, 1983. S. 237–58

– »Die Stockholmer Liederhandschrift der Anna Ovena Hoyers.« *Barocker Lust-Spiegel. Festschrift für Blake Lee Spahr.* Amsterdam: Rodopi, 1985. S. 329–44.

– »Frau Welt und Femme fatale: Die Geburt eines Frauenbildes aus dem Geiste des Mittelalters.« In: *Das Weiterleben des Mittelalters in der deutschen Literatur.* Hg. von James F. Poag und Gerhild Scholz-Williams. Königsstein/Ts.: Athenäum, 1983. S. 61–73.

– »Leben als Text. Briefe als Ausdrucks- und Verständigungsmittel in der Briefkultur und Literatur des 18. Jahrhunderts.« In: *Frauen Literatur Geschichte. Schreibende Frauen vom Mittelalter bis zur Gegenwart.* Hg. von Hiltrud Gnüg und Renate Möhrmann. Stuttgart: Metzler, 1985. S. 83–103.

— »Muse und Kunstrichter: Sophie La Roche und Wieland«, *Modern Language Notes,* 99 (1984), 571–88

— »Priesterin und Lichtbringerin. Zur Ideologie des weiblichen Charakters in der Frühromantik.« In: *Die Frau als Heldin und Autorin. Neue kritische Aufsätze zur deutschen Literatur.* Hg. von Wolfgang Paulsen. Bern und München: Francke, 1979. S. 11–24.

— »Schlegels *Lucinde*: Zum Frauenbild der Frühromantik«, *Colloquia Germanica* (1976/77), 128–39

Becoming Visible. Women in European History. Hg. von Renate Bridenthal und Claudia Koonz. Boston: Houghton Mifflin, 1977

Behagel, Wilhelm. *Die gewerbliche Stellung der Frau im mittelalterlichen Köln.* Abhandlungen zur Mittleren und neueren Geschichte, 23. Berlin u. Leipzig, 1910

Beyer-Fröhlich, Marianne. *Die Entwicklung der deutschen Selbstzeugnisse.* Leipzig: Reclam, 1930

Birch, Una. *Anna van Schurman. Artist, Scholar, Saint.* London: Logmans, Green & Co., 1909

Black, Ingrid und Peter Daly. *Gelegenheit und Geständnis. Unveröffentlichte Gelegenheitsgedichte als verschleierter Spiegel des Lebens und Wirkens der Catharina Regina von Greiffenberg.* Kanadische Studien z. dt. Literatur, 3. Bern: Herbert Lang, 1971.

Blochmann, Elisabeth. *Das ›Frauenzimmer‹ und die ›Gelehrsamkeit‹. Eine Studie über die Anfänge des Mädchenschulwesens in Deutschland.* Anthropologie und Erziehung, 17. Heidelberg: Quelle und Meyer, 1966

Bode, Wilhelm. *Amalie Herzogin von Weimar. Das vorgoethische Weimar.* Berlin: Mittler u. Sohn, 1908. 3 Bde.

Bovenschen, Siliva. *Die imaginierte Weiblichkeit. Exemplarische Untersuchungen zu kulturgeschichtlichen und literarischen Präsentationsformen des Weiblichen.* Frankfurt: Suhrkamp, 1979.

Brinker-Gabler, Gisela. »Das weibliche Ich. Überlegungen zur Analyse von Werken weiblicher Autoren mit einem Beispiel aus dem 18. Jahrhundert.« In: *Die Frau als Heldin und Autorin. Neue kritische Ansätze zur deutschen Literatur.* Hg. von Wolfgang Paulsen. Bern: Francke, 1979. S. 55–65

Bücher, Karl. *Die Frauenfrage im Mittelalter.* Tübingen: Laupp, 1910. 2. Aufl.

Caritas Pirckheimer 1467–1532. Eine Ausstellung der katholischen Stadtkirche Nürnberg. Hg. von L. Kurras. München: Prestel Verlag, 1982.

Chrisman, Miriam U. »Women of the Reformation in Strasbourg 1490–1530«, *Archiv für Reformationsgeschichte,* 63 (1972), 141–68

Daly, Mary. *Kirche, Frau und Sexus* (The Church and the Second Sex, 1965). Freiburg: Olten, 1970

— *Jenseits von Gottvater Sohn & Co.* (Beyond God the Father, 1968). München: Frauenoffensive, 1980

Daly, Peter. *Dichtung und Emblematik bei Catharina Regina von Greiffenberg.* Studien zur Germanistik, Anglistik und Komparatistik, 36. Bonn, 1976

De Berdt, August Josep J. »Sidonia Hedwig Zäunemann: Poet Laureate and Emancipated Woman 1714–1740.« Diss. (masch.) University of Tennessee, 1977

Desselberger, Julius. *Geschichte des höheren Mädchenschulwesens in Württemberg.* Beiträge zur Geschichte der Erziehung und des Unterrichts in Württemberg, o.O., 1916

Die Frau als Heldin und Autorin. Neue kritische Ansätze zur deutschen Literatur. Hg. von Wolfgang Paulsen. Bern: Francke, 1979

Die verborgene Frau. Sechs Beiträge zu einer feministischen Literaturwissenschaft. Hg. von Inge Stephan und Sigrid Weigel. Literatur im historischen Prozeß, NF 6. Berlin: Argument Verlag, 1983

Dobbek, Wilhelm. *Karoline Herder. Ein Frauenleben in klassischer Zeit.* Weimar: Böhlau, 1963.

Does, M. van der. *Antoinette Bourignon. Sa vie (1616–1680) – son ouevre.* Diss. Groningen, 1974

Douma, Hendrika Margaretha. *Anna Maria van Schurman en de Studie der Vrouw.* Diss. Amsterdam. Amsterdam: Paris, 1924

»Ehe.« *Handwörterbuch zur deutschen Rechtsgeschichte.* Berlin: Schmidt, 1967

Eichhorn, Herbert. *Konrad Ackermann, ein deutscher Theaterprinzipal. Ein Beitrag zur Theatergeschichte im deutschen Sprachraum.* Quellen und Forschungen zur Theatergeschichte, 64. Emsdetten, 1965

Engelsing, Rolf. *Der Bürger als Leser. Lesergeschichten in Deutschland 1500–1800.* Stuttgart: Metzler, 1974

– *Analphabetentum und Lektüre. Zur Sozialgeschichte des Lesens in Deutschland zwischen feudaler und industrieller Gesellschaft.* Stuttgart: Metzler, 1973

Ennen, Edith. *Frauen im Mittelalter.* München: Beck, 1984

Essays on Women, Literature, and Theory. Hg. von Elaine Showalter. New York: Pantheon Books, 1985

Fauchery, Pièrre. *La destinée féminine dans le roman européen du dix-huitième siècle; essai de gynécomythie romanesque.* Paris: Librairie Armand Colin, 1972

Female Leadership in the Jewish and Christian Traditions. Hg. von Rosemary Ruether and Eleanor McLaughlin. New York: Simon and Schuster, 1979

Female Scholars. A Tradition of Learned Women Before 1800. Hg. von J.R. Brink. Montreal: Eden Press, 1980.

Feminismus, Inspektion der Herrenkultur. Ein Handbuch. Hg. von Luise Pusch. Frankfurt: Suhrkamp, 1983

Feministische Literaturwissenschaft. Dokumentation der Tagung in Hamburg vom Mai 1983. Hg. von Inge Stephan und Sigrid Weigel. Literatur im historischen Prozeß, NF 11. Berlin: Argument Verlag, 1984

Frank, Horst-Joachim. *Catharina Regina von Greiffenberg. Leben und Welt.* Schriften zur Literatur, 8. Göttingen: Sachse und Pohl, 1967.

Fraser, Antonia. *The Weaker Vessel. Woman's Lot in Seventeenth-Century England.* London: Weidenfeld and Nicolson, 1984.

Frauen Literatur Geschichte. Schreibende Frauen vom Mittelalter bis zur Gegenwart. Hg. von Hiltrud Gnüg und Renate Möhrmann. Stuttgart: Metzler, 1985

Frauen. Sprache. Literatur. Fachwissenschaftliche Forschungsansätze. Hg. von Magdalena Häuser. Paderborn: Schöningh, 1982

Frauen suchen ihre Geschichte. Historische Studien zum 19. und 20. Jahrhundert. Hg. von Karin Hausen. München: Beck, 1983

Gehring, Thomas A. *Johanna Charlotte Unzer-Ziegler (1725–1782). Ein Ausschnitt aus dem literarischen Leben in Halle, Göttingen und Altona.* Europäische Hochschulschriften, 78. Bern: Lang, 1973

Gerhard, Ute. *Verhältnisse und Verhinderungen. Frauenarbeit, Familie und Rechte der Frauen im 19. Jahrhundert.* Frankfurt: Suhrkamp, 1978

German Women in the Eighteenth and Nineteenth Centuries. A Social and Literary History. Hg. von Ruth-Ellen B. Joeres und Mary Jo Maynes. Bloomington: Indiana University Press, 1986.

Gestaltet und gestaltend. Frauen in der deutschen Literatur. Hg. von Marianne Burkhard. *Amsterdamer Beiträge zur neueren deutschen Literatur,* 10 (1980)

Gilder, Rosamund. *Enter the Actress. The First Women in the Theatre.* London: Harrap, 1931

Goncourt, Edmond and Jules. *Die Frau im 18. Jahrhundert.* München: Hyperionverlag, 1920

Gooday, Frances. »Mechthild v. Magdeburg and Hadwich of Antwerp. A *Comparison.*« Diss. (masch.) Harvard University, 1974.

Grundmann, Herbert. »Neue Beiträge zur Geschichte der religiösen Bewegungen im Mittelalter«, *Archiv für Kulturgeschichte,* 37 (1955), 129–82

Gundermann, Iselin. *Herzogin Dorothea von Preußen.* Berlin: Grote, 1965

Halparin, Natalie. *Die deutschen Schriftstellerinnen in der zweiten Hälfte des 18. Jahrhunderts.* Diss. Frankfurt, 1935.

Hanstein, Adalbert v. *Die Frauen in der Geschichte des deutschen Geisteslebens des 18. und 19. Jahrhunderts.* Leipzig: Freund und Wittig, [1899]

Hausen, Karin. »Die Polarisierung der ›Geschlechtscharaktere‹ – Eine Spiegelung der Dissoziation von Erwerbs- und Familienleben.« In: *Sozialgeschichte der Familie in der Neuzeit Europas.* Hg. von Werner Conze. Industrielle Welt, 21. Stuttgart: Klett, 1976

Hausmann, Elisabeth. *Die Karschin. Friedrichs des Großen Volksdichterin. Ein Leben in Briefen.* Frankfurt: Societätsverlag, 1933

Heigenmoser, Joseph. *Überblick der geschichtlichen Entwicklung des höheren Mädchenschulwesens in Bayern bis zur Gegenwart.* Mitteilungen der Gesellschaft für deutsche Erziehungs- und Schulgeschichte, Beiheft 8. Berlin: A. Hofmann, 1905

Heiler, Friedrich. *Die Frau in den Religionen der Menschheit.* Berlin: de Gruyter, 1977

Heinemann, Karl. *Goethes Mutter. Ein Lebensbild nach den Quellen.* Leipzig: A.E. Seemann, 1892

Heinsius, Maria. *Das unüberwindliche Wort. Frauen in der Reformationszeit.* München: Kaiser, 1951

Hermann, Ulrich. »Erziehung und Schulunterricht für Mädchen im 18. Jahrhundert.« *Wolfenbütteler Studien zur Aufklärung,* 3 (1977), 101–27

Heß, Luise. *Die deutschen Frauenberufe im Mittelalter.* München: Neuer Filser-Verlag, 1941

Heuser, Magdalene. »Literatur von Frauen / Frauen in der Literatur. Feministische Ansätze in der Literaturwissenschaft.« In: *Feminismus. Inspektion der Herrenkultur. Ein Handbuch.* Hg. von Luise F. Pusch. Edition Suhrkamp, 1192. Frankfurt: Suhrkamp, 1983. S. 117–48.

Hilpisch, S. *Aus deutschen Frauenklöstern,* Kleine historische Monographien, 32. Wien/Leipzig: Reinhold, 1931

Histoire mondiale de la femme. Hg. von Pierre Grimal. Paris: Nouvelle Librairie, 1965. 4 Bde.

Horvath, Eva. »Die Frau im gesellschaftlichen Leben Hamburgs. Meta Klopstock, Eva König, Elise Reimarus«, *Wolfenbütteler Studien zur Aufklärung,* 3 (1976), 175–94

Hufnagel, Alfons. »Die Bewertung der Frau bei Thomas von Aquin«, *Theologische Quartalschrift,* 156 (1976), 132–65

Honke, Gudrun. »Caritas Pirckheimer (1467–1532). Ein Beitrag gegen die Heroisierung von Frauen.« In: *Schwestern berühmter Männer. Zwölf biographische Portraits.* Hg. von Luise F. Pusch. Frankfurt: Suhrkamp, 1985

Jannasch, Wilhelm. *Erdmuthe Dorothea Gräfin von Zinzendorf geborene Gräfin Reuß zu Plauen. Ihr Leben als Beitrag zur Geschichte des Pietismus und der Brüdergemeinde dargestellt.* Herrnhut: Verein für Brüdergeschichte, 1915

Kawerau, Waldemar. *Die Reformation und die Ehe.* Schriften des Vereins für Reformationsgeschichte, 39. Halle: Niemeyer, 1892.

Kelso, Ruth. *Doctrine for the Lady of the Renaissance.* Urbana: University of Illinois Press, 1956.

Klippenberg, A. *Betty Gleim. Ein Lebens- und Charakterbild. Als Beitrag zur Geschichte der deutschen Frauenbildung und Mädchenerziehung.* Bremen: Heinsius, 1882

Koch, Gottfried. *Frauenfrage und Ketzertum im Mittelalter. Die Frauenfrage im Rahmen des Katharismus und des Waldensertums und ihre sozialen Wurzeln (12.–14. Jahrhundert).* Forschungen zur Mittelalterlichen Geschichte, 9. Berlin, 1962

Koenig-Warthausen, Gabriele von. »Sophie La Roche geb. Gutermann. Schriftstellerin, Jugendliebe Wielands.« In: *Lebensbilder aus Schwaben und Franken.* (1966), Bd. 10, S. 101–25

Köstler, Rudolf. *Die väterliche Ehebewilligung. Eine kirchenrechtliche Untersuchung auf rechtsvergleichender Grundlage.* Kirchenrechtliche Abhandlungen, 51. Stuttgart, 1908

Kolde, Theodor. »Arsacius Seehofer und Argula von Grumbach«, *Beiträge zur bayrischen Kirchengeschichte,* 11 (1904/05), 49–77; 97–124; 148–88

Kraft, Werner. »Susanna von Klettenberg und ihre Gedichte«, *Neue Deutsche Hefte*, 20 Nr. 137 (1973), 20–36

Kraut, Antonie. *Die Stellung der Frau im württembergischen Privatrecht. Eine Untersuchung über Geschlechtsvormundschaft und Interzessionsfrage.* Diss. Tübingen, 1934

Kröll, Joachim. »Die Ehre des Gebirges und der hohen Wälder: Catharina Margaretha Dobenecker, geborene Schweser«, *Daphnis*, 7 (1978), 287–339

Kroker, Ernst. *Katharina von Bora, Martin Luthers Frau. Ein Lebens- und Charakterbild.* Berlin: Evangelische Verlagsanstalt, 1968

Krull, Edith. *Das Wirken der Frau im frühen deutschen Zeitschriftenwesen.* Beiträge zur Erforschung der deutschen Zeitschrift, 5. Berlin, 1939

Kuckhoff, Joseph. »Das Mädchenschulwesen in den Ländern am Rhein im 17. und 18. Jahrhundert«, *Zeitschrift für Geschichte der Erziehung und des Unterrichts*, 22 (1932), 1–35

Kucynski, Jürgen. »Die Arbeit der Frau die Familie.« In: *Geschichte des Alltags des deutschen Volkes.* Bd. 1: 1600–1650. Köln: Pahl-Rugenstein, 1980.

Küng, Hans. »Thesen zur Stellung der Frau in Kirche und Gesellschaft«, *Theologische Quartalschrift*, 156 (1976), 129–32

Lähteenmaki, Olavi. *Sexus und Ehe bei Luther.* Schriften der Luther-Agricola-Gesellschaft, 10. Turku, 1955

Laskus, Irmgard. *Friederike Bethmann-Unzelmann. Versuch einer Rekonstruktion ihrer Schauspielkunst auf Grund ihrer Hauptrollen.* Theatergeschichtliche Forschungen, 37. Leipzig: Voß, 1926

Lee, Vera. *The Reign of Women in Eighteenth-Century France.* Cambridge, Mass.: Schenkmann Publ. Co., 1975

Lerner, Gerda. *The Female Experience: An American Documentary.* New York and Indianapolis, 1977

– *The Majority Finds Its Past. Placing Women in History.* Oxford University Press, 1979

Lipowski, Felix. *Argula von Grumbach.* München, 1801

Lorenzen-Schmidt, Klaus-Joachim. »Zur Stellung der Frauen in der frühneuzeitlichen Städtegesellschaft Schleswigs und Holsteins.« *Archiv für Kulturgeschichte*, 61 (1979), 317–39.

Lougee, Carolyn, C. *Le Paradis des Femmes. Women. Salons, and Social Stratification in Seventeenth-Century France.* Princeton Univ. Press, 1976

MacLean, Ian. *Woman Triumphant. Feminism in French Literature 1610–1652.* Oxford: Clarendon Press, 1977

– *The Renaissance Notion of Woman.* Cambridge: Cambridge University Press, 1980

Mahrholz, Werner. *Deutsche Selbstzeugnisse. Ein Beitrag zur Geschichte der Selbstbiographie von der Mystik bis zum Pietismus.* Berlin, 1919

Martens, Wolfgang. »Das lesende Frauenzimmer.« In: *Die Botschaft der Tugend: Die Aufklärung im Spiegel der deutschen moralischen Wochenschriften.* Stuttgart: Metzler, 1968. S. 520–39

– »Leserezepte für Frauenzimmer. Die Frauenzimmerbibliotheken der deutschen moralischen Wochenschriften«, *Archiv für Geschichte des Buchwesens*, 15 (1975), 1143–1200

Mayer, Hans. *Außenseiter.* Frankfurt: Suhrkamp, 1975

McDonnell, Ernest W. *The Beguines and Beghards in Medieval Culture.* New York: Rutgers Univ. Press, 1954

McLaughlin, Eleonor C. »Equality of Souls, Inequality of Sexes.« In: *Religion and Sexism.* Hg. von Rosemary Ruether. New York: Simon & Schuster: 1974. S. 213–66.

Mecenseffy, Grete. »Susanna Katharina von Klettenberg – Ein Lebensbild«, *Zeitschrift für Kirchengeschichte*, 54 (1953/54), 65–104

Meiners, Karin. *Der besondere Weg, ein Weib zu werden. Über den Einfluß von Leitbildern auf die Entwicklung der höheren Mädchenbildung seit dem 17. Jahrhundert.* Europäische Hochschulschriften; Reihe XI Pädagogik, 128. Bern: Lang, 1982

Menck, Ursula. *Die Auffassung der Frau in den frühen moralischen Wochenschriften.* Diss. Hamburg 1940

Milch, Werner. *Sophie La Roche. Die Großmutter der Brentanos*. Frankfurt: Societätsverlag, 1935

Miller, Nancy, K. *The Heroine's Text. Readings in the French and English Novel 1722–1782*. New York: Columbia Univ. Press, 1980

Mitterer, A. »Mann und Weib nach dem biologischen Weltbild des hl. Thomas und dem der Gegenwart«, *Zeitschrift für Katholische Theologie*, 57 (1933), 491–556

— »Mas occasionatus oder zwei Methoden der Thomasdeutung«, *Zeitschrift für Katholische Theologie*, 72 (1950), 80–103

Mitterauer, Michael. »Geschlechtsspezifische Arbeitsteilung in vorindustrieller Zeit.« *Beiträge zur historischen Sozialkunde*, 11 (1981), 77–87.

— und Reinhard Sieder. *Vom Patriarchat zur Partnerschaft*. München: Beck, 1977

Möller, Helmut. *Die kleinbürgerliche Familie im 18. Jahrhundert. Verhalten und Gruppenkultur*. Schriften zur Volksforschung, 3. Berlin: de Gruyter, 1969

Möhrmann, Renate. *Die andere Frau. Emanzipationsansätze deutscher Schriftstellerinnen im Vorfeld der Achtundvierziger-Revolution*. Stuttgart: Metzler, 1977

Morris, Joan. *The Lady was a Bishop. The Hidden History of Women with Clerical Ordination and the Jurisdiction of Bishops*. New York, London, 1973.

Mengel, Ingeborg. *Elisabeth von Braunschweig-Lüneburg und Albrecht von Preußen. Ein Fürstenbriefwechsel der Reformationszeit*. Göttinger Bausteine zur Geschichtswissenschaft, 13/14. Göttingen, [1953].

Milch, Werner. *Sophie La Roche. Die Großmutter der Brentanos*. Frankfurt: Societäts-Verlag, 1935.

Nikisch, Reinhard M.G. »Die Frau als Briefschreiberin im Zeitalter der deutschen Aufklärung«, *Wolfenbütteler Studien zur Aufklärung*, 3 (1976), 29–66

Perry, Ruth. *Women, Letters, and the Novel*. AMS Studies in the Eighteenth Century, 4. New York: AMS Press, 1980.

Pietsch-Ebert, Lilly. *Die Gestalt des Schauspielers auf der deutschen Bühne des 17. und 18. Jahrhunderts*. 1942. Nachdruck, Nendeln/Liechtenstein: Kraus, 1977

Rasch, Wolfdietrich. *Freundschaftskult und Freundschaftsdichtung im deutschen Schrifttum des 18. Jahrhunderts*. Dt. Vierteljahrschrift f. Lit.-Wiss. u. Geistesgesch. Buchreihe, 21. Halle: Niemeyer, 1936.

Reden-Esbeck, Friedrich von. *Caroline Neuber und ihre Zeitgenossen. Ein Beitrag zur deutschen Kultur- und Theatergeschichte* (1881). Mit einem Nachwort und einer Ergänzungs-Bibliographie von Wolfram Günther. Leipzig: Zentralantiquariat der DDR, 1985

Religion and Sexism. Hg. von Rosemary R. Ruether. New York: Simon and Schuster, 1974

Reynolds, Myra. *The Learned Lady in England 1650–1760*. Boston, 1920

Rodocanichi, E. *La femme italienne avant, pendant et aprés la Renaissance*. Paris, 1922

Roe, Adah Blanche. *Anna Ovena Hoyers. A Poetess of the Seventeenth Century*. Diss. Bryn Mawr. PA., 1915.

Roger, Katherine M. *Feminism in Eighteenth-Century England*. Urbana, Chicago, London: University of Illinois Press, 1982.

Roth, Friedrich. *Weibliche Erziehung und weiblicher Unterricht im Zeitalter der Reformation*. Leipzig: Ferdinand Bär, 1893

Rücker, Elisabeth. »Maria Sibylla Merian als Wissenschaftlerin und Verlegerin.« In: *Aus dem Antiquariat. Börsenblatt für den Deutschen Buchhandel*, 41 (1985), A 121–34.

Rüdiger, Otto. *Caroline Rudolphi. Eine deutsche Dichterin und Erzieherin, Klopstocks Freundin*. Hamburg und Leipzig: Leopold Voss, 1903

Sasse, Hannah. *Friederieke Caroline Neuber. Versuch einer Neuwertung*. Diss. Freiburg i.Br., 1937

Sauder, Gerhard. »Elisabeth von Nassau-Saarbrücken und ihre Prosaromane.« *Saarländische Lebensbilder*. (1981), Bd. 1, S. 31–56

Scheller, Rita. *Die Frau am Preußischen Herzogshof (1550–1625)*. Studien zur Geschichte Preußens, 13. Köln u. Berlin: Grote, 1966.

Schenda, Rudolf. *Volk ohne Buch. Studien zur Sozialgeschichte der populären Lesestoffe 1770–1910.* Studien zur Philosophie und Literatur des neunzehnten Jahrhunderts, 5. Frankfurt: Klostermann, 1970.

Schlözer, Leopold v. *Dorothea Schlözer, der Philosophie Doctor. Ein deutsches Frauenleben um die Jahrhundertwende 1770–1825.* Berlin und Leipzig: Deutsche Verlagsanstalt Stuttgart, 1923.

Schmelzeisen, Gustav Klemes. *Die Rechtsstellung der Frau in der deutschen Stadtwirtschaft. Eine Untersuchung zur Geschichte des deutschen Rechts.* Arbeiten zur deutschen Rechts- und Verfassungsgeschichte, 10. Stuttgart: Kohlhammer, 1935

Schmid, K. A. *Geschichte der Erziehung vom Anfang bis auf unsere Zeit.* Stuttgart und Berlin: Cotta, 1901. Bd. 5

Schmidt, Gertrud. »Die berufstätige Frau in der Reichsstadt Nürnberg bis zum Ende des 16. Jahrhunderts. Ein Beitrag zur Wirtschaftsgeschichte Nürnbergs.« Diss. (masch.) Erlangen 1950

Schneider, Elisabeth. *Das Bild der Frau im Werk des Erasmus von Rotterdam.* Basler Beiträge zur Geschichtswissenschaft, 55. Basel u. Stuttgart: Helbing & Lichtenhahn, 1955

Schöndorf, Kurt Erich. »Argula von Grumbach, eine Verfasserin von Flugschriften in der Reformationszeit.« In: *Frauen und Frauenbilder. Dokumentiert durch 2000 Jahre.* Hg. von Jorunn Valgard und Elsbeth Vessel. Osloer Beiträge zur Germanistik, 8. Oslo, 1983

Schoeps, H. J. »Anna Ovena Hoyers (1584–1655) und ihre ungedruckten schwedischen Gedichte«, *Euphorion*, 46 (1951), 223–67

Schotel, G. D. J. *Anna Maria van Schurman.* 's Hertogenbosch: Muller, 1853.

Schramm, Percy Ernst. »Die Hamburgerin im Zeitalter der Empfindsamkeit«, *Zeitschrift des Vereins für Hamburgische Geschichte*, 41 (1951), 233–67

Schreiber, Etta. *The German Woman in the Age of Enlightenment.* Columbia Univ. Germanic Studies, 19. New York, 1948

Schröder, Hannelore. *Die Rechtlosigkeit der Frau im Rechtsstaat. Dargestellt am Allgemeinen Preußischen Landrecht, am Bürgerlichen Gesetzbuch und an J. G. Fichtes Grundlage des Naturrechts.* Frankfurt/New York: Campus Verlag, 1979

Schubart-Fikentscher, Gertrud. *Zur Stellung der Komödianten im 17. und 18. Jahrhundert.* Sitzungsber. der Sächs. Akad. der Wiss. Leipzig, phil.-hist. Klasse, 107. Berlin: Akademie Verlag, 1963

Schücking, Levin. »Die Familie als Geschmacksträger in England im 18. Jahrhundert«, *Deutsche Vierteljahrsschrift*, 4 (1926), 439–58

Schulz, Günter. »Elisa von der Recke, die Freundin Friedrich Nicolais«, *Wolfenbütteler Studien zur Aufklärung*, 3 (1976), 159–74

Schwanbeck, Gisela. *Sozialprobleme der Schauspielerin im Ablauf dreier Jahrhunderte.* Theater und Drama, 18. Berlin: Colloquium Verlag, 1957

Seeberg, Reinhold. »Luthers Anschauung von dem Geschlechtsleben und der Ehe und ihre geschichtliche Stellung.« *Lutherjahrbuch*, 7 (1925), 22–122

Shahar, Shulamith. *Die Frau im Mittelalter.* Königstein/Ts.: Athenäum, 1981

Sieveking, Heinrich. »Elise Reimarus in den geistigen Kämpfen ihrer Zeit«, *Zeitschrift des Vereins für Hamburgische Geschichte*, 39 (1940), 86–138

Simmel, Monika. *Erziehung zum Weibe. Mädchenbildung im 19. Jahrhundert.* Frankfurt: Campus, 1980

Staehelin, Adrian. *Die Einführung der Ehescheidung in Basel zur Zeit der Reformation.* Basler Studien zur Rechtswissenschaft, 45. Basel, 1957

Steinhausen, Georg. *Geschichte des deutschen Briefes. Zur Kulturgeschichte des deutschen Volkes.* Berlin: Gaertner, 1889.

Stone, Lawrence. *The Family, Sex, and Marriage in England. 1500–1800.* London: Weidenfeld and Nicolson, 1977.

Stupperich, Robert. »Die Frau in der Publizistik der Reformation.« *Archiv für Kulturgeschichte*, 37 (1955), 104–33.

Stracke, Wilhelm. *Die Anfänge der Königin Maria von Ungarn, späteren Statthalterin Karls V. in den Niederlanden.* Göttingen, 1940

Stricker, Käthe. *Deutsche Frauenbildung vom 16. Jahrhundert bis zur Mitte des 19. Jahrhunderts.* Quellenhefte zum Frauenleben in der Geschichte, 21. Berlin: F.A. Herbig, 1927

Stümcke, Heinrich. *Corona Schröter.* Frauenleben: Eine Sammlung von Lebensbeschreibungen hervorragender Frauen, 5. Bielefeld u. Leipzig, 1926

Sudhoff, Friedrich. »Sophie La Roche.« In: *Deutsche Dichter des 18. Jahrhunderts.* Hg. von Benno von Wiese. Berlin: E. Schmidt, 1977. S. 300–18

Suppan, Klaus. *Die Ehelehre Martin Luthers. Theologische und rechtshistorische Aspekte des reformatorischen Eheverständnisses.* Salzburg: Pustet, 1971.

Tanner, Fritz. *Die Ehe im Pietismus.* Zürich: Zwingli Verlag, 1952

Theel, Adalbert. »Zur Geschichte der Berliner Mädchenbildung von ihren Anfängen bis zu ihrem Niedergang im Dreißigjährigen Krieg«, *Zeitschrift für Geschichte der Erziehung und des Unterrichts*, 21 (1931), 154–69

Thoma, Albrecht, *Katharina von Bora. Geschichtliches Lebensbild.* Berlin: Reimer, 1900

Thompson, Roger. *Women in Stuart England and America.* London und Boston: Routledge & Kegan Paul, 1974

Tornieporth, Gerda. *Studien zur Frauenbildung. Ein Beitrag zur historischen Analyse lebensweltorientierter Bildungskonzeptionen.* Weinheim/Basel: Beltz, 1977

Touaillon, Christine. *Der deutsche Frauenroman des 18. Jahrhunderts.* Leipzig u. Wien: Braumüller, 1919

Traeger, Lotte. »Das Frauenschrifttum in Deutschland von 1500 bis 1650.« Diss. (masch.) Prag, 1943.

Trunz, Erich. »Meta Moller und das achtzehnte Jahrhundert.« In: *Meta Klopstock geb. Moller. Briefwechsel mit Klopstock, ihren Verwandten und Freunden.* Hg. von Hans Tiemann. Hamburg: Maximilian-Gesellschaft, 1965. Bd. 3, S. 965–74

Tschakkert, Paul. *Herzogin Elisabeth von Münden (gest. 1528)... ihr Lebensgang und ihre Werke.* Berlin: Giesecke und Devrient, 1899

Uttendörfer, Otto. *Zinzendorf und die Frauen.* Herrnhut: Missionsbuchhandlung, 1919

Voss, Ludwig. *Geschichte der höheren Mädchenschule. Allgemeine Schulentwicklung in Deutschland und Geschichte der höheren Mädchenschulen Kölns.* Opladen: Stocky, 1952

Wachendorf, Helmut. *Die wirtschaftliche Stellung der Frau in den deutschen Städten des späteren Mittelalters.* Diss. Hamburg, 1934

Walther, P.A.F. *Die »große« Landgräfin.* Darmstadt, 1873 (Caroline von Hessen-Darmstadt)

Weber, Marianne. *Ehefrau und Mutter in der Rechtsentwicklung.* 1907. Nachdruck: Aalen, 1971

Weber-Kellermann. *Die deutsche Familie. Geschichte, Geschichten und Bilder.* Frankfurt: Insel, 1976

Weber-Will, Susanne. *Die rechtliche Stellung der Frau im Privatrecht des preußischen Allgemeinen Landrechts von 1794.* Europäische Hochschulschriften, Reihe II: Rechtswissenschaft, 350. Frankfurt: Peter Lang, 1983.

Weiblichkeit oder Feminismus? Beiträge zu einer interdisziplinären Frauentagung Konstanz 1983. Konstanz: Drumlin, 1984

Wemple, Suzanne F. *Women in Frankish Society. Marriage and the Cloister 500–900.* Philadelphia: University of Pennsylvania Press, 1981

Wensky, Margarete. *Die Stellung der Frau in der stadtkölnischen Wirtschaft im Spätmittelalter.* Quellen und Darstellungen zur Hansischen Geschichte, N.F. 26. Köln: Böhlau, 1980

Wesoly, Kurt. »Der weibliche Bevölkerungsanteil in spätmittelalterlichen und frühneuzeitlichen Städten und die Betätigung von Frauen im zünftigen Handwerk«, *Zeitschrift für die Geschichte des Oberrheins*, 128 (1980), 69–117

Wiedemann, Conrad. »Engel Geist und Feuer. Zum Dichterselbstverständnis bei Johann Klaj, Catharina Regina von Greiffenberg und Quirinus Kuhlmann.« In: *Literatur und Geistesgeschichte. Festgabe für Heinz Otto Burger.* Hg. von R. Grimm. Berlin: de Gruyter, 1968